国家出版基金项目
NATIONAL PUBLICATION FOUNDATION

中國古代物質文化史

秦汉

韩国河 赵海洲 刘尊志 朱津 著

开明出版社

出版说明

在人类历史长河中，我们的民族创造出光辉灿烂的中华文明，虽历经坎坷而连绵不绝，成为我们这个星球上唯一从远古走来，中途不曾断裂的最完整的一脉文化体系，留下了博大丰厚的文化遗产，对人类文明进步作出了独特而巨大的贡献。完整而丰富的地上、地下物质文化遗存就是中华文明传承与发展的最好佐证。然而遗憾的是，到目前为止，尽管我们的物质遗存如此丰赡，却没有一部全面系统基于实体的物质资料而构建和叙写的中国古代文化史。我们这个出版项目的主旨，就是尝试弥补这个巨大缺憾和学术空白。

以往我们看到的中国历史著作，大都是基于传统文献资料，来进行政治、经济、军事、文化等各个领域的书写和诠释。当我们开始有意识地利用考古资料、地上文物遗存资料，并借助人类学、民族学、社会学等研究方法和手段来观察历史时，我们的研究空间和视域顿时更加广阔，某些隐藏至深的信息得以深入发掘，原有的历史认识进一步丰富而立体。这是因为历史本身的复杂性，决定了我们发掘历史信息的方法和途径也应该是多方面的。而随着近几十年考古发掘工作的不断推进，地下考古发现越来越丰富，地上文物遗存越来越受关注，同时学界的相关研究也越来越多，这些地下、地上文物遗存所展示给我们的信息就越来越系统，这些信息所构成的历史文化空间就越来越恢宏。最终使得我们不仅有必要而且也有可能不再拘泥于传统的历史记述与研究的路数，另辟蹊径，书写一部基于物质的中国古代文化史，即首先立足于地下、地上文物遗存，同时充分参考文献资料来诠释这些文物遗存的文化内涵与外延而构建的中国古代物质文化史。

这样的一部中国古代物质文化史，必然是一部能够让我们从物质实体出发来认识博大精深的中国古代文化的历史，一部广阔而深邃、客观而生动、系统而完整的历史，既能反映政治、经济、军事、文化、法制、科技、社会各方面情况，又能反映人们的生产、生活、信仰以及思想观念、审美理念、价值取向、生活情趣等。从中我们可以感受到历史发展的脉搏，探索历史最生动的层面，还原历史本来面貌。

从某种意义上来说，编纂这样一部系统科学的物质文化史不但势在必行，而且极具创新价值、学术价值和开拓意义。这样的工作，对于彰显中华民族的伟大创造力、诠释中华民族优秀的历史文化、使我们更好地认识源远流长的中华文明有着极为重要的意义。同时这种注重物质的客观性和系统关联性的学术视角，也必然会在学术领域产生积极的影响，对于推动历史学、人类学、考古学等学科的深入研究具有积极意义。此外，我们也希望这部书能够进一步唤起我们珍视历史、热爱文物、保护文物的意识。一个爱护文物、爱护历史文化遗产、尊重历史的民族，才是一个有未来的民族。

我们的中国古代物质文化史项目从策划到最终立项经过了数年时间的酝酿，从立项到陆续开始出版又经历了数年。我们计划全套书共出70卷，除索引卷外，分为通史和专题两个系列，以纵、横的脉络建立历史时空坐标。纵的是通史系列，分为史前、商周、秦汉、魏晋南北朝、隋唐五代、宋元明清六个阶段，按中国历史的时间顺序，遵循物质文化变化节奏和规律，在历史大背景下宏观阐述中国古代物质文化史的发展进程，使读者对文化遗存在中国历史洪流中有个整体、全局性的把握。横的是专题系列，按照材质、用途和功能、艺术表现形式等的不同分为石器、陶器、瓷器、玉器、青铜、金银器、漆器、兵器、乐器、家具、纺织、货币、天文历法、水利、建筑、墓葬、雕塑、绘画、书法篆刻等类。内容丰富的类别再做进一步的细致分类，并分册出版，如绘画类包括壁画（寺观壁画、墓室壁画、石窟寺壁画）、卷轴画等；雕塑类包括石窟寺雕塑、墓葬雕塑和其他雕塑等。各专题或以时间为轴或以类别为序，展现各个物质形态继承与发展、沿袭与嬗变的过程，通过点线面结合，揭示物质遗存所特有的发展曲线和深层次的历史内涵。每卷随文附图200幅左右，以体现内容和版面的活泼生动，强调实证效果，增强视觉感知及可读性。对于某些卷册，如龟兹、敦煌等，由于涉及大量译名，还会附加名词索引。

经过编委、各位作者和编辑人员的共同努力，如今这套书终于要依次与读者见面。个中滋味，甘苦各半。回顾起来，我们不得不说，这样大规模高难度的项目，在当今要集合如此众多的专家学者，进行如此大量的资料、图片的收集与整理工作，其难度远超我们的预期；尤其是若没有足够的资金支持，仅凭一家出版社的力量，几乎是不可能开展也不可能完成的。对此，国家出版基金会给我们提供了最大限度的支持，不仅是资金方面，还有精神方面，使得我们有决心、有信心也有力量把这个项目逐步完成。也正因为这样，这套书才能有幸与读者见面。在此，我们对国家出版基金会表示由衷的感谢。此外，参与主编策划和书稿撰写的各位专家、学者也付出了异常艰辛的努力，他们每个人本身的工作都很忙，可为了这套书的构思策划，为了每一卷书稿的高质量完成，还是付出了大量的时间和精力，做了最严谨而细致的工作，在此也对他们表示诚挚的谢意。

项目编辑组

总序：中国历史和文化的物质表征

《中国古代物质文化史》经过参与该书策划、撰写和编辑的诸多学者的共同努力，现在终于问世了。这个总序本来应该由项目的主编、前国家文物局局长、北京大学兼职教授张文彬先生来写，以阐述项目成果即本套书的编写宗旨、设计体例、内容特点，并介绍每分卷的写作情况等。由于张文彬先生在主持项目过程中遇身体不适，我这个后来被指定的执行主编只有勉为其难，代张文彬先生撰写这个《中国古代物质文化史》的总序了。鉴于这套书的编写宗旨、内容特点及框架体例等在出版说明中已有介绍，每分卷的写作情况在每本书的后记中也多有述及，无须我在这里重复。下面，我拟从中国物质文化史的概念定义、发展历程、专项分类三个方面，谈谈自己对中国古代物质文化史以及编写这套书的粗浅认识。

一、中国物质文化史的含义

人们通常这样认为，"物质文化，是指为了满足人类生存和发展需要所创造的物质产品及其所表现的文化"。物质文化既然是文化的一种呈现形态，那么，与"物质文化"相对应的另一种文化呈现形态就应是"非物质文化"，它们之间的关系是怎样的呢？要弄清这个问题，还需要从"文化"这个最基本的概念说起。

关于文化的定义很多，二十世纪五十年代有人作过统计，据说那时就有164种之多。文化人类学的鼻祖英国学者爱德华·伯内特·泰勒（Edward Burnett Tylor，1832—1917）是第一个从学术的角度对文化进行定义的学者。他认为，文化是复杂的整体，它包括知识、信仰、艺术、道德、法律、风俗，以及其他作为社会成员所习得的任何才能与习惯的综合体，是人类为使自己适应其环境和改善其生活方式的努力的总成绩[1]。泰勒关于"文化"的定义，尽管还存在不全面等问题（如泰勒没有提及需要后天习得的文化要素"语言"），却已给后人奠定了很好的解释基础，以后的学者又不断有补充和发展。英国功能主义人类学家A. R. 拉德克利夫-布朗（Alfred Radcliffe-Brown，1881—1955）认为，文化是一定的社会群体或社会阶级与他人的接触交往中习得的思想、感觉和活动的方式，是人们在相互交往中获得知识、技能、体验、观念、信仰和情

1 [英]泰勒：《原始文化》，上海文艺出版社，1992年。

操的过程，文化只有在社会结构发挥功能时才能显现出来，如果离开社会结构体系就观察不到文化。美国学者阿尔弗雷德·克鲁伯（A.L Kroeber）和克莱德·克拉克洪（Clyde Kluekhohn）在1951年出版的著述中，对西方164种文化的定义进行了评析后，提出了他们新的定义，即"文化存在于各种内隐的和外显的模式之中，借助符号的运用得以学习与传播，并构成人类群体的特殊成就，这些成就包括他们制造物品的各种具体式样，文化的基本要素是传统（通过历史衍生和由选择得到的）思想观念和价值，其中尤以价值观最为重要"[1]。以后，还有一些学者对文化下过定义，如美国学者罗伯特·F·莫菲（Robert F. Murphy）这样定义文化："文化是意义、价值和行为标准的整合系统，社会的人们据此生活并通过社会化将其在代际传递。"文化具有这样一些特点："文化定义关键部分就是，它意指行为的规则和确定方式，而不是指行为的本身""文化是我们在这个世界上的行为导引和对这个世界经验的符号表达""文化也是所有知识、信念和生存技能的百科全书""行为的不同习惯方式，以及某些特定的物质制品或艺术风格，可以使文化具有典型特征"[2]。根据以上学者对文化这一概念的解释，我们可以将文化理解为：

文化是人类社会在长期发展过程中凝固下来并在代际传承的价值观念、社会机制和行为规则，社会的人们据此思维、交流和行为，并且产生和创造具有特征的物质制品或艺术风格。

上述对文化的解释，包括了三个层面：其核心层面是人们的社会性，其中间层面是人们基于这种社会性的思维和行为，其外表层面则是人们思维和行为的产物。文化从表至里的三个不同的层面，其他两个层面都蕴含在表层的物质层面之下，故文化的三个层面又可以归结为两个不同的范畴（或两种不同的存在状态）——无固定形态的非物质的范畴就是所谓"非物质文化"（无形文化），有固定形态的物质范畴就是通常所说的"物质文化"（有形文化），这两种文化范畴构成了完整的文化形态。作为前人的完成了代际传承，经历了时间的筛选的两种文化的存在形态，已经成为我们需要加以关注、保护和传承的遗产。按照通行的解释，"非物质文化遗产"是人类创造这些物质文化的过程以及人类各社群为了满足自己精神生活需要的具有社会性、凝固性和典型性的行为，它是被各地区和社群视为其文化传统的表现形式、知识和技能，包括了口头传说、表演艺术、社会风俗、礼仪节庆、传统工艺等；而"物质文化遗产"，则是人类这些思维和行为的创造物，是有固定形态的可以被视觉感知的人类创造、制作和使用的人工遗留物。

说到文化的物质层面，就不得不提到考古学的一个核心概念"考古学文化"。我的专业是考古学，我们考古学家天天都在与考古学的文化打交道，不少考古学家还强调我们的考古学文化与别的学科的文化如何的不一样。翻开《中国大百科全书·考古卷》，该书对考古学文化的解释代表了目前中国考古界的主流认识："文化一词有着不同的含义，一般是指人类社会在科学、技术、艺术、教育、精神生活以及其他方面所达到的总成就，如中国文化、文化遗产等。考古学中所讲的文化，有其特定的含义，专门指考古发现中可供人们观察到的属于同一时代、分布于共同地区、并且具有

1 Kroeber,A.L. and Kluckhohn,C, Culture:A Critical Review of Concepts and Definition, Random House, New York, 1952.

2 [美]罗伯特·F·莫菲：《文化与社会人类学引论》，商务印书馆，2009年。

共同的特征的一群遗存。”[1]从这个定义中也可以看出，所谓具有独特性的考古学文化，与其他学科的文化概念并没有什么不同。文化的物质表层要素——即可以观察到的一定时期、一定区域的一群经常共存的具有共同特征的遗迹和遗物——就是考古学的文化；获取并研究这些文化的物质表征，透过现象去发现本质，揭示隐藏在物质表层之下的创造和使用这些遗存的人们的行为及其社会关系，即这些物质遗存所蕴含的非物质的东西，就构成了考古学这一学科的基本内涵。

考古学在包括中国在内的不少国家和地区的学科分类中，是历史学的分支，是以物质材料为主要研究对象去探究人类历史的一门学问。这里，我们有必要再谈谈物质文化史与考古学的联系与区别。考古学是通过调查和发掘地下古代物质遗存、并通过这些遗存提供的信息来理解和复原古代社会历史的学科，物质文化研究也是通过古人的物质文化遗存来重构古代社会历史，从研究目的上来看，二者并没有什么不同。正是由于这样的原因，苏联的全国性考古研究机构曾经被命名为“物质文化史科学院”或“物质文化研究所”[2]，以后才改为“考古学研究所”。仅从研究机构名称上来说，物质文化研究与考古学之间无疑具有密切的关系。不过，物质文化研究与考古学尽管内涵大致相同，其外延（主要是研究对象、研究内容等）也还存在差异。考古学研究的主要是埋藏在地下的古代物质遗存，物质文化研究的对象则包括了地下、地上和传世的古代文化遗存，后者比前者的研究范围要宽；考古学不仅研究古人遗留下来的物质遗存所包含的历史文化信息，还要研究获取这些物质遗存并提取其包含信息的技术和方法，后一方面的研究已经不是物质文化史研究所关注的问题。就中国的考古学科而言，其构成包括了考古学理论与方法、中国考古学、外国考古学、专门考古学等，如何开展田野考古和如何更多地提取遗存的历史信息，已经包含在考古学方法和专门考古学的分支中。可以这样说，中国考古学是基于考古获取的物质资料和考古学的研究方法所构建的中国物质文化史；而中国物质文化史，则是通过考古发现和现存于世的实物资料所构架的能够反映历史发展主线的中国古代史。

英国学者鲁惟一（Michael Loewe）和美国学者夏含夷（Edward Louis Shaughnessy）在《剑桥中国古代史》的序言中，将研究中国古代史的材料分为“文献资料”和“物质资料”两类，前者包括了出土文献和传世文献，后者也就是通过考古调查和发掘获取的实物资料。他们指出：“一个不注意考古证据的历史学家会感到他无法去顺应当代的学术潮流；同样，一位不熟悉传统文献的考古学家会难以把握相当一部分的中国文化之精髓。”正是基于这种考虑，这两位学者在主编《剑桥中国古代史》时，组织了历史学家和考古学家两个领域学者，各自基于不同类型资料来分别撰写同一个时期同一个区域的历史[3]。《剑桥中国古代史》的先秦卷面对的是文献资料并不丰富的“原史时代”，所以他们采取了历史学家和考古学家各自表述而不加整合的编写方式。即使在文献资料逐渐丰富的汉唐时代，甚至文献资料已经非常丰富

1 中国大百科全书总编辑委员会《考古学》编辑委员会：《中国大百科全书·考古学》，中国大百科全书出版社，1986年。

2 王伯洪、王仲殊：《苏联考古工作访问记（一）》，《考古》1959年第2期，第101—104页。

3 The Cambridge History of Ancient China: From the Origins of Civilization to 221B.C, Edited by Michael Loewe and Edward L. Shaughnessy. Cambridge University Press, 1999.

的宋元明清时代，主要基于通过物质的资料来编写一套中国古代的历史，与主要采用文献资料编写的中国古代历史并行于世，这对于全面认识和理解中国的古代文化和古代社会，仍然会有很大的帮助。

二、中国古代物质文化发展的历程

我们这套“中国古代物质文化史”是由纵、横两部分组成。最前面的是“中国物质文化史综述”，这是按中国历史的纵向时间顺序来概述中国古代物质文化史的发展进程。中国古代漫长的物质文化发展进程从来不是匀速前进，波澜不惊的，发展中会有大小不同的转折，高低不同的峰谷。根据物质文化面貌变化节奏的不同和撰写史书详略的不同，一套多卷本的中国古代物质文化史也有不同的分卷方式。如果编写比较简明的中国古代物质文化史，我个人倾向于以魏晋之际将其划分为两个阶段，也就是一套两卷本的书系。如果编写稍微详细的中国古代物质文化史，我希望划分为四卷，四卷本除了以魏晋之际作为一个分界外，另两个分界可定在龙山时代与二里头文化时代之间、五代十国与北宋之间。如果要编写更为详细的中国古代物质文化史，也就是类似本书系的规模，我们可将其细分为史前中国、商周、秦汉、魏晋南北朝、隋唐五代、宋元明清六个阶段即六卷，这样分卷主要基于这样一些理由。

我们知道，最能导致物质文化发生大变化的因素，是重大技术发明带来的产业革命。这些发明或本土自身产生，或域外传播而来。正是基于这些重大发明，才导致了中国古代社会的巨大变化，才引起中国物质文化的多次明显转折。在这些创造性的发明中，首先应该提到的是谷物栽培和动物驯化。谷物中的人工粟等人工栽培作物大约在距今一万年前后出现在中国北方的黄河流域，以后向周边传布，甚至远布至青藏高原地区，形成了范围广大的北方旱地粟作农业区。而稻等人工栽培作物，更远在一万多年前就出现在中国南方长江中游地区，以后更传播至东北至朝鲜半岛，东南至东南亚等广阔的温暖湿润的区域，形成了广大的南方水田稻作农业区。农业的发生和推广，使得人类的生活资源趋于稳定，从而脱离了栖居山洞和追猎迁徙的不稳定生活，开始走出山洞步入旷野，在平川形成了定居的聚落，产生了钻孔、磨制和制陶等新的工艺，促使社会逐渐复杂化和多样化，奠定了中国万年农业文明的基础。大约在距今4000年前后，大麦、小麦和青稞等作物传入中国，这种适应性强的谷物丰富了旱地农业的种类，除了在低海拔地区普遍种植外，青稞这类作物还经过了高原严酷的自然选择，成为青藏高原的单一谷物。至于工业的技术革命，从先前的手工业发展成为近代化的大工业，在中国开始较晚，直到清代晚期的鸦片战争后才逐渐引入西方工业革命的成果，从而从某种程度上推动了社会的变革。因此，以农业革命的发生和工业革命的引入为标志，将中国的物质文化史划分为三个大的时代，也就是猎取时代、农业时代和工业时代（相当于以生产工具为标准划分社会发展史的旧石器时代，新石器、青铜、铁器的时代，以及机器的时代），应该是比较恰当的。只是中国的工业时代已经属于近代，古代的物质文化史不宜包括工业革命时代；而旧石器时代的人类物质文化遗存较少，如果把它作为书系中的一本就显得单薄，故将其与新石器时代合并称为“中国史前物质文化史”，只是在这个“史前时代”

中，也明确划分出这两个时代而已。换句话说，这套中国古代物质文化史去掉了工业时代，弱化了猎取的时代，强调的是建立在农业革命基础上的石器、铜器、铁器三个时代。物质文化材料的年代越早，保存至今的也就越少，因而石器时代和青铜时代只能各自作为一卷，而物质文化材料丰富的铁器时代却被划分为四卷，可能会给人以前轻后重之感，尽管历史时代考古学的重要性已不如更早的时代。

说到史前时代，这就不可避免地会涉及介于史前与历史时代之间的“原史时代”。学术界一般认为，原史时代是一个过渡性质的时期，这一时期无论是属于本社群文字还是他社群文字的文献记录都相当有限，仅据这些零星和片段的文字和文献资料无法复原该社群历史的主要梗概，要认识一时期该社群的历史需要综合考古学、人类学、文字学、历史学及自然科学的知识体系和研究手段[1]。原史时代可有广狭二义：严格的原史时代不包括传说时代，而是以成熟文字体系的出现为开始，以这种文字体系撰写的史书出现为结束。具体到中国古代史来说，也就是商代晚期至西周时期，其开端以殷墟甲骨文的出现为标志，结束以中国最早的编年体史书《春秋》开始的年代为标志，二者间的年代跨度很小[2]。宽泛的原史时代以中国古史传说时代为开始，以文字产生后出现史书为结束，具体到中国古代史来说，其开端可以上推到传说中的夏代甚至龙山时代，而其下限则与狭义的原史时代相同。不过，就物质文化这个层面来看，无论是技术上还是艺术上，大约相当于夏代后期的二里头文化与先前的龙山时代诸文化都发生了许多变化，而这种变化在战国中期又一次出现。这之间的时间幅度约略相当于中国考古学界的夏商周时代或史学界的先秦时代，也约略相当于西方汉学界所说的“从文明起源到秦统一”的阶段[3]。在这个时代里，青铜既是一种制作工具、武器和礼仪用器的最重要材料，制造青铜器又是当时技术含量最高的工艺，青铜器具这类作品还是当时艺术的集中体现，如果史前时代是以石器制作为标志的石器时代，这个时代就是以青铜为标志的青铜时代。尽管关于中国青铜时代开始和结束的时间，学术界还有一些不同的说法。

按照我个人的见解，中国的原史时代应当定位在二里头文化中期至战国前期，这是基于这样几个考虑。首先，从二里头文化兴盛开始，具有中国金属铸造的特色的泥范铸造技术开始出现，并完成了从红铜时代（或称铜石并用时代）向青铜时代的转变；而人工铁器尽管早在两周之际就已引入中国，却也是在战国前期偏晚才与青铜冶铸技术相结合，使得大量冶炼铁和普遍使用铁器成为可能，才真正进入了铁器时代。其次，也是从二里头文化兴盛期起，青铜鼎等礼器、青铜戈等兵器，以及兽面纹等动物纹样才出现并流行，独特的中国艺术传统才开始形成；而到了战国前期以后，先前流行的礼器种类和装饰纹样已经趋于消失，来自北方草原地区的艺术风格已经占据主导地位。其三，从中国的史学传统来看，中国古人向来有将秦以前的历史划分为五帝时代和三王时代的传统，现代的史学家也还将先秦史单独出来，并将夏以前的传说时代与夏商周三代区分开来。因此，我们将夏、商、周三代作为中国物质文化

1 Daniel,Glyn,A Short History of Archaeology. London: Thames and Hudson.1981.

2 李学勤先生就这样说，这样一个原史时代与中国古代历史时代的对应关系，学者们认识也不尽相同，李学勤先生认为，商与西周时期属于原史时代，而不同于商和西周的东周已脱离了原史时代而跨入真正意义的历史时代了。参看李学勤《东周与秦代文明》，文物出版社，1984年。

3 鲁惟一、夏含夷主编的《剑桥中国古代史》，其副标题就是“从文明起源到秦统一”，由此可见一斑。

发展历程中的第二个时期，也就是这套书通史系列的第二卷。

中国中心地区在战国后期就已出现了统一的趋势，东齐西秦是当时最有可能推进统一事业进行的大国，在齐国当时就有一批学者聚集在一起，开始构拟大一统后的政治构架，勾画新王朝的理想图景。秦国结束了战国时期诸侯割据的局面，建立了中央集权的大一统王朝，开创了中国历史的一个全新的时代。从此广泛推行的郡县制代替了传统的封建制，由中央政府控制的官营手工业作坊遍及全国各地，各地间的商业往来也较过去更为频繁。在这种背景下，秦汉王朝直接统治范围内物质文化产品，无论是工艺、种类，还是形制、纹饰，都逐渐呈现高度一致的状况，中国大部分地区的延续了千百年的区域文化差异从此逐渐减弱甚至消失。尽管从战国后期到西汉前期，这一时期物质文化的总体面貌还处在从商周旧制向秦汉新制的转变过程中；尽管在三国至两晋时期，中国的物质文化的发展进程发生了从“早期中国”到“晚期中国”的大转变；但如果模糊这个具体的分界，将秦汉时期这个中国古代文化发展的高峰期作为中国物质文化史的一个时期，单独设置秦汉卷作为这套书通史系列的第三卷，这应该是恰当的。

从三国鼎立局面形成一直到隋代，除了西晋短暂的统一外，中国出现了长达三百余年的分裂局面。北方古族在这期间纷纷进入中原，出现了空前的民族大融合。在这种历史背景下，各地区在文化面貌上的差异也进一步缩小，但由于从西晋以后长期的南北对峙，以及僻处一隅的某些由少数民族建立的国家保留了比较多的自身文化传统，这一时期文化除了存在着比较明显的南北差别外，在北方还存在一些更小的地区之间的差异。隋王朝结束了自西晋以后长期的分裂混乱局面和南北对峙的政治文化格局，中国遭受长期战乱破坏的社会经济得以恢复和发展。唐王朝继承了隋王朝的统一基业，实行了一系列重要的政治、经济和军事的改革措施，将中国古代社会推向了秦汉王朝以来又一个空前鼎盛的发展阶段。盛唐气象强大而持久，流风余韵，一直延续至五代十国间。基于这种考虑，虽然两晋南北朝和隋唐都是宗教热情极度高涨的时期，但两晋南北朝与隋唐五代的物质文化仍然存在比较大的差异。因此，我们将两晋南北朝与隋唐五代各自作为中国物质文化史的一个时期，各自单独作为一卷。

至于宋元明清时期，这个时期文献资料已经非常丰富，考古学家讲历史时期考古一般都只讲到元，北京大学过去的中国考古学教材最后一卷就是《宋元考古》，就反映了这个问题。我们认为，尽管在中国历史的重要性中，明清时期的物质遗存的确不如早先时期，但作为中国物质文化史应该是一个完整的过程。因此，我们这套中国古代物质文化史通史系列的最后一卷，从宋代一直写到清代，希望这些年代较晚的物质文化资料有助于丰富对这段时期历史的认识。

三、中国古代物质文化的种类

如同历史著述有通史和专门史一样，按照中国物质文化发展阶段编写的历史，只是基于物质文化遗存透露的历史文化信息，按照时间发展顺序和物质文化表征的变化程度连缀而成的中国物质文化的“通史”，“通史”中不同时段的物质文化史则相当于“断代史”。就整个中国物质文化史来说，有了这个“通史”系列，虽然可以从纵向认识整个中国古代物质文化发展的概貌，却难以从横向全面展示中国古代物质文化的方方面面。因此，还需要根据中国古代物质文化遗存的分类，按“类”来叙述某类物质文化遗存的分述系列，这个系列就是中国物质文化的“专门史”。

物质文化具有可视性，不同的物质文化具有不同的面貌特征，因而可以根据这些特征展开分类。物质文化是一个笼统的概念，我们所面对的古代物质文化是过去人们行为创造的物质遗留，也就是人们通常所称的“物质文化遗产”或“文物”。物质文化遗产的体量有大有小，大的文化遗产如建筑、壁画、纪念碑等，当初选址、设计、创造时就考虑了永固性等因素，没有考虑其位置变换，今天我们采取保护措施时也不便于将其移至他处，只能在原地保存（从保留关联信息的角度，也只能在原地保存）；小的文化遗产如家具、陈设、用具等，当初设计制作时就考虑了方便移动的使用功能，今天我们对其进行保护时，可以将其搬移到博物馆等具有更好保存环境的空间去保存。因此，物质文化遗产即文物首先可以划分为不可移动文物和可移动文物两大类，这两大类文物各自可以作为中国古代物质文化史“专门史”中的一个系列。

不可移动文物包括了大到历史城镇、传统村落、古代遗址等综合性的文物，也包括了宫殿衙署、寺观祠庙、陵园坟墓、石刻造像等专门性的文物，这些文物有三类不同的保存状态：第一类文物在历史上就已经废弃，成为历史的陈迹，呈现在人们面前的只是残缺不全的局部，有的还全部或大多掩埋在地下。历史上城镇村落的废墟、曾经一度兴旺的工矿作坊场所、废弃并垮塌殆尽的寺观祠庙、地面建筑甚至封树都已经不存的帝陵坟墓，乃至于一座房屋或一座塔幢的废址等，都属于这类文物。第二类文物虽然失去了它在历史上的作用，却仍然屹立在地表，被作为其他用途或作为历史名胜而存在。已经没有皇室官员使用的宫殿衙署、中断了宗教活动的寺观祠庙、原有功能已经退化或消失的石窟碑刻、已经弃置或被改做他用的城堡等，都属于这类文物。 第三类恐怕已不能简单地称之为文物，而是具有“物”和“非物”的综合体。至今还基本保持着原来的功能和文化传统，并随着时代的推移，继续在发生着变化，古今重叠且文化延续的城镇和村落，至今还有人居住的古村落民居，仍在使用传统工艺进行生产的作坊、农庄、牧场等，都可归属此类。

可移动文物，包括历史上各时代的重要工具、武器、礼仪用器、生活用器、艺术品、文书、档案、图书等，这些文物的材料和材质大致有两大类：第一类采用曾经具有生命的物质制作而成，也就是被称为“有机质文物”的一类，如竹木漆器、骨牙角器、纤维制品等。这类文物的存在周期相对较短，对保存条件要求也较高。第二类采用没有生命的物质制作而成，也就是被称为“无机质文物”一类，包括地球自然演化形成的天然材料和人工合成的金属材料，如玉石制品、金属制品等。这类文物的存在周期相对较长，对保存条件的要求也相对较低。

上述对于物质文化遗产即文物的分类方式，是以文物的保存状态和保存条件作为分类标准，这对于文物的保护研究来说，无疑是最恰当的分类方式。不过，这种分类没有考虑这些文物的用途和功能，而文物这方面的属性恰好是从文物这一文化的表层物质现象通向创造和使用这些文物的人、人的行为及其社会关系的桥梁，是将物质资料变为物质文化史的重要途径。因此，我们这部中国古代物质文化史的“专门史”不采取上述分类方式来分卷，而是按照材质和功能对不可移动文物进行分类。

中国文物管理部门对于不可移动文物的分类，以全国重点文物保护单位的分类最具代表性。该文物分类体系将不可移动文物分划为古遗址、古墓葬、古建筑、石窟寺及石刻、近现代重要史迹及代表性建筑等类。这些类型的不可移动文物，除了古遗址是以文物的保存状态为分类标准，近现代重要史迹及代表性建筑是以时代为分类标准，其类型与以功能作为分类标准的类型有所不同外，其他诸类都可以作为中国物质文化专门史的不可移动分系列。由于遗址大多都在中国物质文化通史系列中曾经引述，且通史系列的物质材料主要就是遗址加上遗址和墓葬等出土的各类可移动文物，专门史系列可以不必再列出遗址作为一卷；由于中国物质文化史只是有关古代中国，不涉及近代中国，故本丛书也没有近现代重要史迹及代表性建筑的内容。

中国文物管理部门对于可移动文物的分类，以全国首次可移动文物普查的分类标准最为详细。该分类标准“根据文物的异同，即构成每件文物基本物质的自然属性和社会属性之差异性、同一性”，将可移动文物划分为金/银器、铜器、铁器、陶/泥器、瓷器、砖瓦、宝/玉石器、石器石刻、漆/竹器、绘画、书法、拓片、珐琅器、玻璃器、骨/牙/角器、纺织/绣品、皮革、玺印、文具/乐器/法器、货币、雕塑/造像、古人类遗体遗骸、文献图书、徽章/证件、邮品、票据、音响制品、交通/运输工具、度量衡器、武器装备/航天装备、古脊椎动物化石和古人类化石、其他共32类[1]。正如该分类系统的分类标准有文物的自然属性和社会属性两个一样，可移动文物实际上可以划分为两个小系列：一个系列是按照文物的自然属性即材料和材质划分的系列，如玉石器、金银器、铜器、铁器、陶器、瓷器、玻璃器、骨牙角器等；一个系列是按照文物的社会属性即功能用途等划分的系列，如纺织品、货币、雕塑、武器、度量衡器等。我们编写的这套中国物质文化史的可移动文物部分基本就按照这个体系进行划分，只是一些偏小的文物类型和产生年代较晚的文物类型难以单独成册，我们这套古代物质文化史只能暂且舍弃了。

在艺术史学界，尤其是西方关于中国艺术史的研究，往往综合考虑其时代、功能和形式等方面的因素，将能够基于视觉观察的物质文化领域的中国艺术品划分为四大类。第一大类是主要兴盛于商周时期的青铜艺术；第二大类是主要存在于两汉时期的汉画艺术；第三大类是风行于晋唐时期的佛教艺术；第四大类则是从宋代以后大盛的以卷轴画为主体的绘画艺术。青铜艺术比较单纯，其物质材料就是青铜器。绘画艺术也不复杂，主要是卷轴画，此外就是壁画。汉画艺术的涉及面较广，包括了汉代画像砖、画像石、独立雕塑和建筑雕刻等诸多类型的文物。佛教艺术就更为广泛，与佛教相关的石窟、雕像、壁画、供器等，乃至于佛教寺庙建筑等都可归属于佛教艺术。以上四大类，只是中国艺术门类的主流，其他如产生于中国本土且长期与佛教艺术并存的道教艺术，在东亚地区具有广泛影响的建筑艺术（尤其是园林建筑），具有中国特色的玉器、漆器、瓷器等艺术类型，也从不同的方面丰富和补充着中国艺术史和中国物质文化史。

正是基于以上诸方面的考虑，我们主编的这套中国物质文化史的专门史划分为了不可移动文物和可移动文物两大系列，前者又包括了古建筑、石窟寺、古陵墓、古水利、古天文等不同的功能类型，后者更包括了玉器、铜器、铁器、瓷器、金银、玻璃

1 国家文物局编：《第一次全国可移动文物普查工作手册》，文物出版社，2013年。

等不同的材料材质类型，雕塑、绘画等不同艺术表现形式的类型，以及兵器、货币、纺织品等不同社会功能的类型。每个类型作为一卷，有的类型因文物丰富再细分为若干册。这种最终分卷的分类标准的不一致，我想读者应该是能够理解的。

四、另类的中国物质文化史

编写一套系统的中国古代物质文化史，是主编张文彬教授提出的构想。张文彬教授早年就读于北京大学历史系考古专业，以后曾在郑州大学历史系任教，对中国古代物质文化史自然非常熟悉；他又曾担任国家文物局局长和中国博物馆学会会长，熟悉全国的文物状况和博物馆藏品情况，是主编中国古代物质文化史的最好人选。在已经拟定了基于文物分类的物质文化史编写纲要，这套书各卷刚启动编写不久，张文彬教授就因病卧床，不能继续主持编写工作。还在张文彬教授患病之前，我就受他之命协助联络作者；张文彬教授患病后，我受参与编写工作的朋友的推举，担任这套书的“执行主编”。我基于自己对中国古代物质文化史的理解，增强了这套书的纵向通史系列，其他基本上按照张文彬教授原先拟定的编写体例来组织。现在大部分分卷已经定稿，回过头来看当时全书的设计框架，总觉得还有一些不尽如人意之处。这些主要表现在以下两个方面：

首先，一套完整的古代物质文化史通史不仅要有以时间为纲的通史主干，还应该有相应的纵向旁支。就如同北宋司马光主持编写《资治通鉴》（下简称《通鉴》），他首先按照年代编出汇集史料的“长编”，以此为基础才编写《通鉴》这部翔实的编年体通史。与此同时，为了说明自己对史料异同的取舍，还编写了《资治通鉴考异》作为附属，以驳斥相反意见并客观保存异说。由于皇帝日理万机，没有那么多时间来翻阅294卷的《通鉴》，他们还编写了简写本30卷的《通鉴目录》，以满足特定读者的需要。除此之外，为了弥补《通鉴》覆盖时间跨度上的不足，司马光等还编写了20卷的《稽古录》这样的简录，时间上溯至传说中的伏羲，下延至宋英宗末年。可见司马光等人编写《通鉴》，原本有一整套完整周密的构想，即便都是编年体的史书，也有主有从，有繁有简，有纲有目，所以《通鉴》才显得与众不同，为史家所重。作为一套体例完整的中国物质文化史，在通史部分也需要像《通鉴》那样，除了需补充强化史前的旧石器时代卷和新增近现代卷，编写与中国古代物质文化史相关的资料和研究汇集外，还需要考虑简化本的中国古代物质文化史。

简化本的中国古代物质文化史以上下两卷最为恰当，这是因为基于可视的物质文化形态和面貌，在公元三至四世纪间，也就是三国至两晋间，以佛教传入并流行中国为标志，中国的主流物质文化发生了重大变化——在佛教传布开来之前，中国的城市和乡村的标志性建筑和景观是统治者的宫殿、衙署、宗庙、神祠，人们崇奉的是祖先以及社稷、山川、天地诸神祇，并且这些神祇都不采用造像的形式来表现；而在佛教流行中国后，中国城市的标志性建筑和人文景观除了宫殿和衙署外，佛教寺庙（包括仿效佛寺而建的道教宫观）成为城乡最引人瞩目的标志性建筑和人文景观，大量佛教造像和少许道教造像占据了人们精神世界，成为最广泛的崇奉对象。因此，西方汉学界往往都是以佛教传入并流行中国作为中国历史和艺术的最重要的转折标志，这以前的中国为“早期中国”，这以后的中国是“中晚期的中国”。早期中国的文化主流是传统的自然发展过程，尽管不断会有来自周边，尤其是来自北方草原地区文化的影响，但这种影响的程度是有限的，没有造成传统的变异、转移或中断。晚期的中国，由于外来佛教的强力介入，使原先中国的主流文化发生了变异，佛教深深地浸入到社会生活的各个方面。原先不事偶像崇拜的中国社会，开始将大量财富用于制作顶礼膜拜的佛教像设和象征物，用于营建覆盖这些像设和象征物的殿堂楼塔，从而导致国家财政来源的分流，带来相应的经济和社会问题。宗教的驱动力量往往巨大且持久，以佛教传入中国且在中国流传为标志，将中国物质文化史划分为早晚两个大的时期，我想应该比较恰当。佛教传入中国的年代，尽管可以追溯到两汉之际前后[1]，但在整个东汉时期，佛教都是混杂在中国传统的神仙方士中流传，还没有得到人们的广泛认知。佛教成为一种专门的宗教为人们所接受，不会早于三国两晋时期。三国两晋时期正是中国制度、思想和文化的大变革时期，文学上有所谓“魏晋风骨”，反映在物质文化上，这时期的城市、陵墓、器用、书画等也都出现了一系列新的气象。据此，以三国两晋之际作为首要转折点，将中国古代物质文化史的通史部分划分为两个大的时期，编写一套两卷本的中国古代物质文化史简本，这一定是很有意义的。

其次，我们这套中国古代物质文化史虽配有大量的图片，但基本体例还是以文字为主，图片配合文字出现。而物质文化的视觉感知非常重要，故以文物的图像为基础而加以文字解说和诠释，对于形象地认知和理解中国古代物质文化非常必要。中国国家博物馆（原中国历史博物馆）研究员孙机先生，曾编写了一本《汉代物质文化资料图说》。这是孙机先生基于多年对汉代文物研究的心得，在数十篇论文的基础上完成的图文并茂的著作[2]。这种以图说的方式叙述一个朝代的物质文化史，既是中国“左图右史”史学传统的延续，又是博物馆陈列必要的基础研究和公众获取知识的良好途径，应当大力推广。只是这种以图说史的著述，另有一套独特的编写体系，需做大量资料整理的工作，还需有系统的研究积累，编写难度很大，故迄今未见以图说的形式撰写的其他时代的中国物质文化史的著作。续写一套中国古代物质文化史图说，应当很有必要。

作为一套全方位的“中国古代物质文化史”，理所当然应有一个“中国古代物质文化史图说”系列。这套图说不宜按照中国的历史时代来述说，而应该以物质文化本身发展演变的阶段性来编写。如果按照我们前面所说的中国物质文化发展的进程，需要有史前、三代、秦汉三国、两晋南北朝、隋唐五代、两宋·辽金西夏·南诏大理、蒙元、明清诸时代。每个发展阶段则应该有都城市镇、宫殿衙署、坛壝社稷、神祠寺观、祭祀礼器、街坊住宅、园囿苑林、陵园坟墓、矿场作坊、生产工具、钱币量具、路河邮驿、衣冠服饰、家具陈设、生活用器等名目，每个名目下再细分为若干种类来展开图文的叙述。这样一部图说的中国古代物质文化史，可以弥补目前这套书的不足，

1 关于佛教传入中国的时间，有两种说法：一种是西汉末期汉哀帝元寿年间，大月氏使者伊存向博士弟子景庐口授《浮屠经》之说，见《三国志》卷三〇裴松之注引曹魏鱼豢《魏略·西戎传》；一种是东汉明帝永明年间，蔡愔出使大月氏，与僧人摄摩腾和竺法兰一起用白马驮回佛经和佛像至洛阳之说。二说的年代相差不多，且都与大月氏有关。

2 孙机：《汉代物质文化资料图说（增订本）》，文物出版社，2008年。

能够从更具体和更微观的层面展现中国古代物质文化的面貌。

我希望，今后如果能够有比较充裕的时间，组织相关专家编写一套这样的中国古代物质文化图说，对于更加深入地理解古代中国，普及传统文化知识，推进博物馆教育，将是一件很有意义的事情。

编写中国古代物质文化史是一项长期的工作，要有相当长时间的资料积累和研究积累。北京大学的考古学科，自1952年以来先后编写过多个版本的《中国考古学》征求意见稿，如1960年、1972年版的《中国考古学》铅印本等，并有“多卷本中国考古学”这样的重大科研项目来推动，但迄今为止，这套多卷本《中国考古学》仍然没有问世。这其中既有新的考古资料不断涌现所带来的认识的更新，也有老一辈学者与新一辈学者认识上的差异，当然也还有这样和那样的原因。不过，仅从这一事例就可以看出，要编写一套优秀的学术著作是多么的不容易。《中国考古学》从某种意义上来说，与《中国古代物质文化史》有许多共通之处，要编写这样一套书需要投入较长的时间和相当的人力和精力。这部《中国古代物质文化史》作为一项国家出版项目，有出版的时间限定，我这个慌忙上阵的执行主编，只能尽可能召集一些长期从事中国考古学教学和科研，手头有比较现成的研究成果或讲稿，经过补充、整理、强化就可以成书的研究者，来承担中国古代物质文化史的通史系列各卷的撰写任务[1]。由于撰写时间的限制使得一些作者在完成初稿后，可能没有更多的时间来广泛征求意见和做细致的加工完善。可安慰的是，这套《中国古代物质文化史》本来就有为今后编写《中国考古学》和修订补充各专门物质文化史征求意见的意图。如果读者发现这套《中国古代物质文化史》存在着这样或那样的不足，就尽管提出批评和建议，我们一定虚心听取，以便在今后编写《中国考古学》系列时能够做得更好些。

孙 华

1 考虑到我所在的北京大学考古文博学院，也在考虑重启多卷本《中国考古学》的编写，为了使二者不发生重合，保持《中国古代物质文化史》通史系列自身的特色，我主要邀请了北京大学以外的高校考古专业的专家和教师来承担各卷的编写任务。

目录

绪 论

秦汉三国时期，是中国历史上非常重要的时期，汉字、汉语、汉服、汉人、汉族、汉俗、汉文化在这一时期固定成型统于一，我们今天许许多多的生活方式、思维方式和文明传统也都与该时期密切相关，尤其是以汉民族为主体的中华民族的形成以及对周边文化的影响意义更加突出。因此，该时期的物质文化史丰富多彩且斑斓无比。大家知道，能够证明这一历史事实的除了《史记》、《汉书》、《后汉书》、《三国志》等正史材料的文献记载外，还有考古学的发掘成果为我们提供的关于这一时期的物质文化最为直接的物证。那么，充分利用考古出土遗迹、遗物与文献记载相结合，从不同的角度展示秦汉三国时期多维的物质文化面貌，是本书力图探索的目标和任务。

一、秦汉三国物质文化的时期划分

从公元前221年秦始皇统一六国，到公元265年西晋司马氏政权建立，在这486年的历史演进当中，按时代来划分，可以区分为秦代、西汉时期、新莽时期、东汉时期以及三国时期。然而，物质文化的变迁并不是严格按照朝代的更替而立即“大换血”，尤其是墓葬文化变化更是滞后于政权的更替，因此，我们所讲的秦文化、汉文化以及三国文化，研究者对它们的理解和注释有不少差异。在这里，作出如下的界定。

秦的物质文化指的是秦统一时期的文化，不是秦族的文化，也不是秦国的文化。当然，文化的置换无法用一年的时期来严格划分，比如秦都咸阳城，它本身就经历了秦孝王时期到秦王子婴灭亡（前350—前206年），有144年的历史，若论述秦代的咸阳城只有15年的历史，即便是加上楚汉战争4年的时间，也只有19年，因此，叙述秦代都城物质文化史难免会涉及战国晚期秦的城市物质文化，这一点是必须在这里说明的。

从考古学文化的视野来看，先秦秦汉时期经历了周制、秦制向汉制的转变过程，这一过程在墓葬材料中表征最清楚，简而言之，就是从以用鼎制度、棺椁制度为核心的周礼习俗，经历了秦人的实用器物（或仿实用明器）随葬特征，到大约在汉武帝时期形成了以“仓厨”等模型明器为核心的汉制形式。因此汉文化的形成，应当是承秦制、融楚俗、糅周礼的结果。

汉代物质文化的兴替和繁荣表现在不同时期，从城市发展的角度来看，长安城与洛阳城分别代表了两汉时期的都城风格，班固的《两都赋》有表述，虽有夸张，但不失气度。如《西都赋》如此描述长安城：“建金城其万雉，呀周池而成渊。披三条之广路，立十二之通门。内则街衢洞达，闾阎且千，九市开场，货别隧分。”“若乃观其四郊，浮游近县，则南望杜、霸，北眺五陵。名都对郭，邑居相承。”《东都赋》如此描述洛阳城：“系唐统，接汉绪，茂育群生，恢复疆宇，勋兼乎在昔，事勤乎三五。”“光汉京于诸夏，总八方而为之极。是以皇城之内，宫室光明，阙庭神丽，奢不可逾，俭不能侈。”细分之，西汉长安城的发展经历了三个大的时期：汉初到文景时期，汉城修筑了四面城墙和南部的主体宫殿长乐宫和未央宫；西汉中期汉武帝修筑了汉城内北部的桂宫、明光宫以及汉城外西部的建章宫等；西汉晚期王莽主政时期，修建了汉城南部的九庙和明堂辟雍设施。这三个阶段的划分，与西汉文化大的发展时期相对应。东汉洛阳城继承了西汉时期的基本形制，光武皇帝在城的南郊修建了明堂辟雍和灵台；明帝时期在城内增修了北宫，形成了南北二宫的格局；到了曹魏时期，在城的西北角修筑了金墉城，成为西晋北魏洛阳城市的一个重要表征。也就是说，东汉曹魏洛阳城的发展具有鲜明的阶段性。

详细的年代分期是考古学研究的一个重要领域，秦汉三国时期按照墓葬的综合特征，可以区分为秦代、西汉早期、西汉中期、西汉晚期、新莽时期、东汉早期、东汉中期、东汉晚期、三国时期九个时期，比起上述城市发展的阶段性，这种分期更为直观和具体。以随葬铜镜的分期特征举例：秦代流行素镜、蟠螭纹镜及弦纹镜等，西汉早期流行蟠螭纹镜、蟠虺纹镜、草叶纹镜等，西汉中期流行日光镜、百乳镜等，西汉晚期流行昭明镜、四乳四禽镜等，新莽时期流行鸟兽带纹镜、博局镜等，东汉早期流行博局镜、云雷纹镜等，东汉中期流行长宜子孙镜等，东汉晚期流行变形四叶纹镜、画像镜、龙虎镜、铁镜等，三国时代流行兽首镜、画像镜、变形四叶纹镜、铁镜等。这些铜镜不同时期的变化，充分显示了秦汉三国时期先民审美特征、文化情趣乃至思想信仰的变迁。

二、秦汉三国时期物质文化特征概述

林剑鸣先生在《秦汉文明发展的特点》一文中提到[1]，秦汉时代作为中国封建社会奠基的时代，其文明发展可概括为三个方面的特点：多样化的统一，大规模地吸收和远距离地传播，在对抗中的进步。这三个特点，既是秦汉文明的表征，又是秦汉社会发展的动力和规律。笔者在《两汉时期文明特点述论》中说过[2]：“两汉时期的文明集中体现了中华文明的特殊性、创新性和传统性。中原文明作为中华文明的代表和缩影，又有着鲜明的个性特征，尤其是以中原为领先地位的冶铁技术的发展与变革，给整个两汉社会带来了巨大的经济效益；太学（国立大学）、四姓小侯学、宫邸学（贵族学校）、鸿都门学（文艺专科学校）、私立学校以及郡、县、乡、聚教育文化的兴盛，不但提高了人口的素质，也对东汉政治文化走向产生了很大影响。”这里重点强调了铁器使用和铸造技术进步以及教育文化普及对汉代文明进步的重要作用。那么，秦汉三国时期的物质文化特征如果纯粹从物质属性的特点来观察，可以从如下五个方面进行说明。

其一是农业文化的稳定与繁荣。主要表现在土地私有的确立、铁器农具的普及、牛耕的推广、农田的灌溉、五谷杂粮种植、精耕细作流行、农业技术的改进等方面。许倬云先生《汉代农业》中说：“也就是在汉代，中国文明似乎才确定了它发展的方向。”[3]这个发展方向当然包含了农业文明的发展趋势和规律。描写汉代当时农学的代表性著作有两部，一是《氾胜之书》，二是《四民月令》，前者记载了黄河中游地区的耕作原则、作物栽培技术和种子选育等农业生产知识，后者叙述了从正月到十二月中田庄的农业活动，以及谷类、瓜菜的种植时令和栽种方法，包括纺绩、织染和酿造、制药等手工业情况。

1 林剑鸣：《秦汉文明发展的特点》，《学术月刊》1984年第10期。

2 韩国河：《两汉时期文明特点述论》，《郑州大学学报》2004年第1期。

3 许倬云：《汉代农业·绪论》，广西师范大学出版社，2005年，第3页。

针对这些记述，河南内黄三杨庄的西汉晚期聚落的考古发现，着实让大家惊叹一番：三进或者两进院落的形式，前有水井后有厕所、周围种植树木，农田就在聚舍附近的格局[1]，让我们回想起了二十世纪七八十年代的农村景象。如果再比较一下两千年前那一时段的劳作用具（锹、犁、镰、锸等），更加感到汉代农业文明的伟大。当然，随着今天机械化耕作的普及，很多类似汉代农业的因素已经广泛退去，但这些穿越两千多年的农耕文化传统仍然沉积在历史发展的长河里，诉说着中国传统农业大国的经典和精彩。

其二是城市社会的分级与聚合。公元前221年东周诸国被秦始皇一一降服，国家的统一，带来的直接后果是可以集中人力物力大兴统治者需要的土木建筑。秦都咸阳、西汉长安、东汉曹魏洛阳等都城首先修建，郡县乡邑级的城市跟随其后，形成了覆盖秦汉三国疆域的城市群和交通网。文献记载，刘邦击败项羽的次年即下诏“令天下县邑城”，东汉时期，如《潜夫论》所言：“天下百郡千县，市邑万数。”关于这些城市的地位和作用，王子今、吕宗力先生在《秦汉时期中原的“群都”》中说[2]：“自文明初期，中原地方多处曾经作为政治中心和文化中心的重要居邑。在大一统政体形成并得以巩固的秦汉时期，它们依然保留历史的光荣，若干新的具有区域领袖地位的都市亦逐步出现，蔡邕《述行赋》‘群都’之说反映了这一史实。相关现象在一些都城史、都市史论著中似乎有所忽略。秦汉时期中原‘群都’的历史存在，体现出这一地区作为文化重心的地位。”涉及都城核心布局的变化，刘庆柱先生《中国古代都城遗址布局形制的考古发现所反映的社会形态变化研究》中说[3]：“单体建筑由‘大房子’发展为‘宫殿’；宫殿由单一殿堂中的‘前堂后室’结构，发展为多座宫殿形成的‘前朝后寝’建筑群格局，这反映了中国古代都城宫殿建筑发展的规律。”“秦汉时代是从先秦时代的王国进入帝国的时代，王国政治与帝国政治的最大不同点是从血缘政治向地缘政治的进一步发展，在都城建筑中的突出表现是，宗庙地位的下降，这主要表现在宫庙建筑形制的进一步改变及其在都城之中的分布位置变化。”

考古发现的首都之外的城市，还有诸侯王国都城或首县、郡治县城、一般县城与其他城址，这些城市的兴起，《新中国的考古发现和研究》说一种是在前代聚落基础上发展起来的城市；一种是沿用或改建东周旧城址；再一种是在被平毁的战国城址附近另置秦、汉郡县新城。就是这样多层等级和不同规模的聚落构筑起秦汉三国的社会基础，并对今天的城市建设仍然起着引导和规范作用[4]。

其三是手工业技术的发展与突破。秦汉三国时代的手工业包括很多，铁器、青铜器、玉石器、漆木器等各有千秋，但最重要的应该是铁器的使用和普及，尤其是铁器与农业的结合，产生了十分惊人的效果，直接导致了耕作面积的扩大和农作物产量的提高，可以不断满足社会及人口的消费，导致了西汉中晚期人口的急剧增长，到西汉末年人口总数可达6400万[5]，人口的繁衍与增加，又带动了社会各个层次、各个方面的纵深发展。根据文献记载，战国晚期至西汉早期，私营冶铁业发达，出现了当时著名冶铁家卓王孙、南阳孔氏等大富翁，到了汉武大帝元狩三年（前120年）盐铁官营，有力地支持了国家的财政发展，从此民间私人冶铁业稀少，此种状况一直持续到了东汉早期。章和二年（公元88年）和帝废除了盐铁官营政策，冶铁业转由社会自营，大大刺激了铁器生产

1 刘海旺：《河南内黄三杨庄汉代聚落遗址考古纪实》，《河南文史资料》2010年第1期。

2 王子今、吕宗力：《秦汉时期中原的“群都”》，《史学月刊》2011年第9期。

3 刘庆柱：《中国古代都城遗址布局形制的考古发现所反映的社会形态变化研究》，《考古学报》2006年第3期。

4 中国社会科学院考古研究所：《新中国的考古发现和研究》，文物出版社，1984年，第339页。

5 尚新丽：《西汉人口研究》，郑州大学博士学位论文，2003年。

的积极性，加上水排的发明，冶铁业更加发达。

关于先秦两汉铁器的全面考古学研究首推白云翔先生的《先秦两汉铁器的考古学研究》[1]，文中不但深入考察了中国冶铁的起源以及战国秦汉时期中原系统铁器的扩展过程和铁器化进程、古代铁器工业的形成和发展，也对先秦两汉时期铁器工业发展的特点及其历史动因、铁器在社会生活中的地位及其作用，以及科学技术与生产力、生产力与生产关系等理论问题进行了深入探讨，对理解铁器手工业技术发展与社会经济生活转型升级的关系提供了强有力的物证，此不复赘。不难看出，秦汉三国时期的手工业技术尤其是铁器的使用和推广，造福了其后一千多年来的三农生活。

其四是商业的发动与增长。秦汉三国时代的一个基本国策就是重农抑末（商），《汉书·食货志上》载："士农工商，四民有业。学以居位曰士，辟土殖谷曰农，作巧成器曰工，通财鬻货曰商。"汉代四民中工商之人排在士农之后。有趣的是《春秋谷梁传·成公元年》按"士商工农"划分，是否如许倬云先生《中国古代社会史论》所言："早在战国时期，伴随着各区域间的频繁交流、货币制度的发展以及城市中心的增长，在中国历史上第一次出现了商业的繁荣景象，而且富有的工商业者也赢得了较高的社会地位。"[2]果如是，也好景不长，在经历了战国晚期与秦代，到了西汉时期，"市籍小人"、不能为官、课以重税等措施严重打击了商人集团的扩张。但是，商品经济的发展不是政治、行政干预就能完全阻拦和割断的，巨大的经济利益和社会需求仍然成为两汉三国时期商业经济增长的动力和源泉，直接导致了《史记·货殖列传》所言的局面："今法律贱商人，商人已富贵矣；尊农夫，农夫已贫贱矣。"《汉书》的作者班固曾批评司马迁"述货殖则崇富贵而羞贫贱"的观念[3]，但"用贫求富，农不如工，工不如商，刺绣文不如倚市门"[4]的次序门径成为西汉时期遗留下的"典型经验和范式"。

与商品经济最为密切的物证是货币，秦汉三国墓葬发现的大量货币一方面是"事死如事生"随葬品，另一方面与该时期的货币经济发展情态息息相关。汉初的半两夹杂了秦半两，"榆荚半两"的大量出土预示了高祖、惠帝时期经济的不稳定，文景四铢半两的规范，昭示了货币经济走向标准化过程，到了元狩五年上林三官五铢钱的出现，西汉政权将钱币的铸造权收回国有，这种情况一直持续到汉末。王莽时期的"五物、六名、二十八品"的货币改革彻底将西汉晚期的货币经济带入了深渊，东汉末年流行的剪轮五铢、綖环钱代表了社会经济动荡的现实。三国时期连年征战，国库空虚，曹魏的谷帛为币、吴蜀虚值大钱的流行都反映货币匮乏的现实。这些都是商品经济发展的晴雨表。

其五是墓葬文化的发达与奢华。如众所知，墓葬文化属于上层建筑领域的内涵，其墓葬本身的物质形态，承载了秦汉三国先民的慎终追远的祖先崇拜意识。因此，从物质文化的角度看待这一阶段的墓葬文化的发展，考古学研究的主要目的一是了解分期与编年，二是了解墓葬变化的轨迹和规律，三是了解墓葬文化反映的精神和思想，四是了解秦汉三国先民遵循的礼制与价值观念，五是具体陵墓的学术研究及保护利用。《晋书·索琳传》说"汉天子即位一年而为陵，天下贡献三分之一，一供宗庙，一供宾客，一充山陵"，帝陵的厚葬之风跃然纸上。秦汉三国时期，从埋葬的"厚"与"薄"角度出发，厚葬一直是主流，三国时期的薄葬也是相对的丧礼简约和埋葬简化[5]。

考古材料证明，今天汉墓的发现数量远远超过其他朝代的墓葬数量，其王侯级别

1 白云翔：《先秦两汉铁器的考古学研究》，科学出版社，2005年。

2 许倬云：《汉代农业》，广西师范大学出版社，2005年，第33页。

3 《汉书》卷六二《司马迁传》，中华书局，1962年，第2738页。

4 《史记》卷一二九《货殖列传》，中华书局，1982年，第3274页。

5 韩国河：《论秦汉魏晋时期的厚葬与薄葬》，《郑州大学学报》1998年第5期。

墓葬的规模也远远大于其他时期同级别墓葬的建制，如河北满城中山靖王刘胜夫妇的崖墓就是如此。为什么会出现这样的现象？原因很多，有的说是"事死如事生"观念的影响，有的说是厚葬风俗的延续，有的说是儒家孝亲意识的影响等等。这里，笔者认为汉代人除了传统习俗的继承外，还有一种准宗教意识促成汉代几百年终极关怀对此岸的理解与实践，换而言之，通过对死亡的安排，实现现世生活的永存，这一点不同于佛教、基督教等的彼岸、来世意识。正因为这样，汉人的砖石墓建造超出了当时生活的居室，显得奢华而张扬。对待这一点我们不仅仅是对厚葬的批判，更重要的是领悟汉代先民对生命意识的不懈探索和精神追求。

当然，汉代物质文化的特征还可以从舆行、饮食、服饰、军事、天文、地理、文书等方面去总结，作为导言，着重描述了以上五个方面的认识，期待大家有更深入的理解。

三、秦汉三国时期物质文化影响及意义

开头语讲过，汉字、汉语、汉服、汉人、汉族、汉俗、汉文化在这一时期固定成型统于一，如果讲秦汉三国时期物质文化影响及意义，这些要素都是必须要讲清楚的。鉴于我们的讨论范围有限，又主要依据的是考古学发现的实物材料，在这里仅仅扼要探讨一个问题，即汉文化的影响及意义。

汉文化是汉代开始固定成型的文化，是汉民族为主体创造出来的文化，包括物质文化，也包括非物质文化。非物质文化发生往往必须依托有物质化的载体或活动形式，从这个意义上讲物质文化很多时候与非物质文化是融为一体的。如果一定要把汉文化分成物质的、制度的、精神的三个层次进行叙述，总是有割裂物质、非物质文化的"嫌疑"。因此，这里讲的秦汉三国物质文化，超越了纯物质文化的概念。

二十世纪五六十年代，对汉族及民族的形成有一场大讨论，直到1988年，费孝通先生在香港中文大学发表《中华民族多元一体格局》一文的讲演中，提出了"中华民族多元一体格局"的论断[1]，在学界取得了共识。吕振羽先生说过："华族自前汉的武帝、宣帝以后，便开始叫汉族。"[2]白寿彝先生总主编的《中国通史》说："华夏族发展、转化为汉民族的标志是汉族名称的确定。"[3]需要指出的是，近代学者们将"民族"的定义表述为："共同的血缘关系、风俗习惯、心理感情、语言文字、宗教信仰、居住地域及体质特征等，其中以血缘关系和风俗习惯最受重视。"[4]因此，汉文化不是纯粹血缘关系的文化，它的发生不是随着西汉政权建立立即就成熟起来的文化，而是经历了一百多年的发展，大约在西汉中期才逐步形成的以汉王朝为政治载体，以汉字为主要书写符号，以儒家思想为主导意识形态，以郡县制为统治基础，以中央集权为核心建构，继承融合创新发展起来的国家文化，也可称为中华早期帝国文化。因此，汉文化作为一种统一文化面貌在东方大地的出现，大体经历了政治文化的统一，经济文化的统一，直至文化精神的统一三个相继又相融的阶段。

政治文化的统一是从秦始皇统一六国开始的，核心是以郡县制为基础的地缘关系统治，皇帝之下的三公九卿制的集权政治运营模式，这一套政治文化架构被西汉王朝所

1 费孝通：《中华民族多元一体格局》，中央民族大学出版社，1999年。

2 吕振羽：《中国民族简史》，三联书店，1950年，第19页。

3 白寿彝：《中国通史》第四卷《中古时期·秦汉时期（上册）》，上海人民出版社，1995年，第129页。

4 李资源、张英：《孙中山的民族思想与民族地区的现代化》，《广西民族研究》2005年第1期。

继承，并很快扩张至今天的朝鲜半岛、越南北部地区。反映政治文化统一的考古遗产很多，如发现的大量郡县级城市、各种诏书、封泥印章等，日本九州出土的“汉倭奴国王金印”也是政治文化东传的典型范例[1]。

经济文化的繁荣，在经历了汉初经济凋敝、文景时期的与民休息，到了汉武帝时期，“京师之钱累百巨万，贯朽而不可校，太仓之粟陈陈相因，充溢露积于外，腐败而不可食”[2]。经济文化的统一是伴随着政治文化的推行而推进，尤其是官营经济的垄断，如盐铁、钱币、赋税等政策的制定与实施。这些内容考古遗存发现很多，如河南古荥的冶铁遗址就是汉代河南郡所辖的第一号制铁作坊，1994年发现的上林苑兆伦铸钱遗址，也就是西汉时的国家造币中心“上林三官”。铁器的流通与铸造对东亚及越南影响很大，尤其是弥生时代的日本，铁原料及铁器的流入对当时的地域文化发展进程产生了重大影响。

文化精神统一的提法似乎有些绝对，这里主要是指汉领域内对汉核心地区即两京地区意识形态、价值观念以及精神风貌的认可和追随程度。俞伟超先生说，代表汉文化本体的“汉制”是在汉武帝时期形成的[3]。这一点，学界没有太大异议。虽然汉代各区域的地方特征仍然保持了多样性特点，但这些传统或土著的一些特征，并没有阻碍汉文化的进程。不管是在云贵高原地区，或是河套地区的汉匈交错地带，都十分明显，这就是汉家文化的影响和魅力。如果单个提到丝绸和铜镜等汉文化元素，东到日本，西到中亚西亚地区，北至俄罗斯南部，南至越南北部都有它们的踪迹，这是文化交流的结果，也是物质文化追求的认同。

因此，这一时期的物质文化的方方面面都影响了当时广阔范围内的各区域各民族文化，又因为它们的存在，构筑起一个广大的汉字文化圈，也同时构筑起一个以儒学为中心的价值文化圈，她照亮了整个东方世界，也指引其后的盛唐走向中华文化的另一个高峰。

---

1 《后汉书》卷八五《东夷传》中记：“建武中元二年倭奴国奉贡朝贺，使人自称大夫，光武赐以印绶。”中华书局，1965年，第2821页。

2 《汉书》卷二四《食货志》，中华书局，1962年，第1135页。

3 俞伟超：《先秦两汉考古学论集》，文物出版社，1985年，第117页。

第一章
城市与聚落

城市与聚落，作为人们聚居生活的地方，不仅是人们日常生活的场所，而且是政治活动、文化活动的主要空间。秦汉三国时期是中国历史上的重要时期，多民族统一的中央集权国家得以形成和发展，该时期开创了帝国时代城市和聚落的新格局，是中国古代城市和聚落发展史上的重要转折期。秦汉三国时期的城市和聚落体系包括都城、郡治和诸侯国首府、县城以及县级以下的一般聚落。

第一节　秦都咸阳城及行宫的布局与特点

秦代是中国历史上第一次实现大一统的王朝，其都城咸阳在中国古代都城发展史上具有划时代的意义。咸阳城吸收了战国时期各诸侯国都城的一些特点，承袭了秦国的固有传统，并在此基础上加以改进，对汉代的长安城产生了较深的影响。

一、秦都咸阳城的修建与发掘经过

秦都咸阳城遗址位于今陕西省咸阳市以东约15公里的窑店镇一带，由于历代渭河北移，城址南部被冲毁，其北部为咸阳原，在西周时期为丰镐二京的京畿之地（图1-1）。秦国正式迁都咸阳在孝公十三年（公元前349年），修建了宫城与宫墙，在秦惠文王执政时期，对宫室进行了扩建，其后至秦始皇统一之前，秦都咸阳逐步向渭河以南发展，营建各种设施，包括兴乐宫、章台、诸庙、甘泉宫、上林苑等，形成了秦都咸阳的北宫与南宫布局格局。秦始皇统一全国后，对咸阳进行了更大规模的扩建。《史记·秦始皇本纪》记载："秦每破诸侯，写放其宫室，作之咸阳北阪上，南临渭。自雍门以东至泾渭，殿屋复道，周阁相属。"在秦始皇执政后期，在渭河南部修建了阿房宫前殿，但并未建成。

秦都咸阳城遗址的考古工作是从二十世纪五十年代末开始的，六十年代陕西省社会科学院考古研究所、陕西省博物馆等单位在秦咸阳城遗址进行了考古调查、勘探，在此期间发现了丰富的考古遗存，包括有建筑遗址、排水道、水井陶窑等[1]。到了七十年代，开始了对秦都咸阳大规模发掘，基本探明了秦咸阳城遗址的布局，全面发掘了具有重要学术意义的秦咸阳宫第一号宫殿建筑遗址，部分

1 陕西省社会科学院考古研究所渭水队：《秦都咸阳故城遗址的调查和试掘》，《考古》1962年第6期；陕西省博物馆等：《秦都咸阳故城遗址发现的窑址和铜器》，《考古》1974年第1期。

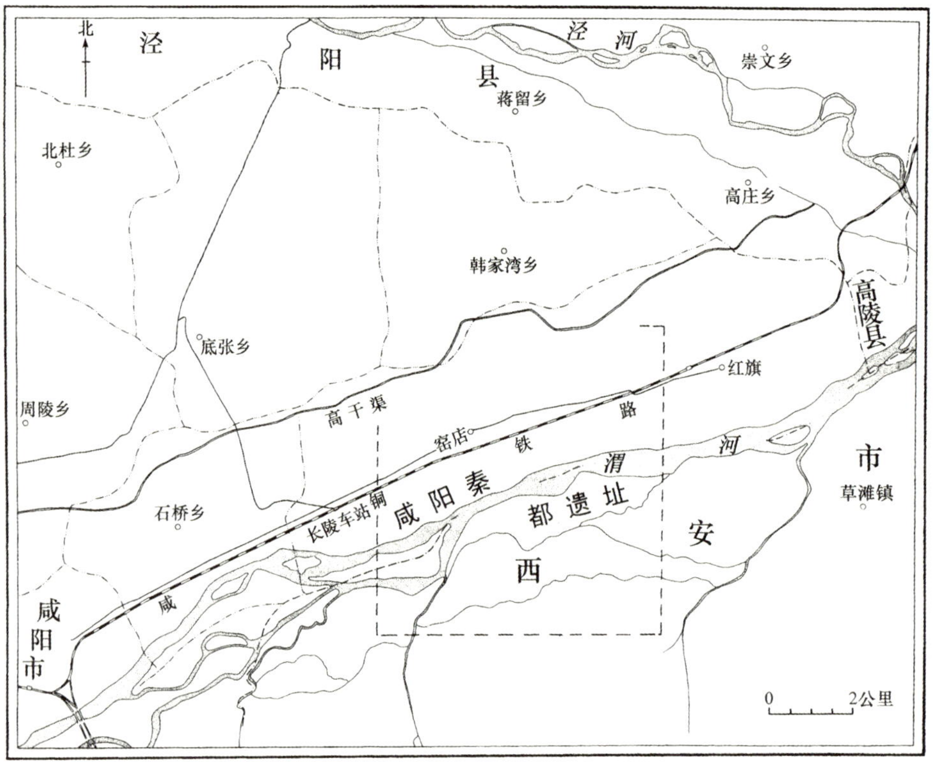

图 1-1　秦都咸阳城位置示意图（引自《秦都咸阳考古报告》，2004 年）

发掘了秦咸阳宫第三号宫殿建筑遗址[1]，并发现了规模宏大的中国古代宫殿建筑壁画[2]。八十年代，考古工作者全面发掘了秦咸阳宫第二号宫殿建筑遗址，对秦咸阳宫第三号宫殿建筑遗址进行了补充发掘，清理了残存的秦咸阳宫第四号宫殿建筑遗址。在宫殿区以西的聂家沟、胡家沟和长陵车站一带，发现了烧制砖瓦、冶铜、铸铁等手工业遗址，出土了一些重要文物，如诏版、铜人头等[3]。九十年代有关秦都咸阳城的考古工作，主要集中在对周边墓葬的清理，较著名的有任家嘴墓地[4]、塔儿坡墓地[5]等，出土了大量的遗物。2002年，中国社会科学院考古研究所联合西安市文物保护考古所对阿房宫前殿遗址进行了大规模的发掘[6]，探明了阿房宫前殿的位置，并证实阿房宫并未建成及并未被火焚烧的史实。

二、秦都咸阳城的布局和建筑设施

关于秦都咸阳城的布局，学术界有较大的争议，其中争论的焦点在于是否存在郭

1 陕西省考古研究所：《秦都咸阳考古报告》，科学出版社，2004年，第3页。

2 咸阳市文管会等：《秦都咸阳第三号宫殿建筑遗址发掘简报》，《考古与文物》1980年第2期。

3 陕西省考古研究所：《秦都咸阳考古报告》，科学出版社，2004年；秦都咸阳考古工作站：《咸阳长陵车站一带考古调查》，《考古与文物》1985年第3期；《秦都咸阳古窑址调查与试掘简报》，《考古与文物》1986年第3期。

4 咸阳市文物考古研究所：《咸阳任家嘴秦墓》，科学出版社，2005年。

5 咸阳市文物考古研究所：《塔儿坡秦墓》，三秦出版社，1998年。

6 中国社会科学院考古研究所、西安市文物保护考古所：《阿房宫前殿遗址的考古勘探与发掘》，《考古学报》2005年第2期。

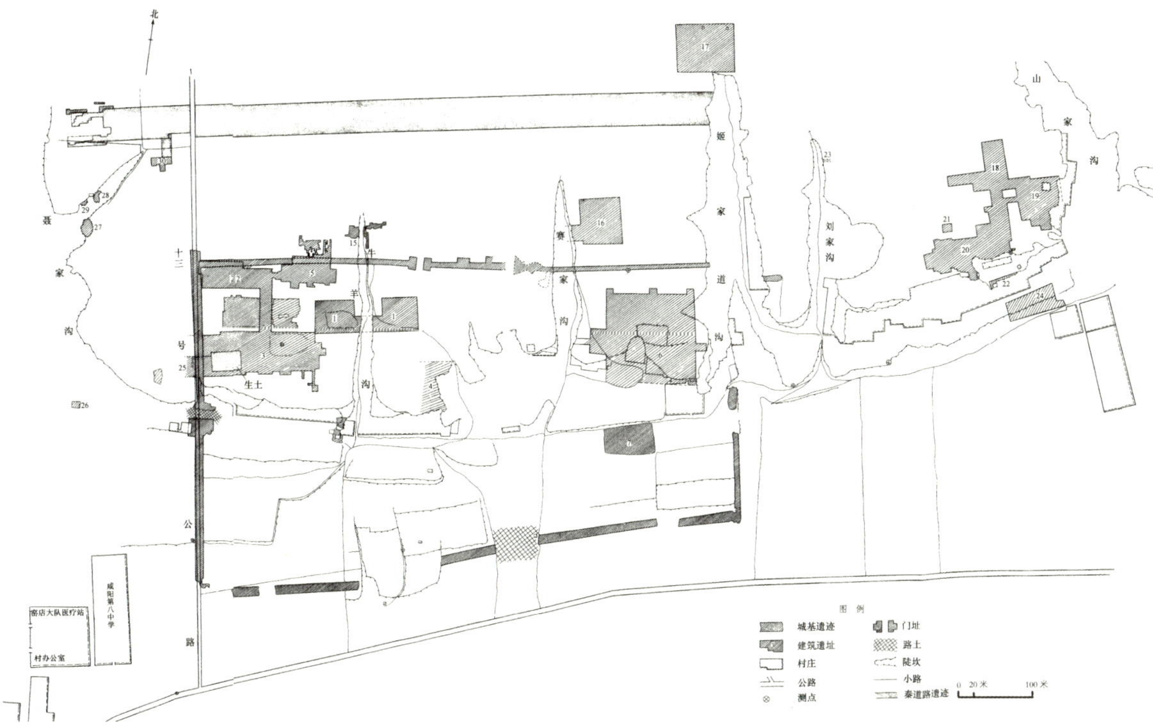

图 1-2　秦都咸阳宫城垣范围及其建筑遗址分布图（引自《秦都咸阳考古报告》，2004 年）

城。一说认为，秦咸阳城只有宫城，不存在郭城[1]；另一说认为，咸阳城是既有宫城，也有郭城的，只是在田野考古中还未发现[2]。根据目前的考古资料，咸阳城遗址以现在的渭河为界，可以分为渭北和渭南两部分，渭北为咸阳城的主体部分，是从秦国迁都咸阳之后就在此处修建的，而渭南部分则是在战国晚期才开始扩建，集中在秦始皇统一六国前后。

根据目前发现的考古遗存，渭北部分秦咸阳城遗址西起长陵车站附近，东至柏家嘴村，北由成国渠故道，南到西安市草滩农场附近（即秦代渭河北岸，汉长安城遗址北约3275米附近），东西约7200米、南北约6700米[3]，主要为秦咸阳宫遗址、手工业作坊遗址和墓葬区。

咸阳宫遗址位于今咸阳市窑店镇以北的13号公路以东至姬家道沟以西，经勘探发现了大面积的秦宫殿建筑遗址和秦咸阳宫宫城墙垣遗存（图1-2）。周围墙垣形成长方形城址，其中北墙长843米、南墙长902米、西墙长576米、东墙长426米，墙宽5.5—7.6米。现存夯土墙基厚4.6米，墙基距地表深1.4—2.2米。经过发掘可判断墙垣的建筑年代为战国时期。此外在南墙垣和西墙垣各发现门址1座，南门宽7.2米，西门宽17—18米。目前在宫城城址内勘探发现有7处大型夯土建筑基址，城址的西北部有第一、二、三、五号宫殿建筑遗址，城址中部为第四号建筑遗址，城址东北部的第六号建筑遗址规模最大，平面呈方形，边长150米，遗址之上现存有高大的夯土台。

一号宫殿遗址位于窑店乡牛羊村以北约120余米的二道塬塬头上，是一座宏伟壮观

1 王学理：《秦都咸阳》，陕西人民出版社，1985年；《秦文化》，文物出版社，2001年；徐为民：《秦都城研究》，陕西人民教育出版社，2000年。

2 刘庆柱：《论秦咸阳城布局形制及其相关问题》，《古代都城与帝陵考古学研究》，科学出版社，2000年。

3 刘庆柱：《论秦咸阳城布局形制及其相关问题》，《古代都城与帝陵考古学研究》，科学出版社，2000年。

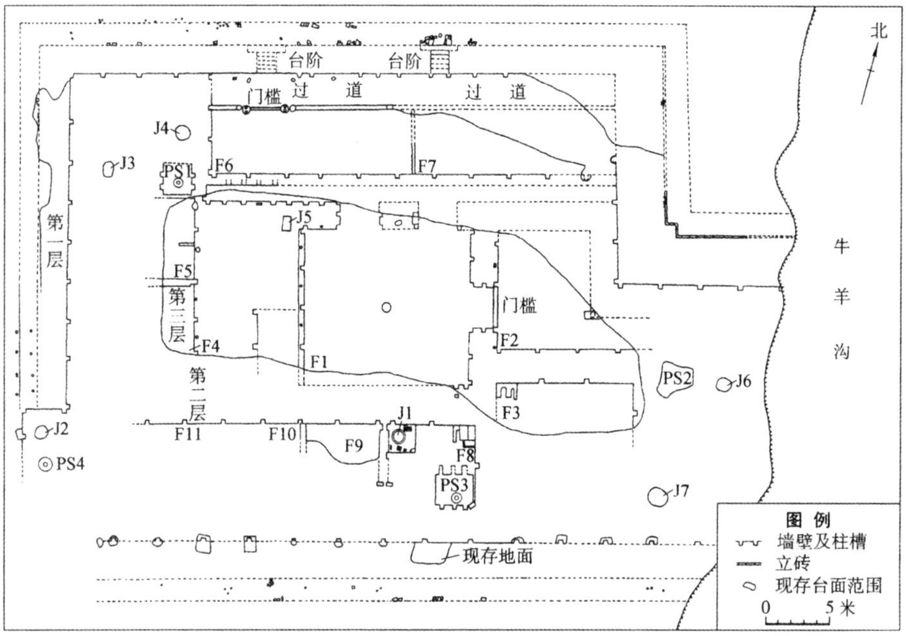

图 1-3 咸阳宫一号宫殿平面图（引自《中国考古学·秦汉卷》，2010 年）

的高台建筑，殿址正中被南北向的牛羊沟分割成东西两部分，经勘探得知东半部的建筑形体与西半部是对称的，整体平面呈东西向的凹字形，东西长130米、南北宽45米，中间凹进部分宽约20米，沟东部分被破坏严重，沟西的高台犹存，所发掘的一号殿址只限于沟西部分[1]。西半部的高台遗址底部东西60米，宽45米，高6米，台面由东向西呈缓坡状，四周为陡坡。一号宫殿的建筑以高台为核心而营建，台顶中部为主体殿堂F1，在F1的周围分别建有标高不等、用途各异的10座房基，周围有4处排水池和7处窖穴，这些建筑的排列相当灵活，使整个宫殿遗址在使用功能、通风、采光和排水方面都做了合理的安排（图1-3）。整座建筑分上层和底层两部分，上层的F1—F5在同一平面，高于一号殿址下层回廊地面4.9米。其中F1平面近方形，室内东西13.4米、南北12米。南北各辟二门，东辟一门。殿堂中央置一都柱，四壁置壁柱，底部涂朱。F1东部为过厅F2，过厅以南为一居室F3，殿堂西为南北向坡道，出殿堂南门可登坡道，至殿堂西边高于殿堂地面的平台。平台西侧为坐西向东、南北排列的二居室F4和F5。底层建筑分布在中部高台底侧的北、南、西三面，其外有回廊、散水，北部的回廊外发现有两处台阶遗存。北面有东、西并列的两座大房屋F6和F7，南面东西并列4室（F8—F11）。其中F8的功能较为特殊，可能为一号殿址中的“盥洗室”[2]，面阔6.95米、现存进深5.7米，素面方砖铺地，室内东北角设壁炉，西北角置窖穴，东南角有排水池，排水池池底接陶漏斗，其下与地下排水系统连接。

二号宫殿遗址位于宫城的西北部，建筑形制仍是以夯土为基的台榭建筑。二号宫殿遗址东西长127米、南北宽32.8—45.5米，其中西部较宽、东部较窄。现存台上和台下宫室遗迹5处，F1、F2位于台下，F3—F5属台上建筑。其中F4为主体建筑——殿堂，位于二号殿址西部台基正中，平面方形，面积386平方米。台下部分的回廊和两处建筑保存较好，在殿堂南北的台基回廊之上，各设置东西并列、对称分布的踏步

1 陕西省考古研究所：《秦都咸阳考古报告》，科学出版社，2004年，第283页。

2 中国社会科学院考古研究所：《中国考古学·秦汉卷》，中国社会科学出版社，2010年，第38页。

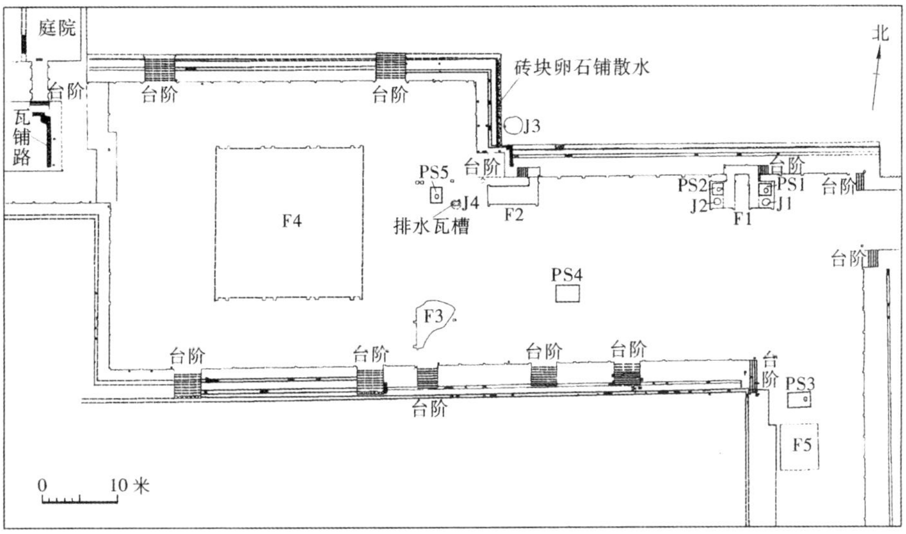

图 1-4 咸阳宫二号宫殿平面图（引自《秦都咸阳考古报告》，2004 年）

两处（图1-4）。

三号宫殿遗址位于二号殿址东南73米处，东北距一号殿址仅10米，三者均以回廊相通。三号殿址东西长123米，南北宽60米。经发掘表明，三号殿址的主体建筑位于台面的中央，但已全部被毁，台基之下北、东、南三面筑有9座宫室，宫室外围为回廊和散水，三号殿址的西侧是一条南北向的长廊，长廊两侧为夯筑的坎墙，长廊北侧修筑有廊房。三号宫殿遗址最为引人瞩目的是在长廊东、西坎墙的墙壁上发现了秦宫殿建筑壁画，这种长卷轴式的壁画是中国古代宫殿建筑遗址考古中发现的时代最早、保存最好、规格最高的古代壁画[1]。长廊南北各9间，壁画按单元分布其上。壁画的内容主要为车马图、仪仗图、建筑图和麦穗图。车马图共7组，每组四马一车。仪仗图上存11人。建筑图主要为角楼。壁画底部，均有红色、黑色和蓝色的几何纹作为壁画的底边。

此外，四号建筑遗址也经过了发掘，但由于破坏严重，其基本布局不甚清楚。经过调查和勘探，五、六、七号宫殿建筑的位置和范围已经基本清楚[2]。

秦都咸阳的手工业作坊遗址绝大多数分布在咸阳城西部和西南部。目前已发现制陶、制作砖瓦、制骨和冶炼作坊共四处。按照其性质不同，又可分为中央、市府和民营三大系统，其产品各不相同，作坊的分布地区也不一样。其中砖瓦生产集中在中央官署的制陶作坊中，而民营制陶业的产品主要是日用陶器和明器[3]。由此可见，秦都咸阳社会生产的专业化分工已经到了比较高的水平。

中央官署管理的手工业遗址，大多分布在宫殿遗址区西部，已发掘的遗址为胡家沟作坊遗址和聂家沟作坊遗址。胡家沟作坊遗址发现陶窑29处，布局整齐、排列有序，在作坊遗址的范围内发现的砖瓦残片上戳有“周”、“王”、“古”等印记，这些印记与一、二、三号宫殿基址出土的砖瓦印记相同。聂家沟作坊是一处制瓦、冶铜、铸铁几种行业并存又有各自分区的遗址，发现了冶铸金属器的各种陶范和四处生产砖瓦的陶窑[4]。

1 咸阳市文管会等：《秦都咸阳第三号宫殿建筑遗址发掘简报》，《考古与文物》1980年第2期。

2 陕西省考古研究所：《秦都咸阳考古报告》，科学出版社，2004年，第567页。

3 中国社会科学院考古研究所：《中国考古学·秦汉卷》，中国社会科学出版社，2010年，第43页。

4 刘庆柱：《秦都咸阳几个问题的初探》，《文物》1976年第11期。

市府和民营的手工业作坊遗址经过大规模发掘的只有长陵车站附近这一处，是咸阳城西南隅最大的一处手工业作坊区[1]。该处发现了分布稠密的陶窑和水井等遗迹。该处的手工业生产以民营为主，市府手工业所占比例不大，当时市府的职能主要是管理市亭手工业，生产方面居于次要地位[2]。长陵车站作坊遗址发现的陶窑主要为马蹄形，也有少量的圆形和长方形窑。其中Y30保存较好，平面马蹄形，由窑门、火塘、窑床和烟道组成，在窑门外有"八"字形通道，道旁为堆积燃料的长方形灰坑[3]。在遗址区内分布着三五成群的水井，目前发现有81口，井口砌置陶井圈或板瓦片，水井底部大多有沙粒滤水层。此外，还发现了3处金属窖藏和7个陶器窖藏坑。保存较好的陶器窖藏有4个，其中一座窖藏出土器物达80余件[4]。三处金属窖藏出土了丰富的遗物，器类包括生产工具、生活器皿、车饰、各国的钱币等，最为重要的是秦始皇二十六年（前221年）的铜诏版，是秦始皇统一国家度量衡的历史见证[5]。

渭南部分是相对于咸阳城渭河北岸的城址而言，其范围南至终南山以北，北到渭河南岸，东西略宽于渭北部分的东西范围。根据文献记载，渭南部分有秦的"南宫"、"章台"、"诸庙"、阿房宫前殿、兰池和上林苑等建筑[6]。"南宫"的故址在汉长安城桂宫遗址附近。二十世纪九十年代后期以来，中国社会科学院考古研究所在西安市未央区相家巷遗址清理出了大量的秦封泥[7]。封泥的内容十分丰富，与秦都咸阳相关的有"南宫郎丞"、"咸阳丞印"、"咸阳工室"等[8]。"章台"和"诸庙"的位置，经刘庆柱先生的考证，分别位于汉长安城未央宫前殿一带和武库、长乐宫或偏东一带[9]。

阿房宫前殿遗址位于今西安市西郊聚赵村和古城村一带，遗址范围已经基本探明[10]，现存夯土建筑基址东西1270米、南北宽426米，基址夯土高出现今地面12米。在殿址北边发掘了"北墙"遗迹，墙顶的覆瓦遗存已清理。据当地村民回忆，阿房宫前殿的东、西两侧曾有高于地面的墙基和大量的瓦片堆积。这些与文献记载的东、西、北三面有墙、南面无墙的史实相符合。

咸阳城还设置有池苑建筑，即兰池和上林苑。兰池营建于咸阳宫的东部，位于今杨家湾的低洼地带，曾在此处发现有圆木和鱼类遗骸。兰池宫遗址在兰池西侧的塬头上，与咸阳宫第一号宫殿东西对峙，两者相距约3公里左右。根据勘探资料，发现了六座大小不等的夯土基址[11]。兰池及兰池宫的修建，体现了秦始皇要把"海"和"海中三神山"（蓬莱、方丈、瀛洲）同时置于都城之中的思想，这种设计思想为后世所模仿[12]。上林苑在渭河南岸，阿房宫前殿就建于上林苑之中。目前在上林苑中所发现秦的遗存均为高台建筑

1 陕西省考古研究所：《秦都咸阳考古报告》，科学出版社，2004年，第21页。

2 中国社会科学院考古研究所：《中国考古学·秦汉卷》，中国社会科学出版社，2010年，第44页。

3 陕西省考古研究所：《秦都咸阳考古报告》，科学出版社，2004年，第25页。

4 陕西省考古研究所：《秦都咸阳考古报告》，科学出版社，2004年，第29页。

5 陕西省社会科学院考古研究所渭水队：《秦都咸阳故城遗址的调查和试掘》，《考古》1962年第6期。

6 《史记》卷六《秦始皇本纪》："诸庙及章台、上林皆在渭南。"又，"焉作信宫渭南，已更命信宫为极庙，象天极"。又，"乃营作朝宫（即阿房宫）渭南上林苑中"。中华书局，1982年，第239、241、256页。

7 中国社会科学院考古研究所：《西安相家巷遗址秦封泥的发掘》，《考古学报》2001年第4期。

8 刘庆柱、李毓芳：《西安相家巷遗址秦封泥考略》，《考古学报》2001年第4期。

9 刘庆柱、李毓芳：《秦都咸阳"渭南"官台庙苑考》，《秦汉论集》，陕西人民出版社，1992年。

10 中国社会科学院考古研究所、西安市文物保护考古所阿房宫考古工作队：《阿房宫前殿遗址的考古勘探与发掘》，《考古学报》2005年第2期。

11 陕西省考古研究所：《秦都咸阳考古报告》，科学出版社，2004年，第15页。

12 中国社会科学院考古研究所：《中国考古学·秦汉卷》，中国社会科学出版社，2010年，第51页。

遗址，有"秦始皇上天台"遗址[1]、阿房宫"磁石门"遗址[2]、后围寨遗址[3]等。

三、秦行宫遗址

秦始皇统一六国后，多次东巡，在所到之处建立很多行宫。二十世纪八十年代以来，在辽宁绥中县至河北秦皇岛市的沿海地区，发现多处规模宏大的秦汉建筑基址，这些建筑基址应是渤海西岸的秦代行宫遗址。渤海西岸的秦汉建筑群从北向南可以分为三组，分别为姜女石建筑群、石河口建筑群和金山嘴建筑群，三组遗址群都位于海滨的岬角或岛屿上。在遗址群中，发现了大量的房屋建筑及围绕其周围的墙垣，有的还有大型的夯土台基。

姜女石建筑群位于辽宁省绥中县万家镇南"姜女石"附近的沿海岸线一带，由六处相互关联的秦汉建筑遗址组成，分布范围约900万平方米，其中石碑地遗址保存较好，面积较大，发掘资料相对丰富[4]。第一期遗存为秦代，其宫城平面呈曲尺形，南北长496米、东西宽170—256米，城内为连续的夯土台基。经过勘探，发现4处宫门，北墙1处、西墙1处、南墙2处。宫城内的建筑基址集中在东南部，其中Ⅲ区的第二组建筑为东、西中轴对称的布局，建筑中部为面阔7间的东、西两道侧廊，廊间为通道，主体建筑分布在廊道两侧，均面阔3间，有前堂、后廊及附属建筑（图1-5）。其他相关的遗址还有黑山头遗址、止锚湾遗址、瓦子地遗址、周家南山遗址和大金丝屯遗址。这些遗址与石碑地行宫关系密切，可能为附属建筑遗址，其中瓦子地遗址是一处很大的秦代窑厂，应该是为满足石碑地等建筑群建筑需要而设立的[5]。

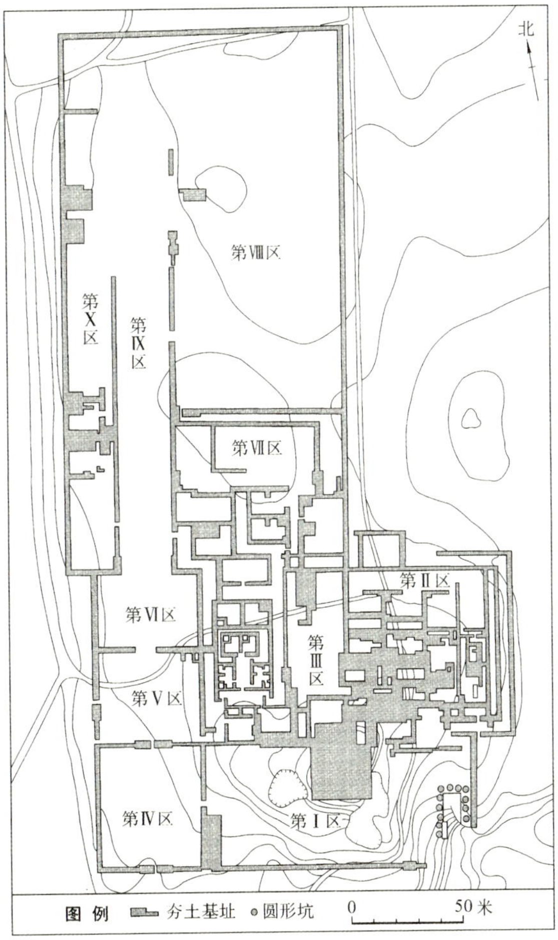

图1-5 绥中石碑地建筑遗址平面图（引自《中国考古学·秦汉卷》，2010年）

1 中国社会科学院考古研究所、西安市文物保护考古所阿房宫考古工作队：《上林苑四号建筑遗址的勘探与发掘》，《考古学报》2007年第3期。

2 中国社会科学院考古研究所、西安市文物保护考古所阿房宫考古工作队：《西安市上林苑遗址六号建筑的勘探与发掘》，《考古》2007年第11期。

3 中国社会科学院考古研究所、西安市文物保护考古所阿房宫考古工作队：《西安市上林苑遗址三号建筑及五号建筑排水管道遗迹的发掘》，《考古》2007年第3期。

4 辽宁省文物考古研究所：《辽宁绥中县"姜女坟"秦汉建筑遗址发掘简报》，《文物》1986年第8期；辽宁省文物考古研究所姜女石工作站：《辽宁绥中县"姜女石"秦汉建筑群址石碑地遗址的勘探与试掘》，《考古》1997年第10期；《辽宁绥中县石碑地秦汉宫城遗址1993—1995年发掘简报》，《考古》1997年第10期。

5 辽宁省文物考古研究所姜女石工作站：《辽宁绥中县"姜女石"秦汉建筑群址瓦子地遗址一号窑址》，《考古》1997年第10期。

在河北界内也存在两处秦行宫遗址，一处为秦皇岛市北戴河的金山嘴遗址群，一处为山海关区的石河口遗址群，这两处遗址群位于石碑地遗址西南、沿渤海西岸。金山嘴遗址群包括金山嘴、横山及横山北三处遗址，其中横山遗址位于三处建筑遗址的中部，是一处相对独立的建筑群，面积约20000平方米[1]。建筑基址可分为四组，四组建筑平面形状不同，A、C两组呈长方形，B组呈不规则形，D组则采用曲尺形，填补了B、C两组留下的空间，使建筑布局紧凑、结构合理。B组一单元的F6和F7连成一体，总长50多米，室内的础石较大，C组第一单元F11和D组第一单元F13在其南侧，均为带壁柱的台式建筑，前檐础石也较大。这三座建筑为整个遗址的主体建筑。其他两处遗址并未经过发掘，在遗址分布范围内可采集到秦代的建筑遗物。石河口遗址群位于山海关城西南4公里，发现两处建筑群遗址，但并未经过发掘，目前在"五花城"村东北还保留有夯土墙，平面方形，边长300米，高1—6米，应为宫墙建筑。

渤海岸秦行宫遗址的发现，同文献中记载的秦始皇东巡，北至"碣石"有一定的关系。对于碣石宫的所在处，学术界有广泛的探讨，从目前的发掘资料来看，石碑地遗址为碣石宫的可能性最大[2]。

第二节　汉长安城的布局与特点

汉长安城是西汉王朝的都城，是西汉时期全国的政治、经济和文化中心，同时还是著名的国际都市，与西方的罗马并称世界两大都会。汉长安城规模宏大，是强大繁盛的西汉王朝最真实的写照。汉长安城在中国古代都城发展史上占据着重要的地位，其很多布局设计为后世的都城所模仿和沿用。

一、汉长安城的修建过程

汉长安城位于陕西省西安市西北郊，渭河的南岸，即今未央区未央宫乡、汉城乡和六村堡乡辖区之内。长安城的营建经历了一个长期的过程，从公元前202年9月汉高祖刘邦定都长安改秦兴乐宫为长乐宫，到汉武帝太初四年（公元前101年）起明光宫，前后经历了一个世纪，这一过程大致可分为三个阶段：第一阶段，高祖时期，以秦兴乐宫为基础建长乐宫，与此同时未央宫在萧何的主持下也初具规模，东阙、北阙、前殿、武库、太仓等都已建成[3]，并修筑了社稷、东市[4]、北宫[5]等；第二阶段是在惠帝执政时期，修筑了城墙[6]，增

1　河北省文物研究所、秦皇岛市文物管理处、北戴河区文物保管所：《金山嘴秦代建筑遗址发掘报告》，《文物春秋》1992年增刊。

2　华玉冰：《试论秦始皇东巡的"碣石"与"碣石宫"》，《考古》1997年第10期。

3　《汉书》卷一下《高帝纪下》："萧何治未央宫，立东阙、北阙、前殿、武库、大仓。"

4　《史记》卷一七《汉兴以来将相名臣年表》："（汉高祖）六年立大市。"此"大市"或即"西市"之东的"市"，因西市之设，"大市"遂名"东市"。

5　《三辅黄图》：北宫"高帝时制度草创，孝武增修之"。

6　《汉书》卷二《惠帝纪》："（惠帝元年）春正月，城长安。"又："三年春，发长安六百里内男女十四万六千人城长安，三十日罢。……六月，发诸侯王、列侯徒隶二万人城长安。"又："（五年）春正月，复发长安六百里内男女十四万五千人城长安，三十日罢。……九月长安城成。"

设了西市[1]、高庙[2]等重要建筑；第三阶段是武帝时期，在秦上林苑基础之上扩建了上林苑[3]，开凿了漕渠[4]、昆明池[5]，营建了建章宫[6]，修筑了桂宫和明光宫，扩建了北宫[7]和皇室避暑胜地甘泉宫，此外西汉末年王莽在汉长安城南郊又修建了规模庞大的宗庙、社稷、辟雍等礼制建筑[8]。

二、汉长安城的发掘经过

汉长安城遗址的考古工作可以追溯到二十世纪初，1906年日本学者足立喜六对汉长安城遗址进行考古调查[9]，此后陆续有一些调查工作，但真正系统的工作从1956年开始，中国科学院考古研究所开始对汉长安城遗址进行了长期和系统的考古勘探和发掘，汉长安城的面貌逐步展现出来（图1–6）。1956—1957年，在王仲殊先生的带领下探明了汉长安城的城墙范围，并发掘了霸城门、宣平门、直城门、西安门，了解了汉长安城城门的形制与结构[10]。在此期间，陕西省文物管理委员会和中国科学院考古研究所先后对礼制建筑辟雍遗址做了发掘[11]。1958—1960年，黄展岳先生主持全面发掘了南郊礼制建筑，包括宗庙、社稷等遗址，此后两年又对汉长安城遗址主要干道的形制及长乐宫、未央宫、桂宫及建章宫遗址进行了考

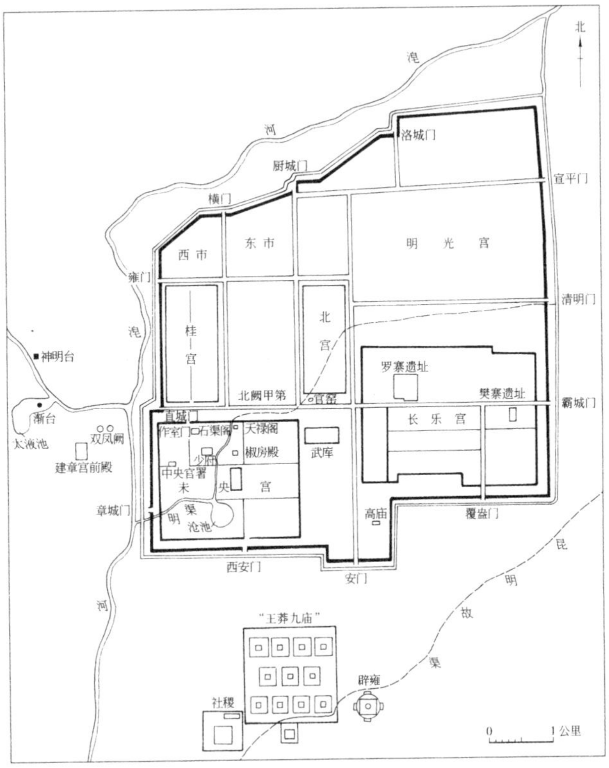

图 1–6 汉长安城平面布局图（引自《中国考古学·秦汉卷》，2010年）

1 《汉书》卷二《惠帝纪》：惠帝六年“起长安西市”。

2 《汉书》卷二《惠帝纪》：“十二年四月，高祖崩。五月丙寅，太子即皇帝位……令郡诸侯王立高庙。”

3 汉扬雄《羽猎赋序》（《文选》卷八）：“武帝广开上林，东南至宜春、鼎湖、御宿、昆吾，旁南山，西至长杨、五柞，北绕黄山，滨渭而东，周袤数百里。”

4 《汉书》卷二九《沟洫志》：孝武元光之时，“令齐人水工徐伯表，发卒数万人穿漕渠，三岁而通”。

5 《汉书》卷六《武帝纪》：“（元狩三年）发谪吏穿昆明池。”

6 《汉书》卷六《武帝纪》：“（太初元年）二月，起建章宫。”

7 《三辅黄图》：“桂宫，汉武帝造。”《汉书》卷六《武帝纪》：“（太初四年）秋，起明光宫。”《三辅黄图》：北宫“高帝时草创，孝武增修之”。

8 《汉书》卷九九下《王莽传下》：地皇元年王莽于“长安城南”，“起九庙”。《汉书》卷一二《平帝纪》：元始三年王莽奏“立社稷”；又载：元始四年王莽加安汉公，“奏立明堂辟雍”。

9 ［日］足立喜六：《长安史迹研究》，三秦出版社，2003年，第77—84页。

10 王仲殊：《汉长安城考古工作的初步收获》，《考古通讯》1957年第5期；《汉长安城考古工作收获续记——宣平门的发掘》，《考古通讯》1958年第4期。

11 中国科学院考古研究所唐金裕：《西安西郊汉代建筑遗址发掘报告》，《考古学报》1959年第2期。

古勘探，探明其大致范围[1]。1975—1983年，李遇春先生主持了对长安城武库的先后12次发掘[2]，同时又发掘了长乐宫一号建筑和椒房殿，对未央宫的前殿遗址进行了部分发掘[3]。1985—1989年，刘庆柱先生主持对未央宫遗址进行了全面的勘探、发掘工作，基本探明了其形制和布局，分别发掘了中央官署遗址、少府建筑遗址和西南角楼遗址，此外还有未央宫的宫墙和宫门遗址[4]。在此期间他们又对长乐宫遗址、东市与西市遗址、城内的手工业作坊遗址、高庙遗址、横桥遗址、横门遗址、建章宫双凤阙遗址等进行了勘探和试掘[5]。九十年代初，汉长安城的发掘工作集中在对手工业作坊遗址方面，1990在西市的范围之内发掘了21座烧造陶俑的陶窑[6]，1991年在长安城遗址的西北部发掘了民营的陶窑群[7]，1992年在西市遗址内发掘了铸币和冶铸遗址[8]。1993—1994年，李毓芳先生主持了对汉长安城北宫的调查、勘探和试掘工作，确定了北宫的位置和基本形制，并在其南部发掘了烧造砖瓦的官窑群[9]。1997年10月，中国社会科学院考古研究所联合日本奈良国立文化财研究所开始对桂宫的二、三、四号建筑遗址进行发掘[10]。2000年之后，汉长安城考古工作的重点转移到长乐宫遗址，现已发掘了6座大型建筑遗址[11]。近年又对汉长安城角楼遗址[12]、十六国至北朝时期建都于汉长安故城的都城遗址进行了考古勘探，初步揭示了西汉时代以后，汉长安故城作为都城的布局形制变化[13]。二十一世纪以来，对汉长安城附近秦汉上林苑遗址、昆明池遗址进行了考古勘查与试掘[14]。

1 夏鼐：《我国近五年来的考古新收获》，《考古》1964年第10期。

2 中国社会科学院考古研究所：《汉长安城武库》，文物出版社，2005年。

3 中国社会科学院考古研究所：《汉长安城未央宫：1980—1989年考古发掘报告》，中国大百科全书出版社，1996年。

4 中国社会科学院考古研究所：《汉长安城未央宫：1980—1989年考古发掘报告》，中国大百科全书出版社，1996年。

5 刘庆柱：《西安市汉长安城东市和西市遗址》，《中国考古学年鉴·1987年》，文物出版社，1988年。

6 中国社会科学院考古研究所汉长安城工作队：《汉长安城窑址发掘报告》，《考古学报》1994年第1期。

7 中国社会科学院考古研究所汉长安城工作队：《汉长安城23—27号陶窑发掘简报》，《考古》1994年第11期。

8 中国社会科学院考古研究所汉长安城工作队：《1992年汉长安城冶铸遗址发掘简报》，《考古》1995年第9期；李毓芳：《汉长安城烘范窑和铸币遗址》，《中国考古学年鉴·1993年》，文物出版社，1995年。

9 中国社会科学院考古研究所汉长安城工作队：《汉长安城北宫的勘探及其南面砖瓦窑的发掘》，《考古》1996年第10期。

10 中国社会科学院考古研究所、日本奈良国立文化财研究所：《汉长安城桂宫：1997—2001年考古发掘报告》，文物出版社，2007年。

11 中国社会科学院考古研究所汉长安城工作队：《汉长安城长乐宫二号建筑遗址发掘报告》，《考古学报》2004年第1期；中国社会科学院考古研究所汉长安城工作队：《汉长安城长乐宫发现凌室遗址》，《考古》2005年第9期；中国社会科学院考古研究所汉长安城工作队：《西安市汉长安城长乐宫四号建筑遗址》，《考古》2006年第10期。

12 中国社会科学院考古研究所汉长安城工作队：《西安市汉长安城城墙西南角楼遗址的钻探与试掘》，《考古》2006年第10期。

13 刘庆柱、李毓芳：《汉长安城考古的回顾与瞻望》，《考古》2006年第10期；刘振东：《西汉长安城的沿革与形制布局的变化》，《汉代考古与汉文化国际学术研讨会论文集》，齐鲁书社，2006年。

14 中国社会科学院考古研究所汉长安城工作队：《西安市汉唐昆明池遗址的钻探与试掘简报》，《考古》2006年第10期；中国社会科学院考古研究所、西安市文物保护考古所阿房宫考古工作队：《西安市上林苑遗址一号、二号建筑发掘简报》，《考古》2006年第2期；李毓芳、王自力：《西安秦汉上林苑四号、六号建筑遗址发掘》，《中国文物报》2007年7月6日第5版。

三、汉长安城的布局及结构

汉长安城平面近方形，周长25014.83米，总面积3439.2202万平方米。城周夯筑城墙，东、西、南、北城墙长分别为5916.95米、4766.46米、7453.03米、6878.39米[1]。东、西城墙较为平直，北墙呈西南—东北方向，南墙中部向外凸出一部分。这种形制的城墙颇似南斗星和北斗星，因此长安城被魏晋及以后的一些学者称之为“斗城”。有的学者认为长安城的形制是为了利用渭河南岸的空间，使北墙的走向与渭河平行；南墙的形制是为了加强未央宫、长乐宫以及高庙的安全[2]。

（一）城墙及城门

长安城城墙横剖面呈梯形，上窄下宽，城墙底部宽约16米，现存最高处在10米左右。城墙外侧20—30米处，有宽40—50米、深约3米的护城壕。城墙四角有角楼，均建在城墙四角外侧，其中以东南、西南的角楼保存较好。长安城共有12座城门，每面城墙各有3座，东城墙自北向南分别为宣平门、清明门、霸城门；南城墙自东向西分别为覆盎门、安门、西安门；西城墙自南向北分别为章城门、直城门、雍门；北城墙自西向东分别为横门、厨城门和洛城门。长安城的城门结构基本相同，门道两边发现了大量的柱础石和壁柱遗迹，木柱之上架设门楼，每座城门均有3个门道，每个门道宽约8米，城门进深16米。12座城门的大小差别在于门道隔墙的宽度不同，与长乐宫、未央宫相对的霸城门、覆盎门、西安门、章城门的规模较大，城门面阔52米，门道隔墙各宽14米。其他城门面宽约32.4米，门道隔墙各宽4米。各城门内侧还筑有房屋，应为守卫人员用房。

（二）道路及给排水设施

经过勘探，长安城内道路遗迹的分布已基本清楚。长安城的八座城门各有一条大街通入城内，这八座城门分别为宣平门、清明门、安门、直城门、雍门、横门、厨城门、洛城门，其中最长的安门大街为5500米，最短的洛城门大街为800米。东西向的宣平门大街、清明门大街、雍门大街、直城门大街和南北向的安门大街较宽，路宽45—56米，横门大街和厨城门大街宽约45米。八条大街的结构基本相同，每条大街之上各有两条排水沟将其分为并行的三股道，并与城门相连。中股道较宽，一般为20米，是专供皇帝走的“驰道”，官吏和平民只能走两边的道路。排水沟均为明沟，宽约0.9米。在长安城的内侧，有一周环城路，即文献中记载的“环涂”，宽约35米。

汉长安城拥有一套完整的给水和排水设施。长安城的给水工程主要是引秦岭的泬水从章城门附近入城，至清明门附近流出长安城。这条引水工程就是史书记载的“明渠”，明渠的总体走向是依据长安城的地势从西南向东北方向。经过勘探，明渠的线路是从章城门遗址向东进入前殿西南部的沧池，然后出沧池北部，向北经前殿、椒房殿和天禄阁西部，流出未央宫。再向北流至今北徐寨村附近，折向东流，经北宫南部，进入长乐宫北部，向东从长乐宫东北部流出汉长安城。明渠故道一般宽约11—13米、深约1.5—1.7米。明渠承担了未央宫、北阙甲第、北宫和长乐宫的供水。西汉中期，随着汉长安城的发展、扩大，都城用水量增加，为了保证都城供水，在汉长安城西南开凿了昆明池与揭水

1 董鸿闻等：《汉长安城遗址测绘研究获得的新信息》，《考古与文物》2000年第5期。
2 刘庆柱、李毓芳：《汉长安城》，文物出版社，2003年，第18—19页。

陂。昆明池和揭水陂均位于长安城的西南部，昆明池修建的目的主要是为了训练水军伐越，同时对长安城在供给水源、漕运等方面也起到了重要作用。揭水陂调节了昆明池的水量，保证了长安城的给水和安全。泬水的主流由直城门向北流至长安城西北角，又折转向东北角流去，流向基本与北城墙平行，最后注入渭河，这段河流保证了长安城西部和北部的用水。

长安城内的排水设施较为系统、完整，主要是街道两边的排水沟，有的排水沟与城外的城壕相连，有的与城内大型排水渠道相连，由城内排水至城壕。城内大型排水渠一般为明渠，但有些建筑位于排水渠之上，这样就存在一些暗渠。如桂宫第三号建筑遗址的第七号房子之下，就有砖砌的地下排水渠道，渠道内宽0.9—1.12米、高0.88—1.12米，渠壁以长条砖砌筑，顶部以子母砖券顶[1]。宫殿和官署等的排水设施主要有地漏、排水管道等，其中排水管道的形制多为五角形，如在长乐宫之中发现的上下两层的五角形排水管道[2]。

（三）宫殿

长安城的八条街道将城内的建筑分为十一个区，宫殿区占据了主要部分，其中最重要的区域为西南部的未央宫；未央宫的东部为长乐宫，二者之间为武库和安门大街；长乐宫的北部为明光宫，目前对于明光宫和长乐宫的范围学术界有一定的争议，焦点在于从霸城门通入城内的东西向大道是否位于长乐宫之内，有的学者认为这条道路是在长乐宫废弃之后形成的[3]，有的认为这条大道为两座宫殿的分界线[4]。桂宫和北宫位于未央宫北部的三个区内，桂宫在最西部，中部为北阙甲第，东部为北宫。除了城内的以上宫殿外，汉武帝时期还修筑了"度比未央"的建章宫和扩建了规模宏大的离宫——甘泉宫。

1. 未央宫

未央宫为西汉一代的皇宫，位于长安城的西南部，在整座城址中其地势最高，整座基址北高南低，北部的建筑基址高出现今地面15米。整座宫城平面呈近方形，面积5平方公里，占汉长安城面积的七分之一（图1-7）。宫城周围夯筑宽7—8米的宫墙。东墙和西墙各发现2座宫门，考古试掘的未央宫东墙东宫门、北宫门和西墙西宫门，门道各宽约8米，门道进深与宫墙宽度相同[5]。未央宫中有贯穿宫城的道路三条，南北向一条，东西向两条。南北路出北宫门与"横门大街"连通，使未央宫前殿与横门大街上的东市和西市的市楼，形成"面朝后市"布局。西汉晚期，王莽在汉长安城南郊修建了礼制建筑群，未央宫南北路出南宫门的道路东部有宗庙建筑群、西部有社稷建筑群，使未央宫前殿与其东南部的宗庙建筑群、西南部的社稷建筑群，形成"左祖右社"格局。两条平行东西向道路将未央宫分成南区、中区和北区三部分。南区东部有少量一般建筑，中部为前殿南部的"广场"，西部主要为沧池所在地。中区主要为前殿，前殿东西分列有一些宫室建筑。北区中部为椒房殿及其他后宫建筑群。北区西部有少府、中央官署及其他宫室

1 中国社会科学院考古研究所、日本奈良国立文化财研究所：《汉长安城桂宫：1996—2001年考古发掘报告》，文物出版社，2007年，第127页。

2 刘庆柱、李毓芳：《汉长安城》，文物出版社，2003年，第44页。

3 刘振东、张建锋：《西汉长乐宫遗址的发现与初步研究》，《考古》2006年第10期。

4 刘瑞：《西汉长安城的朝向、轴线及布局思想》，《文史》2007年第2辑。

5 中国社会科学院考古研究所：《汉长安城未央宫：1980—1989年考古发掘报告》，中国大百科全书出版社，1996年。

建筑群；中部接近北墙一带集中分布有中央或皇室的文化性建筑，如石渠阁、天禄阁、麒麟阁、承明殿等；东部有一些宫室建筑群与祭祀性建筑。

未央宫四角有角楼，目前发掘了西南角楼，平面形制继承了早期都城的特征，呈曲尺形，东西67.4米、南北31.5米，发现有壁柱、坡道、散水等遗迹。在角楼遗址上出土有矛、剑、弩机等兵器和“卫”字瓦当，以及角楼辖属“卫尉”物证[1]，说明了该遗址具有的卫戍性质。

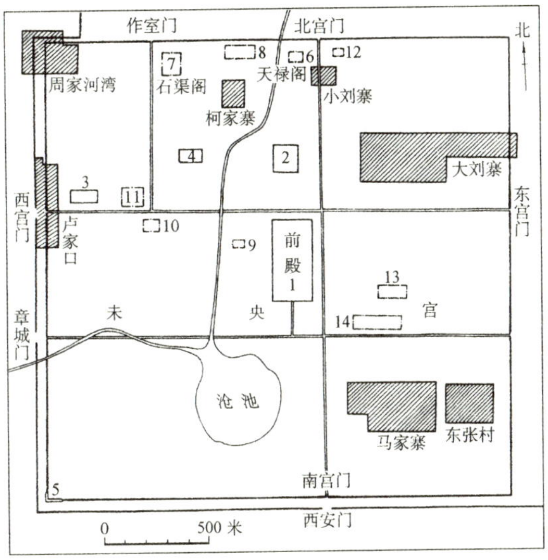

图 1-7 未央宫遗址平面图（引自《汉长安城未央宫：1980—1989年考古发掘报告》，1996年）

前殿位于未央宫的中部，为西汉时期的大朝正殿。基址南北400米、东西200米。前殿基址之上自南向北排列着三座大型宫殿建筑遗址。每座宫殿殿堂南部均有一大型庭院。南部和中部宫殿之间的庭院有东西向长廊横贯其中，中部和北部宫殿的东西两侧列置了厢房或廊房建筑。经过发掘，在前殿遗址西南部发现了46座排列整齐的房屋，这些房屋的居住者为服务于皇宫的杂务人员[2]。遗址的东北部清理出一条宽约5米的漫道，漫道两侧发现有四座守卫人员的用房。

椒房殿为西汉时期皇后的宫殿建筑群，位于前殿以北330米。整座建筑由正殿、配殿和附属建筑组成。经过发掘，椒房殿的布局已基本清楚，正殿位于遗址的南部正中，其北部为附属建筑，东北部为配殿[3]。正殿坐北朝南，东西长54.7米、南北宽29—32米，周围设置回廊，其外为散水。正殿西北部发现一座低于正殿地面2.5米的地下室。正殿的北回廊外为一座长方形庭院，庭院周围置廊道，中央为天井。配殿南北86—87米，东西44.5—50米，由南、北二殿组成，二殿之间和北殿北面各有一座庭院，庭院之内有5条巷道。附属建筑包括3座庭院、9座房屋。庭院在东部，房屋在西部。

少府建筑基址位于未央宫前殿的西北部，是一座以大型殿堂为主体建筑，并配置有庭院的建筑群。主体建筑居中，包括南、北两个殿堂，其两侧为附属建筑，南、北各置庭院（图1-8）。南殿堂坐北朝南，面阔7间，进深2间，东西48.6米，南北17.5米。南边有东西排列的6个柱窝遗迹，殿堂南北居中有一排6个大柱础石。北殿堂的朝向与南殿堂相反，面阔5间，进深2间，檐柱柱窝和殿堂中部各有5个大型柱础石。两座殿堂的东西两侧均对称分布有大房子，南殿两侧的应为辅助性议事办公建筑，北殿两侧的房屋为建筑群的主人居住场所[4]。在南殿堂的东侧还发现了一处半地下建筑的仓储遗址，其中出土了1892枚王莽时期的货泉和“汤官饮监章”封泥。在殿堂和庭院的东西两侧还发现了附属性建筑，如通道、仓储、井池等。

1 中国社会科学院考古研究所：《汉长安城未央宫：1980—1989年考古发掘报告》，中国大百科全书出版社，1996年。

2 刘庆柱、李毓芳：《汉长安城》，文物出版社，2003年，第44页。

3 中国社会科学院考古研究所汉长安城工作队：《汉长安城未央宫第二号遗址发掘简报》，《考古》1992年第8期。

4 李毓芳：《汉长安城未央宫的考古发掘与研究》，《文博》1995年第3期。

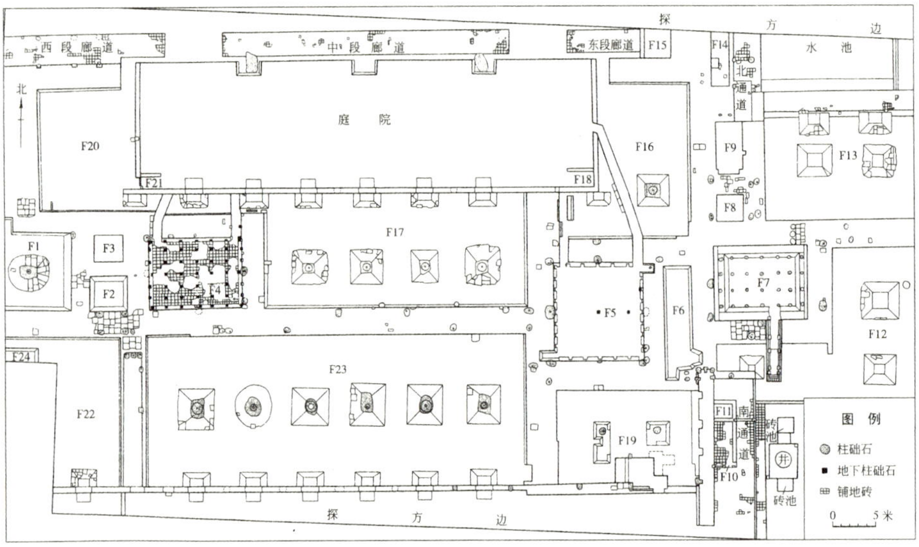

图 1-8 少府建筑基址平面图（引自《汉长安城未央宫：1980—1989年考古发掘报告》，1996年）

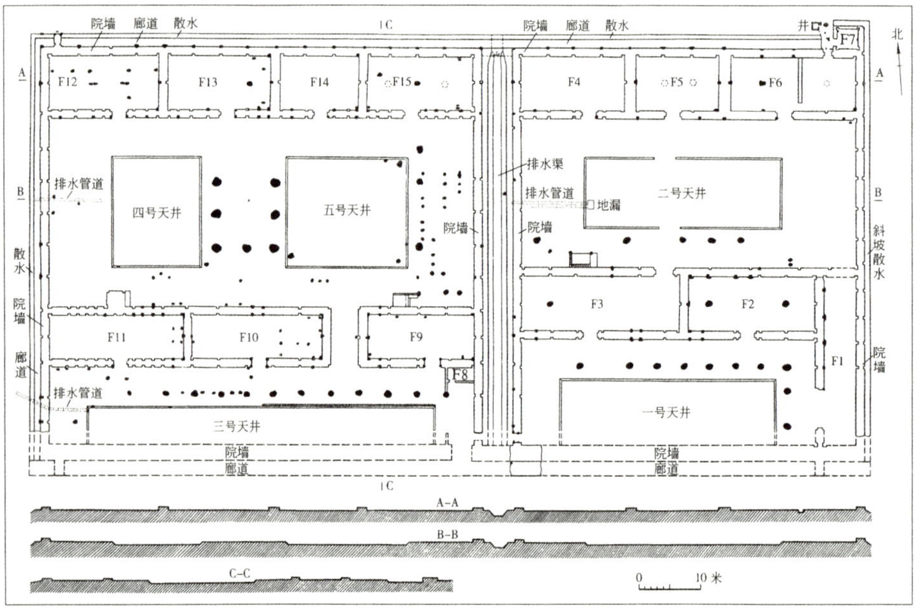

图 1-9 中央官署建筑遗址平面图（引自《汉长安城未央宫：1980—1989年考古发掘报告》，1996年）

中央官署建筑基址处在未央宫的西部偏北，紧邻未央宫的东西向大道。中央官署遗址是一处封闭式的大型院落建筑遗址，平面为长方形，东西133.8米，南北68.8米。经过发掘，基本的布局已经清楚[1]（图1-9）。院落周围有院墙、廊道和散水。居中位置有一南北向排水渠，将院落分成东西两部分，两部分的布局相似，自南向北分别为两组天井和排房。东院中有北门和西门各一座，西门位于西南角，北门位于东北角，门外两侧有门房和水井各一座。东院里的两排房屋各3座，天井2个。西院中有东门和南门各一座，东门

1 中国社会科学院考古研究所汉长安城工作队：《汉长安城未央宫第三号遗址发掘简报》，《考古》1989年第1期。

与西院的西门隔排水渠相对，南门在东南角，应该为整座中央官署的主要门道[1]。西院中的两排房屋各4座，其中F8的性质应为门房。在南北两排房屋之间东西并列两天井，天井之间为一座庭址。中央官署遗址中出土了六万余件骨签，出土地点在房屋内或其附近，而且签文内容相同的基本出自同一房屋附近，由此可知，这座官署为西汉时期皇室或宫廷存储骨签的“档案室”[2]。

此外，石渠阁、天禄阁、沧池等的方位和遗址范围已经基本探明，但具体的文化内涵需要更多的考古工作来探明。

2. 长乐宫

长乐宫位于长安城的东南部，所以又称东宫。经过考古勘探，长乐宫的面积约6平方公里，占汉长安城总面积的六分之一。东、西宫墙平直，南、北宫墙略有曲折[3]。长乐宫遗址之内发现了主要道路5条，其中东西向3条、南北向2条[4]。横贯宫城的东西大路，向东通至霸城门，向西通至安门大街并与直城门大街相对。该路宽45—60米，分为三股道，其形制与城内八街相同。如果据此将这条大路当作与城门相连的干路“大街”的话，那么长乐宫的形制、规模就有了不同时期的不同变化[5]。

根据目前的考古勘探资料，长乐宫的建筑遗址分布于三个区域，集中分布在东西大道的两侧，其中以西北区的建筑遗址最为密集，范围也最大[6]。西北区域共发掘和试掘了六座建筑遗址[7]，其中五号建筑遗址为一处凌室遗址。一号建筑遗址平面呈长方形，周围筑围墙，东西420米，南北550米，主体建筑位于院落北部正中，台基南北两面各有一条踏道，周围置有回廊和散水。二号宫殿遗址为一处大型的夯土基址，东西45.3米、南北96米。台基周围残存有廊道和卵石散水，北部有一长方形院落。台基之上有三座半地下房屋建筑，其中以F1的面积最大，东西长23.83米、南北宽10米，由主室和三条通道组成，主室四角有角柱，四壁有壁柱，室内有明柱，地面铺砖。三号建筑基址东西38—66.8米，南北54.48—88.45米。台基上有2座半地下房屋，一座为曲尺形，另一座平面为长条形。四号建筑遗址亦为一大型的夯土台基，呈长方形，东西79.4米、南北发掘部分宽27.4米（图1-10）。台基北面和西面有铺砖廊道和散水，散水之外为铺砖庭院。台基中部和东部有2处半地下建筑。F1的结构从北向南分别为北门道、北通道、门房、主室、南部通道（东、西各一条）。F2位于台基的东部，从北向南由附室、北通道、楼梯间、主室和侧室组成。附室为南北二间，楼梯间内有草泥皮外涂朱的台阶。主室和侧室同样为南北两间，主室和侧室之间有通道相连。五号建筑遗址为凌室建筑，主体建筑呈东西向的长方形，房子周围为一周回廊，中部为一条东西向的水沟，与东墙下的排水管道相接。在主室的西北部分布着五个侧室，面积均较小。六号建筑遗址规模远超过其他几处建筑，但

1 中国社会科学院考古研究所：《中国考古学·秦汉卷》，中国社会科学出版社，2010年。

2 刘庆柱、李毓芳：《汉长安城》，文物出版社，2003年，第97页。

3 王仲舒：《汉代考古学概说》，中华书局，1984年，第9页。

4 刘庆柱、李毓芳：《汉长安城》，文物出版社，2003年，第108页。

5 刘庆柱、李毓芳：《汉长安城》，文物出版社，2003年，第108—110页。

6 刘振东、张建锋：《西汉长乐宫遗址的发现与初步研究》，《考古》2006年第10期。

7 李遇春：《汉长安城的发掘与研究》，《汉唐与边疆考古研究》第一辑，科学出版社，1994年；中国社会科学院考古研究所汉长安城工作队：《汉长安城长乐宫二号建筑遗址发掘报告》，《考古学报》2004年第1期；中国社会科学院考古研究所汉长安城工作队：《西安市汉长安城长乐宫四号建筑遗址》，《考古》2006年第10期；中国社会科学院考古研究所汉长安城工作队：《汉长安城长乐宫发现凌室遗址》，《考古》2005年第9期；刘振东、张建锋、徐龙国：《西安汉长安城长乐宫六号建筑遗址》，《考古》2011年第6期。三号建筑遗址的基本情况，见刘振东、张建锋《西汉长乐宫遗址的发现与初步研究》，《考古》2006年第10期。

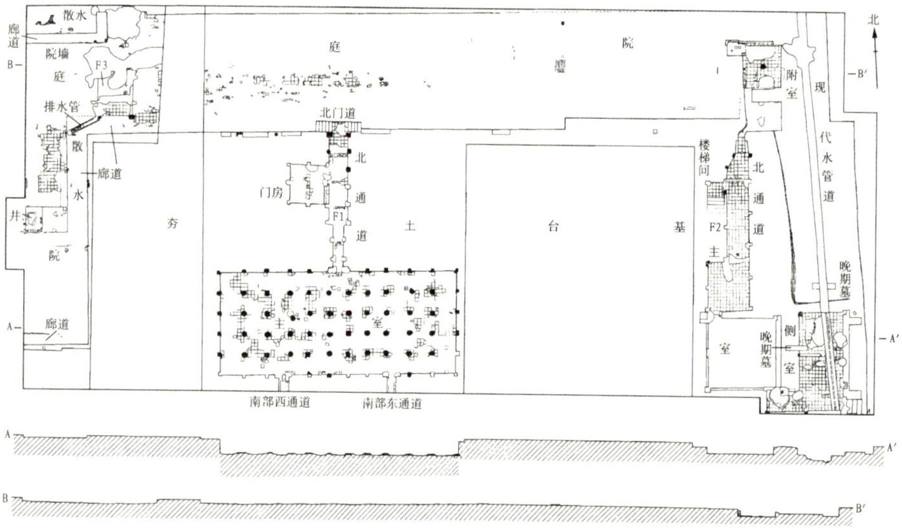

图 1-10　长乐宫第四号宫殿建筑遗址平剖面图（引自《西安市汉长安城长乐宫四号建筑遗址》，《考古》2006 年第 10 期）

主体建筑并未经过发掘，目前揭露部分是东北部的附属建筑，包括一些廊道、散水，还有院墙、水井、沉淀池等遗迹。

3. 桂宫

桂宫为后妃之宫，修筑于汉武帝太初四年（公元前101年）。桂宫位于汉长安城的西部，其西部为长安城的西城墙，东临横门大街，北部为雍门大街，南部为直城门大街。桂宫宫城平面呈长方形，南北1840米，东西900米，经过勘探，桂宫遗址发现两条道路遗迹，分别为南北向和东西向道路各一条（图1-11）。桂宫的建筑遗址大多数位于宫城的南部，北部也有少量发现[1]。近年来考古工作者在桂宫的中南部和西北部发掘了一些建筑遗址，取得了丰硕的成果[2]。

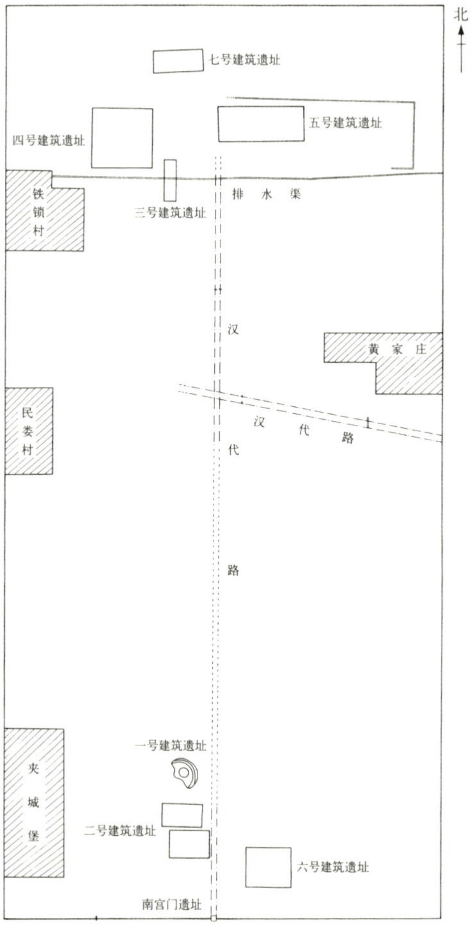

图 1-11　桂宫遗址平面图（引自《汉长安城桂宫：1996—2001 年考古发掘报告》，2007 年）

目前所发掘的有桂宫第二、三、四号建筑遗址，并对一号建筑遗址

1　刘庆柱、李毓芳：《汉长安城》，文物出版社，2003年，第114页。

2　中国社会科学院考古研究所、日本奈良国立文化财研究所：《汉长安城桂宫：1996—2001年考古发掘报告》，文物出版社，2007年。

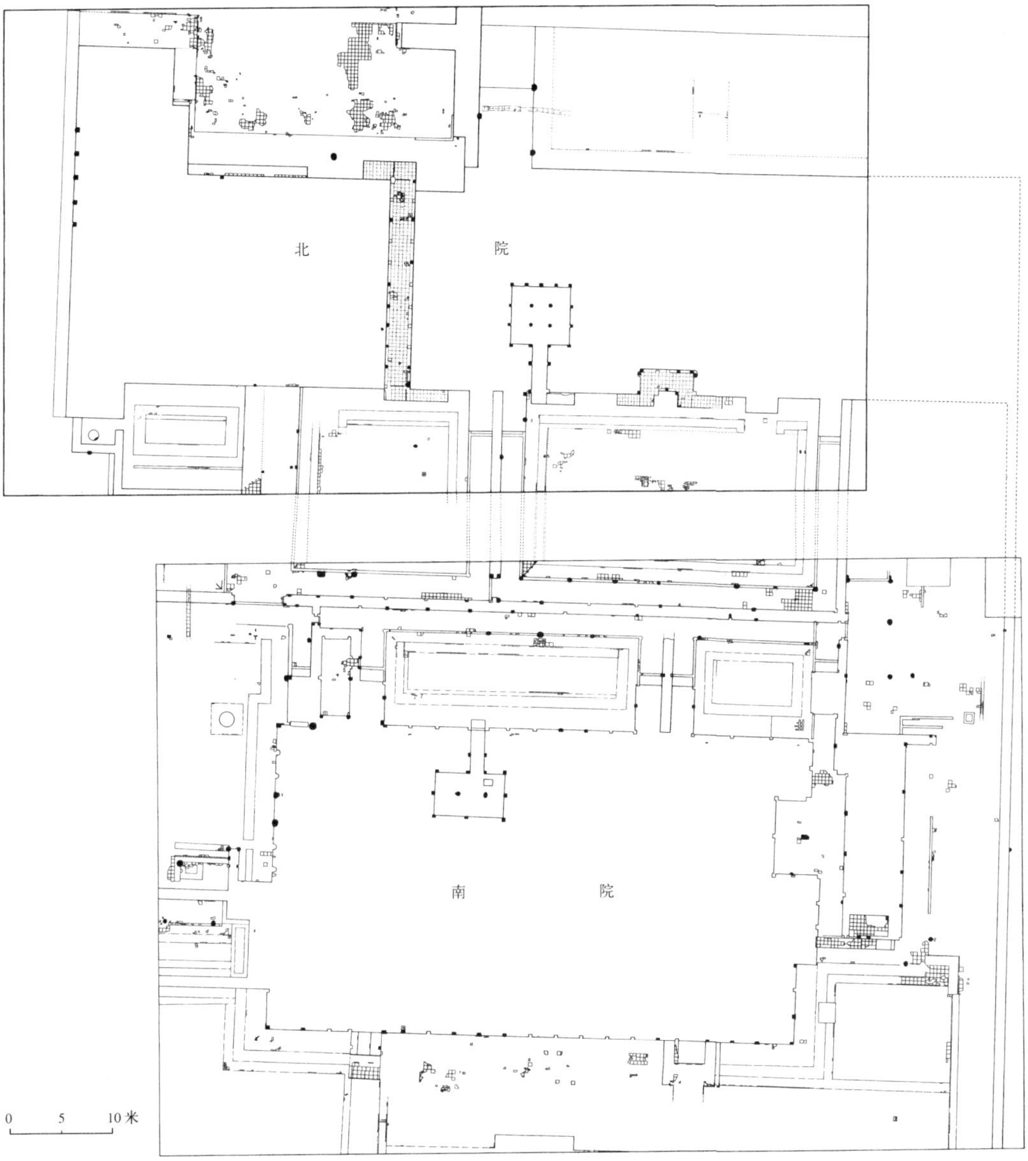

图 1-12 桂宫二号建筑平剖面图（引自《汉长安城桂宫：1996—2001 年考古发掘报告》，2007 年）

进行了勘探和试掘。其中第一、二号建筑遗址是一座大型宫殿建筑群遗址，遗址北部的地面之上仍旧保存着这座建筑群的高台建筑，也就是一号建筑遗址。整座建筑群的范围南北200米，东西110米，由三部分组成，即南院的殿堂、北院的后殿和北面的高台。二号建筑遗址是这座建筑群的主体部分，发掘工作较为充分（图1-12）。南院的主体建筑为中央的殿堂，南部为一小型广场，北为广庭，东西两侧有一些附属建筑。殿堂南面为东、西并列的两个通道，东西两侧的南部亦各置一出入殿堂的通道。殿堂东部有一组地下建筑，南北长22米，包括门道、“传达室”、通道和主室四部分。殿堂的北部有一座地下房屋，坐南朝北，北墙外辟有门道，通往殿堂北部的广庭。殿堂北部的东西两侧有两座庭院，中央置有天井。南北两院相连，共用一道院墙，并设置有门道连通两院。北院东西长84米，南北宽46米，中部为一大型夯土台基，上面发现有多座房屋。主体建筑的北部和南部分别有三所和两所庭院。一号建筑基址为高台建筑，台基的北部和东部发现有登台遗迹。这座建筑群规模宏大，很可能是桂宫的最核心建筑，二号建筑遗址为桂宫的正殿——鸿宁殿，一号建筑遗址则为鸿宁殿的台苑[1]。

其他所发掘的建筑遗址则为桂宫的附属建筑。三号建筑遗址为桂宫内的“仓库”，其中发现了9座房基。南北两端的面积较大，应为守卫者的居住和活动场所[2]。中间的7座房基面积较小，各房之间有厚达2.5—3.28米的墙垛，并分布有密集的壁柱。四号建筑遗址为桂宫后妃的居住场所，由东、西两组建筑组成，中间为一条南北向通道，两组建筑内的房基分布较为分散，均有殿堂、庭院等设施。

4. 其他宫殿

北宫初建于汉高祖时期，汉武帝对其进行了增修。北宫位于未央宫的北部，安门大街以西，雍门大街南部，厨城门大街以东。北宫与桂宫之间的区域为西汉的贵族生活区，即北阙甲第。据史书记载，北宫是供奉和祭祀神灵的地方，也是安排退居或废除后妃的地方。目前北宫的考古工作处在起步阶段，其范围和基本形制已经探明，北宫平面为长方形，南北长1710米，东西宽620米[3]。

明光宫修建于汉武帝时期，其大致方位在汉长安城的东北部，即安门大街以东、长乐宫以北、宣平门大街以南的区域。其形制、布局以及文化内涵需要更多的考古资料来探明。

建章宫建于汉武帝太初元年（公元前104年），武、昭二帝将其作为皇宫使用。建章宫位于长安城的西部，今西安市未央区三桥镇高堡子、低堡子、双凤村、柏良村和孟庄一带。建章宫宫城平面呈东西宽南北窄的长方形，东西约2130米，南北约1240米，主要的建筑遗址为前殿，其余发现的还有太液池、渐台、神明台、圆阙、双凤阙等[4]。前殿坐北朝南，位于建章宫的中部偏西，基址南北320米，东西200米。双凤阙位于前殿东700米处，阙址目前尚存，二阙间距53米。太液池在前殿西北，平面为曲尺形，池的东部有渐台基址。太液池设置于宫城之内，应该是模仿秦都咸阳城“兰池”的设置，但在池内设台以及“太液”的定名，为后世所模仿，如唐长安城和元大都内的太液池。

甘泉宫位于今陕西省淳化县，是西汉时期皇室最大的离宫，是皇室的避暑胜地。甘泉宫是在秦林光宫的基础上扩建而成的，主要完成于汉武帝时期。甘泉宫平面呈长方形，东、西、南、北宫墙分别为880米、890米、1948米和2150米。四角筑有角楼，在宫城范围内发现有建筑遗迹。通过调查，发现有大量的汉代瓦当，动物纹样中有蟾蜍与玉兔，文字瓦当见有“甘林”等字样[5]。

（四）礼制建筑

礼制建筑是古代都城中的重要组成部分，而汉长安城的礼制建筑上承先秦，下启魏晋至隋唐，在中国古代都城的礼制建筑史上具有重要的作用。汉长安城的礼制建筑包括有宗庙、社稷、辟雍等。

西汉的宗庙均分布在长安城的附近，其中太上皇庙、高庙和惠帝庙位于城内，自文帝以后，都城之内不再设庙，宗庙均位于帝陵之旁。高庙的位置较为明确，位于安门

---

1 中国社会科学院考古研究所：《中国考古学·秦汉卷》，中国社会科学出版社，2010年。

2 刘庆柱、李毓芳：《汉长安城》，文物出版社，2003年，第121页。

3 中国社会科学院考古研究所汉城工作队：《汉长安城北宫的勘探及其南面砖瓦窑的发掘》，《考古》1996年第10期。

4 刘庆柱、李毓芳：《汉长安城》，文物出版社，2003年，第186—188页。

5 郑洪春、姚生民：《汉甘泉宫遗址调查》，《人文杂志》1980年第1期。

之内，安门大街以东、长乐宫西南部。考古勘探发现的西汉时代夯土建筑基址，东西69米、南北34米，该遗址可能为高庙故址[1]。九庙是西汉末王莽篡权以后在长安城的南侧所建，位于安门和西安门南出平行线之内，北距汉长安城南城墙1200米处。王莽九庙由12座建筑遗址组成，每座建筑遗址形制基本相同，均呈方形，最南面的一座单独为一院落，其他11座处在一个大院落之内，每座建筑又有独立的院落[2]（图1-13）。每座院落的边长为270—280米，中间为中心建筑，中心建筑四面对称，中央为太室，四面凸出部分为夹室，象征着五行——木、火、土、金、水（图1-14）。

社稷遗址位于南郊礼制建筑群的最西部，包括官社和官稷遗址。社稷实际上就是“社”，因为周人以其祖先后稷配社，便有了“社稷”之称[3]。社稷遗址同王莽九庙分别位于未央宫的东西两侧，形成了《周礼·考工记》中记载的“左祖右社”的格局。官社遗址位于汉长安城西南部，始建于秦或汉初，西汉中期重修扩建。东西残长240米、南北宽70米。主体建筑居中，周施廊庑。官稷遗址在官社遗址西南，现存两重围墙，呈“回”字形，外围墙边长约600米，内围墙边长273米。内、外围墙四面中央各辟一门[4]（图1-15）。

辟雍建于汉平帝时期，遗址位于今西安市西郊大土门村北，王莽九庙遗址的东南部。整个遗址分为三个部分，第一部分为中心建

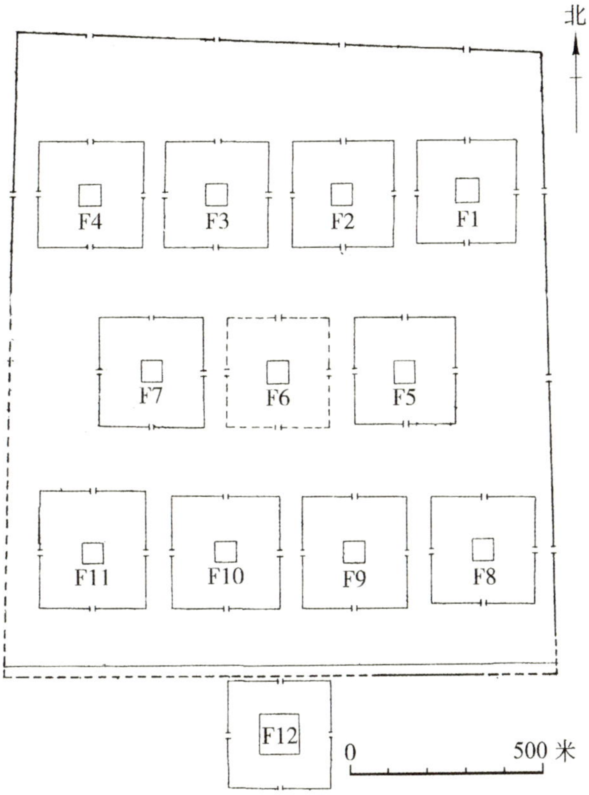

图 1-13 王莽九庙分布示意图（引自《西汉礼制建筑遗址》，2003 年）

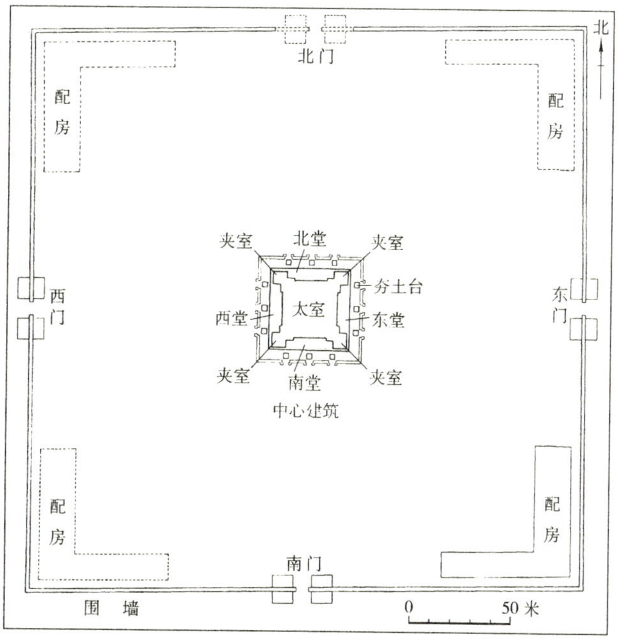

图 1-14 王莽九庙第三号遗址总平面图（引自《西汉礼制建筑遗址》，2003 年）

1 刘庆柱、李毓芳：《汉长安城》，文物出版社，2003年，第142页。
2 中国社会科学院考古研究所：《西汉礼制建筑遗址》，文物出版社，2003年，第214页。
3 刘庆柱、李毓芳：《汉长安城》，文物出版社，2003年，第148页。
4 中国社会科学院考古研究所：《西汉礼制建筑遗址》，文物出版社，2003年，第22页。

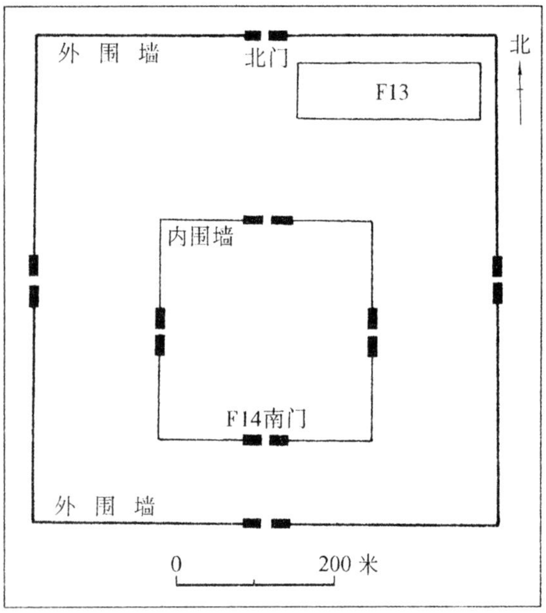

图 1-15 汉长安城社稷遗址平面图（引自《西汉礼制建筑遗址》，2003 年）

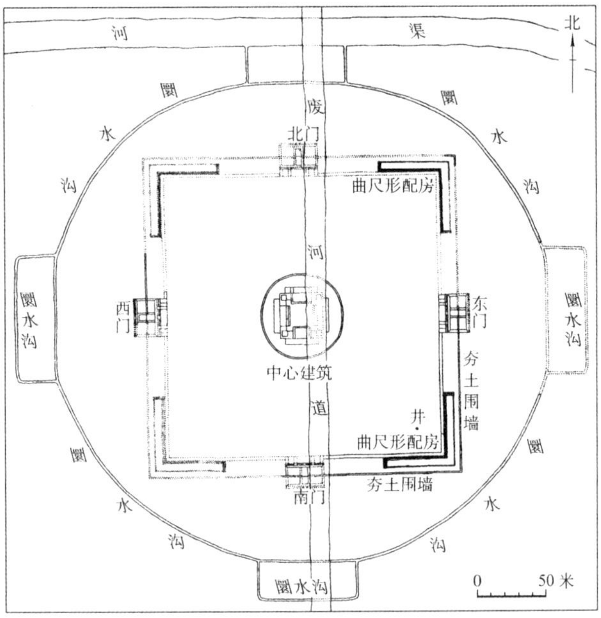

图 1-16 辟雍遗址平面示意图（引自《中国考古学·秦汉卷》，2010 年）

筑，第二部分为围墙、四门及配房建筑，第三部分为圜水沟。中心建筑外围一个方形院落，院落四角有曲尺形配房，配房四面设门，配房的外侧又有围墙与四门连接，构成一个方形的建筑体，在围墙四周为一圆形的圜水沟，圜水沟与围墙四门相对处又各围出一个长方形的小水沟[1]（图1–16）。辟雍遗址出土的绝大多数瓦当均为素面圆瓦当，这种现象应与辟雍建筑的特殊建筑性质有关，它也说明素面瓦当还有着特殊“含义”[2]。

（五）武库

武库为汉初萧何所建，西汉末年被赤眉军焚毁。遗址位于未央宫遗址的东部，安门大街以西，直城门大街以南的区域内。武库周围筑墙，院落平面为长方形，东西710米、南北322米。院落坐北朝南，中部有一道南北隔墙将其分为东、西两院，隔墙南端辟门。东院东墙上有一门道可通至安门大街。武库之中有七座建筑，其中东院四座，西院三座，七座建筑均朝向各自院落的中央[3]（图1–17）。

七座建筑均呈长条形，大小不等，多以隔墙分成若干间房。各座建筑正面沿墙均设置有廊道，廊道外为散水。各建筑的用途不同，这也决定了其大小形制的不同。从出土的器类来看，一号建筑遗址主要为存放铠甲的场所，六号建筑为储存箭镞所用，其他建筑均为储存兵器场所。其中七号建筑的面积最大，共有四座大房屋，每座房屋南北对称各开两个门道，门旁有门卫用房。房内有四条东西并列的南北向夯土墙垛，墙垛宽5.2—5.4米。墙垛四面分布有密集壁柱排列，这些墙垛遗迹可能与兵器架有关。房基内出土了大量的兵器，其中以箭镞的数量最多。

1 中国社会科学院考古研究所：《西汉礼制建筑遗址》，文物出版社，2003年，第226页。

2 中国社会科学院考古研究所：《中国考古学·秦汉卷》，中国社会科学出版社，2010年，第215页。

3 中国社会科学院考古研究所：《汉长安城武库》，文物出版社，2005年，第8页。

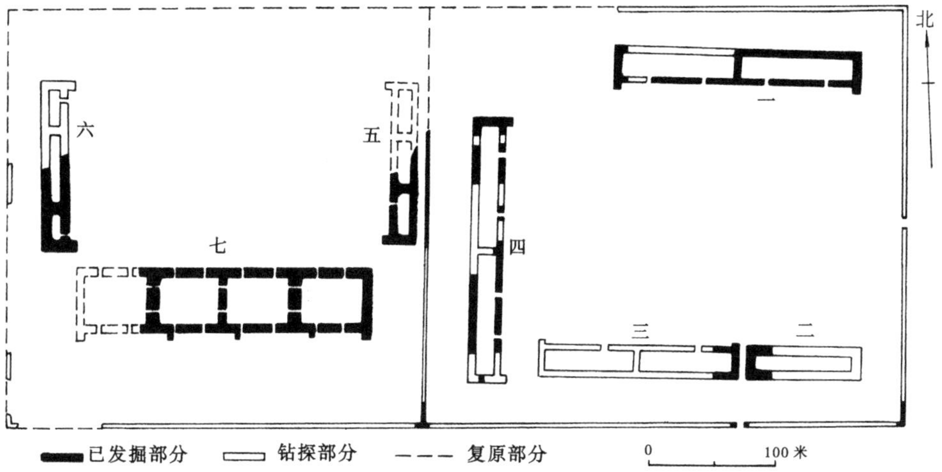

图 1-17　汉长安城武库遗址平面复原示意图（引自《汉长安城武库》，2005 年）

（六）市场

汉长安城的市场为东市和西市，经过考古勘探，其位置和范围已基本探明[1]。两市均位于城内西北部，即雍门大街北侧、横门大街东西两边、汉长安城北城墙以南。东市和西市均周围筑墙，南、北、东、西各有二市门，并相互连通，形成“井”状结构。西市和东市的性质有所不同，东市为商业活动中心，也是“刑人于市”的场所，根据文献记载，晁错、吴章、刘屈氂、成方遂等均被杀于东市。西市则是官营手工业的场所，考古工作者在西市发现了大量的官办手工业作坊[2]。这些手工业遗址主要有烧造陶俑、砖瓦、陶器的陶窑遗址和冶铸遗址、铸币遗址等。

（七）里居

汉长安城的大部为宫殿所占据，里居的分布较为零散且占据的面积并不大。由于城市居民的政治、经济地位的不同，各阶层的居住地有不同的分区，可分为官邸、甲第和一般闾里等[3]。汉长安城官邸的位置还不明。甲第位于未央宫附近，一处在直城门大街以北，桂宫和北宫之间的区域；另一处位于未央宫的东部，武库的南部，安门大街以西的区域内。一般闾里的场所位于汉长安城的东北部，明光宫的北部。

（八）上林苑

长安城的上林苑是皇家的苑囿，是在秦上林苑的基础上扩建而成的，扩建工作主要在汉武帝建元三年（公元前138年）进行。上林苑的范围西自周至县终南镇，东至蓝田县焦岱镇，北界一般在渭河以南，南到终南山北麓。上林苑除了有观赏作用外，还能观看斗兽，圈养珍禽异兽以供皇家陪葬之用。

1 刘庆柱：《西安市汉长安城东市和西市遗址》，《中国考古学年鉴·1987年》，文物出版社，1988年。

2 中国社会科学院考古研究所汉城队：《汉长安城窑址发掘报告》，《考古学报》1994年第1期；中国社会科学院考古研究所汉城工作队：《1992年汉长安城冶铸遗址发掘简报》，《考古》1995年第9期；中国社会科学院考古研究所汉城工作队：《1996年汉长安城冶铸遗址发掘简报》，《考古》1997年第7期；李毓芳：《汉长安城烘范窑和铸币遗址》，《中国考古学年鉴·1993年》，文物出版社，1995年。

3 刘庆柱、李毓芳：《汉长安城》，文物出版社，2003年，第165页。

上林苑内分布着大量的宫观、池苑遗址。近年来开展考古工作较多的有昆明池遗址、鼎湖延寿宫遗址、黄山宫遗址、长杨宫遗址等。昆明池遗址位于汉长安城西南8.5公里处，面积16.6平方公里[1]。昆明池北连镐池与彪池，三者为汉长安城重要的水源供应处，在昆明池的东、西两侧以及镐池、彪池的南北部发现有进水口和出水口。在昆明池遗址南岸和东岸之上发现三处汉代建筑遗址，其中的三号建筑遗址为一处台榭类建筑。经调查，在昆明池的周围还发现有石鲸、牛郎与织女的石像。

在上林苑内发现的建筑遗址较多，其中以鼎湖延寿宫为代表。鼎湖延寿宫位于上林苑遗址东南部，在今蓝田县焦岱镇南侧，出土的文字瓦当七件，铭文全部为"鼎湖延寿宫"[2]。黄山宫遗址位于兴平市西南30里的马嵬坡，该遗址内有"黄山"瓦当出土[3]。在今户县坳子村东北和周至县竹园村附近，发现两处秦汉时代遗址，出土有大量板瓦、筒瓦及瓦当等秦汉时期建筑材料，出土有"禁圃"文字瓦当。上林苑还安排有铸币官署，"上林三官"是其中的代表，在遗址范围内发现了多处铸币遗迹。

第三节　东汉洛阳城的布局与特点

东汉洛阳城位于今洛阳市区东约15公里，处于洛龙区、孟津县、偃师市的交界处。都城处在洛阳盆地之中，北依邙山，南临洛河，其东部为二里头遗址和偃师商城，西部有隋唐洛阳城和东周洛阳城。洛阳城始建于西周时期，其间曾作为东周、东汉、曹魏、西晋和北魏等朝代的王都或国都。

一、东汉洛阳城的沿革及发掘经过

西周时期的城址呈东西长方形，位于汉晋时期洛阳城的中部，可能与西周时期周公所建的成周城有关[4]。公元前六世纪周敬王避王子朝作乱，在晋侯的率领下迁至此处，名为成周，并在狄泉向北扩城。秦并六国之后，相国吕不韦向南再次扩大了该城，形成了东汉洛阳城的规模。西汉时期的洛阳城没有大的增修活动，基本沿用秦代形成的城圈规模和形制。公元25年，刘秀建都洛阳，对该城进行了大规模的修缮和营建。东汉之后，曹魏、西晋以及北魏均对该城进行过修建，以此作为都城，因此该城被称作汉魏洛阳城。

东汉洛阳城的考古工作开始于二十世纪二十年代，马衡、徐森玉等先生进行实地调查，致力于对太学石经的采集、整理与研究。新中国成立后，汉魏洛阳城的考古工作逐步进入正轨。1954年6月，阎文儒先生对汉魏洛阳城进行了考察，绘制了汉至晋代的城址平面图[5]。二十世纪六十年代，在许景元先生的主持下，中国科学院考古研究所对城址

1 中国社会科学院考古研究所汉长安城工作队：《西安市汉唐昆明池遗址的钻探与试掘简报》，《考古》2006年第10期。

2 《蓝田上林苑故地发现鼎湖延寿宫遗址》，《人民日报》1988年11月30日；曹永斌：《蓝田县焦岱镇出土的一批汉代瓦当》，《文博》1987年第5期。

3 徐卫民：《西汉上林苑宫殿台观考》，《文博》1991年第4期。

4 钱国祥：《汉魏洛阳故城沿革与形制演变探析》，《汉魏洛阳城遗址研究》，科学出版社，2007年。

5 阎文儒：《洛阳汉魏隋唐城址勘查记》，《考古学报》1955年第1期。

进行了全面的勘探工作，探明了城垣、城门、绕城阳渠、宫城、城内外主干道路、城南的礼制建筑等遗址的位置与大致范围[1]。1964年，对城南的刑徒墓地进行大面积的发掘[2]。七十年代，工作的重点是南郊礼制建筑群的发掘，包括灵台[3]、明堂、太学、辟雍等遗址。八十年代开始，汉魏洛阳城的考古工作集中在北魏都城方面，东汉时期的遗迹主要是城址周围的砖瓦窑和墓葬。

二、东汉洛阳城的布局及特点

东汉洛阳城平面呈南北长方形，周长可达13000米，城内总面积约为9.5平方公里。因其城自南至北的长度约为当时的九里，自东至西的宽度约为当时的六里，故而有文献称其为“九六城”。整座城址的布局与西汉长安城有很大的不同，最为明显的是由西汉的多宫制演变为双宫制，在街道的设置方面与长安城相似，均是依托城门并连接主要的建筑遗址，市场有三个，金市位于城中，马市和南市在城外，武库与太仓位于城的东北部，开阳门内设置有太尉、司徒、司空三府，礼制建筑亦位于城外南部（图1–18）。

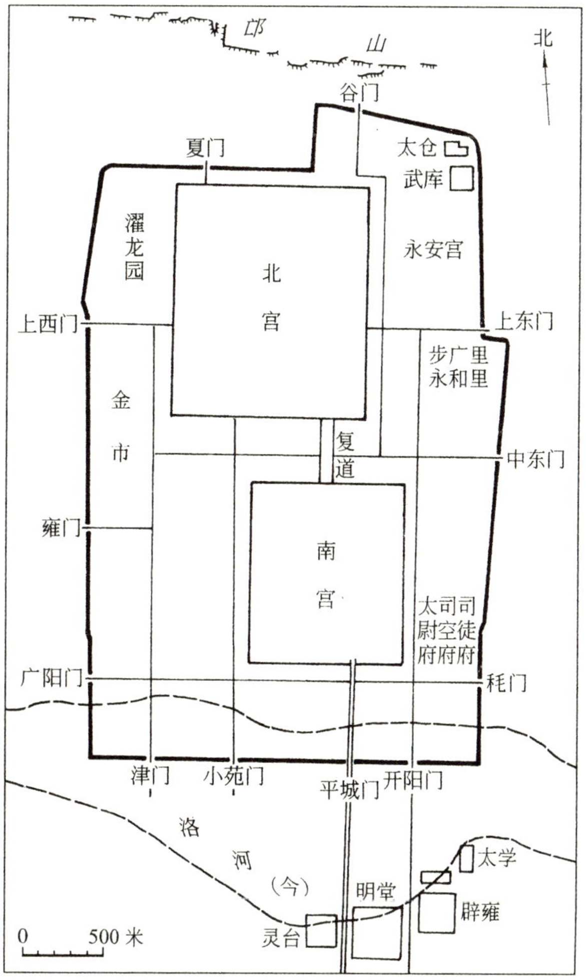

图 1–18 东汉洛阳城平面复原图（引自《中国考古学·秦汉卷》，2010年）

（一）城墙、城门与道路

汉魏洛阳城的城墙均为夯土筑成，东、北、西三面城墙皆有墙体残存，南墙被洛河冲毁，其中城址东北隅的城墙保存较好，残墙体高出地面6—7米。经过勘探，东城墙残长约3895米，墙基宽约14米，北城墙全长约2523米，墙基宽约25米；西城墙残长约3500米，墙基宽约20米[4]。东汉洛阳城的现存诸城墙皆有几处曲折，这与该城在历史上的几次大规模扩建和保证城门安全有关[5]。

东汉洛阳城共有城门十二座，其中北城墙有两座城门，西部为夏门，东边为谷门；东城墙上有三座，从北向南依次为上东门、中东门、耗门；南城墙有四座，从东向西分别为

1 中国科学院考古研究所洛阳工作队：《汉魏洛阳城初步勘察》，《考古》1973年第4期。

2 中国社会科学院考古研究所：《汉魏洛阳故城南郊东汉刑徒墓地》，文物出版社，2007年。

3 中国社会科学院考古研究所洛阳工作队：《汉魏洛阳城南郊的灵台遗址》，《考古》1978年第1期。

4 中国科学院考古研究所洛阳工作队：《汉魏洛阳城初步勘查》，《考古》1973年第4期。

5 中国社会科学院考古研究所：《中国考古学·秦汉卷》，中国社会科学出版社，2010年。

开阳门、平城门、小苑门、津门；西城墙上有三座，从南向北为广阳门、雍门、上西门。洛阳城的城门同样为"一门三道"，中央的一道为御道，专供皇帝和高级官员行走[1]。目前所发掘的有上东门遗址（即北魏的建春门遗址），宽30米、进深约12.5米，其间布置两道东西向夯土隔墙，构成一门三洞的形制，各门洞大体同宽，约为6米。南、北二门洞内，残存有排叉柱、门槛石以及车辙的遗迹。在北门洞还发现有东汉时期砖石构筑的排水暗沟一条[2]。

东汉洛阳城内的主干道路，均通自城门，多数不是笔直的贯通全城，有较多的丁字路口和十字路口。文献中记载的"二十四街，街一亭"，可能就是在城内直通道路较少的前提下，将每两个路口限定的一段干道视为一街，则共有二十四段[3]。东汉洛阳城内的道路资料不多，其中上东门通往城内的宽度为35—51米[4]。

（二）宫殿及城内其他建筑

东汉洛阳城的宫殿建筑相比于西汉长安城较为集中，形成南北二宫相对峙的布局。南、北二宫在西汉时期已存在，东汉时期对其加以扩充和重建。据史书记载，汉光武帝时，主要是经营南宫，首先居住在却非殿，之后修建了最重要的前殿[5]。汉明帝永平八年（公元65年）营建了北宫。此外，在城址的东北部，靠近上东门处还有小型宫城——永安宫，北宫的西北部是皇家的宫苑——濯龙园。

目前，南北二宫均未经过系统的发掘。王仲殊先生根据实测的平面图，对两座宫城的位置和范围做了大致的判断[6]。南宫位于洛阳城的南部，中东门大街之南，秏门—广阳门大街之北，开阳门大街之西，小苑门大街之东。南宫的范围南北长约1300米，东西宽约1000米，面积约1.3平方公里。北宫的范围比南宫更为广大，处于南宫之北，二者相距七里，之间有复道相接，以保证皇帝往来时的方便与安全。北宫位于中东门大街之北，津门大街之东，谷门大街之西，南北长约1500米，东西宽约1200米，面积约1.8平方公里。

在东汉洛阳城内，南北二宫以及永安宫的面积占全城面积的三分之一以上，较汉长安城大大降低，但与此后的历代都城相比，仍然显得过于大了些，这也许正是东汉洛阳城的又一时代特质[7]。除宫殿外，城内还有各类官府以及太仓、武库、商市等设施，里居的面积不大，其中在上东门内大道南侧有步广里和永和里。武库和太仓的位置和范围经过勘探，已经基本探明。二者均位于城址的东北角，南边为武库，整体近似方形，南北长约199米，东西宽约142—186米，四周建有夯筑围墙，中有聚集成组的夯土台基和独立的较大建筑基址。北部为太仓，又分作东西相对的两座方形院落，两座院落之间为一座大型甲字形墓。西院平面为南北长方形，长约100米，宽约70米。东院整体呈方形，长、宽各约50米。二院落四周皆有夯筑围墙，但其内涵却大相径庭。东院内未见任何建筑物；

---

1 《太平御览》卷一九五引陆机《洛阳记》："宫门及城中大道皆分作三。中央御道，两边筑土墙高四尺余，外分之。唯公卿尚书章服从中道，凡行人皆行左右。"

2 中国社会科学院考古研究所洛阳汉魏故城工作队：《汉魏洛阳城北魏建春门遗址的发掘》，《考古》1988年第9期。

3 王仲殊：《中国古代都城概说》，《考古》1982年第5期。

4 中国科学院考古研究所洛阳工作队：《汉魏洛阳城初步勘查》，《考古》1973年第4期。

5 《后汉书》卷一上《光武帝纪上》："（建武元年）冬十月癸丑，车驾入洛阳，幸南宫却非殿，遂定都焉。"又卷一下《光武帝纪下》："十四年春正月，起南宫前殿"，中华书局，1965年，第25、63页。

6 王仲殊：《中国古代都城概说》，《考古》1982年第5期。

7 中国社会科学院考古研究所：《中国考古学·秦汉卷》，中国社会科学出版社，2010年，第232页。

西院中则分布着至少五座大小不同的建筑台基[1]。

除了以上的建筑遗址外，东汉洛阳城内还有金市、太尉府、司空府、司徒府等遗址，但由于考古资料的匮乏，这些建筑遗址的具体布局还不清楚。根据文献记载，金市在城址的西部，上西门和雍门之间。太尉、司空、司徒三座府第位于城址的东南部，南宫以东，耗门和中东门之间的区域内。

（三）东汉洛阳城南郊的官署建筑

东汉洛阳城南郊的官署建筑，包括灵台、明堂、辟雍和太学等，前三者为三大礼制建筑，太学是东汉时期重要的官署教育机构。除此之外，在太学的西部和南部还发现有相关的官署建筑遗址[2]。

1. 灵台

灵台是观测天象的场所。灵台修建于东汉中元元年（公元56年），一直沿用到四世纪初，是当时全国最大的国家天文台。灵台是太史令下的一个机构，东汉著名的科学家张衡曾两次任太史令，亲自设计和制造了浑天仪和候风地动仪，灵台正是张衡从事科学实验的场所。

目前灵台的位置和布局已经探明[3]，灵台位于平城门外大道的西侧，今偃师市佃庄镇朱圪垱岗上村和大郊寨之间，北临今洛水南堤。遗址平面略呈方形，四周建有夯筑围墙。东西220米，南北200米，面积约44000平方米。遗址的中心为一方形的夯土台基，经过后世破坏，整座台基的地上部分为椭圆形，台基基部长、宽各约50米，现残高约8米（图1-19）。台基四面各辟上下两层平台，上层平台高出下层1.86米，平台之上均有建筑遗迹，下层平台的周围有散水遗迹。下层平台周围环筑回廊，仅有北面的保存较好，其他三面均已破坏，北面居中部位有一坡道，可通达上层平台，坡道宽约5.7米。两侧为回廊式建筑，东西各五间以上，每间面阔2.5米，进深约2米。上层平台之上四面均有建筑遗迹，每面长27米，各有五间建筑，每间面阔约5.5米。上层建筑的壁面涂抹草拌泥，并按方位施彩：南面朱红色，东面青色，西面白色；北面因被火焚，施彩情况不详，据发掘者推测可能为黑色。这种现象和当时崇拜四灵（南朱雀、北玄武、东青龙、西白虎）的习俗有关[4]。台基西面上层平台的五间建筑后又向内加辟五间进深约2米的内室，内室中又有隔断土墙一堵，将其分作南、北二室。南室面阔三间，北室面阔二间，北室地面铺素方砖，后壁无立柱。这种密闭型内室可能与《晋书·天文志》中的“作铜浑天仪于密室中”的密室有关。

2. 明堂

明堂是天子祭天敬祖之所。东汉洛阳城的明堂遗址位于今偃师市佃庄镇朱圪垱岗上村，东汉洛阳城的平城门外大道东侧，与灵台夹道相对。

明堂建筑遗址地面部分已无踪迹可寻，根据勘探资料[5]，平面略呈方形，四周建有夯筑围墙。南墙长约386米，东、西墙已知长度将近400米。围墙之内，中心部位为一平面

---

1 中国科学院考古研究所洛阳工作队：《汉魏洛阳城初步勘查》，《考古》1973年第4期。

2 中国社会科学院考古研究所：《中国考古学·秦汉卷》，中国社会科学出版社，2010年，第233页。

3 中国社会科学院考古研究所洛阳工作队：《汉魏洛阳城南郊的灵台遗址》，《考古》1978年第1期。

4 中国社会科学院考古研究所洛阳工作队：《汉魏洛阳城南郊的灵台遗址》，《考古》1978年第1期。

5 中国社会科学院考古研究所：《汉魏洛阳故城南郊礼制建筑遗址：1962年—1992年考古发掘报告》，文物出版社，2010年。

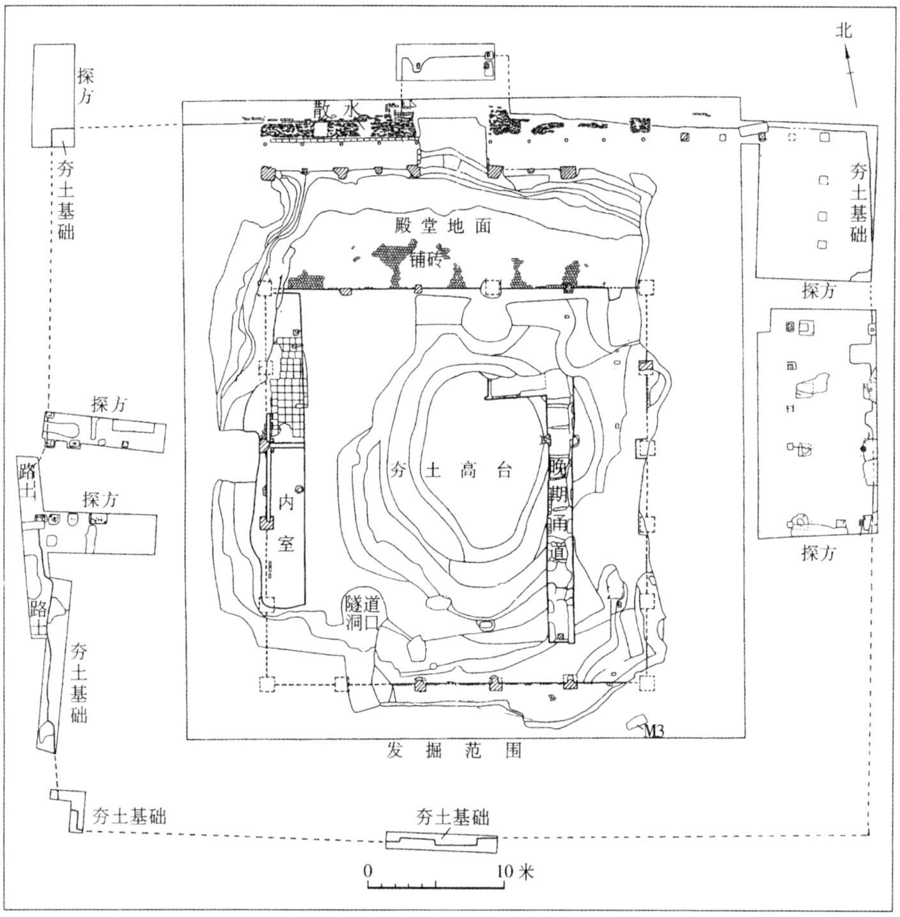

图 1-19 东汉洛阳城灵台建筑遗址平面图（引自《中国考古学·秦汉卷》，2010年）

呈圆形的建筑基址，直径61—62米。明堂遗址的建筑遗迹均被破坏，目前仅发现有20余组方形的大柱槽。

3. 辟雍

辟雍是宣扬教化之地，天子率众朝臣于此行大射礼和养老礼，并祭奠孔子。东汉辟雍遗址位于今朱圪垱岗上村东，在开阳门外大道东侧，隔道与明堂东西相对。根据勘探和发掘的资料[1]，辟雍遗址整体为方形，边长约为370米。遗址中部的主体建筑为一座长方形殿堂，东西长约42米，南北宽28米。在殿基南侧出土了辟雍碑的碑座，碑座诸侧面线刻有孔子及诸弟子坐像。在中心殿基四面，各有一组建筑，每组皆由左右二阙和双阙内侧的门屏式构筑物组成。

4. 太学

太学遗址位于开阳门外大道东侧，创建于光武帝建武五年（公元29年）。汉顺帝时对其进行了修缮，汉灵帝熹平四年（公元175年），诏诸儒正订六经文字，刻石立于太学门前，这就是后世所称的熹平石经。

目前东汉太学遗址的确切范围难以确定，二十世纪七十年代考古学者曾在辟雍遗址

1 中国社会科学院考古研究所：《汉魏洛阳故城南郊礼制建筑遗址：1962年—1992年考古发掘报告》，文物出版社，2010年。

东北方、今洛河南堤的南北两侧，发现魏晋以降的太学遗址，在其南面曾清理出熹平石经残石150余块。由此可知，该处应是东汉太学的主要部分。魏晋以降的太学遗址内发现有整排布列规整有序的长条形房舍，可能是袭用了东汉太学诸生房舍的结构和形制[1]。

第四节　三国时期都城的布局特点

三国时期是中国古代都城发展史的重要时期，都城的布局和结构同两汉时期相比有了很大的变化。由于三国时期处在社会动荡的战乱时期，都城的迁徙较为频繁，曹魏有邺北城、洛阳城和许都等五处，东吴的都城有古武昌和建邺两处，蜀国定都于今成都市。

一、曹魏洛阳城

公元220年，曹丕代汉称帝，正式定都洛阳。曹魏文、明二帝时期，在东汉洛阳城的废墟上进行了重要的修复和改建，从而使洛阳城的布局产生了巨大的变化，这种布局一直沿用到西晋，整座城市的形制并无大的改变（图1-20）。

曹魏洛阳城的城圈规模并未超过东汉，最初城门仍为十二座，位置和形制都基本沿用前代，只是名称上有了一定的变化。魏文帝时期，都城有了较大的变化，首先在东汉北宫的基础上，新筑宫城洛阳宫，废弃了南宫。整座都城的布局由东汉时期的两宫制转变为单一的宫城。黄初二年（公元221年），魏文帝在洛阳宫内修筑了凌云台[2]，其后又穿凿了灵芝池与北部芳林园内的天渊池，修筑了九华台，并在洛阳城西北部建造了百尺楼[3]。魏明帝时期，对洛阳城又有了进一步的修建，青龙三年（公元235年），在洛阳宫内起太极殿，新筑的宫城正门为阊阖门，正对着大城的宣阳门，二门之间的御街成为了整个城市的南北轴线，明帝曾置铜驼诸兽于大街上，后代便称其为“铜驼街”。出于军事防卫的考虑，魏明帝修补了城垣，改建了大夏门，大夏门的规模十分壮观，“门有三层，高百尺”。经大夏门南入大道终止于宫城的西北，而不向南直通南垣城门，也说明大夏门主要服务于皇宫。

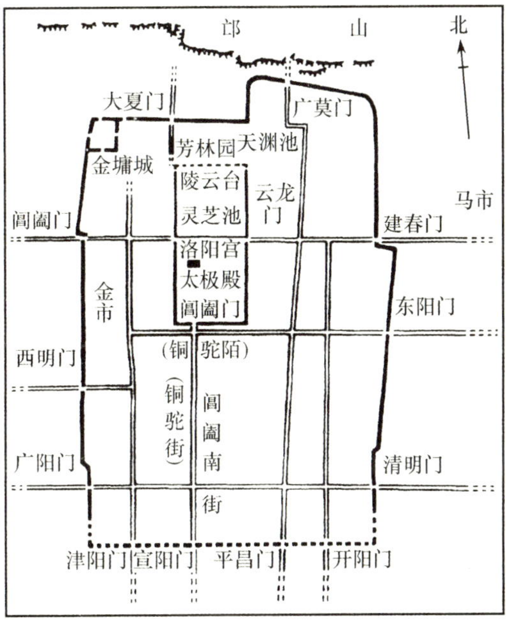

图1-20　曹魏、西晋洛阳城复原示意图（引自《汉魏洛阳故城沿革与形制演变初探》，2007年）

1 中国社会科学院考古研究所：《中国考古学·秦汉卷》，中国社会科学出版社，2010年，第243页。

2 《三国志》卷《魏志·文帝纪》：“是岁筑凌云台。”

3 《洛阳伽蓝记》：“（金墉）城东北有百尺楼。”

曹魏时期在军事防御方面对洛阳城最大的改造是在城址的西北角修建了金墉城，是仿效曹魏邺城西北的铜爵等三台所筑。金墉城位于今洛阳孟津县翟泉村与金村之间，中州渠从其北面穿过。根据勘查资料[1]，在城址的西北隅存在着三座南北衔接的小城，平面呈“目”字形，南北长约1048米、东西宽约255米（图1-21）。四周筑有城垣，城墙厚12—13米，城墙外均筑有马面，现存十一座，甲城的东西墙各三座，乙城东墙四座，丙城西墙有一座。但经过考古发掘发现[2]，三座城址的修建年代不是同一时期，北部的甲、乙二城的年代不早于北魏，南边的丙城才是曹魏明帝所建的金墉城。

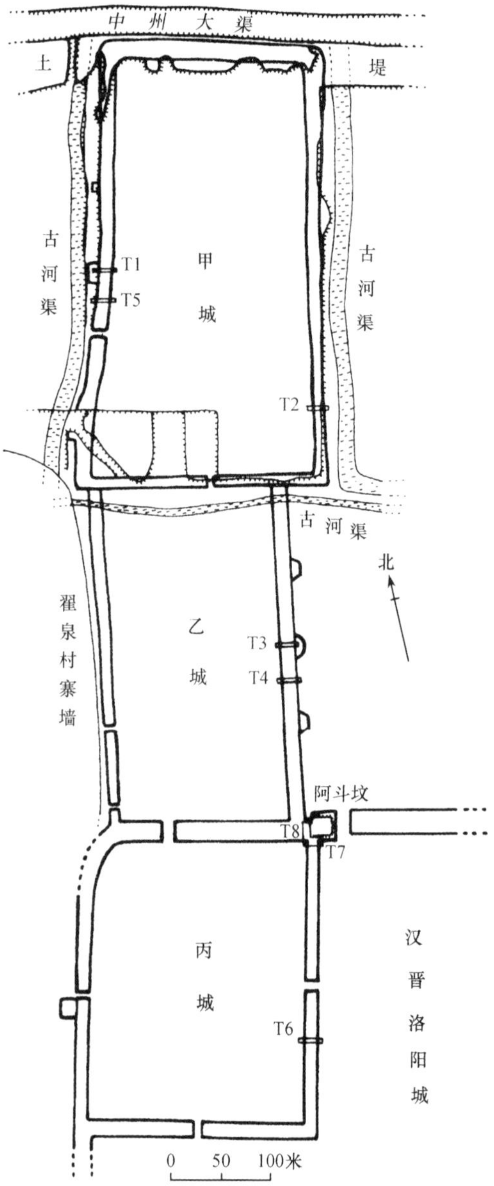

图 1-21 汉魏洛阳城金墉城平面图（引自《汉魏洛阳城金墉城址发掘简报》，《考古》1999 年第 3 期）

二、曹魏邺北城

邺城遗址位于河北省临漳县界内，东北距县城20公里，南距安阳市区18公里。现今的漳河横贯其间。邺城由南、北两座相连的城组成，北为邺北城，南为邺南城。建安九年（公元204年），曹操大破袁绍于官渡，攻克邺城，此处便成为北方实际的政治中心。曹丕称帝建魏，因邺城是“王业之本基”，遂为曹魏的都城之一。十六国时期的后赵、冉魏、前燕均建都于邺北城。邺北城的形制和布局标志着我国都城发展史的一个新阶段，改变了汉代以来宫殿区分散的布局；都城规划中的中轴线的形成，使都城规划更为对称和规整。这种规制对北魏、东魏、北齐、隋唐的都城建设，都产生了重要影响。邺北城的修建是中国古代都城史上的重要转折，都城的布局由此开始发生重要的改变。

由于邺北城所占有的重要地位，中外学者都十分关注。1935年，北平研究院就曾做过实地调查。1957年，俞伟超先生到邺城遗址进行过短期调查[3]。1976—1977年，河北省的考古工作者做过勘探工作[4]。1983—1985年，中国科学院考古研究所和河北省文物研究所合作组成邺城考古队，对邺城进行了发掘与勘探[5]。

由于漳河历年泛滥，城内遗迹现在基本埋没于漫漫流沙之中，其平面布局需结合文

1 中国科学院考古研究所洛阳工作队：《汉魏洛阳城初步勘查》，《考古》1973年第4期。

2 中国社会科学院考古研究所洛阳汉魏故城队：《汉魏洛阳城金墉城址发掘简报》，《考古》1999年第3期。

3 俞伟超：《邺城调查记》，《考古》1963年第1期。

4 河北省临漳县文保所：《邺城考古调查和钻探简报》，《中原文物》1983年第4期。

5 中国科学院考古研究所、河北省文物研究所邺城考古队：《河北临漳邺北城遗址勘探发掘简报》，《考古》1990年第7期。

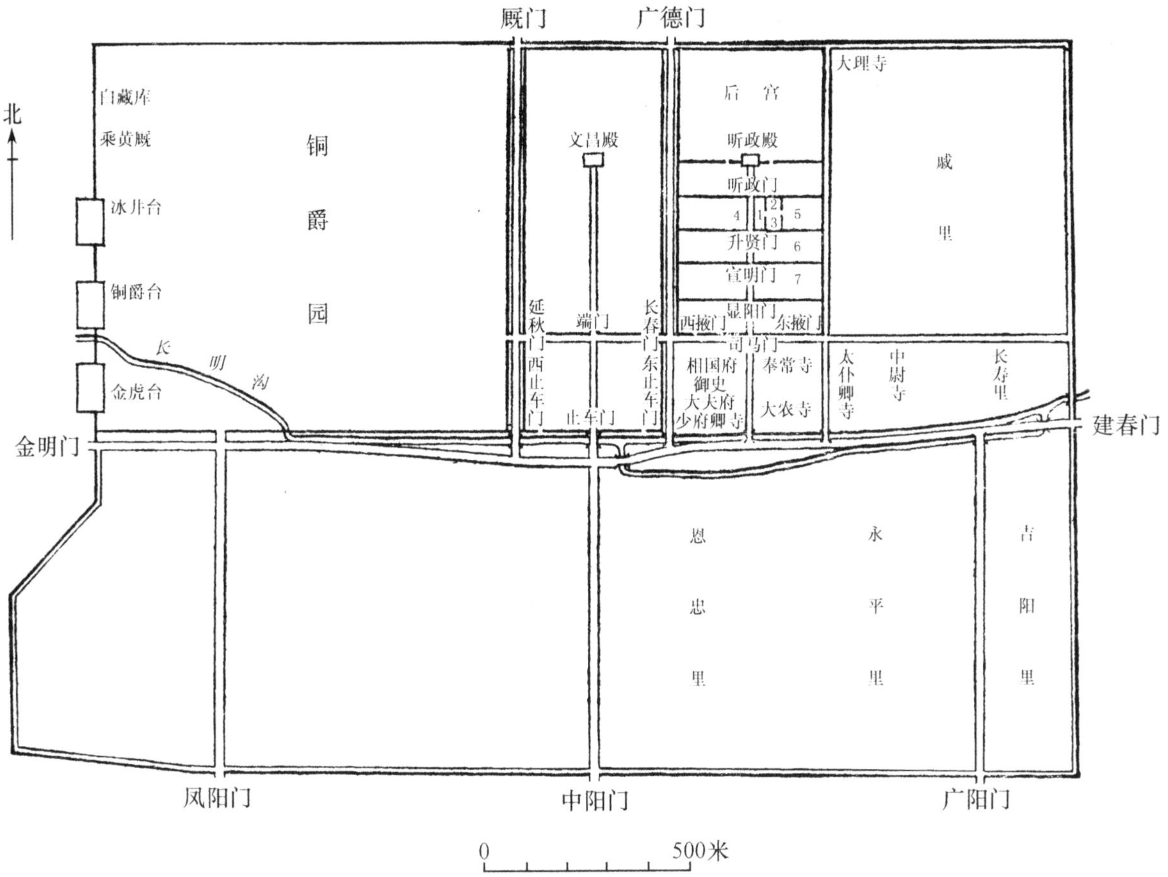

图 1-22　曹魏邺北城平面复原图（引自《中国考古学论丛》，1993 年）

献资料方可复原（图1-22）。

据《水经注·浊漳水》记载，邺北城“东西七里，南北五里”。曹魏邺北城平面基本呈横长方形，周围筑有墙垣，西墙的南段凸出一段，邺北城的城垣多筑于曹魏，根据勘探资料，邺北城东西长2400—2620米、南北宽1700米，城墙厚15—18米。邺北城共有七座城门，南面有三座，正中为中阳门，其东部为广阳门，西部为凤阳门；东墙正中有一座，为建春门；北墙中部宫城两侧置有两座城门，东部为广德门，西部为厩门；西墙中部有一座，为金明门。其中建春门的门道宽约22米，北面广德门宽20米。城内发现道路六条。东西大街一条，即建春门至金明门大道，这是全城唯一的东西大道，宽约13米。在东西大道以南发现南北大道三条，即凤阳门大道、中阳门大道、广阳门大道。中阳门大道长730米，宽17米，是城内最宽大道，它北对宫殿区，南通中阳门，是全城中轴线。凤阳门大道和广阳门大道的宽度为13米，道路两侧发现有水沟。东西大道以北有两条南北向大道，分别对应着广德门和厩门。

宫殿区位于城址的北部正中，宫城内有以文昌殿为核心的外朝。文昌殿是外朝的正殿，凡朝会宾客、宴享群臣等国家大典均在这里举行。文昌殿、端门、止车门、正南城门中阳门在一条直线上，已具备邺北城中轴线的意义。以听政殿为核心的内朝位于文昌殿之东，这里为处理日常政务之所，是曹魏政权的中心区。主要的衙署分布于内朝之南，如相国府、御史大夫府、奉常寺、大农寺等。曹魏邺北城之宫城将内外朝东西并列，主要出于当时政治的需要，是中国都城规划的一个进步。

邺北城内有广大的里坊区，普通居民、工商业者的居所与贵族、官宦不相混杂。其中戚里、长寿里“皆贵里”，是贵族阶层、高级官吏居住的里坊，位于东西大道的北部、宫城的东部，其余的大部分里坊主要分布于东西大道以南。

据文献记载，邺北城西北部有铜爵园，其东临文昌殿，西临三台。园中建有殿堂、池渚、山石、亭榭。邺北城外还建有玄武苑、灵芝园等大型园苑。它们既是园林，又在给水系统中发挥作用。玄武苑中的玄池还是曹操训练水军的场所。邺北城有十分完备的给排水系统，用于城市用水、园林灌溉等。邺北城地势自西北向东南斜倾，高差约3米，曹操引漳河自铜爵台下伏流入城，顺地势东出邺城，注入湟水，这就是曹操《登台赋》“引长明灌街里”中所提到的长明沟。长明沟基本与东西大道并行，并有支流分布于里坊之中。

三台建筑，即铜爵台、金虎台和冰井台，是邺北城的大型高台建筑，位于邺北城西墙偏北，以墙以基。铜爵台筑于建安十五年（公元210年），金虎台筑于建安十八年（公元213年），冰井台筑于建安十九年（公元214年）。金虎台和铜爵台的一部分是邺北城硕果仅存的地面遗迹，从其所存残部略可窥见当年三台宏伟壮观的规模。金虎台位于金明门北，现存南北长120米、东西宽71米、高12米的残部。其北83米为铜爵台，现台基仅存东南角，南北长50米、东西宽43米、高约5米。三台建成之后，便成为文人们吟诗作赋的重要场所，建安文学中的许多佳句名篇即诞生于此。三台更重要的是其军事作用，其为全城的制高点，可以俯看全城及附近情势，加之“以备不虞”的储备，其军事意义显而易见。三台建筑对后世都城影响深远。

三、东吴武昌城

东吴武昌城位于今湖北武汉鄂州的鄂城区，因吴王孙权在此建城，又称“吴王城”。武昌城建于黄初二年（公元221年），黄龙元年（公元229年）孙权称帝后迁都建邺，甘露元年（公元265年）后主孙皓迁都武昌一年，孙吴政权的其余时间，武昌城一直为陪都。武昌城的兴盛期在东吴至东晋前期，到东晋收复江夏之后，武昌城的地位被江夏所取代，至此武昌城逐步走向没落[1]。

现存的城垣及北垣江滩上所发现的大量春秋战国时期的几何印纹陶片和汉代的绳纹陶片，以及地层剖面的叠压关系等材料可证明，六朝武昌城是在汉代鄂县县城旧址上修建而成的[2]。城址临长江而建，平面呈长方形，东西1100米、南北宽500米[3]（图1–23）。武昌城的南城垣还保存有三小段，其中中部的保存较好，墙基长120米、宽22—30米、残高6米。城址的北垣和东垣北部依靠江湖之险，不设城壕，其余墙垣外均有深而宽的城壕，尤其以南城墙和城壕最具代表性。据《太平寰宇记》记载：武昌“有五门，各以所向为名，唯西南一门，谓之流津，北临大江”。其中在南城墙的中部，经过考古勘探，发现有缺口，可能为南门所在处。东垣的中段向内凹进，偏西处有一个俗称“土门”的地方，为明清时期鄂城的门道之一，可能为武昌城的东门[4]。

武昌城的地势北高南低，孙权所建的武昌宫可能位于大城的北部，此处也发现有制作精细的黑灰色筒瓦，瓦面上拍印有叶脉纹。目前在武昌城的东南、西南和西北部均发

1 熊海堂：《试论六朝武昌城的兴衰》，《东南文化》1986年第2期。

2 蒋赞初、李晓晖、贺中香：《六朝武昌城初探》，《中国考古学会第五次年会论文集（1985）》，文物出版社，1988年。

3 鄂州市博物馆、湖北省文物考古研究所：《六朝武昌城考古调查综述》，《江汉考古》1993年第2期。

4 蒋赞初、李晓晖、贺中香：《六朝武昌城初探》，《中国考古学会第五次年会论文集（1985）》，文物出版社，1988年。

现有建筑遗迹，这三处遗迹均位于城墙的拐角处，并处在地势较高的地方，可能为角楼建筑[1]。武昌城内发现了多座水井遗迹，其年代集中在东吴至两晋时期，这也代表了古武昌的兴盛时期。根据水井的时代和分布位置，城址的南部可能为当时的居民区[2]。此外，在鄂城的周围分布着大量的六朝墓葬，东吴墓葬占据着较大的比例，其中不乏有“孙将军墓”这样的大型贵族墓葬[3]，这也从侧面反映出武昌城在当时的重要性。

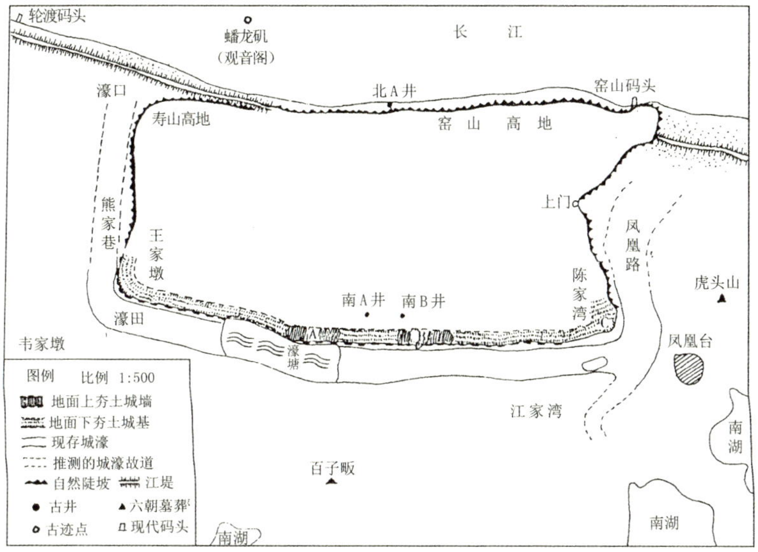

图 1-23　六朝武昌城平面示意图（引自《六朝武昌城初探》，1988 年）

武昌城的兴建，同当时的政治军事形势有很大关系，其西部有军事重镇樊口，周围湖泊纵横，便于水军驻扎；周围又有丰富的铜铁矿藏，有助于冶铸业的发展，因此武昌城当时是铸造铜镜、兵器和造船业的重要地区。随着东吴迁都建邺以及后期周围其他城市的崛起，武昌城的没落便成为必然。

四、东吴建邺城

东吴建邺城位于今南京市区。黄龙元年（公元229年），孙权由古武昌迁都至建邺。晋南迁至此，改名为建康，此后的南朝四代均在此定都。六朝都城的规模和布局均是在东吴建邺城的基础上建立起来的。

东吴建邺城的前身为秣陵，公元211年孙权将其统治中心由京口（今镇江）迁徙至秣陵，次年更名为建邺，并在附近的石头山建造了石头城。王宫“太初宫”可能是在孙策的府第上建立起来的[4]。东吴都城“周二十里一十九步”，折合后为8668米。据文献记载，东吴建邺城四周没有修筑城垣，均以竹篱笆围起，其防御设施主要是都城周围的河流，东、西、北分别为清溪、运渎和潮沟，而南面距秦淮河有五里的距离。由于建邺城持续了六个朝代，通过考古发掘的资料难以复原整座建邺城的布局状况，很多建筑遗址需要依靠文献资料才能找出其基本方位。贺云翱先生对建邺城的基本布局进行了探究[5]，认为在都城的城圈内分布着太初宫、昭明宫、南宫、苑城、西苑以及“苑

1 蒋赞初、李晓晖、贺中香：《六朝武昌城初探》，《中国考古学会第五次年会论文集（1985）》，文物出版社，1988年。

2 湖北省文物考古研究所、鄂城市博物馆：《六朝武昌城试掘简报》，《江汉考古》2003年第4期。

3 鄂州县博物馆：《鄂城东吴孙将军墓》，《考古》1978年第3期。

4 贺云翱：《六朝瓦当与六朝都城》，文物出版社，2005年，第88页。

5 贺云翱：《六朝瓦当与六朝都城》，文物出版社，2005年，第88—100页。

路”旁边的中央官署。苑城在北，太初宫和昭明宫隔苑路东西相望，南宫在太初宫之南，西苑在太初宫之西，苑城正门南出大道为都城的中轴线。当时的居民区位于宣阳门以南至秦淮河两岸这一空间内。石头城位于城址的西部。经考古资料证实，在太初宫、昭明宫、南宫等分布区出土有东吴时期的人面纹和云纹瓦当，其他区域则较少或不见。

第五节　秦汉三国时期地方城邑的特点

公元前221年，秦始皇统一六国后，废除以往的分封制，划天下为三十六郡，在全国推行郡县制。这一制度在汉代得到承袭，但又有分封的诸侯王，政治体系变为郡国并行的制度。西汉景帝之后，诸侯王的势力大大降低。到了东汉由于国库空虚，人口减少，郡县的数量有所减少。东汉末期，基本上实行州、郡、县三级管理的体制，州一级的权力大大提高，州牧拥兵自重，成为三国鼎立局面形成的主要推力。

政治局面的改变促进了古代城市的变化和发展，郡县制的推行，使东周时期的各国都城除了秦都咸阳以外，均成为各郡县的城邑，随着中央集权制的逐步完善，全国形成了从中央到地方的新的城市体系。三国时期由于战争频繁，新修建的城邑多是由于军事方面的因素。此外，由于秦汉时期社会的复杂性，该时期修筑的城邑除了作为以上政治机构所在的场所之外，还有边远地区的属国都尉城、帝陵的陵邑以及长城沿线具有军事意义的城邑等。

目前所发现的秦汉时期的城址数量庞大，据不完全统计有620余座，绝大多数为调查材料，发掘的城址较少。根据文献记载和考古资料，可以确定为郡国城、县道城、帝王陵邑及属国都尉城的有300多座，另一半城址的性质不明，可能为规模较小的乡里城或城堡[1]。这一时期的城址有些在战国时期已经存在，西汉初年进行修建或继续沿用，西汉时期是筑城的繁荣期，而修建于东汉和三国时期的地方城址并不多。汉代地方城址的类型可分为诸侯王国都城、郡制县城、一般县城和军事性城址等四类，长城沿线地带的许多郡城和县城为边城，军事作用较强，归入第四类进行论述。秦代和三国时期的地方城址亦可归入以上几类进行介绍。

一、诸侯王国都城

汉代诸侯王国都城可分为汉初分封的诸侯王都城、从汉初郡国析置出来的同姓诸侯王都城和汉初分封的外诸侯王都城三类。

（一）汉初分封的诸侯王都城

汉初分封的诸侯王都城的规模较大，东周时期的列国都城占据较大的比例，较为典型的有齐国故城、邯郸大北城等，这些城址的面积均在1000万平方米以上，布局上沿袭前代特征，呈现出大小城的设置，但在使用方面多集中于小城，官署等重要建筑多位于小城内，大城为普通居民区和手工业作坊的所在地。齐国故城是西周晚期至汉代齐国的都城，秦灭齐国后，在此设临淄郡。西汉时期临淄为重要的都会之一，汉武帝除齐国

1 中国社会科学院考古研究所：《中国考古学·秦汉卷》，中国社会科学出版社，2010年，第245页。

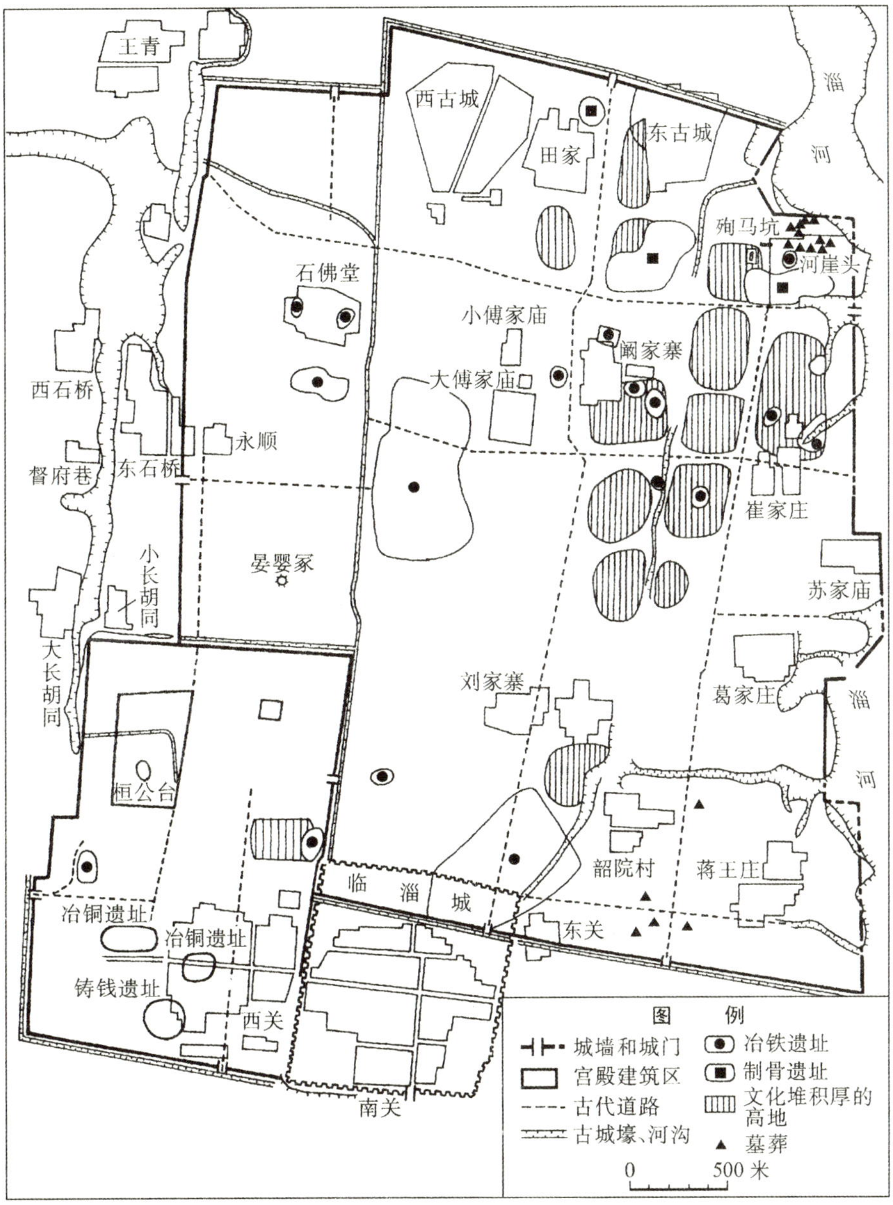

图 1-24　齐国故城平面图（引自《中国考古学·秦汉卷》，2010 年）

为齐郡后，其地位有所下降，东汉以后，大城基本废弃。根据考古勘探和试掘资料[1]，临淄城在战国时期成形，全城的布局为大、小城设置，小城位于大城的西南部，部分嵌入大城西南角，两城的面积总和约2000万平方米（图1–24）。大、小城共探出11座城门。其中小城城门5座：东、西、北门各1座，南门2座。大城城门6座：东、西门各1座，南、北门各2座。两城内探出10条交通干道：小城3条；大城7条，其中2条南北向干道纵贯全城。这些道路都与城门相通，将全城分成一个个近似方形的区域。秦汉时期的遗存遍布于全城范围内，秦汉郡国的宫殿治所、一部分工商业区在小城，居民区、大部分手工业作坊和商业区都在大城。在大城的西南部，今刘家寨以南、韶院村以西，发现一处面积约40万平方米的炼铁遗址，曾出土过汉代“齐铁官丞”、“齐采铁印”封泥，是汉代铁官的铸铁

1　山东省文物管理处：《山东临淄齐故城试掘简报》，《考古》1961年第6期；群力：《临淄齐国故城勘探纪要》，《文物》1972年第5期。

作坊。近年来，刘家寨北、石佛堂东南和苏家庙西发现有一处铜镜铸造作坊遗址，出土西汉铜镜陶范近百块，说明临淄是汉代铜镜制造中心之一[1]。

邯郸大北城位于河北邯郸市区的西半部和西南部，为战国时期赵国的都城，秦代为赵郡，汉代大北城为郭城，其西南的三个品字形小城为宫城。根据考古资料[2]，大北城呈不规则长方形，面积1382.9万平方米。该城秦汉时期的重要遗存集中分布在城址的西北部，在此发现有“铸箭炉”、“皇姑庙”、“梳妆楼”、“插箭岭”等遗址，“插箭岭”的东部有一座梯形小城，上宽290米、下宽约400米、南北长约700米。这些建筑遗址紧靠城垣并相互连接，使用年代为战国至汉代。在这组遗址群的东部为温明殿遗址，发现一处东西25.5米、南北30米的夯土台基，可能是汉赵王如意所建。城址中部偏东发现有制陶、冶铁、铸铜、制骨等手工业作坊遗址。

（二）从汉初郡国析置出来的同姓诸侯王都城

在西汉王朝逐步加强中央集权以后，诸侯王的都城均是从汉初的郡国中析置出来的，在规模上比汉初大大减小，比较典型的有汉代鲁国故城、汉济南国的东平陵城和汉高密国的城阴城。

曲阜鲁国故城位于山东省曲阜市，是西周至战国时期鲁国的都城，公元前249年楚灭鲁，在此设鲁县，秦代因袭。西汉建立后，该城开始成为两汉诸侯王的都城和鲁县县城。鲁国故城平面呈圆角长方形，面积约1000万平方米，汉代城址位于周代鲁城的西南

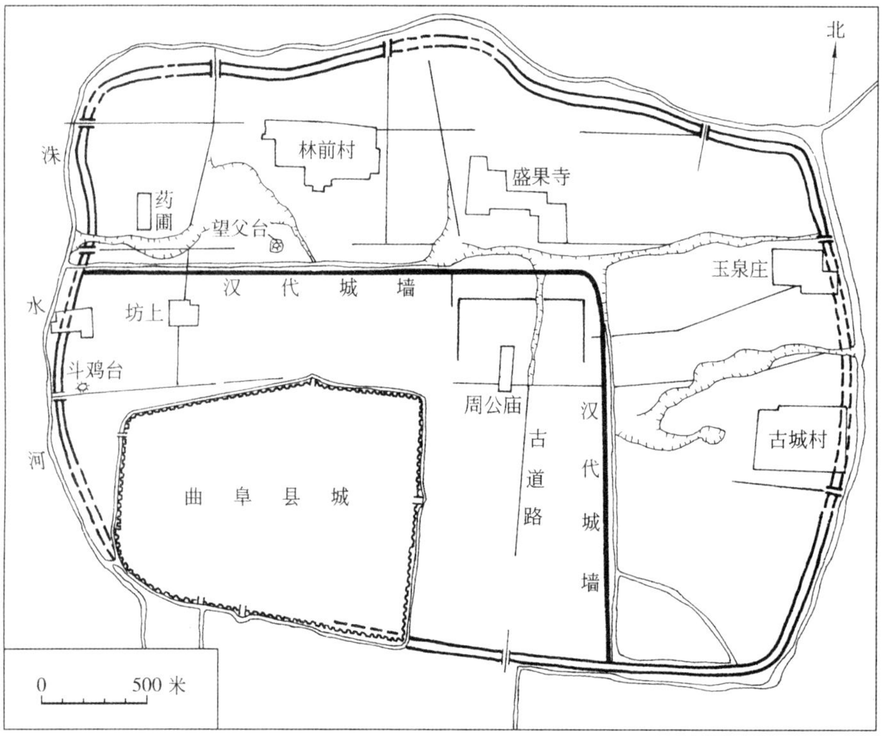

图 1-25 曲阜鲁国故城汉代城址平面图（引自《中国考古学·秦汉卷》，2010 年）

1 白云翔：《西汉时期日光大明草叶纹镜及其铸范的考察》，《考古》1997年第9期；白云翔、魏成敏、王会田：《山东临淄齐国故城内汉代铸镜作坊遗址的调查》，《考古》2004年第4期。

2 邯郸市文物保管所：《河北邯郸市区古遗址调查简报》，《考古》1980年第2期；河北省文物管理处、邯郸市文物保管所：《赵都邯郸故城调查报告》，《考古学集刊》第4集，中国社会科学出版社，1984年。

部，东西2500米、南北1500米[1]。城墙上发现7座城门，东、南、北门各2座，西门1座。南门、西门沿用原鲁故城的城门（图1-25）。汉代城址的大部分被现在的曲阜县城所叠压，经过勘探可知在汉代城址的东北部有宫殿建筑群，其南部通往南部东门的干道两侧分布有一些大型的夯土建筑，可能为官署或贵族府邸。周公庙建筑基址位于汉代城址的东北部，东西550米、南北500米，其上层为汉代，下层为东周时期。上层的一处汉代建筑建于西汉晚期，沿用至东汉，后毁于大火，发掘者认为是汉灵光殿东面"廊庑别舍"的一部分。在周公庙遗址的东北部发现有冶铁遗址。普通的居住区位于鲁城的西北部，城内外均有发现。

城阴城始建于战国，秦代在此设胶西郡，汉代为胶西国，后改名为高密国。该城平面呈近方形，面积360万平方米[2]。城内发现城门6座，除南墙的3门外，其他三面各1门。道路发现有4条，宽度均为12米，东西向的道路连通东、西两门，其他三条道路与南北向道路相接，分别通向北门和南部的两座小门。

（三）汉初分封的外诸侯王都城

汉初刘邦分封的外诸侯有三人，分别为南越王赵佗、闽越王无诸和南海王织，此外汉武帝建元六年（公元前135年）又封馀善为东越王。其中东越王的都城经过大量的考古工作，确定为武夷山城村汉城[3]。武夷山城村汉城位于福建武夷山市兴田镇城村西南，修建于汉初，元封元年（公元前110年）东越灭亡后这座城址便遭废弃。城址周围环山，平面呈东南—西北向的长方形，城址依山势而筑，坐落在一丘陵之上（图1-26）。城墙全部为夯土筑成，东西550米、南北860米、周长2896米。城墙外有护城壕和溪流，具有较好的防御作用。西墙和东墙的南段各有一座城门，分别处于南半部三殿垅两端，门内铺河卵石面与城内主干道相通，门内设有门房。另外，南城墙和东城墙北

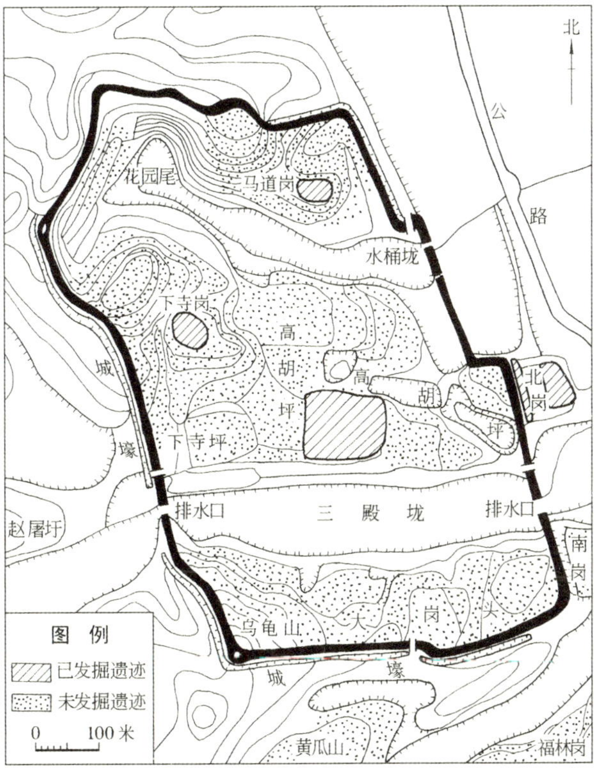

图1-26　武夷山城村汉城平面图（引自《武夷山城村汉城遗址发掘报告（1980—1996）》，2004年）

1 山东省文物考古研究所、山东省博物馆、济宁地区文物组、曲阜县文管会：《曲阜鲁国故城》，齐鲁书社，1982年，第191—192页。

2 李储森：《山东高密城阴城调查简报》，《考古与文物》1991年第5期。

3 福建博物院、福建闽越王城博物馆：《武夷山城村汉城遗址发掘报告（1980—1996）》，福建人民出版社，2004年。

段亦各有一座城门，城东门应是全城的正门，门外建有宫庙建筑。城西南角的乌龟山烽火台遗址，海拔300米，高出周围约60米，是全城西南部的制高点。城内有5条道路，东西向道路2条，南北向3条，其中4号石子道位于中部高胡坪南侧，连接东、西城门和宫殿区，是横贯城址的最主要东西干道，路宽10米，路面上铺有小河卵石。城址的排水设施较为发达，东墙上有两处水门遗址，西墙上也有一处。城内有多处大型建筑基址，集中于城址的中部，其中高胡坪建筑遗迹最为丰富，应为宫城区。甲组建筑已经发掘，台面东西约120米、南北约79.2米，是一组由东、西大门，侧门，门房，前庭后院，主、侧殿堂，东、西天井，东、西厢房，廊房，后房等组成的封闭式大型宫殿建筑群，该建筑群以主殿（F1）为中轴，左右大致对称。其南大门靠近连接东西城门的4号大道，其他三面均有门道、廊庑与周围的大型建筑群相通。东城门外的北岗发现有两组东西并列的建筑遗址，可能为闽越庙坛遗址。城外发现有多处汉代居住遗址，城村后山有制陶作坊1处，元宝山可能为1处汉代铸铁作坊。墓葬区已发现福林岗和渡头村2处。根据发掘资料，城址内有多处火烧的痕迹，据此可推测该城毁于大火。

二、郡制县城

郡制县城发现较多，分布于黄河中下游流域、长江中下游流域和长城沿线地带。据不完全统计，目前考古发现的郡制县城有三十多处[1]，规模上与诸侯国都城相比要小得多。

黄河流域的郡制县城中较大的城址为东平陵故城[2]和山西省夏县禹王城[3]。东平陵城位于山东章丘县，在战国时期为齐国所建的平陵邑，西汉时为济南郡的郡治所在处，是当时全国重要的手工业城市。东平陵城平面呈正方形，面积约360万平方米（图1-27）。目前能确定的城门有两处，分别位于北墙中部和西墙南部被古沟打破处。官署位于城址的东北部，俗称“殿基地”，曾出土较多的建筑材料和构件，城址的西部发现有制陶和冶铁遗址。禹王城位于山西夏县禹王乡，战国时期为魏国的前期都城，秦汉时期为河东郡的郡治所在处，并一直沿用至北魏时期。整座城址由大、中、小三个部分组成，大城为魏国的安邑城，汉代时期的城址为中城和小城，中城在大城的西南部，略呈方形，面积约600万平方米。中城西、南墙分别是大

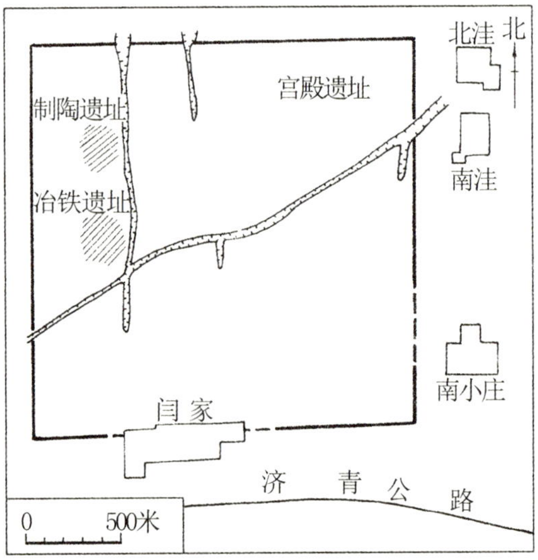

图 1-27　东平陵故城平面图（引自《山东章丘市汉东平陵故城遗址调查》，1997 年）

1　刘庆柱：《汉代城址的考古发现与研究》，《古代都城与帝陵考古学研究》，科学出版社，2000年。

2　山东省文物考古研究所：《山东章丘市汉东平陵故城遗址调查》，《考古学集刊》第11集，中国大百科全书出版社，1997年。

3　陶正刚、叶学明：《古魏城和禹王城调查简报》，《文物》1962年第4、5期；中国科学院考古研究所山西工作队：《山西夏县禹王城调查》，《考古》1963年第9期。

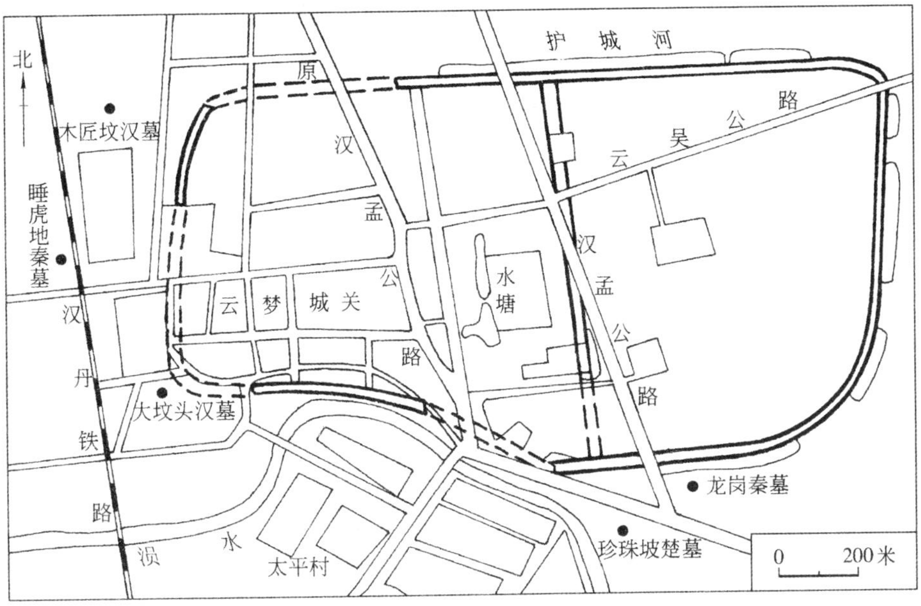

图 1-28 湖北云梦楚王城平面图（引自《云梦楚王城发掘简报》，《文物》1994 年第 4 期）

城西、南墙的一部分。小城在大城的中央，形状为长方形，缺东南角，面积约75.4万平方米。小城的四面城墙各有一个缺口，可能是原来的城门遗址。1990年在小城北部试掘，出土较多铸造铁农具的陶范和建筑材料，陶范上有“东三”铭文，陶器上有“安亭”二字，是西汉中晚期的一处铸铁遗址[1]。

长江流域的郡国城资料相对丰富的是湖北云梦楚王城，该城在东周时期为楚国的安陆城，秦代至汉初为安陆县，汉武帝时期将此作为江夏郡的郡治所在处[2]。楚王城的平面近似长方形，南城墙的东部向外凸出[3]（图1-28）。城墙东西最长2050米、南北最宽1200米。现东、南、北三面尚有高出地表2—4米的土墙，城址中部有一条南北贯通的城墙，将其分为东、西两部分。城墙内外均有护坡，北城墙外的壕沟保存较好，其中还发现有吊桥遗迹。城址四角均有高台建筑，唯东北角保存较好，圆形，高出城内外约6米。隔墙修建于西汉早期，此后东城逐步废弃，西城继续沿用。在城外的周围发现大量的秦汉时期墓葬，其中著名的睡虎地秦简便出自该城西城墙外的不远处。

三、一般县城

一般县城指的是郡国治所首县以外的城市，这类城址数量较多，但规模有较大的差别，汉王朝内地的绝大多数县城周长一般在2500—6000米，周长6000米以上的汉代县城位于黄河中下游地区，超过8000米的县城多为沿用战国时代的城址[4]。

秦汉县城中面积较大的城址有秦汉栎阳城、山西襄汾赵康古城等。栎阳城位于陕西省临潼县武屯镇，在战国时期一度作为秦国的都城，汉初太上皇曾居于此处，此后设置万

1 山西省考古研究所：《山西夏县禹王城汉代铸铁遗址试掘简报》，《考古》1994年第8期。

2 黄盛璋：《云梦秦墓两封家信中有关历史地理的问题》，《文物》1980年第8期。

3 孝感地区博物馆：《湖北孝感地区两处古城遗址调查简报》，《考古》1991年第1期；湖北省文物考古研究所、孝感地区博物馆、云梦县博物馆：《云梦楚王城发掘简报》，《文物》1994年第4期。

4 刘庆柱：《汉代城址的考古发现与研究》，《古代都城与帝陵考古学研究》，科学出版社，2000年。

年县，东汉建武二年（公元26年）废栎阳县入万年县，该城逐渐废弃。栎阳城破坏严重，根据城内道路的走向和长度可推测，城址平面呈长方形，东西约2500米、南北约1600米[1]。城内发现13条道路，其中东西向的三条干道横贯全城，应连通城址东西两侧城门。南城墙上也有两座城门。现已发掘和勘探的南门和西门门址，城门形制为一个门道，宽约6米，城门附近有的有建筑居址。城址的中部发现有大面积的夯土建筑基址，应为该城的重要建筑区。手工业作坊遗址位于城内东北和东南处，一般居址比较分散，有的与手工业作坊相杂处。城郊为墓葬区，以汉高祖太上皇陵为代表的汉代贵族墓区位于西北部，秦孝公的陵墓位于东北部，城址的东南部为秦汉时期的平民墓区。

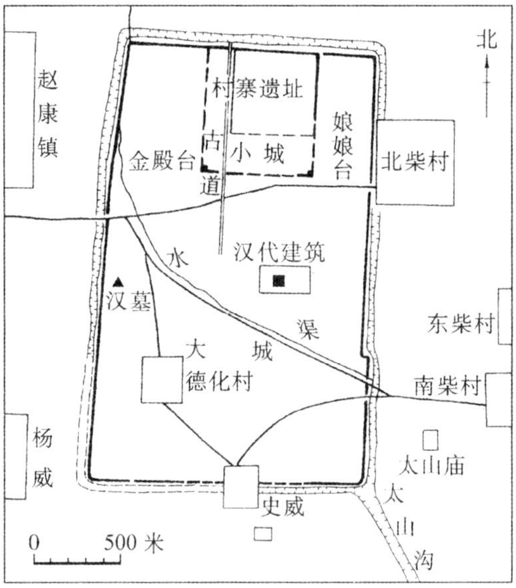

图1-29 赵康古城平面图（引自《山西襄汾赵康附近古城址调查》，《考古》1963年第10期）

赵康古城位于山西襄汾赵康镇的东部，春秋时期为晋国的“聚”城和“故绛都”，西汉时为临汾县城。古城的形制为大、小城的设置（图1-29），大城平面呈长方形，周长8480余米，面积500万平方米[2]。大城四周筑有城墙，墙外有护城壕。目前发现城门遗迹有2处，分别位于北墙和西墙的中部。从北门向南延伸出一条千余米的道路。城址中部发现有汉代的建筑遗存。城墙的东南角和西南角上，各有一汉代瓦砾堆积，应是有关城防的两座建筑遗存。小城位于大城的北部正中，当地俗称“金殿台”，呈方形，小城南墙的城门与大城的北城门相通。小城的地势为全城最高，应为当时官署区的所在处。

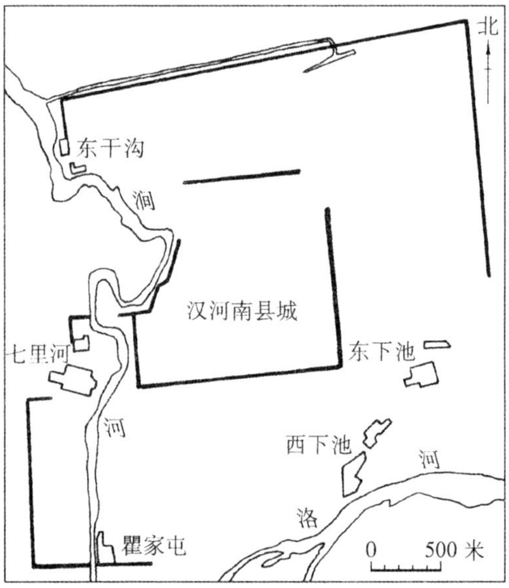

图1-30 汉河南县城平面图（引自《中国考古学·秦汉卷》，2010年）

秦汉三国时期洛阳的地位十分重要，秦灭周后在此设河南县，县治在东周王城的范围内，两汉和三国时期继续沿用。河南县城位于洛阳市西工区小屯村附近，城址建于东周王城的中部，平面近方形，东西1460米、南北1400米、周长约5720米。城墙的东、南、北三面较平直，西墙北部靠近涧水，稍曲折[3]（图1-30）。城址的西北部有一条宽15米的大路，为该城向北出城的主要通道。城址的中部为西汉官署的所在处，此处发现有规模较大的房

1 中国社会科学院考古研究所栎阳发掘队：《秦汉栎阳城遗址的勘探和试掘》，《考古学报》1985年第3期。

2 山西省文物管理委员会侯马工作站：《山西襄汾赵康附近古城址调查》，《考古》1963年第10期。

3 郭宝钧：《洛阳古城勘察简报》，《考古通讯》1955年第1期；中国科学院考古研究所：《一九五四年春洛阳西郊发掘简报》，《考古学报》1956年第2期；郭宝钧：《洛阳西郊汉代居住遗迹》，《考古通讯》1956年第1期；黄展岳：《一九五五年春洛阳汉河南县城东区发掘报告》，《考古学报》1956年第4期。

址，出土有“河南”、“雒阳丞印”、“河南太守章”、“史守印信”等封泥。东汉时期官署迁往城西南部[1]，该处发现有一组东汉时期的建筑基址。在城内偏东北发现了东汉时期的房屋、粮仓、古井、古水道等遗迹，应是当时的居民区。城址中南部和东南部为手工业作坊区，目前发现有冶铁、陶窑等遗迹。

长江流域的县城数量较少，城址的规模一般不大，由于南方地区山地较多，城址的形制常见有不规则形。长江流域有代表性的县城城址有湖北宜城楚皇城、蕲春罗州古城、赤壁土城、湖南里耶古城等。宜城楚皇城位于湖北宜城东南7.5公里，是古代荆州通襄阳、南阳而达中原的交通要道。春秋时期为鄀国的都邑所在，楚昭王避吴难曾一度迁都于此，秦汉时期为南郡的宜城，三国时期曹魏取荆州后，分南郡编县以北置治宜城，后徙治襄阳县，该城逐渐废弃。楚皇城平面略呈长方形，为大小城的设置，除东墙略有曲折外，其余城墙较平直。大城周长6440米，面积220万平方米[2]。城墙比较完整，全为土筑，修筑于战国时期。城墙每边都有一大一小两个缺口，应为城门所在处，城址东南

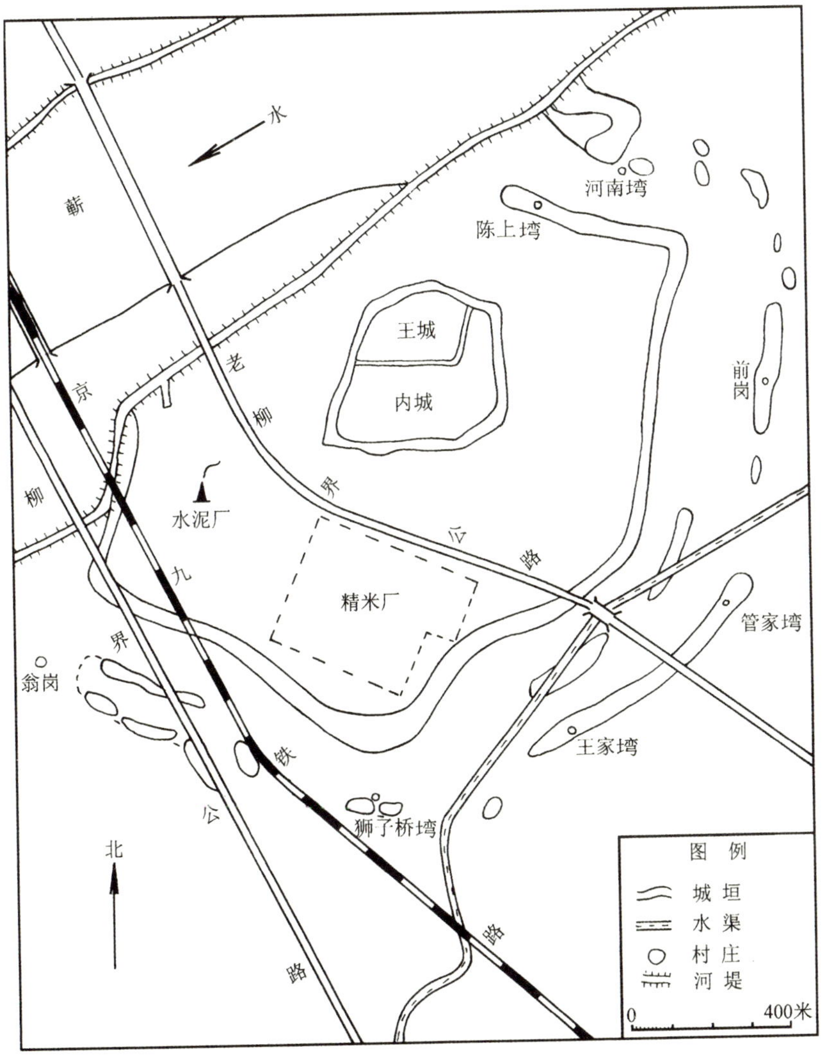

图 1-31 罗州城平面图（引自《罗州城与汉墓》，2000 年）

1 张继海：《汉代城市社会》，社会科学文献出版社，2006年。

2 湖北省文物管理委员会：《湖北宜城“楚皇城”遗址调查》，《考古》1965年第8期；楚皇城考古发掘队：《湖北宜城楚皇城勘查简报》，《考古》1980年第2期。

角有一处宽60米的缺口，相传为白起引水灌城所致。此外城墙的东南角上还保留有烽火台遗迹。小城位于大城的东北部，面积3.8万平方米，俗称“紫禁城”、“金城”、“小皇城”。小城修筑于汉代，西北部发现有汉代的建筑遗址，地表有大量的汉代遗物。大城南部有一座大型汉墓，俗称“金鸡冢”，据发掘者推测是东汉末南阳太守秦颉之墓。

罗州城位于湖北省蕲春县漕河镇西北2.5公里的蕲水南岸，秦代时属于南郡，西汉高祖时在此置蕲春县，属江夏郡。东汉时期建武二十三年（公元47年）徙封强弩大将军陈俊子陈浮为蕲春侯。三国时期属魏国，赤壁之战后归吴国管辖。北齐时更名为罗州。城址总体平面呈不规则形，发现有内外两座城址，外城为唐宋时期城址，内城为汉代城址。汉城城址平面为不规则的方形，面积15万平方米[1]（图1-31）。城墙外有护城壕，四边各发现一座城门。西部城壕较宽，在近西门处，有水道通往蕲河。城址周围五公里范围内发现有多处平民墓地。

四、军事性城址

秦汉时期的军事性城址多发现于长城沿线地区，三国时期由于战争频繁，为了战略上的考虑，在内地新建有少量的城址。

长城沿线的大致范围是从宁夏西北的贺兰山脉，南抵黄河，向东至陕西定边、靖边一线，东界为辽宁西部的医巫闾山脉，南到燕山山脉。长城沿线的城址多修建有瓮城、角楼、马面等防御设施，常见大小城的设置，小城为官署区，大城为居民区或兵营所在处。该区域发现的城址有140座，大多为调查资料，经过发掘的有天津宝坻秦城、蓟县无终县故城、神木大保当城址、和林格尔土城子古城和宁城县黑城子外罗城古城[2]等。

宝坻秦城位于天津宝坻县石桥乡辛务屯村南，战国时期为燕国右北平郡治所在，秦灭燕后沿用该城，秦代建立后将右北平郡治迁至无终，该城遂被废弃。城址平面呈不规则四边形，总面积50万平方米[3]。城垣四面开门，各位于城墙的中部。已经发掘的东门和北门外均发现有瓮城，瓮城呈曲尺形，东西长26米，再向北折42米。城址的地势北高南低，文化堆积集中于北部，在城内中部偏西北的高地上，发现两处夯土建筑基址，两者南北相邻。两座基址上发现有汉墓，

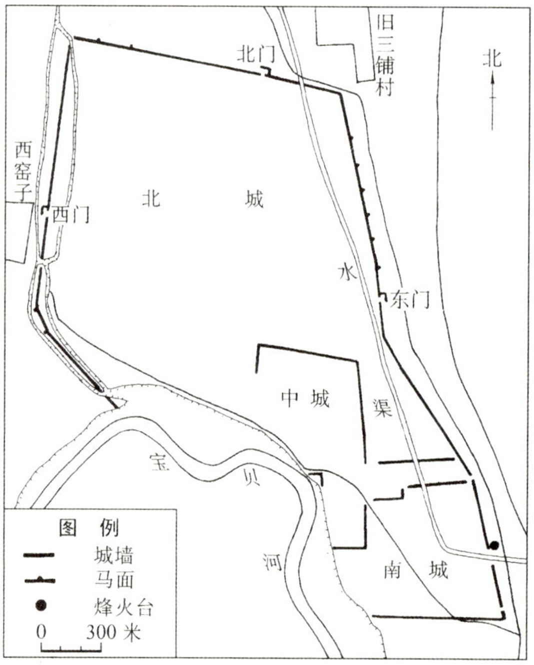

图1-32　和林格尔土城子古城平面图（引自《中国考古学·秦汉卷》，2010年）

1 黄冈市博物馆、湖北省文物考古研究所、湖北省京九铁路考古队：《罗州城与汉墓》，科学出版社，2000年，第6页。

2 中国社会科学院考古研究所：《中国考古学·秦汉卷》，中国社会科学出版社，2010年，第272页。

3 天津市历史博物馆考古部、宝坻县文化馆：《宝坻秦城遗址试掘报告》，《考古学报》2001年第1期。

说明在汉代该城已经废弃。

和林格尔土城子古城位于内蒙古和林格尔县城北部10公里处，古城东侧为古代连接阴山南北与中原的大道，即汉代之定襄道，隋唐之单于道。整座城由南、中、北三座城址组成[1]（图1-32），中城为唐代的大单于都护府，北城为五代以后的振武城，南城在汉代为定襄郡治成乐县所在地，北魏时为拓跋鲜卑的北都盛乐。南城平面略呈长方形，南北长535米、东西残长505米。南城城墙内侧，紧靠城墙基边，发现排列整齐的圆形土坑，属于当时的一种防御性设施。城内东南部，发现大面积的居住遗迹，其中有一处大型建筑遗址，遗址内发现有道路、陶窑、房址、水沟等遗迹，出土的遗物有武器、生产生活的工具和陶器。

外罗城古城位于辽宁宁城县西南60公里处，与昭乌达盟和河北省毗邻。城址共有大、中、小三城，一般称大城为外罗城，中城为黑城，小城为花城[2]（图1-33）。花城为战国时期燕国修建的军事城堡，秦汉时期继续沿用。黑城的建制年代较晚，为辽代的劝农县。外罗城为西汉时期的右北平郡治所平刚县的所在处，使用年代为秦代至新莽时期，东汉时该地归入北地，郡治移至土垠。外罗城平面呈东西长方形，东西1800米、南北800米。城墙外围有护城河。因有的城墙不存，有的为后世城墙所借用，仅凭调查不能确知城门位置和数量，估计当有南、北两门。城内发现有丰富的遗物，有建筑材料、日用器皿以及一些窑具。在外罗城中部偏西南发现一处王莽时期的大型钱范作坊遗址，出土“明”字刀、半两、五铢、大布黄千、货泉、小泉直一等。城址东南部发现三口方形水井，三者间距较近，应为一处大量用水的地方。在钱范作坊附近出土有“渔阳太守章”、“白狼之丞”、“卫多”封泥及“假司马印”、“□门□印”、“韩贵私印”、“部曲将印”等

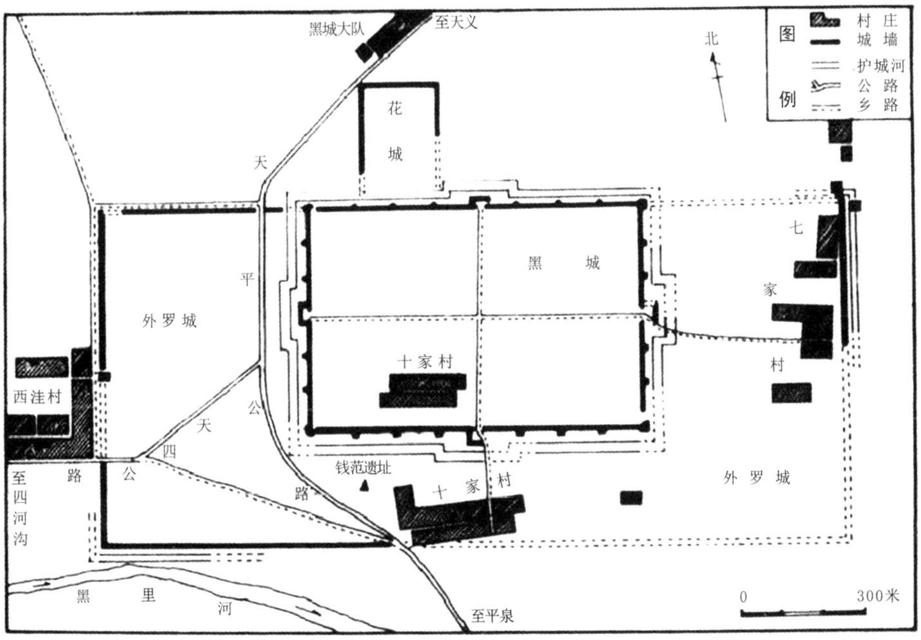

图 1-33　外罗城平面图（引自《宁城县黑城古城址调查》，《考古》1982 年第 2 期）

1　内蒙古自治区文物工作队：《和林格尔县土城子试掘纪要》，《文物》1961年第9期；《内蒙古和林格尔县土城子古城发掘报告》，《考古学集刊》第6集，中国社会科学出版社，1989年。

2　冯永谦、姜念思：《宁城县黑城古城址调查》，《考古》1982年第2期；李文信：《西汉右北平郡治平刚考》，《社会科学战线》1983年第1期；昭乌达盟文物工作站等：《辽宁宁城县黑城古城王莽钱范遗址的发现》，《文物》1977年第12期。

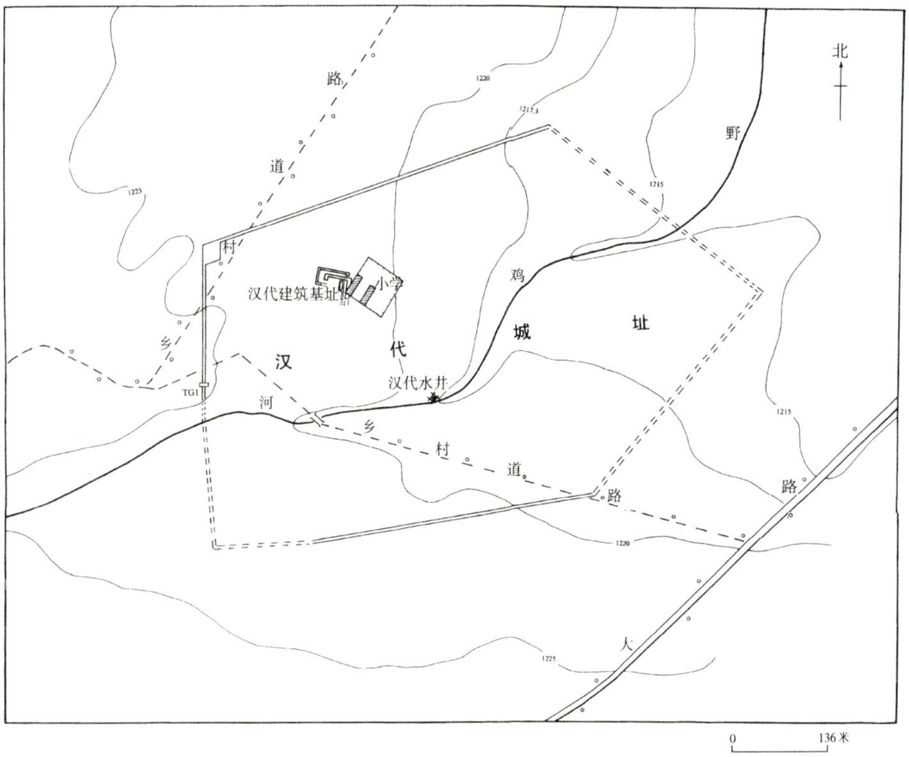

图 1-34　神木大保当城址平面图（引自《神木大保当——汉代城址与墓葬考古报告》，2001 年）

铜印。

大保当城址位于陕西神木县大保当镇任家伙场村附近，处于黄河中游的长城沿线地带，秦汉时期具有重要的战略地位，秦汉以来隶属西河、上郡属地，该城可能是汉代所设的上郡属国治龟兹县城。城址平面呈五边形，由西、北、东南、东北和南面五面城墙组成，以野鸡河为界分为南北两部分，北部地势略高、平缓，沙丘遍布；南部地势较低，沙丘较少[1]（图1-34）。西墙中部发现有一个3—4米的缺口，可能与城门有关。墙外22米处有一条宽4.5米的壕沟。城内西北部为当时居民烧制生活陶器及建筑材料的制陶作坊区；西城垣内侧有相当密集的建筑基址，在此发现大量的建筑材料、陶器和铁箭头等；北城垣内侧约80米处有一处大型建筑基址，平面呈长方形，由两条宽窄不等的夯土墙和一座房基组成，整座建筑规模宏大，防御体系严密，很可能是当时的官邸。另外，城址中部的野鸡河左岸，还发现汉代的水井。野鸡河作为附近唯一一条河流，是当时主要的生活水源。城址的外围，分布着多处汉墓群，墓葬的年代为西汉晚期至东汉中晚期，由此可推知该城的年代与之相去不远。

三国时期合肥地区为魏、吴两国经常交锋之地，为确保南疆的安全与稳定，魏国于吴黄龙二年（公元230年）在此筑新城[2]，西晋灭吴后新城便废弃，该城的使用时间前后仅50年。新城遗址[3]位于合肥庐阳区三十岗乡陈大郢村，周围为起伏的岗地，城址处于岗地的顶部位置。城址平面呈不规则长方形，南北420米、东西210米，四周板筑夯土城墙，

1 陕西省考古研究所、榆林市文物管理委员会办公室：《神木大保当——汉代城址与墓葬考古报告》，科学出版社，2001年，第4页。

2 《三国志·吴书》："（黄龙）二年春正月，魏作合肥新城。"

3 安徽省文物考古研究所：《合肥市三国新城遗址的勘探和发掘》，《考古》2008年第12期。

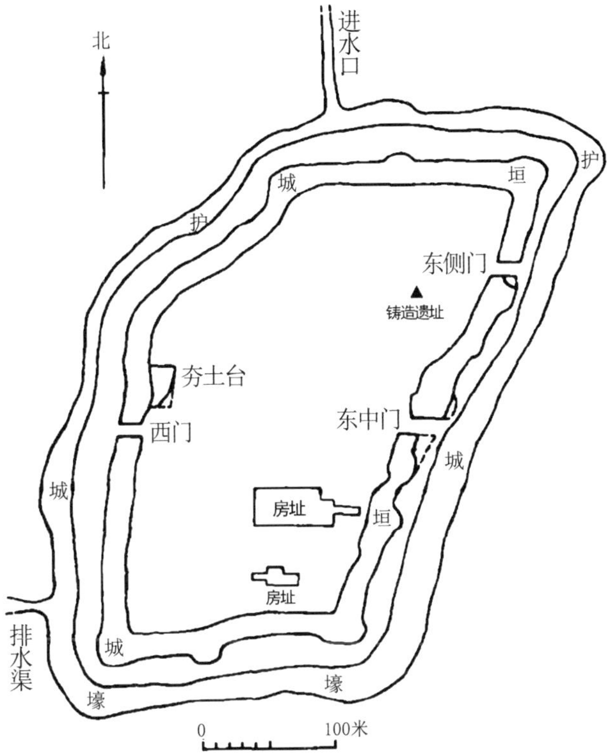

图 1-35　三国新城遗址平面图（引自《合肥市三国新城遗址的勘探和发掘》，《考古》2008年第12期）

墙外有护城壕，护城壕的北部和西南部设置有进水口和排水渠（图1-35）。城墙上有多处外弧现象，应与马面有关。城门发现有三处，东墙上有两处城门，西墙上正对东中门有一处，两座正门之间有一条道路连通。西门北侧10米处发现有一处长方形夯土台基，南北长32米、东西宽20米。城址的东南和东北处发现10处房址，方向均向南，分两间和三间两种。每处房址的其中一间内均发现有灶，有的灶旁砌有近圆形的灶台。房屋外有道路或用碎瓦片夯筑的活动场所。城址东北部的建筑为铸造作坊，其中出土了300多件铁镞，说明此处为一处制作兵器的作坊遗址。虽然这座城址的面积只有8万多平方米，但城内却有面积达2000平方米（仅发掘部分）的空旷场地，据发掘者推测为练兵场。出土的遗物中，最为丰富的是兵器，城址内的地层中随处可见有大量的铁镞和礌石。由此可知，这座城址的性质为一座军事堡垒。

第六节　秦汉三国时期的聚落

聚落，这里指的是一般的乡镇和村落，即秦汉时期县城以下的乡、聚、亭、里等基层聚落[1]。目前的考古发现中，关于秦汉三国时期的聚落材料较少，经过一定规模发掘的主要有7处，即辽阳三道壕遗址[2]、高邮邵家沟遗址[3]、遂平小寨遗址[4]、章丘宁家埠遗址[5]、井陉南良都遗址[6]、永年榆林遗址[7]和内黄三杨庄遗址[8]。秦汉时期的聚落按照布局

1 白云翔：《秦汉时期聚落的考古发现及初步认识》，《汉代城市和聚落考古与汉文化》，科学出版社，2012年。

2 东北博物馆：《辽阳三道壕西汉村落遗址》，《考古学报》1957年第1期。

3 江苏省文物管理委员会：《江苏高邮邵家沟汉代遗址的清理》，《考古》1960年第10期。

4 河南省文物研究所：《河南遂平县小寨汉代村落遗址水井群》，《考古与文物》1986年第5期。

5 山东省文物考古研究所：《章丘宁家埠遗址发掘报告》，《济青高速公路章丘段考古发掘报告集》，齐鲁书社，1993年。

6 河北省文物研究所石太考古队：《井陉南良都战国、汉代遗址及元明墓葬发掘报告》，《河北省考古文集》，东方出版社，1998年。

7 河北省文物研究所等：《永年县榆林遗址发掘简报》，《河北省考古文集》，东方出版社，1998年。

8 河南省文物考古研究所、内黄县文物保护管理所：《河南内黄县三杨庄汉代庭院遗址》，《考古》2004年第7期；河南省文物考古研究所、内黄县文物保护管理所：《河南内黄县三杨庄汉代聚落遗址第二处庭院发掘简报》，《华夏考古》2010年第3期。

形态的不同可分为“聚集式”布局和“散点式”布局两类，所谓的聚集式布局是指聚落内部宅院与宅院之间或毗邻而建，或没有大的间隔地带，或不以农田相间隔的布局结构；散点式布局是指聚落内部的宅院与宅院之间有较大的间隔地带或以农田相间隔的布局结构[1]。

聚集式布局的聚落以辽宁三道壕遗址为代表，该遗址位于辽宁省辽阳市北郊，遗址面积约100万平方米，遗址的时代为西汉晚期。1957年，考古工作者对遗址保存较好的部分进行了发掘，共发现居址六处，六处居址相距较近，间距在15—30米，各住宅无不连接并排列有序，方向都向南或偏东，并在西边辟门。在宅院遗址之间或附近，分布有砖瓦窑和卵石路，在砖瓦窑的旁边往往有供制砖作业用的水井。此外，在居址的北边发现一条铺石大道，路面宽7米，用磨光卵石铺筑三层或四层，路面上有明显的车辙痕迹，一般都为并列的两排大车辙。每处房址的布局相对独立，都有较为完备的生产生活设施，大多具备房屋、炉灶、土窖、水井、厕所土沟、木栏畜圈、垃圾堆等。如3号居住址，东西长约34米、南北宽约18米，房屋位于东北部，下部为黄土台基，其上密布瓦片等。房屋基址西端低洼处有一方形畜圈，畜圈的东北部有一沟状遗迹，据发掘者推测为厕所的便坑；畜圈西侧有2个窖穴，较大的窖穴底部发现有卵石；房址西北部有2座水井。5号居址的设施也较为完备，东西长30米、南北宽18米；房屋基址位于中部，房址内的东部发现有方形和圆形灶址各1处，西部有一较浅的小型窖穴；房屋外东侧低洼处有一长方形畜圈，畜圈由11根木桩围成；畜圈西侧为厕所土沟；畜圈东北侧为一座大型窖穴，房屋北侧亦有一处；在房址的东北和西侧各发现一处水井，东北侧的水井由方木构成井壁，井壁外填满河卵石，西侧的水井井壁由20组陶井圈叠砌而成。遗址内出土有铁质农具、手工工具以及铜铁兵器，发掘者认为三道壕遗址反映了当时分散的个体小农经济的生产状况。

河南遂平小寨遗址同样为聚集式布局的聚落，遗址内发现的28座水井排列紧密，井与井的间距最短者仅有7米，由于水井是当时人们生产生活的重要组成部分，根据水井的密集状况可推测房屋的排列同样是比较紧凑的。永年榆林、章丘宁家埠、高邮邵家沟等遗址虽然宅院居址的分布状况不明，但根据窖穴、水井等遗迹分布密集的状况可推测，这几处聚落亦属于聚集式布局[2]。

散点式布局的聚落以河南内黄三杨庄遗址为代表，该遗址位于河南省内黄县梁庄镇三杨庄北，两汉时期该地属魏郡，濒临黄河故道。目前发现有十余处庭院，庭院遗迹分布在100万平方米的范围之内，其中有四处经过考古发掘，初步揭露了庭院的布局状况。这四座庭院遗址除了3号和4号庭院毗邻外，1号与4号相距近100米、2号与3号相距400米，庭院周围有池塘、稻田和园圃，庭院之间有道路相连。在发掘的四处院落中以2号和3号院落的布局最为完整，院落内的设施比较完备，能够清楚地反映出当时的生活状况。2号院落整体呈长方形，总面积约2000平方米，院墙为砖基土墙，大门向南，为一处两进院落。庭院内的遗迹从南向北分别为院前水井、编织遗迹、南大门、西门房、东厢房、西厢房、主房、庭院西侧的池塘和院后的厕所（图1-36）。水井位于南大门外东南侧9米处，为砖砌的圆形水井，井口周围平铺一层小砖作为平台。水井与南大门之间用碎砖瓦铺有一条专用便道，宽0.3—0.7米，长5.5米。水井周围发现有石磨、水槽、石臼、陶瓮等遗物。水井东侧3米处为编织遗迹，呈长方形，四角为四垛砖，砖垛中间有较多经过打磨的砖块，砖块中间有凹槽，当是编织草席或竹席的遗迹；南大门宽2.47米，东西两侧各有两个柱洞；大门西内侧为门房，东西长约7米、南北宽2.5米；东厢房位于第一进院落

1 白云翔：《秦汉时期聚落的考古发现及初步认识》，《汉代城市和聚落考古与汉文化》，科学出版社，2012年。
2 白云翔：《秦汉时期聚落的考古发现及初步认识》，《汉代城市和聚落考古与汉文化》，科学出版社，2012年。

东部，坐东朝西，南北9.5米、东西7米，屋内发现有铁釜、石臼、陶瓮等，屋外的庭院内发现两盘石磨。西厢房位于第二进院落的西侧，主房的西南部，南墙利用了二进院院墙的一部分，北部与主房相接。正房位于第二进院的北部，东西共三间，房前出土2件石臼；厕所位于正房的西北侧，处于庭院外部，便槽为砖砌而成；池塘位于庭院外西侧，呈椭圆形，南北长23.6米、东西宽16.5米，北部坑底有南北向田垄状遗迹。此外，在庭院的东墙外残存有树木遗迹，5棵树南北向排列。庭院的东、西、北面被农田围绕，田垄呈南北向。第三处庭院平面呈方形，面积为900平方米，宅院同样为两进院落，从南向北依次为第一进院南墙及南大门、南厢房、东西两侧院墙；第二进院南墙、主房、院墙等；宅院的东西墙外分别有一条宽窄和长度相同的水沟，西侧水沟分为南北两段；南门外西侧有一口水井，结构与第二处院落的水井相似。宅院后有厕所，北侧为两排树木残存遗迹，从残存的树叶痕迹可辨认出树木的种类多为桑树，也有少量榆树。宅院的东、西水沟外和树木北侧均为田地[1]（图1-37）。

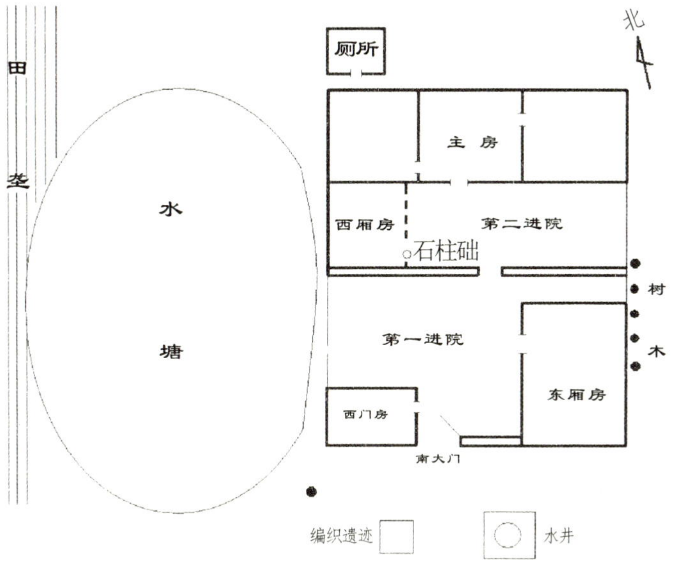

图1-36　三杨庄第二处庭院平面布局示意图（引自《考古发掘与历史复原》，2006年）

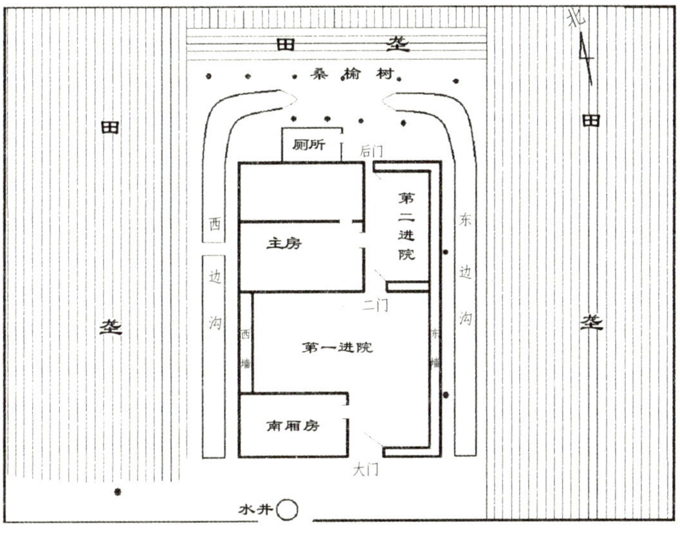

图1-37　三杨庄第三处庭院平面布局示意图（引自《考古发掘与历史复原》，2006年）

《汉书·食货志》中关于汉代农村生活形式有以下描述："在壄曰庐，在邑曰里"，"春令民毕出在壄，冬则毕入于邑。"目前所发现的秦汉时期聚落形态则与文献记载有较大的差别，无论是聚集型的三道壕遗址还是散点式的三杨庄遗址，显然不是作为临时住处的"庐"。马王堆汉墓出土的帛书《驻军图》中有圆圈标注的72个乡里级居民地[2]（图1-38），里的布局较为分散，周围并没有一个城郭将这些里居围起，每个乡里各成一体，这与三道壕遗址的情况相似。这些都说明了汉代的农村民居在形式上存在多样

1　刘海旺：《首次发现的汉代闾里遗址——中国河南内黄三杨庄汉代聚落遗址初识》，见陈星灿、米盖拉《考古发掘与历史复原》（《法国汉学》第11辑），中华书局，2006年。

2　湖南省博物馆、湖南省文物考古研究所：《长沙马王堆二、三号汉墓》，文物出版社，2004年，第99页。

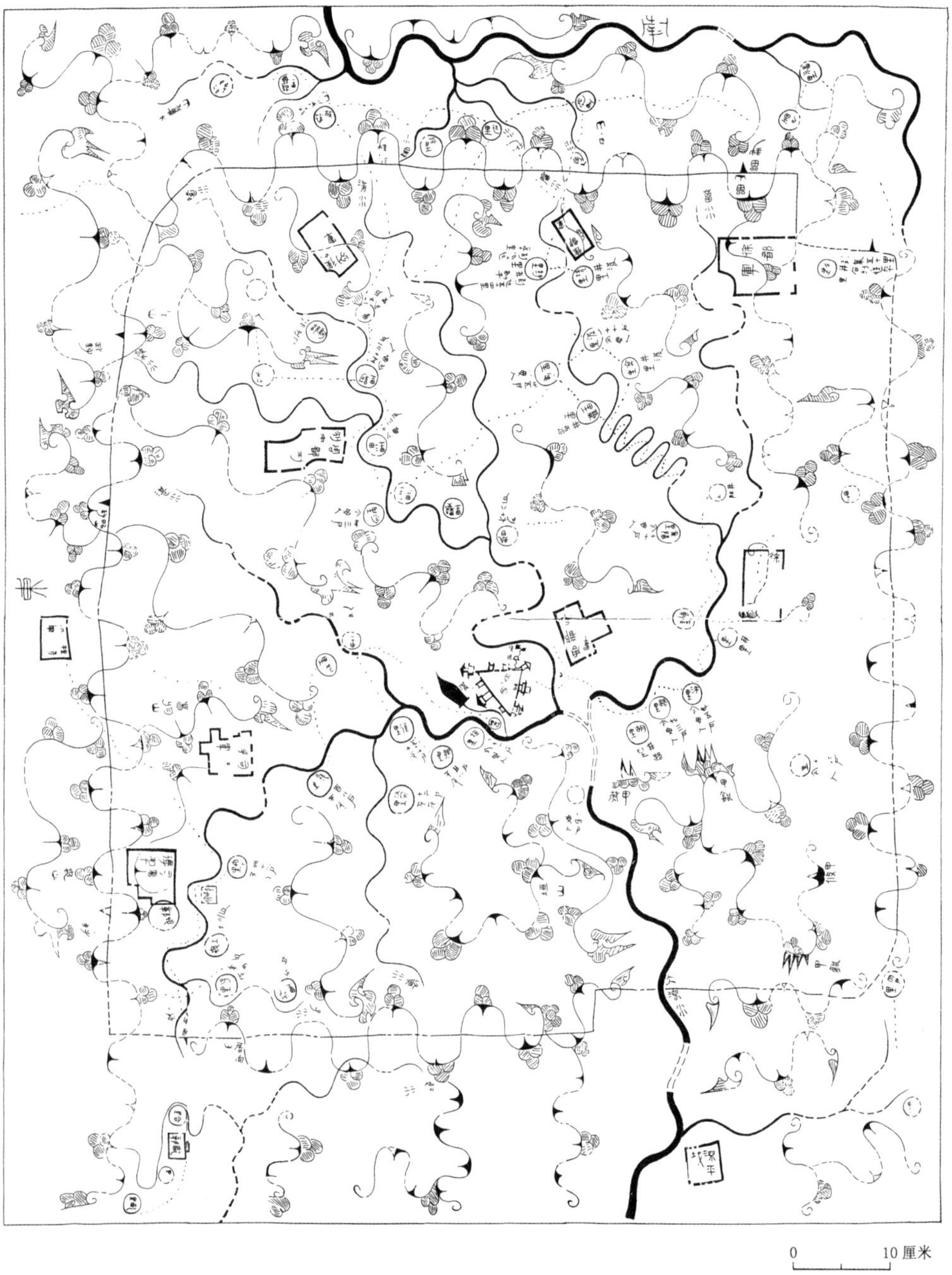

图 1-38　驻军图（引自《长沙马王堆二、三号汉墓》，2004 年）

性[1]。从发掘的几处聚落的内部设置可以看出，秦汉时期的乡里和村落的功能也有一定的差别，三杨庄遗址为一处典型的纯农业型聚落；而三道壕遗址内发现有多处陶窑，不可能是仅仅供给聚落内部使用的，应该有一定的输出，此外在遗址北侧发现的大道上有较深的车辙痕迹，说明该聚落的工商业较为发达。三国时期文化是东汉文化的延伸，虽然根据文献记载已经有了“村”的概念，但在实质上聚落体系和结构应该不会有大的变化。

1　孙家洲：《从内黄三杨庄聚落遗址看汉代农村民居形式的多样性》，《汉代城市和聚落考古与汉文化》，科学出版社，2012年。

第二章
丧葬文化

丧葬物质文化是我国古代一种独特的文化现象，也是我国传统文化的组成部分，一方面体现出古代物质文化的发展，另一方面也反映出古代的葬制、葬俗及相关内容。

第一节 丧礼中的物质文化

秦汉三国时期，人死之后，需进行一系列与死者有关的活动，这些活动被称为丧葬礼仪，简称丧礼。丧葬礼仪的相关行为、程序等又基本以物质为载体，体现出相应的物质文化。需作说明的是，秦代由于统治时间较短，加之相关资料较少，仅在某些方面有所反映，而汉代则因统治日长，加之文献及考古资料等均较丰富，所体现的内容也较为多样。

一、丧葬过程中与死者有关的物质文化

人去世之初的仪式为“属纩”之礼，是用轻薄的蚕丝或棉絮放在死者的口鼻前，以确定是否真的断气。确认后所进行的为招魂礼，长沙马王堆一号汉墓[1]出土帛画（图2-1）所绘屋顶上有二人，褒衣带冕，作呼号状，应为招魂之礼中的复者。其后，其他葬礼也相继展开。

沐浴之礼是用盘、瓶盛冰或水，并用巾沐尸。饭含是为死者口中填放含物之礼，所含之物体现出一定的等级差别。含又作琀，考古资料反映的琀有玉、滑石、玛瑙、琉璃、铜质等，徐州顾山M2[2]出土的虽为玉琀，但是配饰的小残段。

饭含后要为死者束发髻、插笄、换衣。马王堆M1女尸头部真发下缀连假发，作盘髻式，发髻上插梳形笄三支，是用来固定死者头发的，另有木花饰品。出土的笄还有骨、木、玉、角、竹、金属质地，另有簪、钗等物，男女均使用。连云港海州西汉侍其繇墓，男女墓主的头部各有骨簪1件[3]。瑱是塞耳物品，除棉絮外，还用玉、骨、玛瑙或石、琉璃质的瑱，洛阳烧沟汉墓出土琉璃瑱19件、骨瑱2件[4]。掩是包裹头部的丝帛织物，玉衣头套可能是其发展之物，马王堆一号汉墓还出土有掩鼻饰物。幎目是盖在

1 湖南省博物馆、中国科学院考古研究所：《长沙马王堆一号汉墓》，文物出版社，1973年。

2 徐州博物馆：《江苏徐州顾山西汉墓》，《考古》2005年第12期。

3 南波：《江苏连云港市海州西汉侍其繇墓》，《考古》1975年第3期。

4 洛阳区考古发掘队：《洛阳烧沟汉墓》，科学出版社，1959年，第210、213页。

图 2-1　长沙马王堆一号汉墓出土帛画

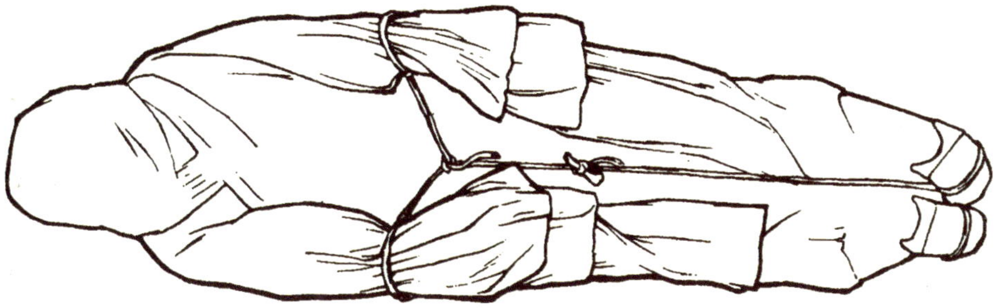

图 2-2 马王堆一号汉墓棺中女尸捆扎情形（引用《长沙马王堆一号汉墓》，1973 年）

死者脸上的纺织品，马王堆一号汉墓女尸脸上覆盖长方双层丝织物两件，当是幎目，玉面罩又是其发展之物。握是死者手中所握之物，马王堆一号汉墓女尸两手握绣花绢面香囊。武威磨咀子M62，为管状木筒，外饰丝绢[1]。玉握发现多，多为趴卧豚状，洛阳烧沟M1036即有出土。满城M2墓主双手均握璜形玉[2]，扬州东风砖瓦厂M3男尸手内则握有小木棒[3]。之后要綦结于跗。马王堆一号汉墓尸体两脚着青丝履，用丝带系缚，而且连同两臂肱部缚以酱色丝带连接起来，结集于腹部打结，为屦綦结跗（图2-2）。有的死者身份略低，死后穿麻鞋，武威磨咀子M25，墓主足穿麻鞋，尸身用带系缚[4]。为死者穿衣称为袭，马王堆一号汉墓女尸有贴身内衣“信期绣”罗绮绵袍和细麻布单衣各一件，武威磨咀子M48男尸内上身穿蓝绢襦，女尸内上身穿浅蓝色绢丝绵襦，均为袭衣[5]。

小敛、大敛前要陈设衣物，再进行包裹，包裹的层数不同。为死者穿裹衣物可分为三种情况：一是敛以纺织衣物，马王堆一号汉墓墓主包裹衣物多层；二是袭礼后敛以玉衣，帝王、列侯及部分贵族多以玉衣敛葬；三是赤身套穿玉衣，南越王墓墓主即赤身着丝缕玉衣。敛以衣物者，有的还要覆以衾被、裹以币帛、缠以缇缯或纩绵，武威磨咀子M48男尸覆麻布单衾1件。包裹后要用绞带捆扎。马王堆一号汉墓墓主从头到脚包裹各式衣着、衾被及丝麻织物20层，经过袭、小敛、大敛三个阶段[6]，贴身穿绵袍、单衣，其外为灰麻布单被、绵袍、单衣，再外有白麻布单被、单衣、绵袍，绵衾，最后在外横扎丝带九道。

以上诸礼进行过程中，还要进行为铭、制重之礼，目的是让死者的灵魂有所依附。铭，又称旌铭或魂幡、旌幡等，一般为长条形织品，以竹竿或树枝置放，下葬时埋入地下。马王堆一号汉墓出土的“T”型帛画顶部横裹一竹竿，上系丝带，系带处置一璧，璧上系麻带，朝下四个角梢缀有黑色细麻布穗状飘带，当为一面旌幡。帛画内容丰富，上部是对天界的描写，绘有太阳、月亮、升龙、蛇身神人等；中部是对现实生活的摹写，偏上绘老年妇女拄杖缓步而行，为墓主人，前有二人捧案跪迎，后有三侍女从随，中部偏下有悬磬，其正中有一案，案上置鼎、壶和耳杯等，案前左右两侧有七人拱立；最下部分是对另一世界的描写，有怪兽、蛇、大鱼等各种怪异动物。马王堆三号汉墓也有“T”型

1 甘肃博物馆：《武威磨咀子三座汉墓发掘简报》，《文物》1972年第12期。

2 满城M2资料见中国社会科学院考古研究所、河北省文物管理处《满城汉墓发掘报告》，文物出版社，1980年。

3 扬州博物馆：《扬州东风砖瓦厂汉代木椁墓群》，《考古》1980年第5期。

4 赵吴成：《平木用“刨”新发现》，《文物》2005年第11期；甘肃省文物考古研究所：《甘肃武威磨咀子东汉墓（M25）发掘简报》，《文物》2005年第11期。

5 甘肃博物馆：《武威磨咀子三座汉墓发掘简报》，《文物》1972年第12期。

6 范志军：《汉代丧礼研究》，郑州大学博士学位论文，2006年。

图 2-3 山东微山沟南村出土第三石

帛画出土，纹饰繁缛[1]。山东临沂金雀山九号汉墓也有帛画发现[2]。武威磨咀子M4[3]棺顶上置旌幡一件，丝织，上墨书"姑臧西乡阉道里壶子梁子"十一个字，字旁绘画，最上端为代表日月的圆圈，下部为虎和云气纹。下葬前在院子里立一根可让死者灵魂依附的木柱，称为"制重"，《后汉书·礼仪志》载皇帝死后，"以木为重，高九尺，广容八历，裹以苇席"。

启殡因时间较早，需用照明的烛，而专门人员先用功布拂柩，再以巾盖柩。启殡后行朝祖之礼，运送棺柩的輁轴为一种长如床形、下有轴的运输工具。朝祖设启奠，使用醴、酒、脯、醢及牲肉等[4]。

棺柩运往墓地前要在棺盖上覆布、盖竹帘、罩以荒帷等。湖北江陵凤凰山M167[5]，紧贴棺身的为绣花棺罩，其外为竹篾编成的方孔竹帘，最外为数块整幅黄绢拼成的棺罩。西汉丧棺外头档处出土的玉璧当为棺装饰时使用，徐州韩山M1[6]出土的该类玉璧还保留有明显的捆绑痕迹。西汉时期的镶玉漆棺也应是棺饰的一种。

发引是指将棺柩运往墓地的过程和仪节。运输使用的载棺柩车不同于輁轴，帝王及等级较高者使用辒辌车，《汉书·霍光传》载：霍光薨，"载光尸柩以辒辌车，黄屋左纛"。一般人员的载柩车见山东微山沟南村出土西汉晚期画像石[7]（图2-3），四轮，设羽葆、华盖。等级较低及不欲厚葬者，多使用牛车，《汉书·张汤传》载，张汤死后，"载以牛车"，江苏沛县龙固三里庙西汉晚期石椁墓出土行丧画像[8]中为两轮牛车载丧（图2-4）。除畜力拉柩车前行外，人力輓引柩车用的绳索名绋，又称"纼"，常有一些助丧者执绋助葬，沟南村出土画像中有两排人拉引车轴上的绳索。丧车行进过程中，还有用以障车的翣，位于两旁。马王堆M1出土大小竹扇两件，扇柄镶以黄绢或裹以锦条，推测为翣。等级较高者运送随葬品等可能使用乘、道、稾车等，称为魂车，与棺柩一起埋入地下，而载柩车是不埋入地下的。沟南村及沛县三里庙出土的两幅行丧送葬画像都是前有跪拜，后有随行者，表现出丧主在行丧途中跪拜的礼仪，沟南村画像还有宾客向丧主赠丧、丧主拜谢赠丧者的内容。

---

1 湖南省博物馆、湖南省文物考古研究所：《长沙马王堆二、三号汉墓》，文物出版社，2004年。

2 临沂金雀山汉墓发掘组：《山东临沂金雀山九号汉墓发掘简报》，《文物》1977年第11期。

3 党国栋：《武威磨咀子古墓清理记》，《文物参考资料》1958年第11期。

4 杨天宇：《仪礼译注》，上海古籍出版社，1994年，第610页。

5 纪烈敏、张柏忠、陈雍：《凤凰山一六七号墓所见汉初地主阶级丧葬礼俗》，《文物》1976年第10期。

6 徐州博物馆：《徐州韩山西汉墓》，《文物》1997年第2期。

7 王思礼、赖非等：《山东微山县汉代画像石调查报告》，《考古》1989年第8期。

8 王洪震：《精美的石头会唱歌—汉画像石概说》，http：//www.cctv.com/folklore/special/c13447/01/index.shtml。

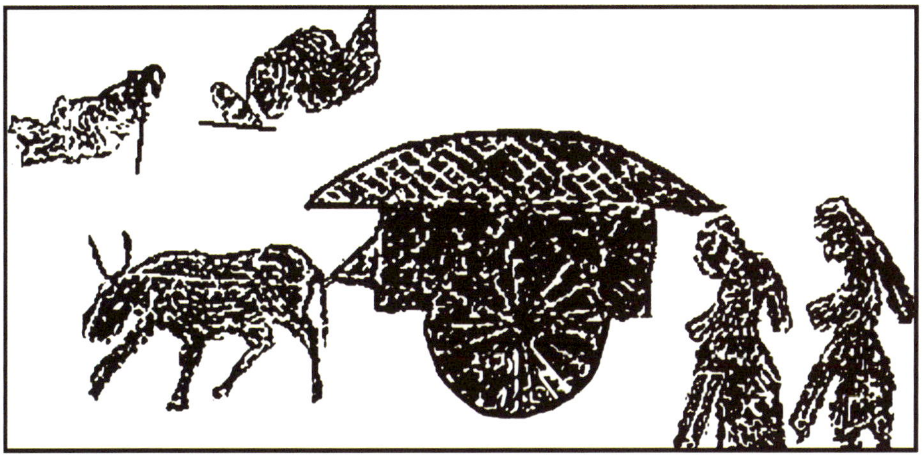

图 2-4 沛县三里庙出土行丧图

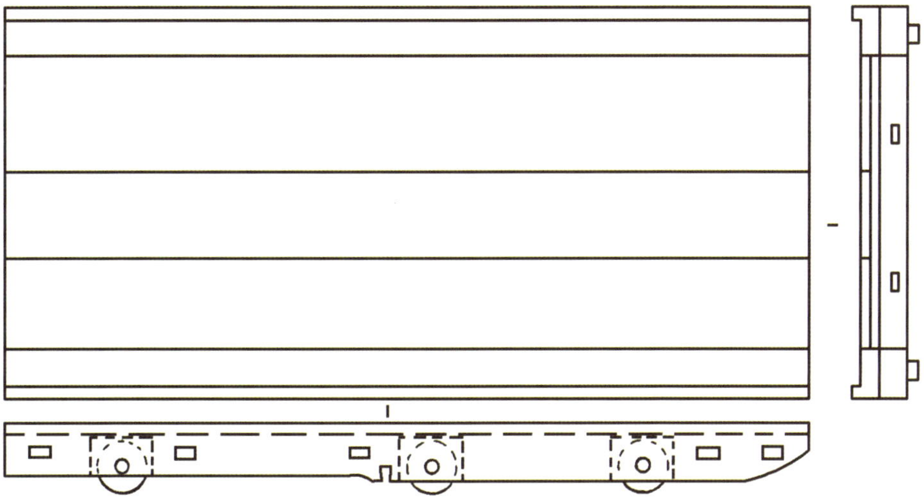

图 2-5 安徽巢湖放王岗一号墓出土载柩车线描图（引自《巢湖汉墓》，2007 年）

沟南村出土的另一画像中，中间为一长方形墓坑，周边多人跽坐，并有案、卮、壶或鼎，当在举行与下葬相关的仪式，案上及相关器物中可能有祭品。汉代的置棺窆椁工具在西汉诸侯王墓中反映得较为多样[1]。《说文·车部》载："下棺车曰辁"，辁当为长方形载柩车。长沙望城坡渔阳汉墓[2]的套棺之下置有四轮载柩车，由边框、支枋、滚轮组成，滚轮圆形；安徽巢湖放王岗M1[3]出土六轮载柩车，平铺有木板，横断面"凹"字形，两长边凸出部分套棺（图2-5）。河北满城汉墓等还出土有棺轮、滑轮等。下葬时，还要搭建木构建筑等临时建筑，并使用相关牵引、推动、捆绑加固及挖土、置垫工具，江陵凤凰山M167下棺时即使用了轮轴、滑轮、绳索碑等工具从上往下吊棺入室。吊棺时，棺外要用束、衽，还要束缚以绳索，以求稳固。陪葬品按照一定的要求进行摆放，一些汉墓如江陵凤凰山M167还出土有记载陪葬品的遣策，所载随葬品类别分别为轺车、婢、奴、漆器、陶器、钱财、食品杂物等。

1 刘尊志：《西汉诸侯王墓棺椁及置棺窆椁工具浅论》，《考古与文物》2012年第2期。

2 长沙市文物考古研究所、长沙简牍博物馆：《湖南长沙望城坡西汉渔阳墓发掘简报》，《文物》2010年第4期。

3 安徽省文物考古研究所、巢湖市文物管理所：《巢湖汉墓》，文物出版社，2007年，第18—19页。

下葬前后，一般要为死者作“主”，另有各种祭祀之礼，这些均有相关物质体现。墓祭逐渐流行，所用物品为酒食及其他祭品，祭祀后有些祭品埋入地下，形成陪葬性质的祭祀坑。

二、丧期、葬日、丧服与相关内容

丧期是指服丧的时间或期限。古代的丧期长短不一，长者有三年、一年，短者有三个月、五个月、七个月和九个月不等，可能还有更短的时间。三年的丧期在汉代还有较多存在，至于其具体时间，马王堆三号汉墓出土《丧服图》中有“三年丧：属服，廿五月而毕”的记载。徐州小龟山西汉楚王刘注墓塞石刻铭有“令群臣已葬去服”，所记丧期较短。江苏邳州燕子埠东汉缪宇墓[1]刻铭中有（缪宇）“以和平元年七月七日物故。元嘉元年三月廿日葬”，既有葬期又有葬日。湖北云梦睡虎地出土秦简《日书》甲种关于葬日记载较详：“葬日，子、卯、巳、酉、戌，是胃（谓）男日；午、未、申、丑、亥、辰，是胃（谓）女日。女日死，女日葬，必复之。男子亦然。凡丁丑不可以葬，葬必参（叁）。”[2]河南南阳冯君孺人墓[3]主室中柱上题有“郁平大尹冯君孺人，始建国天凤五年十月十泰日癸巳葬，千岁不发”，反映的也是葬日。

汉代基本沿袭先秦丧服制度，根据亲疏隆杀的不同，服制由重到轻，分别为斩衰、齐衰、大功、小功、缌麻五个等级，因此称为“五服”，并与丧期、居丧等结合密切，一般为斩衰三年，齐衰期，大功九月，小功五月，缌麻三月。《汉书·霍光传》中有“服斩衰”，《汉书·王莽传》有“封王氏齐衰之属为侯，大功为伯，小功为子，缌麻为男，其女皆为任”等记载，《后汉书·孙鹦传》亦载：“弘卒。太后服齐衰，帝丝麻，并宿幸其第。”

马王堆三号汉墓出土一幅绢质图表，记有丧服文字并绘有类似九族五服图表，被称为《丧服图》。该图上部为大华盖，华盖下左右两侧各有不同行数的文字，再下有横竖各六行小方块组成整体近菱形的表格，方块之间以墨线相连。两侧文字中，右侧两行：“三年丧：属服，廿五月而毕。”左边四行：“行其年者：父，斩衰，十三月而毕；祖父，伯父，昆弟之子，孙，姑，姊妹，女子（子），皆齐衰，九月而毕；箸大功者皆七月；小功、缌皆如箸。”该图及文字内容反映了具有亲属关系的属服之间的丧服关系。微山沟南村画像中孝子身穿斩衰服，头戴首绖，腰系绞带和腰绖，手持丧杖，伏地跪拜于丧车前，丧车后四男四女，发髻上都系着长长的首绖，腰上系着绞带和腰绖，为戴孝送葬的亲属。沛县三里庙出土画像中，孝子身穿斩衰服，手持哭丧杖作行礼跪拜状，丧车后所跟两名送葬人员也是身穿丧服，头戴丧冠和首绖，穿孝服形象印证了《仪礼·丧服记》所云“凡衰外削幅，裳外削幅，幅三袧”的记载[4]。

与丧服制度关系较密切的还有用杖，汉代仍较普遍。《后汉书·济北惠王寿传》即载有“草庐土席，衰杖在身”。至于用杖的原因，《白虎通》解释为：“所以必杖者，孝子失亲，悲哀哭泣，三日不食，身体羸病，故杖以扶身，明不以死伤生也。”山东微山沟南村、江苏沛县龙固三里庙出土西汉晚期丧葬画像石中均有孝子持丧棒行跪拜礼的内容。

---

1 南京博物院、邳县文化馆：《东汉彭城相缪宇墓》，《文物》1984年第8期。

2 睡虎地秦墓竹简整理小组：《睡虎地秦墓竹简》，文物出版社，1990年。

3 南阳地区文物队等：《唐河汉郁平大尹冯君孺人画像石墓》，《考古学报》1980年第2期。

4 范志军：《汉代丧礼研究》，郑州大学博士学位论文，2006年。

三、赙赗

汉代，人死之后，亲故以财物送丧家以助丧称为赙赗，其中既有国家行为，也有私人之间赠送财物助丧的现象。国家或朝廷行为，是国家赏赐钱财等给死者的亲属以助丧事，对象为诸侯王、公卿、官吏等，《汉书·景帝纪》载："（诸侯）王薨，遣光禄大夫吊襚祠赗。"《后汉书·中山简王焉传》载："皇子始封薨者，皆赙钱三千万，布三万匹；嗣王薨，赙钱千万、布万匹。"公卿、官吏方面的记载更多，《汉书·孔光传》载，孔光薨，"莽白太后，赐乘舆秘器，金钱杂帛"。《汉书·孔霸传》载，孔霸薨，"赐东园秘器钱帛"。《汉书·夏侯胜传》载，夏侯胜卒，"太后赐钱二百万"。《后汉书·羊续传》载："旧典二千石卒官，赙百万。"《后汉书·樊宏传》载，樊宏死，"赙钱千万，布万匹"。一些大臣如窦融、班超死后，则是赠赗甚厚。私人之间赠送财物以助丧事，主要发生于官员与官员、百姓与百姓之间，有时也存在官员与百姓之间。《汉书·原涉传》载："天下殷富大郡二千石死官，赋敛送葬皆千万以上。"《后汉书·王丹传》载，鲁恭之父卒，"郡中赙赠"，《后汉书·张禹传》载，张况卒，"汲吏人赙送前后数百万"。

赙赠的物品主要包括钱、布帛、衣衾、织物、玉衣、车马、羊豕等奠祭物，饭含之物，粮食，棺椁及冢地，还有赐爵、赐印绶、赐子为官等。赠钱则较为普遍和常见。《汉书·贡禹传》载："（贡禹）为御史大夫数月卒，天子赐钱百万。"《后汉书·儒林列传》载，戴冯"卒于官，诏赐钱二十万"。布帛、衣衾和织物的数量大，品种也很多，有的还赠玉衣。《后汉书·张堪传》载张堪病卒，"赐帛百匹"。《后汉书·梁竦传》载："竦丧……赐东园画棺、玉匣、衣衾。"有赠车马者，《汉书·晁错爰盎传》载："剧孟母死，客送丧车千余乘。"《后汉书·郭贺传》载："（郭贺）在官三年卒，诏书愍惜，赐车一乘，钱四十万。"有赠奠祭之物者，《后汉书·崔瑗传》即载："其赗赠之物，羊豕之奠。"有赐或赠含赗者，《汉书·原涉传》载："削牍为疏，具记衣被棺木，下至饭含之物，分付诸客。"有赠粮食者，《后汉书·独行列传》载温序死，"光武闻而怜之，赙谷千斛"。有赠棺椁或棺椁及冢地者，据《后汉书》记载，耿秉卒，赐以朱棺；卓茂薨，赐棺椁冢地；伏隆死，赐给棺敛。赙赠物品有的种类不多，但较多的是多种类赙赠，这在身份等级较高者方面表现得尤为明显，《汉书·霍光传》载霍光薨，"赐金钱、缯絮，绣被百领。衣五十箧，璧珠玑玉衣，梓宫、便房、黄肠题凑各一具，枞木外臧椁十五具。东园温明，皆如乘舆制度"。湖北云梦大坟头M1[1]出土赗方记述的物品有铜器、木胎漆器、漆衣陶器及稻谷、瓜、李、六博棋局、竹器、木容器、镜奁、丝织物、木俑、偶车马、铜兵器、漆耳杯等。赙赠物品有时会写在木牍之上埋入死者墓中，云梦大坟头M1出土木牍即可说明，反映出古代"书赗于方"的情况。

四、居丧、吊丧与助丧

秦代曾以法令的形式在国丧中强制实行居丧制度，如《晋书·礼志》所载："秦……率天下皆终重服，旦夕哀临，经罹寒暑，禁塞嫁娶饮酒食肉，制不称情。"汉代，居丧制度至武帝时渐趋规范，此后得到不断完善和发展，相关内容体现出相应的物质文化内容。饮食方面较为简略。《后汉书》中多有记载，《邓皇后纪》载："会训卒，后昼夜号泣，终三年不食盐菜。"《戴良传》载："母卒，兄伯鸾居庐啜粥。"《樊宏传》载，樊儵，"及母卒……常遣中黄门朝暮送缠粥"。另据《史记·孝文本纪》载"其令天下吏民，令到出临

---

1 湖北省博物馆：《云梦大坟头1号汉墓》，《文物资料丛刊》第4辑，文物出版社，1981年。

三日，皆释服。毋禁取妇、嫁女、祠祀、饮酒、食肉者”可知，一般情况下，皇帝死后，臣民饮酒、食肉等也是被禁止的。居处方面，住处、卧具及其他内容也与平时不同。《汉书·景十三王传》载：“王薨未葬，建居服舍。”很多人是居于简陋的冢庐之中，《汉书·游侠传》载：“涉父死……行丧冢庐三年。”《后汉书》的记载更多，《济北惠王传》载：“草庐土席，衰杖在身。”《蒋革传》载：“及母终，尝寝伏冢庐。”《韦彪传》载：“彪孝行纯至，父母卒，哀毁三年，不出庐寝。”据目前资料，西汉中晚期特别是东汉时期，死者下葬后，居丧的居处较多位于墓侧。《后汉书·周盘传》载：“及母殁……服终，遂庐于冢侧。”《后汉书·蔡邕传》载：“母卒，庐于冢侧。”丧服方面也有体现，不同丧期的丧服不同，如斩衰三年，孝子着斩衰裳，苴绖、杖、绞带，冠绳缨，菅屦。

两汉吊丧时，吊服体现出相应的物质文化。大臣死，朝廷派员吊丧，着素服或缟素。《汉书·夏侯胜传》载：“卒官，赐冢茔，葬平陵。太后赐钱二百万，为胜素服五日。”《后汉书·来歙传》：“谒者护丧事，丧还洛阳，乘舆缟素临吊送。”《后汉书·祭遵传》：“遵丧至河南县，诏遣百官先会丧所，车驾素服临之。”除着丧服外，吊丧时还有持节与赐赠印绶、执绋引柩等，《后汉书·楚王英传》载：“（英）自杀。诏光禄大夫持节吊祠，加赐列侯印绶。”有人吊丧较为特殊，《后汉书补逸》卷十二载徐穉“负笈赴吊……预炙鸡一只，以一两绵絮渍酒中，暴干以裹鸡……斗米饭，白茅为藉，以鸡置前，醊酒毕，留谒即去，不见丧主”。

挽歌鼓吹送葬或助丧时，有相关乐器，周勃“以织薄曲为生，常为人吹箫给丧事”[1]。据《后汉书·礼仪志》注引丁孚《汉仪》“柩将发于殿，群臣百官陪位，黄门鼓吹三通，鸣钟鼓”的记载来看，除吹乐器外，还有钟鼓等打击乐器。《后汉书·礼仪志》关于大丧仪还有用铎的记载：“铎司马八人，执铎先。”助丧时还有方相氏舞蹈，洛阳卜千秋壁画墓中有猪头方相氏[2]，邳州燕子埠缪宇墓等发现有大傩图。

第二节　墓葬文化

墓葬是丧葬文化的主要组成部分之一，同时又是其他丧葬文化的重要物质载体。秦汉三国时期，墓葬文化获得了较大发展，在古代墓葬发展史上有着极为重要的地位。

一、秦汉三国时期的帝陵

秦汉时期，帝陵获得较大发展。墓葬规模大、埋藏深、陪葬品丰富，墓葬内外设施丰富，建筑多样。秦汉时期，陵寝的内容不断丰富与发展，新内容不断涌现，并与帝陵日益紧密结合，至东汉时期，封建的陵寝制度初步确立，并对后世有着诸多影响。

（一）秦代帝陵

秦代帝陵有两座，二世胡亥墓位于今西安市曲江池南岸、大雁塔东南，封土呈半圆形，较为卑低。而秦始皇陵规模巨大，内容、内涵极为丰富。

1 《史记》卷五十七《绛侯周勃世家》，中华书局，1982年，第2065页。

2 黄明兰：《洛阳西汉卜千秋壁画墓发掘简报》，《文物》1977年第6期。

图 2-6　秦始皇陵

秦始皇陵[1]位于陕西省西安市东35公里临潼区宴寨，南靠骊山，北依渭水，为中国历史上第一位皇帝秦始皇嬴政的陵墓（图2-6）。据史书记载，秦始皇陵由丞相李斯主持规划设计，大将章邯监工，修筑时间长达38年，史称“郦山”[2]。陵区范围较大，东西和南北近方形，约7.5公里，面积达56平方公里。

1. 陵园内外的相关遗存

陵园内外多为陵墓本体遗存，内容丰富，包括封土、城垣及其附属设施、门观道路遗存、陵寝建筑、园寺建筑、地下墓室、陪葬坑、陪葬墓以及祭祀遗存等（图2-7）。

（1）陵园。陵园北部出土秦代铜锺的刻铭有“丽山园”等字[3]，证明陵园名称为丽山园。目前已证实有内外两重城垣，形状均大致为南北长、东西宽的长方形。外城东、西及南部门基本与内城三个方位门相对。2009—2010年内外城垣北门基址的确认，说明陵园的东西向轴线与南北向轴线在陵墓封土的中心点处“十”字相交。内城有5座城门，北2，东、西、南各1，东门为3门道。内外城区域内还有较多道路和门阙遗迹，阙平面“凸”字形，皆为外面三出阙，里面二出阙，是迄今发现时代最早的帝王陵园门阙，对后世影响极大。秦始皇陵还有可能存在一个更大的外城垣[4]，即存在三重城垣。

（2）封土、墓道与地宫。陵墓封土位于内城南区中央，夯筑而成，为平顶四方锥形台体，即覆斗形。南北350米，东西345米，从封土北地面测量高度为35.5米。封土内可能存在着一大型建筑，这与文献所载的“中成观游”较为相符[5]。封土周边发现有夯土围墙，北部和东北部有较多大型的陪葬坑。关于墓道，目前有“东面有5条墓道，西、北、南面各有1条墓道”[6]及“除了东、西各一条墓道外，其余则是一些陪葬坑”[7]等不同认识。地宫有宫墙，平面长方形，总面积超过78982平方米，是用未经焙烧的砖坯砌成，四侧有

---

1 陕西省考古研究所等：《秦始皇陵兵马俑坑一号坑发掘报告（1974—1984）》，文物出版社，1988年；陕西省考古研究所、秦始皇兵马俑博物馆：《秦始皇帝陵园考古报告（1999）》，科学出版社，2000年；《秦始皇帝陵园考古报告（2000）》，文物出版社，2006年；《秦始皇帝陵园考古报告（2000—2003）》，文物出版社，2007年；袁仲一：《秦始皇陵的考古发现与研究》，陕西人民出版社，2002年；王学理：《秦始皇陵研究》，上海人民出版社，1994年；秦始皇帝陵博物院：《秦始皇帝陵园考古报告（2009—2010）》，科学出版社，2012年；段清波：《秦始皇帝陵园考古研究》，北京大学出版社，2011年。另有较多发掘简报和研究成果，限于篇幅不一一列出。

2 《史记·秦始皇本纪》：“始皇初即位，穿治郦山。”《史记》卷六《秦始皇本纪》，中华书局，1982年，第265页。

3 丁耀祖：《临潼县附近出土秦代铜器》，《文博》1965年第7期。

4 韩国河：《秦汉魏晋丧葬制度研究》，陕西人民出版社，1999年，第29—30页。

5 段清波：《秦始皇陵封土建筑探讨——兼释“中成观游”》，《考古》2006年第5期。

6 陕西省考古研究所、秦始皇兵马俑博物馆：《秦始皇帝陵园考古报告（1999）》，科学出版社，2000年，第9页。

7 《我国用高科技探测秦皇陵，解开地宫布局之谜》，《新京报》2003年11月28日。

门[1]。有勘探结果指出："地宫位于封土堆顶台及其周围以下，距离地平面35米深，东西长170米，南北宽145米，主体和墓室均呈矩形状。墓室位于地宫中央，高15米。"[2]另史书中关于地宫内有水银的记载已得到证实[3]。

（3）墓外建筑设施。陵园内城南区北部（封土北）有一建在台基上的大型建筑遗址，平面近方形，由主殿、侧殿、回廊、门道几部分组成，当为正殿，即寝殿；内城北部西区有由若干建筑单体组合成的院落式建筑10排，为相对封闭的院落组合，为附属建筑，汉代称之为"便殿"。

陵园内、外城西门之间以北地区有一组建筑遗址，北部辟门，院落中央置天井。该建筑北部发现建筑遗址两座，从出土陶器上"丽山食官"、"丽山飤官"等铭文[4]推测，此处为食官建筑遗址，这是古代陵寝建筑中唯一一处食官遗址。园寺吏舍遗址位于飤官遗址北，介于内外城垣之间，大致长方形，北侧与内城城垣平齐[5]。

陵园外城垣西侧发现建筑遗址三处，编号为一、二、三号建筑遗址，它们是陵园建筑的组成部分，在布局上均衡、对称，形成四周拱卫之势[6]。

（4）陪葬墓。目前，秦始皇陵的陪葬墓已发现数百座，根据位置的不同，可分为陵园内陪葬墓和陵园外陪葬墓。

陵园内陪葬墓中，内城东北部陪葬墓位于陵园内城东北小城内的中部，相对独立，勘探发现34座墓葬，墓主应是秦始皇后宫从葬者。陵

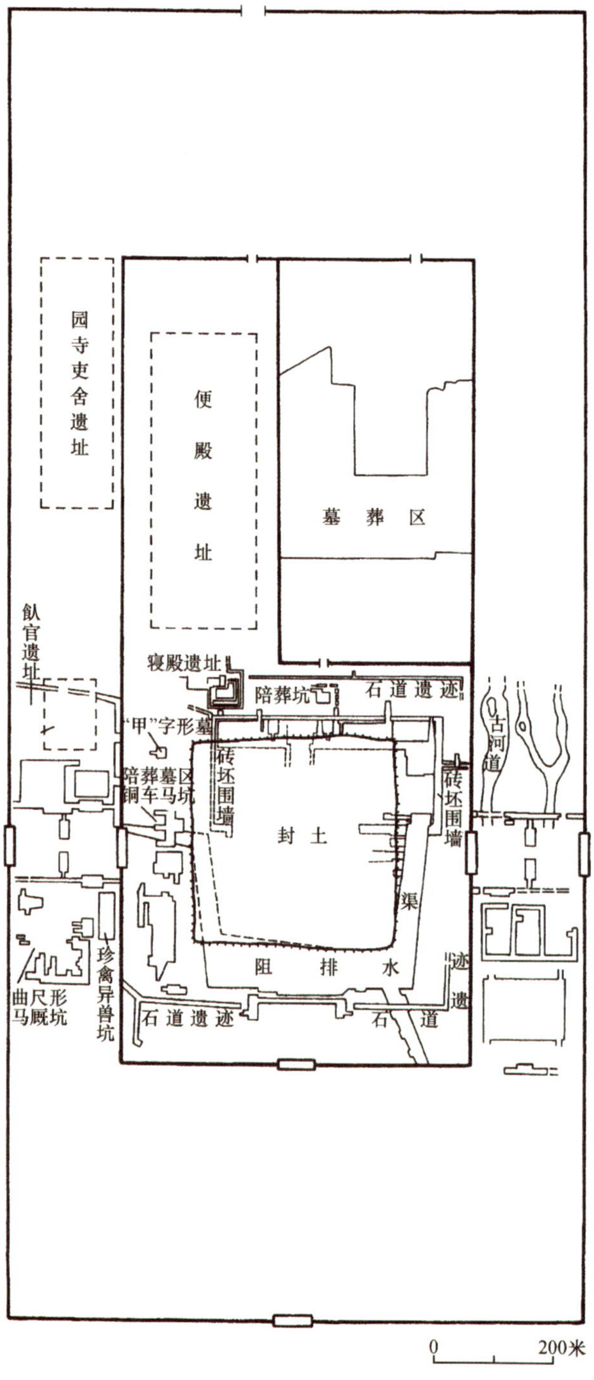

图2-7 2009年前秦始皇陵园发现遗迹总平面图（引自《秦始皇帝陵园考古报告（2009—2010）》，2012年）

1 韩伟、程学华：《秦陵概论》，《考古学研究》，三秦出版社，1993年。

2 《我国用高科技探测秦皇陵，解开地宫布局之谜》，《新京报》2003年11月28日。

3 常勇、李同：《秦始皇陵中埋藏汞的初步研究》，《考古》1983年第3期。

4 袁仲一：《秦代陶文》，三秦出版社，1987年，第69—70页。

5 陕西省考古研究所、秦始皇兵马俑博物馆：《秦始皇陵园2000年度勘探简报》，《考古与文物》2002年第2期。

6 袁仲一：《秦始皇陵的考古发现与研究》，陕西人民出版社，2002年。

墓封土西北角为一座中型“甲”字形墓，可能是秦始皇子公子高的墓葬。内外城之间东部，司马道以北墓葬3座，为竖穴土坑墓。内外城之间西部陪葬墓有墓园，四周夯筑墙垣，中间有一道南北向隔墙将此分成东西两区，东区内61座，未发现相关遗迹和遗物，是一批筑成而未葬人的空墓坑。

陵园外陪葬墓主要包括上焦村墓群[1]、兵马俑陪葬坑附近墓葬、砖房移民点墓区等。上焦村发掘8座，均为带斜坡墓道的“甲”字形墓。葬具为长方形盒状棺椁，棺室底层铺有草木灰，其上是零乱的人体骨骼，随葬有金、银、铜、铁等器物。墓主死因似同一时期被肢解或射杀，可能是秦始皇的宗室或大臣。

（5）陪葬坑。目前秦始皇陵陵区范围内考古已发现陪葬坑近200座，陵园内外均有分布，形制多样，内涵丰富。

陵园内陪葬坑中，封土下地宫北侧陪葬坑以一号坑规模较大，勘探发现坑底有铜车马构件。西侧陪葬坑[2]中，二号坑有陶片和动物骨骼，可能属于服务皇室或秦始皇帝的饮食机构；三号坑平面呈“巾”字形，两乘彩绘铜车马东西向排列，是为铜车马坑，一号为立车，二号为大型安车，独辕双轮，前驾两服两骖。南侧陪葬坑中，K0006陶俑象征执掌主管监狱与司法的廷尉（图2-8）。内外城之间东部，外城司马道以南为规模较大的陪葬坑，以北基本为小型陪葬坑。大型陪葬坑中，K9801象征着武库，发现87领石甲，43顶石胄，一为马甲，余为人甲，甲片用铜丝编缀。K9901过洞棚木上出土1件大铜鼎，坑内出土11件面东陶俑，东西成行，腰着短裙，肢体裸露，在进行角抵表演，这些陶俑应是“百戏俑”，而铜鼎为“百戏”道具。内城西门以南为曲尺形马厩坑，坑内所埋均为真马，另有珍禽异兽坑、跽坐俑坑等，二者南侧还有16座小型竖穴坑，为象征饲马用的葬仪坑。另外还有K0002、K0003、K0004、K0005，形制不一，内涵也不尽相同，但性质均未能完全确定。

陵园外陪葬坑主要分布于陵园之外东北部、东南部和东部[3]。东北部有动物陪葬

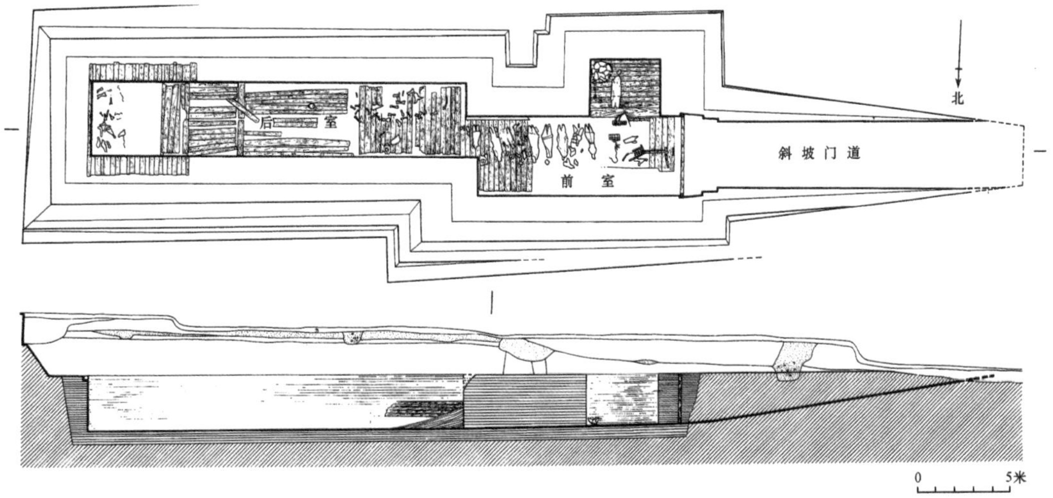

图 2-8　K0006 陪葬坑平剖面图（引自《秦始皇帝陵园考古报告（2000）》，2006 年）

---

1 秦俑考古队：《临潼上焦村秦墓清理简报》，《考古与文物》1980年第2期。

2 秦始皇兵马俑博物馆、陕西省考古研究所：《秦始皇陵铜车马发掘报告》，文物出版社，1998年。

3 始皇陵秦俑坑考古发掘队：《临潼县秦俑坑试掘第一号简报》，《文物》1975年第11期；《始皇陵东侧第二号兵马俑坑钻探试掘简报》，《文物》1978年第5期；《始皇陵东侧第三号兵马俑坑清理简报》，《文物》1979年第12期。

坑，出土陶俑及较多的动物骨头，有大鸟、鸡、猪、羊、狗、獾、鱼、鳖等。K0007出土与实物等大的青铜天鹅、鹤、雁等禽类遗物46件，形象生动（图2-9）。上焦村马厩陪葬坑所葬马均为真马，坑内发现喂马用的陶盆及谷子、草等饲料，马头前面或两侧的壁龛内立有陶俑，俑前放陶灯、铁镰或铁斧、铁锸等生活和生产工具，出土陶文有“中厩”、“宫厩”、“左厩”、“三厩”、“大厩”等，表明该陪葬坑应为都城养马的厩苑。陵墓东1500米，司马道延长线以北为兵马俑陪葬坑，有一、二、三号坑和一个未建成的坑（空坑）。一号坑呈东西向长方形，土木结构建筑，估计坑内埋藏陶人俑、马俑约6000件，战车40余乘，各种铜兵器40000余件。二号坑平面呈曲尺形。三号俑坑位于一号俑坑的西端北侧，平面“凹”字形，坑内计有战车1乘、陶马4匹、各类武士俑68件。未建成的空坑位于一号坑的中部北侧，二、三号坑之间，南北向长方形。兵马俑坑内所出士兵、马均周身彩绘，以朱红二色、粉红二色、粉绿二色、粉蓝二色、赭色为主。就种类而言，兵俑有军吏俑（分高级军吏或将军俑、中级军吏俑、下级军吏俑）、武士俑（含高大武士俑、铠甲武士俑、骑兵俑、步兵俑）、弓弩或弩兵俑（包括立射和跪射俑）、车士（御手、车左、车右）俑（图2-10），步兵俑还有轻装和重装之分；马基本为驾车的马，车是木质战车，可分为一般战车、指挥车、佐车和驷乘车4种，另有大量兵器、车马器伴出。陪葬坑中的兵马俑群以军阵的方式编列：一号俑坑为战车、步兵相间排列长方形军阵，军阵四周配置有前锋、后卫及两侧的翼卫，组织严密；二号俑坑为战车、骑兵、弩兵及车、徒结合等四个小方阵组成的曲尺形军阵；三号俑坑内的武士俑按夹道的环卫队形排列，象征古代的军幕，即指挥部[1]。参考古代军队三军的编列，一号俑坑象征右军，二号俑坑的军阵为左军，未建成的俑坑是拟议中的中军[2]，三号俑坑是指挥部，构成一个完整的军阵编列体系。四坑位于始皇陵外城东边东门大道的北侧，可能是为秦始皇送葬军队的象征[3]。

图 2-9　K0007 I区出土的铜鹤

2001年以后在陵区范围内又勘探发现和确认一些陪葬坑，封土周边有6座，陵园外侧西北方向（砖房移民点）墓区也有陪葬坑发现，部分为车马坑。

1 有学者认为三号兵马俑坑是“军祭的社宗”，见张仲立《秦俑三号坑性质刍论》，《文博》1990年第5期。

2 袁仲一：《秦兵马俑坑》，文物出版社，2003年，第123—124页。

3 黄展岳：《中国西安、洛阳汉唐墓的调查与发掘》，《考古》1981年第6期；《秦汉陵寝》，《文物》1998年第4期；刘庆柱、李毓芳：《西汉十一陵》，陕西人民出版社，1987年，第205—206页；杨泓：《美术考古半世纪》，文物出版社，1997年，第309页；中国社会科学院考古研究所：《中国考古学·秦汉卷》，中国社会科学出版社，2010年，第105页。

图 2-10　秦始皇陵一、二号坑出土兵马俑

2. 陵墓修建相关遗存

秦始皇陵陵区的其他建筑遗址主要包括阻排水工程遗迹、石料加工场、窑址、刑徒（修陵人）墓地、防洪堤与排水设施、修陵道路系统、鱼池建筑群等。

陵园内城之中有地宫的阻排水工程。深层阻水渠平面呈"U"字形，起于封土东侧，绕封土东南角至西南角后折而向北，阻挡了相应方位地下水对地宫的威胁。排水渠起于封土西部与阻水渠相接处，向西穿过陵园内城西门，沿内城西垣折而向北，再折向西又向北延伸，有明井8个、暗渠7处。

石料加工场遗址位于陵园外城西北角，可分为石料堆放和粗坯制作区、石料加工与成品生产区、石料加工场管理区等。其内出土有锤、錾、铲及抬石用的钩等铁工具，以及铁钳、铁柽等刑具和相关产品。刑具的发现说明加工场的劳力中有刑徒存在[1]。

在赵背户村、上焦村、西黄村、陈沟村、下和村以及鱼池村，陆续发现和清理了一些秦代陶窑遗址[2]，多分布于陵园建筑或陪葬坑的附近。根据各窑的形制结构及出土文物，初步估计为修建秦始皇陵园时烧制砖、瓦、水道及生活器皿的陶窑。

刑徒墓地目前发现有四处，分别位于赵背户、姚池头、五砂厂、山任村附近。赵背户墓地已清理的墓中共发现100具骨骼，多数无葬具及陪葬品，有6具骨骼显系死于非命。发现18件瓦文，记述了死者来自今山东、江苏、河南、河北四省，19位有名字的死者中，有10人是以服劳役方式来抵偿因故被罚钱财的有过之人[3]。

防洪堤遗址位于陵园东南部，呈西南至东北方向，全长约1700米。堤宽89.2米，现存最高处8.5米，由伴有砂石的土夯筑而成，是为阻挡骊山流下的洪水对陵园的冲击而修筑的。

3. 陵邑

秦始皇陵设有陵邑，名“丽邑”，位于今临潼区新丰街道办事处刘寨村附近，遗址南北长1000米，东西宽约500米。从断崖上看有厚约0.3米的瓦砾堆积[4]，出土陶瓦上有“寺婴”、“宫瓦”等印文[5]。秦始皇陵陵寝建筑遗址之中出土陶器的陶文之中也有“丽邑”铭文，这说明“丽邑”与秦始皇陵的关系密切。史载：“园邑之兴，始自强秦。”[6]始皇陵开创了帝陵置陵邑、徙民于陵邑的做法并作为重要制度存在，对西汉帝陵影响较大。

4. 秦始皇陵体现的陵寝制度及相关内容

秦始皇陵规模巨大，设施与埋藏均较丰富，而其上承东周，下启两汉，在古代陵寝制度发展史上有着极其重要的地位，而其所体现的相关丧葬制度也较为多样。

陵墓位于大的陵区之内又相对独立，经过严格规划。设有陵邑，有明确名称。陵园内设施较多，陵园有自身名称，可能存在三重陵园，至少可证实的有两重陵园。陵园内寝殿、便殿及园寺吏舍基本具备，而且还有明确的食官建筑，较为特殊。陪葬墓经过严格规划，数量众多，陪葬者的身份也高低不等。陪葬坑分布于内陵园的内外，形制多样，内涵丰富。既有兵马俑坑，也有珍禽异兽等性质的陪葬坑。陵园内的其他设施较为全面，既体现出陵墓修建的需要，也反映出保护陵墓的需求。刑徒墓地的发现，说明陵墓修建过程中使用了大量刑徒。封土高大，呈覆斗状，周边有围墙。封土下有数量、规模不等，内涵不一的陪葬坑。墓葬东向，主室较深，封护严密。众多的内容对汉代尤其是西汉帝陵影响较大，也为汉代帝陵的发展打下了坚实的基础。

秦始皇陵自身的内容和内涵体现出较多的物质文化内容，如陵墓本身、陪葬坑与陪葬墓的设置，各类设施的修建等。陵园内的建筑对研究秦代建筑及其秦汉陵墓建筑有重要参考，建筑石材对研究秦代石料加工及利用、兵马俑对研究秦汉陶器烧造、铜车马

---

1 秦俑考古队：《临潼郑庄秦石料加工场遗址调查简报》，《考古与文物》1981年第1期。

2 秦俑考古队：《秦代陶窑遗址的调查清理简报》，《考古与文物》1985年第5期。

3 孙英民：《秦始皇陵西侧赵背户刑徒墓质疑》，《文物》1982年第10期；张金光：《论出土秦律中的“居赀赎债”制度——兼说赵背户秦墓的性质》，《中国历史文献研究》，华东师范大学出版社，1988年。

4 林泊：《陕西临潼汉新丰遗址调查》，《考古》1993年第10期。

5 王学理：《秦始皇陵研究》，上海人民出版社，1994年，第3页。

6 《后汉书》卷四十二《光武十王传》，中华书局，1965年，第1437页。

及铜质珍禽异兽对研究铜器制作等均有重要价值。

秦始皇陵集中代表了秦代帝陵的内容和内涵，体现出丰富的丧葬文化，而其也从多方面折射出秦代物质文化的面貌，反映出这一时期物质文化的发展。

（二）西汉帝陵

西汉王朝前后历经二百余年，共有皇帝十余位，有帝陵十一处，均位于都城长安附近。西汉帝陵基本都有陵邑、陵园、陪葬墓等相关设施，构成庞大的帝陵埋葬系统[1]。

1. 西汉帝陵概况

西汉十一陵可以分为渭北陵区和长安城东南陵区（图2-11）。渭北陵区九陵的排列又可以分成三组：第一组以汉高祖长陵为中心，西为惠帝安陵，东是景帝阳陵；第二组西是武帝茂陵，东为昭帝平陵；第三组以元帝渭陵为中心，西为成帝延陵，东为哀帝义陵，西北是平帝康陵[2]。长安城东南陵区为文帝霸陵和宣帝杜陵二陵。

汉高祖刘邦崩于公元前194年，葬长陵。公元前180年，吕后去世，合葬长陵。长陵位于咸阳市渭城区正阳镇三义村附近。帝后合葬的陵园（可能为中陵园），平面呈南北向的长方形，四周夯筑围墙，四面开门，南有2门，其他各1门，有门阙、门道等遗迹。陵园中部偏南位置东西排列封土两座，整体覆斗形，底边与高度均相近，间距240米。二陵的东南北三面均有墓道1条，西面无，东墓道为主。陵园内发现陪葬坑33个，基本围绕东陵分布，有陶俑、陶马、动物骨骼、漆皮、残陶器发现。陵园内发现建筑遗址4处，基本位于四角，有夯墙、建筑与下水道残片发现。陵园南部还发现3座馒头状陶窑，此处可能属于作坊区。陪葬墓位于东部，布局严整，数量较多，现保留封土堆的有63个。封土形状有覆斗形、圆锥形和山形等多种，有单冢、双冢、三连冢等。以东向、南向居多，有的有墓园和陪葬坑。据记载，陪葬长陵的大臣有萧何、曹参、周勃、周亚夫、张耳、田蚡、田胜、纪信、王氏家族等。已发掘的杨家湾汉墓是夫妻合葬墓，有陪葬坑，墓主可能是周勃夫妇或周亚夫夫妻的合葬墓[3]（图2-12）。长陵陵邑位于陵园北部，南、北、西三面夯筑垣墙，各有1门，其内发现有瓦窑[4]及建筑残片堆积。一般认为，高祖长陵为西陵[5]；而从勘探结果看，东陵有较多陪葬坑，更可

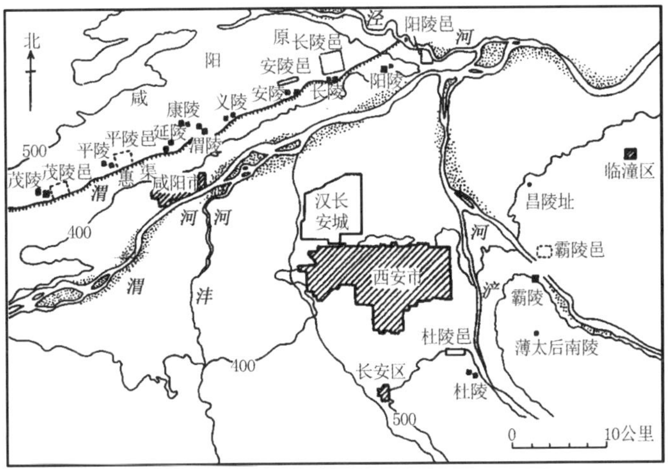

图2-11　西汉帝陵分布图

1　主要参考资料为刘庆柱、李毓芳：《西汉十一陵》，陕西人民出版社，1987年；咸阳市文物考古研究所：《西汉帝陵钻探调查报告》，文物出版社，2010年，文中不再另注。

2　徐苹芳：《中国秦汉魏晋南北朝时代的陵园和茔域》，《考古》1981年第6期。

3　陕西省文物管理委员会、咸阳市博物馆：《陕西省咸阳杨家湾出土大批西汉彩绘陶俑》，《文物》1966年第3期；《咸阳杨家湾汉墓发掘简报》，《文物》1977年第10期。

4　时瑞宝：《汉长陵邑清理瓦窑一座》，《考古与文物》1987年第1期。

5　石兴邦、马建熙、孙德润：《长陵建制及有关问题——汉刘邦长陵勘察记存》，《考古与文物》1984年第2期。

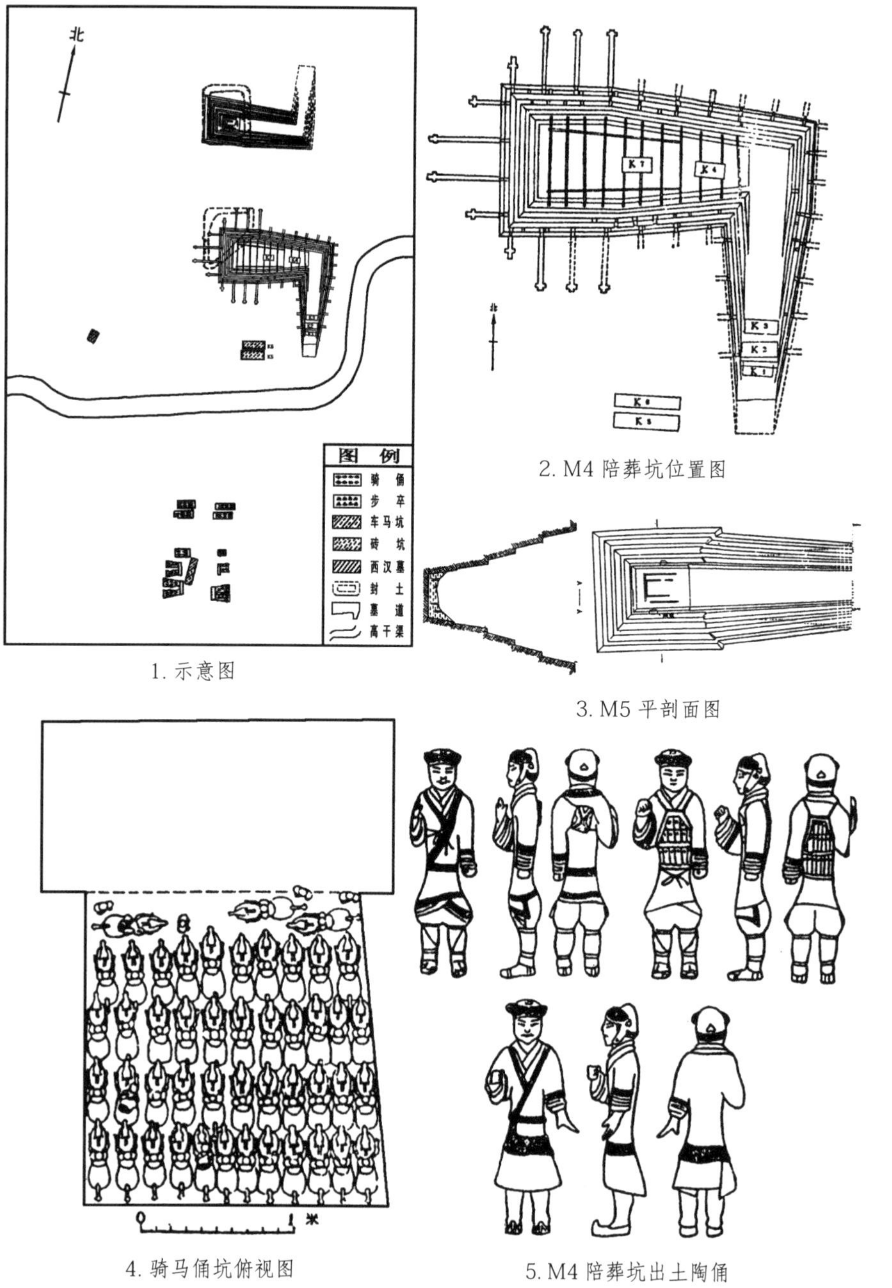

1. 示意图
2. M4 陪葬坑位置图
3. M5 平剖面图
4. 骑马俑坑俯视图
5. M4 陪葬坑出土陶俑

图 2-12　杨家湾长陵陪葬墓与陪葬坑（引自《咸阳杨家湾汉墓发掘简报》，《文物》1977 年第 10 期）

能为高祖的长陵[1]。

汉惠帝刘盈崩于公元前187年，葬安陵。安陵位于咸阳市渭城区正阳镇白庙村南，惠帝与张皇后合葬于同一陵园（可能为中陵园）。陵园呈东西略长的长方形，四面有夯筑围墙，各辟1门。两座覆斗形封土东西并列，相距260米，东南部封土高28米，为安陵，另一陵较矮小，高10.6米，为后陵。安陵的南部、西部封土外各发现墓道1条，东、北方位暂未发现；后陵东、西部封土外各发现墓道1条，南、北方位暂未发现。安陵东北部为主要陪葬坑区，封土东也有少量陪葬坑。建筑遗址发现3处，安陵北部东西并列2处，东南

1 咸阳市文物考古研究所：《西汉帝陵钻探调查报告》，文物出版社，2010年，第180页。

1处。陪葬墓在陵东，现存较大覆斗形封土堆十几座，墓葬以东向居多。陪葬墓建有墓园，周围有垣墙。陵邑在陵园北紧邻处，平面呈“凸”字形，有夯筑垣墙，发现南、东、北3座门址，可能有门阙，邑内有灰坑及馒头状陶窑等发现，东部是主要居民区，其中有相当一部分是关东艺人。

汉文帝刘恒崩于公元前157年，葬霸陵。霸陵位于今西安市灞桥区毛西乡窑远村附近，帝陵未见封土。后陵为平地起冢，覆斗形，四周有垣墙，西南部有建筑基址及鹅卵石路面、散水。后陵陵园西墙以西曾发掘陪葬坑47座，形状不一，多以陶棺、砖栏为葬具，出土有彩绘陶俑、陶罐和马、羊、猪、狗、鸡、鹅、鹤等禽兽骨骼及谷物等[1]。陵邑暂未发现。陪葬墓有一定数量，据记载，陪葬霸陵的有孝武陈皇后、文帝女刘嫖、董偃等。

汉景帝刘启薨于公元前141年，葬阳陵。阳陵[2]位于咸阳市渭城区正阳镇张家湾、后沟村北原上。陵区平面呈不规则葫芦形，面积约12平方公里（图2-13）。帝陵内陵园位于中陵园中部偏西，平面正方形，四边有夯土围墙，四墙中部均有“三出”阙门。陵园中部为覆斗形封土，东、南、西、北各有一条墓道，东墓道为主墓道。封土以外，帝陵陵园四门以内，有从葬坑86座，基本围绕帝陵呈放射状排列，最长的100多米，最短的4米，深度不等。坑内有骑兵、步兵、动物俑及生活用具、兵器、车马等。封土东北部的11座陪葬坑已发掘，形制不尽相同，出土官吏、武士、男侍从、女侍从、宦者等各种身份陶俑，猪、狗、羊、牛、鸡等陶家畜，木车马，陶、铁、铜等生活用品以及粮食、肉类、纺织品等，种类齐全，数量可观。相关遗物特别是印章、封泥等说明这11座坑分别代表和象征了西汉王朝的宗正，以及少府下属的导官、徒府、太官、宦者、东织室、永巷及卫尉等官署机构[3]。后陵、南区从葬坑、北区从葬坑、一号建筑基址等距分布于帝陵内四角。南区与北区陪葬坑的数量相等，排列及大小次序基本一样，可见是呈对称分布的[4]。南区陪葬坑作南北向14行排列，行距均匀，分长、中、短三级。坑内置放物主要有铜、铁兵器、农具、工具、车马器、衣饰及钱币，车马、俑及粮食等。其中第17号坑出土有“军大右仓”铜印，第2号坑出土有龟纽“车骑将军”金印，第20号坑出土有铠甲武士俑，第16、21号坑出土有“军武库印”、“军武库兵”、“军武库器”、“左府”等印章，经考证，与当时的军队编制应有一定的关系[5]。后陵位于帝陵东北，陵园平面正方形，四边亦有夯土围墙，四墙中部均有门。封土位于陵园中部，呈覆斗形，规模小于帝陵，高26.49米。陵墓形制为“亞”字形，封土外围有从葬坑，可能代表了皇后所属的后宫系统有关机构和设施[6]。嫔妃陪葬墓和罗经石遗址位于帝陵内陵园南北两侧，左右对称，陪葬墓园棋盘状分布于

1 王学理、吴镇烽：《西安任家坡汉陵从葬坑的发掘》，《考古》1976年第2期。

2 王丕中、张子波、孙德润：《汉景帝阳陵调查简报》，《考古与文物》1980年第1期；刘庆柱、李毓芳：《西汉诸陵调查与研究》，《文物资料丛刊》第6辑，1982年，文物出版社；陕西省考古研究所汉陵考古队：《汉景帝阳陵南区从葬坑第一号简报》，《文物》1992年第4期；王学理、王保平：《汉景帝阳陵南区从葬坑第二号简报》，《文物》1994年第6期；焦南峰、王保平、马永赢、李岗：《汉景帝阳陵考古新发现（1996—1998年）》，《文博》1999年第6期；陕西省考古研究所：《中国汉阳陵彩俑》，陕西旅游出版社，1992年；焦南峰、王保平、马永赢、李岗等：《汉景帝阳陵发现陪葬墓园》，《中国文物报》1999年11月14日；《汉阳陵园内发现大批陪葬坑出土大量珍贵文物》，《中国文物报》1999年11月28日；陕西省考古研究所：《汉阳陵》，重庆出版社，2001年；焦南峰、马永赢、曹龙、杨武站、刘军幸：《西汉长陵、阳陵GPS测量简报》，《考古与文物》2006年第6期。

3 焦南峰：《汉阳陵从葬坑初探》，《文物》2006年第7期。

4 王学理：《汉景帝阳陵陵园考古的新成果》，《中国文物报》1993年1月3日第1版；王学理、梁云：《论阳陵南区从葬坑的军事属性》，《考古与文物》2004年增刊《汉唐考古》，第83—91页。

5 王学理、梁云：《论阳陵南区从葬坑的军事属性》，《考古与文物》2004年增刊《汉唐考古》，第83—91页。

6 焦南峰：《汉阳陵从葬坑初探》，《文物》2006年第7期。

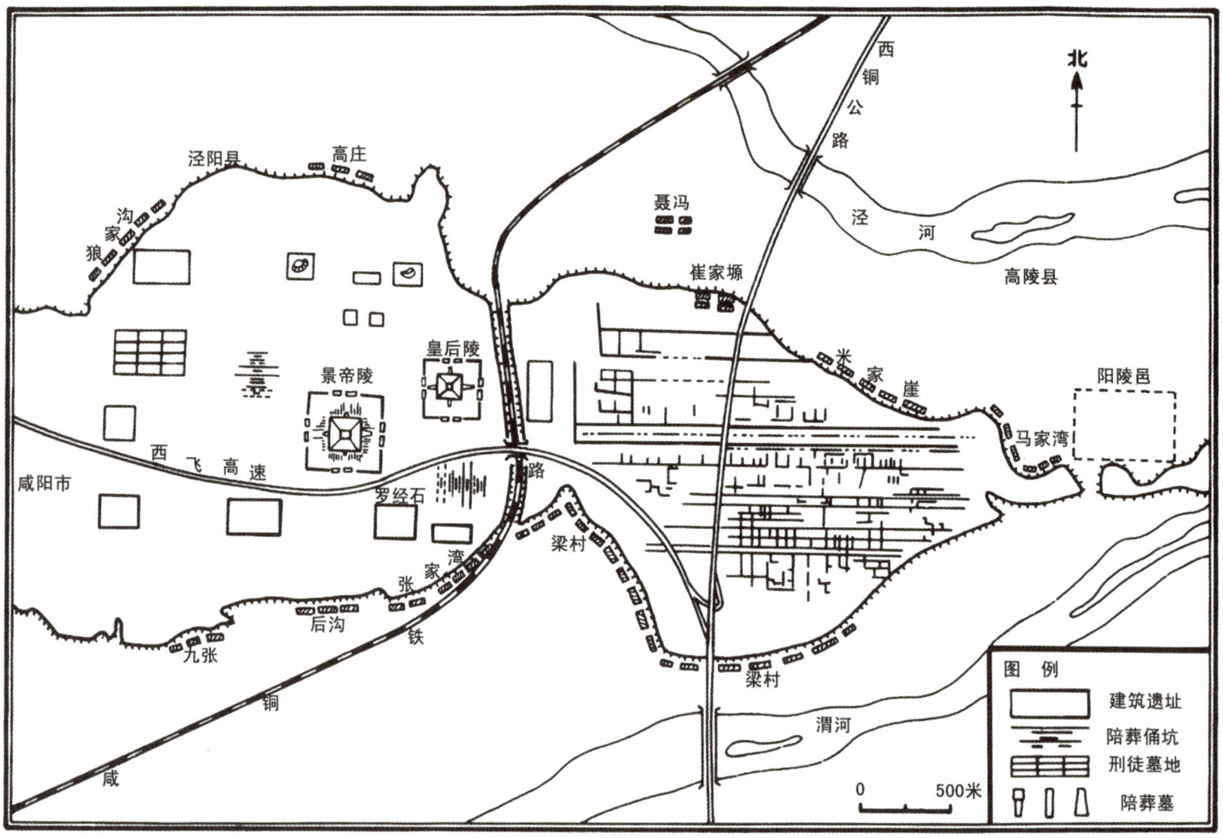

图 2-13　阳陵遗址分布图（引自《西汉长陵、阳陵 GPS 测量简报》，《考古与文物》2006 年第 6 期）

帝陵东侧的司马道两侧。罗经石遗址位于帝陵东南，平面近方形，边长约260米，外围有壕沟环绕。中心最高处放置着一块用整块黑云母花岗岩雕凿而成的方形巨石，称为“罗经石”，面上刻有直径140厘米的圆盘，其中刻有十字凹槽，十字线所指为正南北方向。遗址中部是一夯土台基址，有12个门，每边三门，四周有砖铺地面、卵石散水、四神空心砖以及瓦片堆积层。该遗址是阳陵陵园中最重要的礼制性建筑之一，性质有多种说法，陵庙遗址的可能性最大。陪葬墓位于阳陵东部约1100米处，总面积约3.5平方公里。东、西各有南北向壕沟一条，作为界限，中部有一条东西向道路横贯陪葬墓区，西起帝陵陵园东门阙，向东直通阳陵邑。司马道南北两侧的陪葬墓园有壕沟分隔，呈棋盘状分布，已探明各类大中小型墓葬5000余座。墓园时代不等，上限应为景帝年间，下限一直延续到东汉中期。距离司马道近者规模宏大，壕沟宽而深，墓主级别高，以诸侯、公主、朝廷显贵等为主。刑徒墓地及三处建筑遗址在帝陵西侧，南北一字排，阳陵邑则设置在陵园的东端。刑徒墓地在阳陵西北约1.5公里处，墓葬排列无序，葬式不一，尸骨凌乱，相互枕藉，均无随葬品，从中可知，有的刑徒是被杀死以后埋葬的[1]。阳陵邑位于阳陵东部的马家湾乡一带，总面积4.5平方公里。发现南北向街道31条，东西向街道11条，组成了200多个里坊。主街将陵邑分为南、北两个部分，北部为官署区，南部为民居区。南部还发现有城墙，墙外有护城壕。邑内现有大量烧造的建筑材料和生活用具的陶窑，还有儿童墓地。可以看出，整个陵园以帝陵为中心，四角拱卫，南北对称，东西相连，布局规整，结构严谨。

1 秦中行：《汉阳陵附近钳徒墓的发现》，《文物》1972年第7期。

汉武帝刘彻薨于公元前87年，葬茂陵。茂陵[1]位于兴平市南位乡张里村、策村和道常村之间。由茂陵陵园、茂陵邑、陪葬墓区及修陵人墓地等四大部分组成。帝陵陵园平面正方形，有夯土筑成的垣墙，四面开门，有门阙，均呈三出结构。帝陵位于内陵园中央，高46.5米，是西汉诸陵中规模最大的一个，李夫人墓位于帝陵西北。二墓封土均为覆斗形，李夫人墓封土外形为两层台式。在茂陵封土东、南各勘探出1条墓道，北、西两面皆没发现，可能位于封土下，略短。陪葬坑分陵园内和陵园外两处，陵园内勘探出63条，围绕封土呈放射性分布；陵园外发现115条，又可分为西、西南和东北三区，均排列有序。帝陵寝园位于内陵园外西北部，与陵园相连，平面长方形，四面夯筑垣墙。李夫人墓的东部偏南发现1条墓道，南部封土下有4条陪葬坑，西北发现有建筑遗址。内陵园外东南部的Ⅰ号遗址内现存有“压石冢”、“白鹤观”两个高台建筑以及“瓦渣沟”遗址，有较多建筑残件，另有夯土墙等遗迹，武帝时修建的白鹤馆可能位于该建筑遗迹内。

武帝陵庙为龙渊庙，位于茂陵东部，位置在“瓦渣沟”遗址附近，曾出土过玉圭、玉璧、玉铺首、琉璃璧、四神空心砖及“与民世世、天地相方、永安中正”文字瓦当等[2]。陵区内发现较多陶窑，一些陶窑还伴有提供水源的蓄水池遗迹。陵邑在帝陵东侧，东司马道北部，平面曲尺形，总面积553.65万平方米。四周围绕以曲尺形沟渠，内有道路、陶窑等。邑内人口多，有高官、高赀富人、著名文人、游侠等。陪葬墓在茂陵以东，分布于司马道的南北两侧和陵邑的东西两边。司马道南侧是主要陪葬区，共有包括霍光墓在内的12座墓葬；司马道北侧有陪葬墓7座，包括卫青、霍去病、上官桀等名臣的冢墓。陵区东南部豆马村北部发现两处水渠遗址，陵区西南有修陵人的墓地1处，埋葬两万多修陵人。2008年11—12月还发掘了陵园内西南的园林建筑遗址，为西汉帝陵中首次发现[3]。

汉昭帝刘弗陵薨于公元前74年。平陵位于咸阳市秦都区大王村至互助村之间。帝后陵东西相距685米，东陵陵园平面四方形，地面均经夯筑，四面夯筑垣墙，中部均开门，建有门阙，东门阙最大（图2-14）。封土位于陵园中部，高32米，四面中部均有平面呈梯形的墓道。内陵园外南部及西南部勘探发现21座陪葬坑，平面基本长方形，靠近陵园的2排分布密集。已发掘3个陪葬坑[4]中，K1为兵器坑，K2为大型哺乳动物坑，K3为车坑，有车5乘，一为骆驼驾车。西陵陵园、垣墙、四门、门阙及陵墓在陵园中的位置、封土形状均与东陵相同，仅在东部发现墓道1条。发现陪葬坑5座，分布于内陵园西墙外西部及西南部。东陵、西陵北部各有2组建筑，西陵西南部有1组建筑，出土有建筑材料和生活器皿。陵北部的2组建筑应为寝园。帝陵、后陵之间曾出土东西向排列的成组玉璧和玉圭，估计与“徘徊庙”祭祀活动有关。在马泉镇肖家堡村北的二道塬南边发现的汉代夯土建筑遗址出土有“长生无极”瓦当等，可能为昭帝陵庙徘徊庙。陵区东北发现大片西

---

1 刘庆柱、李毓芳：《西汉诸陵调查与研究》，《文物资料丛刊》第6辑，1982年，文物出版社，第1—15页；陕西省文物管理委员会：《陕西兴平县茂陵勘察》，《考古》1964年第2期；咸阳地区文管会、茂陵博物馆：《陕西茂陵一号无名冢一号从葬坑的发掘》，《文物》1982年第9期；王志杰、朱捷元：《汉茂陵及其陪葬冢附近发现的重要文物》，《文物》1976年第7期；咸阳市文物考古研究所：《汉武帝茂陵钻探调查简报》，《考古与文物》2007年第6期；南京大学历史系刘卫鹏、咸阳市文物考古研究所岳起：《茂陵邑的探索》，《考古与文物》2008年第1期；陕西省考古研究所、咸阳市文物考古研所、茂陵博物馆：《汉武帝茂陵考古调查、勘探简报》，《考古与文物》2011年第2期。

2 咸阳市文物考古研究所：《西汉帝陵钻探调查报告》，文物出版社，2010年，第58页。

3 陕西省考古研究院：《2008年陕西省考古研究院考古调查发掘新收获》，《考古与文物》2009年第2期。

4 汉平陵考古队：《巨型动物陪葬少年天子——初探汉平陵陪葬坑》，《文物天地》2002年第1期。

汉建筑遗址，为平陵邑遗址。东西长约867米，南北宽380米，四面有夯墙围绕，内有较多生活类陶器残片及部分铜器出土。二陵皆有陪葬墓。东陵东部的陪葬墓排列比较整齐，发现有裸体陶俑残片[1]，南部也可能有陪葬墓存在。西陵西有6座墓葬，可能为西陵陪葬墓。平陵邑外西部有数十座，基本两三一组的墓葬，可能是帝后陵陪葬墓。关于该处帝陵为东陵还是西陵存在不同认识，考虑到东陵有四出墓道，而西陵仅一条墓道，推测东陵为昭帝平陵的可能性极大[2]。

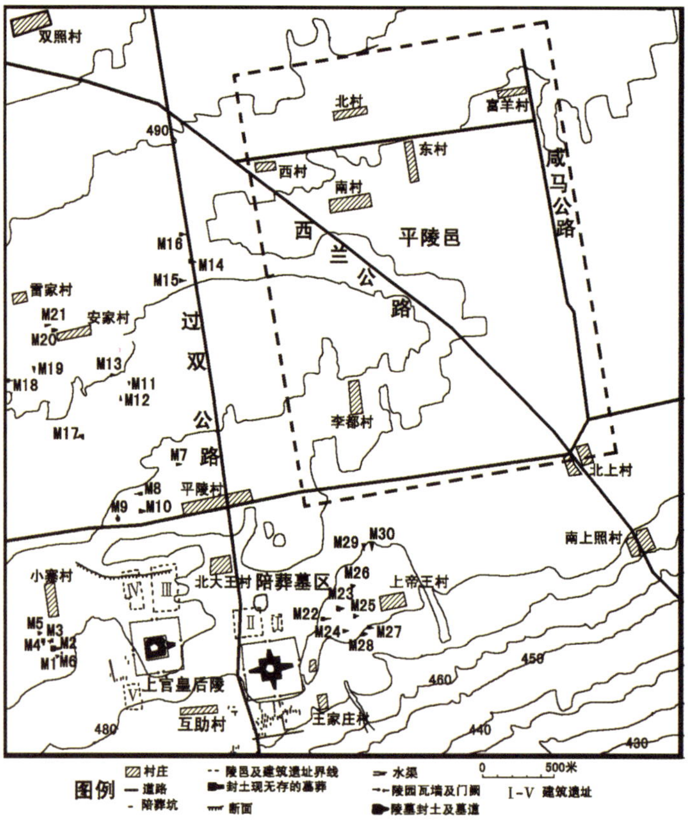

图2-14　平陵陵园平面布局图（引自《西汉昭帝平陵钻探调查简报》，《考古与文物》2007年第5期）

汉宣帝刘询崩于公元前49年，葬杜陵。杜陵位于西安东南郊雁塔区曲江池乡三兆村南的少陵塬北部最高处。帝陵陵园平面方形，边长433米，四边有夯土垣墙，中部各一门，与封土正中的墓道相对[3]（图2-15）。东门遗址由门道一隧、左右塾、左右配廊、散水等组成，布局规整。遗址内出土较多残建筑用陶，其中有“长乐未央”、“长生无极”等文字瓦当。帝后陵的封土均为覆斗形。帝陵高29米。四出墓道，东墓道为主墓道。寝园位于内陵园东南，四周筑有夯土墙，有一条南北路，东、西墙各开一门，南墙设三门。寝园西侧为寝殿，东侧是便殿。寝殿为一组大院落，南北西三面有墙，东面置廊。寝殿由殿堂、回廊、散水、门、六阶等部分构成，门开于四面。便殿东、南、北三面筑墙，西置配廊，分堂、室、院落三组建筑，有较为完善的排水设施，由西向东排水。以室为主的房屋建筑群及院落中均有天井，房屋内还发现3个窖穴。杜陵的北部和南部分布有一些陪葬坑，主要在陵园以北。K1主室主要出土有陶俑，车室内为2辆明器车，一号车为斧车。K4出土有陶俑、兵器、带钩、“大仓”印章等，坑的修建与太仓有关。孝宣王皇后陵园与帝陵陵园相似，垣墙东北角有角楼基址。后陵封土高24米。寝园位于西南，与帝陵寝园大体相同，规模略小。杜陵陵园内发现的八号遗址在杜陵的东北，平面近方形，各有一条道路通往帝陵和后陵，可能是杜陵陵庙遗址；十号遗址则可能为“寺吏舍”一类的建筑。杜陵邑在杜陵西北，平面为长方形，有垣墙，出土有“杜邑”陶文砖。陪葬墓在杜陵东侧，分东南和东北两区，共发现100多座。排列规律，或聚集一起，或排列成行。史书记载，陪葬杜陵的有张安世、丙吉、金安上、中山哀王刘竟等。距离帝陵较近的陪葬墓封土为覆斗形，规模大而且等级高。杜陵西发现一处列侯级别的西汉墓园及墓地，M8位于

1 咸阳博物馆：《汉平陵调查简报》，《考古与文物》1982年第4期。

2 咸阳市文物考古研究所：《西汉昭帝平陵钻探调查简报》，《考古与文物》2007年第5期。

3 中国社会科学院考古研究所：《汉杜陵陵园遗址》，科学出版社，1993年。

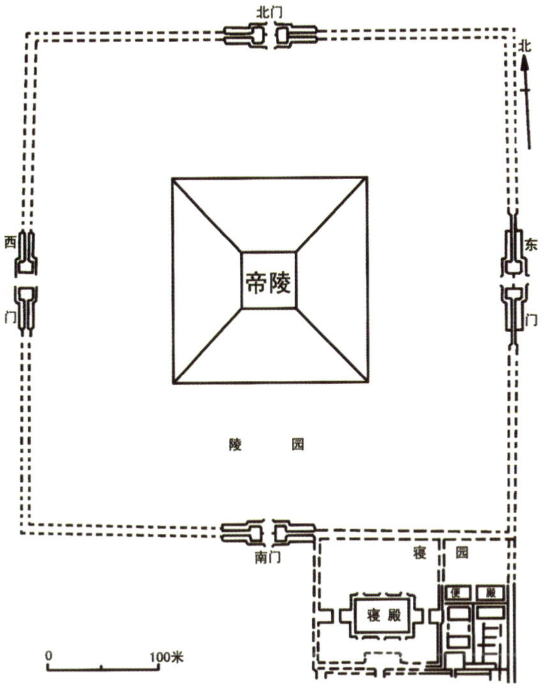

1. 示意图

2. 便殿遗址（由东南向西北摄）

3. 陵园东门门道遗迹（由西向东摄）

图 2-15　杜陵陵园遗址分布示意图及相关遗迹（引自《汉杜陵陵园遗址》，1993 年）

墓园中心，为“甲”字形大墓，有陪葬坑6条，正东有祠堂一类建筑1处，墓及陪葬坑内的陪葬品丰富，墓主可能是张安世，其他墓主为其家族成员[1]。

汉元帝刘奭崩于公元前33年，葬渭陵。渭陵位于咸阳市渭城区周陵镇新庄村南。内陵园近方形，四面夯筑垣墙，正中开门，有门阙、门道等遗迹。中陵园有垣墙及门阙，门阙与内陵园门阙正对。陵园中部为覆斗形封土，高30米，有二层台，南面有两条陪葬坑，东面正中发现墓道一条，墓道南有一陪葬坑。帝陵西北长方形建筑遗址北部曾出土一批西汉玉器[2]，为寝园所在。孝元皇后陵封土及陵园在帝陵西北，形制同帝陵，规模小。封土高13.5米，东西各一条墓道，南部偏东有一陪葬坑。陵园外西北为寝园（长寿宫）。傅昭仪葬于帝陵东北，封土基本不存。墓道在南，墓室平面方形，周围无垣墙。渭陵东北500米处为一规模较大的陪葬墓园，周围有夯筑垣墙，四面各开一门，有门道、道路等遗迹，墓葬28座，排列整齐，间距均匀，俗称“二十八宿”。据记载，陪葬渭陵的有王凤、冯奉世等，他们可能葬在此处。陵东门外司马道的南北两侧有“七妃墓”陪葬墓，封土圆丘形，另在陵南及东南部也有一些汉代墓葬，其中可能有渭陵陪葬墓。

汉成帝刘骜崩于公元前7年。成帝初以渭城延陵亭部为初陵，公元前20年，定昌陵县，其后开始修建昌陵，公元前16年，停建昌陵，再修延陵，并葬于此[3]。延陵位于咸阳市渭城区周陵镇严家窑村西北。陵园平面呈长方形，四面有垣墙，皆设门，有门阙、门道等遗迹，门阙均正对封土中部。封土位于陵园中部略偏南位置，覆斗形，高25.7米，南部偏

1　陕西省考古研究院：《西安凤栖原西汉墓地田野考古发掘收获》，《考古与文物》2009年第5期；张仲立、丁岩、朱艳玲：《长安凤栖原西汉家族墓地》，《中国文物报》2010年4月16日第4版。

2　咸阳市博物馆：《近年来咸阳发现的一批秦汉文物》，《考古》1973年第3期；张子波：《咸阳市新庄出土的四件玉雕器》，《文物》1979年第2期。

3　《汉书》卷十《成帝纪》，中华书局，1962年，第305、316、322、330页。

西有一墓道，北120米处有陪葬坑。陵园外西北部建筑遗址为寝园，平面长方形。后妃的陵墓暂未能确定，可能无后陵[1]，可能位于陵园北偏西[2]。陵园西墙西460米有一处大型陪葬墓园，四面皆夯筑垣墙，西墙北端开一门，北部偏东有建筑遗址，中部及北部分布有排列整齐的墓群，由南往北共分5排。陪葬墓园位置突出，规模宏大，陪葬者多为外戚重臣，这同西汉后期外戚专权的史实基本一致[3]。另在延陵的东、南、西部皆有一定数量的墓葬，其中的一部分可能是延陵的陪葬墓。

汉哀帝刘欣薨于公元前1年，葬义陵。义陵位于咸阳市渭城区周陵镇南贺村东南。陵园近方形，四面有夯筑的垣墙，各开一门，有门道、门阙道路等遗迹，墙东北、西北角朝外突出的夯土可能为角楼。封土位于陵园正中，覆斗形，高31米，近顶部收成二层台。墓道较短。陵园外西北建筑遗址当为寝园。后陵位于帝陵东部偏北[4]，覆斗形封土，高18.6米，墓道位于南部正中，暂未发现垣墙。该墓也可能为宠臣董贤的墓，孝哀傅皇后之陵可能为义陵西南200米处的一座圆丘形封土墓葬[5]，墓道在西，有2个陪葬坑。义陵南部5座圆丘形封土为陪葬墓，距离更远的东、南部的一些西汉墓葬也可能为陪葬墓。

汉平帝刘衎薨于公元5年，葬康陵。康陵位于今咸阳市渭城区周陵镇大寨村东，王车村北。陵园基本正方形，四边夯筑垣墙，中设门，有门阙、门道等遗迹。覆斗形封土位于陵园中部略偏北，高28.7米，近顶处四面各留一级平台，南部发现一条墓道。康陵东554米的覆斗形封土可能是王皇后陵，高14.06米，四面各一墓道。陵园基本方形，四周夯筑垣墙，均辟门，有门阙和小门等遗迹。康陵南部偏东有一处建筑遗址。

除十一陵外，还有其他重要的陵墓。太上皇与昭灵皇后所在陵区有垣墙和相关建筑。太上皇陵封土为覆斗形，四边正中有4条墓道，东墓道为主墓道，有陪葬坑2个。西北为昭灵皇后墓，封土未经夯打，墓室平面呈方形，北部正中有1条墓道。陪葬坑3个，南2东1，一坑内可能有车马陪葬。钩弋夫人为汉昭帝的母亲，死后葬云陵。陵园长方形，四面夯筑有墙，均有门，设有门阙。北部有建筑遗址，为寝园，西南面积较大建筑遗址的性质待定。覆斗形封土位于陵园东南部，北面稍偏东1条墓道，东、北、西三面有陪葬坑5座。云陵邑位于墓葬西北，平面长方形，四面夯筑围墙，局部有护坡，东西北三面正中辟门，有阙等设施。

2. 西汉帝陵制度

西汉帝陵既选择在地理、地势较好的"形吉胜地"，又考虑到与都城的关系；既有对现实所居地的部分模仿，又体现出墓葬的特征。分布上，早期出于对礼制恢复的考虑，表现出相关昭穆制度的特征，而随着时代发展，昭穆制度渐被打破，不复存在[6]。

陵邑在建设之初有一定规划，但平面形状并不统一，以长方形居多。组成要素有垣墙、壕沟、门及道路、水井、排水管道、作坊、市场、居住区、官署区、儿童墓地等，据记载，还可能设有监狱。陵邑内设里，主要官吏有令、丞，可能有军队驻扎。西汉早中期陵邑属于朝廷的"太常"，西汉晚期又归于三辅管辖[7]。

陵庙之制始于西汉早期帝陵，多有名称，如景帝德阳宫、武帝龙渊宫、昭帝徘徊庙、

1 刘庆柱、李毓芳：《西汉十一陵》，陕西人民出版社，1987年，第114—119页。

2 刘卫鹏、岳起：《陕西咸阳市西汉成帝延陵调查记》，《华夏考古》2009年第1期。

3 岳起、刘卫鹏：《由平陵建制谈西汉帝陵制度的几个问题》，《考古与文物》2007年第5期。

4 刘庆柱、李毓芳：《西汉十一陵》，陕西人民出版社，1987年。

5 咸阳市文物考古研究所：《西汉帝陵钻探调查报告》，文物出版社，2010年，第133—134页。

6 刘尊志：《西汉帝陵分布及相关问题浅析》，《中原文物》2010年第5期。

7 刘庆柱、李毓芳：《西汉十一陵》，陕西人民出版社，1987年，第232—233页。

宣帝乐游庙等。早期形状可能为长方形，至迟景帝阳陵陵庙开始趋向方形或近方形，茂陵之后规模变小。组成要素较复杂，外有垣墙、壕沟等，四面有门，并有道路通向帝后陵园和寝殿。内有正殿，地位突出，四面门有装饰，还有相关祭祀性设施。建筑材料及使用的器物有特殊要求，一些特殊部位如门的建筑材料以四神瓦当区分方位；作为祭祀的礼制场所，陵庙内放置的是皇帝神主，祭祀器物中礼乐器必不可少，还有玉器等。陵庙设有官吏进行管理，传世的封泥、印章中有“庙室守印”、“庙衣府印”[1]等。

陵园规模大，应存在内、中、外三重陵园，“内陵园”的形状大体为方形，“中陵园”应接近方形或为东西向的长方形，“外陵园”可能随自然地形而出现不规则形状；“内陵园”葬天子，“中陵园”葬皇后，“外陵园”葬大臣、妃子，体现出完整而严格的陵墓埋藏系统，其所表现出的等级差别正与现实社会中天子—皇后—大臣、后妃之间森严的社会等级吻合[2]。陵园自身主要有陵墙、门、阙、角楼、壕沟等，门有门道、左右塾、左右配廊等。陵园的修建和管理等方面也有一定的秩序和制度，设置有官吏，主要为丞、尉、令等。

寝园建筑主要指寝殿、便殿、寝园及寺园吏舍等。武帝茂陵时帝陵寝园出现，平面形状基本长方形，建筑考究。寝园主要包括垣墙、道路、通道、门、阶、廊、庭、院、散水、柱、堂、小房等，一些房屋还可细分为班房、郎吏执勤场所、贮藏间、广场等。有日常管理人员和相应官吏，设有丞、令等。

帝、后基本为同茔异穴合葬[3]，相对位置并不统一，有帝西后东者，也有帝东后西者。封土情况可分为无封土和有高大封土两类，有封土者较多。封土基本覆斗形，平面有方形和长方形两种，西汉中期后陵使用二层台，晚期一些帝陵亦使用。墓道数量不一，四出墓道为主，有的仅一条，东向墓道为主墓道，平面形状多呈外窄内宽的梯形。墓道旁侧多有陪葬坑，分布密集，呈环绕之势，形制和内涵多样。帝后陵基本为竖穴坑圹，口部较平整，墓室位于底部，又称“方中”或“明中”，一般深“十三丈”，内置有“梓宫”、“便房”、“黄肠题凑”及相关器物的储藏室等。棺椁多重，髹漆，有的使用石椁，也可能使用镶玉漆棺。墓室内可能有积炭、积沙或积石及排水设施等，起到保护作用，也可能使用高超的医药防腐技术。

陪葬坑是西汉帝陵的重要组成部分。基本分布于内、中陵园内，还有其他位置，布局较有层次，如阳陵从葬坑即可分为四个层次[4]。形状有长条（方）形、梯形、“凸”字形、“中”字形、曲尺形等，长方形坑居多，并贯穿始终。根据形制和结构又可分为竖穴土圹、带一条坡道或台阶或踏步的竖穴、带两条坡道或台阶或踏步的竖穴等三大类，种类包括钱币、器物、动物、车马、粮食或食品、俑、杂坑等。

西汉帝陵设有专门的茔地用以安排陪葬者，大多位于外陵园中，少量在中陵园内。一般是靠近帝陵或司马道者陪葬墓主地位高，远者则低，很多陪葬墓有独立的墓园，一般以壕沟或道路为界。陪葬者身份复杂，主要有皇帝的嫔妃、朝廷重臣、皇亲国戚、皇帝宠幸的臣属、高爵显贵、陵邑中的居民、刑徒或修墓人员、陵园内的官吏及相关人员等。

---

1 孙慰祖：《古封泥集成》，上海书店出版社，1994年，第12页；罗福颐：《秦汉南北朝官印征存》，文物出版社，1987年，第33页。

2 刘瑞：《西汉景帝阳陵应存在内中外三重陵园制度》，《中国文物报》2007年3月2日第7版；《汉景帝阳陵内、中、外三重陵园的建筑和埋藏特点》，《中国文物报》2007年4月20日第7版；《秦、西汉帝陵的内、中、外三重陵园制度初探》，《中国文物报》2007年5月18日第7版。

3 刘庆柱、李毓芳：《西汉十一陵》，陕西人民出版社，1987年，第154—157页。

4 焦南峰：《汉阳陵从葬坑初探》，《文物》2006年第7期。

总的看来，西汉帝陵体现出较强的等级差别，突出了帝陵的核心和至尊地位。其对前代有很多继承，又对后世影响很大，正是西汉时期陵寝制度的发展为东汉时期陵寝制度的确立打下了坚实基础。

（三）东汉帝陵

东汉自刘秀建国至汉献帝禅位于曹氏，共196年，历光武帝、明帝、章帝、和帝、殇帝、安帝、顺帝、冲帝、质帝、桓帝、灵帝、献帝等14位皇帝，因少帝被废，废帝遭贬，故只修建12处帝陵。关于东汉帝陵，东汉末年成书的《东观汉记》记载了桓帝之前八个帝陵的名称。南朝宋人范晔在《后汉书》里补齐了十二陵的名称。随着东汉帝陵考古工作的增多，对东汉帝陵的认识也逐渐得到补充和完善。

1. 选址与分布

光武帝刘秀将陵墓修建在都城之北，明帝时又将陵区设在了都城之南，两处陵区基本位于有一定海拔高度的邙山原和伊河南岸，可分别称为邙山原陵墓区和伊河南陵墓区[1]。原陵、恭陵、宪陵、怀陵及文陵等五陵及陪葬墓等都应分布在海拔170—210米的邙山原上，大约西起西山头，东至皇天岭，南起平乐乡，北至屋鸾沟，东西8公里、南北7公里的范围内；伊河南陵区的范围北起伊河南岸，南至宁村，东至陶化店村，西至寇店乡，海拔高度在120—200米，大约东西9公里、南北15公里的分布面积，排列突出了南北“一”字状的家庭族葬关系[2]。

2. 合葬形式

东汉帝陵的合葬形式基本为帝后同坟同穴合葬。与东汉皇帝合葬的还有一些后妃，她们多为后封的皇后等，与帝陵为异坟异穴合葬，而墓葬基本位于帝陵的西部或北部，称为西陵或北陵，但这些墓葬均明显处于从属地位，因此多被当作陪葬墓看待[3]。

3. 墓外建筑及相关问题

光武帝沿袭旧制，还有陵邑设置，从明帝显节陵开始，陵邑消失[4]。陵园趋于简化，光武帝原陵设有垣墙，但自显节陵开始，垣墙消失，代之以行马，桓帝宣陵、灵帝文陵时，行马亦不见。陵园形状大体呈长方形，基本为“四出司马门”，可能有门阙等建筑，南司马门为主门，而神道亦基本南北向。神道在陵园中的地位日益重要，但两旁是否有石刻象生还存疑[5]。陵园内设有相关的官吏进行管理。

寝园等相关设施有所发展变化。原陵陵园内为寝殿、钟虡等，显节陵开始，石殿、园省、园寺吏舍等出现，石殿与寝殿相对独立。园省在东汉一代帝陵中均出现，殇帝康陵开始，园省不见，石殿、钟虡、寝殿、园寺吏舍等则一直延续至质帝的静陵。寝殿、钟虡、石殿、园省、园寺吏舍等应是东汉帝陵陵园内建筑的主体，具体位置应在封土的东侧[6]，石殿、钟虡在前，寝殿、园省居中，而园寺吏舍的位置靠后，白草坡帝陵（图2-16）和大

1 韩国河：《东汉帝陵踏查记》，《考古与文物》2005年第3期。

2 韩国河：《东汉帝陵有关问题的探讨》，《考古与文物》2007年第5期。

3 洛阳市第二文物工作队严辉：《邙山东汉帝陵地望的探索之路》，《中国文物报》2006年11月3日第7版；洛阳市第二文物工作队、偃师市文物管理委员会：《偃师白草坡东汉帝陵陵园遗址》，《文物》2007年第10期。

4 徐苹芳：《中国秦汉魏晋南北朝时代的陵园和茔域》，《考古》1981年第6期。

5 韩国河：《东汉帝陵有关问题的探讨》，《考古与文物》2007年第5期。

6 韩国河：《东汉帝陵有关问题的探讨》，《考古与文物》2007年第5期。

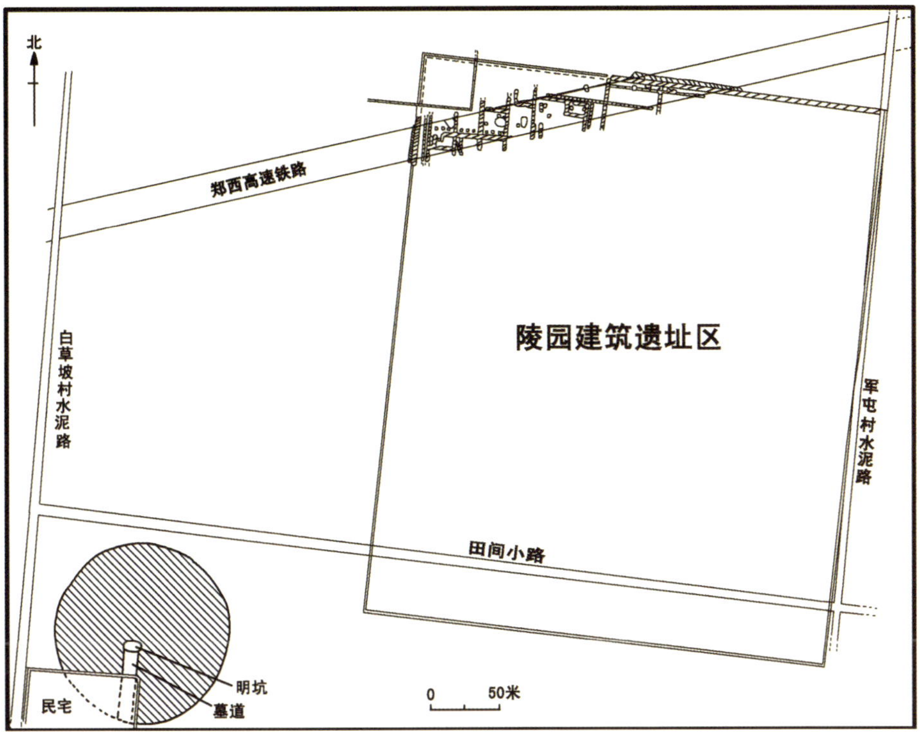

图 2-16　白草坡东汉帝陵陵园遗址平面图（引自《偃师白草坡东汉帝陵陵园遗址》，《文物》2007 年第 10 期）

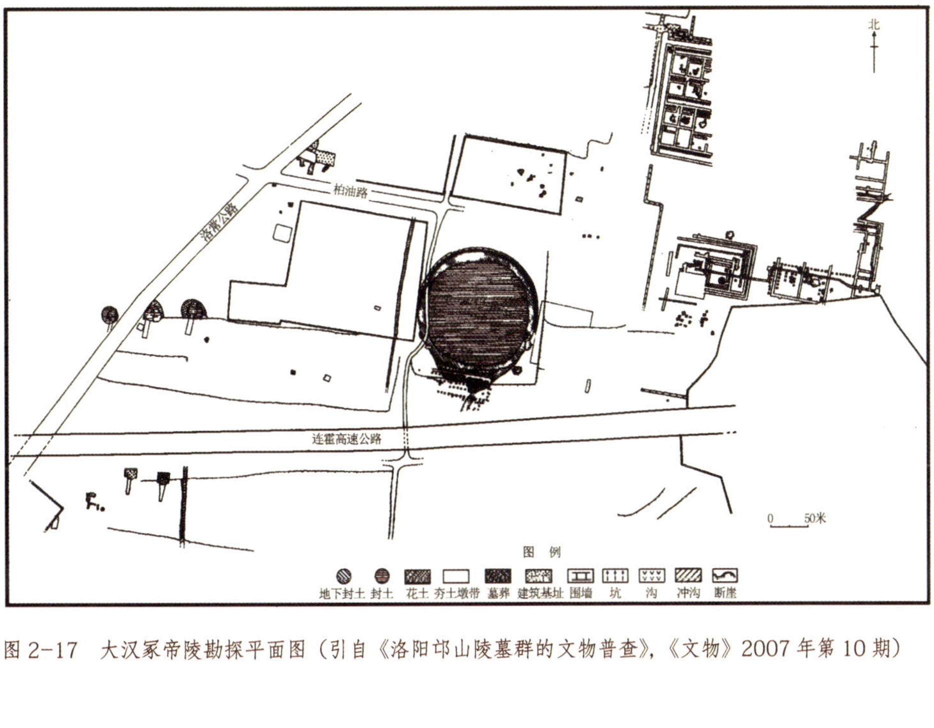

图 2-17　大汉冢帝陵勘探平面图（引自《洛阳邙山陵墓群的文物普查》，《文物》2007 年第 10 期）

汉冢帝陵（图2-17）的试掘和勘探结果也都证明了这一点[1]。白草坡帝陵陵园发掘的建筑遗址位于墓葬的东北部，是一处外围筑有夯土垣墙的建筑群，南部有大型夯土台基，北部房屋建筑基础规模较小，南部的建筑基址可能为寝殿之类的建筑，而北部为园寺

1　洛阳市第二文物工作队、偃师市文物管理委员会：《偃师白草坡东汉帝陵陵园遗址》，《文物》2007年第10期；洛阳市第二文物工作队：《洛阳邙山陵墓群的文物普查》，《文物》2007年第10期。

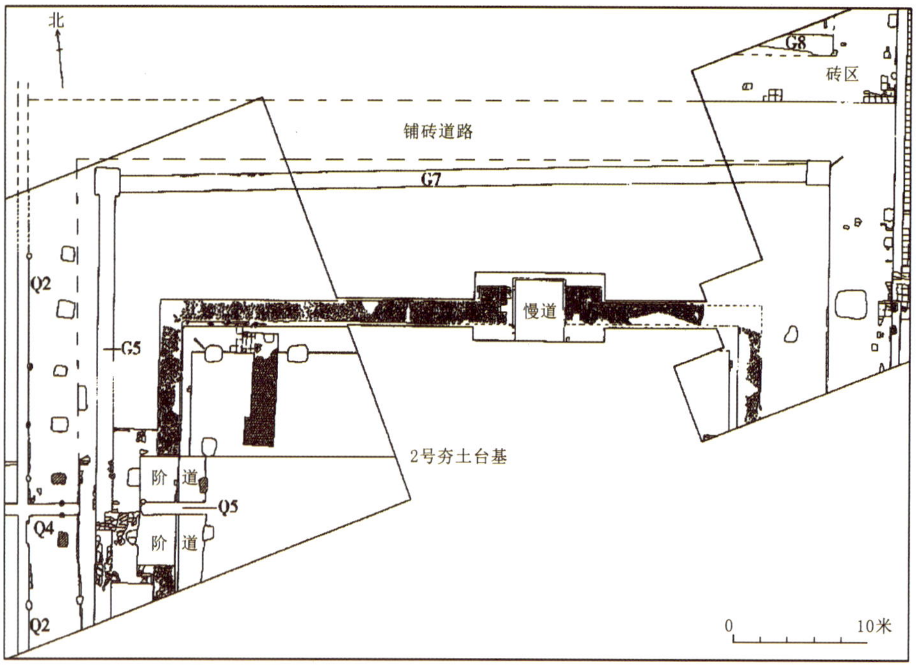

图 2-18　朱仓 M722 陵园中组夯土台基平面图（引自《洛阳孟津朱仓东汉帝陵陵园遗址》，《文物》2011 年第 9 期）

吏舍的可能性最大，遗址的年代为东汉中晚期，可能为园省，但也存在为寺园吏舍的可能。建筑中有水渠、粮窖等遗迹，并有较多的出土遗物。这些建筑中，钟虡的地位较为重要，寝殿的作用加强，规模扩大，园省与石殿同时出现，作为皇帝在上陵祭祀时随时布政之处，既是祭祀礼仪发展的产物，也是祭祀建筑趋于完善的标志。

2009年3月—2010年9月，在洛阳孟津朱仓又抢救性发掘了两处相邻的帝陵陵园遗址，分别为M722、M707陵园遗址。朱仓M722陵园遗址解剖了墓冢残存封土，发掘了西垣、东垣、东垣外壕以及陵园东部的建筑基址群；朱仓M707陵园遗址发掘了陵园东部的建筑基址群。发掘表明，此二墓规模较大，均为“甲”字形明券大墓，墓冢封土规模庞大，建筑遗存范围大，内涵丰富，陵园遗址于东汉中期始建，晚期沿用[1]。朱仓M722陵园遗址发现有房屋、道路、台基（图2-18）等，出土较多遗物。朱仓M707陵园遗址发现有院落、房屋、水渠、夯土台基等，出土较多云纹瓦当。

明帝刘庄临终时，遗诏不起寝庙[2]，陵庙从帝陵中消失，而寝园的地位大大提高，这对宗庙的影响十分明显，即确立了“同堂异室”的合庙制度，形成了“陵崇庙杀”的格局[3]。

与西汉帝陵相比较，东汉帝陵的墓外设施特别是陵寝建筑发生了巨大变化，形成了具有自身特点并对后世影响很大的陵寝建筑特色。

4. 形制及相关问题

陵墓基本都有封土，平面圆形，底部较大，其中大汉冢现存封土直径130米、二汉冢

1 洛阳市第二文物工作队：《洛阳孟津朱仓东汉帝陵陵园遗址》，《文物》2011年第9期。

2 《后汉书·明帝纪》载：“遗诏无起寝庙，藏主于光烈皇后更衣室。”

3 韩国河：《东汉帝陵有关问题的探讨》，《考古与文物》2007年第5期。

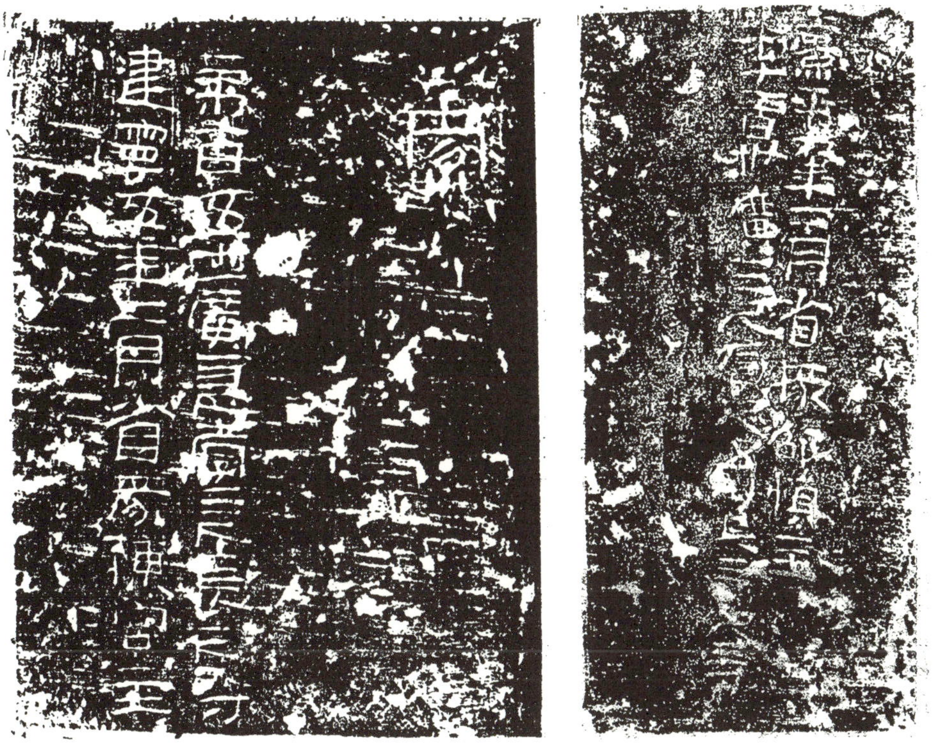

图 2-19 建宁、熹平黄肠石

118米、刘家井大墓114米，但高度较低，类似低矮的山丘，可谓之“圆丘形”[1]，体现出王符在《潜夫论》中所讲的“陵墓虽卑而圣高”。陵墓有多层的台阶环绕[2]，如白草坡南大冢有6级台阶，这可能与夯筑有关。

墓葬南向，为带一条长方形斜坡墓道的砖（石）室或砖石混筑墓，由墓道、甬道、墓门、墓室等组成，有前后室及其他一些相关室，墓道或甬道的旁侧可能有耳室，还可能有回廊。用砖的形体一般较大，有长方形砖、楔形砖等。墓葬修建时还使用大量规整块石，称为“黄肠石”，帝陵附近出土有带“建宁”、“熹平”年号的黄肠石[3]（图2-19）。墓室规模大，这与祭祀空间的扩展有关，前室是主要的祭祀场所，可能为横长方形，后室置棺，可能为竖长方形，体现出前堂后寝的特征。墓室底铺砖，墓顶可能为穹窿顶或拱券顶等。据史书记载，葬具有木棺，纹饰华丽，也可能有椁，如明帝即自制石椁[4]。敛葬方面，制度化突出，金缕玉衣成为帝后专用。无陪葬坑，墓内回廊与相关耳室作为外藏，前、后室及相关室则应是其内藏。

5. 陪葬品内容

据《后汉书·礼仪志》记载，东汉帝陵陪葬品有陶（瓦器）、竹木漆器、骨器、铜铁器、粮食等。除粮食外，均称为明器，其他还应有珠玉、石、金银、象牙器等。陪葬品中有一定数量的实用器，也有较多的仿制器物。车马陪葬已经明器化，特别是“刍灵”的使

1 洛阳市第二文物工作队蔡运章：《东汉帝陵封土考辨》，《中国文物报》2007年10月19日第7版。

2 韩国河：《东汉帝陵有关问题的探讨》，《考古与文物》2007年第5期。

3 李南可：《从东汉“建宁”、“熹平”两块黄肠石看灵帝文陵》，《中原文物》1985年第3期。

4 ［东汉］刘珍等撰《东观汉记》卷二载：“明帝自制石椁，广丈二尺，长二丈五。”中华书局，2008年，第57页。

用，但九辆车和四马拉车[1]的特殊性及众多的兵器、乐器等还是对皇帝身份的表现。

6. 陪葬墓及相关问题

东汉帝陵的陪葬墓大多位于陵区的东北部，陵冢西部或北部的一些墓葬应是文献所载的西陵或北陵[2]。陪葬帝陵的人员数量不多，与东汉时期家族墓地的发达及归葬礼俗兴盛有内在关系[3]。据记载，陪葬原陵的有胡广，陪葬显节陵的有伏恭、牟融、刘盘妻等。考古资料表明，一些帝陵东北部陪葬墓区面积大，墓葬数量也较多，如大汉冢东部墓冢密集，约380余座，属集中式陪葬[4]。陪葬墓区中，一些墓葬可能是在中央赐予茔地之后，聚族而葬，形成自身的家族墓地。偃师高龙镇阎楼村发现的一处东汉帝陵陪葬墓的墓园遗址[5]，平面方形，外围开挖闭合型环沟，东南为大范围的建筑遗址区，应是东汉时期流行的家族墓地（图2-20）。墓园内包含7座圆形封土墓，斜坡墓道，砖室结构。M1、M2规模大，居北，墓主为赐茔的陪葬者，M3—M6靠南，规模小，墓主为家族成员，M7墓主则为家族中低等级人员。

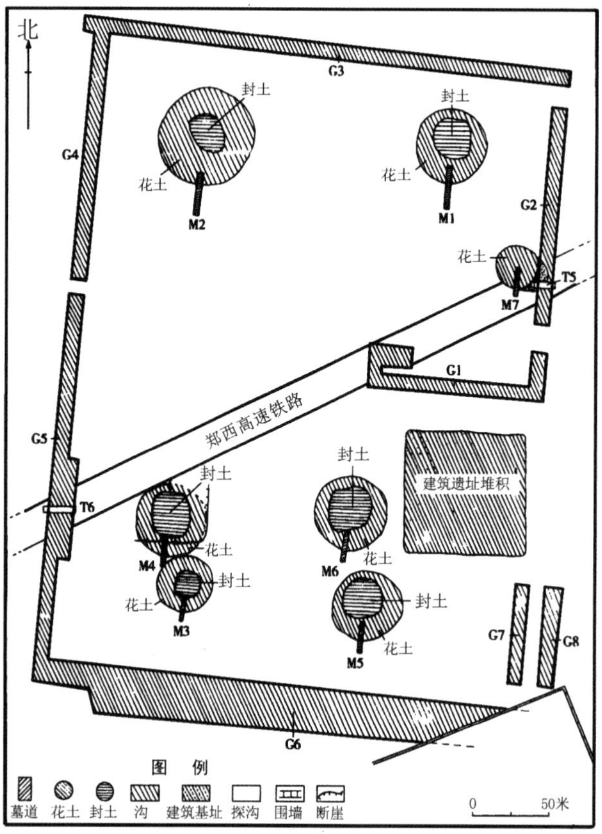

图2-20 阎楼东汉墓垣遗址平面图（引自《偃师阎楼东汉陪葬墓园》，《文物》2007年第10期）

7. 东汉帝陵的陵墓归属

都城之北及都城之南两大陵区内的帝陵基本明确，邙山原陵区有光武帝原陵、安帝恭陵、顺帝宪陵、冲帝怀陵和灵帝文陵；伊河南陵区为明帝显节陵、章帝敬陵、和帝慎陵、殇帝康陵、质帝静陵及桓帝宣陵。由于文献及考古资料的欠缺，东汉每位皇帝的陵墓具体位置还不甚清晰。大汉冢在邙山原陵区五陵中规模最大的很可能为原陵，该墓东发现有可能为陵庙的建筑遗址也说明其可能为原陵[6]。伊河南陵区中，偃师白草坡村北大墓

1 《后汉书》志第六《礼仪志下》载："挽车九乘，刍灵三十六匹。"中华书局，1965年，第3146页。换算一下，即为九车，每车四马。

2 洛阳市第二文物工作队严辉：《邙山东汉帝陵地望的探索之路》，《中国文物报》2006年11月3日第7版；洛阳市第二文物工作队、偃师市文物管理委员会：《偃师白草坡东汉帝陵陵园遗址》，《文物》2007年第10期。

3 韩国河：《论汉晋时期合葬礼俗的渊源及发展》，《考古》1999年第10期。

4 洛阳市第二文物工作队：《洛阳邙山陵墓群的文物普查》，《文物》2007年第10期。

5 洛阳市第二文物工作队、偃师市文物管理委员会：《偃师阎楼东汉陪葬墓园》，《文物》2007年第10期。

6 洛阳市第二文物工作队：《洛阳邙山陵墓群的文物普查》，《文物》2007年第10期。

陵园遗址的发掘证明其年代为东汉中晚期[1]，结合文献记载，该陵可能为桓帝之宣陵。朱仓M722、M707的陵园始建年代在东汉中期，分别是顺帝宪陵和冲帝怀陵的可能性非常大[2]。

其他帝陵的具体位置或归属还有待考古和研究工作的进一步深入来证实。

（四）三国帝陵

三国时期，魏蜀吴三国均有皇帝世袭，并有相应的帝陵存在[3]。

曹魏有五位皇帝，确切可考有两座帝陵，魏文帝葬首阳陵，明帝曹睿葬高平陵。由于实行"阴葬"，二帝陵地表未留下建筑遗迹，其陵址均已失考。

蜀汉共有两位皇帝。刘备崩于白帝城，还葬成都，称惠陵，一般认为是成都南郊武侯祠西旁周长180米、高12米的土冢[4]。刘禅降魏，具体葬所不详。

东吴传三世，共有四位皇帝，确切可考有两座帝陵。孙权葬蒋陵，传说在南京紫金山明孝陵前的梅花山，而该处确有大墓迹象。孙休葬定陵，安徽马鞍山宋山曾经发掘过一座规模大、结构复杂的东吴砖室墓，墓中石门等装饰精美，发掘者认为可能是东吴定陵[5]（图2–21）。孙权父孙坚墓曰高陵，据记载，葬曲阿。还有苏州盘门外三里之说，而该处清理发掘两座六朝早期墓[6]，墓主身份并不确定。东吴帝陵可能有坟冢及陵寝设

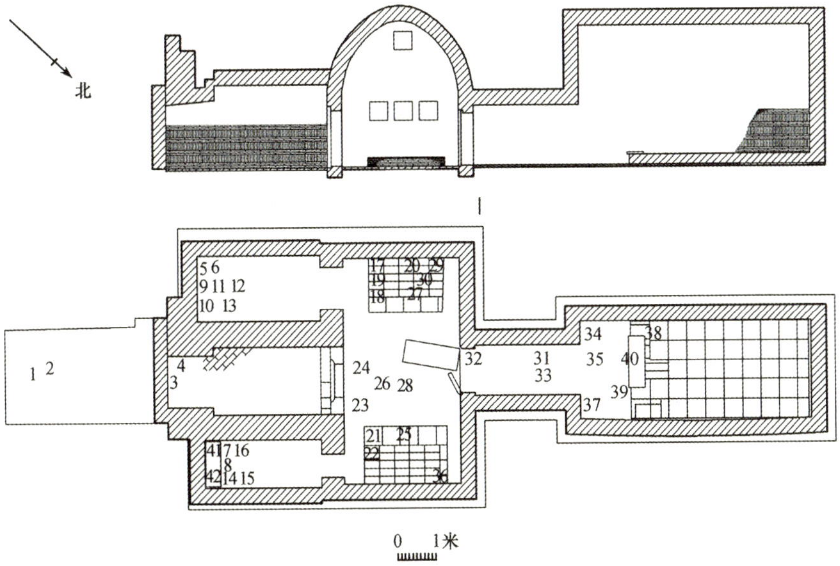

1. 筒瓦 2. 龙纹砖 3. 大泉当千 4. 五铢 5、6、9～11、13. 青瓷仓 7. 石案 8、14、15. 青瓷鸡首罐 12. 青瓷双系盘口壶 16～24、39. 青瓷双系罐 25、27. 青瓷几何纹罐 26、28～30、38、40～42. 青瓷四系罐 31、33. 陶罐 32. 陶困 34、36、37. 青瓷盏 35. 漆凭几

图2–21　宋山墓平剖面图（引自《安徽马鞍山宋山东吴墓发掘简报》，《江汉考古》2007年第4期）

1 洛阳市第二文物工作队、偃师市文物管理委员会：《偃师白草坡东汉帝陵陵园遗址》，《文物》2007年第10期。

2 严辉、张鸿亮、卢青峰：《洛阳孟津朱仓东汉帝陵陵园遗址相关问题的思考》，《文物》2011年第9期。

3 本部分内容主要采自刘毅《中国古代陵墓》，南开大学出版社，2010年，第65—68页。

4 梅铮铮等：《对惠陵若干问题的再认识》，《四川文物》1998年第6期；清明子：《读惠陵史料札记》，《四川文物》2001年第5期。

5 安徽省文物考古研究所等：《安徽马鞍山宋山东吴墓发掘简报》，《江汉考古》2007年第4期；栗中斌：《马鞍山市宋山墓的年代和墓主身份考》，《东南文化》2007年第4期。

6 苏州博物馆考古组：《"孙策孙坚墓"的清理和看法》，《文博通讯》1982年第6期。

施，而且还应该有一定的奉祀活动。

二、两汉三国时期的诸侯王墓

两汉时期实行分封制度，有诸侯王数以百计。两汉诸侯王墓葬数量大、种类多、陪葬丰富，既有很多同姓（刘姓）诸侯王墓，也有一定数量异姓诸侯王墓。这些墓葬一般位于诸侯王都城附近，极少数位于京师或他地。

（一）西汉诸侯王墓

截至目前，已调查、发现、发掘西汉诸侯王（后）墓43处近84座[1]，分属多个诸侯国，而且时代贯穿西汉一代（图2-22）。

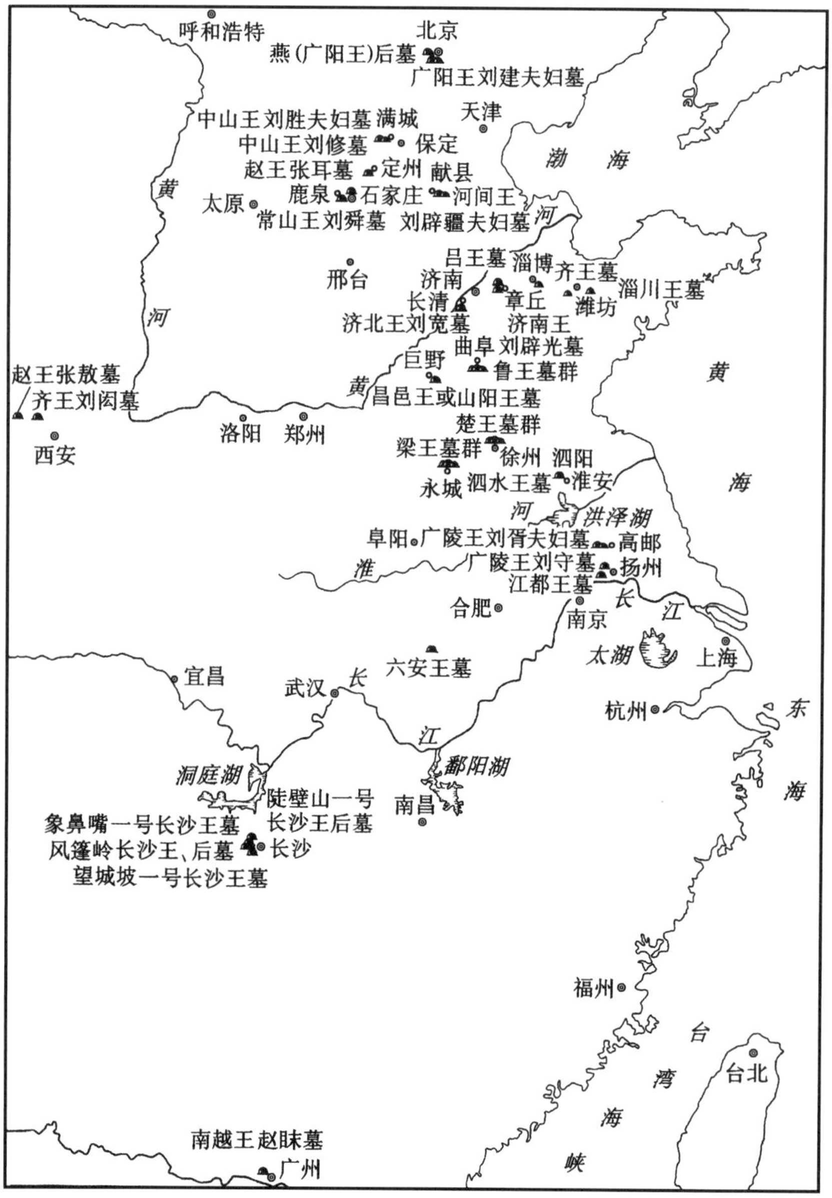

图 2-22　西汉诸侯王墓分布示意图（引自《汉代诸侯王墓研究》，2012 年）

1 刘尊志：《汉代诸侯王墓研究》，社会科学文献出版社，2012年，第2页。

1. 考古发现

从目前的行政区划来看，陕西省2处3座，基本为帝陵的陪葬墓，位于西安市西北部。北京市2处3座，2座位于大葆台，1座位于老山。河北省7处12座，中山王墓3处5座，分别位于满城县陵山、定县八角廊和三盘山；汉初异姓赵王墓1座，位于石家庄小沿村；常山王墓1处2座，位于石家庄鹿泉市新城乡高庄村西凤凰山；真定王墓1处2座，位于鹿泉市城关镇北新城村；河间王墓1处2座，位于献县万村乡陵上寺村内。河南省1处16座，位于永城市芒山镇，为梁孝王刘武之后的诸代梁王及王后的墓葬区。安徽省1座，位于六安双墩三十铺，为六安王墓。湖南省可确定的有4处5座，均位于长沙附近，墓主为长沙王（吴姓或刘姓）或王后。广东省1座，为广州市发掘的象岗山南越王墓。江苏省目前可确认者有14处25座，广陵王墓2处3座，2座位于高邮神居山，1处位于邗江县杨寿乡的宝女墩；泗水王墓1座，位于宿迁市泗阳大青墩；楚王墓9处18座，位于徐州市周边低矮的山丘上；推定为江都王的墓葬有2处，1座位于仪征张集庙山，另1处2座位于盱眙大云山。山东省有10处17座，鲁王墓1处5座，位于曲阜九龙山一带；济南王墓1座，位于章丘市圣井镇危山的顶部；济北王墓2处4座，位于长清双乳山和福禄山；吕姓吕王墓1座，位于章丘市枣园镇洛庄村西；昌邑王或山阳王墓1座，位于巨野县东南红土山；齐王墓1座，位于淄博市临淄区大武乡窝托村南；菑川王墓2处3座，潍坊昌乐县朱留镇东圈村南1处2座，青州市香山1座；定陶王墓1座，位于定陶县马集镇大李家村的定陶灵圣湖附近。

2. 分布、合葬与修建

墓葬基本分布于距离都城不远、地势高亢的台地或山上，都城周边如有山丘，墓葬一般凿山为藏，或为石圹，如长沙王墓、广陵王墓、济北王墓等，或为横穴崖洞，如楚王墓、梁王墓、鲁王墓等；若无山丘，则多建在高亢的台地上，如泗水王墓，六安王墓等。王墓或较分散，如西汉楚王墓，或较集中，如鲁王墓地、梁王墓地等。

合葬形式有同茔异坟异穴合葬、同坟异穴合葬、同穴合葬及无合葬四种形式。异坟异穴合葬数量大，而仅泗阳大青墩泗水王夫妇墓为同穴合葬，说明真正意义上的合葬在西汉王墓中并不普及。

西汉诸侯王墓的规划与修建由相关官吏或专职人员负责，司空可能是其中之一。施工人员为工匠，也有刑徒，而诸侯国的军队可能参与复土及其他工作。

3. 墓外设施

西汉诸侯王墓的墓外设施主要包括园邑、祠庙、陵园、寝园及其他。

西汉诸侯王墓园邑所置奉邑为三百家，目的是为了保护墓葬，多偏居一隅，具有一定面积。邑内设有低级官吏，为“长丞”或“园丞”等。

祠庙基本以诸侯王的谥号命名，“齐哀庙长”、“菑川顷庙”、“中山穅庙”等[1]可以说明。横穴崖洞墓的祠庙均位于山顶，满城汉墓与徐州东洞山楚王墓[2]均是如此。形状多为长方形，瓦木结构，有石砌墙。祠庙官员为庙长等，另有一定数量的卫卒负责守卫。

西汉诸侯王墓陵园多以王的谥号为园名，而王后墓基本无陵园名。总体上实行的为“两重陵园”制度[3]，与西汉帝陵“三重陵园”制度[4]存在等级差别。异坟异穴合葬的诸

---

1 孙慰祖：《古封泥集成》，上海书店出版社，1996年，第41页。

2 徐州博物馆：《徐州石桥汉墓清理报告》，《文物》1984年第11期。

3 刘尊志：《试论西汉诸侯王墓陵园及相关问题》，《考古》2011年第4期。

4 刘瑞：《秦、西汉帝陵的内、中、外三重陵园制度初探》，《中国文物报》2007年5月18日第7版。

侯王墓，内陵园内为王墓及相关设施，外陵园面积大，包括王后墓，陵园内的较多建筑设施、墓外陪葬坑、陪葬墓等等。同坟异穴及同穴合葬者则是王墓与后墓共用内、外陵园。内陵园一般为方形或近方形，外陵园则不固定。陵园设门，可能也是四门，但建造相对简单。如保安山汉墓陵园位于保安山周围，陵园墙将保安山四面包围起来，南、北、东三面都发现有夯土墙，但门址只有门道，而且规模较小。另有一些墓葬可能仅一个外围墙，王墓、后墓及相关设施均包括其中。陵园设有“园长”、“园丞”等官吏进行管理，并配备一些具体从事陵园日常事务的人员。

寝殿等礼仪性设施位于墓葬墓道口的偏一侧，以左侧居多，基本为瓦木建筑。早期偏晚阶段已使用寝园，主体建筑为寝殿和便殿。保安山M1寝园[1]，院落众多，除寝殿、便殿外，其他如车马、灶房等一应俱全（图2-23）。寝园可能以诸侯王的谥号来命名，设有“园长”、“园令”等职官，并配有服务人员。

4. 墓葬形制

诸侯王墓葬一般有夯筑坚实的封土，墓穴或为土坑，或为石圹，或为横穴式崖洞，一般由墓道、甬道、墓室等组成，部分有耳室、回廊等，一些墓葬还有陪葬坑。竖穴土坑墓有斜坡墓道，1—2条不等，墓室长方形，内置木质棺椁。如河北省定县八角廊中山怀王刘修墓一条墓道[2]；北京市大葆台M1有南北两条墓道[3]，南墓道为主墓道。石圹墓由墓道和竖长方形墓坑等组成，坑圹内修砌相关设施和置放棺椁等。一条墓道者居多，部分有耳室，部分有块石封门，有的墓室上有石材构筑的顶部。如山东巨野红土山汉墓，墓道底部较平，室顶以块石垒砌[4]；湖南长沙象鼻嘴M1，无石材等构筑室顶，题凑木墙至墓壁间的空隙全部用黄沙、砾石填塞[5]（图2-24）。崖洞墓的墓道露天开凿，甬道、墓室及具有一定功能的耳室、侧室或回廊等基本位于山体内。山东昌乐菑川王后墓为竖穴洞室墓，由竖穴墓道、甬道、南室、北室及四个耳室组成[6]。横穴崖洞墓有平坡或斜坡式墓道，1—2条不等，墓葬封填讲究。河南永城保安山M2，有东西两条斜坡墓道，东墓道为主，其西部前庭北侧有二耳室，墓室由三条甬道、一个前庭、主室（前后室）、三十余个侧室、回廊、隧道及排水设施等组成，一些室内有瓦顶木构建筑，仿宫室府第特征明显[7]。河北省满城中山王刘胜墓，墓门以砖坯封堵，再用铁水浇注，其内有甬道、侧室、前后室，后室有回廊围绕，一些室内有瓦顶木构建筑[8]。永城柿园汉墓，墓道内有放置钱币的钱窖，有前后室，后室周边通过巷道连接八室[9]。江苏徐州狮子山汉墓，墓道有内、中、外之分，外墓道末端两侧有门阙土台，中墓道东部有陪葬者，内墓道上部有长方形天井，甬道东部有二室，内殉葬有楚王的嫔妃。小龟山楚王墓，平坡墓道两侧无室，甬道内为塞石，两侧有室，墓内较大的室有立柱和瓦木建筑，与王后墓之

1 河南省文物考古研究所：《永城西汉梁国王陵与寝园》，中州古籍出版社，1996年，第23—90页。

2 河北省文物研究所：《河北定县40号汉墓发掘简报》，《文物》1981年第8期。

3 大葆台汉墓发掘组、中国社会科学院考古研究所：《北京大葆台汉墓》，文物出版社，1989年。

4 山东省菏泽地区汉墓发掘小组：《巨野红土山西汉墓》，《考古学报》1983年第4期。

5 湖南省博物馆：《长沙象鼻嘴一号西汉墓》，《考古学报》1981年第1期。

6 潍坊市博物馆、昌乐县文管所：《山东昌乐县东圈汉墓》，《考古》1993年第6期。

7 保安山M1、M2资料见河南省商丘市文物管理委员会、河南省文物考古研究所、河南省永城市文物管理委员会编，阎根齐主编《芒砀山西汉梁王墓地》，文物出版社，2001年，第12—75页。

8 中国社会科学院考古研究所、河北省文物管理处：《满城汉墓发掘报告》，文物出版社，1980年，第10—37页。

9 河南省商丘市文物管理委员会、河南省文物考古研究所、河南省永城市文物管理委员会编，阎根齐主编：《芒砀山西汉梁王墓地》，文物出版社，2001年，第81—247页。

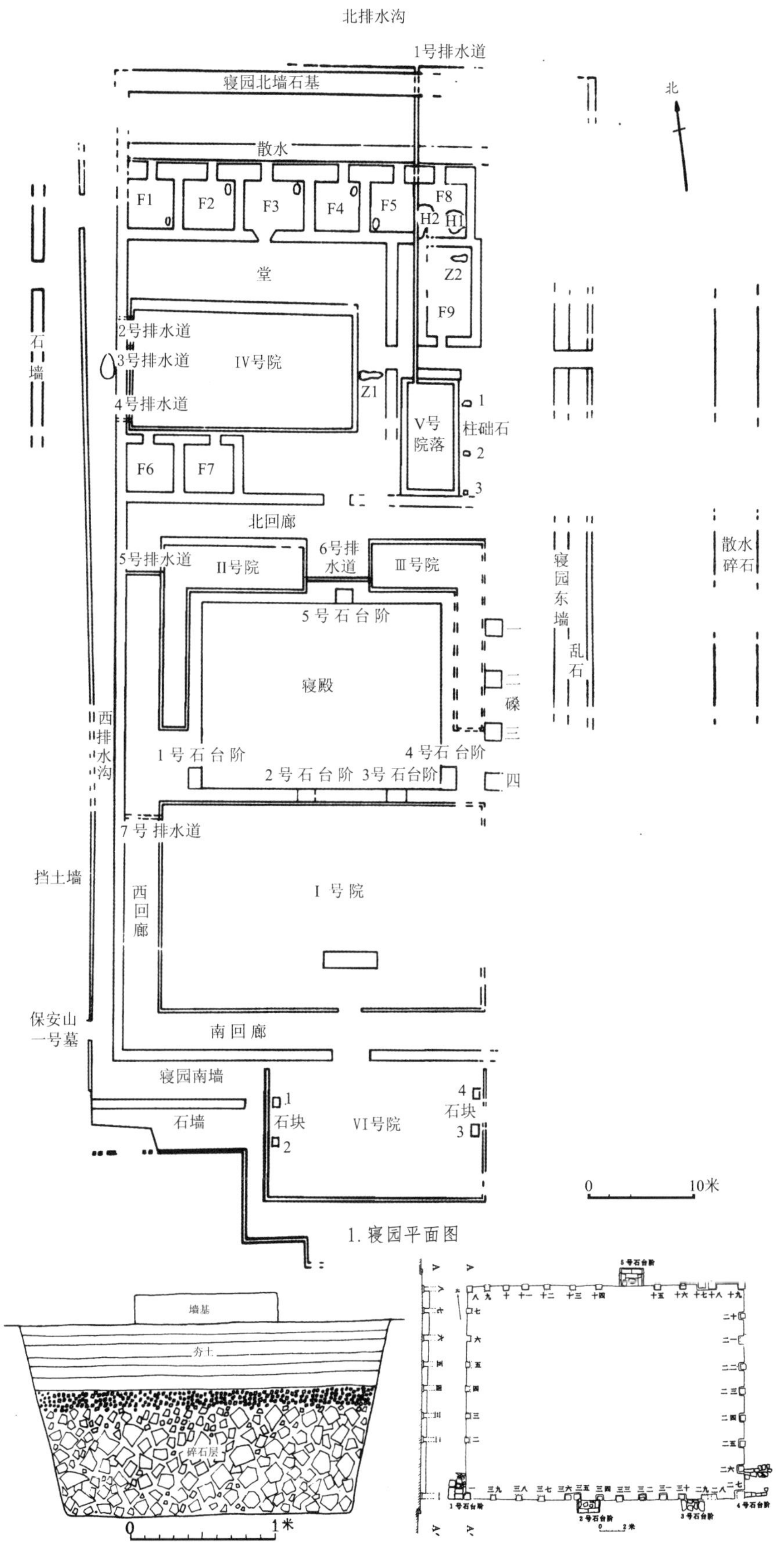

1. 寝园平面图

2. 寝园南墙东段墙基剖面图

3. 寝殿平剖面图

图 2-23　永城保安山 M1 寝园建筑平面图（引自《永城西汉梁国王陵与寝园》，1996 年）

间有壶门相通[1]（图2-25）。徐州东洞山M3极为简化，仅具横穴形状而已[2]。一些墓葬的防排水设施全面，徐州驮篮山M1、M2，墓道凿有排水沟，在甬道前平台上凿有内向斜坡，与石裂隙相通，便于排墓道与甬道之水，内部的排水设施更是主次分明，沟的深浅十分明显[3]。一些墓葬装饰讲究，驮篮山M1内不仅涂朱，后室的四壁还嵌入对称的铁钩，张以帷帐，柿园汉墓内则在墓壁上绘有彩绘纹饰，极为精美。

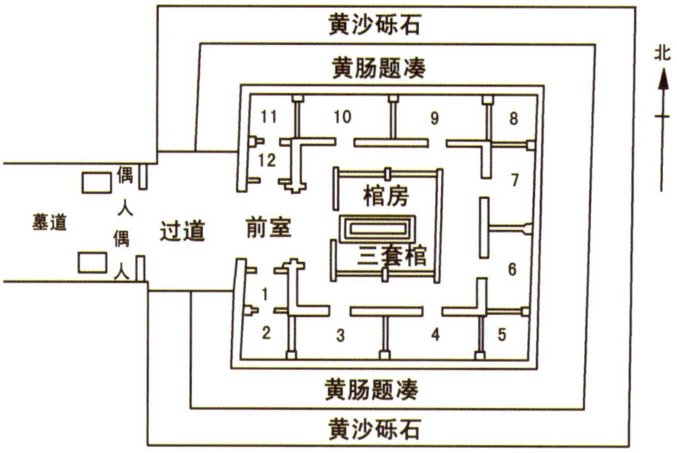

图2-24　湖南长沙象鼻嘴M1平面图（引自《长沙象鼻嘴一号西汉墓》，《考古学报》1981年第1期）

西汉诸侯王墓多有陪葬墓。陪葬方式主要有四种形式：一是陪葬墓位于诸侯王或王后墓的封土之外，如河北满城汉墓、徐州小龟山楚王墓等；二是陪葬墓位于墓道及相关室内，如广州南越王墓，墓道及外藏椁内均有殉人[4]；三是陪葬墓位于封土下，墓外亦可能有，如邗江县杨寿乡的宝女墩墓葬群，发掘清理M104、M105位于封土之下中心偏10米，主墓位于墩的中心，附近还有一些墓葬可能为主墓的陪葬墓[5]；四是墓内、墓外均有陪葬墓。如徐州狮子山楚王墓。陪葬者中，身份较高者有王国官吏、高级贵族，甚至还有诸侯王的夫人、嫔妃或子女，中等者有一般贵族、官吏及诸侯王身边的相关人员，低者则为低级官吏、家奴或其他人员等。

5. 葬具

西汉诸侯王死后的葬具多数既有棺又有椁，如河北满城M1等就出土有外椁内棺的葬具组合[6]。也有少量墓葬仅有棺而无椁，如江苏徐州东洞山M3等[7]。椁以木椁居多，石椁也有使用，安徽双墩M1，重椁，外椁木质，内椁为石椁，北壁上端有云纹红彩[8]。棺基本为梓木制作，称为“梓宫”，重数不等，有一、二、三、五重棺，河北定县八角廊中山怀王刘修墓（M40）即为五重漆木棺。棺的装饰以素面居多，一般外髹红漆，内饰黑漆，大葆台M1可能有荒和帷。镶玉漆棺有所使用，狮子山汉墓出土镶玉漆棺的形体较大，由1781块玉片镶贴在外层棺的外壁（图2-26）。除棺椁外，还有棺床、席、笭床等配套葬具。

1 南京博物院、铜山县文化馆：《铜山龟山二号西汉崖洞墓》，《考古学报》1985年第1期；徐州博物馆：《江苏铜山龟山二号西汉崖洞墓材料的再补充》，《考古》1997年第2期。

2 孟强：《徐州东洞山三号墓的发掘及对东洞山汉墓的再认识》，《东南文化》2003年第7期。

3 周学鹰：《徐州汉墓建筑——中国汉代楚（彭城）国墓葬建筑考》，中国建筑工业出版社，2001年，第79—80页。

4 广州市文物管理委员会、中国社会科学院考古研究所、广东省博物馆：《西汉南越王墓》，文物出版社，1991年。

5 扬州博物馆、邗江县图书馆：《江苏邗江县杨寿乡宝女墩新莽墓》，《文物》1991年第10期。

6 中国社会科学院考古研究所、河北省文物管理处：《满城汉墓发掘报告》，文物出版社，1980年，第5—36页。

7 孟强：《徐州东洞山三号墓的发掘及对东洞山汉墓的再认识》，《东南文化》2003年第7期。

8 安徽省六安市文物管理局胡援：《对六安双墩一号汉墓的几点认识》，《中国文物报》2007年7月27日第7版。

6. 陪葬器物

西汉诸侯王墓的陪葬品具体表现为三点：一是数量大。一些国大力强的诸侯国王墓的陪葬品可达数千甚至上万件之多。二是质地品种多。陪葬品以陶、铜、铁、玉、漆器居多，另外还有石、金、银、骨及玛瑙、琉璃、琥珀、珍珠及数量不等的动植物等。陶器包括仿铜礼器、模型明器、炊器、盛器、饮器、盥洗器、乐器、俑等；铜器包括礼器、车马器、兵器、乐器、盛器、饮器、器座、器架、文具、起居用品、钱币等；铁器包括生产工具、车马器、兵器、炊器、盛器及一些日常用品等；玉器包括礼器、配饰、敛葬器、剑饰及其他一些器物等；金银器在西汉诸侯王墓中发现较多，既有单体器物，也作为其他器物的配件；漆器亦是西汉诸侯王墓陪葬品中的大宗物品。三是制作精。有较多反映墓主身份、地位的物品。以玉器为例，礼器有璧、环、璜、瑗、圭、珩、兵器等；丧葬用玉有衣、面罩、枕、握、塞、琀等，玉衣使用普遍，以金缕玉衣为主；佩饰有单体和组合两种，单体佩有龙、凤动物纹佩及韘形佩等，

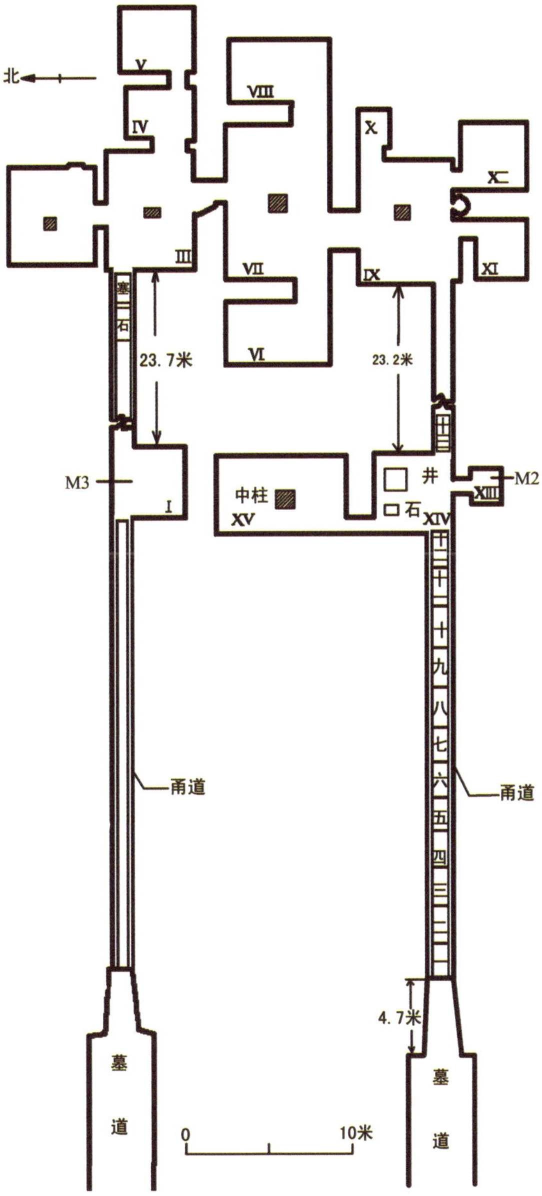

图 2-25　徐州小龟山楚王与王后墓平面图（引自《铜山龟山二号西汉崖洞墓》，《考古学报》1985 年第 1 期）

玉组佩相对较少；印章、带钩、饰件等较多发现；盛器等有一定数量，如狮子山汉墓出土有玉卮、耳杯、杯，南越王墓出土有玉杯、卮、盒等，均制作精良。再如俑，质地有木、陶、铜等，种类有兵马俑、仪卫俑、侍俑、官吏俑、乐舞俑、奴仆俑、伎乐、侍从、武士、车骑俑、牺牲俑（牛、羊、猪、狗、乌龟、鳖、鸡、鸽、虎）等。西汉早期的一些诸侯王墓有兵马俑陪葬坑，如狮子山汉墓、章丘危山汉墓等[1]。

西汉诸侯王墓盛行车马陪葬，包括真车马、偶车马和象征性车马陪葬三种，满城汉

1　徐州博物馆：《徐州狮子山兵马俑坑第一次发掘简报》，《文物》1986年第12期；王守功、崔圣宽：《章丘市危山汉代陪葬坑》，《中国考古学年鉴·2003年》，文物出版社，2004年，第217—218页。

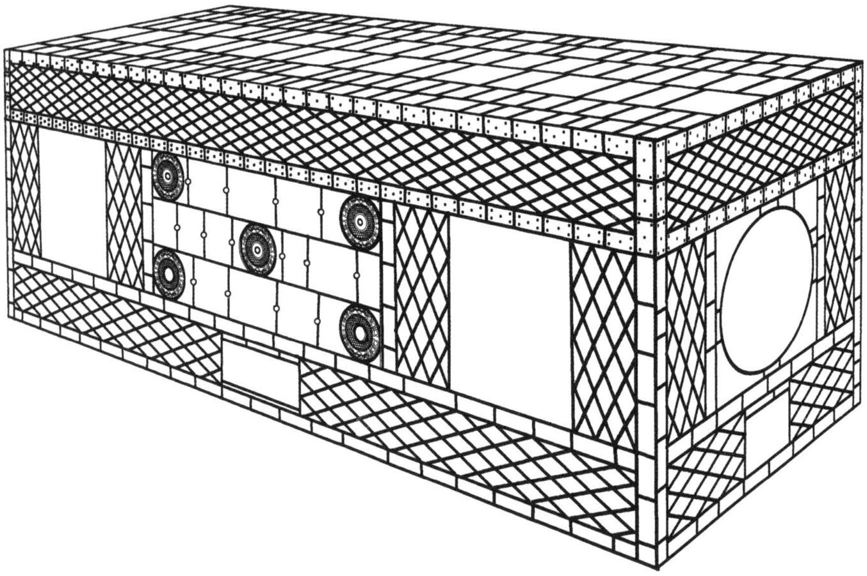

图 2-26 江苏徐州狮子山汉墓出土镶玉漆棺复原图（引自《汉代诸侯王墓研究》，2012 年）

墓、临淄齐王墓、获鹿高庄M1等陪葬的为真车马[1]。马既有军事性质的战马，也有作为畜力专供挽乘的马；车有王青盖车、驷马安车、戎车、猎车、轺车、辎车、战车、凤凰车等，长清双乳山M1还有鹿车[2]。

（二）东汉诸侯王墓

基本可确认的有18座东汉诸侯王（后）墓葬[3]，分属多个诸侯国，时代贯穿东汉一代。

1. 发现概况

河北地区发现4座，2座位于定州市，分别为北庄东汉墓[4]和北陵头M43[5]，墓主分别确认为中山简王刘焉及其夫人、中山穆王刘畅及其夫人；2座位于邯郸市南郊张庄桥村北，墓主可能是第三世赵顷王刘商、第四世赵靖王刘宏和第五世赵惠王刘乾中的两人[6]。河南地区发现4座。淮阳市3座[7]，2座位于北郊，可能为陈顷王刘崇与其夫人的墓葬。1座位于安阳市安阳县安丰乡西高穴村西南，编号为西高穴M2，墓主可能为东汉末所封魏

1 山东省淄博市博物馆：《西汉齐王墓随葬器物坑》，《考古学报》1985年第2期；河北省文物研究所、鹿泉市文物保管所：《高庄汉墓》，科学出版社，2006年。

2 山东大学考古系、山东省文物局、长清县文化局：《山东长清县双乳山一号汉墓发掘简报》，《考古》1997年第3期。

3 刘尊志：《汉代诸侯王墓研究》，社会科学文献出版社，2012年，第351页。

4 河北省文化局文物工作队：《河北定县北庄汉墓发掘报告》，《考古学报》1964年第2期。

5 定县博物馆：《河北定县43号汉墓发掘简报》，《文物》1973年第11期。

6 陈光唐、王昌兰：《邯郸历史与考古》，文津出版社，1991年，第94页；马小青：《张庄桥古墓小考》，《邯郸职业技术学院学报》2006年第1期。

7 周口地区文物工作队、淮阳县博物馆：《河南淮阳北关一号汉墓发掘简报》，《文物》1991年第4期。

王曹操[1]。山东地区发现4座。临淄东金岭镇一号东汉墓的墓主可能为齐炀王刘石[2]，临沂兰山区曹家王庄东汉墓[3]可能为某代琅邪王及其王后之墓[4]。济宁2座。一座位于城北肖王庄南，推测墓主是任城孝王刘尚[5]，另一座位于市区南部的普育小学院内，墓主为东汉晚期某代任城王的夫人或王妃[6]。江苏地区发现6座。扬州邗江甘泉山M2墓主为广陵王刘荆及其夫人[7]。徐州土山M1、M2为某代彭城王及其夫人的墓葬。睢宁县双古堆2座，为下邳国某代王与王后的异坟异穴合葬墓[8]，刘楼东汉墓群中，M3可能为某代下邳王或王后的墓葬[9]。

2. 选址、分布与合葬形式

东汉诸侯王墓基本选择在地势高亢、较为空旷且距离都城相对近的地域，如彭城王墓选择在都城南云龙山北部的山脊上。一些呈“一”字形分布，如下邳王墓基本呈“一”字形东西向分布于都城西南部。一些则分布于都城的不同位置，如中山王墓、任城王墓、陈王墓等分布在都城的南北两侧或周边。合葬形式主要有夫妻同穴合葬（定州北庄东汉墓为同穴同室合葬，北陵头M43为同穴异室合葬）、夫妻同坟异穴合葬（徐州土山M1与M2）、夫妻异坟异穴合葬（睢宁双古堆东汉M1、M2）三种形式，同坟、同穴乃至同室合葬较为普遍，异坟异穴合葬则相对较少。

3. 墓葬形制及相关内容

东汉诸侯王墓基本都有封土，夯筑坚实，直径或边长一般在30—60米，高度为10—20米，个别墓葬如徐州土山汉墓封土直径约100米，但其下至少有两座墓葬。形状多圆形，个别方形，如定州北庄M1，封土长宽各约40米。安阳西高穴M2无封土，与墓主推行薄葬等有关。

修墓时，多是先挖好墓坑，再在坑内修砌墓室。临淄金岭镇M1的建筑程序是：先挖一“甲”字形土圹，于土圹内以砖砌筑墓室，墓室顶部高出墓圹开口层面，其上再夯筑封土。

墓有砖砌、石砌和砖石混砌三种形式，一般由墓道、甬道、封门墙、前后室等组成。前后室是主要构成部分，多有耳室，部分有回廊，布局较对称。一条墓道，多数南向，也有非南向者，如淮阳北关M1东向，徐州土山M1北向。一些主室为前后2室，有回廊，如扬州甘泉山M2，两棺室虽有间隔，但与前室及回廊均相通，临淄金岭镇M1（图2-27），回廊与前室相通但与后室不通，济宁普育小学东汉墓，石室结构，回廊环绕后室；一些墓葬则无回廊，徐州土山M1，前室横长方形，单后室呈竖长方形。一些墓葬主室为前、中、后3室，无回廊。定州北陵头M43，砖券而成，由墓道、墓门、甬道、左右耳室、前室、中室和二后室等组成。

建筑材料中最常用的有黄肠石和砖。黄肠石是在西汉黄肠题凑葬制基础上发展形

1 河南省文物考古研究所、安阳县文化局：《河南安阳市西高穴曹操高陵》，《考古》2010年第8期。

2 山东省文物考古研究所：《山东临淄金岭镇一号东汉墓》，《考古学报》1999年第1期。

3 临沂杨君：《曹家庄汉墓毁损严重》，《中国文物报》1998年3月1日第2版。

4 刘尊志：《汉代诸侯王墓研究》，社会科学文献出版社，2012年，第355页。

5 济宁市文物管理局：《山东济宁市肖王庄一号汉墓》，《考古学集刊》第12集，中国大百科全书出版社，1995年，第41—112页。

6 济宁市博物馆：《山东济宁发现一座东汉墓》，《考古》1994年第2期。

7 南京博物院：《江苏邗江甘泉二号汉墓》，《文物》1981年第11期。

8 孙厚兴、吴敢：《徐州文化博览》，文化艺术出版社，2003年，第32—33页。

9 刘尊志：《汉代诸侯王墓研究》，社会科学文献出版社，2012年，第358页。

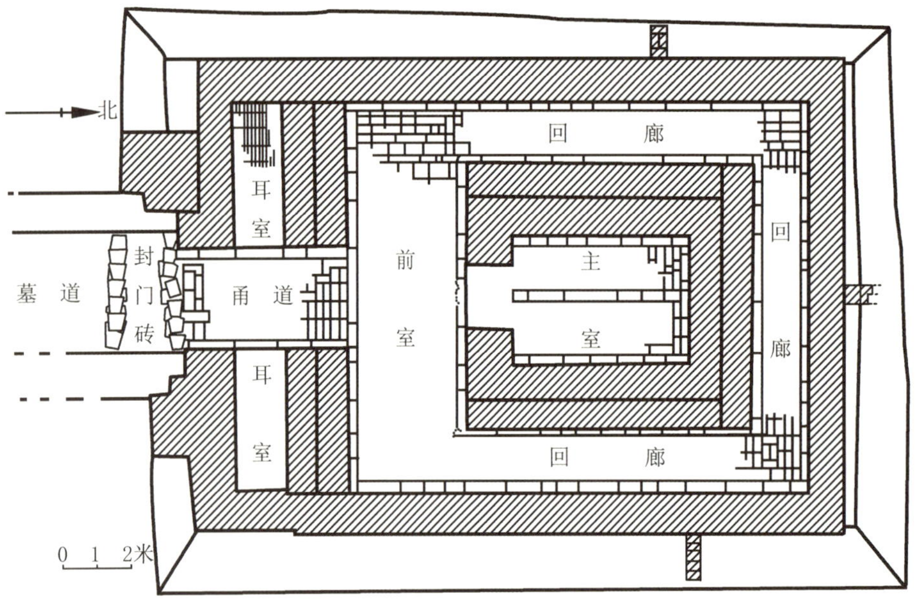

图 2-27 临淄金岭镇 M1 平面图（引自《山东临淄金岭镇一号东汉墓》，《考古学报》1999 年第 1 期）

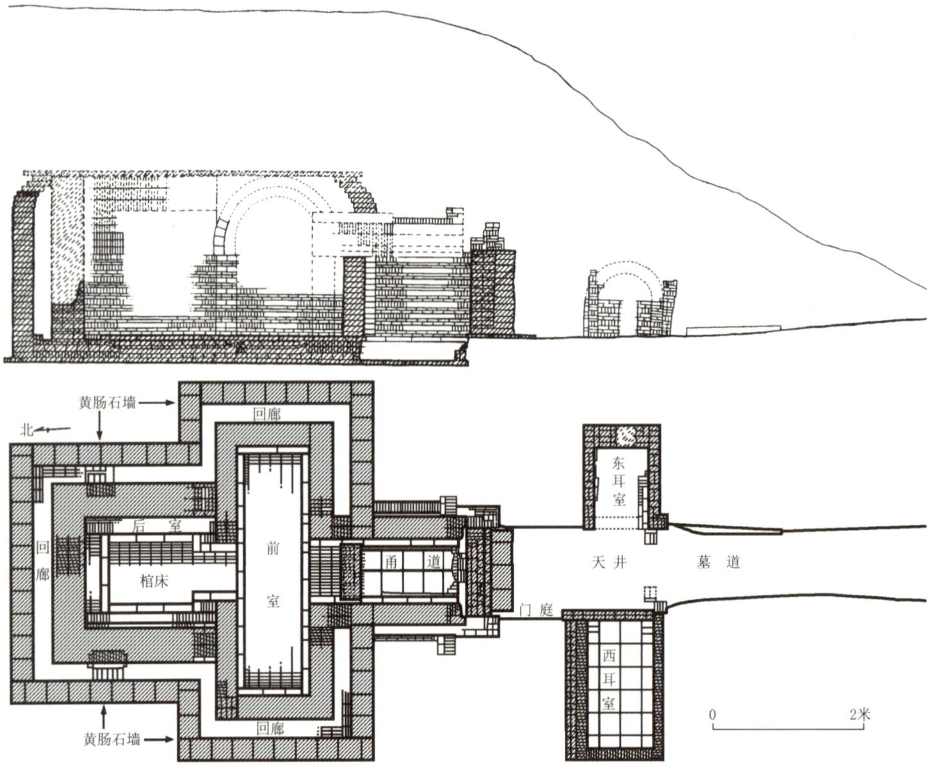

图 2-28 济宁肖王庄 M1 平剖面图（引自《山东济宁市肖王庄一号汉墓》，《考古学集刊》第 12 集，1995 年）

成的，大小、规格整齐划一，减轻了修建难度，使得墓葬总体上较为规整，而且有加固墓室，达到更好防盗等效果。代表性墓葬有定州北庄M1、济宁肖王庄M1（图2-28）等，均用石4000块左右，基本用来垒砌题凑石墙和平铺封顶。黄肠石多有刻铭，徐州土山M1出土黄肠石刻铭中有一些冠以“官工”二字，如“左湖石官工田阳治”等，人物刻铭更多，从中可知，东汉时期中央与诸侯国、郡、县之间工匠交流十分频繁[1]。砖的使用更为普遍，以长方形砖、楔形砖、扇形砖为主，另有其他特殊用途的墓砖。长方形砖用以砌筑各室墓壁和墓底，楔形砖、扇形砖用来券砌各室顶部和门券。砖上常见文字，或模印、戳记，或用石灰、朱砂、木炭等书写，内容主要为数字、题名，标明顺序和制作者，亦有的标有职官或死者的称谓等。平砌方法基本由一顺一丁和二顺一丁向三顺一丁或多顺一丁发展，顶部则券成弧形顶、穹窿顶、拱顶、四角攒尖顶等。外藏系统已简化，基本不见陪葬坑，耳室及回廊等成为外藏系统的主要内容。

4. 陪葬品与相关内容

东汉诸侯王墓虽多遭盗扰，但仍出土数量较多、种类繁杂的陪葬品，包括陶、瓷、铜、铁、玉、石、漆、金、银、骨及玛瑙、琉璃、琥珀、珍珠等质地器物及一些动植物的实物遗存。

陶瓷器包括仿铜礼器、模型明器、炊饮器、盛器、俑、镇墓兽等，常见器类主要有鼎、壶、仓、灶、井、磨、猪圈、瓮、罐、瓿、盆、盘、奁、魁、勺、碗、钵、耳杯、案、熏炉、灯、器座、建筑、乐器、虎子、俑等。铜器包括车马器、兵器、乐器、盛饮器、器座与架、文具、起居用品等，主要器类有壶、缶、镜、灯、薰、镇、熨斗、牌饰、兵器（弩机、矛、戟、刀等）、饰件（铺首、器足、箍、扣饰、合页）、器架、印章、带钩等，不见礼器，多为实用器，另有少量模型器。玉器包括礼器、配饰、敛葬器、剑饰等，礼器以璧为主，另有少量的环、璜等。敛葬用玉主要为衣、枕、琀、塞、豚、眼盖等，玉衣数量多，为银缕或鎏金铜缕等穿缀，佩饰数量较少，有觿及舞人等，其他有玉剑饰、带钩、龟、簪等。金银器多为实用器物或饰件，金器有金印、牌饰、龙、辟邪、羊、饰片等，银器有碗、盒、饰片、器足、带钳、箍等。铁器包括工具、车马器、兵器、炊器、盛器等。其他器物包括石质器、象牙器、骨器、漆器、珠玉珍宝、钱币等。淮阳北关M1出土石质凭几、天禄承盘，人、猪、鸡等俑，虎形、狮形和双兽形座，井、砚、滑轮、杵、舂、仓楼、珠等器物。徐州土山M1出土有玉石珠饰，包括绿松石、玛瑙、琥珀、珠子等，大多雕刻成飞鸟、蹲狮状，均穿孔。甘泉山M2出土有玛瑙、琥珀、珍珠、绿松石等制作的饰物和印章等，较为精致的有珍珠绿松石小珠、玛瑙管、虎纽玛瑙印、琥珀挂饰、琥珀双鸽等。另外还有漆盛器、象牙尺等。

东汉诸侯王墓虽如上文所述有其特殊性，但随着逾制现象的日渐普遍，诸侯王墓与列侯勋戚墓基本没有区别[2]，体现出诸侯王地位的逐步衰落。

（三）三国王墓

三国时期，也有诸王的分封，但权力较小，仅食封邑。目前仅发现确认一座，即位于山东鱼山西麓，为魏国陈思王曹植墓[3]。封土为冢，坐东面西，平面呈“中”字形，由甬道、前室、后室三部分组成（图2–29）。单棺，棺内铺垫三层，上层为剪成日、月、星形的云母片，尸体安置其上。随葬器物有陶器、铜器、玉器、石器等共132件，陶器居多，有陶车模型。墓壁中发现的阴刻砖铭详细记载了曹植遗骸的迁葬时间及修建陵墓的具体过程，说明该墓是由河南省淮阳县（古陈地）迁来的。

---

1 河北省文化局文物工作队：《河北定县北庄汉墓发掘报告》，《考古学报》1964年第2期。

2 黄展岳：《汉代诸侯王墓述论》，《考古学报》1998年第1期。

3 东阿县文化馆：《曹植墓出土铭文砖释》，《文物》1979年第5期；卢善焕：《曹植墓砖铭释读浅议》，《文物》1996年第10期；赵乃光：《曹植墓砖铭补释》，《文献》1989年第3期；刘玉新：《山东省东阿县曹植墓的发掘》，《华夏考古》1999年第1期。

图 2-29　曹植墓平剖面图（引自《山东省东阿县曹植墓的发掘》，《华夏考古》1999 年第 1 期）

三、汉至三国时期的列侯墓

（一）西汉列侯墓

西汉时期也分封较多列侯，列侯有国，食封邑，并有一定的行政权。关于西汉列侯的丧葬制度，《汉书·高祖功臣侯者年表》载，武原侯卫不害“葬过律，国除”。较详细的见《汉书·景帝纪》：“列侯薨，遣太中大夫吊祠，视丧事，因立嗣。其葬，国得发民挽丧，穿复土治坟，无过三百人毕事。”其他如朝廷“以列侯葬淮南王（刘长）于雍，守冢三十户”[1]。《周礼·春官·冢人》郑玄注引《汉律》曰“列侯坟高四丈”，唐代杜佑《通典》卷八十六《葬仪》亦注引有该内容。

目前，可确定为西汉列侯的墓葬有20座左右。陕西咸阳杨家湾M4、M5的墓主可能为西汉早期绛侯周勃及其夫人，西北可能还有第二代绛侯周亚夫的墓葬[2]；西安新安机砖厂汉墓墓主为武帝元狩五年的利成侯[3]，2008年杜陵西发掘的M8为“甲”字形大墓，

1 《史记》卷一百一十八《淮南衡山列传》，中华书局，1982年，第3080页。

2 陕西省文物管理委员会、陕西省博物馆、咸阳市博物馆杨家湾汉墓发掘小组：《咸阳杨家湾汉墓发掘简报》，《文物》1977年第10期；陕西省文物管理委员会、咸阳市博物馆：《陕西省咸阳市杨家湾出土大批西汉彩绘陶俑》，《文物》1966年第3期。

3 郑洪春：《陕西新安机砖厂汉初积炭墓发掘报告》，《考古与文物》1990年第4期。

墓主可能是富平敬侯张安世[1]，茂陵陪葬墓之一的霍去病墓也属列侯墓。河北邢台南郊有南曲炀侯刘迁墓[2]，邯郸西北五里郎村有象氏侯刘安意墓[3]，时代均为西汉中期。山东济南市西郊腊山出土“傅女恶”水晶印章、“妾女恶”玛瑙印章及“夫人私府”封泥等，墓主是西汉早期某列侯夫人傅女恶[4]；青州市城区西南角楼村西汉墓出土铜印章印文有“召嘉”二字[5]，召嘉为第三代广侯，死后谥曰“共”，该墓为共广侯墓；五莲县张家仲崮村汉墓群[6]中，M4出土“刘祖私印”龟钮铜印及玉片150余片，墓主刘祖为东昌趮侯，后被免；聊城阳谷吴楼M1[7]为砖室墓，推测墓主为西汉晚期的某代阳平侯夫妇；滕州染山汉墓[8]出土遗物500余件，有玉衣片发现，推断该墓墓主为西汉中期的郁郎侯刘骄。江苏徐州可以确认的西汉列侯墓为宛朐侯刘埶墓[9]，时代为西汉早期，该墓东的火山刘和墓[10]出土有完整的银缕玉衣和玉印章，墓主亦可能为列侯。安徽阜阳发掘西汉早期汝阴侯（夏侯灶）夫妻异穴合葬墓2座[11]，一些器物上有“女阴侯”等字。江西莲花县罗汉山老虎坳西汉墓[12]，出土龟纽金印“安成侯印”，墓主为安成侯刘苍。湖南马王堆M1—M3[13]为3座西汉早期列侯墓（图2-30），M1、M2为轪侯、长沙国丞相利苍及其夫人（辛追）的异穴合葬墓，M1为夫人墓，M3为利苍子利豨或其兄弟墓，与父母同一墓地；永州市鹞子岭第三座封土堆下的M1、M2[14]出土有朱书“泉陵家官”器物和纪年器物，为泉陵侯刘庆及其夫人墓，M1为侯墓；沅陵县城关镇西虎溪山汉墓出土有“吴阳”玉印，为第一代沅陵侯吴阳墓[15]。四川绵阳双包山M2[16]（图2-31）出土有银缕玉衣片，为西汉早期某位列侯墓。可能还有一些列侯墓，因被盗等原因暂无法确认。

墓葬多选择在有一定高度的山头顶部或台地之上，有的位于侯国都城附近，如阜阳汝阴侯墓；有的葬于帝陵附近，如杨家湾汉墓；还有的葬在与之有一定关系的诸侯国内，如马王堆轪侯墓在长沙国、宛朐侯刘埶葬在楚国国都北。一些葬地或葬具是朝廷

1 陕西省考古研究院：《西安凤栖原西汉墓地田野考古发掘收获》，《考古与文物》2009年第5期；张仲立、丁岩、朱艳玲：《长安凤栖原西汉家族墓地》，《中国文物报》2010年4月16日第4版。

2 河北省文物管理处：《河北邢台南郊西汉墓》，《考古》1980年第5期。

3 黎晖：《玉衣片》，《文物参考资料》1958年第11期；隆尧县文物保管所：《河北隆尧县出土刻花贴金玉片》，《文物》1992年第4期。

4 济南市考古研究所：《济南市腊山汉墓发掘简报》，《考古》2004年第8期。

5 王瑞霞、周麟麟：《以青州为例看山东的可移动彩绘陶质、石质文物》，《文博》2009年第6期。

6 潍坊市博物馆、五莲县图书馆：《山东五莲张家仲崮汉墓》，《文物》1987年第9期。

7 聊城市文物管理委员会：《山东阳谷县吴楼一号汉墓的发掘》，《考古》1999年第11期。

8 滕州市汉画像石馆：《山东滕州市染山西汉画像石墓》，《考古》2012年第1期；滕州市汉画像石馆：《染山汉墓》，齐鲁书社，2010年。

9 徐州博物馆：《徐州西汉宛朐侯刘埶墓》，《文物》1997年第2期。

10 耿建军、盛储彬：《徐州火山汉墓》，《中国考古学年鉴·1997年》，文物出版社，1999年，第132—133页。

11 安徽省文物工作队、阜阳地区博物馆、阜阳县文化局：《阜阳双古堆西汉汝阴侯墓发掘简报》，《文物》1978年第8期。

12 徐长青：《莲花汉墓——江西发现唯一最早的汉代王侯墓葬》，《江西画报》2009年第2期；李育远：《莲花县西汉安成侯墓》，《中国考古学年鉴·2008年》，文物出版社，2009年。

13 湖南省博物馆、中国科学院考古研究所：《长沙马王堆一号汉墓》，文物出版社，1973年；湖南省博物馆、湖南省文物考古研究所：《长沙马王堆二、三号汉墓》，文物出版社，2004年。

14 湖南省文物考古研究所、永州市芝山区文物管理所：《湖南永州市鹞子岭二号西汉墓》，《考古》2001年第4期。

15 湖南省文物考古研究所、怀化市文物处、沅陵县博物馆：《沅陵虎溪山一号汉墓发掘简报》，《文物》2003年第1期。

16 四川省文物考古研究院、绵阳博物馆：《绵阳双包山汉墓》，文物出版社，2006年。

赐予的,《汉书·金日磾传》载:(金日磾)"薨,赐葬具冢地。"西汉列侯有家族聚葬的习俗,永州鹞子山墓群、马王堆汉墓、杨家湾汉墓均是,马王堆汉墓等还反映出袝葬的习俗,如M3为轪侯利豨或其兄弟墓,但袝葬于M1与M2。

一些列侯墓设有墓园,如富平敬侯张安世墓,张安世墓位于墓园中心,正东还有祠堂类的建筑。一些列侯墓葬还有享堂、墓垣等建筑,济南腊山汉墓有较多建筑残片发现,宛朐侯刘埶墓周边有方形的墓垣,地表散落有建筑残片,推测均应有相关建筑存在。个别墓葬如霍去病墓,周围有较多石雕像。很多墓葬有陪葬坑,张安世墓有6条,陪葬品丰富,刘埶墓有1条,以陶俑为主。多数有陪葬墓,如刘埶墓两侧各有一个陪葬墓。

合葬形式多样,马王堆M1与M2等为夫妻同茔异坟异穴合葬,永州市鹞子岭泉陵侯刘庆及其夫人墓位于同一封土下,为同坟异穴合葬,聊城阳谷吴楼M1为同穴合葬,内葬某代阳平侯夫妇,宛朐侯刘埶为谋反者,无合葬者。相关合葬内容体现出汉代夫妻合葬形式的发展轨迹。

西汉列侯及其夫人墓一般都有封土,基本方形,高矮并不统一。按制度,高度不能超过汉制四丈,但阜阳双古堆汝阴侯墓原封土高约20米,超过了规定的高度。形制有土坑、石坑两种,大多为长方形竖穴。马王堆M2为上圆下方形墓坑,马王堆M3等的土坑有台阶。土坑竖穴墓又包括木椁墓及砖室墓,木椁墓多有斜坡墓道,有些有台阶

图2-30 马王堆一号汉墓棺椁平面图(引自《长沙马王堆一号汉墓》,1973年)

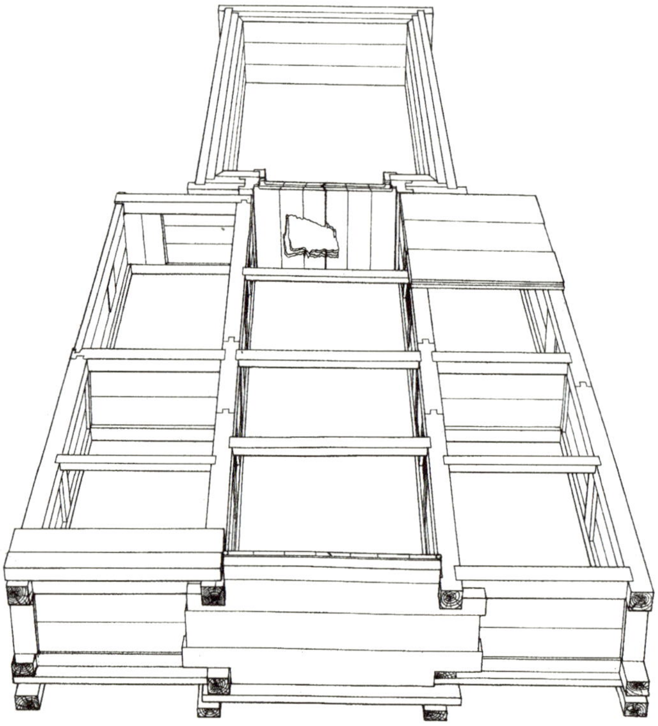

图2-31 绵阳双包山M2椁室复原透视示意图(引自《绵阳双包山汉墓》,2006年)

或阶梯，利成侯墓在墓道内设置外藏椁，一些墓葬的墓道因特殊原因呈曲尺形，如咸阳杨家湾M4等，另有少量为垂直土坑内砌木椁。葬具一般为一棺一椁，一些木椁内隔成多个厢，一些为二椁二棺，如马王堆M2等，而M1有四层套棺，M3为三层套棺，棺椁或椁室四周多填膏泥或积炭等。一些墓葬土坑内砌砖室，如邢台南郊汉墓及聊城阳谷吴楼M1等，墓室顶部用木板覆盖，内有木棺等。永州市鹞子岭M2椁室内分成前庭、棺室和南北外藏室。沅陵虎溪山沅陵侯墓墓室由主椁室和南北两列外藏椁室组成，主椁室又分成头厢、南北边厢和棺室，墓主藏套棺内，构造较为复杂。岩坑墓主要发现于徐州地区，宛朐侯刘埶墓为竖穴岩坑木椁墓，墓底置一棺一椁，墓壁下有龛，内置器物；火山刘和墓为竖穴岩坑洞室墓，竖穴下为两个并列椁室，内置器物，一侧为洞室，墓主葬于其内，有棺。滕州染山汉墓较特殊，系在山坡开凿斜坡式墓道和长方形墓坑，墓坑内用石材砌筑椁室，墓葬装饰有石刻画像。敛服基本为多重衣衾或玉衣，金缕玉衣较少。阜阳汝阴侯汉墓、马王堆汉墓等基本为多重衣衾，而玉衣则是金、银、铜缕均有。宛朐侯刘埶为谋反者，无玉衣敛葬。

西汉列侯墓的陪葬品种类丰富，数量较大，铜、铁、陶、漆木、金、银、玉石、钱币及其骨质、竹质、铅锡质器物、纺织品、粮食、帛书、封泥等均有，个别墓葬还有瓷器，如莲花汉墓。陶器既有实用器物，也有模型明器和仿生活用品，这与中小型墓葬较为一致。多有俑，除人物俑外，还有牛、羊、猪、鸡、鸽等动物俑。金银器中最具代表性的为印章，刘埶墓、莲花汉墓均有出土。除谋反者外，玉石器的使用量也较大。众多的陪葬品折射出相应的地域特征，如湖南、江西、安徽、江苏等地列侯墓葬的陪葬品留有很多战国楚制的遗风。

（二）东汉列侯墓

据《后汉书·礼仪志》载，东汉列侯薨，有“令赠印玺、玉柙银缕”，“使者治丧，穿作，柏椁，百官会送，如故事”等。

目前确定为东汉列侯墓葬的有河南洛阳白马寺汉墓[1]（图2-32）、安徽亳县董园村M1与M2[2]。有一些因有玉衣敛葬等，被推定为列侯墓，如徐州拉犁山M1与M2[3]、睢宁刘楼M1[4]与九女墩东汉墓[5]、河北石家庄北郊汉墓[6]与蠡县汉墓[7]、山东东平王陵[8]、济南长清大觉寺M2[9]及邹城庙东村汉墓[10]，另有河南洛阳的西关汉墓、北郊575号墓及洛阳东花坛机车厂的1号与346号墓[11]等。还有一些规模较小的墓葬也存在为列侯墓葬的可能，如

1 中国社会科学院考古研究所洛阳汉魏城队：《汉魏洛阳城西东汉墓园遗址》，《考古学报》1993年第3期。

2 安徽省亳县博物馆：《亳县曹操宗族墓葬》，《文物》1978年第8期。

3 李银德：《徐州市屯里拉犁山东汉石室墓》，《中国考古学年鉴·1986年》，文物出版社，1988年，第123—124页；耿建军：《徐州市拉犁山二号东汉石室墓》，《中国考古学年鉴·1990年》，文物出版社，1991年，第208—209页。

4 睢文、南波：《江苏睢宁县刘楼东汉墓清理简报》，《文物资料丛刊》第4辑，文物出版社，1981年，第112—115页。

5 李鉴昭：《江苏睢宁九女墩汉墓清理简报》，《考古通讯》1955年第2期。

6 石家庄市文物保管所：《石家庄北郊东汉墓》，《考古》1984年第9期。

7 河北省文物研究所：《蠡县汉墓发掘记要》，《文物》1983年第6期。

8 山东省博物馆：《山东东平王陵山汉墓清理简报》，《考古》1966年第4期。

9 济南市考古研究所、长清区文物管理所：《济南市长清区大觉寺村一、二号汉墓清理简报》，《考古》2004年第8期。

10 胡新立、王军、范维扬：《山东邹城市郭里镇庙东村东汉砖墓》，《中国文物报》1998年2月4日第1版。

11 洛阳市文物工作队：《洛阳发掘的四座东汉玉衣墓》，《考古与文物》1999年第1期。

徐州汉王东沿村村北发现的画像石墓，虽有两个以上的墓室，但规模不大，用较多画像石砌筑，其中一块画像石上有“侯”字刻铭，墓主人可能是楚王刘英后裔中的封侯者[1]。

墓葬一般有圆形封土，高低不同。合葬形式多样，徐州拉犁山汉墓为夫妻同茔异坟异穴合葬，邹城庙东村汉墓等为同穴异室合葬，洛阳西关汉墓后室陈二棺，应为同穴同室合葬，另还可能存在同坟异穴合葬。一些墓葬如白马寺汉墓设置墓园，以黄土夯筑垣墙，平面长方形，面积较大，四角还筑有小房，用于守卫，该墓还有墓侧建筑，位于墓园的东部，为建筑群。四周有宽1米的夯土院墙，院墙内南北向夯筑两道1米宽的隔墙，将院内分成东西毗邻的三个院落，1号院西邻墓园主人墓，而每个院落内建有殿堂廊舍。院内1号殿基规模最大，四周设多处踏道或慢道，外围为铺砖廊道和卵石散水，应是该建筑群的主体建筑，院墙外还有附属建筑。一些墓葬拥有数量不等的陪葬墓，如拉犁山汉墓外已发现陪葬墓2座[2]。

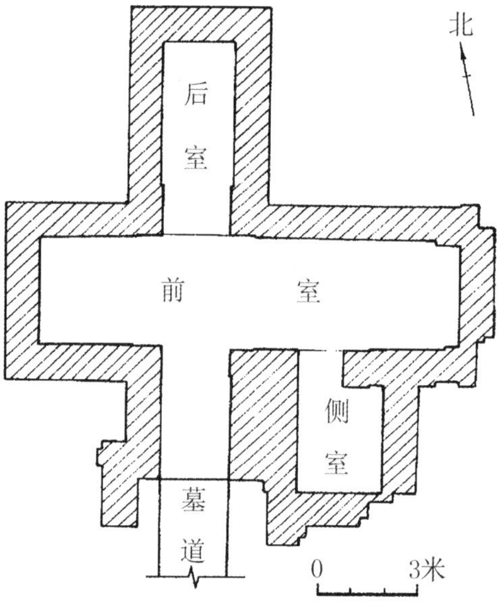

图2-32 洛阳白马寺汉墓平面图（引自《汉魏洛阳城西东汉墓园遗址》，《考古学报》1993年第3期）

墓葬以南向居多，个别为北向，如拉犁山M1、M2。有砖室墓，如白马寺汉墓、睢宁刘楼M1与亳县董园村M1等。也有砖石混筑墓，如亳县董园村M2、睢宁九女墩汉墓等。还有石室墓，如拉犁山M1与M2。一般由墓道、甬道和墓室三个主要部分组成，多为前后室或前中后三室。个别墓葬无前、中室，使用双后室，如邹城庙东村汉墓。多有耳室或侧室，或二者皆有，位置不一。个别墓葬还有回廊，如拉犁山汉墓。一些墓葬还有石刻画像，拉犁山汉墓仅在藻井等处有少量发现，睢宁九女墩汉墓的墓门、各室门额和立柱、部分墓壁等上均雕刻画像，十分精美。葬具为漆木棺，多朽。

陪葬品中陶器数量多，模型明器如灶、井、仓、厕、楼及狗、鸡等动物俑多有发现。另有铜、铁、漆、石、珠玉、骨等质地器物，一些墓葬还有一定数量的金银器。玉衣敛葬普遍，基本为银缕或鎏金铜缕，拉犁山汉墓则为铜缕。另外还有玉握、塞等，数量不多。

（三）三国列侯墓

三国时期的墓葬中，安徽马鞍山朱然墓[3]的墓主朱然，生前先被封为西安乡侯，再被封为永安侯，后又被改封为当阳侯。该墓规模大，出土物十分丰富，有漆、瓷、陶、铜器等100余件（组）（图2-33）。湖北鄂钢饮料厂M1由甬道、前室、后室等组成，前室有耳室，出土青瓷、陶、铜、铁、金银、玉石等400余件，另有铜钱七千多枚，墓主可能为孙述的叔父，都乡侯、沔中督、威远将军孙邻。二墓可列为三国时期的列侯墓葬。

1 徐州博物馆：《徐州发现东汉元和三年画像石》，《文物》1990年第9期。

2 刘照建、周波：《徐州市拉犁山三号、四号东汉墓》，《中国考古学年鉴·2002年》，文物出版社，2003年，第196页。

3 安徽省文物考古研究所、马鞍山市文化局：《安徽马鞍山东吴朱然墓发掘简报》，《文物》1986年第3期。

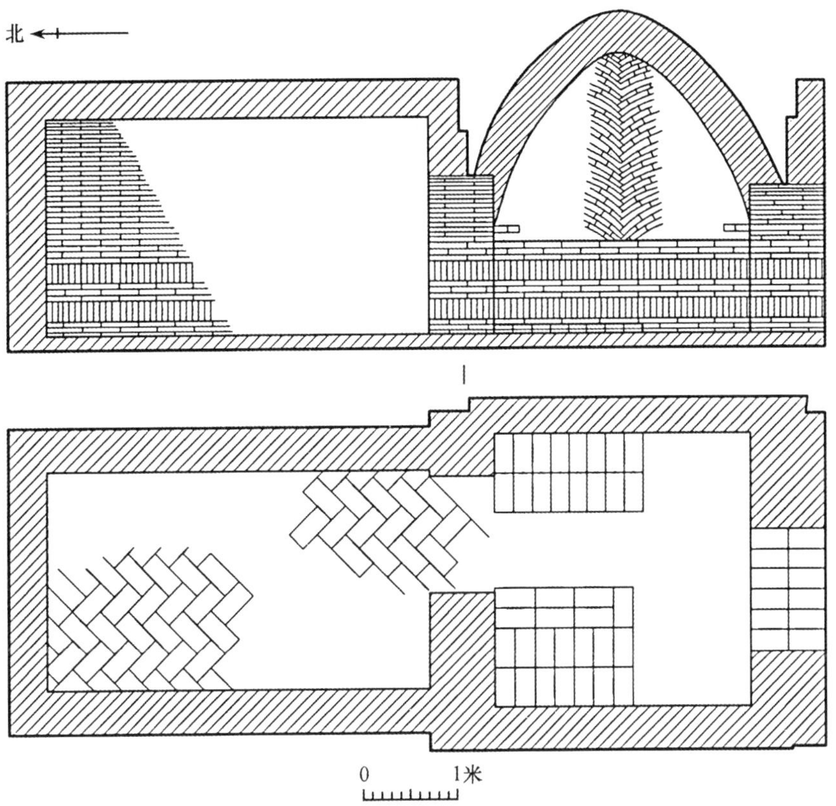

图 2-33 马鞍山朱然墓平剖面图（引自《安徽马鞍山东吴朱然墓发掘简报》，《文物》1986 年第 3 期）

四、秦汉三国时期的高级贵族或官吏墓葬

秦汉三国墓葬中，有一些高级贵族和官吏的墓葬，或陪葬于帝王陵墓，或单独存在。这些墓葬多有墓垣，封土有一定高度，规模相对于一般中小型墓葬大。葬具多为一棺一椁，个别为重棺。陪葬品的种类和数量均较丰富，玉、铜乃至金银器均有陪葬，而且还多有印章、封泥、俑等象征身份地位的陪葬品。

（一）秦代高级贵族或官吏墓葬

秦代的高级贵族、官吏墓葬主要有始皇陵内城东北部陪葬墓，墓主应是秦始皇后宫从葬者，而陵墓封土西北角陪葬墓墓主可能是秦始皇的儿子公子高[1]，上焦村陪葬墓[2]中一些墓葬的墓主可能是秦始皇的宗室或大臣。陵区内还有一些“中”字形陪葬墓，墓主身份等级也不会太低。这些高级贵族和官吏有很多为非正常死亡，墓葬所体现出的特征具有一定特殊性。另外，涪陵小田溪墓葬的墓主也可能为秦代的高级贵族[3]。

1 陕西省考古研究所、秦始皇陵兵马俑博物馆：《秦始皇帝陵园考古报告（1999）》，科学出版社，2000年，第25—26页。

2 秦俑考古队：《临潼上焦村秦墓清理简报》，《考古与文物》1980年第2期。

3 四川省博物馆、重庆市博物馆、涪陵县文化馆：《四川涪陵地区小田溪战国土坑墓清理简报》，《文物》1974年第5期。

（二）西汉高级贵族或官吏墓葬

西汉帝陵的陪葬墓中有较多高级贵族和官吏墓葬，都城长安附近还有一些相对独立的墓葬。西安东郊窦氏墓（M3）[1]为竖穴土圹木椁墓，由主室和侧室组成，葬具为一椁两棺，出土器物182件，包括陶、铜、银、铁、铅、玉石、琉璃、木质器物等，玉器达26件，墓主为西汉早期后段的外戚窦氏家族成员。西安市长安区的张汤墓[2]较为特殊，葬具仅一棺，陪葬品仅见铜镜、带钩及证明墓主的“张汤”、“臣汤”、“张君信印”等印章。张汤为武帝时位列三公的御史大夫，其墓葬情况可能与张汤受诬陷自杀有关。

其他地区的此类墓葬大多位于诸侯国都城附近。江苏徐州市是西汉楚国都城彭城所在地，有较多高级贵族或官吏墓葬发现，石坑竖穴，或有洞室墓，或竖穴下置木椁。后楼山M8[3]时代为西汉初，竖穴底部一侧凿出两相连的洞室，为前后室，出土有玉印等物，墓主应为楚国的高级官吏。拖龙山M1[4]出土有大量玉敛器和铜器，墓主为楚王族中人。绣球山M1[5]为狮子山楚王墓的陪葬墓，竖穴下为车马室，两侧有侧室，各葬一人，一窄侧开凿器物室，墓主为高级官吏。西汉早期偏晚阶段的相关墓葬较多，后楼山M1[6]为北洞山楚王墓的陪葬墓，竖穴下有相连二室，出土有玉枕、铜器、较多车马器、陶俑等，墓主身份较高。其他如黑头山汉墓墓主刘慎[7]、翠屏山汉墓的墓主刘治[8]、天启山M1[9]的墓主刘犯等均为楚国的刘姓男性高级贵族，韩山M1[10]的墓主刘女宰可能为某代楚王的女儿。西汉中期有小龟山楚王墓陪葬墓（M1）（图2-34），墓主为丙长翁主，西汉晚期有荆山汉墓[11]，二者皆石坑竖穴洞室墓。这一阶段，一些高等级洞室墓的洞室内也使用瓦木建筑，木构四壁及顶，顶上再覆瓦，基本为板瓦，如碧螺山M5[12]，拖龙山M3、M4[13]等还使用了筒瓦。扬州地区汉墓中，张集团山汉墓[14]、邗江宝女墩汉墓[15]等的墓主身份地位均较高。河北满城中山靖王刘胜夫妇墓周围有陪葬墓18座[16]，墓主有靖王刘胜后代的子孙和妾媵[17]。河南永城芒砀山梁王墓地[18]中，保安山M3—M5的墓主可能为梁王夫人或高级贵族，夫子山M3（图2-35）、黄土山M3是主墓陪葬墓，墓主属于身份低于梁王的宗室或

1 西安市文物保护考古所：《西安东郊西汉窦氏墓（M3）发掘报告》，《文物》2004年第6期。
2 西安市文物保护考古所：《西安市长安区西北政法学院西汉张汤墓发掘简报》，《文物》2004年第6期。
3 徐州博物馆：《江苏徐州市后楼山八号西汉墓》，《考古》2006年第4期。
4 耿建军：《徐州市拖龙山西汉墓》，《中国考古学年鉴·1993年》，文物出版社，1994年，第136页。
5 徐州博物馆：《徐州绣球山西汉墓清理简报》，《东南文化》1992年第3、4期合刊。
6 徐州博物馆：《徐州后楼山西汉墓发掘报告》，《文物》1993年第4期。
7 徐州博物馆：《江苏徐州黑头山西汉刘慎墓发掘简报》，《文物》2010年第11期。
8 徐州博物馆：《江苏徐州市翠屏山西汉刘治墓发掘简报》，《考古》2008年第9期。
9 耿建国、马永强：《徐州市天启汉墓群》，《中国考古学年鉴·2002年》，文物出版社，2003年，第193—194页。
10 徐州博物馆：《徐州韩山西汉墓》，《文物》1997年第2期。
11 徐州市博物馆：《江苏铜山县荆山汉墓发掘简报》，《考古》1992年第12期。
12 徐州博物馆：《徐州碧螺山五号西汉墓》，《文物》2005年第2期。
13 徐州博物馆：《徐州拖龙山五座西汉墓的发掘》，《考古学报》2010年第1期。
14 南京博物院、仪征博物馆筹备办公室：《仪征张集团山西汉墓》，《考古学报》1992年第4期。
15 扬州博物馆、邗江县图书馆：《江苏邗江县杨寿乡宝女墩新莽墓》，《文物》1991年第10期。
16 中国社会科学院考古研究所、河北省文物管理处：《满城汉墓发掘报告》，文物出版社，1980年，第7页。
17 郑绍宗：《满城汉墓》，文物出版社，2003年，第65—69页。
18 河南省文物考古研究所：《永城西汉梁国王陵与寝园》，中州古籍出版社，1996年；河南省商丘市文物管理委员会、河南省文物考古研究所、河南省永城市文物管理委员会编，阎根齐主编：《芒砀山西汉梁王墓地》，文物出版社，2001年。

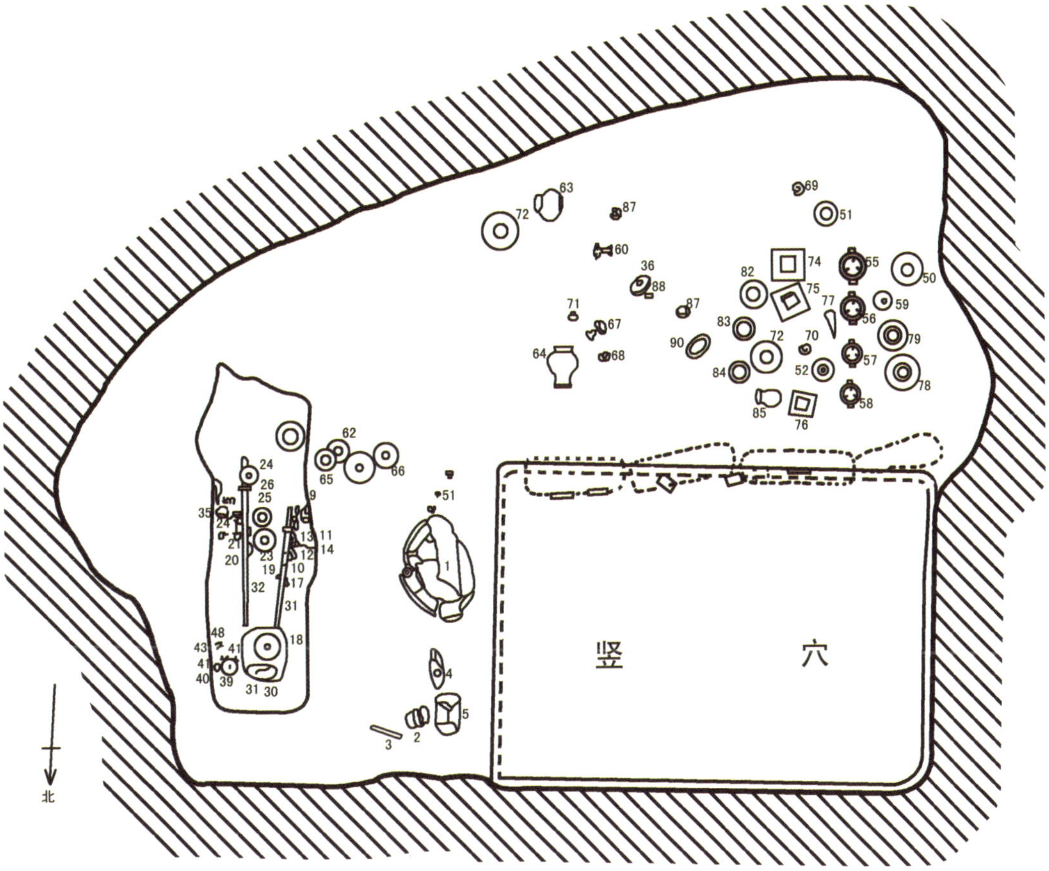

图 2-34 徐州小龟山楚王墓陪葬墓（M1）平面图（引自《铜山小龟山西汉崖洞墓》，《文物》1973 年第 4 期）

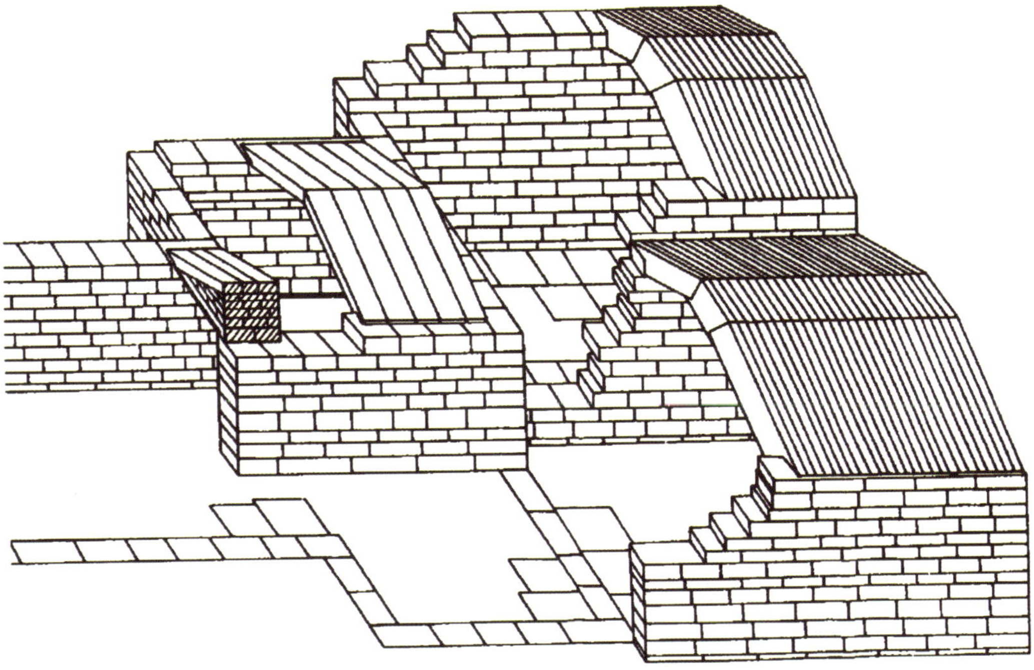

图 2-35 永城夫子山 M3 汉墓结构透视图（引自《河南永城夫子山三号墓发掘简报》，《华夏考古》1998 年第 4 期）

高级官吏[1]。湖南长沙砂子塘西汉墓[2]墓主属高级贵族，杨家山汉墓墓主刘骄[3]为长沙王同一家族中的高级成员[4]，其附近的“长沙王后”墓[5]墓主身份也较高。

边远地区最具代表性的为广西贵县罗泊湾两座汉墓[6]。M1有一车马坑，椁室用木板隔成前、中、后三室，木板下有7个陪葬坑，主棺为双层套棺。随葬有数量丰富的陶、铜、玉、铁、金、银、竹、木、玛瑙、琉璃器具及丝麻织品和植物种实多种。墓主应为某代西瓯君。M2墓主为M1墓主之妻。

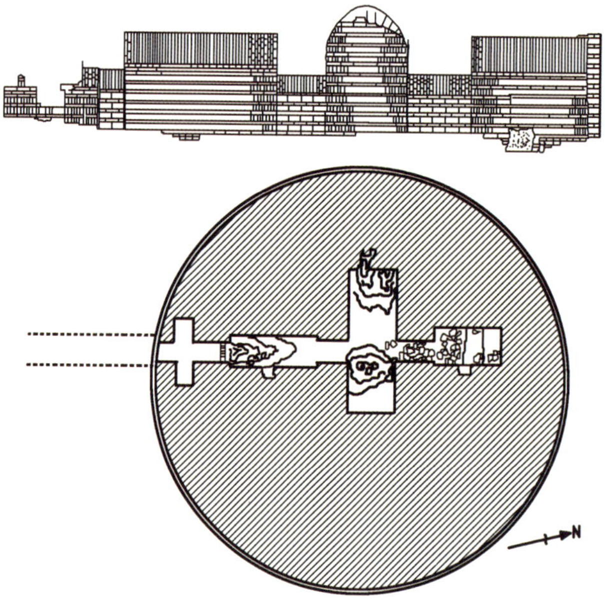

图 2-36　河北定州市35号汉墓平剖面图（引自《定州市35号汉墓清理简报》，《文物春秋》1997年第3期）

（三）东汉高级贵族或官吏墓葬

东汉时期相关墓葬中，一部分为帝陵的陪葬墓，特别是“北陵”或“西陵”等后妃墓冢，其他陪葬S墓中也有高级贵族或官吏。其他地区所知的墓例不多。河北定州市石刻馆院内的35号汉墓[7]（图2-36），现存封土高7米，为前双耳室、长前室、横中室、竖后室结构的东汉多室墓，陪葬品有陶器、鎏金银饰、小铜饰等，出土玉衣片孔内留有鎏金铜丝残段。时代为东汉晚期，墓主可能为东汉中山国贵族。江苏睢宁刘楼M1，斜坡墓道，由前、中、后三室构成，出土有玉衣片、铜牛灯等，一般将其列为列侯墓葬（见前文）。但墓主为小孩，为下邳国贵族的可能性较大；M2的形制与M1相似，墓内出土一些兵器及车马器，墓主可能为下邳国高级官吏。另外，安徽亳州的曹氏宗族墓[8]中，也有一部分可能属于此类墓葬。

图 2-37　曹休墓

（四）三国时期高级贵族或官吏墓葬

魏国墓葬中，河南洛阳孟津县宋庄乡三十里铺村曹休墓为高级贵族官吏墓葬，由

1　商丘地区文物工作队：《河南永城夫子山三号墓发掘简报》，《华夏考古》1998年第4期；河南商丘地区文物工作队：《河南永城黄土山三号墓发掘简报》，《考古与文物》1998年第2期。

2　湖南省博物馆：《长沙砂子塘西汉墓发掘简报》，《文物》1963年第2期。

3　中国科学院考古研究所：《长沙发掘报告》，科学出版社，1957年，第96—97页。

4　宋少华：《略谈长沙象鼻嘴一号汉墓陡壁山曹嫘墓的年代》，《考古》1985年第11期。

5　宋少华：《略谈长沙象鼻嘴一号汉墓陡壁山曹嫘墓的年代》，《考古》1985年第11期。

6　广西壮族自治区博物馆：《广西贵县罗泊湾汉墓》，文物出版社，1988年。

7　定州市文物管理所：《定州市35号汉墓清理简报》，《文物春秋》1997年第3期。

8　安徽省亳县博物馆：《亳县曹操宗族墓葬》，《文物》1978年第8期。

长斜坡墓道、甬道、耳室、前室、后室、北侧室、南双侧室等部分组成[1]（图2-37），出土有陶、铜、铁、金银器等，一枚铜印有篆书白文“曹休”二字，证明墓主为魏国大将曹休。东吴墓葬中，鄂城东吴孙将军墓[2]、武汉市黄陂滠口东吴墓[3]、江夏流芳东吴墓[4]（图2-38）等规模较大。孙将军墓由甬道、前室、后室等组成，前室两侧各一耳室，出土物丰富，墓主可能为孙吴宗室，另两墓的结构与之相似，墓主也为孙吴宗室。江苏南京、安徽马鞍山等地也发现一些高等级的东吴墓，如南京江宁上坊孙吴墓[5]等。

总的来看，秦汉三国高级贵族或官吏墓葬与列侯墓葬较为接近，与一般中小型墓葬的差别相对较大一些。

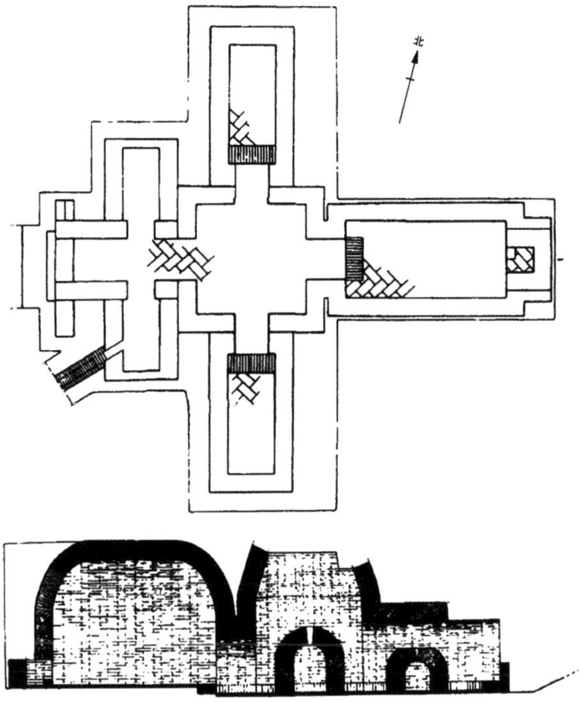

图 2-38 江夏流芳东吴墓平剖面图（引自《江夏流芳东吴墓清理发掘报告》，《江汉考古》1998 年第 3 期）

五、秦汉三国时期的中小型墓葬

（一）秦代中小型墓葬

目前，发现的秦代墓葬已有相当数量。墓葬分布区域较广。较为集中的地区主要有以陕西中部为中心的关中地区，秦始皇陵周边、都城咸阳附近及今宝鸡、大荔、耀县等地发现较多；河南地区主要集中在三门峡市所辖陕县及市区、洛阳、巩县、郑州、新乡、泌阳等地，南阳地区也有一些墓葬被确定为秦代墓葬；山西地区的秦代墓葬主要发现于侯马、天马—曲沃、朔县等地，数量不多；两湖地区主要有湖北省的云梦、鄂城、荆州及其江陵县、襄樊、宜昌等地，湖南省以长沙地区居多，益阳、溆浦、汨罗等地也有发现；川渝地区中，四川省的成都、广元、荥经、青川、大邑、郫县、什邡等地皆有发现，重庆地区主要集中于巴县、涪陵等地；广州罗岗、内蒙古准格尔旗有所发现，江苏徐州也有发现，如张集翟山M3、M4[6]。

秦代中小型墓葬多有封土或其他设施，也有无封土者。湖北省云梦县睡虎地1975—1976年发掘了5座秦代墓葬[7]，没有墓道，未见封土。河南三门峡清理的一些秦

1 严辉：《曹操墓与曹休墓的比较与研究》，《中国文物报》2010年9月17日第5版。
2 鄂城县博物馆：《鄂城东吴孙将军墓》，《考古》1978年第3期。
3 武汉市博物馆：《武汉市黄陂滠口古墓清理简报》，《文物》1991年第6期。
4 武汉市博物馆、江夏区文物管理所：《江夏流芳东吴墓清理发掘报告》，《江汉考古》1998年第3期。
5 南京市博物馆、南京市江宁区博物馆：《南京江宁上坊孙吴墓发掘简报》，《文物》2008年第12期。
6 徐州博物馆：《徐州翟山战国至西汉墓葬群发掘简报》，《东南文化》2008年第3期。
7 《云梦睡虎地秦墓》编写组：《云梦睡虎地秦墓》，文物出版社，1981年；孝感地区第二期亦工亦农文物考古训练班：《湖北云梦睡虎地十一号秦墓发掘简报》，《文物》1976年第6期；湖北孝感地区第二期亦工亦农文物考古训练班：《湖北云梦睡虎地十一座秦墓发掘简报》，《文物》1976年第9期。

代墓[1]，周围有窄浅的围墓沟，有的沟内还有人骨、兽骨、完整马骨等。

墓葬形制主要有两种，一为竖穴土（岩）坑墓，一为竖穴洞室墓，另有瓮棺葬、大型圆坑葬等。西安北郊发掘的秦墓[2]，形制有竖穴土坑和洞室墓两种，以土洞墓为主，部分有小龛，还有2座瓮棺葬，秦始皇陵附近姚池头村北修陵人墓地有大型圆坑葬。竖穴土（岩）坑墓多有生土或土砌二层台。秦始皇陵西侧赵背户村的秦墓[3]，基本为长方形竖穴土坑，不见二层台。徐州张集翟山M3、M4，竖穴岩坑，土砌二层台。三门峡火电厂秦墓为竖穴土坑，底设生土二层台。一些墓葬如睡虎地M9、M11均有壁龛。洞室墓分斜坡和竖穴墓道两种形式，多有木质封门，一些有壁龛和耳室。临潼上焦村发掘的秦墓[4]，均有斜坡墓道，多有壁龛和耳室，立木状封门。三门峡一些围墓沟墓的形制为大墓道、小洞室。

葬具多为一棺一椁，椁有木椁或砖椁。云梦县睡虎地的5座秦代墓葬，葬具均为一棺一椁，M11的椁盖板上有一具完整的牛头骨，M9靠近南壁的一个壁龛内殉一只羊等，说明有祭祀行为。临潼县城东侧等地发现的砖室墓[5]，为竖穴内砌砖椁。一椁双棺较为少见，如湖北江陵扬家山135号秦墓[6]。其他如西安南郊发掘的秦墓中，单棺居多；赵背户村的刑徒墓有板瓦砌成的瓦棺，较多无葬具，有一个墓坑内埋多具尸骨的情况存在。葬式方面，原东周秦国统治地区的秦代墓葬中屈肢葬常见，其他地区直肢葬居多。西安南郊秦墓中，葬式有直肢和屈肢两类，屈肢略多。

陪葬品包括铜器、陶器、漆木器、玉器、简牍、骨角器等。铜器有鼎、壶、扁壶、蒜头壶、鍪、钱币等；陶器种类多样，有仿铜陶礼器鼎、盒、壶等，日用或仿日用器皿如盂、罐、釜、盆、瓮、缶、灯、盒、蒜头壶、扁壶等，模型明器灶、仓等，另还有其他器物。等级稍高的墓葬是铜器、仿铜陶器、日用陶器或其他等共出，如河南泌阳秦墓[7]、湖北宜城雷家坡秦墓[8]、徐州张集翟山M3等；等级稍低者是仿铜陶器与日用陶器等共出，如咸阳塔儿坡秦墓[9]、新乡五陵村秦墓[10]、徐州张集翟山M4等；等级最低者有少量小件器物或无随葬品，如秦陵刑徒墓、郑州岗杜秦墓[11]等；刑徒墓则有生产工具和刻文陶片。其他如云梦睡虎地M11有漆木器、玉器、简牍等出土；泌阳秦墓出土有玉器、骨角器等。

墓主身份等级不同，云梦县睡虎地5座秦代墓葬中，M9和M11的墓主为令史一类的低级官吏外，其余均相当于中小地主阶层。西安南郊秦墓墓主大多数为平民。形制简单，陪葬品极少或没有的墓葬墓主则可能为贫民、修陵人或刑徒等。

（二）汉代中小型墓葬

汉代中小型墓葬的分布范围较大，汉王朝统治领域内基本都有发现，时代延续两

1 三门峡文物工作队：《三门峡市火电厂秦人墓发掘简报》，《华夏考古》1993年第4期；三门峡文物考古研究所：《三门峡大岭粮库围墓沟墓发掘简报》，《中原文物》2004年第6期。

2 陕西省考古研究所：《西安北郊秦墓》，三秦出版社，2006年。

3 始皇陵秦俑坑考古发掘队：《秦始皇陵西侧赵背户村秦刑徒墓》，《文物》1982年第3期。

4 秦俑考古队：《临潼上焦村秦墓清理简报》，《考古与文物》1980年第2期。

5 临潼县博物馆、临潼县文管会：《临潼县城东侧第一号秦墓清理简报》，《考古与文物》1993年第1期。

6 湖北省荆州地区博物馆：《江陵扬家山135号秦墓发掘简报》，《文物》1998年第3期。

7 驻马店地区文管会、泌阳县文教局：《河南泌阳秦墓》，《文物》1980年第9期。

8 武汉大学历史系考古专业、宜城县博物馆：《宜城雷家坡秦墓发掘简报》，《江汉考古》1986年第4期。

9 咸阳市文物考古研究所：《塔儿坡秦墓》，三秦出版社，1998年。

10 新乡市博物馆：《河南新乡五陵村战国两汉墓》，《考古学报》1990年第1期。

11 河南文物工作队一队：《郑州岗杜附近古墓葬发掘简报》，《文物参考资料》1955年第10期。

汉。有的掘土为圹，有的凿岩为坑或墓穴，大致可分为土（石）坑竖穴墓、土（石）坑竖穴洞室墓、砖室墓、石室墓、砖石混筑墓、崖墓等多类。不同种类的墓葬在某一方面又具有一些共性，如有砖塑或石刻或彩绘画像等，进而形成画像砖墓、画像石墓、壁画墓等类型。

1. 土（石）坑竖穴墓

该类墓是指在土或石上开挖或开凿竖坑，坑内葬人，有的为斜坡墓道，有的为垂直竖穴。

（1）木椁墓。竖穴底部置放木椁的一般称为土（石）坑竖穴木椁墓，时代基本为西汉。一般为一椁一棺，棺置于椁内，少量有重棺。有的椁分隔成椁箱，内置陪葬品，西汉中晚期，椁箱多简化为头厢或脚厢。棺内则有敛葬品和随身佩戴的物品等。土坑墓墓圹在5—10米，石坑墓长度超过3米，宽度超过2米，椁箱在2个以上，有单棺或重棺者，墓葬等级较高，陪葬品丰富，金属器常见，而且还有俑或车马陪葬，可能有印章，敛葬品常见玉器，有的为漆面罩等，敛服多重，墓主可能为卿大夫、郡守、县令及朝廷或诸侯国的中等官吏，也可能为一般贵族。土坑墓墓圹在2—5米，石坑墓长度约3米，宽度约2米，椁箱1—2个，基本为单棺，墓葬等级稍高，陪葬品略少，金属器的数量及种类少，俑及车马陪葬或有或无，有的为简单车马器的象征性陪葬，有的有印章，敛葬品极少见玉器，敛服重数一般不多，墓主身为下层官吏、中小地主等，一部分为有一定财力的商人或富农。其他规模小、葬具简单或无、陪葬品少或无的墓葬墓主则为一般平民或身份地位更低者。东汉时期，今华南和江浙一带还使用该类墓葬，如广州象栏冈M2[1]、江苏盐城三羊墩M1[2]，时代为东汉前期。这些地区还出现一种竖穴内砌砖木结构椁室的墓葬，一般是砖铺地，木构椁壁，顶部用木质盖板。

（2）石椁墓。是在竖穴底部以石修砌椁室的墓葬。西汉一代都有使用。以徐州汉墓为例，一部分为单椁室，墓主为中小地主或富农，西汉初期的金山村M2[3]，为单石椁，无底，内置一木棺，M1[4]石椁有底，一侧还砌有二相连边厢，内置器物；一部分为双椁室，铜山县凤凰山M1[5]，竖穴石坑下部砌二石椁，足档外以小石板隔成2个长方形壁龛，男性墓主有玉琀敛葬，身份可能为低级官吏，睢宁古邳苗庄石椁墓[6]，一块盖板刻有“李□乡石椁直万当千”，墓主为中小地主或富农；有的为三椁室，墓主为中小地主或富农，沛县栖山M1[7]，石坑竖穴下石砌三椁室，位置略有错位，西中二室葬人（图2-39）。徐州附近的山东微山、枣庄、临沂，安徽宿州、萧县、淮北，河南夏邑、永城等地也有该类墓发现。东汉时期，石椁墓数量锐减。徐州檀山集东汉墓[8]仅在竖穴底部一侧有石，为简化石椁，墓主为一般平民。

（3）砖椁墓。竖穴底部以砖修砌椁室的一般称为土（石）坑竖穴砖椁墓。西汉早

1 广州市文物管理委员会：《广州东山象栏冈第二号木椁墓清理简报》，《文物参考资料》1958年第4期。

2 江苏省文物管理委员会、南京博物院：《江苏盐城三羊墩汉墓清理报告》，《考古》1964年第8期。

3 徐州博物馆：《江苏徐州金山村汉墓》，《中原文物》2006年第6期。

4 徐州博物馆：《江苏徐州金山村汉墓》，《中原文物》2006年第6期。

5 徐州博物馆：《江苏铜山县凤凰山西汉墓》，《考古》2004年第5期。

6 李银德：《徐州汉墓的形制与分期》，徐州博物馆编《徐州博物馆三十年纪念文集》，北京燕山出版社，1992年，第108—125页。

7 徐州市博物馆、沛县文化馆：《江苏沛县栖山汉画像石墓清理简报》，《考古学集刊》第2集，中国社会科学出版社，1982年，第106—112页。

8 李银德：《徐州汉墓的形制与分期》，徐州博物馆编《徐州博物馆三十年纪念文集》，北京燕山出版社，1992年，第108—125页。

期，基本继承战国砖椁墓的特点，如郑州市九州城M2[1]，以空心砖筑成长方形墓室。西汉中期，竖穴式以空心砖砌筑椁室的墓葬基本消失。西汉早中期的砖椁墓墓主身份较低，一般为中小地主或庶民等。西汉中期开始，以实心砖砌筑椁室的竖穴土坑墓增多并逐渐得到推广，河南中南部、山东西南部、江苏北部等地均有发现，尤以河南中南部居多。墓葬底部多不铺砖，顶部有木质盖板、石盖板等。山东济宁潘庙墓地[2]17号墓，顶部盖三块石板，江苏徐州新沂乱墩M13、M14[3]，四壁用较薄青灰砖顺砌而成，墓主应为中小地主或庶民等，最高可能为低级官吏。东汉时期，竖穴砖椁墓的数量减少，规模较小，有很薄的木棺葬具或无木棺，陪葬品极少，墓主为地位较低的平民或贫民，如徐州奎山砖瓦厂东汉墓[4]等。

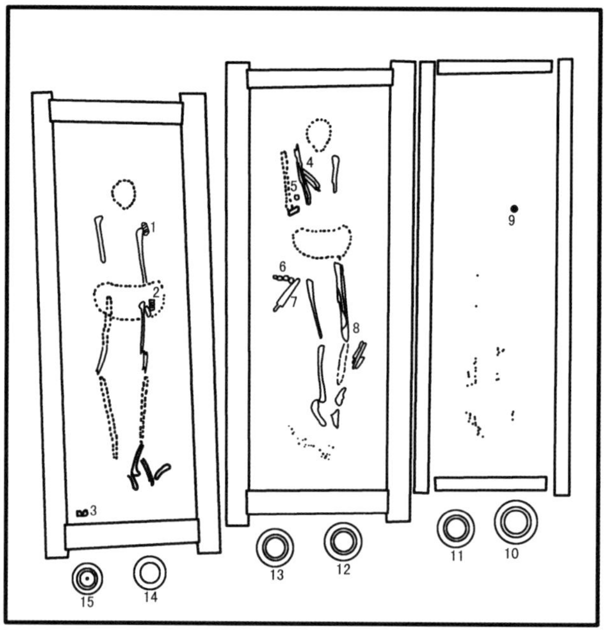

图 2-39　沛县栖山 M1 平面图（引自《江苏沛县栖山汉画像石墓清理简报》，《考古学集刊》第 2 集，1982 年）

（4）无椁墓。这类墓或在竖穴内直接置放单棺，或在二层台内置放单棺。随葬少量陶器，多为实用或仿实用器物，部分陪葬有铜镜，个别有漆器。墓主为无官秩的一般平民。陪葬品极少且粗糙者，墓主为贫民或地位更低者。一些土坑内置瓦棺，陪葬品或有或无，有者仅为陶罐等，墓主亦为贫民。地位较低的工匠墓，如徐州汉代采石场工匠墓[5]，仅有一两件生产工具陪葬，无陶器。有些仅有一些刑具，墓主则为刑徒，如阳陵的刑徒墓[6]。另有少量瓮棺葬或瓦棺葬，墓主基本为小孩，而且身份不高。东汉时期，这类墓葬仍有使用，但中原地区极为少见，多数发现于华南和江浙一带。

2. 土（石）坑竖穴洞室墓

土（石）坑竖穴洞室墓是指在土或石上开挖或开凿墓道，有斜坡与垂直墓道两种，在墓道底部一侧或两侧掏挖或凿出相应的室，内葬尸身及置放陪葬品。

（1）土坑竖穴洞室墓，又称土洞墓，起源于战国早期的秦国，大致在今渭河流域出现，西汉时期普遍使用，分布区域北至内蒙古，南达淮河，东到豫东，西至甘陕。均在墓道底部一侧掏挖土洞，有的在前部一侧或两侧掏挖耳室或小龛，内置陪葬品。有的斜坡墓道土洞墓在墓道末端设过道和天井，过道在前，天井在后，靠近洞室门。墓门多封堵，西汉早期以木板或土坯封门，中晚期多以条砖封门。土洞内放置棺椁，规模不大且单重一棺者等级不高，规模较大且一棺一椁者等级较高，还有少量分隔椁箱的现象，二

1　郑州市文物考古研究所：《郑州市九州城西汉墓的发掘》，《中原文物》1997年第3期。

2　国家文物局考古领队培训班：《山东济宁郊区潘庙汉代墓地》，《文物》1991年第12期。

3　新沂市博物馆：《江苏新沂市乱墩汉墓群I号墩发掘简报》，《东南文化》2003年第3期。

4　李银德：《徐州汉墓的形制与分期》，徐州博物馆编《徐州博物馆三十年纪念文集》，北京燕山出版社，1992年，第108—125页。

5　徐州博物馆：《江苏徐州汉代采石遗址发掘简报》，《考古》2010年第11期。

6　秦中行：《汉阳陵附近钳徒墓的发现》，《文物》1972年第7期。

棺并列者为夫妻合葬。西汉早期，洞室多平顶，西北医疗设备厂M157[1]，竖井墓道，葬具为一棺一椁。中晚期，砖砌墓室出现在洞室内，木椁被代替，王莽时期，洛阳地区还出现了穹窿顶。一些墓葬使用的是实心砖，如西安市雅荷城市花园M46[2]，斜坡墓道，居于墓室短边的正中，条砖封门，洞室内砌砖室，子母砖券顶，时代为西汉晚期。西汉中期，中原地区的一些竖井墓道土洞墓的洞室内开始以空心砖垒砌墓室，顶部为空心砖平铺。郑州市南关北二街M5[3]，洞室一侧砌有耳室。西汉晚期，空心砖侧立横铺顶、斜坡拱脊形顶渐成为主要形式，画像内容较丰富。密县周岗85MZM1[4]，墓室顶部呈拱脊形。斜坡墓道土洞砌筑空心砖的墓葬也在这一时期出现，如郑州市南关北二街M4[5]。东汉时期，土洞墓仍有较多使用，但竖穴墓道基本不见。中原地区斜坡墓道空心砖与小砖混筑墓室的现象较多，基本为拱形顶，西安地区的部分东汉墓[6]，有的有砌砖室，有的则无砖室，陪葬品以陶器为主。使用空心砖砌筑墓室者，一些墓主身份可至下层官吏或中等地主，其他墓葬的墓主身份则相对略低，为小地主、低级官吏或富农等阶层。

（2）石坑竖穴洞室墓，这种墓在以江苏徐州为中心的苏鲁豫皖交界地区最为常见。均为长方形竖穴墓道，内填夯土，部分内有块石或石板，洞室一般有木质物或石板（块）等封堵，一室居多，部分有龛，也有多室，墓主高可为一般贵族官吏，低至普通地主或有一定财力者。徐州市区及周边地区发现较多，顾山M1[7]，洞室开口于竖穴长边，内葬一人；大孤山M2[8]，竖穴下有木棺，葬一女性，无陪葬品，洞室位于西侧，内葬夫妻，脚部有龛。

3. 砖室墓

砖室墓于西汉晚期在中原及关中等地区出现，东汉时逐渐普及。多位于台地或山坡，有圆形封土。为横穴式墓葬，有斜坡墓道及墓门，有的有封门墙。基本先做墓坑，再在坑内以砖砌墓，顶部高出地表。墓底多铺砖，或错缝平铺，或“人”字形斜铺，墓壁基本为长方形砖顺丁相错平铺，由一顺一丁、二顺一丁发展为东汉晚期的三顺一丁、四顺或五顺一丁。墓顶多用楔形砖砌成弧形券顶，也有穹窿顶，四角攒尖顶则在东汉晚期较为常见。有单室墓、双室墓、三室墓、多室墓等，一般较对称，部分有耳室。徐州拖龙山东汉墓[9]，单室；新沂龙泉东汉M4[10]，前、后室结构，前室一侧砌有耳室。双室墓体现的为前堂后室布局，前中后三室即象征着现实中的庭、堂和寝，后室放置棺及墓主尸身，前室和中室是放置物品及祭祀场所。随着合葬习俗的发展，有夫妻二人合葬一室者，较多则为双后室，还有的为双前室和双后室。东汉时期，合葬及迁葬等较为普遍，因此还有同一墓葬内修建多个墓室放置尸骨的情况。葬具基本不见椁，棺基本为木棺，有的有棺床，等级较低者则可能无棺。陪葬品方面，等级高者数量、种类均较丰富，陶、铜、铁、漆、铅锡器乃至一些金银器均有，等级最低者可能仅有1—2件陶罐或无陪葬品。

1 西安市文物保护考古所、郑州大学考古专业：《长安汉墓》，陕西人民出版社，2004年，第909页。
2 西安市文物保护考古所、郑州大学考古专业：《长安汉墓》，陕西人民出版社，2004年，第916页。
3 郑州市文物考古研究所：《郑州南关外汉代画像空心砖墓》，《中原文物》1997年第3期。
4 赵清：《河南密县周岗汉画像砖墓》，《华夏考古》1995年第4期。
5 郑州市文物考古研究所：《郑州南关外汉代画像空心砖墓》，《中原文物》1997年第3期。
6 西安市文物保护考古所：《西安东汉墓》，文物出版社，2009年。
7 徐州博物馆：《江苏徐州顾山西汉墓》，《考古》2005年第12期。
8 徐州博物馆：《江苏徐州市大孤山二号汉墓》，《考古》2009年第4期。
9 徐州博物馆：《徐州发现东汉建初二年五十湅钢剑》，《文物》1979年第7期。
10 吴文信：《江苏新沂东汉墓》，《考古》1979年第1期。

4. 石室墓

石室墓是指以石材构筑墓室的墓葬，最早出现于西汉晚期的中原地区南部，东汉时逐渐流行并成为主要的墓葬形式之一。多位于台地或山坡，有圆形封土。为横穴式墓葬，先做墓坑，再在坑内以石砌墓，主要由墓道、墓门、墓室等部分组成，墓道斜坡状，墓门以双扇对开石门居多，部分为单扇，墓室的壁、顶均为石砌，底部铺石板。形制、葬具、陪葬品等与砖室墓有诸多相似之处，但基本不见封门墙，顶部有盝顶、叠涩顶、平顶等，一些顶还有藻井。一部分墓葬的石材上有石刻画像，内容题材较为丰富。除去列侯或高级贵族官吏，墓主有中等或低级官吏、各级地主阶层，也包括有一定财力的平民，个别为贫民等。苏鲁豫皖交界地区及川渝地区有较多发现，徐州狮子山砖瓦二厂M3为单室墓，个别石板上有穿璧纹图案[1]；铜山县曹山汉墓[2]有前后两室，单后室；贾汪大泉岗子M1、M2[3]，为前中后三室；铜山县茅村M1[4]，有多耳室或侧室，并有回廊；贾汪青山泉白集汉墓[5]，前中后三室，双后室，并有对称耳室（图2-40）。

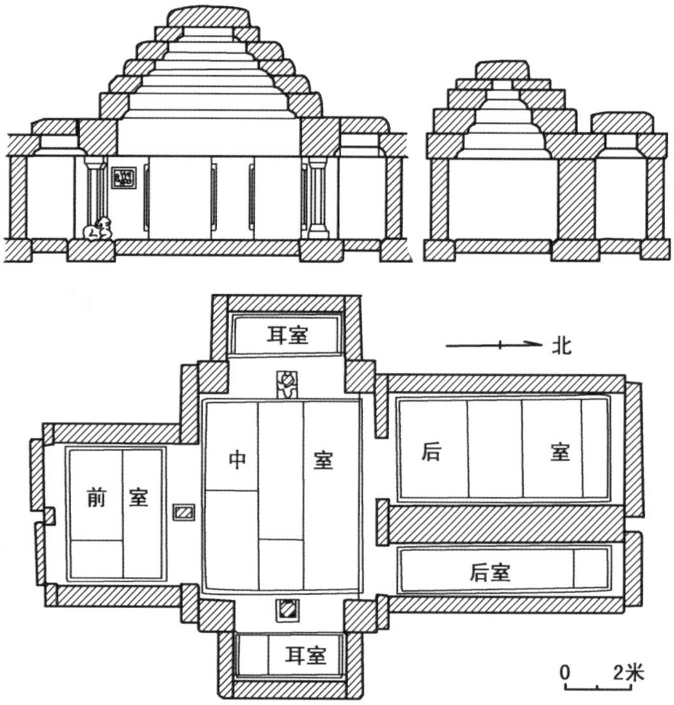

图2-40 徐州青山泉白集东汉墓平剖面图（引自《徐州青山泉白集东汉画像石墓》，《考古》1981年第2期）

5. 砖石混筑墓

砖石混筑墓是指以实心砖与石材混合构筑墓室的墓葬，西汉晚期出现，东汉中晚期较为流行。很多方面包括墓主身份等均与砖室墓和石室墓较为相似，一些石材上亦有画像。分布区域广，徐州韩山东汉M1[6]，单室，除墓门石砌外，其余均为砖砌；贾汪张山汉墓[7]，前室叠涩顶，后室为砖砌券顶；十里铺汉墓[8]，以砖为主，前室有对称两耳室，中、后两室呈长方形，墓底多铺楔形砖。

1 李银德：《徐州汉墓的形制与分期》，徐州博物馆编《徐州博物馆三十年纪念文集》，北京燕山出版社，1992年，第108—125页。

2 徐州博物馆：《江苏徐州市清理五座汉画像石墓》，《考古》1996年第3期。

3 江苏省文物管理委员会、南京博物院：《江苏徐州、铜山五座汉墓清理简报》，《考古》1964年第10期。

4 王献唐：《徐州市区的茅村汉墓群》，《文物参考资料》1953年第1期。

5 南京博物院：《徐州青山泉白集东汉画像石墓》，《考古》1981年第2期。

6 徐州博物馆：《徐州市韩山东汉墓发掘简报》，《文物》1990年第9期。

7 徐州博物馆：《江苏徐州市清理五座汉画像石墓》，《考古》1996年第3期。

8 江苏省文物管理委员会、南京博物院：《江苏徐州十里铺汉画像石墓》，《考古》1966年第2期。

6. 崖墓

中小型墓葬中的崖墓在西汉末至东汉早期开始在今四川、重庆及周边地区出现并逐渐推广。基本为横穴墓，以洞穴为墓室。多开凿在江河两岸背水面山的峭壁、山坡和台地上，主要分布区域为川渝的沿江地区及鄂西、云贵、陕南的部分地区，时代上限为西汉末，东汉晚期较为兴盛，下限可至魏晋南北朝时期。墓主有地方的各级官吏及地主阶层，也有普通平民等，但基本为汉人。墓葬基本由墓道、墓门和墓室三部分组成。墓道长短不一。墓门或平顶或弧顶，以砖（石）封堵。墓室形状不一，多有棺床，很多还有壁龛；侧室多少不等或没有，家族葬或合家葬的侧室数量较多，或平行或呈树枝放射状；多有简单的排水设施，墓底内高外低，有排水沟将水排出墓室。墓葬规模不等，大小差异明显，规模较大的墓葬有长墓道、多室，规模较小的则仅为单室墓，而多室家族墓的规模一般较大，由墓道、甬道、厅堂、主室和多个侧室组成。仿现实建筑特征明显，门基本都有门楣和门柱，顶或平或为藻井，一些墓葬还有立柱，立柱有斗拱。墓内的壁、顶等处常见雕刻的画像，一些墓葬还施以彩绘，内容丰富。四川乐山麻浩一号崖墓，开造在崖面陡峭的红色砂岩中，墓门上凿有前伸的岩檐，结构复杂，室较多，墓门及前室共出土画像27幅，墓葬的下限可至蜀汉时期[1]。

7. 画像墓葬

上述各类不同的汉代墓葬中，有相当数量墓葬的装饰有相关画像，或在壁上涂画，或在砖上模印图案，或在石上雕刻画像，形成了壁画墓、画像砖墓和画像石墓。

壁画墓出现于西汉早期，西汉中期开始在中小型墓葬出现，西汉晚期至东汉时较为普及，主要分布于淮河以北地区。多描绘于空心砖或实心砖墓顶及墓壁上，如西安理工大学西汉壁画墓[2]，壁画遍布墓壁及券顶（图2-41）。也有的绘在石材上，辽宁辽阳南郊街三座东汉壁画墓[3]的壁画采用石青、朱砂、石墨、白垩土等天然矿物质颜料，直接绘于青石板上。汉代墓葬壁画具有简洁大气、雄浑质朴的总体特征，而某一地区又有本地区的特点。如关中地区，具有构图准确严谨、画面细腻写实的工笔特点，内容较为丰富，题材可分为天象，辟邪，升仙、天界，车马出行，庖厨、宴饮、乐舞、斗鸡、狩猎，仓廩、农牧，飞禽、走兽等七大类[4]。

画像砖包括画像空心砖和画像实心砖，基本为模印画像。画像空心砖主要分布于长江以北地区，河南地区的郑州、洛阳、南阳一带发现较多，时代从西汉早期至东汉早期。南阳新野樊集汉画像砖墓群[5]，画像题材包括车骑出行、胡汉战争、泗水捞鼎和二桃杀三士等历史故事，伏羲女娲和西王母等神话传说以及龙凤和玉璧等祥瑞、楼阁建筑、乐舞百戏等，墓葬时代为西汉昭宣元成时期。画像实心砖墓分布范围也较广，以川渝地区居多，时代基本为东汉，三国墓葬也有一定数量。四川成都昭觉寺汉画像砖墓[6]，画像内容有车马、出行、凤阙、迎谒见礼、宴饮乐舞、杂技百戏、弋射、收获、盐场、西王母、羽人等，时代为东汉晚期。画像砖的题材也存在区域特点。生产活动类多见于四川地区，井盐、放筏等属该地独有；历史故事在河南地区多见，其他地区则少见。

---

1 乐山市文化局：《四川乐山麻浩一号崖墓》，《考古》1990年第2期。
2 西安市文物保护考古所：《西安理工大学西汉壁画墓发掘简报》，《文物》2006年第5期。
3 辽宁省文物考古研究所：《辽宁辽阳南郊街东汉壁画墓》，《文物》2008年第10期。
4 程林泉、张翔宇：《关中地区汉代壁画墓浅析》，《考古与文物》2006年第3期。
5 河南省南阳地区文物研究所：《新野樊集汉画像砖墓》，《考古学报》1990年第4期。
6 刘志远：《成都昭觉寺汉画像砖墓》，《考古》1984年第1期。

M1 墓室东壁中部骑马射猎图摹本

M1 墓室西壁南部宴乐图摹本

M1 墓室西壁南部人物图摹本

M1 墓室东壁中部骑马射猎图摹本

M1 墓室东壁中部骑马人物图摹本

图 2-41　西安理工大学西汉壁画墓M1西壁南部和东壁中部画像（引自《西安理工大学西汉壁画墓发掘简报》，《文物》2006年第5期）

画像石墓中目前所知时代最早的为徐州韩山M1，该墓为石坑竖穴洞室墓，墓门外侧有石刻画像[1]，年代不晚于西汉景帝初[2]。西汉早期偏晚阶段开始，石椁墓成为画像石墓的主流，其他形制的墓葬基本不见。西汉晚期，石椁墓、石室墓和砖石混筑墓中均有石刻画像，东汉时期则基本为后两者。西汉早期画像内容较为简单原始，基本为常青树、圆璧、十字穿环、三角几何纹、菱形纹等。西汉中晚期，人物、建筑等开始出现，西汉末至东汉时期，画像内容不断丰富，刻铭出现，画像石渐趋全面繁荣。地域扩大，北至长城，西至甘陕，南至广西、浙江，东到大海都有相关发现；雕刻技法多样，线刻、浅浮雕、高浮雕和透雕等多种技法综合运用；用途更为广泛，除墓葬自身装饰外，墓葬祠堂、阙乃至相关建筑构件都有使用；内容丰富，可谓万象杂陈、无所不包；

1　徐州博物馆：《江苏徐州韩山汉墓》，《文物》1997年第2期；胡望林：《徐州韩山汉墓》，《中国考古学年鉴·2006年》，文物出版社，2007年，第190—191页。

2　刘尊志：《徐州地区早期汉画像石的产生及相关问题》，《中原文物》2008年第4期。

刻铭丰富，有些可达数百字之多，纪年、纪事等均有体现，如山东苍山画像石刻铭等[1]；墓葬形制多样，墓主等级身份不一。东汉末年，画像石墓在繁荣之后开始走向衰落，导致衰落的原因有战争的破坏、画像石趋于程式化和难再求新及东汉末至魏晋时期盗墓之风盛行等有关。画像内容也具有地域特点，如苏鲁豫皖交界地区神话与历史故事、升仙、社会生活等较多见，天象内容少；豫南、鄂北区常见神鬼祥瑞、天象等，少见社会生产、历史故事画像；川渝滇北地区四神、阙等较多，农耕等少见；陕北晋西区农耕、放牧、狩猎、升仙并有，神话故事不多。河南密县、浙江海宁等地也有内容丰富的画像内容。另外还有摩崖画像石刻发现，如连云港孔望山摩崖石刻[2]。东汉末至魏晋时期，还有再葬画像石存在[3]，是将他墓或祠堂等的画像石移植再用，或直接使用原墓等。

8. 汉代中小型墓葬的相关问题

（1）合葬形式。主要有同茔异坟异穴合葬、同坟异穴合葬、同穴异室合葬、同室合葬、无合葬等。除夫妻合葬外，还有男性墓主与妻妾共葬一墓的现象。

（2）家族墓地。为多代具有亲属关系的人葬在同一墓地，西汉早期已基本成型，中晚期大家族墓地较为常见，东汉时期更为发达。家族墓地中，等级地位或辈分较高者多居于尊位。一处大的墓地之中往往有多个家族墓地，彼此之间有区分的界限。一些家族墓地外有墓园或环壕，有的还修建有统一祭祀的祠堂等建筑。

（3）墓外设施。主要包括墓垣、墓园、祠堂、石刻象生、阙、碑等。墓垣主要是对封土的保护，徐州地区的西汉墓垣多由块石垒砌，东汉墓葬的墓垣有的土石混筑（图2-42）。墓园一般有垣墙、门等，形状多为方形。祠堂为祭祀建筑，有的为单体墓葬祠堂，如徐州贾汪白集汉墓祠堂[4]，有的为家族墓地祠堂，有石祠堂、砖石混筑祠堂及瓦木建筑祠堂等不同类型，石祠堂、砖石混筑祠堂的用石上还多有石刻画像，题材内容以历史故事、天界信仰、升天成仙等居多。石刻象生在汉代中小型墓葬中极少使用，这与墓葬等级有关，即使有，也多为羊等动物，个别为象等。阙在西汉中小型汉墓中极少使用，东汉时期，中小型墓葬在墓前立石阙开始出现并逐渐普及，用以标志死者身份、地位和墓地界限，还起到装饰墓地的作用，以四川、重庆地区最多。种类主要有单阙和旁附子阙的子母阙两种，基本都

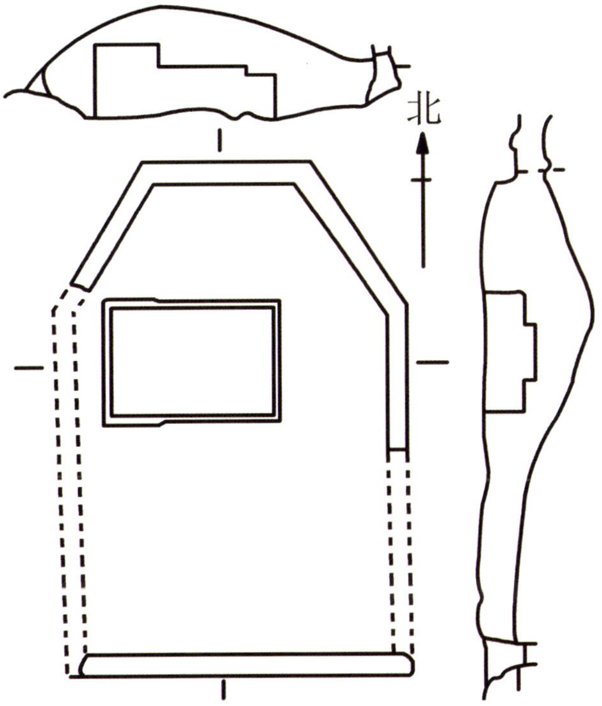

图2-42 邳县燕子埠东汉墓墓葬及墓垣图（引自《东汉彭城相缪宇墓》，《文物》1984年第8期）

1 山东省博物馆、苍山县文化馆：《山东苍山元嘉元年画像石墓》，《考古》1975年第2期。
2 连云港市博物馆：《连云港市孔望山摩崖造像调查报告》，《文物》1981年第7期。
3 周保平：《徐州几座再葬汉画像石墓研究——兼谈汉画像石墓中的再葬现象》，《文物》1996年第7期。
4 南京博物院：《徐州青山泉白集东汉画像石墓》，《考古》1981年第2期。

由阙身、基座和阙顶（盖）三部分组成，多有示意性阙楼，或一层，或多层。较具代表的如四川雅安市姚桥乡高颐阙，单檐子母阙，檐下仿木结构斗拱。西汉晚期，刻写文字、与后代石碑较为相似的墓碑开始出现，最具代表的为山东平邑县发现的麃孝禹碑。东汉时期，墓碑的使用得到推广，基本由碑首、碑身、碑座三部分组成，多以一块石料雕成，首身之间多有圆穿。碑文刻记有死者姓名、籍贯、生平经历、死亡日期、家族世系及对死者的赞美言辞，一些墓碑的碑侧还刻有门生故吏的姓名等。

（4）封护与防盗。西汉竖穴墓葬除封土外，还对填土进行夯填，有的还掺杂碎石子等。一些西汉墓的竖穴内间置较厚的石板或层层摆放扣合严密的块石。竖穴洞室墓有封门设施，或木门，或石门，或石板，还有规整块石垒砌等。东汉墓葬多有封土、封门墙、石门等封护设施。除封护外，一些墓葬还有其他防盗手段。山东金乡县鱼山村汉墓出土残石上刻有“诸敢发我丘者令绝毋户后疾设不详者使绝毋户后毋谏买人”等文字，以墓主人的口气严厉咒骂盗墓者，这就是著名的“禳盗刻石”[1]。

（5）排水与去潮。东汉崖墓及部分砖室墓的底部均体现出排水的设想。墓葬去潮的方法也很多，如修砌棺床、铺垫细沙土或碎石、碎瓦片等。西汉晚期至东汉，石灰渐被推广使用，一方面用于砌墙的黏合剂，一方面铺垫在墓室内以吸湿去潮。

（三）三国时期中小型墓葬

据不完全统计，考古发现三国时期中小型墓葬有近百座，其中有明确纪年的墓葬近20座[2]。

曹魏墓葬资料有一定数量，河南洛阳较多，如正始八年墓[3]（图2-43），东郊与偃师也有发现，陕西西安、湖北襄阳、甘肃嘉峪关与武威、辽宁瓦房店、青海互助等地也有发现。砖室墓居多，一般由墓道、甬道、前室、过道、后室几部分组成，多有侧室或耳室。长斜坡墓道，拱券甬道，方形主墓室，有穹窿顶、券顶或四角攒尖顶，也有前、中、后三室墓，如湖北襄阳城三国墓[4]，青海互助县高寨魏晋墓M1则为单室墓[5]。随葬品中，陶瓷器组合基本沿用东汉晚期特征，制作粗糙，多子槅、空柱盘、四系罐、双系罐、男女仆俑、帷帐等为新出现器物，铜镜常见长宜子孙镜、位至三公镜、变形四叶纹镜，多有东汉五铢，也见少量货泉、大泉五十，河南偃师杏园村M6[6]还出土有宽廓五铢。

东吴墓葬资料最为丰富，统治区域内多有发现，主要集中于湖北武昌、江苏南京以及安徽马鞍山一带，江西也发现数座。形制多样，有斜坡墓道，甬道中部常见排水设施，前室多有砖砌祭台，也有的砌在耳室内。平面呈双“凸”字形墓葬，基本由甬道、前室、过道和后室组成，方形前室的顶部有由四边券进式穹窿顶向四隅券进式穹窿顶发展的特点，内多有祭台，后室有棺床。平面呈“凸”字形的墓葬由封门、甬道和墓室组成，纵长方形墓室，顶部多为双层券顶，如安徽马鞍山市佳山东吴墓[7]。陪葬品有陶瓷、漆、铜器和钱币等，陶瓷器部分沿袭东汉风格，但青瓷器在数量上已超过陶器，流行器型有四系罐、双系罐、盘口壶、多子槅、牛车、牛形镇墓兽等，堆塑罐是最具特色的器物。铜镜多为神兽镜。钱币除东汉五铢外，还有较多东吴钱币如大泉当千、太平金百等。

---

1 顾承银、卓先胜、李登科：《山东金乡鱼山发现两座汉墓》，《考古》1995年第5期。

2 韩国河、朱津：《三国时期墓葬特征述论》，《中原文物》2010年第6期。

3 洛阳市文物工作队：《洛阳曹魏正始八年墓发掘报告》，《考古》1989年第4期。

4 襄樊市博物馆：《湖北襄阳城内三国时期的多室墓清理报告》，《江汉考古》1995年第3期。

5 青海省文物考古研究所：《青海互助县高寨魏晋墓的清理》，《考古》2002年第12期。

6 中国社会科学院考古研究所河南第二工作队：《河南偃师杏园村的两座魏晋墓》，《考古》1985年第8期。

7 安徽省文物考古研究所：《安徽马鞍山市佳山东吴墓清理简报》，《考古》1986年第5期。

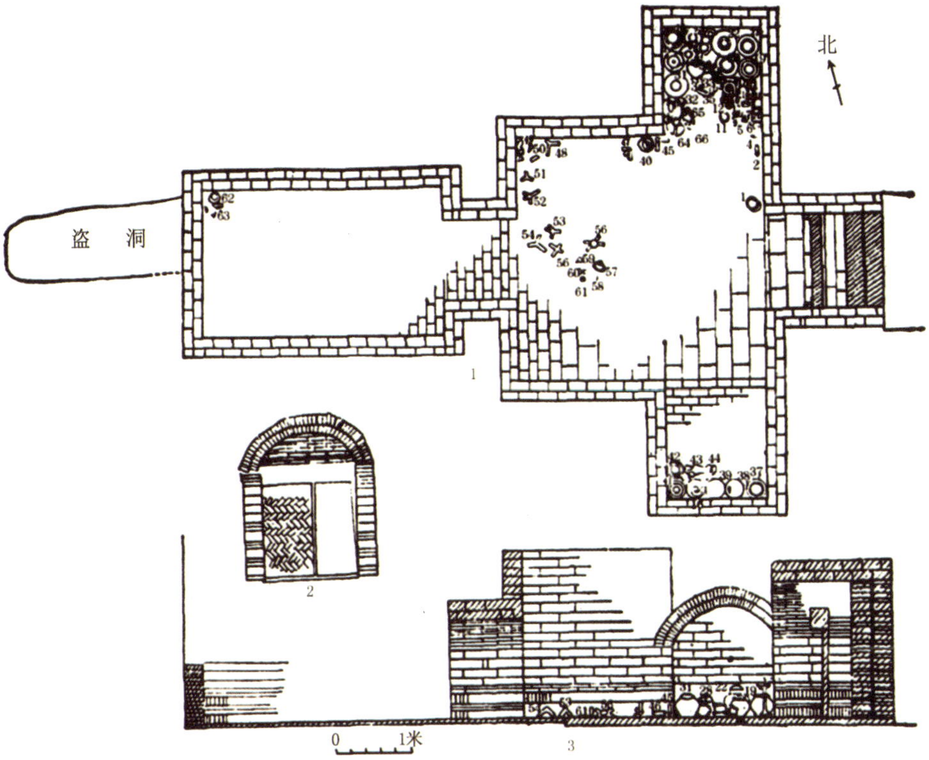

图2-43 洛阳曹魏正始八年墓平剖面图(引自《洛阳曹魏正始八年墓发掘报告》,《考古》1989年第4期)

蜀汉墓葬资料少，以四川、重庆为多，陕西汉中也有发现。大多为崖墓，形制多样，小型墓比例大，基本不见画像。有墓道，可分为多室、双室和单室，顶基本弧形顶，有排水沟。多室墓由墓道、甬道、前室、后室组成，有的为两后室，也有的为中、后两室，如四川忠县涂井M9。涂井M5、M4分别为双室墓和单室墓[1]。砖室墓数量少，平面“凸”字形，由墓门、甬道和墓室组成，券顶，四川凉山西昌南坛蜀汉墓[2]，甬道中有一条砖砌三角形排水沟。随葬品分陶、瓷和铜三大类。陶器与东汉晚期墓葬接近，新出现了双系罐、四系罐，模型明器不见仓，俑仍占有相当比例，但种类减少，不见西王母俑。瓷器均为青瓷器，且多为实用器，新出现的器型为盘口壶、四系罐、唾壶、蛙式水盂。铜器中摇钱树是其特色。钱币除东汉钱币外，也有较多蜀钱，如直百五铢、蜀五铢、太平百钱等。

总体而言，三国墓葬有一定的创新。形制上，前室平面多方形，前后室之间有较长过道，墓壁自底部砌砖开始有二至四组三横一丁，其上为横砌至起券处，四隅券进式穹窿顶逐渐普及；陪葬品中，陶质多子槅、牛形镇墓兽、牛车为逐渐流行的新品种，瓷器增多，四系罐、双系罐常见，这些均对此后的晋墓有重要影响。

1 四川省文物管理委员会：《四川忠县涂井蜀汉崖墓》，《文物》1985年第7期。
2 凉山州博物馆：《四川凉山西昌发现东汉、蜀汉墓》，《考古》1990年第5期。

第三章 农具、作物与农业

农业是中国古代社会经济的基础，秦汉三国时期是中国历史上农业文明实现飞跃的时期，最为明显的特征就是铁器和牛耕的广泛应用和推广。铁器广泛应用于农具中，推动了该时期农业生产的快速发展，农作物随之逐渐丰富。汉代“区田法”、“代田法”等耕作技术的推广，极大地提高了生产效率，相对合理的管理制度使农业生产的流程日趋完善。

第一节　秦汉三国时期农具的类型与特点

秦汉三国时期的农具最明显的特点是基本实现了铁器化，这是伴随着当时铁器工业的全面发展而实现的[1]。此外还有一定数量的石质工具，多数用于粮食加工，如石磨。目前考古发现的铁农具数量较多，按照用途可以分为起土、碎土工具，中耕和播种工具以及收割工具。

一、起土、碎土工具

秦汉三国时期起土、碎土工具常见有犁、镢、锸、耒等。其中犁的形制与结构较为复杂，一般由犁铧、犁鏵和铧冠三部分组成。

犁铧是犁的入土部件，具有发土、挤压、碎土、翻土等功能。目前发现的犁铧大小形制差别较大，大致可分为大、中、小三种，犁铧大小的不同，与木犁的结构相适应，既因应畜力大小的不同，又因应不同作业的需要[2]。大的犁铧长度一般在30—40厘米，或大于40厘米，宽一般为30厘米左右。平面三角形，两翼较直，前端刃部较尖锐或略圆弧。一面鼓起，中间起脊，銎口纵截面呈等腰三角形。如陇县八渡公社出土的3件舌形铧，其中1件长39.5厘米、后宽37.7厘米、高14.3厘米（图3-1，1），另外两件分别长38厘米、37厘米[3]。这种大型犁铧在辽宁、吉林集安、河北满城和兴隆、山东滕县、新疆、福建等地多有发现[4]。东汉晚期至曹魏时期，大型犁铧出现了新的形制，犁铧两翼较中脊长，在后端銎口处形成“V”形。陕西渭南市田市镇曾发现4件，其中1件长30.7厘米、宽32.7厘米、脊高10.3厘

1 白云翔：《先秦两汉铁器的考古学研究》，科学出版社，2005年，第289页。

2 中国社会科学院考古研究所：《中国考古学·秦汉卷》，中国社会科学出版社，2010年，第564页。

3 陕西省博物馆：《陕西省发现的汉代铁铧和鏵土》，《文物》1966年第1期。

4 中国社会科学院考古研究所：《中国考古学·秦汉卷》，中国社会科学出版社，2010年，第566页。

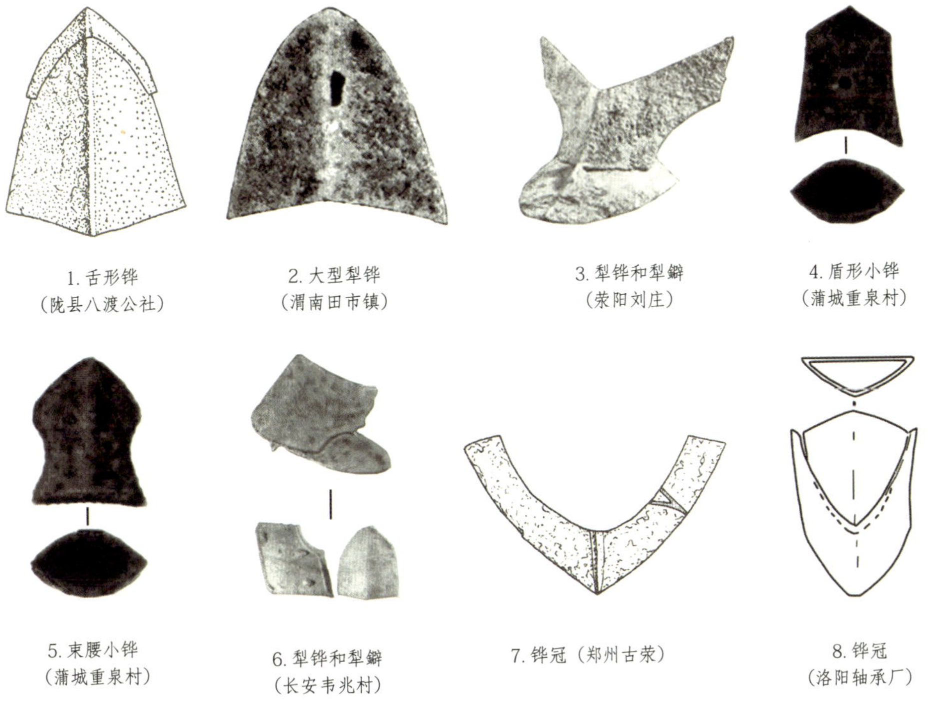

图 3-1　秦汉三国时期铁农具（一）

米[1]（图3-1，2）。中型的犁铧尺寸一般在20—30厘米。平面近舌形，两翼从前向后略呈弧线内收，刃部前端略弧。此类犁铧常见与犁鐴配套出现，如河南荥阳刘庄汉代窖藏出土的3件犁铧，其中1件配套有马鞍形犁鐴（图3-1，3）。小铧，长度一般在20厘米以下，正反两面均鼓起，銎口近椭圆形，平面形状有盾形的（图3-1，4），也有束腰形的[2]（图3-1，5）。

犁鐴又称“犁镜”、“犁壁”、“鐴土”等，安装在犁铧上部，与犁铧构成不连续曲面，具有挤压破碎土壤和翻土的功能[3]。考古发现的秦汉铁犁鐴，大致分为两类：一类是两侧对称的马鞍形，耕地时向两侧翻土；另一类是菱形或缺角方形等，耕地时向一侧翻土，这类犁鐴耕地时不仅可以将地面杂草翻转埋入土中当作肥料，兼有杀虫作用，而且能够使耕过的土地田面平整，如长安县韦兆村出土的犁铧和犁鐴[4]（图3-1，6）。

铧冠，即套在犁铧刃端的铁套头，刃口锐利。目前所发现的铧冠数量较多，在河南渑池铁器窖藏中一次就出土1101件[5]。大多数呈“V”形，两刃夹角接近90°，正面两刃交锋处多起脊，翼长一般大于20厘米，如郑州古荥冶铁遗址出土的铧冠[6]（图3-1，7）。在洛阳轴承厂汉代砖瓦窑遗址发现的一件铧冠[7]，整体较窄，刃部较宽，两翼前端交锋处起脊，中后部内收（图3-1，8）。

镢，为起土工具。可分为竖銎镢、横銎镢和多齿镢。竖銎镢，整体呈长方形，形体狭

1 郭德发：《渭南市田市镇出土汉代铁器》，《考古与文物》1986年第3期。
2 陕西省博物馆：《陕西省发现的汉代铁铧和鐴土》，《文物》1966年第1期。
3 方庄猷：《战国以来中国步犁发展问题试探》，《考古》1964年第7期。
4 陕西省博物馆等：《陕西省发现的汉代铁铧和鐴土》，《文物》1966年第1期。
5 渑池县文化馆、河南省博物馆：《渑池县发现的古代窖藏铁器》，《文物》1976年第8期。
6 郑州市博物馆：《郑州古荥镇汉代冶铁遗址发掘简报》，《文物》1978年第2期。
7 洛阳市第二文物工作队：《洛阳轴承厂汉代砖瓦窑场遗址》，《中原文物》1995年第4期。

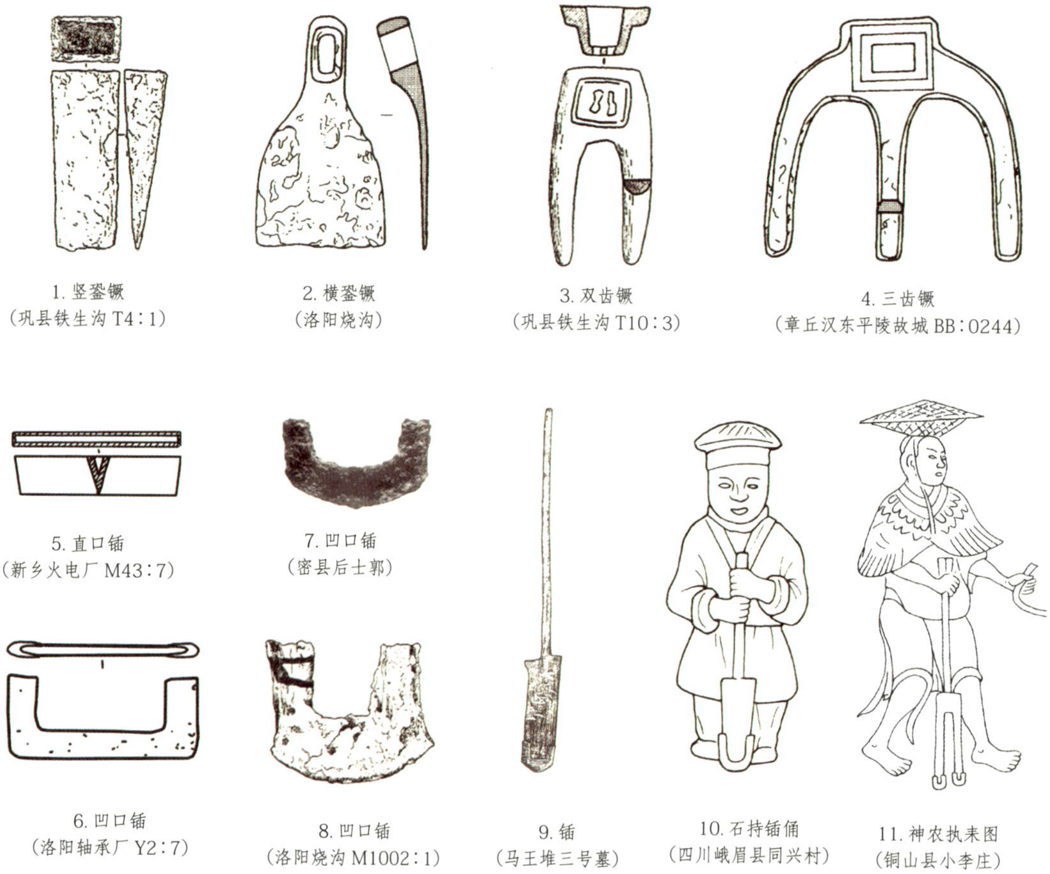

1. 竖銎镢（巩县铁生沟T4∶1） 2. 横銎镢（洛阳烧沟） 3. 双齿镢（巩县铁生沟T10∶3） 4. 三齿镢（章丘汉东平陵故城BB∶0244）
5. 直口锸（新乡火电厂M43∶7） 7. 凹口锸（密县后士郭）
6. 凹口锸（洛阳轴承厂Y2∶7） 8. 凹口锸（洛阳烧沟M1002∶1） 9. 锸（马王堆三号墓） 10. 石持锸俑（四川峨眉县同兴村） 11. 神农执耒图（铜山县小李庄）

图3-2 秦汉三国时期铁农具（二）

长厚重，顶部有方形或长方形竖銎。装柄方法是在镢的顶部銎口插入一长方形木块，在木块上再横凿一孔装木柄。竖銎镢发现的数量较多，河南巩县铁生沟冶铁遗址曾发现8件，其中标本T4∶1，长20.6厘米、宽6.8厘米[1]（图3-2，1）。横銎镢，横向穿孔（銎），位于镢体靠上位置，銎部较宽。洛阳烧沟汉墓M33出土的镢，长15厘米、刃宽9厘米[2]（图3-2，2）。多齿镢的结构与横銎镢相同，但镢身由两个或多个齿组成，有双齿镢、三齿镢、五齿镢等不同形式。双齿镢在河南巩县铁生沟冶铁遗址曾出土6件，标本T10∶3，銎口一面未完全通透，有两个长条形孔，长21.5厘米[3]（图3-2，3）。三齿镢在章丘汉东平陵故城出土2件，器扁平而薄，标本BB∶0244，长15.6厘米[4]（图3-2，4）。

铁锸是最为常见的起土工具，战国时期已有发现，汉代普遍流行。锸的形制有两种，即直口锸和凹口锸。直口锸的使用年代多为西汉时期。新乡火电厂汉墓出土2件，标本M43∶7，长19.2厘米、宽4.8厘米（图3-2，5）。凹口锸的发现数量多，地域分布广，形态多样，根据其刃部形制可分为三种：第一种为平直刃，刃部与两侧成直角，如洛阳轴承

1 河南省文化局文物工作队：《巩县铁生沟》，文物出版社，1962年，第31—32页。
2 洛阳区考古发掘队：《洛阳烧沟汉墓》，科学出版社，1959年，第189页。
3 河南省文化局文物工作队：《巩县铁生沟》，文物出版社，1962年，第31—32页。
4 山东省文物考古研究所：《山东省章丘市汉东平陵故城遗址调查》，《考古学集刊》第11集，中国大百科全书出版社，1997年。

厂汉代砖瓦窑场遗址的Y2:7，横长14.8厘米、上下宽6厘米[1]（图3-2，6）；第二种为弧刃，河南密县后士郭汉画像石墓出土1件，横宽14厘米、刃宽4厘米[2]（图3-2，7）；第三种的刃部较宽，略外撇，洛阳烧沟汉墓M1002:1，刃宽13厘米、高10.7厘米[3]（图3-2，8）。完整的锸由木柄、作为锸身的木叶和铁口组成，如长沙马王堆三号汉墓的填土中出土一件完整的锸，圆柱形柄，锸身木叶扁平，上刻有“X”字，凹字形铁口，全长139.5厘米，木叶长46.5厘米，铁口刃宽13.1厘米、高11厘米[4]（图3-2，9）。此外，四川峨眉县同兴村汉墓出土一件石持锸俑，清楚地表现出锸的结构[5]（图3-2，10）。

耒的形制与凹口锸相似，在形体上比锸小，耒一般宽5厘米左右，最多也不超过8厘米，江西修水曾有出土[6]。《盐铁论·国疾》中有“秉耒抱臿（锸），躬耕身织者寡”的记载，因此耒与锸应该是两种不同用途的农具，耒是一种前头分为两叉的木制的土作工具，因此又称为“两头锸”或“双齿锸”。江苏铜山县小李庄汉墓出土画像石上的神农执耒图很形象地描绘出耒的使用情况[7]（图3-2，11）。

二、中耕和播种工具

中耕和播种工具主要有锄、铲、耧铧等。

锄为中耕工具，横向装柄，可用于除草、间苗和松土等。锄的形制多样，常见的有以下四类：横长方形锄板，如西汉杜陵寝园遗址出土的T4:2，长21.8厘米、宽8.1厘米[8]（图3-3，1）；六角形锄板，多见于秦代和西汉前期，山东临淄齐王墓随葬坑出土1件，肩部略凹弧，刃宽18.6厘米、高11.4厘米[9]（图3-3，2）；耨锄，平面略呈三角形，多见于东汉时期，山东枣庄市台儿庄区发现1件，并装有木柄，斜肩，锄刃略弧，銎颈凸出锄板，锄钩呈“7”形，前实后空，前端插入方銎中，后部套有圆铁箍以固定长木柄（图3-3，3）[10]；有的锄身平面近钟形，后接一曲柄，东汉时期开始出现，柄后端有銎以装木柄，章丘市汉东平陵故城出土2件，其中标本BB:0215，残长12厘米、刃宽10.6厘米[11]（图3-3，4）。

铲的使用可追溯至新石器时代初期的石铲，商代西周时期有青铜铲，春秋晚期出现了铁铲，秦汉三国时期较为流行。该时期铁铲的形制多样，有短体铲、长体铲、板状铲等。短体铲的数量最多，全国各地均有发现，河南巩县铁生沟遗址曾出土1件，长13.5厘米、宽11厘米，銎部铸有“河三”两字（图3-4，1）[12]。长体铲和板状铲的数量相对较少，

1 洛阳市第二文物工作队：《洛阳轴承厂汉代砖瓦窑场遗址》，《中原文物》1995年第4期。

2 河南省文物研究所：《密县后士郭汉画像石墓发掘报告》，《华夏考古》1987年第2期。

3 洛阳区考古发掘队：《洛阳烧沟汉墓》，科学出版社，1959年。

4 湖南省博物馆、中国科学院考古研究所：《长沙马王堆二、三号汉墓发掘简报》，《文物》1974年第7期，图版肆，1。

5 四川省博物馆、峨眉县文管所：《四川峨眉县发现东汉石俑》，《文物资料丛刊》第4辑，文物出版社，1981年，第239页。图片采自《中国考古学·秦汉卷》，中国社会科学出版社，2010年，第567页。

6 江西省文物管理委员会：《江西修水出土战国青铜乐器和汉代铁器》，《考古》1965年第6期。

7 江苏省文物管理委员会办公室：《江苏徐州汉画像石》，科学出版社，1959年，图31。图片采自《中国考古学·秦汉卷》，中国社会科学出版社，2010年，第567页。

8 中国社会科学院考古研究所：《汉杜陵陵园遗址》，科学出版社，1993年。

9 山东淄博市博物馆：《西汉齐王墓随葬坑》，《考古学报》1985年第2期。

10 石敬东：《山东枣庄出土的铁农具》，《农业考古》1996年第1期。

11 山东省文物考古研究所：《山东省章丘市汉东平陵故城遗址调查》，《考古学集刊》第11集，中国大百科全书出版社，1997年。

12 河南省文化局文物工作队：《巩县铁生沟》，文物出版社，1962年，第33页。

1. 锄板（杜陵寝园遗址 T4∶2）

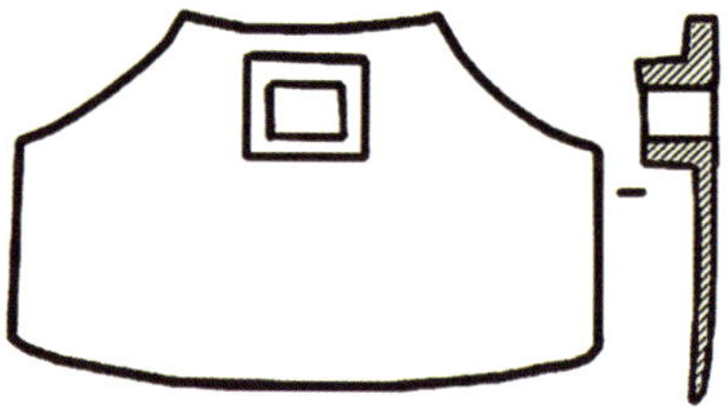

2. 锄板（临淄齐王墓）

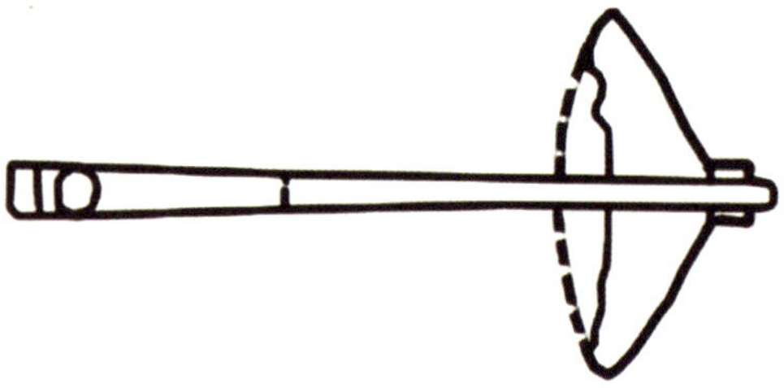

3. 耨锄（枣庄市台儿庄区）

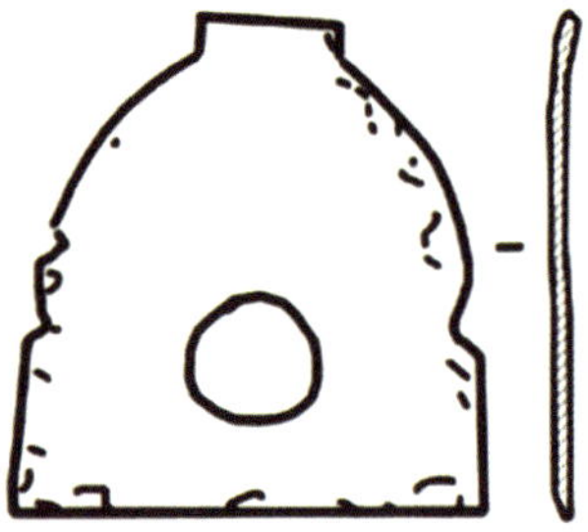

4. 锄板（章丘东平陵故城 BB∶0215）

图 3-3　秦汉三国时期铁农具（三）

长体铲曾在章丘东平陵故城出土2件，其中标本BB∶0162，残长20.8厘米、铲身宽10厘米[1]（图3-4，2）。板状铲在枣庄台儿庄区张山子发现1件，长方形銎[2]（图3-4，3），此外秦都咸阳[3]、天长三角圩汉墓[4]、广州南越王墓[5]等地也有发现。

耘犁，可安装犁头、握柄及绳辕，称为耘犁[6]，或是铁铲犁[7]。耘犁的上部结构为左右平行的双柄，下部折起呈"V"形交汇。渭南田市镇出土3件，其中1件，双柄长28—32厘米、宽1厘米、厚1.8—2厘米[8]（图3-4，4）。

耧铧使用于耧车上进行播种，这种技术产生于汉武帝时期[9]。这是汉代在耕作和播种技术上的巨大进步，耧犁的发明和使用，将开沟与播种结合在一起，极大地提高了播种的效率和水平，使播种技术发展到一个新的阶段[10]。耧铧的发现较为普遍，在陕西、

1 山东省文物考古研究所：《山东省章丘市汉东平陵故城遗址调查》，《考古学集刊》第11集，中国大百科全书出版社，1997年。

2 石敬东：《山东枣庄出土的铁农具》，《农业考古》1996年第1期。

3 秦都咸阳考古工作站：《秦咸阳宫第二号建筑遗址发掘简报》，《考古与文物》1986年第4期。

4 安徽省文物考古研究所、天长县文物管理所：《安徽天长县三角圩战国西汉墓出土文物》，《文物》1993年第9期。

5 广州市文物管理委员会、中国社会科学院考古研究所、广东省博物馆：《西汉南越王墓》，文物出版社，1991年，第104页。

6 李京华：《河南古代铁农具》，《农业考古》1984年第2期；《河南古代铁农具（续）》，《农业考古》1985年第1期。

7 王静如：《论中国古代耕犁和田亩的发展》，《农业考古》1983年第1期。

8 郭德发.：《渭南市田市镇出土汉代铁器》，《考古与文物》1986年第3期。

9 [东汉]崔寔《政论》："武帝以赵过为搜粟都尉，教民耕殖。其法三犁共一牛，一人将之，下种、挽耧，皆取备焉，日种一顷。"严可均校辑：《全上古三代秦汉三国六朝文·全后汉文》卷四十六《崔寔·政论》，第一册，中华书局，1958年，第727页。

10 中国社会科学院考古研究所：《中国考古学·秦汉卷》，中国社会科学出版社，2010年，第578页。

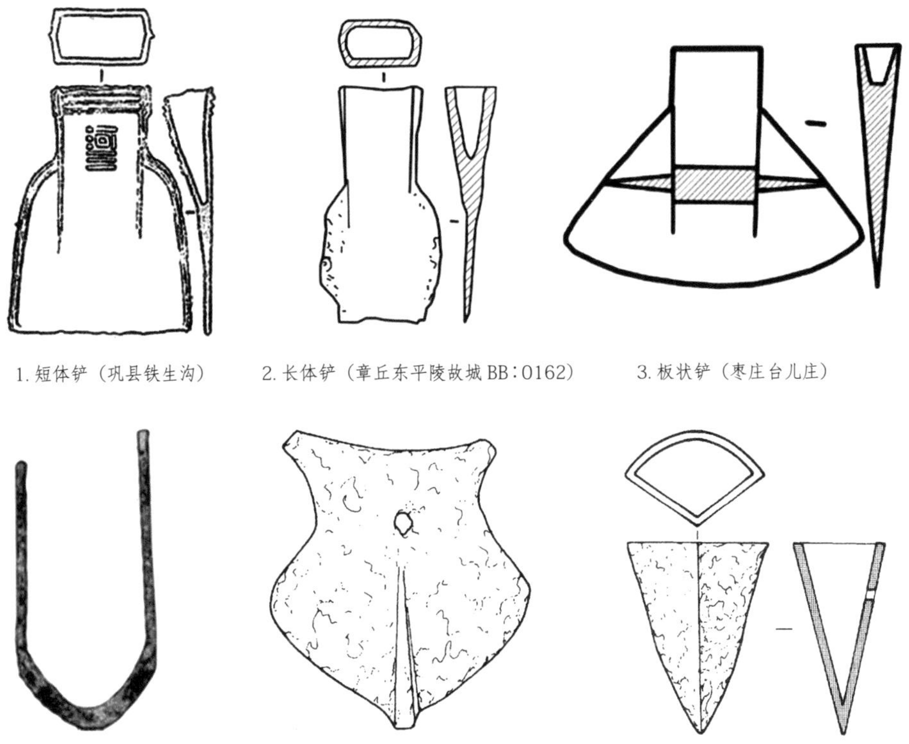

1. 短体铲（巩县铁生沟） 2. 长体铲（章丘东平陵故城BB：0162） 3. 板状铲（枣庄台儿庄）
4. 耘犁（渭南田市镇） 5. 束腰耧铧（渭南田市镇） 6. 耧铧（陕西永寿）

图 3-4 秦汉三国时期铁农具（四）

河南、北京、辽宁等地均有发现，其形制多样，有束腰形、尖锥状、三角形等。陕西渭南田市镇一次发现铁耧铧8件，呈束腰形，双翼，尖头，顶部为竖銎，长16.7—17厘米、翼展15.7—16厘米、脊高9厘米[1]（图3-4，5）。尖锥状的耧铧在陕西永寿西村出土5件，銎口呈三角形[2]（图3-4，6）。

三、收割工具

秦汉三国时期的收割工具主要是各种形制的镰刀，另有少量的铚刀，镰刀用于收割；铚刀用于掐穗。考古发现的大都是其刀头部分，并且绝大多数为铁质。在边远地区仍使用青铜制品，如晋宁石寨山西汉时期墓葬出土有铜镰刀[3]。

镰刀的形制按照刃部的不同可分为两类，即锋刃镰和齿刃镰[4]。锋刃镰发现较为普遍，其刃口为扁薄锋利的线形，刃部弯曲，安装木柄的一端卷折，南阳瓦房庄汉代冶铁遗址出土的47件铁镰[5]，大多为此类形状，其中标本T18①A：65，残长29.2厘米、宽1—2.7厘米（图3-5，1）。装柄时将镰头插入木柄缝中，再用绳子捆绑固定，新疆尼雅遗址

1 郭德发：《渭南市田市镇出土汉代铁器》，《考古与文物》1986年第3期。
2 刘庆柱：《陕西永寿出土的汉代铁农具》，《农业考古》1982年第1期。
3 云南省博物馆：《晋宁石寨山古墓群发掘报告》，文物出版社，1959年，第23页。
4 中国社会科学院考古研究所：《中国考古学·秦汉卷》，中国社会科学出版社，2010年，第581页。
5 河南省文物研究所：《南阳北关瓦房庄汉代冶铁遗址发掘报告》，《华夏考古》1991年第1期。

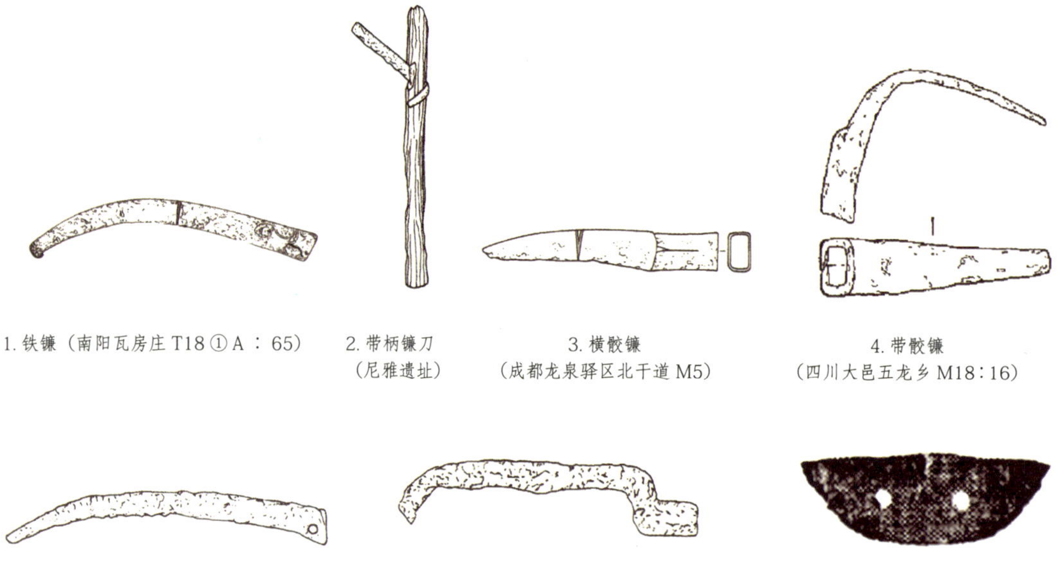

1. 铁镰（南阳瓦房庄 T18 ① A ： 65） 2. 带柄镰刀（尼雅遗址） 3. 横銎镰（成都龙泉驿区北干道 M5） 4. 带銎镰（四川大邑五龙乡 M18：16）

5. 齿刃镰（安徽寿县） 6. 齿刃镰（广州汉墓） 7. 铚刀（云南呈贡石碑村汉墓）

图 3-5　秦汉三国时期铁农具（五）

出土的木柄镰刀[1]，则反映出这种镰的装柄方式（图3-5，2）。西南地区出土的锋刃镰则带有銎，形制有两种，一种为横銎，安装曲柄，如成都龙泉驿区北干道M5内出土的带銎镰[2]（图3-5，3）；另一种带銎镰呈曲尺形，这种形制在西南地区较普遍，其后安装直柄，如四川大邑五龙乡M18：16[3]，长20.4厘米、高12.8厘米（图3-5，4）。齿刃镰的刃口呈锯齿形，发现较少，主要在南方地区，有两种形制[4]，一种为扁平长条形，曾在安徽寿县出土1件，尺寸不明[5]（图3-5，5）；另一种为带銎弓形，广州汉墓出土1件[6]（图3-5，6）。

铚刀，又称之为“爪镰”和“掐刀”，目前发现的数量较少，主要在南方地区。铚刀的形制为扁平板状，平面上呈长方形或半月形，靠近背部有一孔或两孔。云南呈贡石碑村西汉晚期墓出土13件，平面均呈半月形，刃宽9—11厘米[7]（图3-5，7）。

第二节　秦汉三国时期农作物的发现与类型

我国在一万多年前已发现有栽培稻，八千年前出现栽培的黍和粟，经过几千年的发展，到了秦汉时期粮食作物的品种较为丰富，考古发现的农作物信息主要包括实际谷物遗存，以及在其他遗物上留下来的文字记述，如陶仓、壶表面书写的文字。由于秦代和

1 新疆文物考古研究所：《尼雅95墓地4号墓发掘简报》，《新疆文物》1999年第2期；孟池：《从新疆历史文物看汉代在西域的政治措施和经济建设》，《文物》1975年第7期。

2 成都市文物考古研究所：《成都龙泉驿区北干道木椁墓群发掘简报》，《文物》2000年第8期。

3 四川省文管会、大邑县文化馆：《四川大邑县五龙乡土坑墓清理简报》，《考古》1987年第7期。

4 中国社会科学院考古研究所：《中国考古学·秦汉卷》，中国社会科学出版社，2010年，第581页。

5 殷涤非：《安徽省寿县安丰塘发现汉代闸坝工程遗址》，《文物》1960年第1期。

6 广州市文物管理委员会、广州市博物馆：《广州汉墓》，文物出版社，1981年，第162页。

7 昆明市文物管理委员会：《云南呈贡石碑村古墓葬第二次清理简报》，《考古》1984年第3期。

三国时期的时间较短，以及社会经济比较动荡，目前所发现的粮食作物遗存主要为两汉时期。秦汉三国时期的农作物类型主要有粟、黍、稻、麦、菽、高粱、麻等，此外还零星发现有一些果类、蔬菜等经济作物。

一、粟

粟，俗称“谷子”，为非黏性的小米，又称“禾”、“稷”等[1]。《汉书·食货志》中记载“粟者，王之大用，政之本务”，可见粟在当时的重要性。当时粟主要种植于黄河中下游地区，该地区发现的粟的实物遗存较多，洛阳、西安两京及附近地区最为集中，粟在此两地区出土的所有作物遗存中比例最大。《西安东汉墓》中载，共45件陶仓内有植物遗存，其中粟的比例达45%[2]，其中曲江春晓苑M23出土的陶仓中，粟保存完好（图3-6，1）。洛阳烧沟汉墓出土的陶仓中，大多盛放有谷物，而粟是最为常见的一种，如113号和1009号墓出土的陶壶中，盛放的小米保存较完好[3]。粟在秦汉时期较为普遍，除了黄河中下游地区，新疆、四川、两广、长江中下游流域均有发现（表3-1），著名的长沙马王堆一号汉墓中有大量的作物遗存，粟是其中的一类。江汉地区有种植粟的记载，两广和四川地区的粟可能是由北方运至该地的[4]。

表 3-1　粟的实物遗存出土情况统计表

地点	作物	年代	文献出处
洛阳烧沟汉墓陶仓或陶罐内	粟	汉	《洛阳烧沟汉墓》，101、109、112、113 页
洛阳老城西北郊 M81 棺床附近	粟	西汉晚期	《考古》1964 年第 8 期，406 页
洛阳涧滨汉墓陶仓内	谷子	西汉	《考古学报》1956 年第 1 期，23 页
河南辉县陶仓内	粟	西汉晚期	《中原文物》1986 年第 2 期，46 页
西安东汉墓陶仓内	粟	东汉	《西安东汉墓》，1077 页
西安卷烟材料厂 M5 陶罐内	粟	东汉晚期	《考古与文物》1997 年第 1 期，4 页
咸阳马泉西汉墓墓道陶瓮内	粟	西汉晚期	《考古》1979 年第 2 期，125 页
咸阳杨家湾 M4 陪葬坑 K3 陶仓	谷子	西汉早期	《文物》1977 年第 10 期，14 页
山东茌平南城庄 M6 人骨右侧	粟	西汉早期	《考古》1985 年第 4 期，319 页
临沂金雀山 M9 出土的褶子内	谷子	西汉早期	《文物》1977 年第 11 期，25 页
临沂金雀山 M1 出土的铁钫内	稷	西汉早期	《考古学集刊》第 1 集，134 页

1 中国社会科学院考古研究所：《中国考古学·秦汉卷》，中国社会科学出版社，2010年，第554页。

2 赵志军：《西安地区两汉墓葬出土陶仓内植物遗存的鉴定和分析》，《西安东汉墓·附录一》，文物出版社，2009年，第1077—1088页。

3 洛阳区考古发掘队：《洛阳烧沟汉墓》，科学出版社，1959年，第101页。

4 中国社会科学院考古研究所：《中国考古学·秦汉卷》，中国社会科学出版社，2010年，第557页。

续

地点	作物	年代	文献出处
江苏徐州奎山西汉墓西侧北耳室	谷子	西汉初期	《考古》1974年第2期，120页
江苏海州霍贺墓男棺的丝织袋	稷	西汉晚期	《考古》1974年第3期，186页
江苏邗江胡场M1内	小米	西汉晚期	《文物》1980年第3期，6页
江苏仪征胥埔M101	粟	西汉中期	《文物》1987年第1期，11页
北京大葆台汉墓一号墓外回廊的陶瓮内	小米	西汉晚期	《北京大葆台汉墓》，63页
甘肃敦煌马圈湾烽燧遗址	谷子	汉	《文物》1981年第10期，4页
甘肃敦煌悬泉置遗址	粟	汉	《文物》2000年第5期，16页
安徽霍山M2北边厢内	粟壳	西汉前期	《文物》1991年第9期，41页
新疆尼雅遗址	粟	汉	《文物》1960年第6期，26页
新疆于阗圆沙	粟	西汉	《考古》1998年第12期，36页
湖北江陵凤凰山M168竹笥和陶仓内	小米	西汉初年	《考古学报》1993年第4期，499页
湖南长沙马王堆一号汉墓	粟	西汉早期	《长沙马王堆一号汉墓》，221页
湖北云梦睡虎地M11	粟	秦代	《云梦睡虎地秦墓》，60页
广西贵县罗泊湾汉墓椁室内	粟	西汉早期	《广西贵县罗泊湾汉墓》，87页
四川成都凤凰山西汉木椁墓	粟	西汉晚期	《考古》1959年第8期，418页
广州番禺M10、M12	谷子	汉	《番禺汉墓》，341页

注：表中的作物均为粟，名称以原报告为准，下同。

除了实物遗存外，汉代墓葬中出土的陶仓、陶壶等器物上书写的也有较多有关粟的文字。如洛阳烧沟汉墓出土的陶仓（M82∶60）上有“粟万石”的墨书[1]（图3-6，2）、西安三兆村3号西汉墓出土的釉陶仓（M3∶2）上墨书“粟一京”[2]（图3-6，3）、西安白鹿原西汉早期的95号墓出土的陶仓（M95∶10）上粉书有“白粟粟”[3]（图3-6，4）。这些现象体现出汉代人“事死如事生”的思想。

二、黍

黍，即黏性的小米，又称“穄”、“秬”、“糜子”、“黍子”、“黄米”等。黍的栽培条件和地理分布与粟相近，但比粟生长期短且更耐旱耐瘠薄，其播种范围比粟要小[4]。黍的

1 洛阳区考古发掘队：《洛阳烧沟汉墓》，科学出版社，1959年，第112页。

2 西安市文物保护考古所、郑州大学考古专业：《长安汉墓》，陕西人民出版社，2004年，第720页。

3 陕西省考古研究所：《白鹿原汉墓》，三秦出版社，2003年，第101页。

4 中国社会科学院考古研究所：《中国考古学·秦汉卷》，中国社会科学出版社，2010年，第557页。

1. 粟（西安曲江春晓苑 M23） 2. 陶仓（洛阳烧沟 M82：60） 3. 釉陶仓（西安三兆村 M3：2） 4. 陶仓上的墨书（白鹿原 M95：10）

图 3-6　粟类遗存

实物遗存发现较多，洛阳、西安、山西平陆、咸阳、内蒙乌兰布和、河北满城、江苏扬州、湖南长沙以及广州等地均有发现（表3-2）。其中西安西柞高速M20的陶仓内发现有黍[1]，在显微镜下可清楚地看出其大小和形制（图3-7，1）。黍、稻在西汉早期已成为酿酒的主要原料之一，满城汉墓出土的陶缸上书写有“黍酒十一石”、“稻酒十一石”的字样[2]。

表 3-2　黍的实物遗存出土情况统计表

地点	作物	年代	文献出处
河南洛阳烧沟 M43、M97、M632 内	黍	汉	《洛阳烧沟汉墓》，155—157 页
洛阳西郊 M3001 陶仓内	黍	西汉	《考古学报》1963 年第 2 期，48 页
西安东汉墓陶仓内	黍	东汉	《西安东汉墓》，1077 页
陕西眉县白家村东汉墓陶罐内	糜子	东汉晚期	《考古与文物》1997 年第 5 期，10 页
陕西咸阳马泉西汉墓的陶瓮内	糜子	西汉晚期	《考古》1979 年第 2 期，129 页
咸阳杨家湾 M4 陪葬坑 K3 陶仓	黄米	西汉早期	《文物》1977 年第 10 期，14 页
宝鸡金河砖瓦场墓葬的陶仓内	糜子	东汉早期	《文物资料丛刊》第 4 辑，237 页
甘肃武威磨嘴子汉墓	糜子	汉	《考古》1960 年第 9 期，25 页
甘肃敦煌悬泉置遗址	糜子	汉	《文物》2000 年第 5 期，16 页
内蒙乌兰布和沙漠古墓中的陶仓内	黍	汉	《考古》1973 年第 2 期，94 页
湖南长沙马王堆一号汉墓西边厢内	黍	西汉早期	《长沙马王堆一号汉墓》，35 页
江苏邗江胡场 M5 侧边厢内	黍	西汉中期	《文物》1981 年第 11 期，17 页
江苏海州霍贺墓男棺的丝织袋内	黍	西汉晚期	《考古》1974 年第 3 期，186 页
广州汉墓 M1134	黍	西汉早期	《广州汉墓》，93 页

1　西安市文物保护考古所：《西安东汉墓》，文物出版社，2009年，彩版三一。

2　中国社会科学院考古研究所、河北省文物管理处：《满城汉墓发掘报告》，文物出版社，1980年，第288页。

1. 黍（西安西柞高速 M20）　2. 陶仓（洛阳烧沟 M82：62）　3. 陶仓（西安三兆村 M3：1）

图 3-7　黍类遗存

在文字记述方面，汉墓中出土的陶仓、陶壶、陶罐上多见有“黍”的字样。如洛阳烧沟汉墓出土的陶仓上写有“黍米”（图3-7，2）、“黍粟万石”等[1]；西安三兆村西汉晚期的3号墓出土的陶仓上墨书“黍粟一京”[2]（图3-7，3）。

三、稻

稻是我国最早培育的农作物，秦汉时期水稻的种植区域非常广泛，特别是在黄河流域及其北部有较多发现，并且在淮河以北、秦岭以东形成了关中平原、河内平原、伊洛河流域、黄淮平原等北方主要水稻种植区[3]。

秦汉时期稻的种植面积广阔，很多地区都发现有稻的实物遗存（表3-3）。稻在当时主要分为籼稻、粳稻、黏稻和糯稻等，其中籼稻和粳稻的种植最为广泛。籼稻主要种植于南方，粳稻多种植于北方。广西贵县罗泊湾M1出土有稻谷[4]（图3-8，1）；江陵凤凰山M167出土的一件陶仓中发现有4束稻穗卷，每束10穗左右，穗、颖、茎、叶外形保存完好，出土时色泽鲜黄，稻粒已炭化（图3-8，2），经鉴定为典型的粳稻[5]。在北方地区，西安理工大学M13出土的陶仓中有稻壳[6]（图3-8，3）。西安东郊汉墓发现的陶囷上书写有“白米囷”的字样，其中发现有白米，可能为糯米[7]。

除了实物遗存，关于稻的文字遗存也很丰富。长沙马王堆一号汉墓出土的遣策简中，记有：“稻白秫二石布囊二”、“稻白鲜米二石布囊二”、“稻米白秫五石布囊”等[8]。洛阳西北郊81号汉墓出土的陶仓上墨书有“稻米”、“白米”等[9]。此外稻在汉代是重要的酿酒原料，满城汉墓出土的陶缸上书写有“稻酒十一石”的文字[10]。

1 洛阳区考古发掘队：《洛阳烧沟汉墓》，科学出版社，1959年，第112页。

2 西安市文物保护考古所、郑州大学考古专业：《长安汉墓》，陕西人民出版社，2004年，第721页。

3 张波、樊志民：《中国农业通史·战国秦汉卷》，中国农业出版社，2007年，第174—176页。

4 广西壮族自治区博物馆：《广西贵县罗泊湾汉墓》，文物出版社，1988年，图版四五。

5 凤凰山一六七号汉墓发掘整理小组：《江陵凤凰山一六七号汉墓发掘简报》，《文物》1976年第10期。

6 西安市文物保护考古所：《西安东汉墓》，文物出版社，2009年，彩版三一。

7 程学华：《西安市东郊汉墓中发现的带字陶仓》，《考古》1963年第4期。

8 湖南省博物馆、中国科学院考古研究所：《长沙马王堆一号汉墓》，文物出版社，1973年，第141页。

9 贺官保：《洛阳老城西北郊81号汉墓》，《考古》1964年第8期。

10 中国社会科学院考古研究所、河北省文物管理处：《满城汉墓发掘报告》，文物出版社，1980年，第288页。

1. 稻谷（广西罗泊湾 M1）

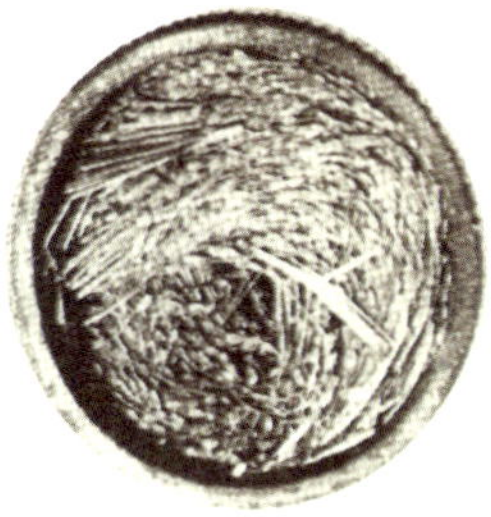
2. 稻穗（江陵凤凰山 M167）

3. 稻谷（西安理工大学 M13）

图 3-8　稻类遗存

表 3-3　稻的实物遗存出土情况统计表

地点	作物	时代	文献出处
河南洛阳烧沟汉墓陶仓内	粳稻	汉	《洛阳烧沟汉墓》，112、155 页
河南洛阳西郊汉墓陶仓内	稻米	汉	《考古学报》1963 年第 2 期，48 页
河南辉县铁路饭店汉墓陶仓内	稻	西汉晚期	《中原文物》1986 年第 2 期，42 页
西安东汉墓出土的陶仓内	稻	东汉	《西安东汉墓》，1077 页
西安东郊汉墓陶仓内	糯米	汉	《考古》1963 年第 4 期，227 页
咸阳杨家湾 M4 陪葬坑 K1 茧形壶内	稻谷	西汉早期	《文物》1977 年第 10 期，13 页
宝鸡金河砖瓦场墓葬的陶仓内	粳稻	东汉早期	《文物资料丛刊》第 4 辑，237 页
山东荣成梁南庄 M2 椁室内铜器上	稻壳	西汉晚期	《考古》1994 年 12 期，1077 页
江苏徐州奎山西汉墓西侧北耳室	稻子	西汉初期	《考古》1974 年第 2 期，120 页
江苏邗江胡场 M1 内	稻谷	西汉晚期	《文物》1980 年第 3 期，6 页
江苏扬州邗江甘泉木椁墓出土的陶罐内	稻	西汉晚期	《文物》1980 年第 12 期，5 页
安徽寿县马家堌堆 M3 前室	稻谷	东汉中期	《考古》1966 年第 3 期，145 页
安徽霍山 M2 北边厢内	稻壳	西汉前期	《文物》1991 年第 9 期，41 页
湖北江陵凤凰山 167 号汉墓	稻穗	西汉早期	《文物》1976 年第 10 期，33 页
湖北云梦睡虎地 M11	稻	秦代	《云梦睡虎地秦墓》，60 页
湖北云梦大坟头一号汉墓边厢内	籼稻	西汉初年	《文物资料丛刊》第 4 辑，15 页
湖南长沙马王堆一号汉墓	稻	西汉早期	《长沙马王堆一号汉墓》，221 页

续

地点	作物	时代	文献出处
湖南余家台子汉墓	粳稻	东汉	《湖南考古学辑刊》第 2 辑，207 页
广西合浦环城公社 M2 铜锅内	稻谷	西汉晚期	《文物资料丛刊》第 4 辑，53 页
广西贵县罗泊湾一号汉墓椁室内	稻	西汉	《文物》1978 年第 9 期，32 页
广西贵县风流岭 M31	稻壳	西汉晚期	《考古》1984 年第 1 期，62 页
贵州赫章可乐 M153 的铜鼓内	稻谷	西汉晚期	《考古学报》1986 年第 2 期，238 页
四川西昌坝河堡子大石墓内	稻	西汉初年	《考古》1976 年第 5 期，328 页

四、麦

麦在我国的种植可追溯到新石器时代晚期，到了秦汉时期，随着农田水利的发展和防旱保墒耕作技术的进步，尤其是石转磨的推广，促进了麦类粮食种植的进一步发展[1]。在秦汉三国时期麦的品种有小麦、大麦、荞麦等，是当时北方地区仅次于粟的粮食作物。此外，在新疆、甘肃等地还发现有青稞的实物遗存。

麦在秦汉时期的实物遗存不如粟、黍和稻那样丰富，发现地点主要位于两京和西北地区。洛阳西郊汉墓M3002出土的陶仓内发现有大麦和小麦[2]；咸阳杨家湾西汉早期的4号墓3号器物坑的陶仓中装有小麦和荞麦[3]；甘肃敦煌汉代悬泉置遗址中出土了大量的农作物遗存，其中有大麦、粟、糜子、豆等[4]。西安石油学院M22的陶仓内发现有大麦[5]（图3-9，1）。新疆民丰尼雅遗址出土了东汉麦粒和一根较完整的麦穗[6]。其他出土麦类

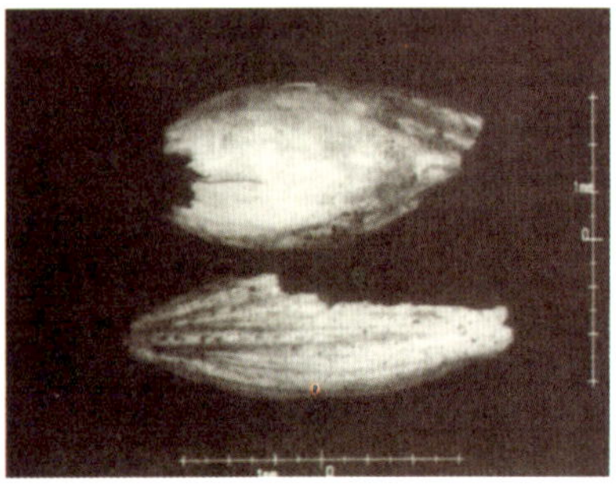

1. 麦粒（西安石油学院 M22）

2. 陶仓（洛阳烧沟）

3. 陶仓（洛阳烧沟）

图 3-9　麦类遗存

1 中国社会科学院考古研究所：《中国考古学·秦汉卷》，中国社会科学出版社，2010年，第558页。

2 中国社会科学院考古研究所洛阳发掘队：《洛阳西郊汉墓发掘报告》，《考古学报》1963年第2期。

3 杨家湾汉墓发掘小组：《咸阳杨家湾汉墓发掘简报》，《文物》1977年第10期。

4 甘肃省文物考古研究所：《甘肃敦煌汉代悬泉置遗址发掘简报》，《文物》2000年第5期。

5 安市文物保护考古所：《西安东汉墓》，文物出版社，2009年，图版三二六。

6 史树青：《谈新疆民丰尼雅遗址》，《文物》1962年第7、8期；新疆维吾尔自治区博物馆考古队：《新疆民丰大沙漠中的古遗址》，《考古》1961年第3期。

遗存的地点见表3-4。

关于麦类的文字遗存多发现于汉墓出土的陶仓上，如洛阳烧沟汉墓出土的陶仓上分别写有“麦万石”、“大麦万石”（图3-9，2）、“小麦万石”（图3-9，3）等文字[1]。此外，在出土的汉简上常能见到有关麦的种植等信息，如江苏连云港尹湾M6中出土的《集簿》木牍中记有“□种宿麦十万七千三百[八]十□顷多前九百二十顷八十二亩”[2]。

表3-4　麦的实物遗存出土情况统计表

地点	作物	时代	文献出处
河南洛阳西郊M3002的陶仓内	小麦、大麦	汉	《考古学报》1963年第2期，48页
西安石油学院M22陶仓内	大麦	东汉	《西安东汉墓》，图版三二六
咸阳马泉西汉墓墓道陶瓮内	小麦	西汉晚期	《考古》1979年第2期，125页
江苏扬州邗江甘泉木椁墓出土的陶罐内	小麦	西汉晚期	《文物》1980年第12期，5页
湖南长沙马王堆一号汉墓	小麦、大麦	西汉早期	《长沙马王堆一号汉墓》，35页
甘肃武威磨咀子汉墓	荞麦	汉	《考古》1960年第9期，25页
甘肃敦煌马圈湾烽燧遗址	大麦、小麦、青稞	汉	《文物》1981年第10期，4页
甘肃敦煌悬泉置遗址	大麦	汉	《文物》2000年第5期，16页
新疆尼雅遗址	小麦、青稞	汉	《文物》1960年第6期，26页
新疆若羌楼兰故城	小麦、大麦	汉	《农业考古》1983年第1期，122页
内蒙乌兰布和沙漠古墓中的陶仓内	荞麦、小麦	汉	《考古》1973年第2期，94页

五、菽

菽，即豆类作物，一般指大豆[3]。豆在汉代被列为五谷之一，是当时重要的粮食作物。从目前的考古发现来看，菽的种植面积较为广阔，黄河流域、长江流域及华南地区都有发现，但菽的实物遗存发现得较少，西安、洛阳、敦煌、长沙、广东、广西、贵州等地有出土（表3-5）。西安石油学院M22出土的陶仓内发现有炭化的大豆[4]（图3-10，1）。在文字记述方面，洛阳烧沟汉墓出土的陶仓上，有的写有“大豆万石”（图3-10，2）、“小豆万石”（图3-10，3）等[5]。

1 洛阳区考古发掘队：《洛阳烧沟汉墓》，科学出版社，1959年，第112页。

2 连云港市博物馆：《江苏东海县尹湾汉墓发掘简报》，《文物》1996年第8期；《尹湾汉墓简牍释文选》，《文物》1996年第8期。

3 《广雅·释草》：“大豆，菽也”。

4 西安市文物保护考古所：《西安东汉墓》，文物出版社，2009年。

5 洛阳区考古发掘队：《洛阳烧沟汉墓》，科学出版社，1959年，第113页。

1. 炭化大豆（西安石油学院 M22） 2. “大豆万石”陶仓（洛阳烧沟） 3. “小豆万石”陶仓（洛阳烧沟）

图 3-10 菽类遗存

表 3-5 菽的实物遗存出土情况统计表

地点	作物	时代	文献出处
汉景帝阳陵从葬坑内	菽	西汉早期	《汉阳陵》，8 页
咸阳杨家湾 M4 陪葬坑 K3 陶仓内	豆类	西汉早期	《文物》1977 年第 10 期，13 页
河南洛阳烧沟汉墓陶仓内	大豆、小豆	汉	《洛阳烧沟汉墓》，112、155 页
甘肃敦煌马圈湾烽燧遗址	豌豆	汉	《文物》1981 年第 10 期，4 页
广西梧州大圹 M3 的铜碗内	豆类	东汉	《文物》1977 年第 2 期，71 页
广州番禺 M12 内	豆	东汉	《番禺汉墓》，341 页
贵州赫章可乐 M153 铜鼓内	大豆	西汉晚期	《考古学报》1986 年第 2 期，238 页
西安石油学院 M22 陶仓内	大豆	东汉	《西安东汉墓》，图版三一

六、其他粮食作物

秦汉三国时期其他的粮食作物还有高粱、麻、薏苡等，但在当时的粮食作物中分量较小。

高粱，又称为“粱”、“秫”、“粱秫”、“蜀秫”、“蜀黍”等[1]，是秦汉时期种植较多的作物。高粱在距今3000年前已有发现，陕西长武碾子坡遗址出土有先周时期的高粱[2]。秦汉时期，高粱的种植有了较大发展。辽阳三道壕西汉村落遗址第1号居住址发现有成堆的被火烧过的炭化高粱[3]；咸阳马泉西汉墓墓道的陶瓮中，其中2个盛放有高粱[4]；洛阳烧沟汉墓出土的陶仓内发现有高粱的遗存，陶仓外书写有“粱米万石”（图3-11，1）。

麻即大麻，其雄株秸秆的表皮可用作纺织原材料，而雌株所产麻籽则是一种古

1 李毓芳：《浅谈我国高粱的栽培时代》，《农业考古》1986年第1期。

2 中国社会科学院考古研究所：《南邠州·碾子破》，世界图书出版公司，2007年，第85、202页。

3 东北博物馆：《辽阳三道壕西汉村落遗址》，《考古学报》1957年第1期，图版伍，10，第121页。

4 咸阳市博物馆：《陕西咸阳马泉西汉墓》，《考古》1979年第2期。

1. 陶仓
（洛阳烧沟）

2. 麻籽
（西安三兆村 M3）

3. 陶仓
（洛阳烧沟）

4. 薏苡
（洛阳烧沟）

5. 薏苡
（西安三兆村 M4）

图 3-11　粮食遗存

老的食粮[1]。因此，在汉代麻被列为九谷之一[2]。长沙马王堆一号汉墓的遣策简文中记有“麻种一石布囊一”，而西边箱的麻袋中装有大麻籽[3]。广西贵县罗泊湾一号墓[4]和西安三兆村M3的陶仓[5]中也有大麻的出土（图3-11，2）。两京地区汉墓出土的陶仓上常见有关麻的文字，如洛阳烧沟汉墓M82出土的陶仓上有“麻万石”[6]（图3-11，3）。

薏苡在汉代也是粮食作物的一种，西安、洛阳等地均有发现，其中洛阳烧沟汉墓M131出十的彩绘陶壶内放置有较多的薏苡[7]（图3-11，4）。西安三兆村M4出土的陶仓内也发现有薏苡[8]（图3-11，5）。

七、经济作物

秦汉三国时期是我国古代农业经济飞速发展的时期，除了种植大面积的粮食作物以外，还有大量的经济类作物，包括蔬菜、调味品、瓜果等。由于北方地区保存环境不好，目前所发现的经济类作物遗存大多位于南方地区。

在蔬菜遗存方面，广西贵县罗泊湾一号汉墓出土有冬瓜籽（图3-12，1）、花椒（图3-12，2）、姜（图3-12，3），此外还有两件葫芦瓢[9]；湖北江陵凤凰山168号汉墓的墓道填土内出土一个完整的葫芦（图3-12，4），在头箱西北角、边箱东北角的撑板竹钉上悬挂有十二件竹笭内发现有花椒、姜等作物；江苏扬州邗江甘泉木椁墓出土的陶罐内和陶灶的附近发现有菠菜、蕹菜等作物的种子[10]；马王堆一号汉墓中出土有冬葵、芥菜、姜、莲藕等[11]。

瓜果遗存方面，湖北云梦睡虎地M11出土有秦代的桃核（图3-13，1）和枣核[12]；广西贵县罗泊湾一号汉墓的椁室内发现有梅、青杨梅、李、橄榄籽（图3-13，2）、橘子、木

1 中国社会科学院考古研究所：《中国考古学·秦汉卷》，中国社会科学出版社，2010年。

2 《氾胖之书》以禾、黍、秫、稻、小麦、大麦、大豆、小豆、麻为“九谷”，见石声汉《氾胜之书今释》，科学出版社，1956年，第9页。

3 湖南省博物馆、中国科学院考古研究所：《长沙马王堆一号汉墓》，文物出版社，1973年，第142页。

4 广西壮族自治区博物馆：《广西贵县罗泊湾汉墓》，文物出版社，1988年，第87页。

5 西安市文物保护考古所：《西安东汉墓》，文物出版社，2009年，彩版三一。

6 洛阳区考古发掘队：《洛阳烧沟汉墓》，科学出版社，1959年，第112页。

7 洛阳区考古发掘队：《洛阳烧沟汉墓》，科学出版社，1959年，第101页。

8 西安市文物保护考古所：《西安东汉墓》，文物出版社，2009年，彩版三一。

9 广西壮族自治区博物馆：《广西贵县罗泊湾汉墓》，文物出版社，1988年，第87页。

10 扬州市博物馆：《扬州西汉“妾莫书”木椁墓》，《文物》1980年第12期。

11 湖南省博物馆、中国科学院考古研究所：《长沙马王堆一号汉墓》，文物出版社，1973年，第111页。

12 《云梦睡虎地秦墓》编写组：《云梦睡虎地秦墓》，文物出版社，1981年，第60页。

1.冬瓜籽（贵县罗泊湾M1）　2.花椒（贵县罗泊湾M1）　3.姜（贵县罗泊湾M1）　4.葫芦（江陵凤凰山M168）

图3-12　经济作物遗存

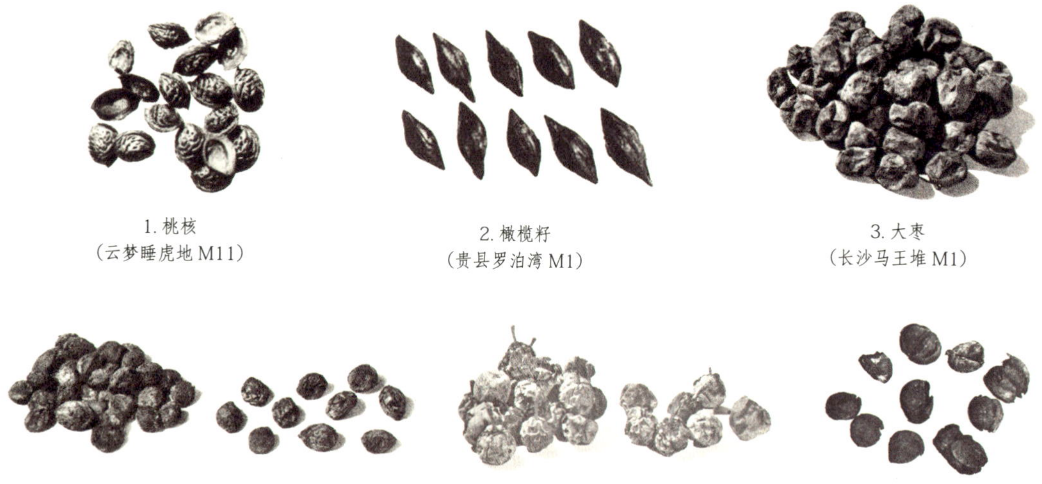

1.桃核（云梦睡虎地M11）　2.橄榄籽（贵县罗泊湾M1）　3.大枣（长沙马王堆M1）　4.梅子（长沙马王堆M1）　5.梨（长沙马王堆M1）　6.板栗（北京大葆台汉墓）

图3-13　瓜果类遗存

瓜、广东含笑等[1]；广西贵县风流岭M31内出土有橄榄、梅子[2]；广州龙生岗M43小口罐内放置有橄榄、梅子[3]；广西合浦堂排2号西汉墓出土的铜锅内盛放有荔枝，其果壳和果核保存完好[4]；马王堆一号汉墓出土的植物遗存中，经鉴定有甜瓜、大枣（图3-13，3）、梅子（图3-13，4）、梨（图3-13，5）、杨梅等[5]；三号墓出土有枣、香橙、梨、柿子、梅子和菱角等的实物或果核[6]。湖北江陵凤凰山168号西汉墓则出土有杏、桃、梅子、枇杷、李子等瓜果[7]；北京大葆台汉墓的内棺南端和西面回廊中发现有枣和板栗[8]（图3-13，6）。

1 广西壮族自治区博物馆：《广西贵县罗泊湾汉墓》，文物出版社，1988年，第87页。

2 广西壮族自治区文物工作队：《广西贵县风流岭三十一号西汉墓清理简报》，《考古》1984年第1期。

3 广州市文物管理委员会：《广州市龙生岗43号东汉木椁墓》，《考古学报》1957年第1期。

4 广西壮族自治区文物工作队：《广西合浦堂排汉墓发掘简报》，《文物资料丛刊》第4辑，文物出版社，1981年。

5 湖南省博物馆、中国科学院考古研究所：《长沙马王堆一号汉墓》，文物出版社，1973年，第160页。

6 湖南省博物馆、中国科学院考古研究所：《长沙马王堆二、三号汉墓发掘简报》，《文物》1974年第7期。

7 湖北省文物考古研究所：《江陵凤凰山一六八号汉墓》，《考古学报》1993年第4期。

8 大葆台汉墓发掘组、中国社会科学院考古研究所：《北京大葆台汉墓》，文物出版社，1989年，第63页。

第三节　秦汉三国时期的农业生产流程

我国地域广阔，各地的气候和自然环境有较大的不同，农田类型和耕作方式有一定的差异，但秦汉三国时期农业生产的流程大致相同，主要包括耕地、播种、中耕、施肥、灌溉、收割、粮食加工和粮食储存等几个方面。

一、耕地

秦汉三国时期，牛耕成为最为普遍的耕作方式，我国的传统农业由此逐步成熟。该时期的铁犁属于单辕犁，其木制犁架主要是由犁梢、犁床、犁辕和犁箭等组成的直辕犁，犁梢是犁架后部的立木，上端用于把扶，中部安装犁辕，下部安装犁床；犁床中部竖向安装犁箭，用以调节深浅；犁床前端套装犁铧[1]。犁铧的类型和特点前面已做了相关介绍，本节着重结合考古资料对犁耕的耕作方式进行阐述。

目前的考古发现还未见有木犁的实物出土，对于木犁的形制只有考古图像资料。秦汉时期的直辕犁有长辕犁和短辕犁两种，前者用二牛牵引，后者可用一牛牵引，便于山地耕作。两种牛耕方式一方面反映出不同地区适应不同的耕地条件使用的耕犁的类型不同，另一方面则可能与各地耕犁发展的不平衡有关[2]。秦汉三国时期的牛耕技术处于不断的改进中，西汉武帝时期，为实行耕战政策，实行代田法，曾推广耦犁。这种耕作为“二牛抬杠”的驾犁方式，牛前一人双手执系牵牛，右侧牛后一人执鞭赶牛，犁后一人扶犁。山东金乡香城堌堆的汉画像石上描绘有“二牛三人耦犁”的牛耕方式（图3-14，1）[3]。随着耕犁结构的改进和驾犁耕地技术的成熟，到东汉时期一般不再需要牵牛人和掌辕或压辕之人，于是形成了二牛一人和一牛一人的耦犁[4]。陕西绥德延家岔汉墓画像石上的牛耕图形象地描绘了二牛一人的耕作方式，二牛在前牵引，一人在后扶犁，犁架上设有犁箭，犁床和犁梢由一根曲木制成[5]（图3-14，2）。曹魏时期，长辕犁牵引方式已由二牛抬杠式向一牛牵引式逐渐发展，并且适应一牛牵引的曲轭逐渐代替了二牛抬杠用的肩轭，畜力耙与耱的牵引方式变化与犁相一致，如嘉峪关壁画墓上的耕作图（图3-14，3）[6]。

在土壤耕作过程中，碎土、平整田地是耕后的重要程序。秦汉时期最为常见的平地方式为“摩田”，同犁耕配套进行。“摩田”的工具称作“摩”或“耱”，形如木板，木板中央安装木辕或者套系绳索，由两牛或一牛拉拽来平磨土块。这样既防止土中水分过快地蒸发，又可以改善土壤的结构，有利于庄稼的生长[7]。山东省滕县黄家岭石画像农耕图中形象地展示了“摩田”的情形和“摩”的结构[8]（图3-14，4）。秦汉三国时期

1 中国社会科学院考古研究所：《中国考古学·秦汉卷》，中国社会科学出版社，2010年，第574页。

2 中国社会科学院考古研究所：《中国考古学·秦汉卷》，中国社会科学出版社，2010年，第575页。

3 山东石刻艺术博物馆：《山东鄄城、成武、金乡石刻调查》，《考古》1996年第6期。

4 中国社会科学院考古研究所：《中国考古学·秦汉卷》，中国社会科学出版社，2010年，第576页。

5 中国汉画像石全集编辑委员会：《中国汉画像石全集·陕西、山西汉画像石》，山东美术出版社，2000年，第81页。

6 甘肃省文物工作队：《嘉峪关壁画墓发掘报告》，文物出版社，1985年，图版四一、四二。

7 中国社会科学院考古研究所：《中国考古学·秦汉卷》，中国社会科学出版社，2010年，第576页。

8 夏亨廉、林正同：《汉代农业画像砖石》，中国农业出版社，1996年，图A7。

的平地、碎土工具还有耙，从目前的考古资料来看，汉代的耙多为人力耙，山东莱芜曾出土有八齿耙的铁范[1]。三国时期开始出现了牛拉耙，嘉峪关新城魏晋画像砖墓出土的画像砖上[2]，绘有二牛一人耙地的图像。图中的耙为长条形，耙挺上装有八根粗长的耙齿，一农夫立于耙上驱赶着两头耕牛在耙地（图3-14，5）。

二、播种

秦汉三国时期的播种方式主要有耧车播种、随犁撒播和点播三种，前两者均为条播，即在整出的田垄下有序地播种。耧车开始使用于汉武帝时期，能同时进行开沟和播种，是一种能够连续作业的农具。耧铧的形制在前文已作介绍，而耧车的形制和使用方法见于山西平陆枣园新莽墓的壁画中，该墓北壁的壁画上有一牛驾三脚耧进行播种的场面（图3-15，1）[3]。随犁撒播也是汉代较为常见的播种方式，江苏睢宁双沟东汉犁耕石画像，最下层为田间劳作场面。一农夫扶犁扬鞭驱牛耕田，另一农夫掌犁，手中似有双缰绳控牛，一儿童提篮随墒撒播种子[4]（图3-15，2）。三国时期播种技术有了一定的进步，在随犁播种后，用耱及时地进行覆盖，这种播种方式接近于后来的“瓠种”[5]。点播，多为用锄刨土后进行点种，近现代的农村在种玉米、花生等作物时仍为这种方法。还有的地区使用点种棒，松土之后在田中插洞来点播种子，四川彭县出土的一块画像砖上就显示了这种播种方式[6]（图3-15，3）。

1.“二牛三人耦犁”（山东金乡香城堌堆）

2.“二牛抬杠”耕地图（陕西绥德延家岔）

3.“一牛牵引”耕地图（嘉峪关壁画墓）

4.“摩田”图（滕县黄家岭）

5. 耙地图（嘉峪关壁画墓）

图3-14　耕地

1 山东省博物馆：《山东省莱芜县西汉农具铁范》，《文物》1977年第7期。

2 甘肃省文物工作队：《嘉峪关壁画墓发掘报告》，文物出版社，1985年。

3 山西省文物管理委员会：《山西平陆枣园村壁画汉墓》，《考古》1959年第9期；《中国考古学·秦汉卷》对该图做了摹本。

4 夏亨廉、林正同：《汉代农业画像砖石》，中国农业出版社，1996年。

5 [元]王祯《农书·播种篇》载：“瓠种者，窍瓠贮种，随行随种，务使均匀。犁随掩过，覆土既深。”

6 余德章、刘文杰：《记四川有关农业方面的汉代画像砖》，《农业考古》1983年第1期。

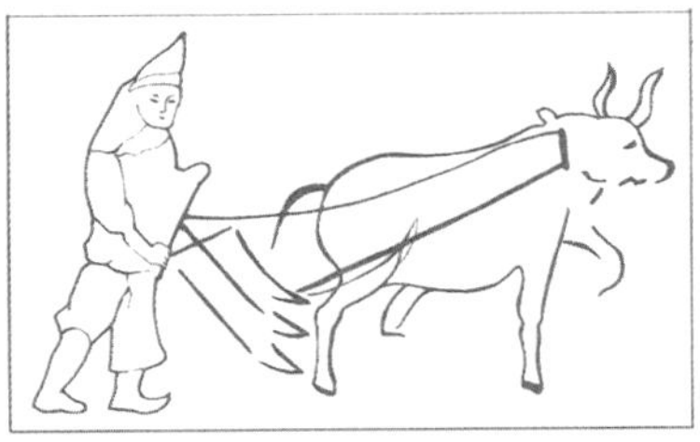

1. 楼车播种（山西平陆枣园壁画墓）

2. 随犁撒播（江苏睢宁双沟）

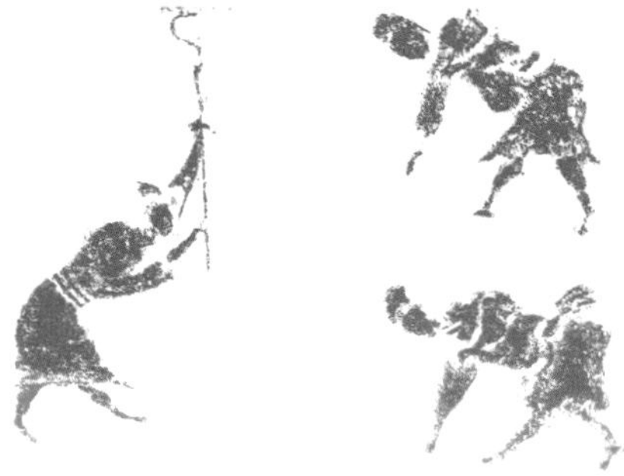

3. 点播（四川彭县）

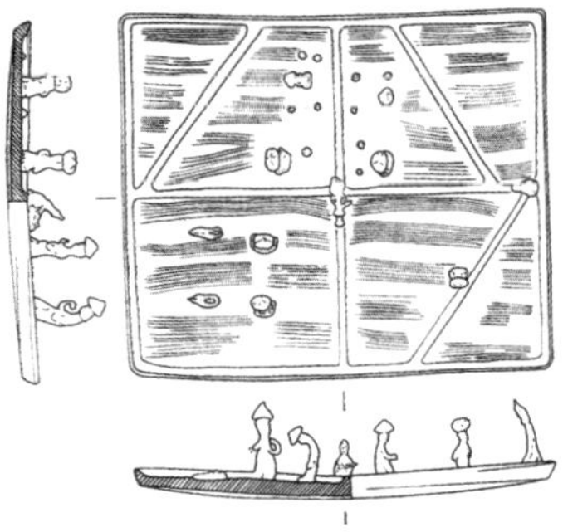

4. 水田模型（广东番禺沙头M13）

图 3-15　播种

在种植水稻方面，西汉以前是撒播的方式，东汉开始出现育秧移栽技术[1]。广东番禺沙头13号汉墓中出土有东汉时期的水田模型[2]，田地中的陶俑呈劳作状，一侧放置两件三角形的农具，表现出人们在水田插秧的场景（图3-15，4）。

三、中耕

在汉代，人们在农业生产方面是精耕细作，中耕是田间管理的重要环节，包括除草、施肥等过程。

除草的工具有锄、铲、耘犁等，这在前文的铁质农具部分已有阐述。除草的考古图像材料较多，包括水稻田中薅秧的情景。河南南阳七里园画像石墓中见有中耕图像。画像分三层，中耕除草画像位于下层右角，画像中一农夫手持长柄锄躬身在禾间除草壅土，身后右边一人肩扛一锄，锄头一端锄柄上挂一箪，锄柄末端系一水罐，似在给耘田者送饭[3]（图3-16，1）。山东省泰安大汶口出土东汉画像石上的锄草图中，刻有一农夫在随风摇曳的禾稼田里执锄中耕[4]（图3-16，2），清楚地表现出中耕的情形。稻田里的中耕除草，考古发现的有模型和画像砖资料，四川新都县出土的画像砖雕刻的农事图中，左侧为薅秧图，图中两人各持一薅秧耙，正欲薅秧；右侧两人持镰刈禾后驱赶动物[5]（图3-16，3）。

1 中国社会科学院考古研究所：《中国考古学·秦汉卷》，中国社会科学出版社，2010年，第578页。

2 广州市文物考古研究所、广州市番禺区文管会办公室：《番禺汉墓》，科学出版社，2006年，第299页。

3 南阳市文物工作队：《南阳市邢营画像石墓发掘报告》，《中原文物》1996年第1期。

4 山东省博物馆、山东省文物考古研究所：《山东汉画像石选集》，齐鲁书社，1982年。图片来自《中国考古学·秦汉卷》图版19-2。

5 沈仲常：《东汉石刻水塘水田图像略说——兼谈我国古代中耕积肥的历史》，《农业考古》1981年第2期。

1. 中耕图（南阳七里园画像石墓）

2. 中耕图（泰安大汶口）

3. 薅秧图（四川新都）

4. 陶厕（新密后士郭 M1）

5. 陶屋（广州汉墓 M5041∶36）

6. 拾粪图（米脂官庄）

7. 水塘水田模型（峨眉县双福乡同兴村汉墓）

图 3-16　中耕和积肥

四、施肥

施肥的具体考古资料并未见到，但有大量的积肥、堆肥的资料可以证明这一时期人们对施肥的重视。汉墓中出土的大量陶厕模型，很多都是畜圈和厕所结合在一起，畜圈的形制有方形和圆形，有的还设置有两间厕所，如河南新密后士郭汉画像石墓M1出土的陶厕，圈中横立一墙，将院分隔为两部分，使两间厕所各属一院[1]（图3-16，4）。广州汉墓出土的大量陶房屋模型，屋内设有厕所，后院通常作为猪圈，或者以后院的侧屋辟作厕所和羊圈，积聚人粪尿与厩肥以肥田[2]，如广州汉墓M5041∶36，畜圈位于陶屋的左侧，厕所位于右侧（图3-16，5）。此外，很多画像资料能够更加直观地表现出汉代人们积肥的活动，山东滕县、陕西米脂等地均发现有拾马粪的图像资料[3]（图3-16，6）。四川峨眉县双福乡同兴村东汉墓出土的东汉石刻水塘水田模型，水田中有堆肥、插秧的情形[4]（图3-16，7）。

五、灌溉

灌溉是农业生产中的重要环节，秦汉三国时期对农田水利和灌溉设施的建设十分重视，主要内容有大型水利灌溉、陂塘、水井等。西汉时期是水利建设的一个高峰期，除了战国时期的都江堰、郑国渠、漳水渠等水利工程继续沿用外，在全国的范围内都修建有水利灌溉设施[5]，其中关中地区最多，有六辅渠、白渠、龙首渠、灵轵渠、成国渠等，修建时间大多集中于汉武帝时期（图3-17）。陕西蒲城永丰发现了汉代龙首渠遗迹，龙首渠自今澄城县北头村附近引洛水入渠，南流十余里，越过大峪河，进入永丰界内[6]。龙首渠在修建过程中应用了井渠的办法[7]，调查发现，总长约2600米的一段井渠内有竖井7个，竖井间距11—224米不等。其中，1号井南距出水口260米，直径约1.26米；7号井北距

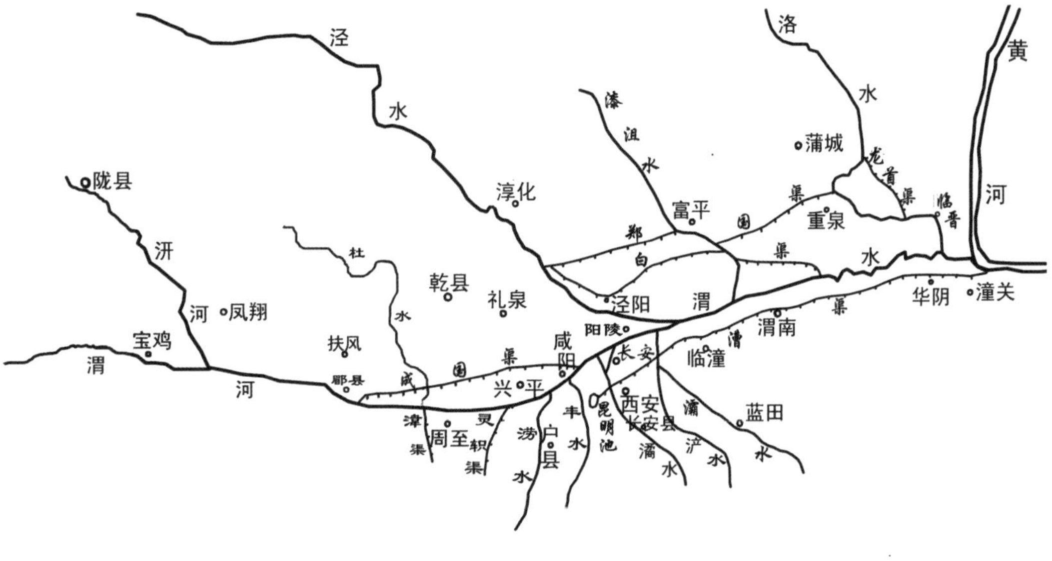

图3-17　汉代关中水利工程分布示意图（引自《中国农田水利史》，1990年）

1 河南省文物研究所：《密县后士郭汉画像石墓发掘报告》，《华夏考古》1987年第2期。

2 广州市文物管理委员会、广州市博物馆：《广州汉墓》，文物出版社，1981年，第424页。

3 山东省博物馆、山东省文物考古研究所：《山东汉画像石选集》，齐鲁书社，1982年；吴兰、学勇：《陕西米脂县官庄东汉画像石墓》，《考古》1987年第11期。

4 四川省博物馆等：《四川峨眉县发现东汉石俑》，《文物资料丛刊》第4辑，1981年。图片来自《中国考古学·秦汉卷》图版19-3。

5 彭曦：《初论战国、秦汉两次水利建设高潮——兼说都江堰工程史》，《农业考古》1986年第1期。

6 张瑞苓、高强：《陕西蒲城发现汉龙首渠遗迹》，《文物》1981年第1期。

7 《史记·河渠书》："岸善崩，乃凿井，深者四十余丈。往往为井，井下相通行水。……井渠之生自此始。"

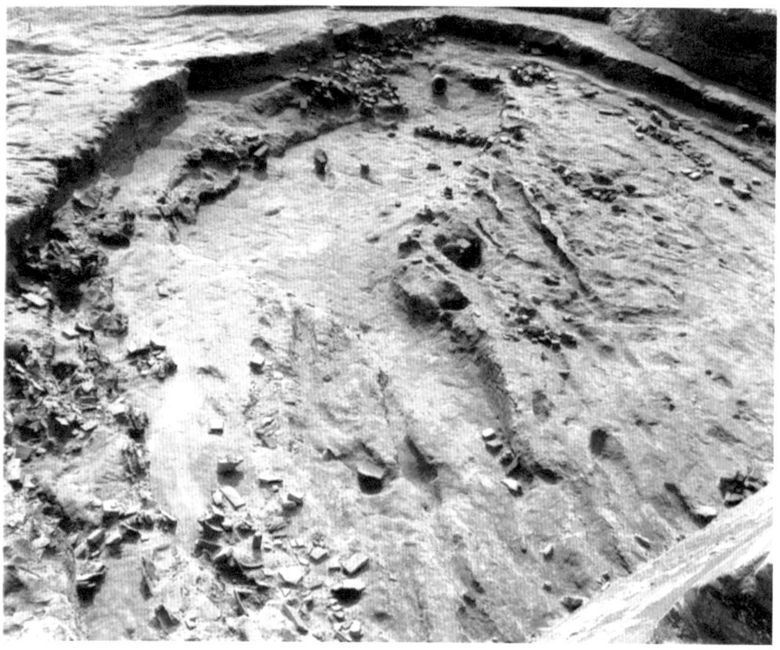

图 3-18　内黄三杨庄二号庭院西侧池塘

进水口260米，直径约1.24米，深27.8米。这种修建方法解决了渠崖善崩、堵塞水道的问题，开创了后来隧道竖井施工方法的先河，其工程技术对后来水利工程的建设产生了重要影响[1]。随着汉代疆域的拓展，中原地区先进的水利修建技术传到边远地区，在西北地区出现了河套、河西、河湟和西域四个大的灌溉农区[2]。除了修渠之外，两汉时期还修建了较多的堰坝，如安徽寿县安丰塘的东汉堰坝遗址，筑在一条泄水沟的上面，用草和土相间迭筑而成，并用纵横排列有序的木桩加固[3]。

陂塘是对大型水利工程在灌溉方面的补充，多修建于地势高低不平的丘陵地区。河南内黄三杨庄二号庭院东、北、西三面均发现有农田遗迹，用于灌溉的池塘位于庭院西侧[4]（图3-18）。这种小型的陂塘在南方地区较多，随着东汉时期汉墓中模型明器的流行，陂塘的模型也较为常见，一般与稻田相连，如陕西勉县老道寺汉墓出土的一件陂池稻田模型，陂塘与稻田之间的正中坎下有一放水孔，塘内放水孔的两侧，各立一根立式闸门槽柱，当为提升式平板闸门控制放水，田面正中有一条沟渠，正对闸门水口[5]（图3-19）。

水井的遗存在汉代发现较多，其表现形式有水井遗迹、汉墓中的陶井模型以及壁画、画像石等图像资料。从这些水井遗存的位置以及与之相关的遗存可以判断，其主要用途是生活供水，而直接表现出水井与灌溉有关的考古资料并不多。河南淮阳于庄汉墓出土陶庄园模型的西院为园圃，其中央有一水井，南部为旱田，北部为水浇田，有一水沟将井水引入沟两边的田地中，这是当时用井水灌溉的形象写

1 徐象平：《试论西汉龙首渠工程技术及其在我国水利史上的地位》，《农业考古》1991年第3期。

2 张波、樊志民：《中国农业通史·战国秦汉卷》，中国农业出版社，2007年，第144页。

3 殷涤非：《安徽省寿县安丰塘发现汉代闸坝工程遗址》，《文物》1960年第1期。

4 河南省文物考古研究所、内黄县文物保护管理所：《河南内黄三杨庄汉代聚落遗迹第二处庭院发掘简报》，《华夏考古》2010年第3期。

5 郭清华：《陕西勉县老道寺汉墓》，《考古》1985年第5期。

图 3-19 陂池稻田模型

照[1]（图3-20）。此外，洛阳汉河南县城东区的水井西侧有与之相连的砖砌水道设施[2]，应与灌溉有关。

三国时期，灌溉技术有了较大的改进，最为明显的标志就是马钧将翻车加以改进用于灌溉[3]，但目前并未有考古资料来对翻车的形制进行介绍。

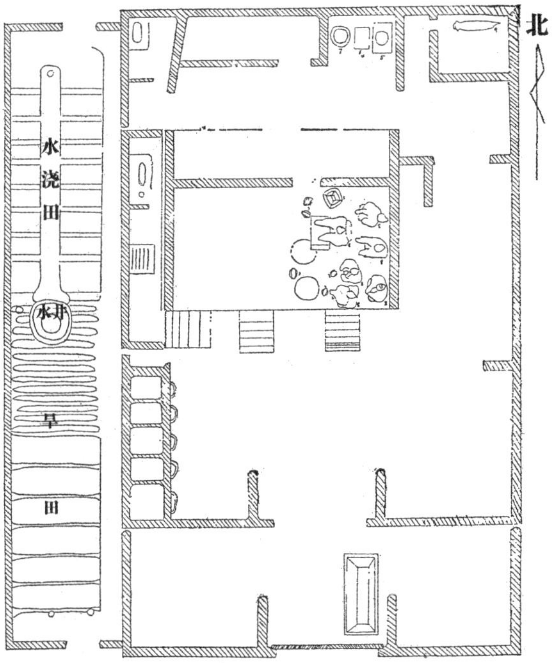

图 3-20 淮阳于庄汉墓出土庄园模型（引自《淮阳于庄汉墓发掘简报》，《中原文物》1983 年第 1 期）

六、收割

收割是田间工作的最后一道程序，收割的工具主要为铁镰，西南地区还发现有铚刀。有关收割的图像资料也有较多发现，陕西绥德延家岔出土1件画像石，最下格雕刻有7株谷穗硕长下垂的谷子，一农夫手持短镰正欲收割[4]（图3-21）。南方地区则发现有用铚刀和镰刀收割水稻的图像资料。成都市郊出土画像砖上的收割图，画面中部整齐成行的稻丛中有三人俯身弯腰，似用铚刀在掐割稻穗；左侧一人挑着食担，似为送饭；

1 周口地区文化局文物科、淮阳太昊陵文物保管所：《淮阳于庄汉墓发掘简报》，《中原文物》1983年第1期。

2 黄展岳：《一九五五年春洛阳汉河南县城东区发掘报告》，《考古学报》1956年第4期，第27页。

3 《三国志·魏书·方技传》杜夔条裴松之注曰："时有扶风马钧，巧思绝世。……居京师，城内有地，可以为园，患无水以灌之，乃作翻车，令童儿转之，而灌水自复，更入更出，其巧百倍于常。"

4 夏亨廉、林正同：《汉代农业画像砖石》，中国农业出版社，1996年，图A23。

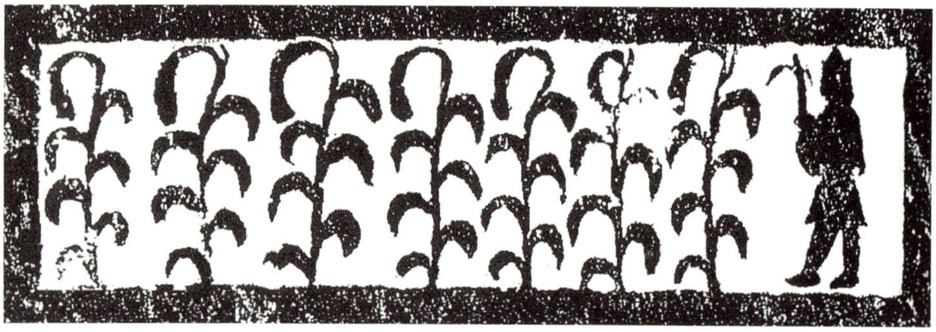

图 3-21 谷物收割图

图 3-22 水稻收割图

右侧有两人挥舞镰刀，芟割稻秸[1]（图3-22）。

七、粮食加工

秦汉三国时期粮食加工的流程已经比较完备，大致可分为脱壳、清选、磨粉等活动，此外至少在汉代，已有豆制品的深加工，用来制作豆腐、豆浆等食品。

作物在收割之后经过晾晒就要进行脱壳，脱壳的方法因粮食作物的不同有一定的差异，北方的谷物脱壳工具常见有石磙和连枷，石磙是通过对谷物进行碾压来达到脱粒的效果。石磙在战国时期已经开始应用，赵国邯郸城曾出土过12件[2]。汉代发现得较少，内黄三杨庄遗址出土1件，但从其形制上看应为镇压田垄所用。关于连枷的使用，甘肃嘉峪关新城公社5号墓出土有魏晋时期打连枷画像砖[3]，画中十分形象地展示了打连枷的劳动场面（图3-23）。稻米脱壳的工具主要是杵臼、碓和砻。杵臼制作简单，便于操作。广州汉墓M4011中出土陶屋内置有一臼，臼旁有两人持杵对臼而舂，另有一人在其旁持箕作簸米状[4]（图3-24）。内黄三杨庄遗址二号庭院出土四件石臼，平面形状有圆形和方形两种[5]（图3-25）。

杵臼的劳动效率较低，且比较费力。汉代人发明了碓，这是汉代粮食生产与加工

1 高文：《四川汉代画像砖》，上海人民美术出版社，1987年，图四。

2 邯郸市文物保管所：《河北邯郸市区古遗址调查简报》，《考古》1980年第2期。

3 甘肃省文物工作队：《嘉峪关壁画墓发掘报告》，文物出版社，1985年，第53页。

4 广州市文物管理委员会、广州市博物馆：《广州汉墓》，文物出版社，1981年，第334页。

5 河南省文物考古研究所、内黄县文物保护管理所：《河南内黄三杨庄汉代聚落遗迹第二处庭院发掘简报》，《华夏考古》2010年第3期。

的一大成就，碓是利用杠杆的基本原理，以长横杆的一个合适位置作为支撑点，一端是杵捣谷物的碓头，另一端则以人脚踏之，使其上下起伏工作。汉墓中出土的陶碓模型较多，三门峡刘家渠汉墓共出土21件碓磨房[1]，大多数碓房中都有碓和磨的模型，其中M101：36为一件凉亭式碓房，房中有1件陶磨模型，1人正在踏碓，另还有1人捧簸箕扬簸，反映了汉代粮食加工的操作场面（图3–26）。谷物脱壳之后，要将谷米与秕糠分离，汉代发明了飏扇和风车，经常与碓结合使用。四川新都县出土的舂米画像砖[2]，画面上端为一粮仓，左侧两人在踏碓，右侧一人横负圆桶在倾倒粮食，中间一人使用两扇长方形的飏扇除去谷糠（图3–27）。风车的发现较多，黄河中下游地区的汉墓中常见有出土，济源泗涧沟汉墓出土两件形制相似的陶碓和风扇车模型[3]，其中M24的陶碓与风扇车被复原，1人正在踏碓，旁边有1架风扇车，风厢为闭合式梯形，车厢中部有方形漏斗形高槛（储料斗），槛下有窄缝启门，下部正面有方形出米口，右侧为圆形风口，风口后立1人，双手前伸作摇风车的姿态。车厢左侧斜坡空箱为盛秕糠的地方（图3–28）。另据文献记载，西汉末年还发明了利用畜力的杵臼和利用水力的“水碓”[4]，但尚无相关的考古发现。

图 3–23　打连枷画像（嘉峪关汉墓壁画 M5：010）

图 3–24　杵米图（广州汉墓 M4011：5）

图 3–25　方石臼（内黄三杨庄）

汉代还有一种稻谷脱壳的工具，称为“砻”，一般出现在江淮地区，用土、竹制作，

1 叶小燕：《河南陕县刘家渠汉墓》，《考古学报》1965年第1期。

2 高文：《四川汉代画像砖》，上海人民美术出版社，1987年，图版一九。

3 河南省博物馆：《源泗涧沟三座汉墓的发掘》，《文物》1973年第2期。

4 [东汉]桓谭《桓子新论·离事篇》载：“杵臼又复设机关，用驴以赢牛马及役水而舂，其利乃且百倍。”见严可均校辑《全上古三代秦汉三国六朝文·全后汉文》卷十五《桓谭·桓子新论（下）》第一册，中华书局，1958年，第549页。

其形制和工作原理与磨相似。江苏泗洪县出土的一幅加工石画像[1]，画面左侧上部刻画的是一幅砻谷图。砻上部有容谷物的漏斗，谷物通过漏斗流入砻中；下部为承接谷米的承盘；砻体上设一直角磨拐和连接把手的长木撑架，撑架右端安装一短横木，一人双手握横木弓步推砻。

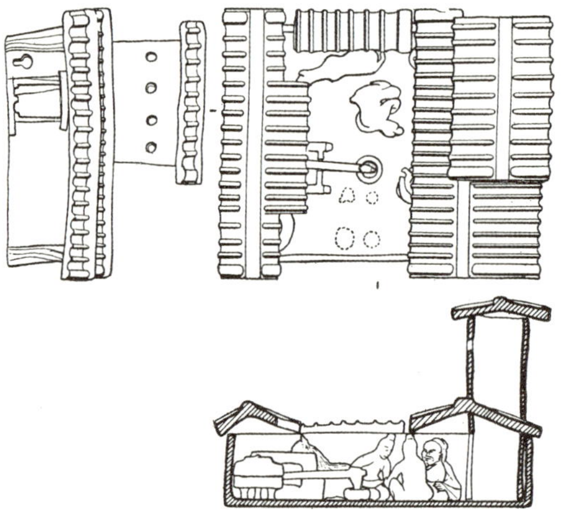

图 3-26　碓房模型（刘家渠汉墓 M101：36）

图 3-27　四川新都出土舂米画像砖

图 3-28　济源泗涧沟汉墓出土的陶风车

谷物在脱壳之后，还要进行粉碎加工。秦汉三国时期的粉碎工具主要是石磨。石磨的主要功用是将麦、粟等谷物加工成粉或将豆类磨成浆。河南博物院藏一件釉陶磨房，房间内陈设有磨和碓的模型[2]（图3-29，1）。目前关于石磨的考古发现主要集中于黄河中下游地区，磨的形制在两汉时期逐步改进，西汉早期至中期磨齿的分布呈同心圆排列的坑窝纹，这种磨不利于谷物粉碎后从磨中流出。河北满城墓出土一件，并进行了复原（图3-29，2、3）。从西汉晚期开始出现了磨齿呈辐射状沟槽形和分区线刻纹的分布，但这种石磨使粉碎的谷物从磨中流出过快，不易将谷物磨成细粉。河南内黄三杨庄遗址同时出土有后两种磨[3]，可能是为了加工不同的作物而制作成不同的形制。第二处庭院南门外水井南侧发现的1扇石磨，磨齿为直线辐射线刻形。磨齿呈分区线刻纹的排列则很好地解决了以上的两个问题，三杨庄二号庭院的东厢房前出土两盘石磨，磨齿分为八个区（图3-29，4）。由于这种磨的效率较高，以至于到西晋至隋唐时期，分区线刻纹成为磨齿的统一形态[4]。

由于磨的功能不同，又可分为干磨和湿磨两种，干磨是粉碎粮食所用，一般有两个磨眼；湿磨则是将谷物加工成浆，一般有一个磨眼，下部配置有漏斗或磨下有器物承

1　尤振尧、周晓陆：《泗洪重岗汉代农业画像石刻研究》，《农业考古》1984年第2期。

2　河南博物院：《匈奴与中原——文明的碰撞与交融》，中州古籍出版社，2013年，第63页。

3　河南省文物考古研究所、内黄县文物保护管理所：《河南内黄三杨庄汉代聚落遗迹第二处庭院发掘简报》，《华夏考古》2010年第3期。

4　李发林：《古代旋转磨试探》，《农业考古》1986年第2期。

1. 磨房模型（河南博物院藏）

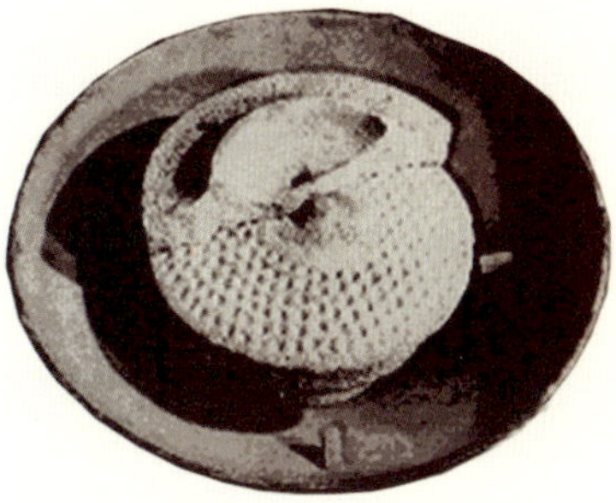

2. 坑窝纹石磨（满城汉墓）

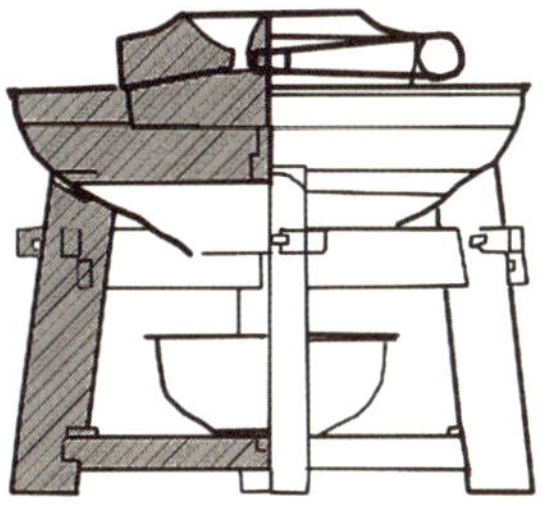

3. 满城汉墓石磨复原图

4. 分区石磨（内黄三杨庄）

图 3-29　石磨

接。目前比较明确的湿磨为满城汉墓出土的磨，经过复原，其结构较为完整。西汉中期以后，磨被作为模型明器大量出现在汉墓中，出土地点集中于河南地区，山东也有少量发现，其形制和磨齿的演变规律与实用磨相吻合。

八、粮食储存

中国古代社会历来以农业为本，因此对粮食的储存极为重视，国家修建有大型的粮仓，地主和普通居民也修建有仓廪和仓窖，相关的考古资料十分丰富。

国家的大型粮仓在两汉的都城内均有发现，均称为“太仓”，西汉的太仓尚未发现，东汉洛阳城的东北隅发现了一组大型建筑遗址，分为东西两院，发掘者认为此处为东汉的太仓所在处[1]。

两汉时期在漕运渠口附近也修建了较多的大型粮仓，目前发现有陕西华阴的西汉京师仓[2]、凤翔西汉汧河码头仓储遗址[3]和河南新安盐东村汉代仓库遗址[4]。其中京师仓遗址经过较大规模的发掘，周围依据地势建有城墙，仓城的面积约78万平方米，其中有6座粮仓遗址，均位于仓城的北部偏西。由于储存粮食的种类不同，这6座粮仓的结构也有较大的区别，1号仓规模最大，形制也较为复杂，发掘者对其进行了复原（图3-30），中间的两道隔墙将1号仓分为前、中、后三室，均为东向，室内与室外高低相差约有一米，所以该仓建筑原先应有踏步连接室内。整座仓房由柱子和中室的南墙和北墙来承

1 中国科学院考古研究所洛阳工作队：《汉魏洛阳城初步勘察》，《考古》1973年第4期。

2 陕西省考古研究所：《西汉京师仓》，文物出版社，1990年。

3 陕西省考古研究所、宝鸡市考古工作队：《陕西凤翔县长青西汉汧河码头仓储建筑遗址》，《考古》2005年第7期。

4 朱亮、史家珍：《黄河小浪底盐东村汉函谷关仓库建筑遗址发掘简报》，《文物》2000年第10期。

重，室内底面夯筑而成，房基深厚，屋面覆瓦，在夯筑地面以上还有架空地板，能较好地防雨、防潮、通风，保证了粮食能够较好地储存。其他几座粮仓中，2号仓、3号仓、4号仓均坐北朝南，是各由东西两室和门前披檐构成的半地下式建筑；5号仓和6号仓均坐东朝西，两仓南北相连，是各由南北两室和门前披檐构成的地上二层建筑。此外官府的粮仓在汉代的画像资料中也有发现，内蒙古和林格尔东汉壁画墓中所绘的“繁阳县仓”、“护乌桓校尉幕府谷仓”等，都属于这种类型的粮仓[1]。普通居民的粮仓一般规模较小，洛阳的汉代河南县城里发现的仓囷遗迹共13座，均为地下仓窖，其中方仓1座，砖壁圆囷7座，土壁圆囷5座，东区的9座仓囷皆半穿于地面之下[2]。

图 3-30 西汉京师仓复原图（引自《西汉京师仓》，1990 年）

仓储设施在秦汉三国时期主要为仓和囷[3]，关于此类遗存最为丰富的资料是墓葬中出土的大量仓囷模型，其形制多样，具有较为明显的地域性。仓囷的形制大致可分为圆形陶囷、方形陶仓、杆栏式仓囷以及大型的陶仓楼四类。墓葬中出土的陶、石仓囷模型是对现实社会的折射，特别是东汉时期流行的大型仓楼模型是对地主庄园经济的一种体现。圆形陶囷最早出现于关中地区，主要流行于黄河中下游流域，江汉地区也有发现。圆形囷的形制可分为两类，一类呈筒状，或为平底，或带有兽形三足，多为尖顶，有的带有博山炉式盖或屋檐瓦顶，如西北医疗设备厂M153∶21[4]，腹部饰有彩绘图案（图3-31，1）。此类囷的流行年代较长，秦代已有发现，一直持续至曹魏时期。另一类圆形囷呈房屋状，流行于秦代至西汉早期，常见于关中和江汉地区，盖子多为伞形，腹部开有门窗，下有较高的台基，如荆州高台M5∶22[5]（图3-31，2）。

方形陶仓多为房仓，秦汉时期的墓葬中较常见，西安龙首原汉墓出土12件房仓，M51中出土的陶仓，下有底座，可用于防潮，四面坡式深檐仓顶，正面用红彩绘出仓门、木梯以及十字形通风孔[6]（图3-31，3）。岭南地区也有类似的房仓出土，广西合浦风门岭M27出土一件，在结构上与北方地区不同，正面开一门，两侧的山墙上各有一窗，向外出有地台[7]（图3-31，4）。

杆栏式仓囷主要见于江南和岭南地区，这与当地湿热的气候有密切的关系，其形制有圆形和方形两类。广州汉墓出土9件杆栏式圆形陶囷，其中M4039∶18的盖面上刻绘出

1 内蒙古自治区文物考古研究所：《和林格尔汉墓壁画》，文物出版社，1978年。

2 郭宝钧《洛阳西郊汉代居住遗迹》，《考古通讯》1956年第1期；黄展岳：《1955年春洛阳河南县城东区发掘报告》，《考古学报》1956年第4期。

3 《吕氏春秋·仲秋》：“修囷仓”，高诱注：“圆曰囷，方曰仓。”

4 西安市文物保护考古所、郑州大学考古系：《长安汉墓》，陕西人民出版社，2004年，第81页。

5 湖北省荆州博物馆：《荆州高台秦汉墓》，科学出版社，2000年，第87页。

6 西安市文物保护考古所：《西安龙首原汉墓》，西北大学出版社，1999年，第79页。

7 广西壮族自治区文物工作队、合浦县博物馆：《合浦风门岭汉墓——2003—2005年发掘报告》，科学出版社，2006年。

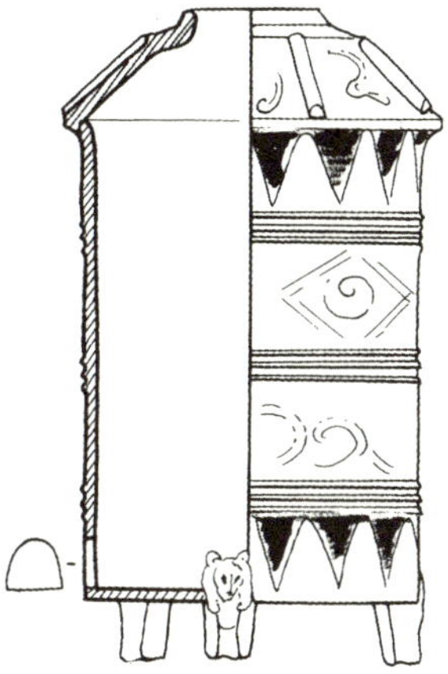

1. 陶囷（西北医疗设备厂 M153：21）

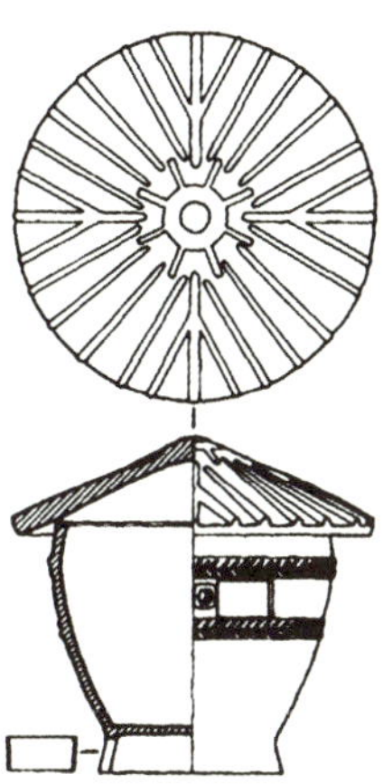

2. 房形囷（荆州高台 M5 ： 22）

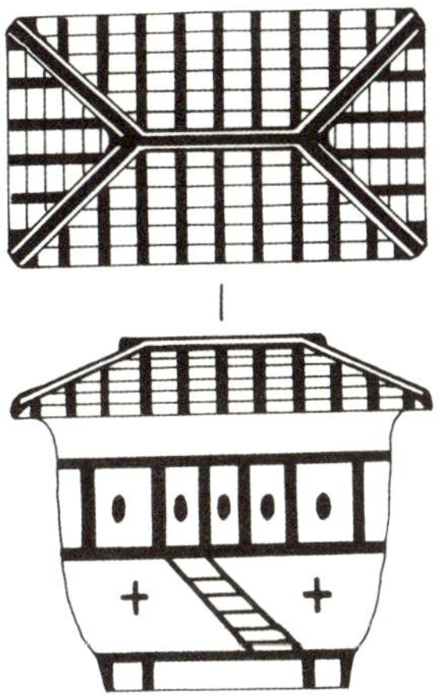

3. 房仓（龙首原 M51 ： 6）

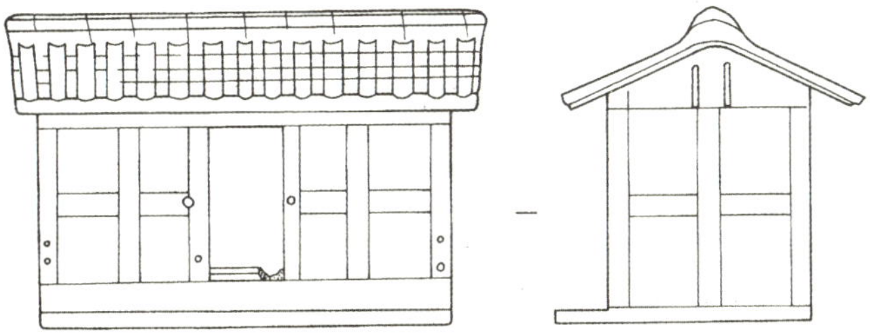

4. 房仓（合浦风门岭 M27 ： 37）

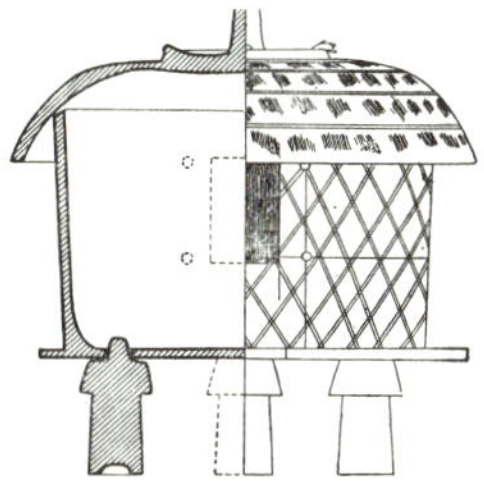

5. 杆栏式陶囷（广州汉墓 M4039 ： 18）

6. 杆栏式陶仓（广州汉墓 M4015 ： 52）

7. 陶仓楼（焦作李河汉墓出土）

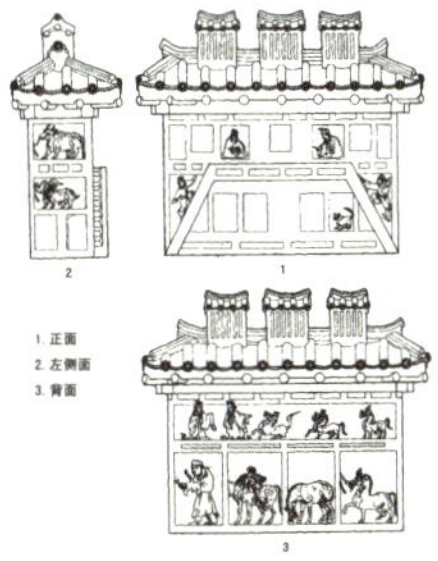

8. 石仓楼（淮阳北关 M1 出土）

图 3-31 秦汉三国时期陶仓模型

栉齿纹四周，每周有双线弦纹相隔，显示出顶盖是用稻草编扎、分层迭盖的[1]（图3-31，5）。方形的杆栏式陶仓在广州汉墓也有发现，M4015：52下有四根支柱，门前设置有板梯，形象地表现了此类仓房的形制特征（图3-31，6）。

大型陶仓楼主要出土于黄河中下游流域的东汉墓中，其中河南地区最为丰富。河南焦作墙南村出土一件七层连阁彩绘陶仓楼[2]，整座建筑气势恢宏，错落有致，通高近2米，由院落、主楼、附楼和空中阁道四部分组成，院落正面开有大门，前墙的墙帽的平台上设置有双阙，院内主楼前设置有楼梯。主楼为四重檐建筑形式，每层均设置有门窗，

1 广州市文物管理委员会、广州市博物馆：《广州汉墓》，文物出版社，1981年，第331页。

2 河南博物院：《中原古代文明之光》，科学出版社，2011年，第221页。

檐下有斗拱。附楼为一座四层建筑，与主楼之间以阁道相连（图3-31，7）。河南淮阳北关1号东汉墓出土的石仓楼，面阔1.47米，高1.2米，楼身、楼顶各用一块青石雕刻而成，楼身2层，楼顶设有3个阙楼状通气窗，楼前接有平台和楼梯，壁面刻有人物和家畜画像，仓楼正面刻有四人，其中楼梯右侧一人正在背粮食上楼，侧面和背面刻有牛、马、羊等牲畜，仓楼体量大、制作精良[1]（图3-31，8）。

第四节　秦汉三国时期的养殖业

秦汉三国时期的农业经济十分丰富，除了种植粮食作物和经济作物外，养殖也是当时重要的农业经济活动。《汉书·食货志》中有"还庐树桑，菜茹有畦，瓜瓠果蓏，殖于疆易，鸡豚狗彘毋失其时"的记载，描绘出汉代农业经济丰富多样的特点。根据目前的考古资料，有关该时期养殖业的内容主要有采桑养蚕、家畜养殖和水产养殖三个方面。

一、采桑养蚕

采桑养蚕是我国古代蚕丝业的基础，两汉时期大量丝织品的发现，表明了当时养蚕业的发达。河南内黄三杨庄西汉晚期田宅遗址发现10余处院落，其中三号院落的正房后侧发现两排树木遗迹，据残存树叶判断主要是桑树[2]。嘉峪关魏晋时期的三座壁画墓内均发现有形象的采桑图[3]，其中M6前室东壁绘有一女子提笼正在树下采桑，右侧为一女童，胸前挂采桑器，正弯弓作射状（图3-32）。四川新都出土的汉画像石中有桑园的图像[4]（图3-33）。此外，内蒙古和林格尔东汉壁画墓后室南壁的庄园图中，也有桑林和采桑的场景[5]。

图 3-32　采桑图（嘉峪关 M6：10）

1 周口地区文物工作队、淮阳县博物馆：《河南淮阳北关1号汉墓发掘简报》，《文物》1991年第4期。
2 刘海旺、朱汝生：《河南内黄三杨庄汉代田宅遗存》，《2005中国重要考古发现》，文物出版社，2006年。
3 甘肃省文物工作队：《嘉峪关壁画墓发掘报告》，文物出版社，1985年，第57页。
4 龚廷万、龚玉、戴嘉陵：《巴蜀汉代画像集》，文物出版社，1998年，图5。
5 内蒙古自治区文物考古研究所：《和林格尔汉墓壁画》，文物出版社，1978年，第41—42页。

图 3-33　桑园图（四川新都画像石）

二、家畜养殖

从新石器时代早期开始，家畜饲养已经在我国出现，中、晚期的实物遗存在发掘的墓葬中已有大量的发现。秦汉时期的家畜饲养已经成为农业经济中重要的一环，根据《汉书·地理志》的记载，全国各地适宜饲养的禽畜种类有所不同[1]，六畜的概念在当时已经成熟。马和牛在当时占有重要地位，马常用作交通之骑乘，还用于拉车和征战，被视为“国之大用”[2]；牛是农耕时的重要畜力，还可作为肉食。从目前的考古资料来看，大规模的牛、马、羊等牲畜放养主要见于长城沿线地带，内蒙古和林格尔汉墓壁画和嘉峪关魏晋时期墓葬的壁画上都有相关的图像。嘉峪关M5中有一幅放牧图，上有一人正在牧养群马（图3-34）。

图 3-34　放牧图（嘉峪关 M5：010）

1 《汉书·地理志》载：扬州，畜宜鸟兽；荆州，畜宜与扬州同；豫州，畜宜六扰（颜师古注曰：“马、牛、羊、豕、犬、鸡也”）；青州，其畜宜鸡、狗；兖州，其畜宜六扰；雍州，畜宜牛、马；幽州，畜宜四扰（颜师古注曰：“马、牛、羊、豕”）；冀州，畜宜牛、羊；并州，畜宜五扰（颜师古注曰：“马、牛、羊、犬、豕”）。

2 《后汉书·马援传》：“马者，甲兵之本，国之大用。安宁则以别尊卑之序，有变则以济远近之难。”

一些大型墓葬中常见有家禽和家畜随葬，时代多集中于西汉早期。广州西汉南越王墓出土的动物遗存中，经鉴定有家猪、鸡、山羊、黄牛等[1]。长沙马王堆一号汉墓出土的动物遗骸中，经鉴定有黄牛、家猪、家犬、家鸡和绵羊等，特别是在一竹笥中发现有大量的鸡蛋遗存（图3-35）。随着两汉时期丧葬习俗的形成，家禽家畜俑成为墓葬中最为常见的随葬品，这种现象在全国范围内都很普遍，并持续至魏晋十六国时期。有多位学者对汉墓中出土的家禽家畜俑进行分析，进而来解释汉代家畜和家禽的饲养结构与方式[2]。总体来看，汉墓中出土的禽畜模型中，以猪、鸡、狗的数量较多，还有一定数量的牛、羊、鸭等。在传统农业经济区，对于家畜的饲养方式多为圈养，陶猪圈、牛圈、鸡埘在墓葬中均有发现，其中猪圈最为常见，牛圈和鸡埘的模型较少。广州沙河顶一座东汉后期墓中出土陶牛圈1件，圈内有五头牛和饲牛者两人[3]。广州汉墓出土了大量的陶屋模型，形象地展示出家畜饲养的方式。鸡舍和畜圈一般位于房后或侧面，狗通常见于房前[4]，M5008：2的右侧坡上为鸡舍，上下各有两个半圆形的穿洞，下侧的两只鸡将头伸出栅栏外（图3-36）。

图 3-35　竹笥中的鸡蛋（马王堆M1）

图 3-36　陶屋（广州汉墓M5008：2）

三、水产养殖

汉代的水产养殖和捕捞业十分广泛，尤其楚越之地最为兴盛[5]。洛阳五女冢267号墓

1 广州市文物管理委员会、中国社会科学院考古研究所、广东省博物馆：《西汉南越王墓》，文物出版社，1991年，第463—472页。

2 朱天舒：《试析汉代家禽家畜模型》，《考古与文物》1996年第1期；姜世碧：《四川汉代陶家畜家禽模型试析》，《农业考古》2003年第3期；李如森：《汉代模型明器与禽畜人俑综述》，《考古学集刊》第12集，中国大百科全书出版社，1999年。

3 广东省博物馆：《广州沙河顶发现一座东汉墓》，《考古》1986年第12期。

4 广州市文物管理委员会、广州市博物馆：《广州汉墓》，文物出版社，1981年。

5 《史记·货殖列传》："楚越之地……果隋蠃蛤。"张守节《正义》："楚、越水乡，足螺鱼鳖，民多采捕积聚，棰叠包裹，煮而食之。"

图 3-37　采莲图

图 3-38　罟鱼图

的耳杯中发现有鱼骨[1]；长沙马王堆一号汉墓中发现有鲤鱼、鲫鱼、刺鳊、银鲴、鳡鱼、鳜鱼等淡水鱼。墓葬中出土的水塘模型展示出水产养殖和捕捞的场景，峨眉县同兴村汉墓出土的石质田塘模型，水塘的进水口处有一小池，池口上拦一鱼篓，水塘中雕刻有小船、莲蓬、鸭子、鱼、泥鳅、甲鱼、螃蟹、螺蛳等[2]（图3-16，7）。四川彭州出土的画像石有一幅采莲射猎图，图画左侧描绘了人们采莲的场景[3]（图3-37）。汉画中有关渔业生产的图像资料较为丰富，所体现的捕鱼方式多样，有徒手捕鱼、以网捕鱼、叉鱼、钓鱼、鱼鹰捕鱼、水獭捕鱼等[4]。河南南阳英庄汉墓中有一幅罟鱼图[5]，画面上刻有双拱桥，二人泛舟中流，水中有鱼儿游动，一人荡桨，另一人弯腰摆弄鱼罩；桥上二人各执一杆，连接两杆的长索，似象征渔网（图3-38）。江苏邳县出土的画像石中有捕鱼归来图[6]，图中刻有两个渔人和六只鱼鹰，渔人肩扛鱼叉，手臂上立着鱼鹰，一只鱼鹰正从嘴中吐出一条鱼来，整个画面非常生动（图3-39）。

---

1 洛阳市第二文物工作队：《洛阳五女冢267号新莽墓发掘简报》，《文物》1996年第7期。

2 四川省博物馆、峨眉县文管所：《四川峨眉县发现东汉石俑》，《文物资料丛刊》第4辑，文物出版社，1981年，第241页。

3 龚廷万、龚玉、戴嘉陵：《巴蜀汉代画像集》，文物出版社，1998年，图8。

4 王玉金：《汉画所见渔业生产初探》，《南都学坛（哲学社会科学版）》1998年第1期。

5 南阳地区文物工作队、南阳县文化馆：《河南南阳县英庄汉画像石墓》，《文物》1984年第3期。

6 陈文华：《中国农业考古图录》，江西科学技术出版社，1994年。

图3-39　捕鱼归来图（引自《中国农业考古图录》，1994年）

综上所述，秦汉三国时期的农业经济逐步发展，在农业生产的各个方面都有了质的飞跃，生产工具的铁器化、农作物的丰富化、生产流程的规范化以及农业经营的多样化，标志着中国古代农业由此走向成熟。

第四章
手工业

秦汉三国时期，手工业生产获得较多改进、发明和创新发展，取得诸多超越前代、影响后世的辉煌成就，在我国古代手工业发展史上有着十分重要的地位。

第一节　金属冶铸业

金属铸造业的发展表现为冶铁业迅猛发展，铜器制造持续繁荣，金银器制作有了新的成就，产品种类丰富，应用广泛。

一、冶铁与铸造

秦汉三国时期，冶铁分布地区较广，作坊规模大，产品种类增多，技术呈现出多样性，并有较多突破性发展，铁器应用普遍，流通量大增。

（一）生产管理

秦代至汉武帝实行盐铁官营之前，铁器生产是官营和私营并举。秦代设立盐铁市官收铁业税，设铁官掌管官营铁器工业。西汉早期也设官进行管理和收税，官营“一岁功十万人以上”[1]，私营“一家聚众，或至千余人”[2]，规模均很大。私营铁工场已使用产品标识，山东莱芜亓省庄出土西汉早期铁铧冠范上有阴文“山”字或“汜”字，镰刀范上有阳文“李”字，铲范上有阴文“山”字等，可能是铁工场主的姓氏[3]。

武帝时以桑弘羊为治粟都尉，将私人鼓铸全部收归国有，并在40多个郡设49铁官，主鼓铸，管理生产和专卖等，郡不出铁者，置小铁官[4]，严禁私铸，这一政策一直延续至东汉早期。有3个以上铁工场，为特大铁官郡，如河东、河南、南阳郡等；有2个铁工场，为大铁官郡，如弘农、河内、山阳郡等；

1 《汉书》卷七十二《贡禹传》，中华书局，1962年，第3075页。
2 [西汉]桓宽：《盐铁论》卷一《复古篇》，见王利器《盐铁论校注（定本）》，中华书局，1992年，第78页。
3 山东省博物馆：《山东省莱芜县西汉农具铁范》，《文物》1977年第7期。
4 《汉书》卷二十四下《食货志》，中华书局，1962年，第1174—1175页。

图 4-1　山东滕县冶铁铸造画像（局部）

仅1个铁工场，为准大铁官郡，如渔阳郡、蜀郡和中山国等[1]。江苏连云港尹湾汉墓出土《东海郡吏员定簿》木牍，记载了西汉末年下邳铁官的设置情况[2]："下邳铁官吏员廿人：长一人秩三百石，丞一人秩二百石，令史三人，官啬夫五人，佐九人，亭长一人。凡廿人。""□铁官吏员五人：丞一人秩二百石，令史一人，官啬夫一人、佐二人。凡五人。"亭长设置较特殊，汉代铁官吏员设置中少见。具体劳动者称"工"[3]，主要是卒徒[4]，另有少量佣工，一般有百人、数百人之众[5]。产品标识多是所属郡国名简称加上编号，如河南郡铁官产品标识有"河一"、"河二"、"河三"等。私营铁生产也有所发展，东汉初期生产量增多，部分渐具规模。

公元88年后，废盐铁官营，罢盐铁之禁[6]，铁器生产又步入相对自由发展阶段。山东滕县出土冶铁铸造画像反映出当时的冶铸场景，工艺先进，工匠多且相互分工明确[7]（图4-1）。商品化明显，铁工场主姓氏、产品质量的铭文较多，如河南镇平尧庄铁器窖藏出土有"王氏大牢工（釭）作真倨中"铭文铁器，有利于促进销售。

（二）采矿与矿石加工

汉代铁矿石开采场至少在50处以上[8]，已发现的有河南巩县铁生沟[9]、江苏徐州利国驿遗址[10]。铁生沟盛产铁矿，燃料资源丰富，附近发现多处汉代采铁矿场遗迹，有矿井、巷道等遗存。罗泉村采矿巷道堆积有碎石渣、黏土及铁镢。北庄村有圆形和方形采矿竖井、采矿人居住的窑洞等，方形矿井口下10米发现沿矿床平行掘进的遗迹，圆形矿井壁残留开掘的镢痕。利国驿既有露天开采遗迹也有开采的竖坑。采矿时，铁工具使用普遍，在凿岩时还采用"火爆法"破岩[11]，竖井技术可以掘进至矿床中央或旁侧，以开采高质量矿石，斜井技术可开采缓倾斜矿床，并依山势向内凿井采掘。

开采出的矿石需进行粉碎和筛选，从西汉开始已成为冶铁工场中一道独立的工序[12]。铁生沟铁工场址北半部有一处专门的矿石加工场，有倾倒废弃矿石粉末的窖坑、

1 李京华：《汉代大铁官管理职官的再研究》，《中原文物》2000年第4期。

2 连云港博物馆：《江苏东海县尹湾汉墓》、《尹湾汉墓简牍释文选》，《文物》1996年第8期。

3 《汉书》卷二十七上《五行志》载："沛郡铁官铸铁……工十三人惊走……"中华书局，1962年，第1334页。

4 ［西汉］桓宽：《盐铁论》卷一《复古篇》、卷六《水旱篇》，见王利器《盐铁论校注（定本）》，中华书局，1992年，第78、429页。

5 《汉书》卷十《成帝纪》，中华书局，1962年，第323页。

6 《后汉书》卷四《和帝纪》，中华书局，1965年，第167页。

7 叶照涵：《汉代石刻冶铁鼓风炉图》，《文物》1959年第1期。

8 白云翔：《先秦两汉铁器的考古学研究》，科学出版社，2005年，第325页。

9 河南省文化局文物工作队：《巩县铁生沟》，文物出版社，1962年。

10 南京博物院：《利国驿古代炼铁炉的调查及清理》，《文物》1960年第4期。

11 卢本珊：《中国古代金属矿和煤矿开采工程技术史·金属矿编》，山西教育出版社，2007年，第151页。

12 北京钢铁学院《中国冶金简史》编写小组：《中国冶金简史》，科学出版社，1978年，第97页。

加工矿石的铁锤和石砧等。郑州古荥镇铁工场址[1]发现一处矿石堆积，并有铁锤、石砧和石夯等工具。

（三）冶炼与铸造

据考古发现，秦汉冶铁炼铸工场址达30余处[2]，技术、工艺、设备与工具等体现出较高的发展水平。

利国驿冶铁遗址（图4-2）的炉渣化学成分中氧化亚铁含量较高，氧化钙含量低。氧化钙、氧化镁成分的比例可以证实在冶铁中加入了助溶剂，即一种含氧化镁较多的石灰石。古荥镇炉渣取样化验结果也表明配料中曾加入适量的石灰石作碱性助熔剂，且客观上起到脱硫的作用[3]。石灰石作助熔剂，可降低炉渣熔化温度并提高铁水的流动性。铁生沟铁工场址发现的耐火材料有用于炼炉内壁的耐火草拌泥、用于炉底的耐火土以及耐火度在1240℃—1330℃的各种耐火砖。南阳瓦房庄铁工场址等也发现耐火黏土中加入石英石砂粒的耐火材料[4]。耐火材料的使用，为炼炉和熔炉的建造尤其对炉温提高作用重大。燃料主要为木炭。为促进燃烧，鼓风设备得到改善和提高。西汉时有人力和牛、马、驴等畜力鼓风，畜力鼓风又分称马排、牛排等，鼓风囊由皮革制成。东汉初水力鼓风出现，称为水排，由南阳太守杜诗发明，是以水激动水轮，利用曲棍将水轮的圆周运动传递成风箱的往复运动，可连续向燃料送风。这一发明比欧洲早了一千二百多年。

汉代铁工场址多有炼铁炉发现，基本为竖炉结构，有圆形和方形两种，前者居多。铁生沟遗址发现的2座长方形中型炼炉，是先在地下用掺有煤和石英砂粒的黑色耐火材料夯筑，周围再用红色黏土夯筑出面积较大的炉基。古荥镇发现的炼炉缸经复原，高约6米，有效容积约50立方米，日产量在1000公斤左右，是迄今发现古代容积最大的炼铁炉，也是世界上最古老最大的高炉[5]。铁器铸造过程中还有熔化生铁或废旧铁料的熔铁炉，巩县铁生沟、汉长安城西市[6]、瓦房庄等铸铁遗址都有发现。

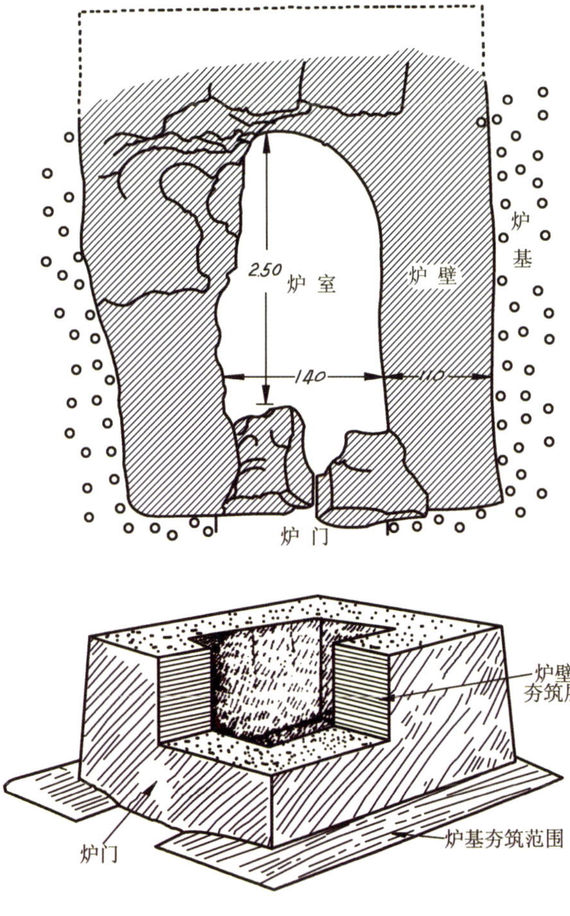

图4-2 江苏铜山利国驿汉代冶铁炉（引自《利国驿古代炼铁炉的调查及清理》，《文物》1960年第4期）

1 郑州市博物馆：《郑州古荥镇汉代冶铁遗址发掘简报》，《文物》1978年第2期。

2 白云翔：《先秦两汉铁器的考古学研究》，科学出版社，2005年，第388—397页，附表1。

3 《中国冶金史》编写组：《从古荥遗址看汉代生铁冶炼技术》，《文物》1978年第2期。

4 河南省文物研究所：《南阳北关瓦房庄汉代冶铁遗址发掘报告》，《华夏考古》1991年第1期。

5 首都钢铁公司刘云彩：《中国古代高炉的起源和演变》，《文物》1978年第2期。

6 中国社会科学院考古研究所汉城工作队：《1992年汉长安城冶铸遗址发掘简报》，《考古》1995年第9期。

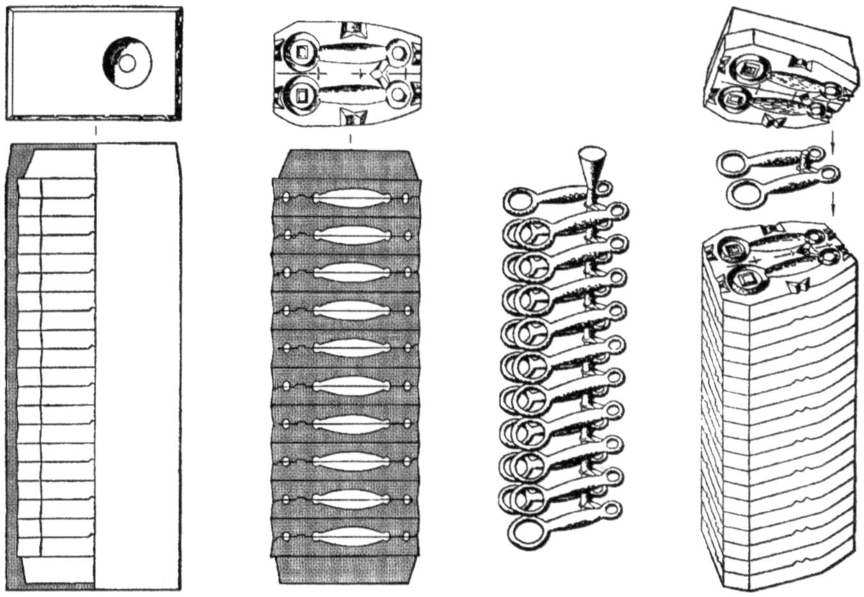
1. 叠铸范外部结构俯视及剖视　2. 范片俯视及合厢后内部结构剖视　3. 铸件　4. 叠铸范与铸件关系示意

图 4-3　汉代马衔叠铸工艺示意图（引自《汉代叠铸——温县烘范窑的发掘与研究》，1978 年）

汉代铁铸造主要使用陶范和铁范，石范少见。瓦房庄出土的陶模和陶范所反映的铸造铁器工艺流程先是用6件陶铸模铸造3件铁范，再用3件铁范铸造1件铁器。铁范既有双合范，又有多合范，用于铸造锤、铧冠、铲及镰、板材等。经金相鉴定，铁范均为灰口铸铁件，这是铁范铸造技术的重大发展。烘范和叠铸技术日臻成熟。温县烘范窑窑室内放置有尚未浇铸的叠铸范500多套，车马器铸范居多。经实验，工艺流程为：范和范芯的制作、叠铸范的合厢与装配、叠铸范的干燥和烘烤、浇铸[1]，10层一套的一组叠铸马衔范一次可铸造铁马衔20节（图4-3）。

近年来，一些遗址、墓葬出土的铁器材质及制作技术经过科学鉴定[2]，相关结果将一些技术和工艺的出现年代大大提前，部分已达到当时世界最先进水平。

公元前154年之前的徐州狮子山汉墓出土铁斧为白口铸铁件，公元前118年之前的徐州北洞山汉墓出土铁方暖炉（001）是迄今发现最早的灰口铸铁实用容器，是中国古代低硅低碳灰口铸铁的新实物，西汉中期的满城M2出土铁犁铧为麻口铸铁[3]。

战国时期已有的铁冶炼技术得到更大程度的发展和推广。西汉早期的徐州子房山M2出土铁锛[4]、西汉晚期的北京大葆台汉墓出土环首刀和簪[5]等经检验是铸铁固体脱碳

1　河南省博物馆、《中国冶金史》编写组：《汉代叠铸——温县烘范窑的发掘与研究》，文物出版社，1978年，第8页。

2　北京科技大学冶金与材料史研究所、徐州汉兵马俑博物馆：《徐州狮子山西汉楚王陵出土铁器的金相实验研究》，《文物》1999年第7期；徐州博物馆、南京大学历史学系考古专业：《徐州北洞山西汉楚王墓》，文物出版社，2003年，第194—203页。

3　北京钢铁学院金相实验室：《满城汉墓部分金属器的金相分析报告》，载中国社会科学院考古研究所、河北省文物管理处《满城汉墓发掘报告》，文物出版社，1980年，第369页。

4　徐州博物馆：《江苏徐州子房山西汉墓清理简报》，《文物资料丛刊》第4辑，文物出版社，1981年，第59—69页。

5　大葆台汉墓发掘组、中国社会科学院考古研究所：《北京大葆台汉墓》，文物出版社，1989年，第125—127页。

钢。满城汉墓出土的铁铲和镢属于铁素体—珠光体韧性铸铁。瓦房庄和渑池窖藏[1]铁器中均有白芯韧性铸铁和黑芯韧性铸铁。北洞山汉墓出土铁镢表面脱碳，铁戟是块炼铁，局部经过渗碳处理。

狮子山汉墓的3件铁甲片是以铸铁脱碳钢为原料经过锻打而成的，其制作有冷锻和热锻两种工艺，产品质量好。北洞山楚王墓出土的錾进行了相应的冷锻处理。热处理中较具代表的为淬火工艺，狮子山汉墓出土的4件凿子头部经过局部淬火。满城汉墓出土的钢剑、错金书刀的刃部都发现有淬火热处理所形成的马氏体组织，刘胜佩剑和错金书刀的基体是低碳钢，而表面有高碳层，是表面渗碳的结果，说明表面渗碳这一热处理工艺在西汉时已经出现。

炒钢技术是指将生铁炒成熟铁或钢，被誉为继铸铁发明后钢铁发展史上又一里程碑。狮子山汉墓21件样品中发现5件炒钢制品，是迄今为止年代最早的炒钢制品。巩县铁生沟、南阳瓦房庄等汉代冶铁遗址均发现有炒钢炉，出土的有炒钢锻打制品。

用炒制的钢材为原料，经反复加热折叠锻打，即可生产出百炼钢制品。至迟东汉早期，百炼钢工艺已经成熟。陕西扶风官务村东汉初期墓出土的钢剑[2]、江苏徐州段山东汉早期墓出土的“五十湅”钢剑[3]、山东苍山纸坊村出土的东汉中期“卅湅大刀”[4]，经鉴定均系用含碳量较高的炒钢为原料经反复加热锻打而成。

（四）产品种类

秦汉三国时期的铁器种类多，用途广泛。根据性能、用途等可分为六大类[5]。

其一，生产工具，有斧、锛、凿、铲、刀、锯、锤、砧、钳子、钻头、冲牙、錾、锉、锥、镢、锸、锄、犁与耧铧、镰刀、夯锤、抹泥板及各类铸范，还有制造耳杯的模具[6]等。

其二，兵器武备，有剑、刀、矛、戟、铍、镞、钩镶、铩、杖、矩形器、镖、弩机、箭囊、弓敝、鐏、甲、胄等。徐州狮子山汉墓出土铁胄及铠甲多，铠甲有札甲、鱼鳞甲等。

其三，车马机具，有釭、锏、軎、辖、輨、铃、饰件、垫、轙、盖弓帽、拱形支架、带扣、方策、板状器、钩形器、长方形活轴器、T形器、凸形板状轴饰、销钉、环等车器及衔、镳、当卢、马面饰、烙马印等马具，还有棘轮、正齿轮和轴等机具。

其四，日用器具，有鼎、釜、鍪、锅、鍑、三足架、鏊子、叉子、勺、筷子、罐、提梁罐、壶、盆、盘、舟形器、炉、火盆、灯、镇、博山炉、烛台、熨斗、锁、火铲、夹子、灶、杵臼、剪刀、针、纺轮、镜、镊子、发剪、耳勺、梳妆用具、带钩、带扣、带饰等。

其五，度量衡器。铁钱有半两、五铢、货泉、大布黄千、大泉五十以及无文钱等，贯穿两汉。王莽时期，一种重约10克的货泉饼钱为今陕西一带的地方铸币。公孙述自立为蜀王期间曾铸五铢等铁钱，称为公孙述铁钱，是我国最早的地方政权的合法铁币[7]。铁权是当时常用衡器，有半球形、圆台形和瓜棱形三种。铁尺在满城汉墓及湖南益阳汉墓[8]中有相关发现。

1 李京华：《渑池县发现的古代窖藏铁器》，《文物》1976年第8期。

2 路迪民：《扶风汉代钢剑的科技分析》，《考古与文物》1999年第3期。

3 徐州博物馆：《徐州发现东汉建初二年五十湅钢剑》，《文物》1979年第7期。

4 临沂文物组刘心健、苍山文化馆陈自经：《山东苍山发现东汉永初纪年铁刀》，《文物》1974年第12期。

5 中国社会科学院考古研究所：《中国考古学·秦汉卷》，中国社会科学出版社，2010年，第612页。

6 山东省文物考古研究所：《山东章丘市汉东平陵故城遗址调查》，《考古学集刊》第11集，中国大百科全书出版社，1997年。

7 刘森：《中国铁钱》，中华书局，1996年，第22—24页。

8 湖南省博物馆、益阳县文化馆：《湖南益阳战国两汉墓》，《考古学报》1981年第4期。

其六，杂用器，有折页、钉、钩类等建筑构件或器具部件，有颈钳和脚镣等刑具，有压胜牌、买地券等丧葬用具。

（五）存储及流通

河南、山东、江西等地有汉代铁器窖藏发现，存储铁器较多，性质有铁工场的铁料窖藏和日常生活中的铁器窖藏。河南渑池县火车站南侧的窖藏出土铁器计4195件，包括各种铁范、生产工具、兵器和日用器具以及铁料等，多为东汉时期。山东莱芜亓省庄西汉窖藏出土铧冠、铲、耙、镰刀和空首斧范等铁铸范22件，还有铧冠等铁器，年代为西汉前期。

铁器流通加强，有非商品活动，但商品流通更为发达，有些输出至少数民族地区及其他国家和地区。

二、铸铜业

秦汉三国时期，社会对铜器的需求量仍较大，促进了铜矿开采及冶炼、铜器制造工艺等的继续发展。

（一）生产管理

汉政府在丹阳设置有铜官，并对一些铸铜业管理严格。如钱币铸造，虽存在私铸，但多数属于官铸，而钱币的变化更与中央政策关系密切。西汉武帝时，“悉禁郡国无铸钱，专令上林三官铸”[1]，从此之后钱币铸造全部收归中央，陕西户县汉代锺官铸钱工厂[2]在武帝时即被指定为国家统一铸币工厂，并延续至王莽时期。

就其他铸铜业而言，当存在官营和私营两种主要形式。秦代中央由寺工主造兵器和车马器等，秦始皇陵兵马俑陪葬坑出土铜器的铭文有所反映[3]。汉代铸造铜器的中央所属机构较多，西汉有考工、上林、尚方、内者、锺官、供工、内官、寺工、右工，东汉有考工、尚方、虎贲官、大司农、书言府等[4]。西汉宫廷铜器大都是考工、尚方所辖当地官手工业作坊的制品，器上常有工官刻铭。两汉朝廷使用铜镜的制作则由少府下所设尚方令、考工令及相关人员负责。汉代诸侯国、侯国、郡、县也多设有制造铜器的官府作坊，其产品主要是铜兵器和日用器具[5]。广州南越王墓出土铜勾鑃一组，均有“文帝九年乐府工造”铭文，证明西汉南越国的乐府有铸造铜器的官府作坊[6]。出土的西汉“东海官司空盘”证明西汉东海国官司空制造铜器[7]。私营作坊更多，生产经营具有相当规模。铜镜多为私营作坊制作，西汉中期后私人铸镜得到迅速发展，铜镜铭文中出现一些姓氏可以说明。还有很多其他铜器上刻有制作者的姓氏，或铜器价格，或购自何处等，都说明它们应系私营作坊所制。

1 《汉书》卷二十四下《食货志》，中华书局，1962年，第1169页。

2 西安市文物保护修复中心：《汉锺官铸钱遗址》，科学出版社，2004年。

3 陕西省考古研究所等：《秦始皇陵兵马俑坑一号坑发掘报告（1974—1984）》，文物出版社，1988年；秦始皇兵马俑博物馆：《秦始皇陵二号兵马俑坑发掘报告（第一分册）》，科学出版社，2009年。

4 徐正考：《汉代铜器铭文综合研究》，作家出版社，2007年，第127页。

5 徐正考：《汉代铜器铭文综合研究》，作家出版社，2007年，第123—127页。

6 广州市文物管理委员会、中国社会科学院考古研究所、广东省博物馆：《西汉南越王墓》，文物出版社，1991年。

7 徐正考：《汉代铜器铭文综合研究》，作家出版社，2007年，第25、127页。

（二）采矿与冶炼

目前已发现多处秦汉三国时期铜矿开采、铜冶炼遗址，其中有一定数量的新矿。有些属官府，有些则属私营。采矿工具多为铁质。先秦很多采矿方法在这一时期趋于成熟并广泛应用，“大型联合开拓系统”逐渐形成[1]。有些还采用“火爆法”破岩采掘。

很多铜矿与炼铜遗址集采矿、选矿和冶炼于一体。安徽铜陵县金桥乡金牛洞西汉采矿遗址，1号发掘地点清理出竖井、斜井和平巷等，井巷中均有木支撑结构，西南约80米处发现大面积的炼铜炉渣堆积，表明当时铜矿开采后是就地进行冶炼的[2]。河北承德一处西汉铜矿与炼铜遗址由矿坑（有矿井、采矿场及其四周的坑道）、选矿场和冶炼工场等组成，矿井附近发现冶炼工场址4处，炼炉呈圆形，冶炼成品有圆饼状铜锭，铜锭上有“东六十”、“西五三”等铭文，是炼铜工场及其产品编号[3]。有的炼铜工场还铸造铜制品，如西昌东坪冶铸工场址即铸造钱币等[4]。

（三）铸造与加工工艺

铜器铸造工艺多样，有的还添加不同的原料。秦始皇陵兵马俑坑出土的铜剑和镞，光亮如新，经检测分析，其表面经过了铬盐氧化处理[5]，这将大大增强铜兵器表面的抗腐蚀能力。较多铜器铸造中加入铅锡，因功能不同，合金成分有所差异。秦始皇陵铜车马部件的材料均为锡青铜，如2号车马为铜82%—86%、锡6%—3.57%、铅约占1%[6]。户县锺官铸钱遗址出土的22枚五铢钱，平均含量分别是铜80%、铅15%、锡5%，汉代铜镜金属含量的平均值为铜72.6%、锡22.9%、铅4.32%[7]。

铸造成型主要采用范铸和捶揲锻造两种工艺。范铸最为常用，包括浑铸、合范铸造、分范合铸等多种工艺。铸造钱币的范质地多样，有铜、石、陶等，陶范居多。汉代，合范浇铸、叠铸工艺在钱币铸造中得到发展，户县锺官铸钱遗址早期为叠范浇铸，上林三官统一铸币权后采用合范浇铸，王莽时期叠铸已基本代替了合范浇铸。铜镜铸造基本采用双合陶范，这使得铜镜形制、钮、纹饰、铭文等在同一时期具有很多相似特点。西汉中晚期有一类铜镜的镜面在对着日光或其他光源时，背面图文能映到墙上，称为透光镜。研究认为，铸造过程中形成了镜体的厚薄不均，使镜面各部分出现与镜背图文相应的凹凸不平和曲率差异，导致出现透光的效果[8]。南越王墓出土盆、鋗，满城汉墓出土盆等均使用了捶揲锻造技术。

各种连接成型工艺应用广泛，秦始皇陵出土的两辆铜车马都有3000多个零部件，均是成型后连接组装为一体的，采用了铸接、焊接、铆接、插接、嵌接甚至粘接等多种连接成型工艺（图4-4）。长安、洛阳等地出土的薄胎铜洗上常见修补痕迹，表明已使用铆钉修补技术。

---

1 卢本珊：《中国古代金属矿和煤矿开采工程技术史·金属矿编》，山西教育出版社，2007年，第149—157页。

2 安徽省文物考古研究所、铜陵市文物管理所：《安徽铜陵金牛洞铜矿古采矿遗址清理简报》，《考古》1989年第10期。

3 罗平：《河北承德专区汉代矿冶遗址的调查》，《考古通讯》1957年第1期。

4 刘世旭、张正宁：《四川西昌市东坪村汉代炼铜遗址的调查》，《考古》1990年第12期。

5 陕西省考古研究所、始皇陵秦俑坑考古发掘队：《秦始皇陵兵马俑坑一号坑发掘报告（1974—1984）》，文物出版社，1988年，第341—348页。

6 秦始皇兵马俑博物馆、陕西省考古研究所：《秦始皇陵铜车马发掘报告》，文物出版社，1998年。

7 中国社会科学院考古研究所：《中国考古学·秦汉卷》，中国社会科学出版社，2010年，第670页。

8 孔祥星、刘一曼：《中国古代铜镜》，文物出版社，1984年。

图 4-4 秦始皇陵铜车马坑出土的铜车马

铜器器表装饰得到发展。铜镜有少量素面，更多的有纹饰和铭文，还有一些彩绘画像镜等。其他铜器有铸造纹饰，更多的为采取镶嵌、错金银、包金银、鎏金银、錾刻、透雕、镂空等工艺制作的装饰，一件器物往往多种工艺并用。安徽巢湖北山头西汉M1出土的铜熏炉，玉盖，器身镶嵌玉片[1]。徐州土山M1出土的铜兽砚不仅鎏金，还在兽身上镶嵌绿松石[2]。武帝时始，以南方地区为中心兴起一种錾刻花纹工艺，即在铸造成型的薄壁铜器表面用坚硬的金属工具錾刻出精细繁缛的几何纹样和动植物图案，主要是日用器皿和家用器具，具有鲜明的时代和地域特色[3]。铭文与先秦时期差别较大，多是在成型后镌刻或针刻而成。镌刻的笔画粗重，字体规整；针刻笔画细，字体多不规整。铸造铭文不多，主要为盘、洗底部的简短铭文。少量铭文为器物成型后用金银丝错出。铭文内容包括器物名称、大小、重量、容量、制作地与时间、制作数量及编号，另外还有作坊、

1 安徽省文物考古研究所、巢湖市文物管理所：《巢湖汉墓》，文物出版社，2007年，第99—101页。

2 南京博物院：《徐州土山汉墓清理简报》，《文博通讯》1977年第15期，第18—23页。

3 蒋廷瑜：《汉代錾刻花纹铜器研究》，《考古学报》2002年第3期。

工官与工匠名、使用者、购买时间、转送时间、铭刻时间等[1]，“物勒工名”等恰是对东周时期手工业制度继承的体现。

（四）产品种类及流通

铜产品种类丰富，广泛用于社会诸多方面，根据用途的不同，可分为八大类[2]。

其一，手工工具主要有锤、钻、锉、锛、刀、锯、锥等。

其二，兵器武备主要有矛、戈、戟、铍、钩、铩、刀、剑、弩机、承弓器、弓器托、镞及镦、镈、格、帽等部件。

其三，车马及车马器具中有铜车马，更多的为铜车马器，有軎、輨、釭、锏、轴饰、毂饰、辖、辕头饰、轙、较、帽、帽钉、垫片、节约、衡帽、銮铃、盖弓帽、伞座、伞柄箍、泡钉、游环、当卢、衔、镳、带扣、泡饰等，还有齿轮等机具，多数鎏金。

其四，日用器具主要有鼎、釜、鍪、甗、刁斗、鐎斗、锜、盒、碗、钵、盘、卮、耳杯、壶、锺、钫、提梁壶、蒜头壶、扁壶、提筒、匜、盘、盆、鉴、洗、染炉、熏炉、灯、烛台、镇、承盘、案、箸、汲酒器、匙形四足姜礤、针、针筒、顶针、熨斗、温酒炉、温手炉、烛夹子、畚箕、虎子、镜、刷子柄、梳、眉笔杆、带钩、带扣、带饰、头饰、手镯、指环、发钗、发笄、印章等。满城M2出土的铜朱雀衔环杯出土时内尚存朱红色痕迹，推测可能是调脂用具。

其五，铜质货币基本以半两和五铢钱为主，王莽时期还颁行了泉钱、布钱、刀币等，三国时期的铜钱币品种也很多。度量衡中，铜尺度工具有丈、尺等，王莽时有铜卡尺；量器中，有方升、椭量、斛、斗、升、合、龠、撮、圭等，最著名的为秦代“商鞅铜方升”及王莽时期的“铜嘉量”；衡器有权、衡杆等，还有秦代的铜诏版，内容为皇帝统一度量衡的诏书，或镶嵌在铜、铁权上，或钉于量器上，是秦代统一度量衡的体现。

其六，科学文化用品中，乐器有甬钟、钮钟、鼓、锣、勾鑃、铃、錞于、铎、钲及瑟枘、轸钥、琴轸等构件；体育娱乐用品有六博棋盘、骰子、投壶、宫中行乐钱；医药保健用品有药筒、过滤器、杵臼等；天文仪器有漏壶和圭表等；另外还有肖形印、符节等，调兵用的一般做成虎形，称为“虎符”。

其七，丧葬宗教用品中较具代表性的有秦始皇陵出土的铜马车，甘肃武威擂台汉墓出土的铜马车、牛车、武士骑马俑、人物俑、马踏飞燕[3]（图4–5）等，其他还有人物、水禽、房屋、池塘等模型类器物；敛葬用品有枕及棺椁使用的铺首衔环、棺饰等；下葬工具有滑轮、载柩车的铜轮等；还有封护用的封门器；宗教迷信方面有辟兵符、镇墓兽、羽人等，东汉时期在西南地区流行的铜摇钱树可能与佛教等有一定的关系。

其八，杂用器具包括阳燧、祖类、小型铜人、动物等器物；杖顶饰、花形悬猿钩、鸠杖首等部件；漆器的包角、边栏、扣饰、钮、耳、把手、铺首衔环、足、座等装饰构件；门轴、合页等建筑构件；还有木器饰件（图4–6）、器物承托构件等。

铜器产品的流通途径很多。官营作坊生产的铜器存在着赏赐、贡奉、征调、赠送和转调等[4]，因特殊原因，还存在没收的情况。如西安地区出土的“楚大宫”铜鼎和满城汉墓出土的“楚大宫”铜壶原为楚国之物，楚国参与“七国之乱”后，被朝廷没收又赐予他

1 徐正考：《汉代铜器铭文综合研究》，作家出版社，2007年，第25、127页。

2 中国社会科学院考古研究所：《中国考古学·秦汉卷》，中国社会科学出版社，2010年，第643页。

3 甘肃省博物馆：《甘肃武威擂台汉墓发掘简报》，《文物》1972年第2期。

4 徐正考：《汉代铜器铭文综合研究》，作家出版社，2007年，第185—197页。

图 4-5　甘肃武威擂台汉墓出土的铜车马和马踏飞燕

人[1]。私营作坊的产品多数用于买卖，官府、诸侯国王府也购买私营作坊产品。根据满城M1出土部分铜器上的刻铭，可知本器是从洛阳和河东私商那里买来供中山内府使用的，其中一件铜鋗价八百四十钱。

总的来看，“秦汉时期的铜器虽然已经不再像青铜时代那样在社会历史文化的总体中占据主导地位，但它并没有衰落，而是取得了新的发展，形成了新的时代风格”[2]。东汉晚期之后，因多种因素的影响，铜器制作逐渐走向衰落。

图 4-6　放王岗一号墓出土木质器物上铜朱雀饰件

三、金银器加工与利用

秦汉三国时期，金银器及配以金银的器物品种和数量较之前代均有所增加，加工工艺亦获得相应发展。

（一）黄金加工工艺

汉代的诸多金器采用模铸工艺，有些在模铸后还采取镂孔、镌刻、镶嵌等工艺进一步加工。汉代金饼较多，徐州郭庄汉墓出土金饼，正面上方有竖行隶书“巨吉上下”四字，背面边缘有一印戳[3]。西安汉代上林苑遗址出土4枚马蹄金、1枚麟趾金[4]，咸阳市出土

1　西安市文物保护考古所：《西安文物精粹——青铜器》，世界图书出版社，2005年，第16页；中国社会科学院考古研究所、河北省文物管理处：《满城汉墓发掘报告》，文物出版社，1980年，第42—43页。

2　中国社会科学院考古研究所：《中国考古学·秦汉卷》，中国社会科学出版社，2010年，第673—674页。

3　邱永生：《徐州郭庄汉墓》，《考古与文物》1993年第1期。

4　李正德：《西安汉上林苑发现的马蹄金和麟趾金》，《文物》1977年第11期。

图 4-7 徐州狮子山汉墓出土金带扣

直径2.6厘米、重约9克的金五铢[1]，宛朐侯刘埶墓等出土有金印[2]。徐州狮子山汉墓出土金带扣铸一熊与一猛兽贪婪地撕咬一匹马（图4-7），主体花纹与边饰勾喙怪兽纹，另有金羊头、鸟首形、虎头形饰等。江苏盱眙出土金杈，造型精美，独具一格[3]。山东临淄齐王墓陪葬坑出土铜戈的金质筒形龠，顶饰回首鸳鸯，极为精致细腻[4]。在西部、北部少数民族地区常有金质的饰物，制作精美。满城汉墓还出土有医药用的金针。三国时期的一些高等级墓葬也常有金质器物出土，如吴国的一些高等级墓葬，出土有俑、辟邪及饰件等。上述直接用黄金加工的器物含金量较高，光泽鲜亮，纹饰精美。

拉丝有粗细之分，以便加工和使用。粗丝多用来加工指环、耳坠、环饰等，细丝在汉代多作为穿缕，如金缕玉衣的缕丝。制作的金片部分为饰件，但较多是用作其他器物的装饰，漆器中较常见人物、禽兽、云纹、柿蒂纹等饰片，如定县北陵头M43出土的金饰片[5]。金箔加工工艺极为普遍，成品较薄，厚度与现代纸张相近，主要用来包裹玉、铜、木等器物，达到更显富贵的美化效果。一些金箔也加工成其他形状，徐州东洞山M2出土漆器金箔装饰中的动物图案，飞禽有大雁，走兽有狮、虎、豹、狐等，还有水中的游鱼，都富有动态感；几何图案有三角形、长方形、圆形等，另有线条极为流畅的流云纹

1 陈尊祥：《汉武帝上林三官五铢铜钱范的考证》，《中国钱币》1983年创刊号。
2 徐州博物馆：《徐州西汉宛朐侯刘埶墓》，《文物》1997年第2期。
3 姚迁：《江苏盱眙南窑庄楚汉文物窖藏》，《文物》1982年第11期。
4 山东省淄博市博物馆：《西汉齐王墓随葬器物坑》，《考古学报》1985年第2期。
5 定县博物馆：《河北定县43号汉墓发掘简报》《文物》1973年第11期。

图 4-8　满城西汉中山靖王刘胜夫妇墓出土鎏金铜器

等[1]。鎏金工艺是在非金质器物的表面涂金，达到似金的装饰效果。秦始皇陵陪葬坑出土铜车马，满城M1出土的铜壶、M2出土的铜长信宫灯等均鎏金（图4-8）。

金粒焊接技术是将细如粟米的小金粒和金丝焊接在金器表面，达到装饰目的。河北定县八角廊M40出土的马蹄金、麟趾金状金饰的器壁上部焊接有小金粒组成的连珠纹带[2]。山东莒县一座砖墓出土金灶、金盾、金蟾各1件，形体不大，皆采用了该技术[3]（图4-9）。金灶呈半椭圆形，灶门用金珠镶嵌，灶面前端有一条用金丝、金珠制成的鱼，两侧用金丝嵌有勾连纹，烟囱用金丝卷成，灶壁用金珠和金丝制成鸡心形和勾连纹图案，鸡心内嵌绿松石，上部置一釜，内盛满金粒，灶底用金丝制成“宜子孙”铭文。金盾呈弧形，正背面均用金丝镶嵌双勾连云纹，纹内用小金珠填实。金蟾

1. 盾（M1∶10）　2. 蟾（M1∶11）　3. 灶（M1∶12）　4. 灶底部（M1∶12）

图 4-9　山东莒县汉墓出土金器

1 徐州博物馆：《徐州石桥汉墓清理报告》，《文物》1984年第11期。

2 河北省文物研究所：《河北定县40号汉墓发掘简报》，《文物》1981年第8期。

3 刘云涛：《山东莒县双合村汉墓》，《文物》1999年第12期。

图 4-10 河北定州东汉中山穆王刘畅墓出土掐丝嵌宝石金辟邪

体较扁平，四肢弯曲作跳跃状，蟾的两目、鼻及背部均用金丝嵌成，内用金珠填实，背部两侧各镶嵌一块绿松石，腹上侧有3个环形纽，中部用金丝横嵌4道弦纹，腹两侧填有小金珠。江苏甘泉山M2出土的金灶、金胜、龙形饰物，定县北陵头M43出土的金龙头、金羊群、金辟邪、金天禄等也多采用了这一工艺[1]（图4-10）。

（二）银加工工艺

铸造的银质器物中，大件器物不多，较具代表的如狮子山汉墓出土的银盆和银鉴等。河北获鹿高庄汉墓出土银盆，通体素净，光可鉴人，通过器面上留有的纤细平行纹可以看出，汉代制作银器时可能经车床加工，即可能用机械制作较大型银器了[2]。出土的银器中多为形体较小的器物。小龟山楚王墓出土印章为龟纽[3]（图4-11）。安徽巢湖北山头M1出土银器5件，有盒、匜形耳杯、洗、盘等，盒的纹样是以模子压着外向锤揲而成，有叶脉状纹带、外凸内凹的瓜子状纹等，外底有密密麻麻的锥刺痕和焊接时的斑块点，顶部还有刻字。满城汉墓出土银铺首，首部及环均由龙缠绕而成，该处还出土有银漏斗及长流银匜等灌药器，小而精致。其他形体较小的还有瓶、匜、碗、卮、饰件等，配件或配饰多用在漆器上，如漆奁的银扣、银箍或足等。西、北部少数民族地区多见动物形饰件。六博漆盘上也多镶有银片，如徐州翠屏山汉墓出土的六博棋盘，主要纹饰由银片组

1 南京博物院：《江苏邗江甘泉二号汉墓》，《文物》1981年第11期；定县博物馆：《河北定县43号汉墓发掘简报》，《文物》1973年第11期。

2 河北省文物研究所、鹿泉市文物保管所：《高庄汉墓》，科学出版社，2006年；石家庄市文物保管所、获鹿县文物保管所：《河北获鹿高庄出土西汉常山国文物》，《考古》1994年第4期。

3 南京博物院、铜山县文化馆：《铜山龟山二号西汉崖洞墓》，《考古学报》1985年第1期；尤振尧：《〈铜山龟山二号西汉崖洞墓〉一文的重要补充》，《考古学报》1985年第3期；徐州博物馆：《江苏铜山龟山二号西汉崖洞墓材料的再补充》，《考古》1997年第2期。

图 4-11　小龟山楚王墓出土印章

成[1]。定县北陵头M43出土较多银质饰片、器足、带钳、箍等，制作精美。银加工中也有拉丝工艺，且有粗细之分，粗者作饰件等的制作原料，细者多用来穿缀玉衣。

错金、错银或错金银器物也很常见。错金器物如秦始皇陵园出土的乐府铜钟（图4-12），满城汉墓出土的铜鐏、铜熏炉、铜壶，云纹等流畅而精美。王莽时期的钱币也有错金的刀币。错银器物如徐州火山汉墓出土的铜矛等[2]。错金银器物如陕西兴平县出土的错金银铜犀尊等[3]。有的鎏金错银，如徐州翠屏山西汉墓出土铜戈的镦及帽皆阴刻花纹，鎏金错银，镦为上下两组图案，均为二龙相对，上部龙呈卧状，下部则呈立状，间饰精细云气纹，十分精致；帽为凤鸟状，羽、翅等均错银为饰，较为繁缛。有的在银质器物上鎏金，如淄博西汉齐王墓陪葬坑出土的秦代鎏金银盘，还有的同时鎏金鎏银，如茂陵一号无名冢出土的鎏金鎏银竹节铜博山炉等[4]。

图 4-12　秦始皇陵园遗址出土错金乐府铜钟

1 徐州博物馆：《江苏徐州市翠屏山西汉刘治墓发掘简报》，《考古》2008年第9期。
2 耿建军、盛储彬：《徐州火山汉墓》，《中国考古学年鉴·1997年》，文物出版社，1999年，第132—133页。
3 陕西省考古研究所：《陕西兴平县出土的古代嵌金铜犀尊》，《文物》1965年第7期。
4 咸阳地区博物馆、茂陵博物馆：《陕西茂陵一号无名冢一号从葬坑的发掘》，《文物》1982年第9期。

四、铅锡铸造

秦汉三国时期，铅锡铸造工艺一般与铁器、铜器铸造工艺相配合。许多铜镜在铸造过程中加入铅锡后，镜体颜色黑黝，极有光泽，便于照容。有的是作为铁器或铜器的配件，如徐州市区凤凰山西汉M1出土铁矛的系部为铅锡合铸，上面铸有一趴卧状怪兽，似为螭虎，较为光亮[1]。也有直接铸造的器物。全铅质的器物大多呈白色，无光泽感，但也不乏精品。西安雅荷城市花园西汉中期的M119出土3件铅耳杯，腹内饰一龙，昂首张口吐舌，作奔走状，耳面饰三组卷云纹，杯口外侧沿下饰菱形几何纹、短竖线纹等，较为精致（图4-13）。江苏睢宁刘楼东汉M1的时代为东汉早期，封土内出土3件铅铸裸体俑，十分精致[2]。陕西长安县三里村东汉墓等也有出土[3]。三里村东汉墓出土镇墓文曰："故以自代铅人。铅人池池，能舂能炊，上车能御，把笔能书。"说明铅人是东汉墓葬中为死者解除罪谪的办法之一。铅锡合铸的器物则呈银色，较光亮，如徐州市区凤凰山M2出土的铅锡带钩。

图 4-13　西安市雅荷城市花园 M119 出土铅耳杯

第二节　漆器制造与木工手工业的发展

秦汉三国时期，漆器制造与木工手工业均获得较大发展，丰富了这一时期的物质文化。

一、漆器制造

这一时期，特别是汉代，漆器制造有配套的管理制度和人员，生产规模大，工艺技术多样，产品种类丰富，流通发达，标志着古代漆器又发展到一个新的高峰期。

（一）生产与管理

漆器制造基本为官营和民营并举，皆具有相应规模。官营技术高，产品多且精致，使用对象具有针对性，仅少数作为商品。民营技术相对低，产品质量一般，多作为商品，

1 徐州博物馆：《江苏徐州凤凰山西汉墓的发掘》，《考古》2007年第4期。

2 睢文、南波：《江苏睢宁县刘楼东汉墓清理简报》，《文物资料丛刊》第4辑，文物出版社，1981年，第112—114页。

3 陕西省文管会：《长安县三里村东汉墓发掘简报》，《文物参考资料》1958年第7期。

使用者为普通百姓和低等级官吏等。

秦代，国家对于漆器制作较为重视，已有较严格的管理制度和相应的生产规模。出土秦代漆器的铭文记载有器物产地、官署和纪年等，常见“咸”字，应为国都咸阳生产，也表明应有官营漆器作坊存在，而髹漆工艺也可能已用于大型建筑的装饰之中。一些漆器铭文内容为姓氏、里名或符号等，可能为民营漆器作坊产品，云梦睡虎地秦墓有相关器物出土[1]。

汉代，中央和地方大多都设有漆器生产的管理机构和部门。都城负责漆器制造的工官有考工和供工。考工原为考工室，后更名，属少府属官。东汉时，考工为太仆属官。考工设令，有左右丞，兼制作漆器。供工亦属少府管辖，设令，亦兼制作漆器（图4-14）。二者为朝廷制作的高级漆器被称为“乘舆”或“髹丹画”，生产数量不大。一些器物被朝廷赠、赐予他人，湖南永州鹞子岭M2即出土考工生产的“绥和元年”锥画纹“辟耳樽”、供工生产的“鸿嘉、五年”漆卮等[2]。

制造漆器的主要官营机构为蜀郡与广汉郡工官，设长，长下设丞，为其佐官，另有护工卒史、掾、啬夫、佐等。官营机构生产规模大，产品质量高，生产的漆器多为扣器，部分有“乘舆”二字，表明相关产品是供朝廷御用的。为朝廷生产御用漆器的年代最早为公元前85年，最晚的为公元102年。之后，两郡有工官标记的漆器开始表现出为私人工匠所制造的性质[3]。两郡工官漆器制作工匠按工种不同分为“素工”、“髹工”、“上（漆）工”、“铜耳黄涂工”或“铜扣黄涂工”、“画工”、“丹工”、“清工”、“造工”等，贵州清镇平坝M13出土的1件漆耳杯铭文有相关内容[4]。“素工”与制作木胎有关。“髹工”、“漆工”均为涂漆工。“髹工”可能是初步涂漆，“漆工”则是在“髹”的基础上再涂漆。“丹工”是涂丹漆之工。“画工”是绘纹之工。“铜耳黄涂工”是对铜耳进行鎏金之工，“铜扣黄涂工”则是对铜扣进行鎏金之工，工序性质一致。“清工”可能是清理黄涂的多余部分之工。“造工”负责打磨、刻写铭文及清洗等，负责最后的收尾工作。另据资料，河内郡也有漆器工官，并设专官督造。多数诸侯国和侯国拥有自己的漆器生产部门，为官营漆器生产作坊，产品主要供王国使用。江苏扬州是封国所在地，也是重要的漆器生产地之一，汉墓中出土漆器较多，如邗江姚庄

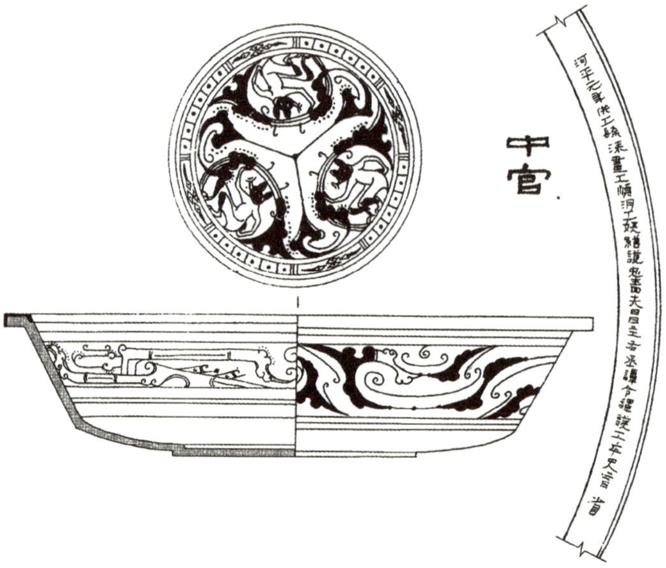

图4-14　江苏邗江宝女墩汉代M104出土供工漆盘（M104：28）

---

1 《云梦睡虎地秦墓》编写组：《云梦睡虎地秦墓》，文物出版社，1981年；云梦县文物工作组：《湖北云梦睡虎地秦汉墓发掘简报》，《考古》1981年第1期。

2 湖南省文物考古研究所、永州市芝山区文物管理所：《湖南永州市鹞子岭二号西汉墓》，《考古》2001年第4期。

3 洪石：《战国秦汉漆器研究》，文物出版社，2006年，第188页。

4 贵州省博物馆：《贵州清镇平坝汉墓发掘报告》，《考古学报》1959年第1期。

M101[1]，出土各类漆器130余件，工艺精美。侯国也有漆器生产，安徽阜阳西汉汝阴侯墓出土漆器上有“女（汝）阴”、“女（汝）阴侯”等铭文，标明为“女（汝）阴库”制造，并有官吏和工匠名，产品供汝阴侯家使用[2]。一些郡、县、乡也可能有漆器生产的作坊及管理人员、工匠等，产品主要供郡县使用，部分可作为商品流通，基本无扣器。广州汉墓M1097出土漆奁上烙印有南海郡治所“番禺”二字。广西罗泊湾M1出土漆杯和盘底部烙印“布山”等字，布山为汉武帝时所设县。除此之外，还有“××乡”等铭文，标明汉代的“乡”也有漆器生产。

民营漆器作坊在这一时期，也获得较大发展，产品较多。西汉民营漆器作坊的产品部分有铭文，或以较细的线条在不明显位置刻写，或以印章形式标记，或使用漆书文字，多数有“×氏”字铭，内容透露出民营生产的信息。东汉时，漆书文字多见有“×氏”等，如乐浪王盱墓出土漆盘，铭文为黄漆书“永平十二年蜀郡西工俠纻行三九治千二百卢氏作宜子孙牢”[3]等。

三国时期，漆器生产与管理基本继承东汉晚期，少有突破。

漆器产品流通主要有两种途径：一是进贡、赏赐、赠予、传世、迁徙时携带等，部分可能是战利品，如东吴朱然墓出土的蜀郡漆器，存在为战利品的可能[4]。二是商品贸易，《史记·货殖列传》载：“陈夏千亩漆……通邑大都，木器髹者千枚……漆千斗……比千乘之家。”具体实物中，不同地区出土相同铭文标记漆器，可能是贸易的商品。较多漆器髹漆及纹饰精美，铭文有作坊的名称及吉祥用语，如“君幸食”、“君幸酒”、“富贵”、“宜官”、“宜酒”、“安”、“乐”等等，一定程度上促进了漆器的销售和流通。

（二）漆的生产与胎的制作

秦汉三国时期，漆的生产得到进一步发展。据《睡虎地秦墓竹简·秦律杂抄》载，秦代设有主管官府漆园种植与生产漆的官员，为漆园啬夫，其下还有令、丞、佐等。汉代，漆的生产地区更广。如“陈夏千亩漆”，而据《太平御览》，共汲、中牟、常山等地也皆有漆园。

胎，又称胎骨，是指髹漆前的器物实体。秦汉三国时期，木胎仍广泛使用，制作更精，出现刮削、剜凿等新方法；布胎、夹纻胎器物轻盈而实用，数量增多；竹胎（图4-15）、篾胎、陶胎、铜胎、铁胎、骨胎、皮革胎等也有所使用。木胎器物中，杯、匜、钫、匕、案等一般是利用一木块或木板斫削出器形，鼎、锺、盂、盘等是用大小适当的木块旋制外壁和底部并剜凿出腹腔，樽、卮、圆奁等是用薄木片卷制圆筒状器身，固定后再与底部结合。布胎是以木或泥做成器形（内胎），以麻布或缯帛若干层附于内胎上，待干实后去掉内胎，即“脱胎”，所存布胎与原器形基本一致，较为轻巧。夹纻胎，战国时出现，是在薄木胎或其他胎骨上加裱麻布成胎，是一种复合胎质，与布胎没有木芯不同[5]。陶胎漆器，又称漆衣陶，战国楚墓中已有出土[6]。陶器烧造后，在外涂漆或粉饰绘纹，之后再髹漆，既可美化器物又能保护纹饰。徐州簸箕山M4内出土鼎、钫、盒、壶、

1 扬州博物馆：《江苏邗江姚庄101号西汉墓》，《文物》1988年第2期。

2 安徽省文物工作队、阜阳地区博物馆、阜阳县文化局：《阜阳双古堆西汉汝阴侯墓发掘简报》，《文物》1978年第8期。

3 朝鲜总督府：《乐浪郡时代的遗迹》，《古迹调查特别报告（四）》，1927年。

4 安徽省文物考古研究所、马鞍山市文化局：《安徽马鞍山东吴朱然墓发掘简报》，《文物》1986年第3期；杨泓：《三国考古的新发现——读朱然墓简报札记》，《文物》1986年第3期。

5 洪石：《战国秦汉漆器研究》，文物出版社，2006年，第113—117页。

6 包明军：《漆衣陶器浅谈》，《华夏考古》2005年第1期。

图 4-15 朝鲜平壤东汉墓（乐浪彩箧冢）出土彩绘人物故事画竹编漆笥

罐、灶、井等多件陶胎漆器，均髹黑漆，饰有云纹、弦纹、蕉叶纹等[1]。经红外光谱分析，该处漆衣陶的漆膜是由大漆和小麦淀粉制成的麦漆漆制而成[2]。

其他胎质漆器发现不多。山东淄博市西汉齐王墓陪葬坑出土的骨饰多髹漆，为舆饰。江苏仪征烟袋山西汉中期墓葬出土有皮胎杯[3]。山东巨野红土山西汉墓出土铜胎漆罐，铜胎外贴附麻布，涂黑漆，朱绘纹饰[4]。山东诸城县西汉木椁墓出土一卷漆纱，髹棕色漆[5]。三国朱然墓出土漆器除木胎、皮胎外，还有篾胎。

（三）装饰工艺与图案

这一时期，漆器胎的制作、髹漆及装饰有严格的工序，《盐铁论·散不足》载："一杯棬用百人之力，一屏风就万人之功。"

漆器装饰工艺多，且多种技法相互结合，主要包括雕刻、漆绘、油彩、锥画、堆漆、填漆、戗金和描金银，部分是对前代的继承发展，部分为新兴的技术。油彩是用朱砂或石绿等颜料调油，绘画于已髹漆的器物上，如长沙马王堆M1出土的漆奁、几、屏风等[6]。漆绘是用生漆制成的半透明漆加入某种颜料，描绘于已髹漆的器物上，可以是单色漆绘，也可以是多色彩绘，色泽光亮，不易脱落。锥画为西汉早期新兴的技法，是在已髹漆的器物上用针、锥等工具加以刻画，因此多称之为针刻。填漆、戗金和描金银等工艺也出现并得到推广，填漆是在锥画线条内填漆，戗金是在锥画线条内填金粉，描金银是在器物上用金银粉描绘花纹。锥画纹极为精致，细如游丝，有的在锥画纹中夹杂油彩，而

1 刘尊志：《徐州汉墓与汉代社会研究》，科学出版社，2011年，第197—198页。

2 胡克良、李银德、杨嘉玲、范成高、王昌燧：《徐州西汉陶漆的红外光谱分析》，《光谱学与光谱分析》1994年第5期。

3 南京博物院：《江苏仪征烟袋山汉墓》，《考古学报》1987年第4期。

4 山东省菏泽地区汉墓发掘小组：《巨野红土山西汉墓》，《考古学报》1983年第4期。

5 诸城县博物馆：《山东诸城县西汉木椁墓》，《考古》1987年第9期。

6 湖南省博物馆、中国科学院考古研究所：《长沙马王堆一号汉墓》，文物出版社，1973年。

漆绘和锥画的结合更为巧妙，互相衬托，形成和谐的图案效果；描金银则多与漆绘相结合，起到画龙点睛的作用[1]。三国朱然墓出土漆器的装饰工艺还有犀皮漆等，是先在漆器胎骨上用稠漆堆起高低不平的地子，在地子上刷上不同色漆若干道，后磨平露出颜色不同漆层。由于磨出的纹样与犀皮很相似，故称犀皮漆。犀皮黄口羽觞将我国制作犀皮漆器的历史从唐代提前到三国时期，意义重大。

这一时期，金属如金、银、铜（部分鎏金）、锡等镶贴普遍使用，金银扣器大增，部分镶嵌水晶或琉璃、料珠、玉等。安徽巢湖北山头M1出土漆罐，旋制，外髹黑漆，内髹红漆，口颈与圈足部以铜铸成后安装在木胎上，铜扣的表面均以细线刻琢四组正反相对的八只凤鸟纹，对首接尾，填金箔，外套水晶环，肩部和近底部各镶嵌银带状饰一周，其上等距离点缀八只半球形蓝色料珠，肩部对置玉铺首环耳，耳两边和下腹部分别镶嵌有覆、仰式六只和八只桃形玉片饰，桃形片上饰数颗浅浮雕圆点纹，腹部最大径处嵌金质带状箍一道，箍上亦等距离填入八只料珠，箍上下与料珠位置相对应处嵌入八只桃形玉片，每只玉片上均刻有一只凤鸟，另在露胎处的黑漆地上用赭色勾绘变形鸟兽纹（图4-16）。漆罐集金、银、铜、玉、水晶、料器装饰于一身，制作精良华丽，具有较高的工艺美术价值[2]。西汉前期，平脱金银箔贴花工艺形成，它是将金银箔修剪成所需的图案（多人物、动物、飞禽走兽、云纹等），在上压精细的花纹后，贴于漆器之上的一种工艺，多用于盒、奁、案、耳杯等器物之上。较之简略的是贴金银箔工艺，图案相对简单，还有的贴有铜饰。扣器是口沿镶嵌金银或镀金银铜箍（如盘、尊、奁等），或在器耳镶嵌金银或镀金铜壳（如耳杯）的器物，称为"银口黄耳"。一些构件被广泛使用，或承托器身，或作为器足等。

另还发现有较多金、银镂带的漆器。纹案多样，线条流畅，基本呈条带状分布，部分还可分为主体纹饰和装饰纹饰两类。纹饰以流云纹为主，龙凤纹也是主题，其他还有升仙、孝义、出行、狩猎、歌舞、战斗、人物故事、飞禽、走兽、鱼虫、植物、建筑等。秦及西汉时期，有一定数量的动物纹，植物纹较少，自然景象纹样多，人物故事纹也有一定数量。西汉中晚期，云气纹流行，人物故事纹较多见，植物纹中叶纹居多，羽人形象开始出现并渐流行。东汉三国时期，龙纹及云气纹间以禽兽纹继续流行，人物故事图案少见车马人物，有帝王孝子等，人物旁多有榜题，另外还出现了神仙画像内容。文字多烙印、锥刻或朱书，内容丰富，增加了用途、工官、使用者身份、容量与计数、吉祥用语如"君幸食"、"宜酒食"等，纪年也逐渐普遍。三国朱然墓出土漆器上有"蜀郡作牢"铭记，证明其为蜀郡所造。

图4-16　安徽巢湖北山头M1出土漆罐

1 洪石：《战国秦汉漆器研究》，文物出版社，2006年，第123—127页。
2 安徽省文物考古研究所、巢湖市文物管理所：《巢湖汉墓》，文物出版社，2007年，第117页。

（四）主要产品与用途

漆器产品种类多，并形成固定的组合。用途扩大，新增服饰、计量、天文仪器及丧葬中的漆面罩等。建筑髹漆盛行，《西京杂记》载："昭阳殿，中庭丹朱，而殿上丹朱漆。"

秦汉时期的漆器，从使用功能上可分为八类[1]。日常生活用器包括饮食用器如杯、盘、卮、耳杯、勺、盒（图4-17）等，另外还有鼎、钫等，居室用器如床、几、案、屏风、枕等，梳妆用具如妆奁、奁盒、梳篦等，唾溺器如唾壶等；丧葬用器有棺椁、面罩、俑等；兵器有弓、矢箙、盾、器架等；乐器有鼓、琴、瑟、槌等；交通工具有车及其部件；文娱用品有六博棋盘、砚、印章等；计量及天文仪器有量器升、天文仪器式盘等；服饰有纱帽、履、漆骨饰等。从朱然墓出土漆器看，屐、凭几、槅、虎子等为三国时新出现器形。

图 4-17　长沙马王堆M3出土云气纹具杯盒

二、木工手工业的发展

秦汉三国时期，手工操作阶段的木工工具基本具备，主要包括断截工具锯，砍制工具斧、锛，凿木工具凿、锤，雕刻工具弧形削刀、锥状刻刀、锥，打磨工具砂、木片、动物皮革等。东汉晚期或略早，刨及墨斗得到使用，甘肃武威东汉墓中即发现有刨花和木板上的墨线等[2]。

农具中，耒、臿、耜等主要用木制，仅在局部安插铁口以增强掘土强度。长辕犁的底、辕、衡、梢、箭、评等均为木构部件，结构合理而精细，是木工手工业在农具上进步的体现，耧车的制造也同样离不开木工手工业的发展。

车以木构为主。车轮的毂、辐等部件为木制，毂是车轮中心的圆木，周围凿出一圈榫眼以装辐，而轮辐一般在20—30根。山东嘉祥洪山出土制车轮画像石[3]，画像中层左侧有一人半跪执斧，正在凿制轮辋，面前有将制成的车轮，上方还悬挂轮辋，该人身后

1 洪石：《战国秦汉漆器研究》，文物出版社，2006年，第22—23页。

2 赵吴成：《平木用"刨"新发现》，《文物》2005年第11期；甘肃省文物考古研究所：《甘肃武威磨咀子东汉墓（M25）发掘简报》，《文物》2005年第11期。

3 朱锡禄：《嘉祥汉画像石》，山东美术出版社，1992年，图101。

图 4-18　山东嘉祥洪山出土制车轮画像石

图 4-19　出土陶船

有一人手持轮辋；右侧有一人双手执器操作，地上有安架，安架上下有缸、罐，反映出汉代制造车轮的场景（图4-18）。车轴是一根长2米左右的圆木，中间较粗，两端渐细。车厢基本木制，所用木料大而多，榫卯扣合一般较为紧密。车特别是车轮制造工艺的提高，使得载重量变大，而且速度加快。秦汉时期车的种类主要有轺车、辎车、大车、轩车，还有独轮车。秦汉时还有一些特殊车辆，如东汉安帝时的指南车和记里鼓车。指南车为两轮小车，车上高处立一木人，行驶方向虽不同，但木人的手始终指向南方。记里鼓车为双层双轮马车，上层中间立一鼓，鼓旁有二木人执槌，下层中间悬挂一铜钟，旁亦有二木人持槌，车每行一里，鼓旁二木人击鼓一次，每行十里，钟旁二木人自动敲钟一次，依次如此，可记车行里数。

船的制作是这一时期木工手工业发展的另一重要体现（图4-19）。1974年广州发现的大面积木结构遗址存在为秦代制船工场的可能[1]，其中有3个平行排列可能为“造船台”的遗迹，每个“造船台”又由枕木、滑板、木墩等组成，使得船台可以根据需要制造大小不等的船只。具体船只有所发现，江苏武进万绥发现一艘较大型的汉代弧形木船[2]，

1 广州市文物管理处、中山大学考古专业75届工农兵学员：《广州秦汉造船工场遗址试掘》，《文物》1977年第4期。

2 武进县文化馆、常州市博物馆：《江苏武进县出土汉代木船》，《考古》1982年第4期。

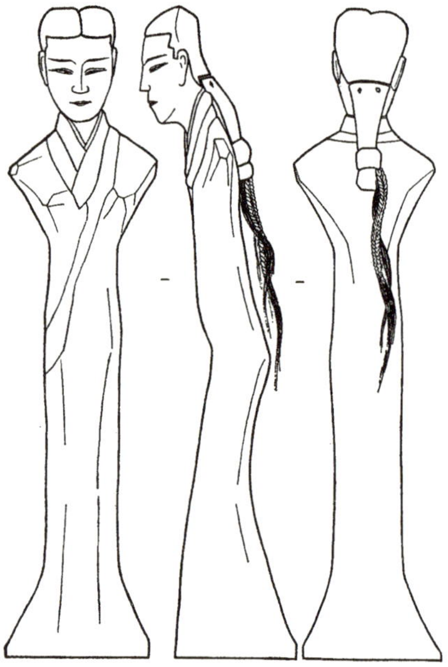

1. 着衣女侍俑（416）

2. 着衣女侍俑（396）

3. 彩绘立俑（女，237）

4. 彩绘立俑（男，265）

图 4-20　长沙马王堆一号汉墓出土木俑（引自《长沙马王堆一号汉墓》，1973 年）

由底板、两侧舷组成。船底为一块略呈弧度的长木板，两侧以木榫连接船舷。船舷是用独木剖而为二，底板和船体全部用木榫严密相接。推测载重10—15吨。如东汤园出土有东汉独木舟，复原长度15米[1]。江陵凤凰山M168[2]、广州西村皇帝岗[3]等都出土有平底的内河航运明器船，船面较平，两端微上翘，船首（舻）设櫂，船尾（舳）设舵。前者出土明器船的底舱上有若干横梁，上覆盖板，构成船甲板，中部和尾部舱外有司篙荡桨的通道，

1 南京博物院钱锋、李文明：《江苏如东发现古代独木舟》，《东南文化》1987年第1期。

2 湖北省文物考古研究所：《江陵凤凰山一六八号汉墓》，《考古学报》1993年第4期。

3 广州市文管会：《广州皇帝岗西汉木椁墓发掘简报》，《考古通讯》1957年第4期。

形成船舷板，甲板和船舷板是汉代制船的新突破，有利于船上通行和防止舱内进水，进而达到稳定船体的作用。伴出的竹简上有“大舟皆□廿三桨”的记载，推测当时已使用多桨大船，湖南长沙出土汉船模型即有16支桨架[1]。广州先烈路东汉墓出土陶船，前有锚，舵装在船尾专设的舵楼中。规格最高的是楼船，它是在甲板上加一层或多层楼[2]。汉武帝在昆明池训练水军，“治楼船高十余丈，旌旗加其上，甚壮”[3]。广州德庆汉墓出土陶船分前中后三舱，前为头舱，是操作之处；中为楼舱，梁柱结构，为该船主体；后为舵舱，可能已装有原始的舵杆和舵衡，较为先进[4]。广州西村汉墓曾出土明器木楼船，上下三层，10楫1舵[5]。汉代，挂帆用的桅也多为木制。另外还有带篷木船及更为简单的木艇等。

室内陈设中，榻、床、枰、凭几等坐卧家具，案、桌、双层几、虡等庋物家具，匮、厨、盒等贮物家具基本为木制，使用传统的榫卯结构。另外还有木杖等。徐州出土一块散存画像石上有一儿童坐在杌子上逗牛[6]，杌子即小木凳。

土木建筑中的大木作如斗栱、梁、枋、柱、门、窗等的制作与木工手工业的发展关系密切。如斗开槽口、结合紧密的栾形栱，整朵斗栱通过榫卯拼合在一起，性能较好。

其他还有木牍、木雕等。木雕俑得到较大发展，多雕刻成形状，外敷彩或裹以衣物（图4-20），部分衣物脱落。

第三节　陶瓷烧造业

陶瓷烧造业为这一时期社会生产中的重要部门，陶瓷产量大、用途广，取得诸多重要的成就。

一、制陶业

秦汉三国时期，制陶业仍占较为重要的地位，产品广泛应用于社会生活之中。

（一）生产和管理

陶器生产包括官营和私营两种。秦都咸阳、秦始皇陵、汉长安城出土带“左司”、“右司”、“宗正”、“都司空”、“右空”等铭文砖瓦，说明秦及西汉时期，朝廷官营制陶由宗正属官都司空令及少府属官左右司空令管辖。东汉时期，都城官营制陶归由少府属官尚方令主管[7]。铭文中冠以“都”字者，多属都司空管辖作坊烧制；冠以“左司空”、“左司”或“左”等字者，属左右司空管辖的作坊制作；冠以“大匠”、“匠”、“大”、“大瓦”等字者则属大匠管辖的作坊烧制。咸阳秦代遗址出土的“咸亭”铭文陶器为秦代地方官营作坊烧造。其他地区汉代铭文中常见亭、市、乡、里等字，如河南陕县汉墓出

1 中国科学院考古研究所：《长沙发掘报告》，科学出版社，1957年，第154页。
2 广州市文物管理委员会：《广州市东郊东汉砖室墓清理记略》，《文物》1955年第6期。
3 《史记》卷三十《平准书》，中华书局，1982年，第1436页。
4 杨耀林、谭永业：《广东德庆汉墓出土一件陶船模型》，《文物》1983年第10期。
5 广州市文物管理委员会、广州市博物馆：《广州汉墓》，文物出版社，1981年，第246页。
6 杨孝军、郝莉蓉：《徐州新发现的汉画像石》，《文物》2007年第2期。
7 陈直：《两汉经济史料论丛》，陕西人民出版社，1958年，第169页。

土罐上有“陕亭”、“陕市”[1]，徐州狮子山楚王墓出土陶瓮上有“东乡鲁里”等字，说明诸侯国、侯国、郡县的一些官营制陶作坊可能设置在所辖的亭、乡、市中。私营作坊发展较快，产品量大质粗，多无铭文。有铭文者体现出私营特征，徐州青山泉水泥厂东汉M1出土陶屋盖内刻有潦草的“薛匠”二字，为私人作坊产品[2]。咸阳滩毛村制陶作坊遗址发现不少贮存陶器的窖穴，多为生活用具，是私营作坊制作准备出售的商品[3]。官营和私营均有专门的作坊，汉长安城北宫宫城遗址南发现近20座汉代窑址[4]，是规模较大、专门生产砖瓦建筑材料的场所。汉长安城发现一些专门烧制陶俑的窑址[5]，如长安城西市遗址东北部的官营陶俑烧造窑址，烧制的均为裸体陶俑。

（二）陶窑的改进

秦代陶窑平面形状有圆（椭圆）形、长方形、方形、马蹄形、三角形，一些在生土上挖成窑室，部分窑壁涂抹草拌泥，窑的容积增大，装烧量提高。基本由窑门、火膛、窑床、窑室、烟道等部分组成，如咸阳东窑店乡秦代窑址[6]；有的有火门前的工作面，如秦始皇陵园周围发现的秦代陶窑[7]；部分无窑室，如辽宁绥中秦代窑址[8]（图4-21）。

已发现的汉代陶窑分布地域较广，平面形状多样，基本由窑门、火膛、窑床、烟道以及窑门前面的工作面（前室）组成。烟道多为两个或三个，使得窑内温度分布更均匀，提高了烧造质量。燃料多为草和木柴，东汉时开始用煤，如河南偃师翟镇乡发掘的东汉窑址[9]。专门性突出，有专烧陶俑、砖瓦、器物的，也有的专烧、烘烤钱范和器物范，如西安北郊新莽钱范窑址[10]等。

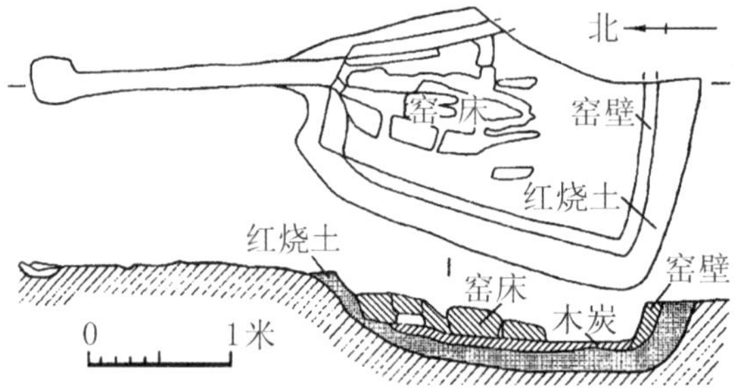

图4-21　辽宁绥中瓦子地遗址秦代陶窑址平剖面图（引自《辽宁绥中县“姜女石”秦汉建筑群址瓦子地遗址一号窑址》，《考古》1997年第10期）

1 黄河水库考古工作队：《1957年河南陕县发掘简报》，《考古通讯》1958年第11期。

2 邱永生：《徐州青山泉水泥二厂一、二号汉墓发掘简报》，《中原文物》1992年第1期。

3 陕西省博物馆文管会勘查小组：《秦都咸阳故城遗址发现的窑址和铜器》，《考古》1974年第1期。

4 中国社会科学院考古研究所汉长安城工作队：《汉长安城北宫的勘探及其南面砖瓦窑的发掘》，《考古》1996年第10期。

5 中国社会科学院考古研究所汉长安城工作队：《汉长安城1号窑址发掘简报》，《考古》1991年第1期；《汉长安城2—8号窑址发掘简报》，《考古》1992年第2期；《汉长安城窑址发掘报告》，《考古学报》1994年第1期。

6 陕西省博物馆、文管会勘察小组：《秦都咸阳故城遗址发现的窑址和铜器》，《考古》1974年第1期；秦都咸阳考古工作站：《秦都咸阳古窑址调查与试掘简报》，《考古与文物》1986年第3期。

7 秦俑考古队：《临潼县陈家沟遗址调查简记》，《考古与文物》1985年第1期；《秦代陶窑遗址调查清理简报》，《考古与文物》1985年第5期。

8 辽宁省文物考古研究所姜女石工作站：《辽宁绥中县“姜女石”秦汉建筑群址瓦子地遗址一号窑址》，《考古》1997年第10期。

9 北京大学历史系洛阳考古实习队：《河南偃师伊河南岸考古调查试掘报告》，《考古》1964年第11期；中国社会科学院考古研究所洛阳汉魏洛阳城工作队：《汉魏洛阳城发现的东汉烧煤瓦窑遗址》，《考古》1997年第2期。

10 陕西省博物馆：《西安北郊新莽钱范窑址清理简报》，《文物》1959年第11期。

(三)传统制陶业的持续发展

秦汉三国时期，陶器质地有泥质灰陶、泥质红陶、硬陶、釉陶与少量的夹砂陶。陶土多纯净，由于氧化铁等含量的不同和烧成温度的高低及烧成气氛的差异，呈色并不一致，烧成的胎质坚硬程度也各有差异[1]。灰陶是大宗，一般都呈青灰色，烧成温度约在1000℃以上，质地坚实。硬陶流行于长江以南，由黏性较强的土制成，烧制温度高，陶质坚硬，匏形壶、三足罐、四联罐或五联罐等具有显著的地方特色。圆形器物多轮制，方形器物采用泥条堆筑或用泥片层层叠制。有些陶胎入窑前，用某种溶液涂在表面，烧成后器物泛出银粉色光泽，称为“锡涂”、“锡箔”或“银衣灰陶”，而有的陶器在烧成后还涂漆装饰。

实用器物较多，包括饮食器、贮藏器具、生活用具等，一些有使用的痕迹，如底部有烧烤的黑色炱迹。实用陶器部分素面，部分有拍印、模印或刻划的弦纹、凸棱纹、绳纹、蓝纹、席纹、篦纹、几何纹及水波纹、锯齿纹等。陪葬陶器多为“彩绘陶”，是在陶器烧成后才绘描的[2]，器类多样，彩绘色有红、赭、褐、绿、青、蓝、黄、黑、白等，图案有弦纹、直线纹、几何纹、动物、植物、云气纹、涡纹、圆圈纹等。

陪葬陶器的品种和数量大增，质地较复杂。仿铜陶礼器流行时间较长，多有彩绘（图4-22）。模型明器得到较大发展，西汉时有仓、灶、井、磨、猪圈；东汉时，仓楼普及，还有楼阁、碓房、农田和陂塘等。陶俑的烧制量较大。秦始皇陵俑坑埋葬有兵马俑及百戏、文官、跽坐等俑，黏土制作，分部位制作后套接、黏合成整体，将我国传统的塑捏、堆、贴、刻、画等技法融于一身[3]。高温烧成，多有彩绘，施绿、粉绿、朱红、粉红、紫蓝、中黄、

1. 壶（M63:7）

2. 甗（M63:4）

图 4-22　河南济源桐花沟西汉墓出土汉陶器

1 中国硅酸盐学会：《中国陶瓷史》，文物出版社，1982年，第107页。

2 王仲殊：《汉代考古学概说》，中华书局，1984年，第76页。

3 陕西省考古研究所等：《秦始皇陵兵马俑坑一号坑发掘报告（1974—1984）》，文物出版社，1988年；陕西省考古研究所、秦始皇兵马俑博物馆：《秦始皇帝陵考古报告》，科学出版社，2000年；秦始皇兵马俑博物馆：《秦始皇陵二号兵马俑坑发掘报告（第一分册）》，科学出版社，2009年。

橘黄、黑白、灰白等色。人俑、马俑与真人真马大小相似，形体结构比例协调。汉代陪葬陶俑地域广，使用者身份复杂，数量多，种类极为丰富。西安任家坡汉陵从葬坑出土陶俑，表敷白色“胎衣”，用黑褐、深绛、土黄、大红和粉白色绘以彩饰[1]。汉景帝阳陵从葬坑中陪葬大量骑兵俑、步兵俑及羊、狗、猪等各种动物俑，造型比例适度，体型匀称，神态逼真[2]。杜陵1号陪葬坑出土陶俑，头部和躯干分两半制作，前后范合成，遍施白衣后再涂粉彩，俑腰部都出铜带钩一个，推测俑原身穿帛衣[3]。徐州地区出土的西汉陶俑有兵马俑、车马出行俑、乐舞俑、仪卫俑、侍俑及少量动物俑等，陶土精细，多合模制成，中心空，多在不明显处穿孔，以使烧造时透气达到烧造均匀的目的。北洞山汉墓出土陶俑的眼皮均以黑色细线条勾勒，单、双眼皮区分明显，一些仪卫俑身侧书则有“郎中”、“中郎”等职官名称[4]。烧沟东汉中期M23出土陶俑均模制，涂白粉为地，再以朱、黑、褐、绿等色彩绘，以伎乐为主，有坐姿乐队以及踏鼓起舞的舞伎和弄丸、倒立的杂技表演者，还有服役的奴仆[5]。四川地区东汉墓出土较多反映劳作、庖厨、乐舞等的陶俑，如在水田模型中穿短衣或赤膊、赤足的劳作陶俑，极为传神的说唱俑等。三国时期，南方地区也有陪葬陶俑的习俗，一些墓葬中也陪葬有劳作俑。一些墓葬出土的陶座制作精致，内容丰富，体现出高超的陶塑及浮雕技术。

图 4-23 陕西长安三里村出土东汉朱书陶罐

东汉晚期至三国，朱书文字增多（图4-23），熹平二年（173年）张叔敬瓦缶上即有“……上党人参九枚，敬持代生人，铅人持代死人……传到约敕地吏，勿复烦扰张氏之家。急急如律令”丹书文字，反映出道教思想的影响[6]。

（四）建筑用陶的兴盛

建筑用陶主要为砖和瓦，另有排水设施等，广泛应用于生活建筑及墓葬修建等方面。

实心砖种类较多，大部分为模制，部分小砖由大块坯模切割而成。长方形或方形小砖较常见，规格不等。

小型砖应用广泛，各种住房、粮仓、墓室、水井和涵洞等均普遍使用。秦汉时期，为适应建筑需求，长方形小砖的尺寸基本整齐划一，长、宽、厚都遵照一定的比例。一般长

1 王学理、吴镇烽：《西安任家坡汉陵从葬坑的发掘》，《考古》1976年第2期。

2 咸阳市博物馆：《汉景帝阳陵调查简报》，《考古与文物》1980年第1期；陕西省考古研究所汉陵考古队：《汉景帝阳陵南区从葬坑发掘第一号简报》，《文物》1992年第4期；《汉景帝阳陵南区从葬坑发掘第二号简报》，《文物》1994年第6期。

3 中国社会科学院考古研究所：《汉杜陵陵园遗址》，科学出版社，1993年。

4 徐州博物馆、南京大学历史学系考古专业：《徐州北洞山西汉楚王墓》，文物出版社，2003年。

5 洛阳区考古发掘队：《洛阳烧沟汉墓》，科学出版社，1959年，第142页。

6 郭沫若：《由王谢墓志的出土论到兰亭序的真伪》，《文物》1965年第6期。

宽比是2∶1，宽厚比为4∶1。素面砖居多，有纹饰者多模印，少量为刻划纹饰或文字。秦及西汉时有菱形纹、几何纹，东汉时常见的为太阳纹、几何纹、米格纹等，一些还有文字及动植物纹。江苏铜山三堡圭山东汉砖室墓出土模印“宜官”字纹砖，侧面为菱形及十字穿环纹，两端模印有双鹤衔鱼、双鸟相喙纹，中为铺首衔环[1]。班井东汉M4地面建筑出土有树纹及心形纹砖[2]。河南淮阳北关东汉M1中一些带菱形纹的砖上模印有“安君寿壁”字样[3]。秦都咸阳与汉长安城出土的小砖上也常见文字，内容有生产单位、官名或监工名等。东汉时期，画像砖得到较大发展，多为方形，砖面上印有各种图纹，主要流行于四川，用于构筑并装饰墓室等。

铺地砖普遍使用。秦代铺地使用一些长方形小砖。西汉时，基本不用长方形小砖铺地。徐州金地商都汉代遗址出土形体较大的铺地砖，长近1米，宽约0.5米，厚0.06米，一面平，一面有密集有序的凸起纹[4]。多数铺地砖为方形，长宽30厘米左右，厚度多不足10厘米。素面居多，一些在正面有图案。秦都咸阳宫殿遗址出土饰有太阳纹、米格纹、小方格纹、平行线纹、圆圈纹、云朵纹、菱形格纹、回纹、绳纹、锯齿纹等的铺地砖[5]，汉长安城还出土饰有博局纹的铺地砖[6]。

五棱砖、曲尺形砖、扇形砖、楔形砖及子母砖等形制特殊的砖也得到使用，皆有特殊作用。五棱砖可能用于屋脊。曲尺形砖用于屋角拐接。子母砖一端带榫、一端有卯，用于构筑墓室的墙及拱券部位。扇形砖主要用于券砌各室顶部和门券。楔形砖基本呈梯形，一端窄，一端宽，基本用于构筑墓室的拱券。形制特殊的砖砖纹与长方形砖相似，一些亦有文字，如淄博金岭镇M1出土楔形砖表面有朱书“彭大”、“张仲君”、“吕都二丈吉”等字[7]。

空心砖形体一般较大，基本为扁长方形，西汉时还有三角形或长条形砖。从残块等分析，空心砖先是做成长条片状，在晾晒有一定硬度后，按要求折成长方形，考虑到形体较大，在内部对称部位辅以支撑片，中部多掏孔，以便烧制时散热等。多为素面，部分拍印、模印、阴刻或戳印相关图案，题材内容有几何纹、动物纹、生产生活、人物、车马、建筑以及神仙等。用途广泛，宫殿、官署等高等级建筑及墓葬中多有使用。秦咸阳宫建筑遗址出土空心砖个体大，泥质手制，长方形，中空，多呈青灰色，有的模印几何纹或阴刻龙纹、凤纹、四叶纹等。汉武帝茂陵及其陪葬冢附近出土的龙虎纹空心砖，正面中部为方格云纹及方格莲瓣纹组成的图案，周边饰线雕龙虎纹，另外还有朱雀纹等纹饰[8]（图4–24）。

瓦主要包括筒瓦和板瓦。筒瓦呈近半圆弧形，内壁多素面，外壁多饰竖向绳纹，一端有弧下凹前伸，以便与另一瓦扣合，素面。有带瓦当者和无瓦当者之分，秦始皇陵及徐

1 吴公勤：《铜山县圭山东汉墓群》，《中国考古学年鉴·2001年》，文物出版社，2002年，第163页。

2 徐州博物馆：《江苏铜山县班井四号墓发掘简报》，《中原文物》2009年第3期。

3 周口地区文物工作队、淮阳县博物馆：《河南淮阳北关一号汉墓发掘简报》，《文物》1991年第4期。

4 刘尊志、周波：《徐州市金地商都先秦、两汉及明代遗址》，《中国考古学年鉴·2003年》，文物出版社，2004年，第172—173页。

5 陕西省社会科学院考古研究所渭水队：《秦都咸阳故城遗址的调查和试掘》，《考古》1962年第6期；秦都咸阳考古工作站：《秦都咸阳一号宫殿建筑遗址简报》，《文物》1976年第11期。

6 中国社会科学院考古研究所汉长安城工作队：《汉长安城北宫的勘探及其南面砖瓦窑的发掘》，《考古》1996年第10期。

7 山东省文物考古研究所：《山东临淄金岭镇一号东汉墓》，《考古学报》1999年第1期。

8 茂陵文物保管所王志杰、陕西省博物馆朱捷元：《汉茂陵及其陪葬冢附近新发现的重要文物》，《文物》1976年第7期。

图 4-24　汉武帝茂陵出土空心砖

州拖龙山M4出土的部分筒瓦前端带有瓦当[1]。板瓦基本呈弧形，约为四分之一圆周，形体大，壁薄。内壁素面或有制作遗留下的席纹、蓖纹等，外壁多是上饰凸棱纹，下饰绳纹，徐州碧螺山M5出土基本为板瓦[2]。

瓦当是建筑檐头筒瓦前端的实用性装饰，即遮挡，用于保护椽头等，朝外一面称为当面，当面最外边缘为边轮，圆形瓦当的圆心称为当心。秦汉时期，圆与半圆形瓦当均有，素面较少。秦代，云纹和涡纹较流行，夔纹瓦当也有较多发现，如秦始皇陵北部建筑遗址出土的夔纹半瓦当，纹饰较复杂[3]，另外还有少量文字瓦当。汉代，圆瓦当较常见，云纹、文字瓦当流行，另有动物、几何、植物、方格、旋曲等纹瓦当，多十字对称分布，少量文字瓦当和动植物纹瓦当为全文或全物瓦当。云纹瓦当中心多为圆形外凸或网格，一些在中心配以四神或小乳钉、漩涡、双鹤、小鸟等。动物纹瓦当以四神纹居多，另有蟾蜍、玉兔、大雁等。部分为四神之一占满画面，圆形当心。汉长安城南郊礼制建筑遗址出土有四神纹瓦当，较精美，可能是王莽时专为礼制建筑制作的瓦当[4]。人面瓦当以半瓦当居多。徐州金地商都汉代遗址出土数枚，多数仅模印出双目，班井东汉M4地表出土的人面瓦当则是双目、鼻、嘴及胡须均有。文字瓦当基本是早期文字多，排列密，后字体变大，至东汉时，数量减少，但文字优美。主要有“汉并天下”等反映统一思想者，“鼎胡延寿宫”等记宫殿姓名者，“宗正宫当”、“竹泉宫当”等记官署名称者，“千秋万岁”、“长乐未央”、“福寿无疆”等吉祥颂语者，还有标记陵墓名称、私人姓氏、地区郡县者，另有“单于和亲”、“天降单于”、“乐浪礼官”等反映民族关系的瓦当。三国时，云纹瓦当继续使用，但部分纹饰已略有变化。

---

1 徐州博物馆：《徐州拖龙山五座西汉墓的发掘》，《考古学报》2010年第1期。

2 徐州博物馆：《徐州碧螺山五号西汉墓》，《文物》2005年第2期。

3 赵康民：《秦始皇陵北二、三、四号建筑遗迹》，《文物》1979年第12期。

4 刘庆柱：《汉长安城遗址及其出土瓦当研究》，《古代都城与帝陵考古学研究》，科学出版社，2000年。

陶水管道等排水设备也属建筑用陶。秦始皇陵发现较多，汉长安城等也有相关发现，如汉未央宫中央官署建筑东院2号天井西边的五角形排水管道，表面饰斜绳纹[1]。较多排水管道呈筒形，两端有企口可相扣。秦汉时期的陶井圈，直径大，壁厚，较坚实，也反映出制陶技术的高超。

（五）釉陶烧造

釉陶器又称低温铅釉陶，是在普通黏土胎表面，涂上含有大量氧化铅的各色釉，以铅的化合物为助熔剂，约在700℃左右的低温下烧制而成。由于主要呈色剂是氧化铜或氧化铁，烧成后呈棕黄色或绿色，釉面较光滑。因主要流行于淮河以北，又称“北方釉陶”。汉代釉陶器的成功烧制，为后来各种不同色调低温釉的烧制奠定了基础。关于铅釉技术的发生，或认为受西亚影响，汉朝时经由西域传来我国[2]，或认为是我国独立自创的[3]。从产生的时代及其与原始瓷器、南方施釉硬陶的诸多相似性来看，釉陶器可能是借鉴了原始瓷器、南方施釉硬陶的制作特点和烧造方法，逐渐形成的一种新的制陶工艺。

图4-25　长安西户高速公路M13出土釉陶鼎

西汉中期，釉陶器最早出现于关中地区，釉色以绿、褐黄等单色釉为主。宣帝以后，铅釉器得到推广，关东的河南、江苏徐州等地均有发现。徐州拖龙山M4出土釉陶罐，色暗黄，印有钱状纹。至迟新莽时期，釉色增多，出现同时施黄、绿、酱红、褐色的复色釉。东汉时，釉陶烧制技术发达，器类多、制作精、釉色丰富，而且分布地域较广，山东、湖南、江西等地均有使用。

图4-26　陕西西安新筑镇三里西村出土东汉绿釉陶水亭

从目前资料看，釉陶器主要用于陪葬，一般认为与其低温烧成不宜实用有关。西汉釉陶器类可从长安地区西汉墓看出[4]，有鼎（图4-25）、盒、壶、扁壶、罐、仓、灶、熏、鐎壶、灯、饼等器物及人、牛、马、猪、羊等俑。东汉较之西汉时增添了盆、碗、魁、

1　中国社会科学院考古研究所：《汉长安城未央宫：1980—1989年考古发掘报告》，中国大百科全书出版社，1996年。

2　叶喆民：《中国古陶瓷科学浅说》，轻工业出版社，1960年，第20页。

3　张福康、张志刚：《中国历代低温色釉的研究》，《硅酸盐学报》1980年第1期。

4　西安市文物保护考古所、郑州大学考古专业：《长安汉墓》，陕西人民出版社，2004年。

杯、耳杯、柜及灶、磨、井、家禽与家畜圈舍、水碓、陶磨、作坊、楼阁、池塘、水亭(图4-26)等各种模型明器，人物俑有一定数量，如六博俑；动物俑中狗的数量和种类大增，以南阳地区出土釉陶狗最具典型。

二、瓷器烧造

(一)原始瓷器烧造业的兴盛

秦代，原始瓷器有所使用，秦始皇陵的秦代房基出土原始青瓷盖罐上刻有阴文小篆“丽山飤官”等字。汉代，原始瓷器产品种类多，生产地区广，流通区域大，达到生产的高峰。

东汉时期生产原始瓷器的窑场遗址在浙江宁波、上虞和永嘉以及江苏宜兴等地均有发现，尤其上虞的窑场遗址多而集中。结合已发现的瓷窑形制推测，汉代烧制原始瓷器的窑应为龙窑。另从江苏徐州出土原始瓷器的情况看，该地也应有生产原始瓷器的窑场。

秦汉时期的原始瓷器胎质坚硬，叩之有金石之声，烧成温度在1200℃左右。胎较细密，含杂质少，部分有气孔，烧结坚硬，吸水率较低。胎土中含铁量较高，因烧制方法不同，或呈淡灰、灰或青灰色，或呈砖红、土黄色。制作时部分为泥条盘筑、拉坯成形、线割器底等方法，更多的采用底、身分制，黏结成器的方法。釉料以铁作为着色剂的石灰釉，氧化钙含量高，高温时流动性较大，容易形成蜡泪痕和聚釉现象，但透明度较好。秦至东汉早期基本为刷釉法，多在器口、肩等局部施釉，内壁露胎不施釉。东汉中期开始采取浸釉法，近底处无釉，釉层增厚，胎釉结合较好，脱釉现象减少。釉色呈青、灰青、灰褐、草绿、草黄等色。西汉中晚期，徐州地区的部分原始瓷器胎外已涂有一层较薄的白色土，使得釉面光滑，色泽柔和，均匀透明(图4-27)。多数器物为圆鼓腹，从器物口沿和足部可知，基本不采用叠烧的方法烧造。从徐州奎山M1出土瓷壶等的足部可知，烧造时一般是将器物的下部直接或借用窑具置于平铺的沙子上，这当是器物下部不施釉的原因[1]。限于技术，一些器物的胎有烧鼓变形，部分胎釉结合不紧

图4-27 徐州奎山西汉M1出土的原始瓷瓿

1 徐州博物馆：《江苏徐州市奎山四座西汉墓葬》，《考古》2012年第2期。

窑，发生脱釉和剥釉等现象。

秦代原始瓷器的装饰还较简单，基本为弦纹和水波纹。西汉时，装饰方法较多，刻划、戳印、模印、堆贴等方法均有使用。刻划、模印纹有弦纹、波浪纹、人字纹、卷草纹、云气纹、龙纹、鸟纹等，戳印的多为点状纹，堆贴纹如铺首、环、纽、乳丁等，西汉中期开始粘贴细扁的泥条形成凸弦纹。少量有彩绘，如徐州拖龙山出土原始瓷壶（M7∶24），颈部彩绘弦纹、蕉叶纹等。其中鼎的附耳及足多饰兽面和云纹等，壶、瓿、罐的系或为羊头纹或斜线纹，或为兽面铺首衔环纹，环多呈麻花状。

汉代原始瓷器的种类较多。西汉早期有杯、盘、罐及仿铜礼器鼎、盒、壶（锺）、瓿、敦，个别墓葬还有钫，如徐州后楼山M8∶32[1]。西汉晚期，奁、洗、盆、勺等器物增多，并有牛、马、屋等明器。东汉时期，罐较为普遍。

原始瓷器多出土于墓葬中，是作为陪葬品存在的，在一定程度上可起到仿铜器的作用。东汉时期，原始瓷器烧造走向衰落。在浙江地区则成功转型，逐渐烧制出成熟的瓷器。

（二）瓷器的成功烧制

至迟东汉晚期，瓷器烧制成功，其最早生产地可能是今浙江省上虞、绍兴一带，产品有青瓷和黑瓷，青瓷居多。东汉时瓷器在我国南方烧制成功，一方面与这一带早已存在且较为成熟的原始瓷器、印纹硬陶烧造业有关，另一方面也与南方盛产瓷石有着密切关系。窑也在继承前代的基础上有较大改进，结构趋于成熟，促进了瓷器的诞生。上虞地区发现多处东汉瓷窑[2]，均龙窑形式，主要生产青瓷和黑瓷。另在河南、河北、安徽、湖南、湖北、江苏等地东汉晚期的墓葬和遗址中也有青瓷制品发现，如江苏高邮汉代遗址[3]、湖南益阳东郊汉墓[4]等，说明东汉晚期，瓷器的流通区域已较广泛。

青瓷器胎质纯净、坚硬，釉色淡青色，较光亮，制作技术渐趋成熟。上虞大园坪发掘东汉龙窑2个，1号龙窑窑底、窑壁用黏土抹成，具有良好的烧结面，结合火膛、窑腔等来看，龙窑已较为成熟，窑温可提高到1300℃左右，且能均匀分布；出土有青瓷碗、钵、洗、锺、瓿、罍、虎子、托盘、五管瓶等，胎硬度强、吸水率低，胎釉结合紧密，釉较具光泽，基本具备了成熟瓷器的物理特征。其他还有小仙坛、帐子山和畚箕岙等地的汉代瓷窑址。中国科学院上海硅酸盐研究所对浙江上虞小仙坛东汉瓷窑遗址出土青瓷片进行了测试分析[5]，证明制瓷原料采用窑附近的瓷土矿，瓷胎已烧结，显气孔率为0.62%，吸水率为0.28%，烧成温度达1310±20℃，显微结构与近代瓷基本相同，釉料中含氧化钙15%以上，胎釉结合紧密，在还原气氛中烧成，青釉色泽纯正，没有流釉现象，透明而有光泽，已是真正的瓷器。东汉青瓷器的种类与原始瓷器相近，除上文所述器类外，还有盏、盘、盆、壶、砚、唾壶、五联罐、四系罐等，装饰也有原始瓷器的特点，常见弦纹、水波纹和贴印铺首等。

黑釉瓷器也有相当数量。它由酱色釉原始瓷发展而来，胎的坯泥炼制不精，胎骨也不及青釉制品细腻。器形简单，以壶、罐、瓿等大件器物居多，另有碗、洗等，纹饰与青釉器基本相同，施釉厚薄不均，釉层常见蜡泪痕及聚集的厚釉层。器表一般施釉不到

1 徐州博物馆：《江苏徐州市后楼山八号西汉墓》，《考古》2006年第4期。

2 冯先铭：《新中国陶瓷考古的主要收获》，《文物》1956年第9期；林士民：《浙江宁波汉代瓷窑调查》，《考古》1980年第4期。

3 江苏省文物管理委员会：《江苏高邮邵家沟汉代遗址的清理》，《考古》1960年第10期。

4 周世荣：《湖南益阳市郊发现汉墓》，《考古》1959年第2期。

5 中国硅酸盐学会：《中国陶瓷史》，文物出版社，1982年，第127页。

底，器底和器壁近底处露出深紫的胎色。经测试，东汉黑瓷的烧成温度达1240℃，瓷胎基本上不吸水，胎釉结合紧密，极少有脱釉现象，完全达到了瓷器的标准[1]。除上虞地区外，其他地区也有发现。安徽亳州1号曹操宗族墓[2]有黑瓷器发现，江苏铜山班井东汉M1出土黑釉瓷灶为典型的南方黑釉瓷器[3]，这均证明东汉晚期黑瓷已用于流通。

图 4-28　湖北鄂州市鄂钢饮料厂三国吴墓（M1）出土青瓷香薰

综合来看，至东汉晚期，浙江一带不仅成功烧造瓷器，且瓷器烧造已基本与陶器烧造分开。三国时期，这一手工业得到更多发展，器物种类大增，动物俑、人物俑及香薰、灶等均有发现，而且制作更为精细（图4-28），而瓷器也因其自身的优越性，逐渐成为人们日常生活中的主要用具。

第四节　纺织业

秦汉三国时期，纺织业的发展主要表现为有专门的生产管理机构，官营私营并起，生产规模大，区域广阔，技术显著进步，产品种类丰富多样，贸易频繁并远销海外。

一、生产管理与经营

西汉时，中央的纺织机构为设于长安的东西织室，属少府，设织室令，属官为东、西织令丞，每年经费可达数千万；东汉时，设“冰纨、方空縠、吹纶絮”[4]，仍置织室，少府下设织室丞进行管理。就地方官营纺织业而言，两汉诸侯国多有自身的纺织机构，西汉时还在纺织业发达的陈留、襄邑、临淄等地设服官，其中齐地三服官，“作工各数千人，一岁费数巨万”[5]。蜀地是两汉重要的官营纺织品产地，西汉张骞出使西域时在大夏见到有蜀布，东汉时蜀地纺织业更为发达，蜀锦较为闻名，有蜀地“女工之业，履衣天下”[6]之称。官营纺织作坊一般规模大，产量多，产品种类丰富且档次较高。纺织工人部

1 朱伯谦、林士民：《我国黑瓷的起源及其影响》，《考古》1983年第12期。
2 安徽省亳县博物馆：《亳县曹操宗族墓葬》，《文物》1978年第8期。
3 徐州市博物馆：《江苏铜山县班井村东汉墓》，《考古》1997年第5期。
4 《后汉书》卷三《章帝纪》，中华书局，1965年，第135页。
5 《汉书》卷七十二《禹贡传》，中华书局，1962年，第3070页。
6 《后汉书》卷十三《公孙述传》，中华书局，1965年，第535页。

分为官府培养，更多是从民间征发调用。三国时期，中原成为纺织业生产的主要地区之一，除襄邑外，河南淇县的朝歌、河北高邑县西南的房子、山东临清市北的清河等均为新兴的纺织业发达地，左思《魏都赋》有“锦绣襄邑，罗绮朝歌，绵纩房子，缣总清河”的描述。蜀国及吴国也十分重视纺织业，取得了较多成就，而交广、滇以及西域地区的棉纺织业亦得到相应发展。

民间纺织生产有大工商者经营、官僚或地主自营及小农家庭纺织业等。大工商者的纺织产品多用于商品流通，官僚、地主及小农家庭纺织业在满足自身需求的情况下，剩余产品也作为商品出售。汉代，出现了专业的织者，《西京杂记》载：“绫出钜鹿陈宝光家，宝光妻传其法。”江苏高邮天山M2出土“耿氏作布”铭盛纺织品漆盒[1]。三国时，中原及蜀地的私营纺织业均较发达，成都流江南岸许多人家以织锦为生，左思《蜀都赋》曰：“阛阓之里，伎巧之家。百室离房，机杼相和。贝锦斐成，濯色江波。”

二、纺织原料

纺织原料主要包括丝、麻、葛与毛等，以丝和麻为主。

丝与蚕的养殖及桑树种植关系密切，麻与麻类作物的种植关系密切。这一时期桑麻种植普遍，黄河流域较为集中，其次则为四川盆地，不仅有“环庐树桑”式的小规模种植，而且出现了“千亩桑麻”式的大规模、专门的桑园。内蒙古和林格尔东汉墓壁画[2]、四川新都出土画像砖[3]等中有桑园图。据记载，崔寔为五原太守时曾鼓励当地人种植麻类作物，以解决穿衣问题[4]。汉画像中多见采桑图，山东嘉祥武梁祠[5]、四川彭山汉代崖墓石棺[6]等均有体现，画面的一侧有桑树，地上有提篮，中间为一女子手攀桑枝作采桑状。《氾胜之书》中收有桑麻栽培法的内容，包括整地、播种、田间管理及收获等，反映出汉代桑麻栽培技术已取得高度成就。

毛织品原料主要产于西北畜牧区，葛则主要生长于东南一带。至迟在东汉末期，新疆地区已开始植棉并利用棉花纤维，三国时又得到相应发展。

三国的织物原料品种又有增加。据三国时期吴人万震《南州异物志》载，交广一带一种古贝木的果实可以织为布；西晋人华峤在其所著《后汉书》中载，川滇一带的哀牢夷常用梧桐木（木棉树）花絮织布。

三、纺织工具

秦汉三国时期的纺织工具多样，用途广泛，包括捻线、绕丝、纺线、织布、染色、刺绣等多个方面。

捻线多用纺轮。湖南资兴等地出土陶纺轮还保存着原来的铁轴杆[7]，可知纺轮是在不断旋转中将纤维牵伸并加拈的。

绕丝工具称为㯻，㯻上的丝再转到篗上，㯻、篗有时合为络车。汉代的篗是将4或6

---

1 贺云翱：《历史与文化》，中国人事出版社，1996年。
2 吴荣曾：《和林格尔东汉墓壁画中反映的东汉社会》，《文物》1974年第1期。
3 四川省博物馆：《四川新都县发现一批画像砖》，《文物》1980年第2期。
4 《后汉书》卷五十二《崔寔传》，中华书局，1965年，第1730页。
5 朱锡禄：《武氏祠汉画像石中的故事》，山东美术出版社，1996年，第33页。
6 梅养天：《四川彭山县崖墓简介》，《文物参考资料》1956年第5期。
7 湖南省博物馆：《湖南资兴东汉墓》，《考古学报》1984年第1期。

图 4-29　江苏泗洪曹庙出土东汉纺织画像石

根竹箸用短辐交互连接而成，中贯以轴；以指拨辐，篗就随之旋转缠络，山东滕县龙阳店东汉画像石上即有一人手举篗柄[1]。缠纬的短竹管将竽与绳轮相连接的装置为竽车，手摇绳轮带动竽管旋转，可将篗上丝分缠于竽，竽缠满丝线后，就可取下装入杼内，以供织作时使用。

纺车主要用来纺麻线，效率较高，且可依据织物性质来决定丝麻缕捻度的高低，这在一定程度上促进了缫丝技术的发展。汉代多为手摇纺车，民间普遍使用，纺织画像基本都有手摇纺车形象。脚踏纺车已经出现，江苏泗洪曹庙出土东汉画像石即刻有脚踏纺车形象[2]（图4-29）。纺车以纺锭代替竽管，纺锭一头较尖，伸出于夹持装置之外，后部有槽，以承绳弦，旋转时其尖端可以带动麻纤维，使之捻合成线。甘肃武威磨咀子M22曾出木纺锭[3]，山东临沂银雀山汉墓出土西汉帛画上有单锭纺车形象[4]。

汉代整经用“经梳”，即“木匀”，有的面上有突起竹钉，下有座，可旋转，能将两只或多只篗子上的丝线排列整齐并牵线于经轴上。江苏邳县白山故子东汉M1出土画像上，有一人正在经梳前进行整理，梳面上的突起物似竹钉，图中后部悬挂着一排篗子[5]。

织机种类较多，适用于不同需要，操作方法及人员数量等亦有差别。云南晋宁石寨山出土铜贮贝器盖上有一组少数民族女性用踞织机织布的形象[6]，织者席地而坐，经线一端系在织者腰部，另一端用足蹬紧或固定在木桩上，因此踞织机也名腰机，其重要成就是采用了提综杆、分经棍和打纬刀。足踏机在家庭纺织业中使用较多，苏、鲁一带出土的纺织画像中常见，多为一人操作，基本为斜织机（图4-30），机架由水平放置的底架和斜立于底架中、后部的斜机身组成，斜置的机身用于固定机面，与水平底架形成50°—60°的夹角，织工在坐着操作时，可清楚地看到开口后经面是否平整，经线有无断头。斜织机上装卷经轴，位于机架顶部，轴上缠有经丝，织造时通过经轴的转动逐渐将经丝退解送出。机架在立颊的中部装“立叉子”，其顶端装“马头”。连接在两个马头之间的一根圆木称为分经木，经线被它分为面经和底经，并形成一个梭口，织工通过踩蹑

1　中国美术全集编辑委员会：《中国美术全集·18·绘画编，画像石画像砖》，上海人民出版社，1988年，图三〇。

2　尤振尧：《江苏泗洪曹庙东汉画像石》，《文物》1986年第4期。

3　甘肃省博物馆：《甘肃武威磨咀子汉墓发掘》，《考古》1960年第9期。

4　银雀山考古发掘队：《山东临沂市银雀山的七座西汉墓》，《考古》1999年第5期。

5　南京博物馆、邳县文化馆：《江苏邳县白山故子两座东汉画像石墓》，《文物》1986年第5期。

6　云南省博物馆：《云南晋宁石寨山古墓群发掘报告》，文物出版社，1959年。

（踏脚板）使马头前后俯仰而控制综的提降。布轴位于斜机身的下端，水平机架下有两块踏板。织造时，由双脚控制提综，双手用来投梭、达筘。斜织机的结构虽已较为进步，但其只能织造一般的缯帛及简单小花纹的织物，所以又称为平纹织机。提花机一般由2—3人操作，结构较为复杂，主要用来织花纹复杂的罗、绮、锦、绒等。《西京杂记》载钜鹿陈宝光妻子织锦时所用的即为提花机，用一百二十镊，六十日织成一匹。据记载，东汉马钧将旧绫机五十综者五十蹑，六十综者六十蹑皆改为十二蹑，说明汉代已有多综多蹑纹织机。马钧改造后的织机只有十二蹑，但能织造出更为丰富多彩的纹样，操作方法也变得相对简单。

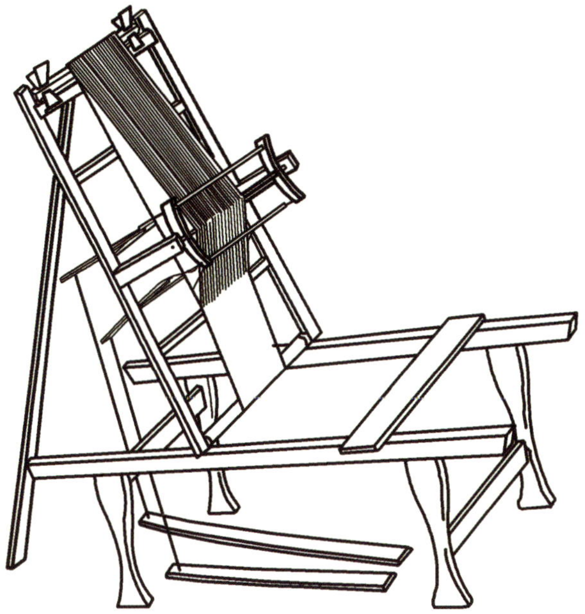

图 4-30　铜山县洪楼纺织机复原图（引自《从汉画像石探索汉代织机构造》，《文物》1962 年第 3 期）

汉代的纺、织工具常配合使用。江苏沛县泗水留城镇出土纺织图的左方织机上坐着织女，右下方刻一纺车，车前一妇女正在纺织，上方屋旁悬挂络丝的用具等[1]。邳州陆井白山故子纺织图的右方有纬车，纺妇跽坐摇纬，中有络车一架，一妇人跽坐车架旁作调丝姿势，左方为织机，机架上放置方形框架，一织妇在穿梭织缣[2]。铜山县洪楼纺织图中的纺织工具有络车、纬车和纺织机等，右边一女子身旁放置三角形架，上置三根短箸，丝的一端缠绕在箸上，其上一端穿过檐下横杆操握在女子手中[3]。

其他工具还有印花时的印花版，刺绣时的针，织毛毯用的打纬工具"木手"[4]等等。

四、纺织产品

咸阳秦宫殿遗址出土的丝绸、绢、锦、绦、刺绣及麻布残片等在一定程度上反映出秦代纺织产品的种类[5]。汉代纺织品出土较多，反映的产品种类也较为丰富。

（一）丝织品

丝织品统称缯帛，种类繁多。细丝织造的有缟、素、绫等，粗丝织造的为䌷、绁、络等。平织的为绢，厚重密致的为缣，粗厚坚实的为绨，没有花纹的统称为缦，有花纹的称织文、锦、绣、绮、绫、罗等，花纹素淡而极轻薄的为罗、縠、纱等。

缟、素指尚未脱胶的生帛，素、縠用平纹组织制造，縠有稀疏的方孔，纤细而轻盈，

---

1 徐州博物馆：《徐州汉画像石》，江苏美术出版社，1985年，图第226，图版说明第11页。

2 徐州博物馆：《徐州汉画像石》，江苏美术出版社，1985年，图第270，图版说明第12页。

3 王德庆：《江苏铜山东汉墓清理简报》，《考古通讯》1957年第4期。

4 新疆维吾尔自治区博物馆考古队：《新疆民丰大沙漠中的古代遗址》，《考古》1961年第3期；新疆维吾尔自治区博物馆：《新疆民丰县北大沙漠中古遗址墓区东汉合葬墓清理简报》；《新疆吐鲁番阿斯塔那北区墓葬发掘简报》，《文物》1960年第6期。

5 秦都咸阳考古工作站：《秦都咸阳第一号宫殿建筑遗址简报》，《文物》1976年第11期。

长沙马王堆汉墓有出土。

绢为平纹织物，也称作纨。粗绢细密程度不一，多数绢每厘米的经线在100根以下，纬线较粗。细绢组织紧密，表面光滑、细薄，较为精致。部分素色，部分染成各种颜色，有的还作研光处理。马王堆M1、南越王墓等均有发现。

缣为双丝平纹织物，用单经双纬交织而成。满城汉墓出土缣，质地细薄、平整，呈半透状，表面呈现纬向畦纹。

锦是以两种或多种颜色的经纬线织出花纹图案的提花织物，多为经线起花的经锦，质地细密，花纹丰富，色泽协调而美观。种类较为丰富。二色锦是以两根不同颜色的经线为一组，织制出两色花纹，两面花纹虽相同，但颜色不同。马王堆M1出土的二色锦有隐花波纹孔雀锦，新疆若羌县高台墓地的“续世锦”[1]以横贯通幅的波折纹为骨架，其间填充圆点和隶体汉字组成的吉祥语。三色锦是以三根不同颜色的经线为一组织制，正面为三种颜色，背面为杂色。马王堆M1出土的三色锦有红青矩纹锦、香色地茱萸纹锦等。东汉尼雅M1出土的“万世如意”锦采用分区配色的散色锦织成，除绛和白色外，第三色分别是绛紫、淡蓝、油绿等，虽花纹有五种颜色，仍基本按三色锦织制[2]。东汉、魏晋时还流行不分区配色的五色锦。尼雅I号墓地M8出土的“五星出东方利中国”锦护臂，用蓝、绿、红、黄、白五色经线织制，不分色区[3]。“元和元年”（公元84年）锦则是目前发现唯一有纪年，蓝地，有白、绿、黄、红色花纹的五色锦[4]。绒圈锦，又称起毛锦，为经线起花并起绒圈的重经组织织物，基本是用四根经线为一组，与一组纬线交织，经线用二色或三色，因起圈的需要，绒圈经不与其他经线合用同一经轴，需另设经轴。满城汉墓、南越王墓中均有发现，反映出西汉提花织造工艺已获得较大发展。就纹饰而言，西汉初以几何纹为主，多对称图案，其后逐渐形成流动活泼的非对称图案。东汉时，动物、植物花卉、云气纹较常见，动物纹多具奔跑的特征，花卉间常夹有具有时代特征的吉祥文字，如“大宜子孙”、“如意”、“延年益寿”等，有的还有“金池凤”等（图4–31）。

秦汉绣品多用绢、罗、纱等丝织物，个别用锦。刺绣针法以锁绣为主，兼用平针绣和打籽绣。马王堆M2、M3出土信期绣、长寿绣、乘云绣以叉形花穗配流云为主题，方棋纹绣在四方连续的方格内缀以圆点或瓜子点，茱萸纹绣较为写实，多种绣线精心配置，衬以适宜色彩的绣地，让绣品或富丽堂皇或精巧雅致[5]。江苏地区的扬州和连云港地区也有长寿绣织品发现。尼雅遗址M1的蔓草纹绣是东汉绣品中的精品。另在尉犁县营盘墓葬中还发现有植物纹或花卉纹刺绣[6]。

绮是平纹地经斜纹起花织物，为单色提花织物。尼雅M1出土有菱纹绮和鸟兽葡萄纹绮，马王堆M3出土有对鸟菱纹绮和罗绮棉袍。以菱形格为花纹骨架、其间填充花草和动物的布局是汉代纹绮的特点。因花纹循环大，需使用有提花束综装置的提花织机织制。

罗是绞经网孔状织物，无纹者为素罗，提花者称花罗，有良好透气性，是制作高档服饰的材料。有一定等级的墓葬如满城汉墓、江陵凤凰山M167[7]等出土的基本为花

1 武敏：《织绣》，（台北）幼狮文化事业股份有限公司，1992年。

2 新疆维吾尔自治区博物馆：《新疆民丰县北大沙漠中古遗址墓区东汉合葬墓清理简报》，《文物》1960年第6期。

3 新疆文物研究所：《新疆民丰尼雅遗址95MNI号墓地M8发掘简报》，《文物》2000年第1期。

4 于志勇：《楼兰—尼雅地区出土汉晋文字织锦初探》，《中国历史文物》2003年第6期。

5 湖南省博物馆、湖南省文物考古研究所：《长沙马王堆二、三号汉墓》，文物出版社，2004年。

6 新疆文物考古研究所：《新疆尉犁县营盘墓地1995年发掘简报》，《文物》2002年第6期。

7 凤凰山一六七号汉墓发掘整理小组：《江陵凤凰山一六七号汉墓发掘简报》，《文物》1976年第10期。

罗，地纹为六边形大罗孔，四梭（纬）一个循环，花纹部分是小罗孔，二梭（纬）一个循环。马王堆M1标本340-2，一个组织循环有经线332根、纬线204根，地经和纠经各二分之一，均116根，两者相间排列，如此复杂的织物，需有束综提花装置和纠经综相配合才行。

图 4-31　民丰县尼雅Ⅰ号墓地1号墓出土“金池凤”锦袋

纱为平纹方孔织物，方孔较疏朗，经纬密度低。马王堆M1出土素纱禅衣仅重49克，透明（图4-32）。织造原料纤度较细，说明蚕丝品种和生丝质量良好，缫纺和织制技术达到一定的水平。

縠又称绉纱，为经纬线均加强拈，织物表面起绉的纱。南越王墓标本S21外观起绉，卷曲如泡沫状。

手工编织物包含组、漆缅纱、绦等。组也称纂组，用经线交叉编结。大葆台M1：F-11组带，为正八边形网格[1]。漆缅纱是用生漆平涂于组上形成的，组一般是单式结构，汉代多用来做冠帽。马王堆M3出土一顶完整的漆缅纱冠，孔隙均匀、通透。制作过程当是先用组斜覆在冠的模型上定型、加嵌框线，然后反复涂刷生漆。绦是带状编结物，多用作衣物的装饰。秦都咸阳第1号宫殿建筑遗址出土一件菱格动物、几何纹绦。马王堆M1出土的千金绦，绦面花纹依纵向分作三区，纹样每6厘米长重复一次，明暗交替，中间横排“千金”二字。

图 4-32　长沙马王堆M1出土素纱禅衣

1 北京市古墓发掘办公室：《大葆台西汉木椁墓发掘简报》，《文物》1977年第6期。

（二）麻织物

麻织物主要为麻布。常用原料有苎麻、大麻、苘麻等。广西罗泊湾M1出土麻布，质地较细[1]。

（三）毛织物

西北地区使用毛织物较多，一些传入中原。毛织物包括毛罗、氍毹、毡、毯等。

毛罗，是用四根经线左右分开、相互纠绞形成六边形孔眼，未纠经部分是平纹组织。织制时，每投入五根平织纬后投入一根纠经纬，类似二纠经罗。新疆山普拉01号墓[2]毛罗上衣的下摆是用菱格卷草纹毛罗制作的。

氍毹，即毛呢，经线为两股粗毛线，纬线为单股细毛线，排列稀疏。

毡，一般是用木槌打击而成，用于做鞋或席等，也用来做帽子等（图4-33）。

毯，是将经线绷在架子上，使用绞轴将单双分开，形成开口，以便于拴扣、穿纬和打纬。

罽，又称褐子，目前出土汉代的罽基本都为绛毛织物。山普拉01号墓出土有红地人面纹罽、人马纹罽，为壁挂，其上图像与希腊神话中的人物、传说似乎有密切关系。该墓还出土双层双面的折枝葡萄纹双面罽，是以表经、表纬与里经、里纬各自交织成平纹。02号墓出土的青绿地龙纹绦为花边，用天青、草绿、深棕、浅棕、橘红等八色毛线织成，同一纹样单位有五色至八色。

毛绣品，山普拉和尼雅均有发现，针法是锁绣，绣线是毛线。山普拉的绣品是以经线编结的绦，花纹有四瓣式花朵和四叶蔓草纹，多作二方连续布置。

图 4-33　楼兰遗址出土毛帽

五、相关技术与方法

（一）染色

秦汉三国时期的染色技术十分高超。《三辅黄图》载“未央宫有暴室，主掖庭织作染练之署”，说明西汉中央设有主管织物染色的机构。洛阳金谷园车站M11出土陶

1 广西壮族自治区博物馆：《广西贵县罗泊湾汉墓》，文物出版社，1988年。

2 新疆维吾尔自治区博物馆、新疆文物考古研究所：《中国新疆山普拉——古代于阗文明的揭示与研究》，新疆人民出版社，2001年。

作坊模型1件，屋内有方池，房前有井，作坊中有大灶、杠架、锅、甑等，存在为印染作坊的可能[1]。

汉代织物染色的染料较为丰富。东汉许慎在《说文解字》中所列织物的色调有39种，马王堆汉墓出土织物染料的颜色包括红、黄、棕、绿、蓝、墨、藕色、紫等36种，其中红色又分为红、朱红、绛红、浅绛、绀等。既有植物染料，如从蓝草中提取的靛蓝，从茜草中提取的深红，从栀子中提取的红色等；也有矿物染料，如朱砂所染之色为朱红。植物染料多是浸染，朱砂染色则需将朱砂研磨成细粉，再通过黏合剂附着于织物之上，马王堆汉墓出土的朱红绢、罗等应是通过这种方法染色的。为了增加染色后织物的性能，还需进行一些特殊处理，如将织物浸入植物油中，待干后撒上云母粉等物质，再将其压入纤维之中，南越王墓出土黑油绢可能采用了这种方法，增强了防水功能。

汉代织物中，有的是染线（丝缕）后再织，为线染；有的是织后再染，为匹染。绞缬染和蜡染是这时较为先进的染色技术。绞缬染始于秦汉，染品属于珍贵之物，它是在布面上用线沿图案引缘线并对一些位置包住抽紧，结成不同式样的小绞，之后浸染上色，晾干后去掉引线，便出现绞白花斑。蜡染是以绛蜡或白蜡作防染材料，先在需染色的织物上用融化的蜡描绘成花纹，再浸入染色，后用水煮脱蜡，这样就会出现染色地白花的花纹。新疆民丰尼雅东汉墓出土有蜡染棉布，花卉、人物等精巧细致，反映出蜡染水平的成熟。

（二）印花

广州南越王墓出土两件铜质印花凸版及部分印花丝织品，一件印花版正面花纹近似松树形状，有火焰状纹凸起，印版上还有明显使用后磨损的痕迹，而同出的一件仅有白色火焰纹的丝织品，其花纹形态与松树纹凸版纹极为吻合。马王堆汉墓出土有金银色印花纱，它是用凸版套印的，共使用三套印花版，依次印出银白色的纹样骨架、白色主面纹、金色小圆点（图4-34）。印花版印花方法存在定位不准确、易产生线条叠压或疏密不均的情况，但它将我国印花工艺的出现时间大大提前了。

马王堆汉墓还出土有印花敷彩纱，它是用印绘结合的方法制作花纹：先是印出地纹，然后再分别绘出不同颜色纹饰，最后用需要颜色（粉白色）勾绘和加点，形成纹饰复杂的图案。

图 4-34　汉代印花纱套印工艺示意图（引自《中国考古学·秦汉卷》，2010年）

1　洛阳市文物工作队：《洛阳金谷园车站11号汉墓发掘简报》，《文物》1983年第4期。

六、相关问题

中央纺织机构及朝廷在地方设置纺织机构的产品基本供朝廷和皇室使用与支配。除日常使用外，朝廷还常有赏赐，西汉文帝至平帝，几乎每个皇帝都会赏赐臣下数量惊人的纺织品，如汉武帝，“北至朔方，东封泰山，巡海上……所过赏赐，用帛百余万匹”[1]。还有将纺织品送给外国以促进交流的情况，三国魏明帝曹睿于公元238年曾送给日本卑弥呼女王绛地交龙锦、绛地绉粟罽、蒨绛、绀青、绀地句文锦、细斑华罽、白绢等。丧葬方面，帝后陵墓用大量纺织品陪葬，史载刘聪“盗发汉灞、杜二陵及薄太后陵……得金玉彩帛不可胜记”[2]，“赤眉取陵（武帝茂陵）中物不能减半，于今犹有朽帛委积，珠玉未尽”[3]。其他等级的各类墓葬也发现较多的纺织品，马王堆汉墓的发掘可充分说明。

秦汉三国时期，纺织品已成为重要的商品，并有相关法律存在。《睡虎地秦墓竹简·金布律》载：“钱十一当一布。其出入钱以当金、布，以律。”[4]对入市织物规格也有明确的法律规定：“布袤八尺，福（幅）广二尺五寸。布恶，其广袤不如式者，不行。”张家山汉简《二年律令·关市律》也有类似的规定，《二年律令·盗律》中有以十一为单位的处罚规定[5]。丝织品，尤其是高档品的价值不菲，江陵凤凰山M167出土竹笥签牌上书“缯笥合中缯直（值）二千万”等。

纺织品贸易主要表现在三个方面。一是本地区小范围的流通，如小农家庭剩余纺织产品的销售，《汉书·薛宣传》注引《风俗通》曰“临淮有一人，持一匹缣卖之。宣曰：‘缣直百钱耳’”，描写的应是这种情况。二是国内不同地区之间的广泛流通，如三国时，因蜀锦质量较好，色彩艳丽，不仅曹魏和吴国常有购买，居于北方的鲜卑人也非常喜爱。三是远销国外，主要是运销到东亚、中亚、西亚各国和欧洲，促进了相互交流和贸易往来，中国因此成为世界上著名的丝绸之国，而重要的贸易商道也被称为“丝绸之路”，既有陆路，也有海路。

第五节　造纸业

造纸术是我国古代四大发明之一。秦汉及之前，陶、石、铜、漆木器等均为书写和记录的材料。东周时，简牍与帛得到更多使用，秦汉三国沿袭使用，如湖北云梦睡虎地出土秦简[6]、山东临沂银雀山汉墓出土西汉简[7]、甘肃居延出土汉简[8]、湖南走马楼出土的三

---

1 《史记》卷三十《平准书》，中华书局，1982年，第1441页。《汉书·食货志》记载与之同。

2 《晋书》卷五《愍帝纪》，中华书局，1974年，第129页。

3 《晋书》卷六十《索林传》，中华书局，1974年，第1651页。

4 睡虎地秦墓竹简整理小组：《睡虎地秦墓竹简》，文物出版社，1978年。

5 张家山二四七号汉墓竹简整理小组：《张家山汉墓竹简》，文物出版社，2006年。

6 睡虎地秦墓竹简整理小组：《睡虎地秦墓竹简》，文物出版社，1978年；孝感地区第二期亦工亦农文物考古训练班：《湖北云梦睡虎地十一号秦墓发掘简报》，《文物》1976年第6期。

7 银雀山汉墓竹简整理小组：《银雀山汉墓竹简·一》，文物出版社，1985年。

8 甘肃居延考古队：《居延汉代遗址的发掘和新出土的简册文物》，《文物》1978年第1期；甘肃省文物考古研究所等：《居延新简》，文物出版社，1990年。

国简[1]以及湖南马王堆汉墓出土的帛书[2]等。随着对书写材料需求量的增加，具有诸多优点的纸张在汉代被发明并得到推广。

一、西汉至东汉早期的纸张

在蔡伦改进造纸技术之前，我国已能制造出具有一定质量的纸张。纸张基本为麻类纤维制作，一些还保存有麻筋、线头及麻布的残留物等，当为麻纸，或麻类植物纤维纸。甘肃天水放马滩西汉早期墓葬出土有西汉文景时期的纸片，长5.5厘米，宽2.6厘米，纸面光滑平整，上有细墨线勾画的山川道路图形，是目前发现的世界上最早的植物纤维纸，也是最早的纸质地图。造纸原料为麻类，被称为"放马滩纸"[3]。"悬泉纸"的颜色和质地较多[4]，而从灞桥纸的情况来看，纤维作不规则异向排列，有明显被切断、打溃的帚化纤维，在制造过程中经历了被切断、蒸煮、舂捣及抄造等处理[5]。另外还有扶风纸、马圈湾纸、金关纸等。可以看出，西汉至东汉早期还属于漂絮造纸阶段，是纸张制造的初级阶段。纸张大多具有质地粗糙、结构松散、制造技术较为原始等特征，明显区别于蔡伦改进后的捣浆造纸。据史料，西汉至东汉早期还可能有絮纸[6]，但从考古资料、科学实验、检测及分析等来看，文献记载的絮质纤维纸是缺乏科学根据的[7]，较多纸张还应为麻纸。纸的用途多样，可用来书写文书与信件、进行绘画、包裹物品等，而国家档案的记录材料中也有纸。

二、东汉纸张制造方法的改进

汉和帝时，蔡伦对已有的造纸技术进行了总结和改进，以树皮、麻头、蔽布、渔网等造纸，称为"蔡侯纸"。造纸的工序主要包括以下几个方面（图4-35）。切麻：对麻絮纤维如树皮、鱼网、麻布等进行剪切，再放在塘内浸沤数日，进行相关化学提纯。蒸煮：把纸浆放在大锅内加热。舂捣打浆：原料去掉粗皮后，舂捣为浆糊状。抄纸：将煮过的浆冷却，捞出纸浆，制成湿纸，再摊于竹席上。焙干（晒纸）：干燥程序，将湿纸敷于平滑的火墙上烤干，取下即可成纸。蔡伦的造纸技术利用很多废弃物品，降低成本的同时扩大了原料来源，特别是用树皮做原浆纸。纸的质量大大提高，易于书写，加之造价低廉，促进纸张推广普及和快速发展。东汉末期，出现一批造纸名匠，纸的质量更高，最具代表的为左伯生产的"左伯纸"。

纸的用途得到进一步扩大，书写文字常见，官府多用纸书写文告，并设专人负责，如少府守宫令"主御纸笔墨"[8]。考古发现的东汉纸张较多，时代基本为中晚期。多有文字，明确为墨书的较多，或为诗文，或为信函，或记有其他内容。甘肃武威旱滩坡东汉晚

---

1 长沙市文物考古研究所走马楼简牍整理组：《长沙走马楼三国吴简·壹·竹简》，文物出版社，2003年。

2 国家文物局古文献研究室：《马王堆汉墓帛书》，文物出版社，1980年。

3 甘肃省文物考古研究所、日本每日新闻社：《中国木简古墓文物展》，大日本印刷株式会社，1994年。

4 甘肃省文物考古研究所：《甘肃敦煌汉代悬泉置遗址发掘简报》，《文物》2000年第5期。

5 田野：《陕西省灞桥发现西汉的纸》，《文物参考资料》1957年第7期。

6 ［东汉］许慎：《说文解字》："纸，絮一苫也。从糸，氏声。"服虔：《通俗文》："方絮曰纸。"

7 潘吉星：《中国造纸技术史稿》，文物出版社，1979年；《中国科学技术史·造纸与印刷卷》，科学出版社，1998年。

8 《后汉书》第二十六《百官志三》，中华书局，1965年，第3592页。

图 4-35　汉代造纸工艺流程图

期墓出土带字纸[1]，经显微镜观测及化学测试，甚薄，厚度仅0.07毫米，表面光滑，纤维组织紧凑而且均匀，是一种较好的纸[2]。另外还有新疆伊犁营盘纸、甘肃兰州伏龙坪书信纸（图4-36）等。

东汉、三国乃至西晋时期还属于简帛与纸张并用阶段。但随着纸张生产技术的提高、生产量的增大以及使用习惯的逐步改变，至晋代，洁白平滑而又方正的纸张已越来越多地应用到社会生活特别是书写绘画之中了。

1 武威县文管会党寿山：《甘肃省武威县旱滩坡东汉墓发现古纸》，《文物》1977年第1期。
2 潘吉星：《谈旱滩坡东汉墓出土的麻纸》，《文物》1977年第1期。

三、相关内容

文房四宝中的笔、墨、砚也随造纸术的发明与改进得到相应的发展。笔的制作在秦代得到改进，汉代也有新的发展。笔管以竹、木为主，笔杆尾部大都削成尖状，便于簪带，上堂奏事时为记录方便，可将毛笔插于发际，以备随时取用。笔头采用动物的细毛，有鹿毫、羊毫、兔毫等，西汉时，笔头可随时更换。因竹木简仍存在，书刀使用较多，其作用是修改竹木简的错误，有铜、铁质，一些制作精美，或错金银，或装金、银首。东汉时期，四川广汉郡工官特制一种“金马书刀”，刀上用金丝嵌出马形，刻出工名，比较精美。秦及西汉时期，已出现调制成型的墨丸，一般较小，色黑黝，粒粗糙。东汉时，墨多为柱形，黑腻如漆。至迟秦代，砚和砚杵已配套，但多形制简单，素面无纹。西汉砚多为圆形或长方形，面平，上有台形研，部分砚上有纹饰。西汉中后期至东汉，砚的材质较多，有石、陶、木、漆、漆砂砚等，制作精美，有圆形、板形、三足形等，一些动物形象的砚出现，如龟砚，另外还有博山形砚，纹饰也较为精美。

造纸术的发明与改进，使造纸业逐渐成为一项相对独立的手工业部门，对以后造纸业的发展有着重要影响，也促进了我国另一重大发明——印刷术的出现。另外，造纸术促进了书法艺术的发展、汉字字体的变化，使得书籍、绘画等数量剧增，促进了古代文化知识的保存及传播。公元六至七世纪，造纸术传入亚洲其他地区与欧洲，推动了世界文明的发展。

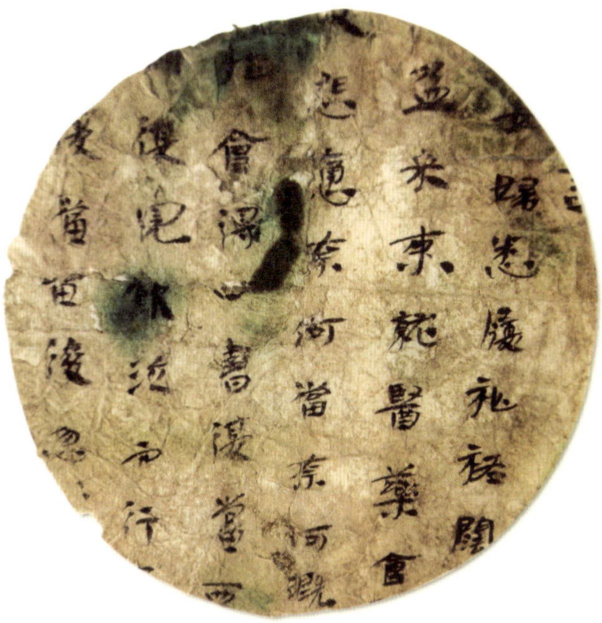

图 4-36　甘肃兰州伏龙坪书信纸（东汉）

第六节　治玉业与琉璃器制造

秦汉三国时期，玉器的使用步入新的阶段。数量、种类丰富，等级严格，制作精致，创新较多，治玉业得到较快发展。

一、玉器制作的管理

从文献记载及考古出土情况看，汉代朝廷、王国、侯国都可能有玉器制作，郡县如无特殊情况，则无相关机构或作坊。

中央当有专门玉器制作的管理机构、作坊和工匠，这与需求量大有关。朝廷祭祀，帝后及高级贵族官吏死后陪葬都需大量的玉器，如汉元帝渭陵附近出土的玉俑头、仙

图 4-37　汉元帝渭陵附近出土的玉器

人奔马、鹰、熊、辟邪等[1]（图4-37），雕琢精细，造型生动逼真，应属宫廷艺术品。另如玉衣等高级敛葬品，朝廷经常赐给外戚和宠臣。根据制度，东园匠为主作陵内器物的机构，因此敛陪葬的玉器应属少府属官东园匠管辖的玉器作坊制作，而其他玉器可能为少府属官尚方管辖的玉器作坊制作[2]。二者均为官营作坊，生产规模较大，有完善的管理体系、先进的工具及技术高超的工匠等，为汉代玉器的主要制作机构。

诸侯国制同中央，也应有相关机构和作坊，这与诸侯国玉器需求量大当有关系。以西汉楚国为例，相关墓葬有较多玉器出土，而且种类丰富，制作精美，在造型、纹饰等方面具有独特风格，在其都城彭城（今徐州市）应有玉器作坊存在，并有配套的工匠和工

---

1 咸阳市博物馆李宏涛、王丕忠：《汉元帝渭陵调查记》，《考古与文物》1980年创刊号。

2 古方等：《汉代玉器的分期及有关问题的探讨》，《一剑集》，中国妇女出版社，1996年。

具等，应属于宫廷或王国官营的手工业作坊。这还可从本地出土的玉器制作废料看出，如东甸子西汉M1即有较多下脚料出土[1]。其他大的诸侯国，如梁、齐、中山等国也应和楚国一样，还有南越国、滇国等。诸侯国的玉器制作存在一定的自由性，但就玉衣而言，可能会在中央的监督下制作，甚至中央会派相关技术人员或提供一些原料。侯国权力小，经济实力也弱，不一定制作玉衣，但有小型作坊，可制作相关器物，但并不是所有的侯国都有相关作坊。郡县一般情况下存在不治玉作坊，一些官吏或贵族所用玉器可能为朝廷或诸侯国赐予，特殊情况下也可能会是在朝廷或诸侯国的监督下在当地制作的。

因玉器与使用者具有特殊性和较强的等级性，因此很少有商业行为。就玉料而言，可能会存在商业行为，但多数是官方开采。

二、玉料

汉代有充足的玉料，同时对一些非玉但外形及质地似玉材料也进行了相应加工和使用。

据《史记·大宛列传》和《汉书·西域传》记载，西域的于阗国（今新疆和田）“多玉石”。和田玉是我国雕琢玉器的上好材料，汉代，和田玉料被广泛应用到玉器加工之中，朝廷与地方多有加工。徐州狮子山北洞山及韩山M1等诸侯王、贵族墓葬均有和田玉料加工的器物出土[2]。满城汉墓出土的玉衣，经较新的检测方法鉴定，玉质与新疆和田玉，无论在矿物化学成分或物理性质上均完全相同，其产地可能是新疆和田[3]。

秦汉三国时期，许多地方都产玉或“美石”。都城长安附近蓝田也产玉石，《汉书·地理志》载，蓝田“出美玉”。根据矿物鉴定，茂陵附近出土的西汉玉铺首可能是用蓝田玉料雕琢而成的[4]。广州南越王墓出土的玉器，经鉴定，部分玉料有就近取材的可能[5]。其他玉料如南阳玉、岫岩玉等在诸侯国也有一定数量的使用，徐州地区汉墓出土玉器，玉料有和田玉、岫岩玉等，部分则为本地所产玉料[6]。

汉代还有对非玉质但外形及质地似玉材料的加工和使用，相关材料包括水晶、玛瑙、琥珀、翡翠、滑石（或大理石）、鸡血石及其他宝石类。小龟山楚王墓出土的水晶带钩，制作精细，晶莹透明，为本地产品[7]。安徽巢湖放王岗M1出土有红色玛瑙珠、黄色玛瑙觿和水晶块[8]。徐州小龟山M1出土有琥珀珠等[9]。徐州拉犁山东汉M1出土的翡翠蟾蜍，堪称当时的微雕杰作[10]。徐州子房山M1出土的枕等属大理石质[11]，巢湖放王岗M1出

1 徐州博物馆：《徐州东甸子西汉墓》，《文物》1999年第12期。

2 狮子山楚王陵考古队：《徐州狮子山楚王陵发掘简报》，《文物》1998年第8期；徐州博物馆、南京大学历史学系考古专业：《徐州北洞山西汉楚王墓》，文物出版社，2003年；徐州博物馆：《徐州韩山西汉墓》，《文物》1997年第2期。

3 张培善：《河北满城汉墓玉衣等的矿物研究》，《考古》1981年第1期。

4 朱捷元：《茂陵发现的西汉四神纹玉铺首》，《考古与文物》1986年第3期。

5 闻广：《中国古玉地质考古学研究——西汉南越王墓玉器》，《文物》1991年第11期。

6 李银德、钱国光：《试论两汉时期彭城的治玉业》，徐州博物馆编《徐州博物馆三十年纪念文集》，北京燕山出版社，1992年，第96—107页。

7 南京博物院、铜山县文化馆：《铜山龟山二号西汉崖洞墓》，《考古学报》1985年第1期。

8 安徽省文物考古研究所、巢湖市文物管理所：《巢湖汉墓》，文物出版社，2007年。

9 南京博物院：《铜山小龟山西汉崖洞墓》，《文物》1973年第4期。

10 李银德：《徐州市屯里拉犁山东汉石室墓》，《中国考古学年鉴·1986年》，文物出版社，1988年，第123—124页。

11 徐州博物馆：《江苏徐州子房山西汉墓清理简报》，《文物资料丛刊》第4辑，文物出版社，1981年，第59—69页。

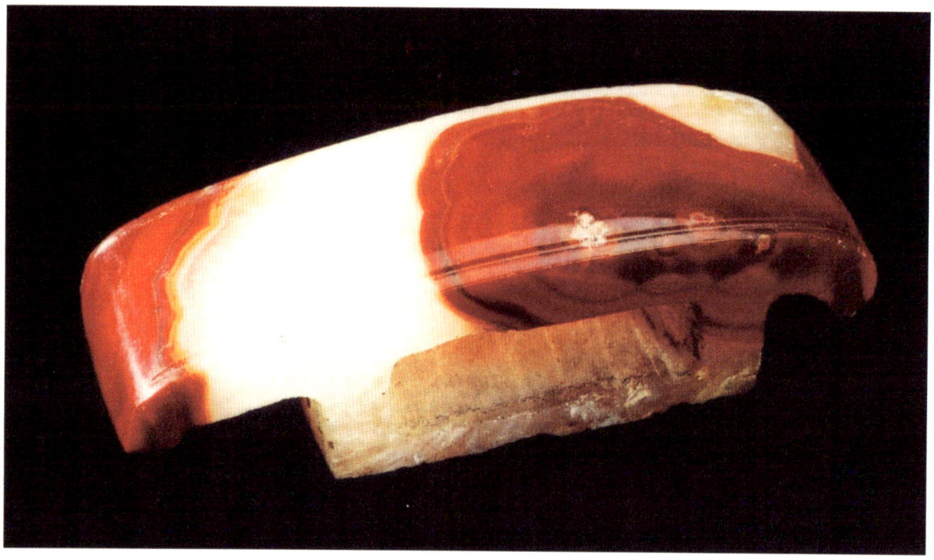

图 4-38　西安市西北医疗设备厂 M1（1988）出土玉剑璏

土的滑石质器物有鼎、碗、耳杯、卮等，制作精致。鸡血石以石质透明，局部有红色纹饰，类似鸡血而著名，相关制品如徐州黑头山汉墓出土的剑珌、剑璏[1]等，西安地区也有相关发现（图4-38）。

三、治玉工具与工艺

汉代，治玉工具较多，且应已使用铁制工具。主要工具有：砣具，用于切割玉料、雕琢纹饰、制作镂空、打磨器表等，又可细分为宽砣、斜砣、平砣、大砣、细砣等；线锯及石质、金属质直条锯等切割工具，线锯是在弓形木器上将柔性的线状物如麻绳、马尾、动物筋等的两端固定，便于在两端拉动进行开料的工具；凿、錾等雕琢工具；锥、杆钻、管钻、片形带刃器等钻孔或镂空工具；研磨石、动物皮革、砂轮等抛光、打磨工具；辅助性工具。

汉代治玉工艺较为多样。满城汉墓玉衣片上遗留有加工痕迹，表明琢成一件玉片须经选料、锯片、钻孔、抛光等工序，锯片采用砂锯法，工具有圆片锯和直条锯两种，锯时加水加砂；钻孔也是采用砂钻法，有杆钻和管钻两种；抛光技术很高，可能使用了“砂轮”或“布轮”[2]。徐州地区汉墓出土玉器反映的治玉工艺较为全面[3]，首先是玉料的选择与初步处理，其次是根据需要进行锯割，再进行钻、雕、琢、刻、磨、抛光等。具体而言，璞玉要采用敲击或切割的方法去掉玉料中的氧化层，使玉质完全暴露；锯割包括直线锯割和弧线锯割，直线锯割的工具是直条锯，多有直线台痕或直线切口错位痕迹，弧线切割的工具为圆片锯，主要用于切割圆形玉料或玉器，切割时圆弧形切割面都有向玉料一侧内斜的现象，这是旋转时向心力所致；钻多用来钻孔、去料，穿孔器物的孔洞内壁常留有拉丝痕迹，玉衣片等的孔则多为亚腰形，线条粗细的不同，或刻或雕琢，较粗的线条采用琢磨法，深浅宽窄较为整齐划一，较细的线条常用刻的方法，弯曲

1　徐州博物馆：《江苏徐州黑头山西汉刘慎墓发掘简报》，《文物》2010年第11期。

2　中国社会科学院考古研究所技术室：《“金缕玉衣”的清理和复原》，《满城汉墓发掘报告》附录一，文物出版社，1980年。

3　李银德、钱国光：《试论西汉时期彭城的治玉业》，徐州博物馆编《徐州博物馆三十年纪念文集》，北京燕山出版社，1992年，第96—107页。

有度，雕刻时，会出现若断若续的线，被称为“跳刀”，这在璧、舞人、佩饰、剑饰等上常见。汉代玉器制作过程中，多是雕琢与刻并用，“汉八刀”较为著名，是指在雕刻玉器时仿佛仅八刀就可雕刻而成，刀法简练、线条遒劲，而且神态较为逼真，多用来雕刻蝉、猪、翁仲等；细阴线技术线条纤细圆滑，宛若游丝，似如毛发，体现出精雕细琢、注重写实的特征，被称为牛毛雕或游丝毛雕，细纹则被称为游丝纹，多用于雕刻动物细部。雕刻技法还包括透雕、高浮雕和圆雕等，器物立体感较强。南越王墓出土的一件玉剑璏，表面高浮雕三个螭龙纹与一个熊纹，动物的嘴巴、足爪、尾端等弯转处，都有高浮雕纹饰减地时管具钻磨的痕迹。狮子山汉墓出土的玉豹、北洞山汉墓出土的玉熊等为圆雕器物。东汉时期的一些玉器上的吉语文字为镂刻而成。汉代还有一些镶嵌玉片、玉饰的铜质器皿，结构复杂，既牢固又美观，属新产品，如徐州拖龙山M3、北京大葆台汉墓出土的镶玉铜枕等，铜枕两端作虎头状，虎头的牙齿、额、眼睛等部位镶玉[1]。

四、玉器种类

秦汉三国时期的玉器出土数量大，有时一座汉墓就有多件不同类型的玉器，如徐州狮子山汉墓等。这一时期玉器品种多，主要有璧、瑗、环、璜、珩、琮、心形佩、璋、圭、戈、翁仲、舞人、龙、凤、熊、豹、虎、鹰、牛、辟邪、仙人、俑、杯（耳杯、高足杯）、卮、铺首衔环、屏座、案、杖首、砚滴、棒、管、带钩、觿、珠、饰件、组佩、剑饰（首、格、璏、珌）、印章、棺、玉衣、枕、面罩、头罩、脚套、腿套、眼盖、豚、握、蝉、琀、刚卯、严卯以及镶嵌在其他器物上的玉饰品、制作玉器的边角料等。根据功能和用途的不同，上述各器类大致可分为礼仪用玉、丧葬用玉、日常用玉、装饰用玉、辟邪用玉、玉艺术品六大类。

礼仪用玉有圭和璧，河北满城M1有出土，璧在很多墓葬特别是诸侯王墓中多有发现，但璋、琥少见，亦见有璜。山东荣成成山发现的一组玉器[2]由1件璧、2件圭和1件璜组成，璧居中，圭置两侧，璜在上方，为武帝祠日的遗物，属祭祀用玉。一些玉兵器，如玉戈也是礼仪用玉，狮子山汉墓出土玉戈的援、胡饰勾连云纹，戈内两面分别浮雕龙、凤纹，援、胡之间透雕螭虎纹。

丧葬用玉内容丰富，主要有镶玉棺、玉衣、玉套、面罩、枕、九窍塞、琀、握等。镶玉棺以徐州狮子山汉墓出土最具代表，形体较大，由1781块玉片镶贴在外层棺的外壁，图案复杂，布局规整。玉片有菱形、三角形、长方形、弧形及大玉版等组成，有的大玉版内雕刻有玉璧纹。满城M2也有镶玉棺出土，但镶玉不多。玉衣，又称玉匣或玉柙，是汉代皇帝和高级贵族的殓服，可以分为头部、上衣、裤筒、手套和鞋五部分，玉片之间用缕丝（线）加以编缀，有金银铜丝等缕质（图4–39）。时代较早且相对完整的为徐州狮子山汉墓出土的金缕玉衣，洞山汉墓出土一定数量的鳞甲形玉衣片，南越王墓为丝缕玉衣。西汉中后期，敛葬玉衣制度得到进一步健全，分级也相对明确，至东汉，敛葬玉衣制度得到进一步的发展，诸侯王和王后死后用银缕或铜缕玉衣敛葬，与帝、后使用金缕玉衣形成鲜明的等级差别，帝、王在玉衣使用上分级更趋于明显[3]。曹魏时期，魏文帝曹丕作《终制》，禁止使用玉衣，玉衣从此被废除。玉套是玉衣的简化，山东临沂洪家店刘疵

1 徐州博物馆：《徐州拖龙山五座西汉墓的发掘》，《考古学报》2010年第1期；大葆台汉墓发掘组、中国社会科学院考古研究所：《北京大葆台汉墓》，文物出版社，1989年。

2 王永波：《成山玉器与日主祭——兼论太阳神崇拜的有关问题》，《文物》1993年第1期。

3 刘尊志：《西汉诸侯王墓敛葬玉衣及相关问题简论》，《中原文物》2011年第4期。

图 4-39　西汉墓出土玉衣

墓出土有金缕玉套[1]。面罩，又称覆面，出土较多。山东长清双乳山M1出土玉面罩由额、颐、腮、颈、颌、颏、耳17块玉片和鼻罩组合而成，共计18件[2]。枕多为镶玉漆枕，还有镶玉铜枕及与铜构件相结合的玉枕。狮子山汉墓W：77为镶玉漆枕，所镶虎头由整玉透雕而成，神情威猛生动。满城汉墓M1：5188为镶玉铜枕，枕身及两侧镶玉，作透雕和阴线浮雕花纹，枕面为图案化云纹，枕侧为怪兽纹[3]。九窍塞，是指用于填塞或盖住九窍（双眼、双耳、双鼻孔、口、肛门、阴茎或阴户）的玉制品。眼部多为眼盖，呈眼形片状，口塞有的呈新月状，有的为圆形，其他塞的形制接近，多为锥台形或圆筒形等。满城M1、M2各出土一套玉九窍塞。琀是放置在死者口中的玉制品，多数为蝉形，但也有龙形、贝壳形、月牙形或其他形状，有的用印章作琀，还有一定数量的残玉件，但墓主身份相对较低。握亦称握玉，是死者手中所握的玉器。以猪形居多，亦存在璜形、觽形等形状。圭、璋、璧有时也作葬玉。徐州东甸子西汉M1出土1件玉圭、2件玉璋，为葬玉。满城汉墓、南越王墓等，墓主的胸、背铺垫许多玉璧，一些中型墓葬的棺外头档的中部有玉璧发现，为棺饰，巢湖汉墓即是如此。南越王墓墓主玉衣的双鞋下方出土一件玉璧，为两圆璧外切相连，两孔之间都有丝带痕迹，应是固定在玉脚套之下的玉衣配套敛葬品之一[4]。

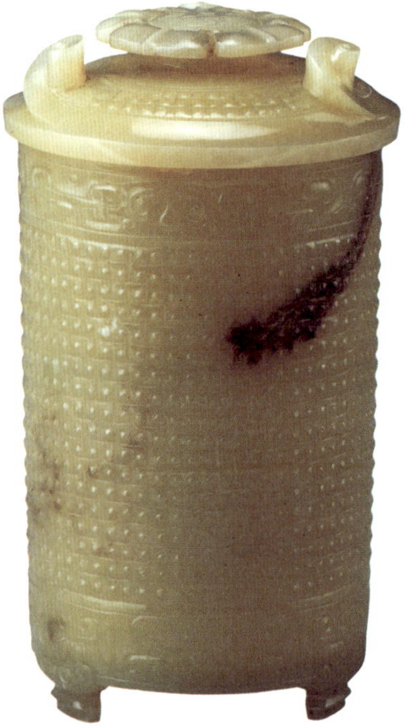

图 4-40　狮子山汉墓出土玉卮

1　临沂地区文物组：《山东临沂西汉刘疵墓》，《考古》1980年第6期。

2　山东大学考古系、山东省文物局、长清县文化局：《山东长清县双乳山一号汉墓发掘简报》，《考古》1997年第3期。

3　中国社会科学院考古研究所、河北省文物管理处：《满城汉墓发掘报告》，文物出版社，1980年。

4　刘尊志：《西汉诸侯王墓敛葬玉衣及相关问题简论》，《中原文物》2011年第4期。

日常用玉多为盛器，有卮、耳杯、杯、高足杯、角形杯和盒等。狮子山汉墓出土玉卮，器身以阴刻线雕琢出规整的勾连云纹（图4-40），巢湖北山头M1出土玉卮，卮身满饰谷纹、勾连云纹，一侧为高浮雕的朱雀，嘴衔活环，站立在螭虎背上，另一侧为立兽环形耳，两边浮雕凤鸟纹，造型优美，工艺精湛。南越王墓的高足杯由杯身、杯托和承盘三部分组成，是这类玉杯中结构最为复杂者；该墓出土玉角形杯集阴刻、浅浮雕、高浮雕、圆雕等技法于一体，造型奇特，是汉代玉器中少见的珍品。河南洛阳曹魏正始八年墓出土一件羊脂玉质高足玉杯，较为精致[1]。其他日常玉制品还有案、杖首、砚滴、带钩等。

装饰用玉可分为人身玉饰和器物玉饰两大类。人身上的玉饰主要是佩玉，主要有环、觿、龙、凤及其他动物形和韘形佩。狮子山汉墓出土龙形佩较多，而且形态各异，雕琢精良。韘形佩又称鸡心佩或心形玉佩，男女都可佩带，北洞山汉墓出土的韘形佩由多条龙组成，河北献县M36出土的韘形佩更似心形。司南佩，是东汉新出现的一种佩玉[2]。一般为连体的两节，形若工字，一端琢一小勺，另一端雕一盘（或碗），在中间凹细处或小勺柄处，有一个横穿或竖穿的孔，可穿系佩挂，全器光素无纹。因所饰勺的平置于佩的一面，与古代司南相似，故称司南佩，又因勺与盘（碗）皆为食具，又称为食货佩。河北省定县M43出土两件，大小略有不同，和田白玉制成。玉舞人是汉代贵族妇女喜爱的佩玉，一般为片状，雕琢成“翘袖折腰”之舞姿。淮阳北关东汉陈王墓所出玉舞人，头戴首饰，一袖高扬于头顶，一袖飘垂及地，细腰长裙，舞姿翩翩，是玉舞人中纹饰最为繁缛者[3]。另外还有玦、环、觿、笄等，满城汉墓出土笄，乳白色，呈弧形，雕琢精美。组玉佩少见，如南越王墓出土组玉佩（图4-41）。玉印在汉墓中发现较多，死者多随身佩戴，也有的置于奁盒或储存室内。究其作用，陪葬的可能性较大。诸侯王墓如南越王墓、一般墓葬如徐州黑头山汉墓等都有出土。还有一些墓葬出土有“无字玉印”，可能为朱砂等书写，后脱落不见，陪葬性质更为明显。

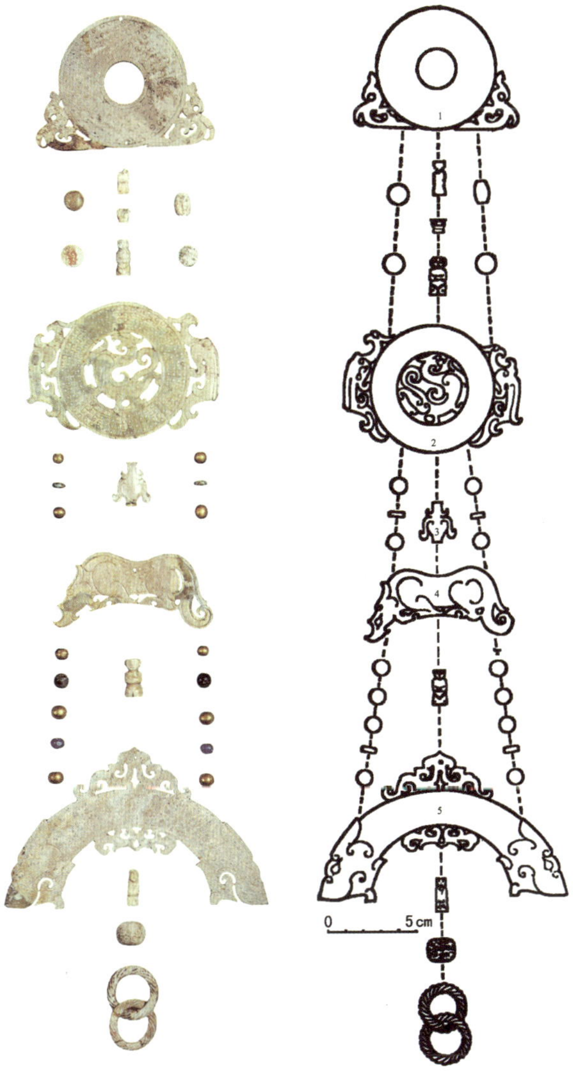

图4-41　南越王墓出土组玉佩及线描图

器物上的玉饰主要是玉剑饰，又称为“玉具剑”。北洞山汉墓出土玉剑珌玉质好，雕琢精。满城M1出土的一

1 洛阳市文物工作队：《洛阳曹魏正始八年墓发掘报告》，《考古》1989年第4期。

2 孙机：《简论司南兼及司南佩》，《中国历史文物》2005年第4期。

3 周口地区文物工作队、淮阳县博物馆：《河南淮阳北关一号汉墓发掘简报》，《文物》1991年第4期。

把铁剑，首、格、璏、珌4件玉饰的纹饰主题皆为浮雕螭虎纹，十分精致。另外南越王墓出土的铺首衔璧形饰等，可能为门的装饰。

辟邪用玉主要是刚卯和严卯。安徽亳县凤凰台汉墓出土刚卯、严卯各一件，刚卯四面刻铭文34个字，严卯四面刻铭文32个字，二者是用于驱疫逐鬼的辟邪用玉[1]。满城汉墓出土的玉人雕作王公凭几而坐的形象，底部阴刻铭文“维古玉人王公延十九年”10个字，是厌胜辟邪之物。江苏邗江甘泉老虎墩汉墓还出土有辟邪形玉壶[2]。

玉艺术品较多。汉元帝渭陵附近出土的玉俑头、玉仙人奔马、玉鹰、玉熊等[3]，雕琢精细，造型生动逼真，属宫廷艺术品。定县M43所出玉座屏，由四块玉片组成，上、下层玉屏片透雕“东王公”、“西王母”以及人物、鸟兽和神话动物等形象，是罕见的汉代玉艺术品。一些外缘有透雕附饰，并雕琢有吉祥语铭文如“延年”、“宜子孙”、“宜子孙日益昌”等的玉璧，也应属于玉工艺品。

五、琉璃器的烧造

秦汉三国时期，尤其是汉代，琉璃器在类玉制品中占有相当比例，数量和器物种类均较多。琉璃器非天然材料加工，为铸造品，成器在外形上与玉器有较多相似之处。据东汉王充《论衡·率性篇》记载，汉代制造琉璃，“销铄五石，作五色之玉，比之真玉，光不殊别”。在琉璃生产过程中，可根据需要加入呈色原料，为达到与玉相近的目的，多加入可使琉璃出现青玉等颜色的呈色原料，达到代替玉制品的要求，铸造成型后，部分经打磨、抛光等工序，即可成为珍爱之物[4]。出土的汉代琉璃器类型较多，颜色有青、绿、乳白、蓝等色，完全可以作为玉器的代用品。

徐州北洞山汉墓出土琉璃器20余件，其中杯，身呈筒形，外表极为光滑，呈淡绿色，是目前发现最早的国产玻璃容器；兽呈淡绿色，通体晶莹润泽，质地致密，几乎观察不到气孔，兽身铸纹与玉器上琢成的阴线纹相同，肉眼观察与玉器无别，是目前已发现的最大国产玻璃工艺品；蜻蜓眼纹饰件呈深蓝色半透明状，中厚边薄，表面有四个或六个蜻蜓眼纹。经测定，这些琉璃制品的组成主要为$PbO-BaO-SiO_2$，属铅钡玻璃系统，是一种较为典型的中国古代玻璃，与古埃及和地中海沿岸地区出土的罗马玻璃的钠钙玻璃系统（$Na_2O-CaO-SiO_2$）不同，可以说含高铅钡的玻璃器是我国独创的玻璃制品[5]。扬州甘泉山宝女墩M104发现19片琉璃衣片，有素面和模铸纹饰两种，模铸阴纹有变体柿蒂纹、云雷纹、云纹、白虎星辰纹等，纹饰上原均贴有金箔[6]。连云港东海县尹湾M6出土面罩底板正中嵌琉璃璧一件，璧四周饰以形式各异的琉璃片16枚，分别呈圆形、半圆形、水滴形，面罩外壁嵌矩形、三角形、梯形琉璃片，矩形片有刻字图案，其余多为柿蒂纹饰，图案内填金箔[7]。该墓出土的玉枕前后亦以琉璃片镶嵌。其他常见的琉璃器还有珠、蝉、耳珰、饰件等，耳珰形体均不大，如江苏睢宁距山汉墓出土的琉璃耳珰[8]等。

琉璃器的制造可能与金属冶炼有关，而汉代彭城（今徐州）、广陵一带可能是我国

1 亳县博物馆：《亳县凤凰台一号汉墓清理简报》，《考古》1974年第3期。
2 扬州博物馆：《江苏邗江县甘泉老虎墩汉墓》，《文物》1991年第10期。
3 咸阳市博物馆李宏涛、王丕忠：《汉元帝渭陵调查记》，《考古与文物》1980年创刊号。
4 李银德：《徐州发现一批重要西汉玻璃器》，《东南文化》1990年第1、2期合刊。
5 李银德：《徐州发现一批重要西汉玻璃器》，《东南文化》1990年第1、2期合刊。
6 扬州博物馆、邗江县图书馆：《江苏邗江县杨寿乡宝女墩新莽墓》，《文物》1991年第10期。
7 连云港博物馆：《江苏东海县尹湾汉墓》、《尹湾汉墓简牍释文选》，《文物》1996年第8期。
8 佟泽荣：《江苏省睢宁距山、二龙山汉墓群调查》，《东南文化》1993年第4期。

古代琉璃的重要产地之一，并有一定规模的生产作坊。楚王墓的出土物可能为官营作坊生产，而根据铅同位素分析，琉璃杯与琉璃兽差别很大，可能不是同一作坊生产[1]，从该地一些中小型墓葬出土的较多小型琉璃器来看，还应存在私营作坊。另外，湖南长沙地区出土的汉代琉璃制品也较多，推测长沙一带也很可能是我国铅钡玻璃的主要产地[2]。

第七节 石工手工业

秦汉三国时期，随着铁质工具的广泛运用及对石材需求量的增加，石工手工业得到较大程度的发展。

从考古资料看，石工手工业至少存在官营和私营两种形式。北洞山汉墓塞石上的朱书文字有工匠和督造者的称谓，土山M1出土黄肠石上有“石官工”、“官工”等刻铭[3]。河北定县北庄汉墓[4]、山东济宁肖王庄M1[5]等出土黄肠石的刻铭中还反映出官营石工手工业的相关人员及工匠经常到各地从事石工工作的情况。私营手工业的工匠相对自由和分散，从事采石、加工、雕刻等工作。

石料开采在徐州汉代采石遗址中有所反映[6]。该遗址发现各类采石遗迹60余处，出土錾、凿、楔、锸、有刃器等铁质工具，另有建筑材料、工匠的生活用具及墓葬等。反映的采石技术主要有两个方面：一是根据山石大小，巧妙地利用山石走势、石裂隙及山石的纹理等自然条件，稍加修整，凿成石坯，然后在石坯周边向内深凿或凿以斜窝，塞以錾、楔等物，借外力取石下山；二是根据所需，凿出石坯轮廓，一般为长方形，然后沿四壁下凿，形成石坑，在石坯凿到所需高度之后，或在两长壁斜向下深凿出连续的楔窝，再在楔窝内填以錾、楔等物，借外力取石下山，或在两长壁斜向上深凿出连续的楔窝，之后再借助工具和外力取石下山（图4-42）。

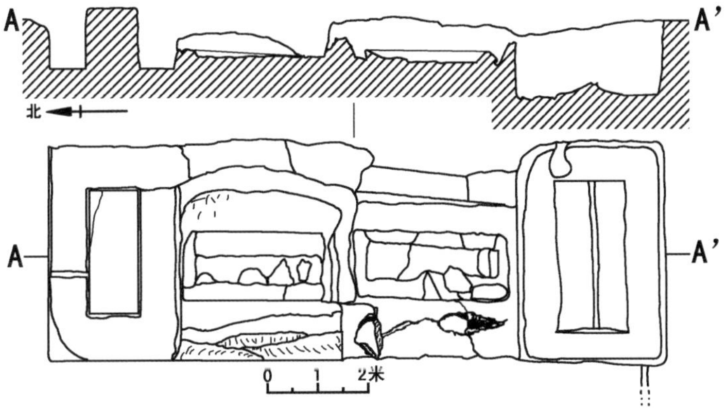

图4-42 徐州汉代采石遗迹Ⅲ平剖面图（引自《江苏徐州汉代采石遗址发掘简报》，《考古》2010年第11期）

秦始皇陵附近发现有石料加工场及相关遗迹、遗物[7]。徐州东甸子西汉M1出土封石体现出相应的劈石工艺，即用錾、凿、锤等工具在石料纹理平行的一侧或两侧凿出深槽，在槽内用楔或其他物质，借助外力将

1 史光美、周福证：《徐州古代玻璃的新发现》，载徐州博物馆、南京大学历史学系考古专业《徐州北洞山西汉楚王墓》（附录三），文物出版社，2003年，第204—207页。

2 湖南省博物馆、中国科学院考古研究所：《长沙马王堆一号汉墓》，文物出版社，1973年。

3 南京博物院：《徐州土山汉墓清理简报》，《文博通讯》1977年第15期，第18—23页。

4 河北省文化局文物工作队：《河北定县北庄汉墓发掘报告》，《考古学报》1964年第2期。

5 济宁市文物管理局：《山东济宁市肖王庄一号汉墓》，《考古学集刊》第12集，中国大百科全书出版社，1995年，第41—112页。

6 徐州博物馆：《江苏徐州汉代采石遗址发掘简报》，《考古》2010年第11期。

7 秦俑坑考古队：《临潼郑庄秦石料加工场遗址调查简报》，《考古与文物》1981年第1期。

图 4-43　陕西咸阳沈家桥出土东汉石神兽辟邪

石劈开，之后再进行细加工。另外还有石面的镶嵌与打磨、榫卯扣合与搭建、铁块缝接、设置定位线等。

秦汉三国时期石工手工业的发展还表现在画像石及文字刻石、石质器物等（图4-43）的雕刻上。石料加工规整，雕刻技法多样，内容十分丰富。

第八节　其他手工业

一、制盐业

西汉初期，百姓可以煮盐，武帝时，推行盐铁官营，控制严格，公元88年，东汉朝廷废盐铁官营，罢盐铁之禁，制盐业又步入自由发展的阶段。大致来看，汉代生产的盐可分为海盐、井盐、池盐和岩盐等四种。

海盐是通过煮海水使水分蒸发后成盐的。《史记·吴王濞列传》载“煮海为盐”。煮盐的用具名牢盆，多为铁质，另有铁釜、罐、壶等。山东掖县出土的汉代铁壶，形态较大，可能是供煮盐所用[1]。

井盐主要产于西南川滇地区。四川郫县、邛崃出土的井盐画像反映的井盐形制、开采方法、煮盐情况及盐场环境等较为清晰[2]（图4-44）。盐场位于山间，盐井较深，上有井架，架上有辘轳，用以拽绳汲取卤水。煮盐处距离采盐地较近，通过竹筒将卤水输至远处的盐灶熬煮。煮盐的灶上并列多口大锅，燃料为薪柴。井盐煮盐时也用牢盆，四川蒲江五星镇出土的汉代大铁盆，可能为牢盆[3]。

池盐又名苦盐，以山西运城一带最为著名，生产时不经煎煮，直接日光曝晒而成。

岩盐又名石盐，多产于山区。

1　林仙庭、崔天勇：《山东半岛出土的几件古盐业用器》，《考古》1992年第12期。

2　《中国画像砖全集》编辑委员会：《中国画像砖全集——四川汉画像砖》，四川美术出版社，2005年，图版第81—83页，说明第46页。

3　龙腾、夏晖：《四川蒲江发现汉代盐铁盆》，《文物》2002年第9期。

图 4-44　四川郫县出土井盐画像

二、酿酒业

秦汉三国时期酿酒业得到较大发展。遗址、墓葬中常有酒器出土，个别盛酒器内至今还存有一些液体酒。汉代画像中常见饮酒图，酒肆也较多见。

酿酒的原料一类是谷物，可酿造粮食酒，另一类是植物的根、茎、叶、果，可制作果酒，果酒酿造不多。在酿造过程中起糖化和酒化作用的麴的制造技术得到较大发展，不仅品种多，质量也有所提高，酒的度数也随之增加，但还未脱离低度酒的范畴。

《论衡·幸偶篇》记载了汉代酿酒工艺、工序及注意事项："蒸谷为饭，酿饭为酒。酒之成也，甘苦异味；饭之熟也，刚柔殊和。非庖厨酒人有意异也，手指之调有偶适也。调饭也殊筐而居，甘酒也异器而处。"酿造粮食成酒过程完结后，须将酒糟和泛滓清滤以更好饮用，山东诸城前凉台东汉画像石中即有人用两根短棒撑起一只口袋沥酒[1]。内蒙古托克托汉闵氏墓壁画中，有用三瓮沥酒图，上书酒字[2]。洛阳烧沟46号、47号、125号等西汉墓中出土的陶瓮均在腹下近底处挖一圆孔[3]，也应是沥酒所用。四川出土的酿酒画像比较直观地反映了蒸煮、搅拌、沥酒、贮酒等过程（图4-45）。其中有妇女左手扶大筛盘，右手用力搅动着其中的酒渣；有男子在烧火加温；有用糟床沥酒的图像，瓮不作为过滤器，只在糟床下承接已滤之酒，旁边还有一男子在仔细观察接酒情况，这在汉代应是最先进的滤酒方式；有肩挑两桶者，可能为供水人员，还有一人手推独轮车往外送酒[4]。该画像及该地区出土的酒肆画像集中反映出四川地区汉代民间酿酒生产已具一

1 朱锡禄：《嘉祥汉画像石》，山东美术出版社，1992年，图101。

2 罗福颐：《内蒙古自治区托克托县新发现的汉壁画墓》，《文物资料参考》1956年第9期。

3 洛阳区考古发掘队：《洛阳烧沟汉墓》，科学出版社，1959年，第110页。

4 《中国画像砖全集》编辑委员会：《中国画像砖全集——四川汉画像砖》，四川美术出版社，2005年，图版第95页，说明第53页。

图 4-45　四川出土的酿酒画像

定的规模。

这时期酒的品种很多，仅见于记载的就有稻酒、黍酒、秫酒、米酒、椒酒、柏酒、桂酒、兰英酒、菊花酒、黄酒、金浆醪、甘酒等，西域的葡萄酒及其制作方法也传入内地。

三、骨器加工

秦汉三国时期，骨器加工产品种类较为多样。洛阳烧沟汉墓出土有骨瑱、刻花骨管、刻花骨簪、刀形器、弧形器、长方形器、扁圆形器及舌形器等[1]。徐州黑头山西汉刘慎墓出土骨质六博1组棋子12枚，阴刻有“青龙”、“小岁”、“德”、“皇德”、“司陈”、“白虎”等文字[2]。西汉宛朐侯刘埶墓出土有带文字骨片，长方形薄片状，阴刻文字，刻痕内填金粉或金丝，另外还有骨质饰件[3]。汉长安城的未央宫中央官署遗址出土骨签63883件，武库遗址与都城西南角遗址也有少量发现，时代为西汉[4]。骨签或刻字或无字，以动物骨骼制成，牛骨居多，刻字内容涉及物品、编号、数量、名称、规格、工官、中央官署或列侯等（图4-46），推测应是工官向中央政府或皇室“供进之物”的文字记录资料，具有档案资料的性质[5]。

与其他手工业一样，骨器加工至少有官营和私营两种形式，汉长安城的骨签加工当属官营，其内可能有专门工匠。骨器加工技术可能包括锯割、打磨或磨光、刻纹或刻字、镶嵌等。

1 洛阳区考古发掘队：《洛阳烧沟汉墓》，科学出版社，1959年。

2 徐州博物馆：《江苏徐州黑头山西汉刘慎墓发掘简报》，《文物》2010年第10期。

3 徐州博物馆：《徐州西汉宛朐侯刘埶墓》，《文物》1997年第2期。

4 中国社会科学院考古研究所：《汉长安城未央宫：1980—1989年考古发掘报告》，中国大百科全书出版社，1996年；《汉长安城武库》，文物出版社，2005年；中国社会科学院考古研究所汉长安城工作队：《西安市汉长安城城墙西南角楼遗址的钻探与试掘》，《考古》2006年第10期。

5 李毓芳：《略论未央宫三号建筑与汉代骨签》，《文博》1993年第2期。

图 4-46　汉长安城中央官署遗址出土骨签

四、石灰烧造

秦汉三国时期，墓葬较多使用石灰，或铺地，或粘缝，或粉刷墓壁，也见石灰水书写的文字。

石灰为加工后的建筑材料，原料为含碳酸钙的石灰石，经高温烧制后形成生石灰氧化钙，加水浸泡变为熟石灰氢氧化钙即可使用。石灰石基本是在山上就地取材，烧造的窑相对简单。江苏睢宁县姚集蛟龙山的前后坡地土墩上发现石头堆砌的东汉石灰窑10余座，基本呈圆筒状，其内残存块状石灰、未烧成石灰的块石、烧焦的块状物、未完全燃烧的树枝、黑色灰烬等[1]。窑的规模不大，应为满窑，一般是在窑内装满大小石料后用碎石封顶，用火连续焚烧后再进行冷却，石灰即烧制成功。该处是为东汉下邳王及相关人员墓葬烧造建墓石灰的专用石灰窑，属官营。与之相对应，一些小型墓葬使用的石灰则可能为私营生产。

1　盛储彬、吴公勤：《徐州市睢宁蛟龙东汉窑址》，《中国考古学年鉴·2002年》，文物出版社，2003年，第196—197页。

第五章 简牍、帛书与石刻

简牍、帛书和文字石刻在秦汉三国时期是主要的文字载体，考古工作中时有发现，为很多重要的历史事件提供了较为直接的证据。

第一节 简牍与帛书

一、秦代简牍

秦代简牍的出土是新中国考古史上的重要发现，二十世纪出土的云梦睡虎地秦简、二十一世纪出土的里耶秦简，为这一时期的史学、考古学研究提供了难得的文献资料。

1975年，湖北云梦睡虎地11号秦墓出土秦简1167枚。内容大致分为四个方面：一是大事记和年谱一类；二是训诫官吏的教令；三是秦时法律令；四是家信及上流社会流行的各种择日方法的汇编。墓主人为秦代楚地的一位小吏，经过拼缀，简文内容包括日书以及大量的秦代的法律文书。此次发现为研究秦代历史提供了重要的实物资料[1]。

1986年，甘肃天水放马滩M1出土秦代竹简460枚，简文书写在篾的黄面，内容有甲、乙两种《日书》和《墓主记》[2]。竹简官方文书的行文程序反映出了县与国的关系。如“邓垂赤敢谒御史”，就是说县府的令垂可以直接给中央三公之位的御史大夫呈文，说明战国时县的级别是很高的。所以简文从行政建制上明确地表示了它是秦统一前的文书[3]。

1986年，湖北江陵岳山M36出土秦简2枚[4]。

1989年，湖北云梦龙岗秦墓M6出土秦简293枚。该墓的时代为秦二世二年九月至汉三年九月之间，为一座秦汉之交的秦墓。简文内容主要是关于禁苑的相关法律规定[5]。

1990年，湖北江陵扬家山M135出土秦代简牍75枚，简文为墨书篆隶，内容为专门记录随葬品器物的遣册[6]。湖北沙市关沮秦汉墓出土秦汉竹简500余枚[7]。

1 睡虎地秦墓竹简整理小组：《睡虎地秦墓竹简》，文物出版社，1978年。

2 田建、何双全：《甘肃天水放马滩战国秦汉墓群的发掘》，《文物》1989年第2期。

3 初师宾：《中国简牍集成·第三册～第四册·甘肃省卷》，敦煌文艺出版社，2001年，第258页。

4 王崇礼：《江陵岳山秦汉墓》，《考古学报》2000年第4期。

5 中国文物研究所、湖北省文物考古研究所：《龙岗秦简》，中华书局，2001年。

6 刘德银：《江陵扬家山135号墓发掘简报》，《文物》1993年第8期。

7 湖北省荆州市周梁玉桥遗址博物馆：《关沮秦汉墓简牍》，中华书局，2001年。

1993年，湖北江陵王家台出土秦代竹简800余枚。出土的竹简经初步整理，数量已达80余支。竹简宽约0.7—1.1厘米，整简的长度分为两种规格，一种长45厘米，另一种长23厘米。简文墨书秦隶，均书写于篾黄一面，字迹大部分可以释读，主要内容为效律、日书和易占[1]。

2002年，湖南龙山县里耶镇出土秦简36000枚，简牍多为墨书，绝大多数为木质。这批简牍属于秦时县政府的部分档案，内容包括政令、各级政府之间往来的公文、司法文书、吏员簿、物资登记、转运及里程书等。这是进入二十一世纪以来我国出土文献的一次重大发现，目前进行了初步研究，其主要内容为秦代长沙郡的往来文书[2]。

二、西汉简牍与帛书

西汉的简牍发现于二十世纪初西方殖民者对中国文化遗产的劫掠。1907年，斯坦因在敦煌榆树泉盆地盗掘木简、纸、文书近千件，其中木简达708枚。1914年3—4月，斯坦因又在同一地区及玉门等地发掘出土汉代木简166枚。1913—1915年，斯坦因第三次来华，于海头发掘木简48枚。此后我国的有识之士也对西北地区的文化遗存进行了调查，取得了大量简牍方面的收获。1920年，周炳南在敦煌小方盘古城掘得木简17枚（现存敦煌博物院）。1930年4月，中国、瑞典合组的西北科学考察团于居延进行科学发掘，共获汉简11000余枚，出土地共30余处。其中破城子出简5200枚，红城子出简3500枚[3]。1942年，向达于敦煌南湖古董摊收购木简十余枚。1944年，夏鼐、阎文儒于小方盘城以东得木简49枚。

新中国成立以来，西汉考古领域也相继发现了大量的简牍帛书方面的内容。1972年4月，山东临沂银雀山西汉墓出土竹简4974枚，多为兵书。1973年，河北定县八角廊西汉宣帝时的中山怀王刘修墓出土竹简100余枚，有《论语》、《文子》等书。1973年，湖南长沙马王堆出土汉代帛书26件，12万余字，依据《汉书·艺文志》中的分类方法，其内容大致分为六艺、诸子、兵书、数术、方术与图书等类[4]。1973年，湖北江陵纪南城凤凰山三座汉墓中，共出土竹简428枚，木牍9方。1974年，湖南长沙马王堆三号汉墓出土竹简遣册410枚、《养生方》竹木简200枚和木牍7方。1977年，安徽阜阳双古堆出土竹简6000余枚，有《诗经》、《周易》等书。1978年夏，青海大通县上孙家寨出土汉代木简400枚，内容多与军事有关。1983—1985年，湖北江陵张家山五座汉墓共出土竹简2787枚，至今尚未全部发表。1990—1992年，敦煌效谷县悬泉置遗址先后三次出土汉代简牍近20000枚以及帛书一件，帛书的内容是民间私人书信，上面书写315字，这是目前我国所能见到的保存最完整的汉代私人信件[5]。1993年春，江苏连云港尹湾村两座汉墓出土木牍24方、竹简104枚，这批简牍的内容主要为西汉晚期东海郡有关文书档案[6]。

1 刘德银：《江陵王家台15号秦墓》，《文物》1995年第1期。

2 湖南省文物考古研究所等：《湖南龙山里耶战国—秦代古城一号井发掘简报》，《文物》2003年第1期；柴焕波：《湖南龙山县里耶战国秦汉城址及秦代简牍》，《考古》2003年第7期。

3 中国社会科学院考古研究所：《居延汉简甲乙编》，中华书局，1980年。

4 马王堆汉墓帛书整理小组：《马王堆汉墓帛书》，文物出版社，1974年；《马王堆汉墓帛书（叁）》，文物出版社，1983年；《马王堆汉墓帛书（肆）》，文物出版社，1985年；国家文物局古文献研究室：《马王堆汉墓帛书（壹）》，文物出版社，1980年。

5 王冠英：《汉悬泉置遗址出土元与子方帛书信札考释》，《中国历史博物馆馆刊》1998年第1期。

6 赵超：《中国古代简牍帛书发现与研究》，福建人民出版社，2005年。

三、东汉、三国时期简牍

这一时期的简牍帛书早年出土较少。主要有1959年7月，甘肃武威磨咀子东汉墓出土以竹木简书写的《仪礼》九篇，约27400字[1]。1972年，武威旱滩坡东汉墓出土木简78枚，木牍14方，内容全为医方[2]。1972—1982年，居延地区先后采集、发掘、核查出土简牍近20000枚，其中包含70多部完整和基本完整的简册[3]。1979年10月，敦煌马圈湾出土简牍1217枚[4]。

1996年，湖南长沙走马楼出土三国孙吴嘉禾纪年简牍10万枚以上，为这一时期重大的收获[5]。简牍内容主要分五大类：一是券书类，其中又分为两类：首先是佃田租税券书。这是一种形制特别的大木简，长49.8—54.3厘米，宽2.6—4.3厘米，厚0.4—1厘米，单面写字，右行直书，一简自上至下分为若干栏。其次是官府各机构之间钱、米、器物调拨交接券书。这种券书的内容可以从一些标识签牌上看出。二是官府文书和司法文书类。这类简牍主要是官府之间往来文书，其中有些是涉及司法案件的审理、申诉、复核的文书。木牍长23.4—25厘米、宽6—6.9厘米、厚0.6—0.9厘米。三是户籍类。主要记载户主姓名、年龄、身体状况以及有关事项。户籍为竹简，长约23.2—23.5厘米、宽1—1.2厘米、厚0.2厘米。因年代久远，编绳皆已烂断。从残存的痕印得知，原简册有上下两道编绳。这类竹简质地不是很好，多采用较小的竹子剖成竹片，不削治篾青，而直接在篾黄一面书写。四是名刺类。为问安、赠物之类的内容，皆为木牍，但长短、宽窄、厚薄、大小有多种形式。五是账簿类。包括田租、市租、关税、官吏俸禄、借贷、钱月旦簿、长沙郡属诸曹岁尽簿等。内容包括钱、布、米、器物等的出入账目。有木牍和竹简[6]。走马楼简具有极高的文献价值。这批简牍主要是经济类文书，为我们研究孙权时期的社会经济问题提供了丰富的资料。

第二节 石刻

石刻是中国古代文化的一种重要物质载体，也是中国金石学的主要研究对象之一。中国古代石刻的多种类型主要是在秦汉时期形成的，特别是东汉时期的石刻，是中国古代石刻发展史上的重要阶段。

一、秦代的石刻

（一）刻石类

秦始皇自二十七年至三十七年（前220年—前210年）先后五次巡行天下，七次刻

1 甘肃省博物馆：《甘肃武威磨咀子6号汉墓》，《考古》1965年第5期。
2 甘肃省博物馆：《武威旱滩坡汉墓发掘简报——出土大批医药简牍》，《文物》1973年第12期。
3 陈直：《居延汉简研究》，中华书局，2009年。
4 罗见今：《敦煌马圈湾汉简年代考释》，《敦煌研究》2008年第1期。
5 长沙简牍博物馆、中国文物研究所、北京大学历史学系走马楼简牍整理组：《长沙走马楼三国吴简·叁·竹简》，文物出版社，2008年。
6 胡平生、宋少华：《长沙走马楼简牍概述》，《传统文化与现代化》1997年第3期。

石。除第一次到西北，其余四次都是到东南方。“二十七年，始皇巡陇西、北地，出鸡头山，过回中。”沿洮水河谷大道到达渭水发源地陇西郡（郡治今甘肃临洮）及沿泾水到北地郡（郡治义渠县，今甘肃庆阳县西南），直达泾水上游的鸡头山（一名笄头山、崆峒山、牵屯山、簿洛山，在今宁夏隆德县东），过回中（今甘肃陇县西北），然后返回咸阳[1]。

秦七刻石，共1874字。其文载于《史记》的有六篇，《绎山刻石》有名无文。秦始皇刻石为昭示万代，而刻石在秦亡后因其为秦纪功颂德，被后世反秦者特别是统治者破坏，今仅存《琅琊刻石》[2]十三行残碑一块，为二世诏书，计八十四字。秦七刻石，经考证，真正属于秦代原刻者，仅存此残刻石十二行半，八十四字。现存中国国家博物馆。

《琅琊刻石》释文

维廿六年，皇帝作始。端平法度，万物之纪。以明人事，合同父子。圣智仁义，显白道理。东抚东土，以省卒士。事已大毕，乃临于海。皇帝之功，勤劳本事。上农除末，黔首是富。普天之下，抟心揖志。器械一量，同书文字。日月所照，舟舆所载。皆终其命，莫不得意。应时动事，是维皇帝。匡饬异俗，陵水经地。忧恤黔首，朝夕不懈。除疑定法，咸知所辟。方伯分职，诸治经易。举错必当，莫不如画。皇帝之明，临察四方。尊卑贵贱，不逾次行。奸邪不容，皆务贞良。细大尽力，莫敢怠荒。远迩辟隐，专务肃庄。端直敦忠，事业有常。皇帝之德，存定四极。诛乱除害，兴利致福。节事以时，诸产繁殖。黔首安宁，不用兵革。六亲相保，终无寇贼。欢欣奉教，尽知法式。六合之内，皇帝之土。西涉流沙，南尽北户。东有东海，北过大夏。人迹所至，无不臣者。功盖五帝，泽及牛马。莫不受德，各安其宇。

始皇在琅琊时，当地著名方士徐市上书，言海中有三山，名曰蓬莱、方丈、瀛州，仙人居之。请斋戒，与童男女求之。于是遣徐市发童男女数千人，入海求仙人。始皇在琅琊驻跸三月后，向南到彭城（秦县，今江苏徐州），斋戒祷祠，欲出周鼎，使千人在泗水捞周鼎未获。渡淮水，之衡山、南郡，浮江到湘山祠（今湖南岳阳西），取道汉水流域，上自南郡，从武关返回咸阳。

（二）秦代石质文物

秦始皇陵区郑庄石料加工场遗址，用于加工秦始皇陵所用石材。遗址东与始皇陵垣西外城墙北端相接，西至砖房村以东，东西长达1500余米，南至郑庄村以南500米，总面积75万平方米。清理和搜集的出土遗物，按质地分铁、铜、陶、石四类，约200余件。铁器为生产工具、刑具和建筑构件等，其中打石工具有錾、铳、锤、小铁铲、削等，农具有臿、铧、镰，刑具有钳、桎，建筑构件有铁钉。另外发现了大量的石材半成品和废料，主要有门臼二件，残石水道一件，残渗井盖一件，石磨一件。建筑材料类：瓦当十七件，半圆形瓦当二件。一件为素面，径15厘米。一件为变形夔纹，径18.8厘米。这两件瓦当仅在始皇陵中出现。

1. 石质甲胄

石质甲胄发现于K9801。K9801是一座木结构、多单元的地下式建筑，东侧坑壁距外

1 《史记》卷六《秦始皇本纪》，中华书局，1959年，第241页。

2 李峰：《史记所见秦朝疆域四至考论》，《盐城师范学院学报》2009年第2期。

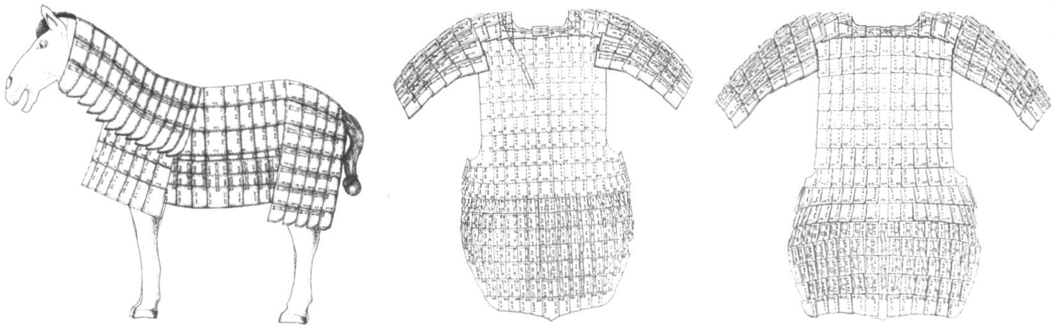

图 5-1 秦始皇陵陪葬坑出土石质甲胄（引自《秦始皇帝陵园考古报告（1999）》，2000 年）

城墙25米，西坑壁距内城墙26米。坑的西壁筑有南北向宽2米、高4.1米的夯土二层台，在二层台以东3米处又筑一南北向宽1米的隔墙，与之形成西侧宽3米的西廊。除坑的东北部有南北向隔墙外，大部分区域为东西向的隔墙与过洞。

试掘中除出土了青铜镞、石马缰及一件似车器的青铜构件外，大量的出土物为石质铠甲与石胄。在试掘的70平方米范围内共发现了87领石甲、43顶石胄。有石质铠甲文物的陪葬坑部分曾遭受过严重的火焚，部分甲片已烧成白灰状，但基本上未经人为扰动，虽然它们被坑顶的填土塌埋，但甲胄仍有规律地铺在坑底，东西成行，南北成列，每列有四件铠甲（图5-1）[1]。

2. 石道

1999年5月至2000年6月，秦始皇陵考古队在始皇陵封土至内城南垣间进行全面普探时，发现三段石道遗迹。这组石道遗迹位于内城南墙与陵墓封土间及K0002陪葬坑的东西两侧，南距内城南墙195米，石道为东西向，与内城南墙基本平行，其整体形状呈长条形的“Z”状，总长度为479米。以K0002陪葬坑为界分为东、西两段，各自形状均呈"L”形。东段石道西起K0002东侧主室4.5米处，向东与内城南墙平行延续168米，距内城东墙26米处北折50米，通长218米、宽4米，距现地表0.9—1.8米；西段石道东起K0002陪葬坑西侧8米处，东西长170米、南北宽3—4米、深0.5—1.6米，向西延续至距内城西墙14—17米处南折，向南延续78米，距内城南墙29.5米处折向东13米（图5-2）。

石道遗迹铺设在秦代地表之上，表面虽不平整，宽度也不统一，但属人工所为无

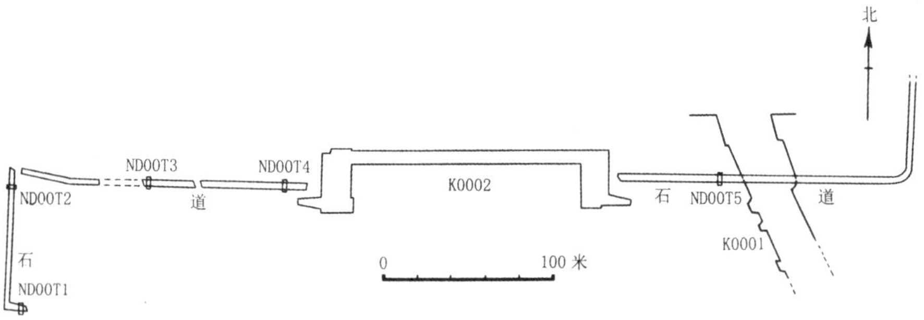

图 5-2 秦始皇帝陵园石道遗迹（引自《秦始皇帝陵园考古报告（2000）》，2006 年）

1 陕西省考古研究所、秦始皇兵马俑博物馆：《秦始皇帝陵园考古报告（1999）》，科学出版社，2000年，第104页。

疑。铺设石道的石材似为选取的骊山上的石块，未经打磨雕琢。石道上未见踩踏的路土，也未见淤土层，其作用不详[1]。

二、西汉石刻

考古中发现较多西汉石刻，且都有各种内容的文字。据徐森玉先生记述，西汉时期的石刻文字尚未得到广泛的运用。截至二十世纪七十年代，可以确定为西汉时期（包括新莽）的石刻仅有十余种，且多为传世品[2]。1959年，在陕西西安汉长安城南郊礼制建筑遗址群的发掘中，清理出厅堂中的部分柱础遗存[3]；1970年，在山东曲阜九龙山西汉鲁王墓中出土有封堵甬道的巨形石材[4]；1977年，在河南省唐河县新莽墓中出土有画像石刻[5]；陕西咸阳发掘的西汉济南王刘咸墓中发现的题记[6]等。

通过以上考古出土石刻实例，可以归纳出西汉时期包括新莽的石刻内容与形制上的大致变化规律。在西汉早、中期，石刻主要是记录人物姓名、年月、建筑材料记号等简单的刻辞，尚属于“物勒工名”的性质，是战国、秦、汉时期官方法律要求在制造物上刻记标识的结果[7]。到了西汉中晚期时，出现了地界、符契一类的实用石刻。在西汉晚期和新莽时期，产生了坟坛、祠堂神位等丧葬用的石刻材料，而具有标志墓葬主人作用的墓中题记也在新莽时期出现。这些主要为日常实用制作的石刻，是东汉时逐渐形成的多种石刻类型的前身。

三、东汉石刻

东汉石刻可以用数量庞大、形制多样来形容，大致分为摩崖、碑、墓记、画像石题刻、建筑物刻铭等类型。

摩崖是利用天然的石崖或石块表面刻写铭文。石面或稍加修饰，或根本不作修饰。稍晚些时期的摩崖也有在石壁上凿刻出一个碑的外形平面后再刻写铭文的。这种摩崖除了没有单独立石外，多与东汉碑的文体、形制相同。现在仍保存着的东汉摩崖有甘肃省成县的建宁四年西峡颂、陕西省汉中市石门的建和二年司隶校尉杨孟文石门颂[8]等。这些石刻多为纪功纪事之作，还有记录修建工程时用工数量及耗费的材料、钱粟，记载了东汉时期交通建设的重要资料。

碑是在东汉正式定形的石刻类型，是东汉使用得最广泛的一类石刻。现可见到的有明确纪年的东汉碑（包括有拓本存世者）已达160余种。这些碑的主体——碑身为一件长方形的磨制石块，下设碑座（趺）。根据碑身上端的不同形状，可以区分为圆首（上端为弧形）、圭首（上端为三角形）与平首（上端为方形）等不同类型。

碑座（趺）大多为长方形条石制成，上刻凹槽以安放碑身。以后发展到刻成龟形的

1 陕西省考古研究所、秦始皇兵马俑博物馆：《秦始皇帝陵园考古报告（2000）》，文物出版社，2006年，第24页。

2 徐森玉：《西汉石刻文字初探》，《文物》1964年第5期。

3 中国社会科学院考古研究所汉长安城工作队：《汉长安南郊礼制建筑遗址群发掘简报》，《考古》1960年第7期。

4 山东省博物馆：《曲阜九龙山汉墓发掘简报》，《文物》1972年第5期。

5 南阳地区文物队、南阳市博物馆：《唐河汉郁平大尹冯君孺人画像石墓》，《考古学报》1980年第2期。

6 孙德润：《咸阳清理一座汉代大型积石沙墓》，《中国文物报》1995年1月18日。

7 睡虎地秦墓竹简整理小组：《睡虎地秦墓竹简》，《秦律十八种·工律》，文物出版社，1978年，第69页。

8 赵超：《古代石刻》，文物出版社，2001年，第192页。

石龟趺，龟背上立碑身。汉碑形制上的一个特点就是在碑身上往往凿刻有一个圆形的穿孔，习惯上称为“穿”。

根据碑文内容及用途可以进一步划分为以下几种：功德碑、纪事碑、墓碑、经典书籍碑等。

功德碑主要记录称颂某一人物的德政、战功、善行等，一般树立在通衢大道、官署及礼仪建筑附近。在其碑阴或碑侧常刻写参与立碑的门生故吏等人物姓名与所资助的钱数等。比较重要的汉代功德碑有永和二年裴岑纪功碑、中平二年曹全碑、中平三年张迁碑、光和四年三公山碑等。其中的裴岑纪功碑今存新疆维吾尔自治区博物馆，已裂为数块，原立于新疆巴里坤东南山达坂，清代中叶始被发现。这件碑记录了东汉敦煌太守裴岑率领郡兵三千人征讨北匈奴呼衍王的重要史实。这是东汉中期汉朝对威胁西域地区的北匈奴所取得的一次重大胜利，使河西地区及西域保持了十三年安定的局面。裴岑碑的纪功铭文填补了古代史书记载中的一个重大空白，具有较高的历史价值。曹全碑中记载曹全在建宁二年“举孝廉，除郎中，拜西域戊部司马。时疏勒国王和德，弑父篡位，不供职贡。君兴师征讨……和德面缚归死，还师振旅”。这段历史在《后汉书·西域传》中也有所载，但与此碑相比，在人名、官名、事实等方面均存在着显著的差异。如《后汉书·西域传》作“戊己司马曹宽”，“疏勒王……季父和得”，“讨疏勒，攻桢中城四十余日，不能下，引去”等。这些情况，都应该依照碑文予以订正。目前，国外有不少关于西域的论著都认为东汉对西域的控制在阳嘉年间以后便已逐渐丧失，贵霜帝国的势力扩张到葱岭以东，控制了疏勒、于阗等地。而曹全碑中的史料则可以清楚地表明东汉王朝对西域的统治一直维持到东汉末年。曹全碑中对东汉末年黄巾起义的记载也是在汉代文物中极为罕见的。碑文中记录“张角起兵幽冀，兖豫荆扬，同时并动，而县民郭家等，复造逆乱，燔烧城寺，万民骚扰，人里不安，三郡告急，羽檄仍至”，生动具体地反映了东汉末年农民起义的壮阔景观[1]。

纪事碑用来记录各种大小事件、诏令、官府文书、契约等。比较重要的如张景造土牛碑，该碑于1958年在南阳南城门里出土，现藏南阳汉碑亭。这件碑碑身四周都已残损，碑首可以隐约见到一些碑穿的痕迹，仅存1.25米高、0.54米宽的一段碑身。碑文内容是有关官府允许张景包修祭祀用的劝农土牛、土人等偶像，从而免除世代劳役的一组文书[2]。

墓碑则是树立在坟墓前，用来标明墓主，叙述死者生平业绩，歌颂其功德的碑石。在现存汉碑中，墓碑占有较大的比例。比如现存较早的袁安碑在1930年发现于河南偃师县，记述了东汉司徒袁安的生平事迹。说明墓碑是东汉碑刻中出现较早的类型。1973年，在天津武清县出土了延熹八年汉故雁门太守鲜于璜碑[3]，是近百年来汉碑的一次重大发现。该碑记叙了鲜于璜的生平仕历与家族世系，对了解东汉晚期北方地方官员的状况与北方世家的分布情况有一定参考价值。1991年，在河南偃师县南蔡庄村汉墓中发现了建宁二年肥致碑，该石的形状、所书文体均与碑相同，只是形状较小，又埋施在墓中，有人也把它看作墓志，似不甚妥。肥致是一个方士，曾被汉章帝召用。碑文中记述了肥致作法的神异现象，并记载了他借升仙为名，使信徒多人“食石脂”自杀的情况，对深入了解东汉晚期方术流行以及政治腐败的社会状况有一定价值[4]。

石经是以碑刻的形式用于文化传播的一种新用途，在中国古代经籍的流传过程中

1 中国社会科学院考古研究所：《中国考古学·秦汉卷》，中国社会科学出版社，2010年，第815—818页。

2 郑杰祥：《南阳新出土的东汉张景造土牛碑》，《文物》1963年第11期。

3 天津市文物管理处考古队：《武清东汉鲜于璜墓》，《考古学报》1982年第3期。

4 河南省偃师县文物管理委员会：《偃师县南蔡庄乡汉肥致墓发掘简报》，《文物》1992年第9期。

起过重要的作用。汉石经出土的地点汉太学遗址在今洛阳城东洛水南岸，汉魏故城开阳门外。1962年以来，中国科学院考古研究所在这一带进行了大量的调查和发掘，清理了辟雍等礼制建筑，并在辟雍以北的太学遗址发掘出一批石经残片[1]。根据古代文献上的有关记载，王国维考定：“汉一字石经为《周易》、《尚书》、《诗》、《仪礼》、《春秋》、《公羊传》、《论语》七种。”[2]

墓记，是置于墓中的标记石刻。它一般记载死者的姓名、家世、生平事迹和卒日、葬期等。1982年，在江苏邳县青龙山发现的元嘉元年缪宇墓记，刻于墓后室石门上方的画像旁边，存铭文约106字，共11行[3]。

以上所列举的墓记均附刻在建筑石材上，表现了它们的原始性。其实，东汉时期的石刻文字还广泛应用于建筑材料上，在近年东汉陵墓等大型遗址的发掘中，曾经有大量石材上的铭刻或墨写文字出土。如河北定县北庄汉墓，是一座以石材作为黄肠题凑的大型砖室墓[4]。在使用的石材上，共发现174块有铭刻文字或墨书文字。这些文字的内容为进贡石材的县名和石工的籍贯、姓氏，有些还有尺寸，仍属于“物勒工名”制度的产物。

四、三国石刻

因其战争背景，三国时期石刻所描述的内容均与修建栈道、关隘、兵力部署有关。目前所发现的该时期石刻不多，最重要的是位于山西晋城市沁河拴驴泉一带的古栈道遗址附近的正始五年石门关题记，该题记刻在沁河北岸一断崖崖壁上。题记为隶书，无作者姓名，无界格，有边框，高约0.47米，宽约0.41米，共9行95字（图5-3），竖有列，横有行，字距略大于行距。前六行为正文，内容为“正始五年十月廿五日，督治道郎中上党司徒悌，监作吏司徒从掾位下曲阳吴放，督将师匠、兵徒千余人通治步道，作遍桥阁，凿开石门一所，高一丈八尺，广九尺，长二丈”。后三行为落款，内容为“都匠木工司马陈留成有、当部匠军司马河东魏通、开石门师河内司马羌”[5]。

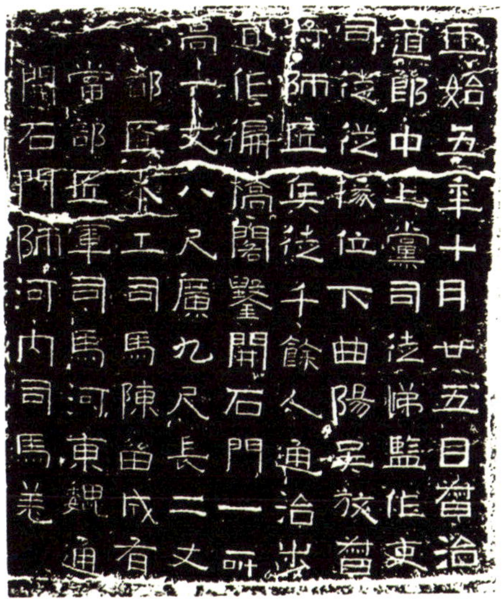

图5-3　正始五年石门关题记

1 许景元：《新出熹平石经〈尚书〉残石考略》，《考古学报》1981年第2期。

2 王国维：《魏石经考》，《观堂集林》，中华书局，1959年。

3 南京博物院等：《东汉彭城相缪宇墓》，《文物》1984年第8期。

4 河北省文化局文物工作队：《河北定县北庄汉墓发掘报告》，《考古学报》1964年第2期。

5 张爱民：《新发现的三国曹魏石刻——正始五年石门关略谈》，《书法》2011年第6期。

第六章 商业与贸易

第一节　货币

据现有的资料，我国的金属铸币是从春秋后期开始的。战国时期各国普遍使用金属铸币，但货币形制及货币单位各异，主要有布、刀、金版、圆钱四种。秦始皇统一六国后，顺应历史潮流，废除六国铸币，把货币分为二等，黄金为上币，以镒为单位，半两钱为下币，文曰“半两”，珠、玉、贝、银、锡不再充作货币，用法律形式将秦国的货币制度及货币形式推向全国[1]。

一、秦代货币

据记载，秦国青铜铸币始于惠文王二年（前336年），名曰“半两”，重约八铢。秦始皇统一六国后即以此为下币，通行全国。自二十世纪五十年代以来，分别在秦关中地区、北方长城沿线地带及长江中下游地区发现了一定数量的秦代半两钱，为研究秦代货币统一及半两钱形制变化提供了实物资料[2]。

截至目前，秦都咸阳故城遗址已经发现170余枚秦半两钱，其中，二号宫殿遗址出土23枚，咸阳市窑家店镇长陵车站金属窖藏4号坑出土3枚，7号坑出土144枚[3]，另外，滩毛村秦代陶窑遗址出土3枚。咸阳故城遗址出土的半两钱，按大小可分三种类型：第一种直径2.3厘米、穿宽0.8厘米，第二种直径2.8厘米、穿宽1厘米，第三种直径3.1厘米、穿宽1厘米。大者重5.3克，小者重2.5克[4]。

秦始皇陵周围的临时建筑设施、兵马俑坑及刑徒墓地出土600余枚半两钱。这些半两钱，直径2.23—3.4厘米、穿宽0.7—1.1厘米，重1.90—6.5克不等[5]。

1977年，秦都雍城高庄墓地，8座秦墓共出土半两钱605枚（包括部分冥钱）。这些半两钱直径

1 《史记》卷三十《平准书》，中华书局，1959年，第1417页。

2 朱活：《论秦始皇统一货币》，《文物》1974年第8期；吴荣增：《从秦简看秦国的商品货币关系发展状况》，《文物》1978年第5期；蒋若是：《秦汉钱币研究》，中华书局，1997年；吴镇烽：《半两钱及其相关的问题》，《考古与文物》1984年第4期。

3 陕西省考古研究所：《秦都咸阳考古报告》，科学出版社，2004年，第161、182、444页。

4 陕西省博物馆、文管会勘查小组：《秦都咸阳故城遗址发现的陶窑和铜器》，《考古》1974年第1期。

5 吴镇烽：《半两钱及其相关的问题》，《考古与文物》1984年第4期。

1.15—3.20厘米、穿宽0.6—1.1厘米，重0.2—6.75克。重0.2克、0.3克者，仅为秦制0.3铢、0.4铢。M6出土的一枚重6.75克，为秦制10.1铢[1]。

1979年11月，凤翔县南指挥公社高家河发现一罐半两钱，形制相同，但大小、轻重不等，最大的直径3.4厘米，重12克；最小的直径2厘米，重2.25克。根据装钱陶罐的形制、纹饰和地层判断为秦代遗物[2]。

1963年，内蒙古赤峰蜘蛛山秦长城障塞遗址T3第二层出土半两钱1枚，方孔，无郭，钱径2.7厘米，重3克。第二层文化时代为战国末期到秦代[3]。

1975年，内蒙古语文历史研究所在准格尔旗广衍故城附近发掘了一批秦汉墓葬，其中八垧地梁M2出土半两钱10枚，平幕，无郭，周边不整齐。8枚直径2.8—3.2厘米，穿宽0.7—0.9厘米，重4.5—7.9克。2枚直径在2.75厘米，重3.4克以下。该墓同出秦王政十二年戈，年代上限为战国晚期，下限至秦代[4]。

1976年，内蒙古敖汉旗长城附近出土秦半两窖藏，属于秦始皇二十六年筑长城时所埋，年代在秦统一之后[5]。

从出土的秦代半两看，秦统一后，半两钱又可分为早、晚两期。早期出于秦墓者如湖北云梦睡虎地23号墓出土带郭半两钱。此钱虽然属异品，然工艺可代表秦初水平。内蒙古赤峰市上新惠县长城窖藏，其大小轻重虽不尽相同，而工艺水平如出一范。此二例无早期秦钱杂出，铸造工艺远胜于先秦。

晚期秦末半两，如秦始皇陵兵马坑、郑庄石料场、上焦村秦墓、鱼池村遗址、赵背户村刑徒墓共出土600多枚，其中除少数出于早期流传及私铸外，绝大多数当为秦末通用的官铸钱。从这些钱看，秦代晚期半两钱有逐渐缩小的趋势，其中直径最大者2.83厘米，最小者2.64厘米，最重者6.01克，最轻者2.30克。

秦代的半两钱范在陕西、安徽、四川等地均有发现。如陕西西安未央宫区秦阿房宫遗址出土了一块半两钱铜范[6]（图6-1）。

图6-1 半两钱范（一）

陕西临潼县韩峪乡油王村秦芷阳宫手工作坊遗址出土的一件铜钱母范（图6-2），与秦始皇陵出土的半两钱比较，证明其属于秦代晚期，可能是秦始皇三十七年（前210年）“复行钱”时期之钱范[7]。

1980年，安徽贵池县出土两件阴文半两

1 吴镇烽、尚志儒：《陕西凤翔高庄秦墓地发掘简报》，《考古与文物》1981年第1期。

2 尚志儒：《凤翔出土一批半两钱》，《陕西日报》1980年3月17日。

3 中国社会科学院考古研究所内蒙古工作队徐光冀：《赤峰蜘蛛山遗址的发掘》，《考古学报》1979年第2期。

4 内蒙古语文历史研究所崔璿：《秦汉广衍故城及其附近的墓葬》，《文物》1977年第5期。

5 邵国田：《内蒙古敖汉旗出土秦半两》，《中国钱币》1988年第2期。

6 蒋若是：《秦汉钱币研究》，中华书局，1997年，第30页。

7 张海云：《陕西临潼油王村发现秦“半两”铜母范》，《中国钱币》1987年第4期。

钱铜范，大者长25厘米、宽15.7厘米，四行铸槽，两边每行各6枚钱模，中间两行各有5枚钱模，中间两行顶端又加1枚钱模，共23枚[1]。

1980年，四川高县出土一块砂岩质阴文半两钱范，为铸钱子模（图6-3）。钱范所铸造钱币属小穿大型半两。另高县属犍为郡，是秦开发西南地区的遗物[2]。

秦半两钱出土不仅集中于秦的都城咸阳及秦始皇陵附近，而且在长城附近的内蒙古赤峰蜘蛛山秦长城、准格尔旗广衍故城、湖北宜城楚皇城亦有所发现，钱范也在安徽贵池县、四川高县等地也有出土。这种情况与其他秦代器物的出土情况是一致的。这说明，秦代统一的各项措施是齐头并进的，而且从广度上看，已包括秦代的大部分疆域。

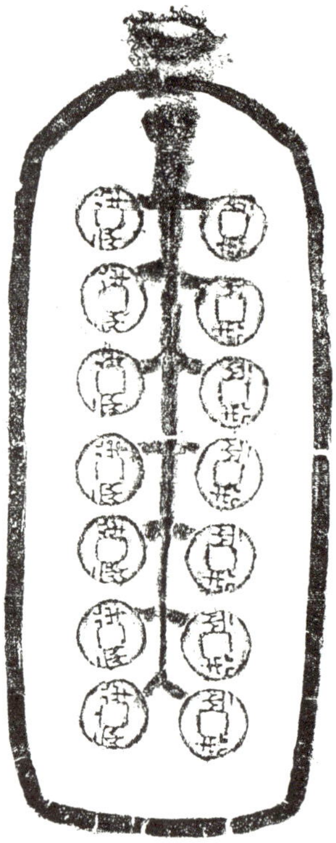

图 6-2　半两钱范（二）

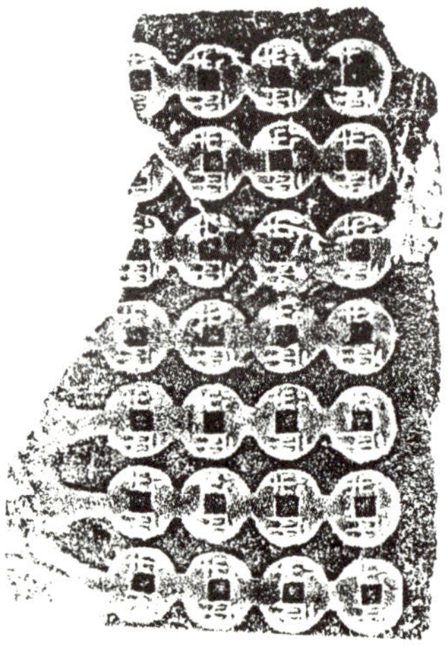

图 6-3　半两钱范（三）

秦代货币在中国古代货币史上有着重要意义：首先，在钱型方面确立了圆形方孔钱的形制，而这一钱型从此也成为中国历代金属货币的通制。其次，在币值方面采用铭文记重的方式，"识曰半两，重如其文"，这种方式为以后的五铢钱所沿用。再次，以黄金和"半两"铜钱作为货币之二等，确立了不同币值货币的等级，表明秦代货币制度的完善。最后，从出土文献来看，秦代货币的流通与管理有严格的政策措施，强调国家对铸币的垄断，反对私铸，这在货币发展史上无疑是具有历史进步意义的[3]。

二、西汉货币

西汉是中国货币发展史上的重要阶段。按照纪年墓出土钱币和纪年钱范的情况，参考史籍所载西汉时期钱币铸行的标志性事件，可以将西汉时期的钱币分为以下几类："半两"钱、"三铢"钱、西汉五铢。

西汉货币的考古发现比较多，如1977年安徽阜阳汉汝阴侯夏侯灶夫妇墓出土的33枚半两钱[4]。1986年徐州北洞山楚王墓出土半两钱5万余枚，属汉初半两[5]。1963年河南南阳东关外小庄村发现的西汉初年半两石质钱范，上阴刻钱模两行12枚，钱径2.8厘米，

1 陕西省钱币学会：《关于安徽贵池县出土"半两"钱范争论简介》，《陕西金融·钱币专辑》第10辑，1987年。

2 何泽宇：《四川高县出土"半两"母范》，《考古》1982年第1期。

3 中国社会科学院考古研究所：《中国考古学·秦汉卷》，中国社会科学出版社，2010年，第166、751页。

4 蒋若是：《秦汉半两钱系年举例》，《秦汉钱币研究》，中华书局，1997年，第4页。

5 徐州博物馆、南京大学历史学系考古专业：《徐州北洞山西汉墓发掘简报》，《文物》1988年第2期。

穿径0.9厘米[1]。1983年河北平泉县半截沟村发现的西汉初年半两铅质钱范，上有阳文钱模两行8枚，钱径2.65—2.75厘米，穿径0.9—1.0厘米[2]。

1975年，湖北江陵凤凰山168号墓出土的101枚半两钱和称钱衡是探寻文帝四铢半两的可靠材料。此墓的年代为文帝十三年（前167年），称钱衡包括衡杆和砝码，衡杆长29.2厘米，砝码重10.75克。衡杆上有墨书四十二字："正为市阳户人婴家称钱衡，以钱为累，刻曰'四朱（铢）'，'两'，疏'第十'。敢择轻重衡，及弗用，刻论罚徭里家十日。□黄律。"按墨书，此器为称量四铢钱的法定称钱天平，而砝码重量以高奴禾铜石权核算，恰为四铢钱重的4倍。同出的101枚半两钱，多有外郭，钱径多为2.3—2.5厘米，穿径0.75—0.85厘米，重约2.6—3.2克。有学者认为，这就是《史记·平准书》所记"乃更铸四铢钱，其文曰半两"的文帝四铢钱的代表[3]。1955年，徐州北洞山出土的半两钱范，为铜质长方形子范，上有钱模4排28枚，钱径2.3厘米、穿径0.8—0.9厘米。1986年，在北洞山附近发现楚王墓，发掘者推测此钱范与楚王墓中发现的四铢半两钱的铸造有关[4]。

按照《洛阳烧沟汉墓》的整理结果，结合已经发掘的纪年墓葬和纪年钱范的情况，可将西汉五铢分为三期：

第一期：武帝元狩五年（前118年）至宣帝地节二年（前68年）。纪年墓材料主要有：满城汉墓出土五铢钱（元鼎四年，前113年）（图6-4）、江苏邗江胡场汉墓出土五铢钱（本始四年，前70年）。纪年钱范包括：西安附近出土的武帝"官"、"巧"字纪铭钱范（图6-5，1和图6-5，2），昭帝元凤四年（前77年）、六年（前75年）钱范（图6-6，1），宣帝地节二年（前68年）钱范（图6-6，2）等[5]。以《洛阳烧沟汉墓》第一型五铢为例，该型五铢钱的钱型标准是：钱径2.5厘米、穿径0.9厘米，重约3.5克。满城汉墓、邗江胡场汉墓所出五铢钱大小、轻重既有与此吻合的，也有存在一定差异者。钱文"五"字中间两笔较直，也有略带弯曲的，"铢"字金头有的作"Δ"形或"◊"形。有学者还比照文献记载，将这一期的五铢钱细分为郡国五铢、赤侧（仄）五铢、三官五铢[6]。

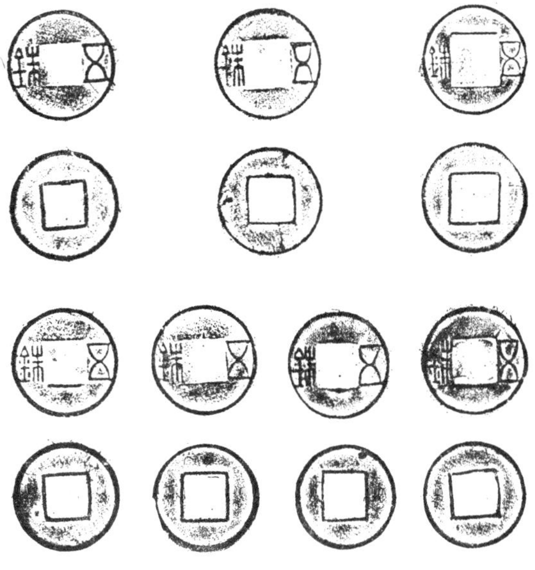
图6-4　满城汉墓出土五铢钱

第二期：宣帝元康元年（前65年）至宣帝末。这一时期五铢钱的断代依据主要是纪年钱范，包括：宣帝元康元年钱范（图6-7），宣帝神爵二年（前60年）钱范，神爵四年（前58年）钱范

1 王儒林：《河南南阳市发现半两钱范》，《考古》1964年第6期。

2 张秀夫：《河北平泉的汉半两铅母范》，《中国钱币》1984年第4期。

3 蒋若是：《秦汉半两钱系年举例》，《秦汉钱币研究》，中华书局，1997年，第10页；图版及释文另参见国家计量总局《中国古代度量衡图集》，文物出版社，1981年，图版206。两者释文稍有不同，此从蒋若是所引。另参阅西安市文物管理处晁华山《西汉称钱天平与法马》，《文物》1977年第11期。

4 徐州博物馆、南京大学历史学系考古专业：《徐州北洞山西汉墓发掘简报》，《文物》1988年第2期。

5 蒋若是：《西汉五铢钱范断代研究》，《秦汉钱币研究》，中华书局，1997年，第150—172页。

6 蒋若是：《郡国、赤仄与三官五铢之考古学验证》，《秦汉钱币研究》，中华书局，1997年，第93页。

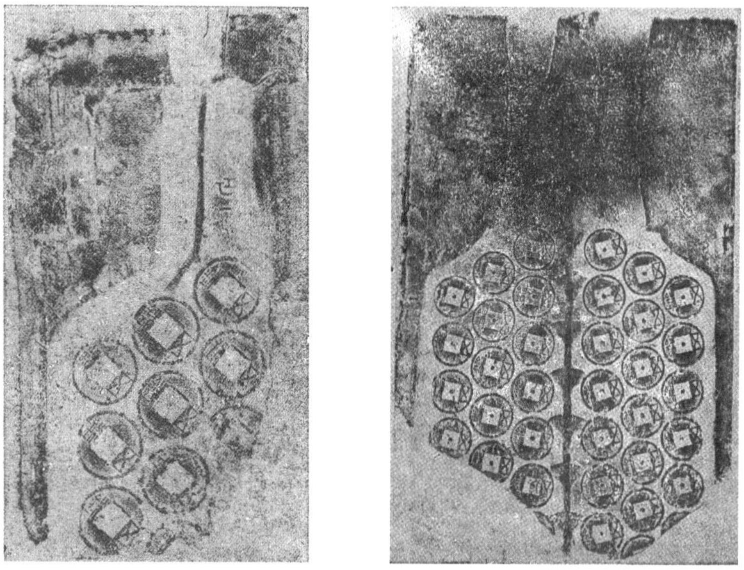

1. 上林三官“巧一”款五铢陶母范　　2. 上林三官“官一”款五铢陶母范

图 6-5　西汉五铢纪年钱范（一）

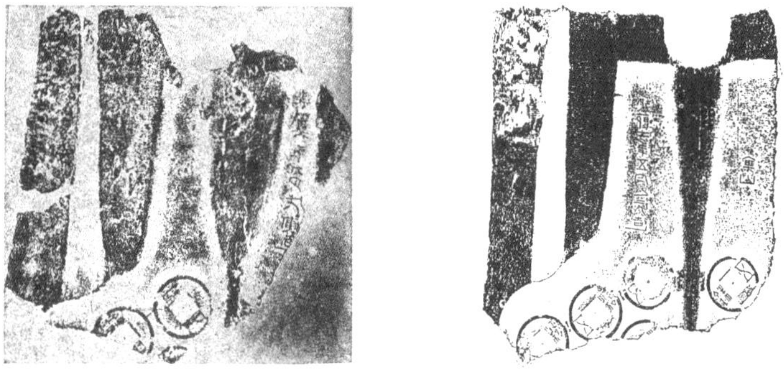

1. 汉昭帝元凤六年钱范　　2. 汉宣帝地节二年钱范

图 6-6　西汉五铢纪年钱范（二）

图 6-7　宣帝元康元年钱范

图 6-8　汉元帝建昭五年钱范

等[1]。这一时期五铢钱的主要特点是：钱径2.6厘米、穿径0.9厘米，铸工精美，铜色紫红，钱文锋棱清晰，“五”字两竖画完全平行。

第三期：元帝建昭五年（前34年）至王莽居摄二年（公元7年）。这一时期五铢钱的断代依据包括：元帝建昭五年钱范（图6-8），西安地区与新莽钱范同出的西汉晚期五铢钱范[2]。此期五铢钱的典型代表还有江苏仪征胥浦元始五年墓出土的五铢钱[3]。

三、新莽货币

从王莽居摄二年（公元7年）到天凤元年（公元14年），王莽先后实施了四次货币改革，在新莽至东汉时期的墓葬中，新莽货币多有发现。按照出土情况和《汉书·食货志》、《汉书·王莽传》的记载，新莽货币可按时代作以下分类：

（1）居摄二年：错刀（“一刀平五千”）、契刀（“契刀五百”）、大泉五十、五铢。

（2）始建国元年：“大泉五十”、“小钱直一”二品并行。

（3）始建国二年：行“宝货制”，把货币分为五物、六名、二十八品。

（4）天凤元年：“货泉”、“货布”二品并行。

1965年，西安东关曾发现“布钱”范[4]，而类似的“布钱”范在南阳市博物馆也有收藏[5]。《汉书·王莽传》载：“盗铸钱者不可禁，乃重其法。吏民出入，持布钱以副符传，不持者厨传勿舍，关津苛留。”一般认为，此类“布钱”流传不广，应该是《汉书·王莽传》所记的“符钱”（类似于“通行证”）[6]。

四、东汉五铢钱

从考古发现的纪年墓葬和纪年钱范来看，东汉五铢可分为两种类型，一为“建武五铢”，光武帝建武十六年（公元40年）始铸；二为“四出五铢”，灵帝中平三年（公元186年）铸。

《后汉书·光武帝纪》载建武十六年，“初，王莽乱后，货布杂用布帛金粟。是岁行五铢钱”。从纪年钱范和纪年墓葬出土的东汉五铢来看，自建武年间直至中平三年铸行“四出五铢”以前，五铢钱的形制变化不大[7]。“建武五铢”的形制，可以从“建武十七年”纪年铭钱范得到确认[8]。以东汉永平十三年（公元70年）咸阳故城10号汉墓出土五铢钱为例，概述特点为：钱径2.6厘米，重3—3.3克。钱文“五”字竖画弯曲相交；“铢”字“金”头呈三角形，“朱”字上画圆折[9]。

《后汉书·灵帝纪》载“中平三年铸四出文钱”，即“四出五铢”钱。这类铜钱在《洛

1 蒋若是：《西汉五铢钱范断代研究》，《秦汉钱币研究》，中华书局，1997年，第151页。

2 武科武：《西汉最后的一种五铢钱范》，《陕西金融·钱币专辑》第7辑。参阅蒋若是《西汉五铢钱类型集证》，《秦汉钱币研究》，中华书局，1997年，第123页。

3 中国社会科学院考古研究所：《中国考古学·秦汉卷》，中国社会科学出版社，2010年，第751—756页。

4 蔡永华：《解放后西安附近发现的西汉、新莽钱范》，《考古》1978年第2期。

5 蒋若是：《莽钱疏证》，《秦汉钱币研究》，中华书局，1997年，第186页。

6 蒋若是：《莽钱疏证》，《秦汉钱币研究》，中华书局，1997年，第186页；中国社会科学院考古研究所：《中国考古学·秦汉卷》，中国社会科学出版社，2010年，第757页。。

7 蒋若是：《东汉五铢钱》，《秦汉钱币研究》，中华书局，1997年，第123页。

8 蒋若是：《东汉五铢钱》，《秦汉钱币研究》，中华书局，1997年。

9 咸阳秦都考古工作站：《秦都咸阳汉墓清理简报》，《考古与文物》1986年第6期。

阳烧沟汉墓》发掘报告中定为第五型，其显著特点是背穿四角有四条斜出的线纹，即所谓的“四出”。实测钱径2.55厘米，穿径0.8厘米，重3.6克[1]。

按《汉书·武帝纪》的记载，武帝太始二年（前95年）曾“更黄金为麟趾、□马蹄”。西安等地曾发现汉代“马蹄金”、“麟趾金”和圆形金饼[2]。可见汉代除了铜钱作为通货以外，黄金亦曾用作通货（或用于赏赐）。又按《汉书·食货志》的记载，汉代黄金与铜钱的比值为“黄金一斤值万钱”。

五、三国时期货币

东汉末年天下三分，这种政治格局对社会经济的发展产生很直接的影响。这一时期，军阀混战，造成人口的不断流失，生产停滞，经济凋敝，货币经济的水平较两汉时有明显的下滑，甚至出现“谷帛为市”的现象。自董卓坏五铢、铸小钱始，货币大混乱的局面持续了数百年之久。魏、蜀、吴三个割据政权，在沿用两汉旧币的基础上，又分别铸造自己的货币，从而建立起具有各自特性的货币制度。除去此三国，另有一些零星的不辨国属的传世货币。

（一）曹魏货币

曹魏地处中原腹地，是古代中国的经济中心。但汉末战乱，致使良田被废弃，市井变废墟，一派萧条的景象。及黄初二年（公元222年），魏文帝罢五铢钱，使百姓以谷帛为币[3]。

明帝太和元年（公元227年），谷帛为市日益显露出其弊端，“钱废谷用既久，人间巧伪渐多，竟湿谷以要利，作薄绢以为市，虽处以严刑而不能禁也”[4]。遂恢复“五铢”。新铸五铢钱仍以“五铢”为文，并作为基本单位，基本承袭汉制，史称“曹魏五铢”，并和前代旧钱统作货币流通。1987年，在许昌县张潘乡汉魏许都故城发现窖藏铜钱335公斤，除少量三国时蜀汉、孙吴钱及王莽货泉外，绝大多数是曹魏通行的各种汉代五铢及董卓无文小钱[5]。

曹魏五铢，至今未明确其具体形制。许昌汉魏许都故城窖藏所见五铢，做工粗劣，钱形各异，一些剪轮对文、綖环五铢直径仅1.4—1.6厘米，重1克，轻者不足0.5克。“五”、“铢”二字因宽阔而靠近外郭处字迹不全。也有人认为其实则制作精致，直径在2.5厘米左右，重达3.5—4克，“五”字交笔弯曲，“铢”字头圆折，笔画肥硕。

曹魏统一货币后，大力发展经济，屯田养民，币制稳定，为西晋统一全国奠定基础。

（二）蜀汉货币

蜀汉偏处西南一隅，民寡国弱，又因连年征战，军费开支较大，因而实行一种虚值“大钱”政策。

建安十九年（公元214年），铸“直百五铢”。直百五铢钱文“直百五铢”，钱径一般

1 洛阳区考古发掘队：《洛阳烧沟汉墓》第十章，科学出版社，1959年。

2 安志敏：《金版与金饼——楚汉金币及其有关问题》，《考古学报》1973年第2期；李正德、傅嘉仪、晁华山：《西安汉上林苑发现的马蹄金和麟趾金》，《文物》1977年第11期。

3 《晋书》卷二十六《食货志》，中华书局，1974年，第794页。

4 《晋书》卷二十六《食货志》，中华书局，1974年，第795页。

5 黄留春：《浅识汉魏许都故城窖藏铜钱》，《中国钱币》1992年第1期。

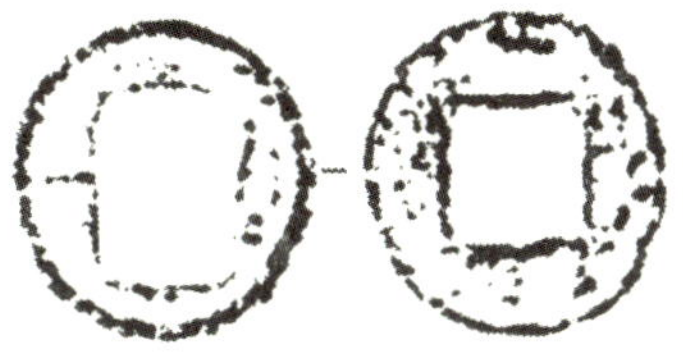

图 6-10　直一小钱

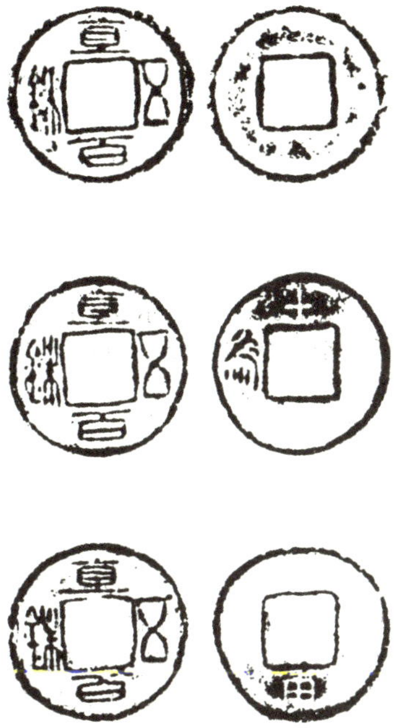

图 6-9　直百五铢

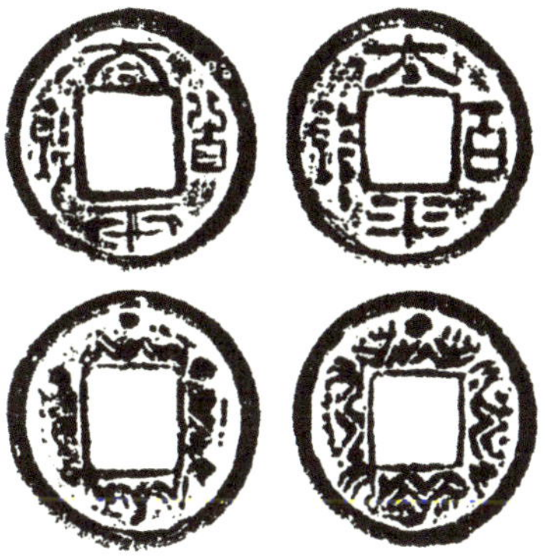

图 6-11　太平百钱

2.6—2.8厘米，重8—9.5克，有轻者不足3克的，其币值为一个直百五铢当旧钱一百个使用[1]。主要分两种形式：一种是光背，蜀都所铸；一种是背多见模铸或镂刻的文字符号，有阴阳文之分。阳文类，常于钱背穿左铸一“为”字（图6-9）；阴文类，或铸文字（有王、田、月、川、羊、工、吉、卡、卜等），或铸数字，或铸符号。这也是中国最早圆形方孔钱背文纪地者。旧说是益州犍为郡铸造的。后因财力不足，刘备发行“直百钱”，“以数月之间，府库充实”[2]。

直百五铢主要出土于原蜀汉辖境的四川地区，长江中下游的湖南长沙市、湖北武汉市、江苏的孙吴界内也有发现，如武昌任家湾吴墓、马鞍山孙吴朱然墓，北京的两座北朝墓亦有发现[3]。

直百小钱。钱文为“直百”二字，横读，有传形，应为蜀汉后期“直百五铢”的省文。大者钱径1.6—1.9厘米，重1.3—1.5克。小者径约1.3厘米，不足0.5克，钱文平坦，应为不足值的劣币。湖北长阳等地曾有出土[4]。

直一小钱。面文“直一”二字，较小，形制与直百小钱相似，罕见珍贵（图6-10）。

太平百钱。面文“太平百钱”，顺读。大者钱径2.5—2.7厘米，重4—9克，小者钱径约1.3厘米，重约0.7克。钱背有水波纹，或光背而阴刻有符号。钱文有篆书、隶书两种（图6-11），“太”有时作“大”。太平百钱主要出土于湖北、四川一带，武昌孙吴郑丑墓出土太平百钱128枚，成都西门外小通巷出土太平百钱铜范母1件（图

1 昭明、马利清：《中国古代货币》，百花文艺出版社，2007年。

2 《三国志》卷三十九《蜀书·刘巴传》，浙江古籍出版社，2000年，第605页。

3 湖南省博物馆：《长沙两晋南朝隋墓发掘报告》，《考古学报》1959年第3期；蓝蔚：《略谈三年来武汉市文物保护与发现》，《考古参考资料》1956年第7期；安徽省文物考古研究所、马鞍山市文化局：《安徽马鞍山东吴朱然墓发掘简报》，《文物》1986年第3期；北京市文物工作队：《北京西郊发现的两座北朝墓》，《考古》1964年第4期。

4 张典维：《湖北长阳县发现一批窖藏古钱》，《文物》1977年第3期。

6-12)[1]。

世平百钱。面文“世平百钱”，风格、铜质与太平百钱完全相同。

太平百金。面文“太平百金”，“金”大概为“钱”的省文。

定平一百。面文“定平一百”，隶书，顺读，钱体薄小。钱径1.25—1.7厘米，重0.65—0.9克（图6-13）。1984年，安徽省马鞍山市孙吴朱然墓出土有定平一百。1973年，江苏丹徒东晋窖藏定平一百、太平百钱、直百五铢、直百钱共出。

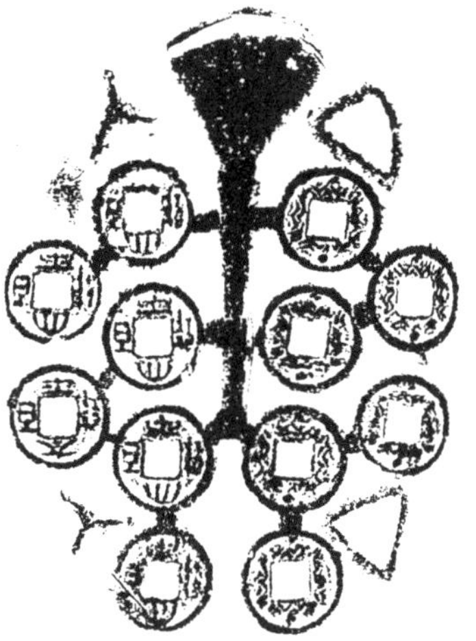

图6-12　太平百钱摇钱树

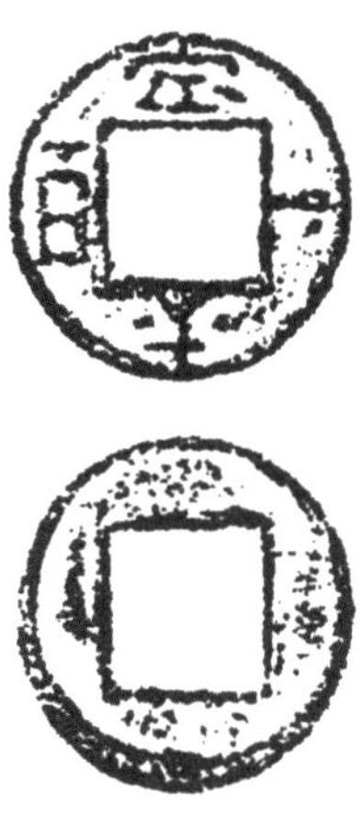

图6-13　定平一百

蜀五铢。面文“五铢”，篆书，风格与直百五铢类似。“五”字两横不出头且不与郭相连。笔画略肥。钱径2.1厘米，重约2—2.5克，铜色发暗。素背，有的钱背阴刻“十”、“廿八”等字。1973年，江苏丹徒东晋窖藏出土有蜀五铢，伴出直百五铢[2]。

（三）孙吴货币

孙吴地处江南，经济发展不平衡，火耕水耨的原始状态还部分存在，又有上游邻国“大钱政策”抵制，孙吴实行了面值更大的虚币。

大泉五百。孙吴大帝嘉禾五年（公元236年）始铸。《三国志·吴书·孙权》：“（嘉禾）五年春，铸大钱，一当五百。”并“诏使吏民输铜，计铜畀值”，设置惩治私铸法令。

大泉五百，面文“大泉五百”，顺读，承新莽大泉五十之文，“泉”字中竖不断而异于莽钱。大者钱径3—3.3厘米，重6—7克，小者钱径约1.8厘米，重约0.8克。后重量趋减。大泉五百青铜制，面背均有内外郭，外郭宽阔漫平，有合背（图6-14）。

大泉五百主要出土于南京及其临近地区，句容葛村和孙西村晋元康四年墓均有出土。

大泉当千。孙吴大帝赤乌元年（公元238年）始铸。《三国志·吴志·孙权传》：“赤乌元年春，铸当千大钱”。大泉当千，面文“大泉当千”，篆书，顺时针旋读，铜质。形制略同大泉五百，周郭宽平，不甚规则。“大”字多为圆弧形，“泉”字中竖不断，但上不与横接。“当”字肥大而笔画方折。大泉当千大小不一，大者钱径3.8厘米，重14.5克，小者钱径2.5厘米，重3.5克，大抵与一枚汉五铢相当（图6-15）。

江苏省句容葛村孙吴铸钱遗址出土有大泉当千，浙江绍兴、余姚等地亦有发现。存世较少[3]。

大泉二千。孙吴时（公元222—280年）铸造。面文“大泉二千”，篆书旋读。风格铜质与大泉五百、大泉当千相同，面背肉好皆有周郭。钱径3.3厘米，穿径1.2厘米（图6-16，1）。1956年在浙江黄岩晋墓出土，广州长沙亦有发现。

大泉五千。与大泉二千基本同时。面文“大泉五千”，其他与大泉二千相同，尤为稀

1 韩建业、王浩：《中国古代钱币》，北京大学出版社，2007年，第91页。

2 刘和惠：《江苏丹徒东晋窖藏铜钱》，《考古》1978年第3期。

3 王贵忱、刘志飚：《三国孙吴铸钱问题探讨》，《广东金融研究》1983年第5期。

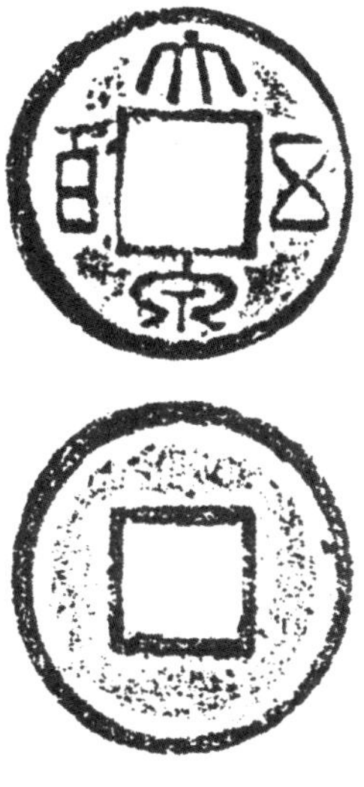
图 6-14　大泉五百

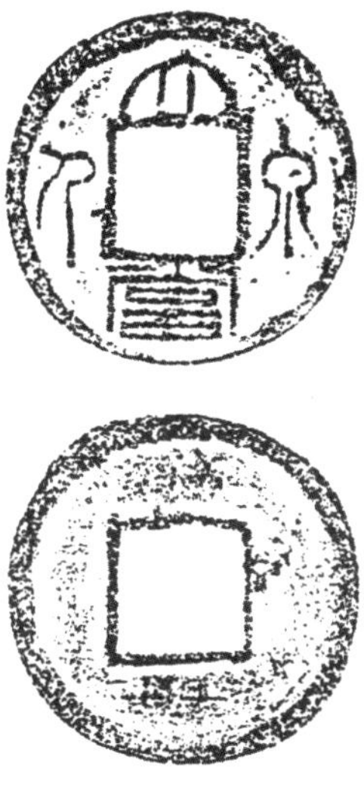
图 6-15　大泉当千

1. 大泉二千

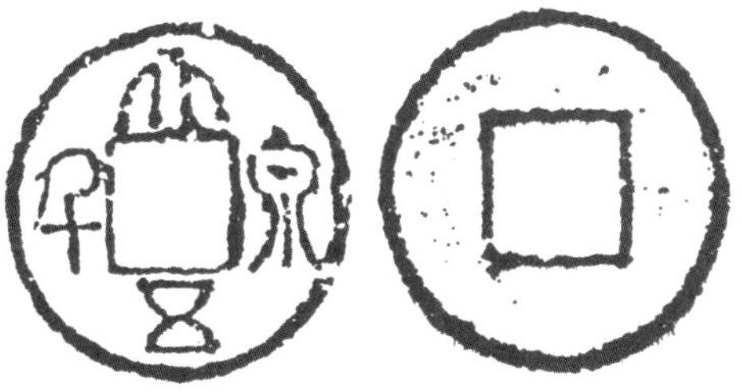
2. 大泉五千

图 6-16　孙吴货币

少，传世仅2枚，发现于浙江绍兴、余姚（图6-16，2）。

第二节　度量衡

一、秦代度量衡

战国时期，秦国相比于其他国家较早统一了度量衡。公元前356年，商鞅对秦国度量衡制度进行了一次彻底改革。据《史记·商君列传》记载，商鞅“平斗桶、权衡、丈尺……居五年，秦人富强”。秦国的度量衡制，“度”以引、丈、尺、寸，“量”以斛、斗、升、合、龠，“衡”以石、均、斤、两、铢为单位。商鞅的度量衡改革，为秦始皇统一度量衡奠定了基础。商鞅方升是秦孝公十八年（前334年）商鞅任大良造时铸造的一件法定标准器，底部加刻的秦始皇二十六年诏书，证明秦始皇统一度量衡时仍以此作为标准。

（一）秦尺

考古还没有发现秦尺实物，根据战国及西汉尺度大致可推测其长度。商鞅方升上刻的“爰积十六尊（寸）五分尊（寸）壹为升”，即以十六又五分之一立方寸的容积定为一升。经测量，方升容积为202.15立方厘米，那么，方升的单位容积即为：$202.15\div16.2=12.478$立方厘米，折算战国秦尺长：$\sqrt[3]{12.478}\times10=23.2$厘米。发现的西汉尺度约为23—23.6厘米，如河北满城2号汉墓出土的错金铁尺长23.2厘米，广西贵县罗泊湾1号墓出土的木尺长23厘米[1]。据此推测秦代尺度约长23.2厘米左右，可能直接沿用了战国秦尺[2]。

---

1 广西壮族自治区文物工作队：《广西贵县罗泊湾1号墓》，《文物》1978年第9期。

2 中国社会科学院考古研究所：《中国考古学·秦汉卷》，中国社会科学出版社，2010年，第101页。

(二)秦量

目前发现的秦代量器及衡器上的权约110多件(包括过去金石图集所著录的)[1],除了关中等秦国故地有发现外,秦的衡器及量器在以下地区也有发现:关东地区的山东邹县、诸城,江苏盱眙,河南禹县,山西右玉、左云,燕山以北地区有内蒙古敖汉旗四家子老虎山,赤峰三眼井、蜘蛛山,奈曼旗沙巴营子古城,河北围场县大兴永东台子及小锥山,东北地区的吉林等。这些器物上有不少带有秦始皇统一度量衡的诏书和秦二世元年诏书。铜量文字刻在量器外壁,均为秦篆(表6-1)。

表6-1 秦代量器表

器名	大小尺寸(厘米)	容量(毫升)	诏书	收藏与著录
方升	长18.7、深2.51、内口长12.47、宽6.897	215.65	始皇诏书3行	上海博物馆
方升	全长18.7、高2.6、口长14.5、宽8.4	210	始皇诏书20行	国家博物馆
二升半量	全长24.3、口长16、宽8.3、高4.8	485	始皇诏书4行,"武城"	国家博物馆
二升半量	全长20.5、口长15.6、宽9.5、高5.5	495	始皇诏书11行	国家博物馆
二升半量	全长24.6、口长17.8、宽9.8、高4.8	490	始皇诏书11行	天津博物馆
二升半量	全长20.8、口长15.1、宽12、高5.4	495	始皇诏书10行	旅顺博物馆
二升半量	全长20、口长15、宽9.2、高6.4	490	始皇诏书7行	旅顺博物馆
二升半量	全长21.6、口长16.3、宽8.8、高6.1	500	始皇诏书5行	吉林大学
三分之一斗量	全长23.3、口长18.1、宽10.2、高6.8	650	始皇诏书5行,二世诏书7行	上海博物馆
一斗量	全长30.2、口长23、宽14.6、高9.4	1980	始皇诏书4行,二世诏书3行	国家博物馆
一斗量	全长30.3、口长25.3、宽16.4、高9.85	2050	始皇诏书5行,二世诏书7行	国家博物馆
陶半斗量	口径16.8、高8	1000	10个戳印始皇诏书	山东省博物馆
陶半斗量	口径16.4、高8.3	970	戳印始皇诏书	国家博物馆
陶半斗量	口径16.4、高7.8	990	10个戳印始皇诏书,"邹"	故宫博物院
陶半斗量	口径20.4、高9.4	2000	10个戳印始皇诏书,"邹"	山东省博物馆
一斛六斗陶量	口径37.5、底径24、高33.5	32000	始皇诏书	中国社会科学院考古研究所

通过上表可以看出,秦量的容积数值折合有一升、二升半(四分之一斗)、三分之一斗、一斗、半斗和一斛六斗陶量等几种。

1 丘光明:《中国古代度量衡》,商务印书馆,1996年,第86页。

陶量文字有戳印和刻画两种。常见陶诏量用四字一印，连续印出秦始皇的诏文。1963年，内蒙古昭乌达盟赤峰蜘蛛山出土一件陶量，广口，绳纹，圆底，壁两侧有对称穿孔，为两柄残痕。外壁刻有始皇诏书。高33.5厘米，容量32000毫升（经用小米实测），约合秦一斛六斗（图6-17）[1]。1974年，奈曼旗沙巴营子古城出土秦陶量残片，形制可能与赤峰所出相似，外壁也刻有始皇诏书。另外，有始皇诏书的陶量在辽宁、吉林一带也有出土[2]。

图 6-17　内蒙古昭乌达盟赤峰蜘蛛山出土陶量

（三）秦权

秦权分铜权和铁权两种，是秦代统一后由官府颁发全国的标准衡器砝码。近年来出土的秦权不仅数量多，而且分布范围也很广。按计量分为石权、八斤权、一斤权三种。同量器一样，绝大部分秦权带有统一度量衡的诏书。

1964年，西安西郊秦阿房宫遗址北部出土一件战国秦高奴铜石权（图6-18）。通高17.2厘米，底径23.6厘米，腹围76厘米，重30.75千克。正面铸凸起的阳文“三年，漆工配，丞诎造，工隶臣牟。禾石，高奴”，另一面加刻始皇诏书、二世诏书及“高奴石”三字。高奴在今陕西延川县界内。此权自始铸至秦二世元年，经三次刻铭，长期作为标准器使用，反映了自战国至秦代统一一直保持统一的衡制[3]。《说文》禾部：“石，百二十斤也。”从出土的秦权证明，记载完全正确，据折算每斤合256.3克。

1965年，江苏盱眙东阳公社东阳故城内出土一件秦铜权，高15.6厘米、最宽处19.2厘米，重30.43千克，器身一侧刻有秦始皇诏书6行[4]。

南京博物院收藏的大騩铜权，呈八角棱形，腹空，面径8.6厘米、底径9.9厘米、高5.9厘米，重2.3千克（图6-19）。权身刻有始皇及二世诏书，各占四面。顶部有篆书阴文“大騩”二字。大騩为地名，在今河南密县东南三十五里的大騩山下[5]。

图 6-18　秦高奴铜石权

1973年，陕西临潼秦始皇陵西内

1　中国社会科学院考古研究所内蒙古工作队徐光冀：《赤峰蜘蛛山遗址的发掘》，《考古学报》1979年第2期。

2　国家计量总局、中国历史博物馆、故宫博物院：《中国古代度量衡图集》，文物出版社，1984年修订版，图一一一、一一三。

3　陕西博物馆：《西安市西郊高窑村出土秦高奴铜石权》，《文物》1964年第9期。

4　南京博物院：《江苏盱眙东阳公社出土的秦权》，《文物》1965年第11期。

5　巫鸿：《秦权研究》，《故宫博物院院刊》1979年第4期；中国社会科学院考古研究所：《中国考古学·秦汉卷》，中国社会科学出版社，2010年，第162页。

城出土一件一斤铜权，底径5.4厘米、高7.2厘米，重247.5克。棱间刻始皇及二世诏书[1]。

1967年，甘肃秦安垅城公社西汉墓出土一件一斤铜权，腹空，鼻纽，棱间刻始皇及二世诏书[2]。

1956年，山西左云县东辛庄出土一件铜诏版铁权，高19厘米、底径26厘米，重31.5千克，嵌有秦始皇铜诏版[3]。

1973年，山东文登县简山公社铁权村出土的秦铁权，高19.4厘米、腹围80厘米、底径25厘米，重32.257千克（图6-20）。扁圆形，平底，顶有半圆形鼻，一侧嵌一块秦始皇铜诏版9行四十字[4]。

图 6-19 大騩铜权

图 6-20 山东文登县秦铁权

1974年，内蒙古敖汉旗四家子公社老虎山大队出土秦代铁权一件，圆梯形，有桥形鼻，高18.5厘米、顶径17.5厘米、底径25厘米，重30.75千克。权身有嵌诏版的凹槽，但诏版已失[5]。

1976年，内蒙古昭乌达盟赤峰三眼井公社出土一件秦铁石权，底径23.8厘米、高17.1厘米，重31.431千克。铸有的始皇诏书12行，为凸起阳文[6]。

1976年，河北围场县朝阳地公社大兴永大队曾出土过一件秦权。1977年，该县龙头山公社小锥子山大队又出土2件铁权，形状相同，均扁圆形，上有桥形鼻，一件高20.2厘米、腹围74厘米，重32.85千克；另一件高20.5厘米、腹围73厘米，重32.60千克。表面均嵌有秦始皇诏版[7]。

1979年，江苏赣榆县朱稽河堵乡寺后段一水井中出土一件秦代铁石权，扁圆形，桥形鼻，高20厘米、直径23厘米，重27.1千克，剥蚀严重[8]。

1993年，广西七里圩王城城址出土一件铁权，截面呈圆台形，平底，项部有桥形钮，高20厘米、底径25厘米，重32.75千克[9]。

1962年，陕西咸阳长陵火车站附近出土一件铁权，高3.6厘米、底径4.7厘米，重

1 国家计量局、中国历史博物馆、故宫博物院：《中国古代度量衡图集》，文物出版社，1984年修订版，第137页。

2 国家计量局、中国历史博物馆、故宫博物院：《中国古代度量衡图集》，文物出版社，1984年修订版，第136页。

3 吴连城：《山西左云出土的秦权介绍》，《文物参考资料》1957年第8期。

4 蒋英炬、吴文祺：《山东文登发现秦代铁权》，《文物》1974年第7期；七月、丘真：《烟台博物馆十大镇馆之宝③秦嵌铜诏版铁权》，《走向世界》2013年第13期。

5 敖汉旗文化馆：《敖汉旗老虎山遗址出土秦代铁权和战国铁器》，《考古》1976年第5期。

6 国家计量局、中国历史博物馆、故宫博物院：《中国古代度量衡图集》，文物出版社，1984年修订版，第120页。

7 石枢砚：《河北省围场县又发现两件秦代铁权》，《文物》1979年第12期。

8 李洪甫：《赣榆发现秦代铁石权》，《文物》1987年第8期。

9 广西壮族自治区文物工作队、兴安县博物馆：《广西兴安县秦城遗址七里圩王城城址的勘探与发掘》，《考古》1998年第11期。

273.2克[1]。

咸阳博物馆收藏一件铁权，半球形，顶部有鼻钮，平底内凹，外表分布14道竖向凸棱，其间錾刻二十六年诏，通高3.4厘米、底径4.8厘米，重215克[2]。

秦自商鞅变法以后，统治者对已确定的度量衡制度十分重视。秦王政初年，为了"易关市，来商旅"，每年二月和八月，各检验度量衡一次。秦始皇统一天下后，就立即统一全国度量衡。《史记·秦始皇本纪》云：二十六年，初并天下，即"一法度衡石丈尺，车同轨，书同文字"。

二、汉代度量衡

汉代度量衡的研究，历来受到学者的重视。二十世纪前期，以新莽嘉量的考证为发端，不少学者搜求史料、考订史实，以探讨汉代度量衡的基本制度[3]。新中国成立以来，由于地下实物资料的不断出土，同时科学实验测量的手段也受到前所未有的重视，汉代度量衡的研究取得长足进展，《中国古代度量衡图集》和《中国历代度量衡考》即为标志性的成果[4]。

（一）汉代尺度

两汉时期的尺子，按材质可分为铜尺、铁尺、木尺、竹尺、牙尺等。据统计，科学发掘出土的西汉尺子有10支、新莽时期的测量用具3件（套）、东汉时期的尺子85支[5]。

西汉时期的尺子，10支中有8支单位长度在23.0—23.2厘米，与秦尺（单位长度为23.1厘米）非常接近。按照平均值，同时考虑到埋藏条件和测量误差，可以推断西汉时期单位尺的长度为23.1厘米。满城二号汉墓墓主为西汉中山靖王刘胜之妻窦绾，下葬年代为汉武帝太初元年（前104年），该墓出土的西汉错金铁尺可作为西汉尺子的代表[6]。

新莽时期的尺度可以依据传世的新莽铜卡尺和出土的新莽铜丈来测算。1927年，甘肃定西称钩驿出土的新莽铜丈（现藏"台北"故宫博物院），为新莽时代的标准铜丈。丈面有铭文两行81字，记述新莽推行统一度量衡政策之史实。此器出土后已弯曲、折断，其长、宽、厚的比例与《汉书·律历志》所记标准度器高一寸、广二寸、长一丈的比例正相吻合[7]。实测新莽铜丈的长度为229.2厘米[8]。1928年，刘复通过对新莽铜嘉量（现藏"台北"故宫博物院）的测量，折算新莽尺长为23.08865厘

1 巫鸿：《秦权研究》，《故宫博物院院刊》1979年第4期。

2 国家计量局、中国历史博物馆、故宫博物院：《中国古代度量衡图集》，文物出版社，1984年修订版，第121页。

3 王国维：《莽量考》，《学衡》1926年10月号；《新莽嘉量跋》，《观堂集林》，1927年；罗福颐、唐兰：《新莽始建国元年铜方斗》，《故宫博物院院刊》1958年第1期；罗福颐：《传世历代古尺图录》，文物出版社，1957年；容庚：《汉金文录》，石印本，1931年；马衡：《新嘉量考释》，《故宫博物院年刊》，1936年；杨树达：《新莽嘉量跋》，《考古社刊》1936年第7期。

4 国家计量总局：《中国古代度量衡图集》，文物出版社，1981年；丘光明：《中国历代度量衡考》，科学出版社，1992年；丘光明：《中国古代度量衡》，商务印书馆，1996年；中国社会科学院考古研究所：《中国考古学·秦汉卷》，中国社会科学出版社，2010年，第764页。

5 丘光明：《汉代尺度总述》，《中国历代度量衡考》，科学出版社，1992年，第54—57页。

6 中国社会科学院考古研究所、河北省文物管理处：《满城汉墓发掘报告》，文物出版社，1980年。

7 《汉书·律历志》："其法用铜，高一寸，广二寸，长一丈，而分、寸、尺、长存焉。"

8 国家计量总局：《中国古代度量衡图集》，文物出版社，1981年，图版9"新莽铜丈"。

米[1]。北京艺术博物馆藏新莽铜卡尺测算的尺长为23.1厘米（图6-21）。根据以上情况，学者推断新莽尺的单位长度为23.1厘米[2]。

图 6-21　新莽铜卡尺

东汉时期的尺子发现较多，单位长度多在23—24厘米。1965年，江苏省仪征市石碑村东汉墓出土的铜圭表尺（参见图10-9），为袖珍式圭表，是迄今所见最早的铜圭表尺，对于度量衡史和天文史的研究有重要价值。铜圭表尺正面一侧刻尺度，尺长十五寸，计34.5厘米，一尺约合23厘米[3]。1971年，湖南长沙子弹库1号墓出土的菱形纹铜尺，尺面等分为10寸，中间8寸铸菱形纹图案，实测折合每尺长度为23.46厘米[4]；1976年，安徽亳县元宝坑1号东汉墓出土牙尺1支，残长二寸许，尺面雕刻鸟兽纹和云纹，实测完整的一寸长度为2.35厘米，折合每尺为23.5厘米。该墓墓砖刻有"建宁三年"字样，可作为年代准确的东汉尺子标本[5]。

图 6-22　台北"故宫博物院"藏新莽嘉量

（二）汉代的量

据统计，汉代量器共发现63件。其中，年代准确且有标注容量铭文的量器13件，实测其容量后的平均值为200.24毫升。所以，一般认为汉代容量的标准为每升约合当今200毫升[6]。

《汉书·律历志》记载："量者，龠、合、升、斗、斛也，本起于黄钟之龠，用度数审其容……合龠为合，十合为升，十升为斗，十斗为斛，而五量嘉矣。"台北"故宫博物院"藏新莽嘉量（图6-22）[7]，可以看作是五量合一的标准器：中间圆柱体上为斛，下为斗；左侧所附为升；右侧所附上为合，下为龠。令人称奇的是，此器的形制与刘歆在《汉书·律历志》中的表述几无二致："其上为斛，其下为斗，左耳为升，右耳为合、龠。"器体有铭文81个字，与新莽铜丈相同。日本白鹤美术馆所藏"始建国铜升"，器体为圆形，有长柄，实测可容小米198毫升。此器的价值在于其铭文详细记述了当时"以度审容"的情形："律量升，方二寸八分而圜其外，庣旁四厘八豪，冥八寸一分，深二寸，积万六千二百

1　刘复：《新嘉量之校量及推算》，《辅仁学志》第1卷第1期，1928年；又载《工业标准与度量衡》第1卷第4期，1934年。

2　丘光明：《新莽铜丈》，《中国质量技术监督》2001年第9期。

3　南京博物院：《江苏仪征石碑村汉代木椁墓》，《考古》1966年第1期；国家计量总局：《中国古代度量衡图集》，文物出版社，1981年，图版27"铜圭表尺"。

4　国家计量总局：《中国古代度量衡图集》，文物出版社，1981年，图版10"菱形纹铜尺"。

5　安徽省亳县博物馆：《亳县曹操宗族墓葬》，《文物》1978年第8期。

6　丘光明：《汉代容量总述》，《中国历代度量衡考》，科学出版社，1992年，第244—253页。

7　姜波：《秦汉度量衡制度的考古学研究》，《中国文物科学研究》2012年第4期。

分，容十合。始建国元年正月癸酉朔日制。”[1]

1956年，河南陕县隋墓出土“始建国元年铜撮”，器壁铭文：“律撮，方五分而圜其外，庣旁四豪，冥■□分五厘，深四分，积百六十二分，容四圭。”柄上刻铭文一行：“始建国元年正月癸酉朔日制。”[2]实测容积为2.07立方厘米[3]。按此器与新莽嘉量等诸器，有人认为汉代容量分为圭、撮两个等级，四圭为一撮，五撮为一龠，这样，汉代容量可分圭、撮、龠、合、升、斗、斛七个等次。

（三）汉代的权衡

西汉权共发现15件。其中，有自重刻铭并保存完好的4件，实测均值每斤247.5克，约等于248克[4]；自铭“重斤十两”的有3件，即国家博物馆藏官累铜权、上海博物馆藏官累铜权、旅顺博物馆藏官累铜权；自铭重“一斤”的1件，即北京大学考古文博学院藏“武库一斤”铜权[5]。

新莽时期的权衡考古所见有环形权三组：1926年甘肃定西称钩驿出土“始建国元年”铜权环一组5件[6]、1981年湖北枝江问安乡出土“始建国元年”铜权环一组5件[7]、1973年成都天回乡汉墓出土一组3件[8]。按前两组“始建国元年”铜权环重量测算，新莽时期权衡单位重量为238克[9]。这一数据，与新莽嘉量（重二钧）测得的单位重量226.66克有一定的差距[10]。

东汉时期的权共见33件，但多为铁权，非铜质标准器，且有不同程度的锈损。国家博物馆藏东汉铜权自铭“官平秤，□□重一斤八两”，实重332.3克，折合每斤222克。故宫博物院藏东汉石权自铭“百一十斤”，实测折合每斤218克。推测东汉时期每斤权重为220克[11]。

（四）从汉代度量衡看“汉承秦制”的特点

“汉承秦制”是指从刘邦建立西汉王朝一直到汉宣帝统治时期，在一段相当长的时期里，继承和发展了秦朝的各项制度。继秦而起的汉代，政治、经济、文化等制度皆如秦制，度量衡也是如此。

据《汉书·律历志》记载，秦汉时期度量衡制度是，度制：分、寸、尺、丈、引，进位完全采用十进位制，即1引=10丈=100尺=1000寸=10000分；量制：龠、合、升、斗、斛，除二龠为一合外，其他也都采用十进制，即1斛=10斗=100升=1000合=2000龠；衡制：铢、两、斤、钧、石，1石=4钧，1钧=30斤，1斤=16两，1两=24铢。

讫今所见两汉度量衡器较多，实测汉尺八十余支，得知战国至东汉末年尺度变化甚

1 丘光明：《中国历代度量衡考》，科学出版社，1992年，第223页。
2 黄河水库考古工作队：《1956年河南陕县刘家渠汉唐墓葬发掘简报》，《考古通讯》1957年第4期。
3 国家计量总局：《中国古代度量衡图集》，文物出版社，1981年，图版131。
4 丘光明：《汉代权衡总述》，《中国历代度量衡考》，科学出版社，1992年，第428—429页；国家计量总局：《中国古代度量衡图集》，文物出版社，1981年，图版199、200、201、202。
5 中国社会科学院考古研究所：《中国考古学·秦汉卷》，中国社会科学出版社，2010年，第767页。
6 傅正伦：《甘肃定西出土的新莽权衡》，《中国历史博物馆馆刊》1979年总第1期。
7 枝江县文化馆：《湖北枝江县出土王莽时期铜砝码》，《文物》1982年第1期。
8 国家计量总局：《中国古代度量衡图集》，文物出版社，1981年，图版208。
9 丘光明：《汉代权衡总述》，《中国历代度量衡考》，科学出版社，1992年，第428—429页。
10 刘复：《新嘉量之校量及推算》，《辅仁学志》第1卷第1期，1928年。
11 丘光明：《汉代权衡总述》，《中国历代度量衡考》，科学出版社，1992年，第428—429页。

小，均在23—24厘米。量器五十余件，其中包括撮、龠、合、升、斗、斛六种不同单位的量器，每升约合今200毫升。权衡器五十余件，西汉至新莽每斤在250克左右，东汉略有下降，每斤在220克左右。

三、三国时期度量衡

三国时期，度量衡之制，并没有严格定制，系沿用新莽时期，经后汉增添而成[1]。

（一）曹魏度量衡

东汉末年，农业生产遭到破坏，粮食短缺严重，物价飙涨，一石谷价高达数万钱。曹操接受了“无敌自破者不可胜数”的教训，大力推行屯田政策。

魏景元时（公元260—264年），数学家刘徽注《九章算术·商功篇》一文中将魏斛与莽斛作了详细的比较，《晋书·律历志》云：“魏陈留王景元四年，刘徽注九章商功曰：‘当今大司农斛，圆径一尺三寸五分五厘，深一尺。积一千四百四十一寸十分寸之三。王莽铜斛，于今尺为深九寸五分五厘，径一尺三寸六分八厘七毫，以徽术计之，于今斛为容九斗七升四合有奇。’魏斛大而尺长，王莽斛小而尺短也。”[2]这段文字是目前可供考证曹魏时期容量制度的唯一可信资料。在有了莽斛的详细数据后，不但可以得到魏斛的容积，而且可以准确地推算出曹魏的尺度，故弥足珍贵。求证后可知：魏斛，一升约合204立方厘米[3]。

曹魏尺度之长，可以从《晋书·律历志》和《隋书·律历志》中得到佐证。《晋书·律历志》云：“汉末纷乱，亡失雅乐。魏武时，河南杜夔精识音韵，为雅乐郎中，令铸铜工柴玉铸钟，其声均清，浊多不如法……魏武王取玉所铸钟，杂错更试，然后知夔为精，于是罪玉。”[4]《晋书》又云：“汉末天下大乱，乐工散亡，器法湮灭，魏武始获杜夔，使定乐器声调。夔依当时尺度，权备典章。”[5]从中可知，古代尺度和音律之间有着互为参证的关系，也是我国古代度量衡史上的一大特点[6]。杜夔尺之长，《晋书》和《隋书》中还另有叙述，《晋书》云：“杜夔所用调律尺，比勖新尺，得一尺四分七厘。”[7]《隋书·律历志》又云：“魏尺，杜夔所用调律，比晋前尺一尺四分七厘。”[8]由上所述，反复证明有以下三点：1. 魏时以杜夔尺调律；2. 杜夔尺即魏时民间日常用尺，尺数与魏大司农斛尺同（24.188厘米）；3. 杜夔尺调律之尺长于晋时荀勖律尺四分有余。

除上述文献资料外，还见近年来出土的曹魏尺数支，分述如下：

1. 骨尺

1972年，嘉峪关魏晋壁画墓墓室内出土两支骨尺。当时出壁画墓八座，依据墓室结构、出土器物和壁画题材各方面资料分析，这八座墓的时代初步推断为曹魏至西晋，而

1 吴承洛：《中国度量衡史》，上海书店出版社，1984年。
2 《晋书》卷十六《律历志》，中华书局，1974年，第492页。
3 吴慧：《魏晋南北朝隋唐的度量衡》，《中国社会经济史研究》1992年第3期。
4 《晋书》卷十六《律历志》，中华书局，1974年，第480页。
5 《晋书》卷十六《律历志》，中华书局，1974年，第482页。
6 丘光明：《中国古代度量衡》，商务印书馆，1996年，第99页。
7 《晋书》卷十六《律历志》，中华书局，1974年，第491页。
8 《隋书》卷十六《律历志》，中华书局，1973年，第404页。

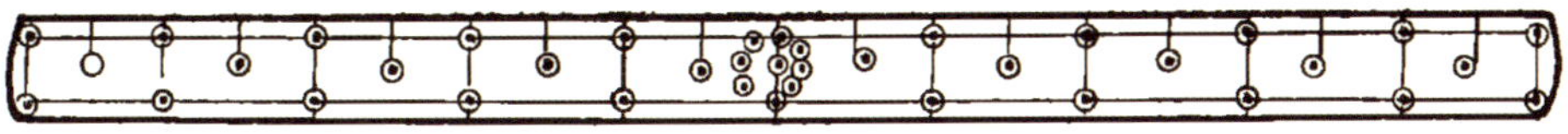

图 6-23　嘉峪关魏晋壁画墓二号墓出土骨尺线描图

其中一、二号墓时代略早[1]。尺出于二号墓，故尺的年代定于三国魏。两支尺纹饰、长、宽均同，长23.8厘米、宽1.6厘米、厚0.15厘米。骨尺两面磨光，一端有孔，两侧各通划一条横线，纵横等分是个寸格，每半寸处再加刻画纹（图6-23）。

2. 弩机机尺

罗福颐《传世历代古尺图录》收录一支魏正始五年（公元244年）铜弩机，望山上刻二寸，长4.85厘米，推算一尺长24.3厘米，可作曹魏一尺之参考[2]。

（二）蜀汉度量衡

蜀汉地少力弱，重视发展农业生产。据《华阳国志·蜀志》称："绵与雒各出稻稼，亩收三十斛，有至五十斛。"有"沃野千里"之称。度量衡上多沿用汉制。

蜀的丝织业，特别是织锦业十分发达，既美且多。诸葛亮曾以川马蜀锦作为礼物与吴魏交聘。刘备也多以锦赏赐群臣。如蜀曾送吴"马二百匹，锦千端及方物"[3]。《太平御览》引《蜀志》锦以匹为单位，"先主入益州，赐诸葛亮、法正、张飞、关羽锦各千匹"[4]。"端"是长度单位，《小尔雅》云："倍丈谓之端。"《左传·昭公二十六年》："以币锦二两。"杜预注："二丈为一端，二端为一两，所谓匹也。"可知三国时一端也应该是长二丈，一匹长四丈。

蜀汉时期的尺迄今未见有实物。罗振玉《俑庐日札》记有一铜弩机，云："予去春得蜀弩机一，款错金为之，极精，牙上画尺度……知蜀尺之尺度一遵汉代之旧也。史不志蜀之度量衡制度，据此知之。"[5]王国维也云："蜀尺，则上虞罗氏旧藏章武弩机，其望山上有金错小尺，与建初尺长短略同。又藏魏正始弩机，亦有尺度，较建初尺微长，殆及所谓杜夔也。"[6]今未见蜀汉之尺，从各家所述，即可知当与曹魏尺相近，较建武尺略有增益。

关于蜀汉时期的权衡，目前均未见考古实物和文献资料，所以其称量单位等情况不得而知。

（三）东吴度量衡

东吴地处南方，水系发达，有利于发展精耕细作的稻业和舟楫往来的商业。文献中少见关于东吴度量衡的考订，近年来经科学发掘的这一时期墓葬中出土了几支东吴时期的尺。

1 嘉峪关市文物清理小组：《嘉峪关汉画像砖墓》，《文物》1972年第12期。

2 罗福颐：《传世历代古尺图录》，文物出版社，1957年，图21。

3 《三国志》卷四十七《吴主传》注引吴历，中华书局，1982年，第1131页。

4 《太平御览》卷八一五布锦部，中华书局影印，1992年，第3622页。

5 杨宽：《中国历史尺度考》，商务印书馆，1955年，第57页。

6 王国维：《王复斋钟鼎款识中晋前尺跋》，《观堂集林》卷十九，中华书局，1959年，第931页。

1. 竹尺

1979年江西省南昌市一墓葬中出土一支竹尺。出土时竹尺与木圭、铜镜、木梳、漆耳杯放在一个盒子内，并有遣册记明随葬品件数。木盒置于死者头部，同墓还出有木简，记载墓主名高荣，字万绶，沛国相，故定此墓为东吴早期[1]。尺分为两段，各五寸，一段以银乳钉为寸格，另一段无分寸，两头镶铜包头，反面镂刻一圆形米字图案。尺长24.2厘米，宽2.4厘米，厚0.6厘米。

2. 髹漆木尺

1978年出土于安徽省南陵县砖室墓中[2]。同时出土古墓四座，一号墓出土买地券中有确切的纪年文字："赤乌八年十二月……"赤乌是东吴年号，赤乌八年当公元245年。其他三座墓，从墓葬结构与出土器物的风格看与一号墓基本一致，故应属东吴早期。木尺出于二号墓，残长24.1厘米，两端有铜包头，正面分十等分，每寸间用铜钉三粒作寸格。一端有一圆孔，可系绳。如按十寸复原，实长近25厘米。

1 丘光明：《中国历代度量衡考》，科学出版社，1992年，第428—429页。

2 安徽省文物工作队：《安徽省南陵县麻桥东吴墓》，《考古》1984年第11期。

第七章
战争与防御

秦汉三国时期是中国历史上中央集权制度全面确立并获得较大发展的时期，也是中国战争发展史上具有重要地位的一个时期。这一时期，战争频繁，其中统一战争、民族战争依然是战争的主要类型。统一战争中最为著名的就是秦始皇统一六国战争，在短短的十余年里，秦始皇以摧枯拉朽之势一统六国，使我国历史上第一次实现了空前的大统一，开创了中国历史"六王毕，四海一"的新局面。之后的几百年间，大的统一战争还有楚汉战争、平定吴楚七国之乱维护统一的战争、刘秀统一全国战争、魏灭蜀汉统一北方战争、西晋灭吴统一全国战争等。其次是民族战争，主要是与北方少数民族和南方少数民族的战争。由于战争的过程就是消灭对方的过程，因此虽然历史上战争次数很多，但遗留下来的战争遗迹和遗物却不多。目前通过考古发现的遗迹和遗物有以下几类：直道、长城、烽燧等遗迹以及青铜或铁质兵器等。

第一节 战争与防御遗迹的考古发现与研究

一、直道

（一）秦直道的文献记载及历史作用

秦直道是秦始皇统一全国以后，于秦始皇三十五年（前212年）令蒙恬率三十万大军兴建的，由于直道南起云阳（今陕西淳化县北），北至九原（今内蒙古包头市西），全长"千八百里"（合今742.5公里），"直通之"，故名[1]。西汉时司马迁对秦直道做过考察，并记录了它的起点和终点，"太史公曰：吾适北边，自直道归，行观蒙恬所为秦筑长城亭障，堑山堙谷，通直道，故轻百姓力矣"[2]。《汉书》中关于汉武帝行经直道一事记载较详，大致总结为：元封元年（前110年）汉武帝巡守上郡，其前后历经两次，第一次是在十月间，"行自云阳，北历上郡、西河、五原，出长城，北登单于台，至朔方，临北河。勒兵十八万骑，旌旗径千余里，威震匈奴"[3]，途中"祠黄帝于桥山"，并经此归于甘泉；第二次则是于半年之后的次年四月，在登封泰山之后，"行自泰山，复东巡海上，至碣石。自辽西历北边九原，归于甘泉"[4]。

1 中国社会科学院考古研究所：《中国考古学·秦汉卷》，中国社会科学出版社，2010年，第70页。

2 《史记》卷八十八《蒙恬列传》，中华书局，1959年，第2570页。

3 《汉书》卷六《武帝纪》，中华书局，1962年，第189页。

4 《汉书》卷六《武帝纪》，中华书局，1962年，第192页。

秦汉时期，直道成为中原王朝控制北方地区的重要通道。秦直道的修建，主要是为了加强秦王朝与北疆边陲的联系，加速驰援北方，有效遏制匈奴的侵扰，同时发挥防备六国旧势力复辟的战略功能。秦的历史很短，历十四年而覆灭。到了汉代，直道成为汉军北征的基地，也是民族交往的走廊。西汉时期发动的几次对匈奴大规模的军事行动，均是通过秦直道来完成的。汉武帝几次对北方地区的重要巡幸，也是经由秦直道来进行的。虽然东汉以后，随着中原王朝政治统治中心的东移，秦直道的功用有所削弱，但这条南北大道，在维系、沟通中原地区与北方边陲地区方面一直都发挥着十分重要的作用[1]。

（二）秦直道的考古发现与研究

1974年7月，内蒙古自治区考古工作者首先在伊克昭盟发现一段秦直道遗迹，从此揭开了秦直道考察的序幕。1975年，史念海对秦直道子午岭段作了实地考察，并研究和勾画了秦直道的大致走向[2]。1984年5月，靳之林、孙相武对秦直道作全程徒步考察，并刊布了考察情况[3]。1986年6月，陕西省交通史编写办公室秦直道实地考察组对陕西省界内的秦直道遗迹作了为期23天的实地考察，行程1300多公里[4]。1989年8—9月，内蒙古交通厅秦直道遗迹考察组对鄂尔多斯高原的秦直道遗迹，进行了为期13天的实地考察，取得了一定的成果[5]。此后，伊克昭盟文物工作站对鄂尔多斯界内的秦直道遗迹进行了全程科学调查。二十世纪九十年代，甘肃省考古工作者又对直道全线进行了专题调查，涉及陕西、甘肃、内蒙古三省区，对直道的具体走向和沿途遗迹状况作了详细记录[6]。2005年7月，在内蒙古自治区鄂尔多斯市东胜区召开的“中国秦直道与草原文化研讨会”，对秦直道的走向、修筑的历史背景及意义、今后调查及保护等问题进行了深入探讨[7]。2012年2月下旬，在内蒙古包头市召开的由中国秦汉史研究会、包头市九原区联合举办的“秦汉时期的九原”学术论坛会，亦对九原地区秦直道的相关问题进行了探讨[8]。

据文献分析，秦直道是从咸阳北边的云阳出发，经淳化县的林光宫，沿子午岭主脉北行，至定边县南，再由此折向东北，进入鄂尔多斯草原，过乌审旗，经东胜，过黄河，直达包头西南的九原郡治所，是从咸阳到九原最捷近的道路[9]。

秦直道的南、北起迄点分别位于陕西省淳化县北梁武帝村的秦林光宫和内蒙古自治区包头市南的麻池古城，对此学术界基本无异议。南、北起迄点的确定，为探索秦直道的走向确立了基点。通过近三十年的考古调查，大体确定秦直道南段主要在子午岭主脉上通过，北段大部分通行于鄂尔多斯高原上，基本上是南北“直通之”。由于子午岭北段无遗迹可寻或所发现的古道时代难定，目前尚存在很大争论。鄂尔多斯高原上的直道受风沙侵蚀严重，不少地段已无踪迹可寻。

史念海认为，秦直道“由陕西淳化县北梁武帝村秦林光宫遗址北行，至子午岭

1 中国社会科学院考古研究所：《中国考古学·秦汉卷》，中国社会科学出版社，2010年，第75页。

2 史念海：《秦始皇直道遗迹的探索》，《文物》1975年第10期。

3 孙相武：《秦直道调查记》，《文博》1988年第4期。

4 王开：《“秦直道”新探》，《西北史地》1987年第2期。

5 张洪川：《内蒙古自治区境内秦直道遗迹考察纪实》，《内蒙古公路交通史资料选辑》第14期，1991年；鲍桐：《鄂尔多斯秦直道遗迹的考察与研究》，《包头教育学院学报》1990年第1期。

6 甘肃省文物局：《秦直道考察》，兰州大学出版社，1996年，第5页。

7 王晓等：《鄂尔多斯要做“秦直道”与草原文化大文章》，《内蒙古日报》2005年8月1日。

8 中国秦汉史研究会等：《2012·中国“秦汉时期的九原”学术论坛专家论文集》，内蒙古出版集团，2012年。

9 《史记》卷八十八《蒙恬列传》，中华书局，1959年，第2566页。

上，循主脉北行，直到定边县南，再由此东北行，进入鄂尔多斯草原，过乌审旗北，经东胜县西南，在昭君坟附近渡过黄河，到达包头市西南秦九原郡治所”[1]。后来的调查者基本支持这一观点，但具体行经路线仍稍有差别[2]。但是，从南、北起迄点来看，上述线路在定边县南绕了一个大弯，并非南北“直通之”，因此，这一线路受到部分学者的质疑。内蒙古交通厅秦直道遗迹考察组认为，秦直道至沮源关（兴隆关）后，不是向西北行，而是折由古道岭东北，经富县槐树庄西侧北去。而出沮源关沿子午岭西侧北去的一条古道，即西北至定边的古道，靳之林则认为是宋代路线。秦直道出子午岭后，由安塞进入陕西靖边、横山、榆林三县，由榆林城西北的马合乡进入内蒙古鄂尔多斯草原区[3]。

张在明、王子今、焦南峰、秦剑明等人，在对直道作了进一步的调查与考证后认为，陕西界内的秦直道由淳化，经旬邑、黄陵、富县、甘泉、志丹、安塞、靖边至榆林，由神木县西北角的昌鸡兔进入内蒙古自治区的伊金霍洛旗。此线大体上呈南北走向，路基为堑山或夯筑，路面南段宽约10—20米，北部宽20—60米，靖边段局部最宽达160米[4]。

直道自陕西省神木县西北角的昌鸡兔进入内蒙古自治区伊金霍洛旗，大致行经台格苏木、红庆河乡和台吉召乡，在合同庙乡西北进入东胜市界内。经东胜漫赖乡二顷半村、海子湾村、柴登乡城梁村，经张家梁村北进入达拉特旗界内。在达拉特旗界内向北经青达门乡艾来五库沟东、豆家梁村东、林家塔村西，至高头窑乡吴四圪堵止。吴四圪堵以北是一片盐碱荒滩，难寻直道遗迹。直道大致在黄河南岸昭君坟附近过河，终止于秦九原郡治所在地，即今包头市西南麻池古城[5]。

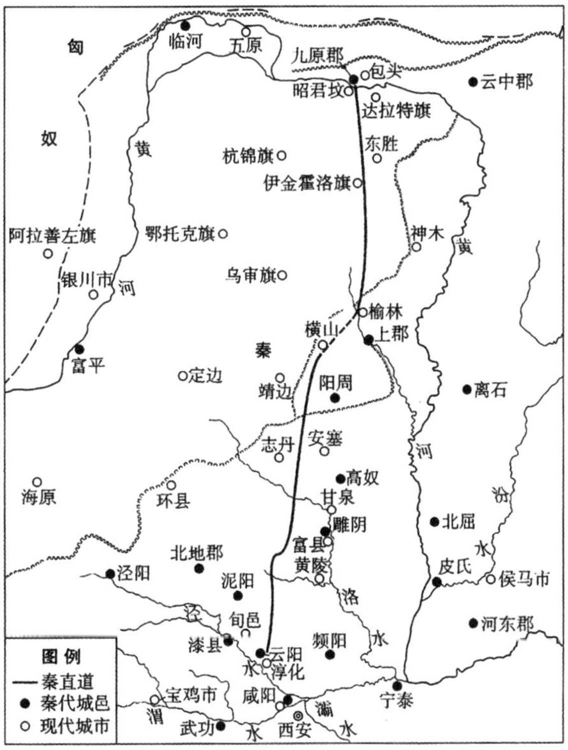

图7-1　秦直道走向示意图（引自《中国考古学·秦汉卷》，2010年）

根据近年来陕西、内蒙古两地的考古调查结果，秦直道除部分地段有小的弯曲外，其他地段基本上是南北直线走向（图7-1）。

1 史念海：《秦始皇直道遗迹的探索》，《文物》1975年第10期。

2 甘肃文物局：《秦直道考察》，兰州大学出版社，1996年；吴宏岐：《秦直道及其历史意义》，《陕西师范大学继续教育学报》2000年第1期。

3 卜昭文：《靳之林徒步考察秦直道记》，《瞭望周刊》1984年第43期。

4 见《中国文物地图集·陕西分册》直道所经地区的有关记录。

5 中国社会科学院考古研究所：《中国考古学·秦汉卷》，中国社会科学出版社，2010年，第72页。

（三）秦直道沿线的文化遗存

在秦直道途经路线上，目前已发现许多秦汉城址，其中包括南部起点林光宫遗址、北部终点九原郡址以及位于直道中部的城梁古城等。这些城址与秦直道均有密切的关系。

秦直道的南部起点秦林光宫，建于地势险要的甘泉山，通直道，汉代以秦林光宫为基础进行扩建，成甘泉宫。林光宫与甘泉宫是秦汉两代重要的离宫，每至盛夏，皇帝来此纳凉避暑并处理政务。甘泉宫遗址，位于淳化县铁王乡梁武帝村、董村和卜家乡城前头村一带。地处淳化圪塔山（古称甘泉山）南麓，西至卜家乡朱家村，东至武家山沟，东西宽约2公里，南北长约3公里，总面积约600万平方米。现存遗迹主要有城墙、大型建筑夯土台基和陶窑等。

城墙呈长方形，南城墙长1948米，西城墙长890米，北城墙长1950米，东城墙长880米，周长约5668米，与《括地志》“周十余里”的记载相近。在城墙的西南角和西北角墙外转角处，各有略呈圆形的夯土台基一处，顶端残径约7米，残高分别为2米和4米，当为角楼遗迹。在东北角小沟道断崖地表下3米深处，暴露有夯土和大量砖瓦残块，亦当为角楼建筑遗存。

城西、南、北墙皆有门，其中西门宽9.5米，南、北门宽度不详，东墙门尚未发现。在南墙有两个砖券小门洞。在南城墙东段南100米处有东西排列的两个夯土台基，相距约50米，高4米，底周长80—90米，两台形状大小略同，可能是门阙遗迹。

北城墙东段墙南，有两个圆锥形夯土台基，东西相距约70米。西台基高约15米，底周长约200米，顶周长约40米，底部东侧向外突出。东台基高约16米，底周长约220米，顶周长约30余米，根据史书记载和现在地面遗存分析，这两个台基可能是“通天台”遗迹。在西台基西南侧5米处，有一圆锥形小夯土台基，高6米，底周长约60米，内有大量烧渣和残砖瓦；其南侧西36米处，有一略呈长方形的夯土台基，高5米，底周长64米，台中部和底部夯土中出土有石块和铺地砖。这两个较小的台基，可能是“通天台”的附属建筑。“通天台”作于武帝元封二年（前109年），亦称“候神台”，又称“望仙台”，意欲候神明而望神仙。

在西大台基南240米处田埂上，发现东西走向的白灰面墙壁，残高0.5米，长4.25米。附近有东西对峙的白灰面墙壁两道，残高35厘米，距地表0.7米，东西两墙间距2.7米，在西墙下尚发现柱洞痕迹。这两道东西对峙的墙壁，可能是一处回廊式建筑遗迹。在回廊式建筑遗迹南10余米处，有方形棕色门枢石1块，边长1米，厚0.47米，石面中央有一直径8厘米、深6厘米的圆窝，圆窝两侧各有一个浅长槽。梁武帝村村民于1977年平整土地时在村东又发现3块方石，4石东西一字排开，两两间距约30米。由此向北约10米，另有一排方石，亦是4块，现已打碎散失。

在梁武帝村、城前头村先后发现陶窑遗址10余处，大部分被毁坏，现存2处：一处在城前头村东北的田埂中，尚未清理；另一处在城墙西南角向东约150米的南城墙下，窑室内存有绳纹板瓦、筒瓦等残片和“长生未央”瓦当残件。

在遗址中心区梁武帝村、城前头村和董村以及遗址外的英烈山、营坊坡、萍家山、焦家山、辛店村、大店村等地，都发现有圆形、方形和五角形陶水管道。

在遗址内发现有大量建筑材料，主要的陶质建筑材料有铺地砖、空心砖、条砖、子母砖、画像砖、板瓦、筒瓦、带字和图案瓦当（图7-2）以及半瓦当等。其他遗物有铜熨斗、戳印、弩机、矢镞、构件及铁铲、铁镢、铁夯头等。陶质建筑材料中不少戳记上有

1. 甘林瓦当　2. 蟾蜍与玉兔饰图案瓦当　3. 螳螂饰图案瓦当

图 7-2　甘泉宫遗址出土瓦当

"甘居"、"北司"、"本"、"生"、"嘉"、"左"、"成"、"仓"等印文[1]。

秦直道的北部终点为秦始皇三十五年（前212年）在此设置的九原郡，汉武帝元朔二年（前127年）改九原郡为五原郡，郡治未改，为现在考古发现的麻池古城一带。故城有南、北两城，近方形。从记载和城内的遗物看，北城即战国及秦代的九原城，南城是汉五原郡五原县城[2]。

由昭君坟至红庆河，南北长近一百公里的道路旁，目前已发现四座古城遗址，它们都在由伊金霍洛旗红庆河镇至包头市郊麻池镇南北直线上。位于伊克昭盟东胜市西31公里处的城梁古城（图7-3），方形，有大小两城，大城边长480米，位于丘陵的顶部，海拔1553米，是附近地区的制高点。城内有秦汉时期的砖、瓦、瓦当、陶排水管等建筑构件和陶质器皿的残片等，还发现有陶窑等遗迹。早年曾出土过大量成捆的箭杆等遗物（杆身已朽，只存铜镞），具有军事要塞的性质。城梁古城往西约100多米处，即有一处"古路豁子"的直道豁口，宽约50米，两侧成缓坡状，中间的路面已被垦植。由此向北有连续

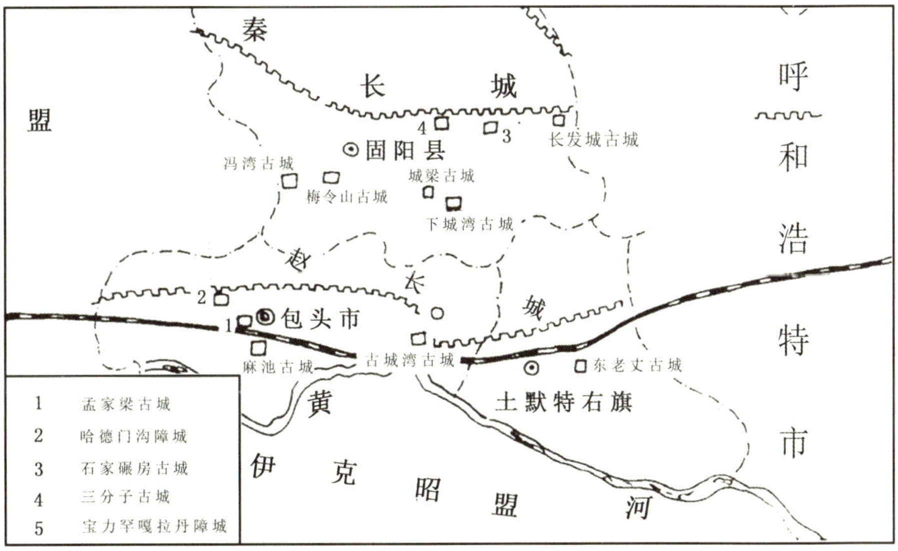

图 7-3　城梁古城位置示意图（引自《包头境内的战国秦汉长城与古城》，《内蒙古文物考古》2000 年第 1 期）

1 郑红春等：《汉甘泉宫遗址调查》，《人文杂志》1980年第2期。

2 包头市文物管理处、达茂旗文物管理所：《包头境内的战国秦汉长城与古城》，《内蒙古文物考古》2000年第1期。

三个宽窄一致、间距不等的豁口，相联成串；向南有两个豁口。在前后约5公里之内，连续六个方向相同、宽窄一致、间距不等的豁口，贯穿一气，应是“堑山堙谷”的遗存[1]。

在红庆河镇政府北发现一座汉代古城遗址，目前还残留一段夯层清晰的土墙，高矮不一，低矮处只0.3—0.4米，稍高处约1—1.5米。这里曾出土很多铜箭镞，应为古代一处重要的军事重镇和交通要道。

陕西省子长县直道支线东侧约2公里发现有阳周故城。平面呈长方形，东西约1500米，南北约1000米。城墙夯筑，残高1—4米，夯层厚7—9厘米。城内出土有秦代陶器及铜车马饰、铜镞等。据《史记·蒙恬列传》载，蒙恬曾在此驻兵，后被囚于此。

另外，在直道沿线还发现了大量的烽燧、障城、关隘及兵站等遗迹，比如淳化圪瘩山主峰就发现了大量的秦代兵器、甘肃正宁县调令关大古梁山上也是首次发现了大型兵站遗址。

秦行宫遗址在直道两侧也有发现。比如陕西志丹县永宁乡任窑子村秦直道左侧，有一大型夯筑土台基，夯层厚7—15厘米。地表遗物十分丰富，有大量的云纹瓦当、板瓦、筒瓦、铺地方砖、回纹砖以及陶水管、水管弯头、柱础石和陶井圈。陕西省安塞县化子坪乡红花院的直道东侧10米处发现一处大型夯土台基。台基以坚实细密的夯土构成，夯土层厚10—30厘米，圆形夯窝，直径6厘米，夯台最高处可达10米。在遗址地表分布着大量的秦代筒瓦、板瓦、瓦当残片、回纹铺地方砖、几何纹条砖、空心砖、圆形陶水管等建筑构件和大量带有陶文的器物残片[2]。

直道沿线还出土了大量的遗物，有战国时期的触角式短剑、虎羊头带钩、车马饰及秦半两铜钱、铜镞、秦始皇二十六年统一度量衡的铜诏版等，此外还有秦汉时期的粗绳纹陶板瓦、筒瓦、云纹瓦当等。

（四）秦直道的修建技术

秦直道的修筑是我国古代劳动人民的智慧结晶，反映了中国古代在大地测绘、建筑规划、工程组织、劳动管理和行政效率等方面突出的历史性进步。主要表现在利用了地形特点，做到了因地制宜、因形就势，不同地段使用不同的修筑方法，这一点同秦长城的修筑有共同之处。路基垫土多为就地取材，将开凿豁口所得红黏土及砂岩的混合物移至丘脊两侧的低凹处，或将坡脊上端的堆积移至下端逐层填实。部分连续低凹地段，由于开凿丘脊所得土方无法满足路基土方的需求，便从附近的河床内运来沙石填垫路基。路基十分坚硬，层层填垫的痕迹在断面上仍清晰可辨[3]。

二、长城

（一）秦汉长城的文献记载

秦汉时期，为了防御匈奴为主的游牧民族入侵，秦始皇和汉武帝把战国时期留存下来的部分长城进行了衔接利用，一部分废弃，同时，大量修筑了新的长城。除此之外，见

1 郑红春等：《汉甘泉宫遗址调查》，《人文杂志》1980年第2期；包头市文物管理处、达茂旗文物管理所：《包头境内的战国秦汉长城与古城》，《内蒙古文物考古》2000年第1期；中国社会科学院考古研究所：《中国考古学·秦汉卷》，中国社会科学出版社，2010年，第73页。

2 姬乃军：《陕北发现秦直道行宫遗址》，《中国文物报》1989年7月14日；杨宏明、谢妮娅：《安塞发现秦行宫遗址》，《中国文物报》1991年10月27日。

3 中国社会科学院考古研究所：《中国考古学·秦汉卷》，中国社会科学出版社，2010年，第74页。

于记载的还有西汉宣帝在甘肃武威、东汉光武帝在山西河北以北的代郡、中山筑亭障起烽燧，但规模都较小。

秦长城是在秦始皇统一六国以后五年（前215年），即派蒙恬将三十万之众，北逐戎狄，修筑了西起临洮东至辽东的长城[1]，从文献看，主要是利用战国时期的秦国、赵国、燕国长城并加以连接，个别地段是当时新建。从秦始皇三十三年至三十七年（前214年—前210年），为了巩固新的占领地区，从今甘肃兰州的榆中县一带开始修建长城，以便与由洮水而来的长城相连[2]。

汉时的长城主要是沿用内蒙古界内至辽宁省辽河以西的秦长城而加以修缮，个别地段则直接修缮战国长城，比如燕国长城东段（《史记·朝鲜列传》：秦灭燕，属辽东外徼；复修辽东故塞，至浿水为界），这些都可继续为汉王朝使用。除了修缮前期所有长城外，在长城沿线增设复线，新建边城、障城、烽台等，派官设署，驻守屯田。其中最著名的就是汉武帝时修筑的所谓“外城”。从武帝元朔二年至太初四年（前127年—前101年），在对匈奴进行军事打击的同时，曾4次修筑长城。元朔二年，卫青修复蒙恬于阴山所筑长城，在沿线增筑障塞[3]。元狩二年（前121年），霍去病降浑邪王，河西全为汉朝所据。元鼎六年（前111年），为巩固河西走廊，汉武帝修筑了由令居（今甘肃永登县）至酒泉的长城[4]。元鼎六年至元封元年（前110年），赵破奴击姑师，虏楼兰王，又修筑了由酒泉至玉门关的长城[5]。太初元年至四年（前104年—前101年），李广利伐大宛，西域震惧，多遣使来贡，修筑了由玉门关至新疆罗布泊的长城[6]，“太初三年，汉使光禄徐自为出五原数百里，远者千余里，筑城障列亭至庐朐”[7]。世称“光禄塞”、“武帝外城”。

（二）秦汉长城的考古调查

秦汉长城的调查始于二十世纪初期，当时调查的对象主要是新疆、甘肃及内蒙古西部地区的汉代长城、烽燧、城障等。二十世纪七十年代之后，长城沿线各省、市、自治区相继对不同时期的长城进行了调查。

1. 秦代长城

调查与研究表明，秦代长城在中国境内主要经过现在的甘肃、宁夏、内蒙古、河北、辽宁等地，其东段进入现今朝鲜境内（图7-4）[8]。

目前的考古调查资料显示，秦代长城遗迹有：秦初利用的秦昭襄王长城西起甘肃临洮三十里墩的洮河边上，东经“长城岭”，沿川子、尧甸，进入渭源县境，经庆平、七圣，过渭源县城北，进入陇西县之德兴、福星，过“长城梁”至云田、渭阳、和平，然后进入通渭县境之榜罗，经文树、第三铺、北城、寺子，从董家沟进入静宁县境之田堡（图7-5）[9]，由陆家湾折而向北，经红寺、雷爷山、高界、原安，从李堡进入宁夏西吉之王

1 《史记》卷八十八《蒙恬列传》，中华书局，1959年，第2566页。
2 《史记》卷六《秦始皇本纪》，中华书局，1959年，第253页。
3 《史记》卷一百十《匈奴列传》，中华书局，1959年，第2886页。
4 《汉书》卷六十一《张骞传》，中华书局，1962年，第2687页。
5 《史记》卷一百二十三《大宛列传》，中华书局，1959年，第3157页。
6 《汉书》卷九十六上《西域传》，中华书局，1962年，第3995页。
7 《史记》卷一百十《匈奴列传》，中华书局，1959年，第2885页。
8 中国社会科学院考古研究所：《中国考古学·秦汉卷》，中国社会科学出版社，2010年，第299页。
9 定西文化局长城考察组：《定西地区战国秦长城遗迹考察记》，《文物》1987年第7期。

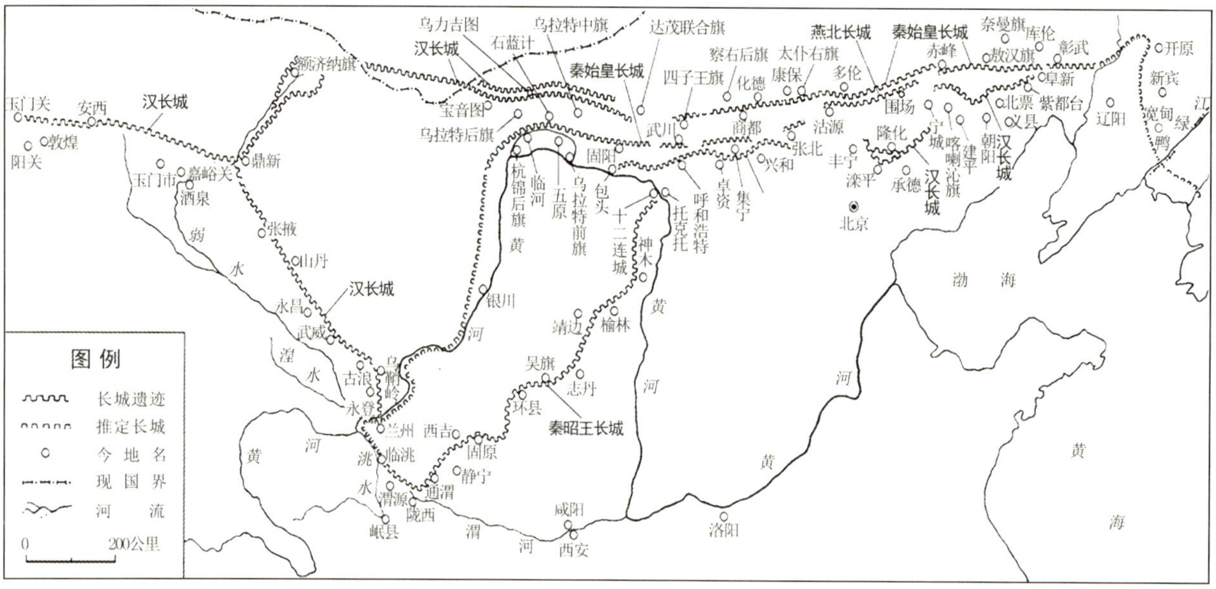

图 7-4 秦汉长城遗迹分布图（引自《中国考古学·秦汉卷》，2010 年）

民[1]。再由将台、红花穿滴滴沟，经吴庄、郭庄至海堡。从海堡分内外两道长城：一道从海堡向北绕乔室，过清水河至沙窝；另一道从海堡向东南，过清水河至沙窝。两道在沙窝合并后，进入固原县东山，经河川、城阳、长城塬至草滩、麻花坬，进入甘肃镇原县之城墙湾[2]，经甘川、寺坪、安家河，至三岔之周家店入环县。自演武、何坪绕环县县城北，至长城塬、刘阳湾而入华池县，从艾蒿掌、吊墩岭至梨树掌，进入陕西省吴旗县界[3]。从庙沟乡至长官庙、三道川，过洛河至石柏湾、薛岔，进入志丹县之黄草坬，转而向北，经李家畔再入吴旗县界，从小元始进入靖边县[4]（图7-6）。秦长城从靖边进入榆林，在榆林界内明长城之西北侧尚有遗迹，从红石桥乡井界村至巴拉素镇乔家茆，长约12.5公里[5]。这道长城在秦始皇统一六国后仍沿用，属秦长城之西段[6]。

秦始皇三十三年（前214年）兴建的西起临洮的长城，由于以前很少发现长城遗迹，或以为本有黄河流贯其中，足以为塞而未筑长城（图7-7）[7]，或以为已陷流沙之中[8]。著名古建筑学家罗哲文曾在二十世纪七十年代末对秦长城进行了调查，并绘制了秦长城走向示意图（图7-8）[9]。在围场大兴永东台子、小锥山、赤峰三眼井、蜘蛛山、敖汉旗老虎山、奈曼旗沙巴营子等地都曾发现秦代的城址及带有秦始皇诏书的铁权或陶量[10]。内

1 陈守实：《甘肃境内秦长城遗迹调查及考证》，《西北史地》1984年第2期。

2 宁夏回族自治区博物馆、固原县文物工作站：《宁夏境内战国、秦、汉长城遗迹》，《中国长城遗迹调查报告集》，文物出版社，1981年，第45页。

3 李红雄：《甘肃庆阳地区境内长城调查与探索》，《考古与文物》1990年第6期。

4 延安地区文化普查队：《延安地区战国秦汉长城考察简报》，《考古与文物》1990年第6期。

5 戴尚志、刘合心：《榆林市境内新发现一段秦汉长城遗址》，《文博》1993年第2期。

6 徐苹芳：《考古学上所见的秦汉遗迹》，《探古求原——考古杂志社成立十周年纪念学术文集》，科学出版社，2007年，第163页。

7 张维华：《中国长城建置考》（上编），中华书局，1979年，第132页。

8 史念海：《黄河中游战国及秦时诸长城遗迹的探索》，《中国长城遗迹调查报告集》，文物出版社，1981年。

9 罗哲文：《长城》，见郁进编《长城》，文物出版社，1980年。

10 黄展岳：《新中国的考古发现和研究》，文物出版社，1984年，第402页。

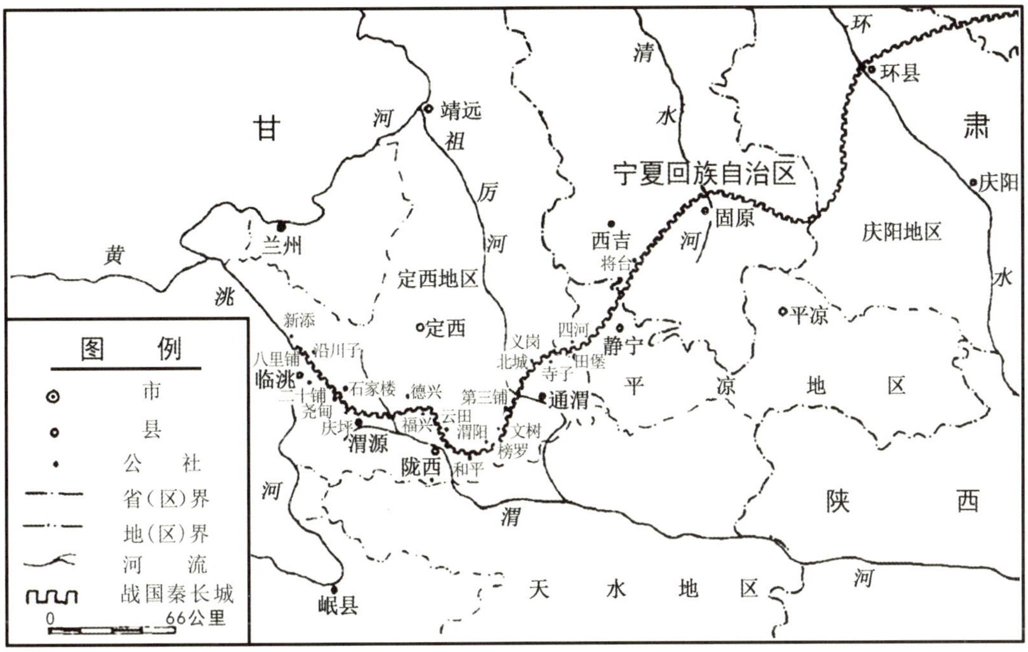

图 7-5 秦代初利用的秦昭襄王时长城走向示意图（引自《定西地区战国秦长城遗迹考察记》，《文物》1987 年第 7 期）

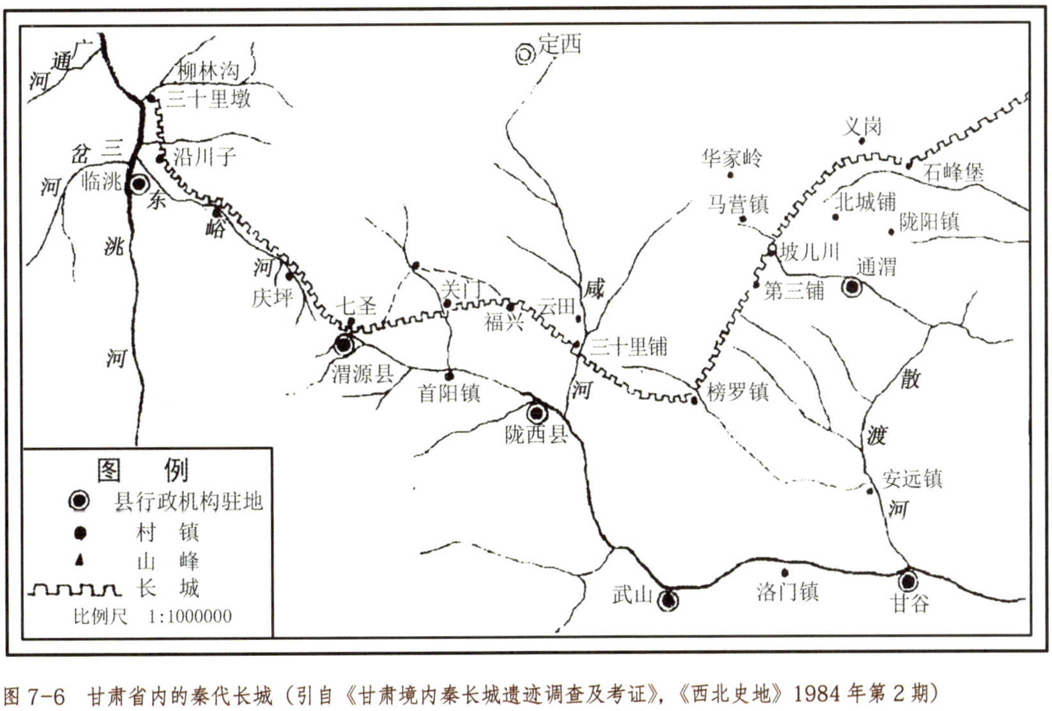

图 7-6 甘肃省内的秦代长城（引自《甘肃境内秦长城遗迹调查及考证》，《西北史地》1984 年第 2 期）

蒙古界内的长城东西约1400公里，其中秦代兴筑的长城长约600公里。墙体大多用石块垒砌，保存较好的地段，墙身两壁陡直，基宽4—5米、高达6米。沿线分布有障址，所见烽燧址为汉代沿用时所加筑。

从考古材料看，目前尚不清楚阜新以东的秦长城走向，有人认为秦代沿用了燕国的赤北长城，其走向是由阜新东行，经过彰武、新民、法库、开原与铁岭一带，越过辽河

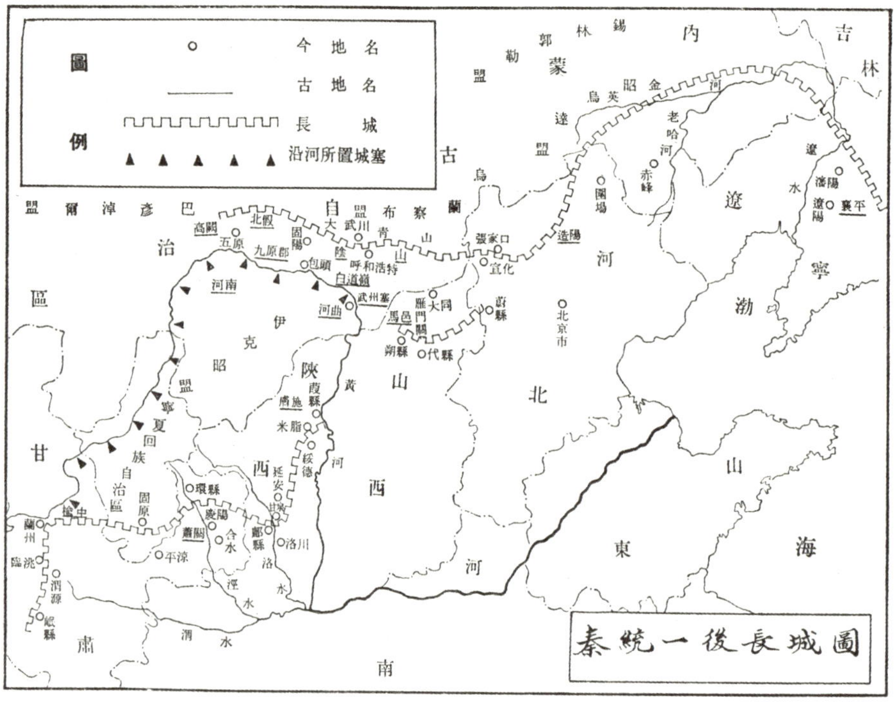

图 7-7 张维华考证绘制秦统一后长城图 [引自《中国长城建置考》(上编)，1979 年]

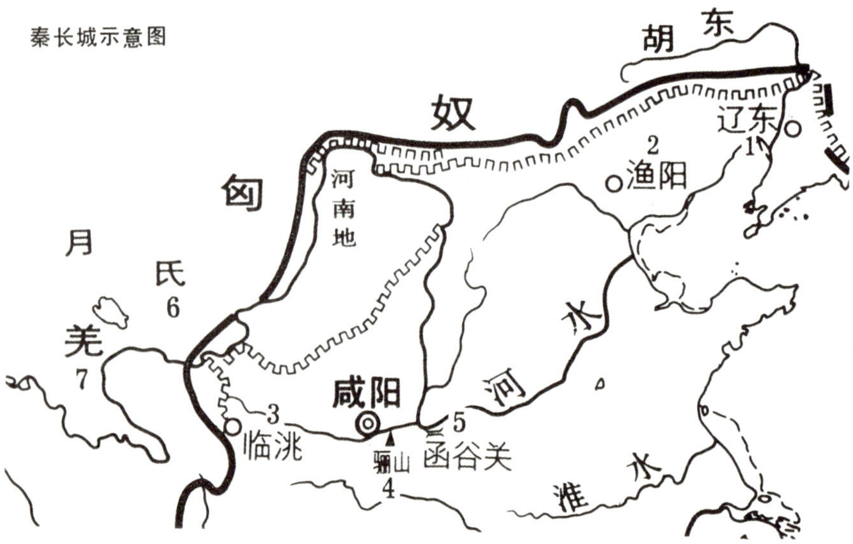

图 7-8 罗哲文绘制秦长城走向示意图（引自《长城》，1980 年）

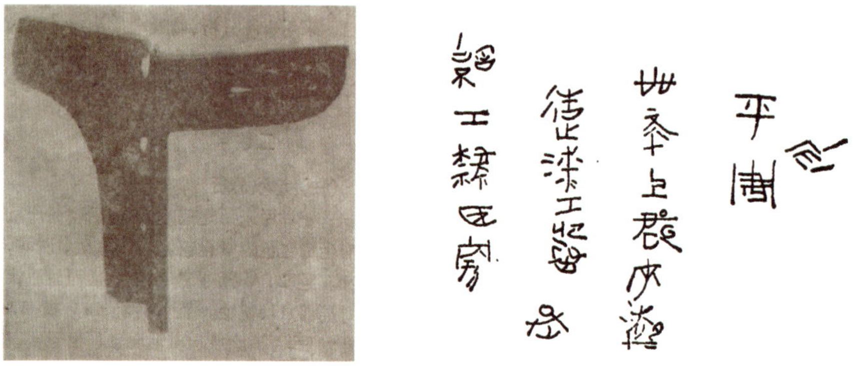

图 7-9 辽阳出土秦戈及铭文

继续东进，经清原、新宾、桓仁、宽甸，过鸭绿江直到朝鲜境内[1]。1981年，在浑河北岸沈阳—抚顺地区发现了二十多座汉代烽燧，虽无城垣，但烽燧逶迤约35公里，它们与其他汉代长城烽燧相近，且与河北、内蒙古昭乌达盟、辽西几道长城列燧东西连接，因此，调查者推测，燕、秦、汉三代长城在辽东不只一道，而是几道，并对秦汉长城经开原之说提出了疑义[2]。1985年，辽阳老城东郊沙陀子村出土秦昭王四十年上郡戈（图7-9）[3]，1975年，辽宁宽甸曾发现一个秦代窖藏，秦二世元年戈即出土于此[4]，或可证明这一地区为秦代北部疆域和边防要塞。1984年，在朝鲜境内大宁江东岸发现了长达120公里的长城[5]，可能是燕北长城或秦长城最东的地段[6]。

秦代长城可分为三段，即西段、北段和东段，各自的构筑特点也不相同。

西段由甘肃临洮经榆中（今兰州），沿黄河到九原。其构筑特点为：甘肃界内一般以黄土板筑而成，沿线障城多设在河谷台地上。

北段由包头以西的九原，北依阴山，经固阳北部顺大青山西麓东去，到内蒙古兴和县界内。构筑特点为：因敌情、地形和任务等不同，各地段的构筑情况不尽相同。在骑兵便于机动进攻的主要地段，墙体一般较厚、较高，顶部较宽，便于守军在墙体上机动作战，并筑有较多密的敌台。在山地或有天然屏障的地方则反之，墙体仅起障碍和屏蔽作用。凡高原、草地、山坡等平坦地形，易于取土的地方，一律采取夯土版筑。凡高山峻岭、无法取土的地方，一律采取石块砌筑。在两山夹峙的山口，则采用土石混筑。

东段自内蒙古化德县往东经河北康保县南，内蒙古赤峰市北到辽宁阜新市北。这段长城或沿用战国燕长城，或新筑。其构筑特点有三：一是石筑，墙体呈梯形，宽度一般在2—3米，最宽处不过4米；二是土筑，墙体遗迹宽约5—6米，有的地段土、石并用，即山上用石筑，山下用土筑；三是利用天然屏障，不筑墙[7]。

2. 汉代长城

西汉时主要是沿用内蒙古界内至辽河以西的秦长城而加以修缮利用。直到汉武帝时期才在燕、秦长城南面另筑长城，使东部防线稍向南移。据郑绍宗先生调查，这一时期原属右北平郡的长城，西端自河北承德，经隆化进入内蒙古宁城县，东北行经喀喇沁旗，再伸入辽宁建平县界内，长约120公里。现在河北承德、隆化、滦平、丰宁都发现了汉代烽燧[8]。这一地区的汉代城址，如宁城外罗城古城、奈曼沙巴营子古城、新宾永陵镇古城、丹东叆河上尖村古城等[9]，应是西汉“复修辽东故塞，至浿水为界”时的遗存[10]。《史记·朝鲜列传》所言浿水，应为古百济国北部的清川江。张维华先生通过大量文献资料考证了汉代边防所设置的边塞，并根据边塞的布局绘制了汉长城的大致

---

1 冯永谦：《北方史地研究》，中州古籍出版社，1994年，第15页。

2 孙守道：《汉代辽东长城列燧遗迹考——兼论辽东郡三部都尉治及若干近塞县的定点问题》，《辽宁省文物学刊》1992年第2期。

3 邹宝库：《释辽阳出土的一件秦戈铭文》，《考古》1992年第8期。

4 许玉林、王连春：《辽宁宽甸县发现秦石邑戈》，《考古与文物》1983年第3期。

5 [朝]孙永钟撰，顾宇宁译：《关于大宁江畔的古长城》，《博物馆研究》1990年第1期。

6 中国社会科学院考古研究所：《中国考古学·秦汉卷》，中国社会科学出版社，2010年，第301—302页。

7 中国社会科学院考古研究所：《中国考古学·秦汉卷》，中国社会科学出版社，2010年，第302页。

8 郑绍宗：《河北省战国、秦、汉时期古长城主城障遗址》，《中国长城遗迹调查报告集》，文物出版社，1981年，第36页。

9 冯永谦：《北方史地研究》，中州古籍出版社，1994年，第16页。

10 黄展岳：《新中国的考古发现和研究》，文物出版社，1984年，第402页。

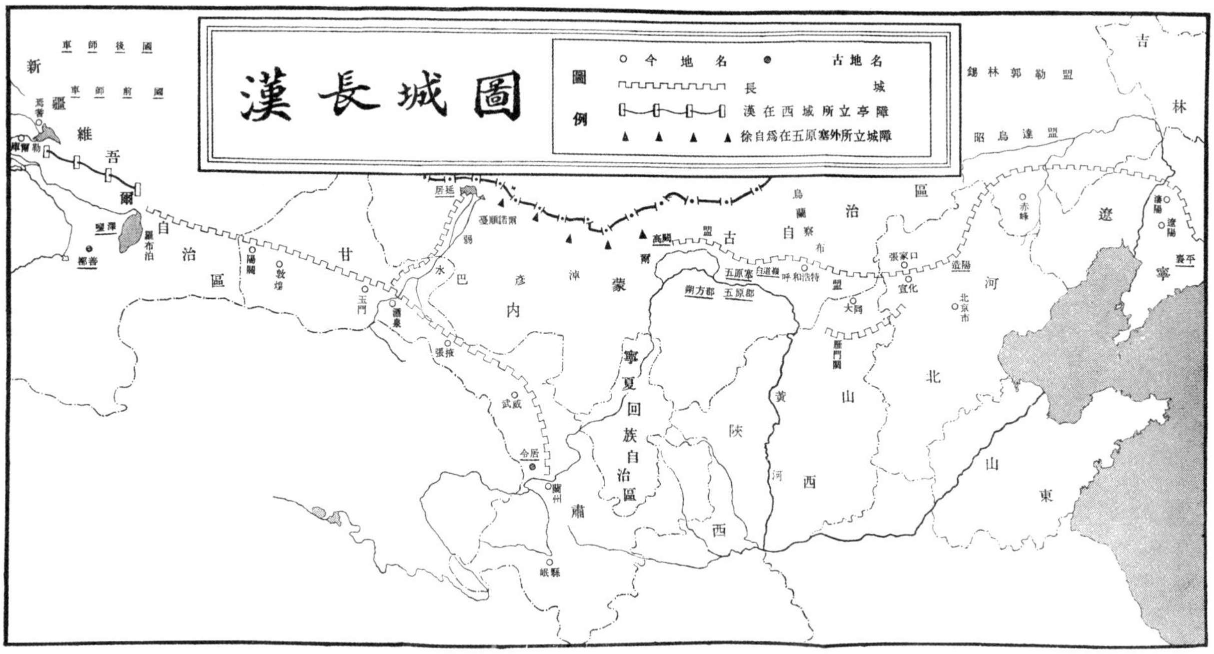

图 7-10　张维华绘制汉长城图 [引自《中国长城建置考》(上编)，1979 年]

走向(图7-10)[1]。

作为中部防线的长城，现存两道，称北线和南线。大部分为土筑墙体，基宽3—5米，残高0.5—3米，南北相距5—50公里。北线，东南端起点在武川县后石背图村山顶，向西北横贯阴山北面的草原地带，经达尔茂明安联合旗、乌拉特中旗，至乌特拉后旗西北部伸入蒙古国境内，全长约527公里；沿线有障城和少量烽燧遗址。南线，东南端起点在武川县陶勒盖村北山顶，向西经固阳县，至乌特拉后旗西北部伸入蒙古国境内，再西行与居延塞相接，全长约482公里；沿线现存障城10座，在乌特拉后旗界内有少量烽燧址[2]。

在居延海以西修筑的西部长城防线有两段，一是在居延海附近新筑的张掖郡北面的外长城，主线自额济纳河东北部向西行，至居延海西南方向时，与自居延海东南向西南方向延伸的支线汇合，沿弱水(额济纳河)向西南延伸，进入甘肃金塔县界内，全长约250公里。其中只在中间地段有墙体和烽燧，长约100公里，其余地段均为烽燧。二是修筑的由令居至玉门关的长城，东起今甘肃永登县，西至敦煌榆树泉以西，北经金塔、金关沿黑河进入今内蒙古的额济纳旗与居延塞相接。再向西则经金塔县至嘉峪关市，沿疏勒河两岸，抵安西，在敦煌市分南、北两道，北道经玉门关，南道经阳关，在玉门都尉大煎都候官修障汇合，然后向西至今哈拉齐，再转西北，越过三陇沙，进入西域都护辖区。这条防线主要目的是为了阻遏匈奴南下，维护中原通往西域的驿道安全。由于它全部从河西走廊地区通过，因此又被称为河西汉塞[3]。1992年4月至1995年11月，甘肃省文物部门组织考察队对疏勒河流域汉长城遗迹和烽燧建筑进行了全程考察，在敦煌界内断断续续发现了长约200多公里的长城遗迹(图7-11)。在安西县界内安西

1　张维华：《中国长城建置考》(上编)，中华书局，1979年，第132页。

2　中国社会科学院考古研究所：《中国考古学·秦汉卷》，中国社会科学出版社，2010年，第303页。

3　吴礽骧：《河西汉塞调查与研究》，文物出版社，2005年。

图 7-11　疏勒河流域敦煌市界内汉长城分布图（引自《疏勒河流域汉代长城考察报告》，2001 年）

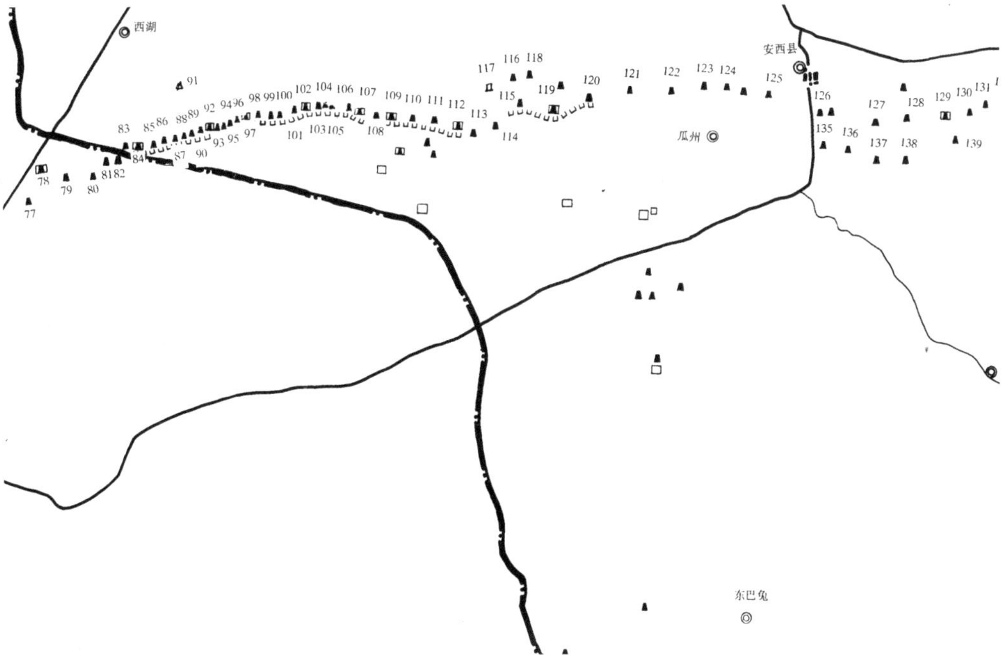

图 7-12　疏勒河流域安西县界内汉长城分布图（引自《疏勒河流域汉代长城考察报告》，2001 年）

县以西发现有百余里长的长城遗迹（图7-12）[1]。

总之，汉代对战国秦修筑的长城曾多次大规模加以修缮或补充，长城长度超

1　岳邦湖、钟圣祖：《疏勒河流域汉代长城考察报告》，文物出版社，2001年；王辉：《20世纪甘肃考古的回顾与展望》，《考古》2003年第6期。

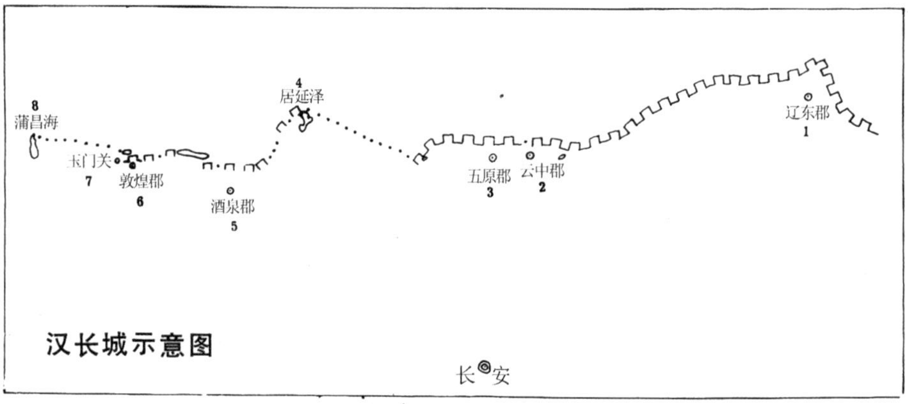

图 7-13 罗哲文绘制汉长城走向示意图（引自《长城》，1980 年）

过了一万公里，并且其亭障等防御设施往西一直延伸到盐泽（今新疆罗布泊）以西（图7-13）[1]。

三、烽燧

汉代的长城沿线普遍设有烽燧，它们在战争中起到调动部队、指示攻击目标的作用。燧在汉简中或称亭、隧、亭隧、亭障。汉代亭燧的上部结构为望楼，望楼四周的女墙，墙顶平砌，无雉堞或瞭望孔等设施。望楼一面开门，敞露无屋顶，部分烽燧上有半露的遮阳草篷，值勤戍卒可坐于篷内。

根据汉代烽火制度，信号有昼、夜之分，昼有烽、表、积薪、亭上烽；夜有苣火、积薪、离合苣火。烽、表是以赤缯制作的不燃的旗帜。以烽竿、鹿卢、烽索等构成，烽在坞内的“亭户前地”上升举，表在坞墙上升举。如遇紧急情况，即举“亭上烽”，亦即在烽燧望楼上燃放以芦苇、芨芨草等捆扎的“苣”。因此，在保存较好的烽燧望楼上，曾发现有苇苣和置于女墙上插苇苣的木椽。根据汉简《守御器簿》的记载，望楼内还应有存放火种的“垄灶”，但现已不见遗迹。夜间施放的苣火和紧急情况下施放的“离合苣火”，则是在坞顶的女墙后燃放苇苣。昼、夜兼有的“积薪”，是以芦苇、红柳枝、芨芨草等分层纵横交叉叠压的长方形或圆形柴堆，中插红柳棍，外涂泥皮或覆盖沙砾，以避风雨侵蚀[2]。

有关秦代的烽燧遗址到目前依然没有确定或考古发掘，据王子今先生考证，从秦国调兵所用虎符铭文中，可以看到“燔燧”字样。如杜虎符铭文：“兵甲之符，右在君，左在杜。凡用兵兴士被甲五十人以上，必会君符，乃敢行之。燔燧之事，虽毋会符，行殹。”又如新虎符铭文：“甲兵之符，右在君，左在新郪。凡用兵兴士被甲五十人以上，必会君符，乃敢行之。燔燧之事，虽毋会符，行殹。”据陈直先生考证，这两件“秦兵甲之符”“当为始皇八年以前之物”。可见秦以“燔燧”传递军事情报的制度早已成熟。考古工作者沿秦直道或于秦直道左近地方发现了密集的烽燧遗址。这些遗址构成了体系完备的传送军事情报和战争信息的通信设施。这种通信建设大体也属于秦直道交通系

1 罗哲文：《长城》，见郁进编《长城》，文物出版社，1980年。

2 吴礽骧：《汉代烽火制度探索》，《汉简研究文集》，甘肃人民出版社，1984年；中国社会科学院考古研究所：《中国考古学·秦汉卷》，中国社会科学出版社，2010年，第306页。

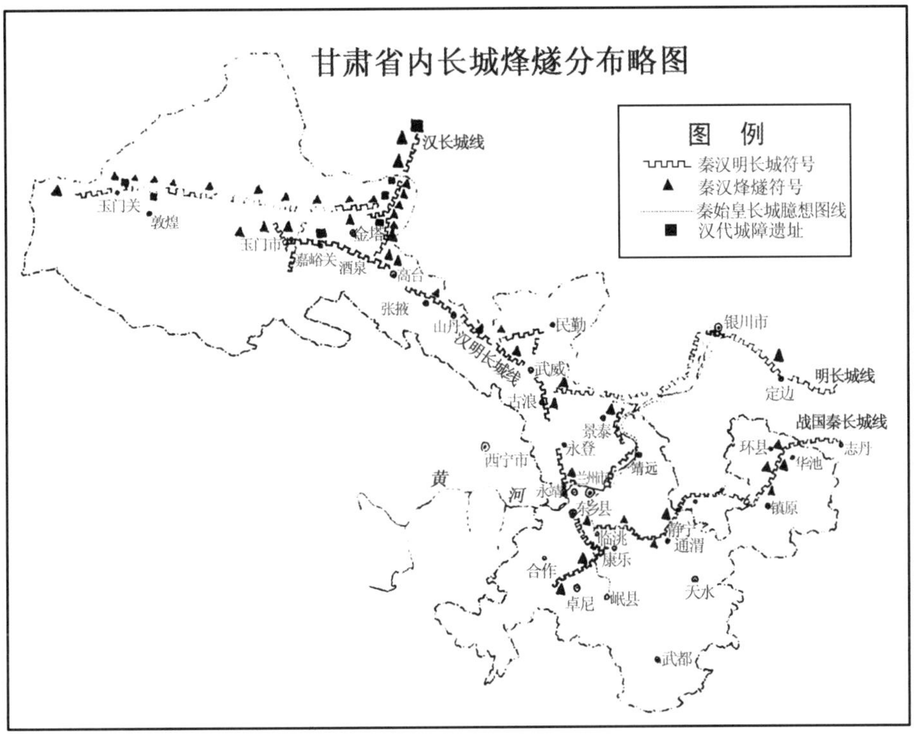

图 7-14 甘肃省内烽燧分布图（引自《甘肃境内的长城与烽燧分布》，《丝绸之路》1996 年第 5 期）

统，可以在北部边疆和最高指挥中心之间迅速传递情报信息[1]。

据《中国文物地图集·陕西分册》记录，秦直道沿线的旬邑石门关遗址、两女寨遗址、黑麻湾烽燧遗址、雕灵关遗址、转角烽燧遗址、土窑烽燧遗址、黄陵艾篙店烽燧遗址、五里墩烽燧遗址、五里墩东烽燧遗址、五里墩西烽燧遗址、老芦堡烽燧遗址、桂花烽燧遗址、兴隆关烽燧遗址、富县寨子山烽燧遗址、五里铺烽燧遗址、志丹白杨树湾烽燧遗址、白草湾烽燧遗址、柠条湾烽燧遗址、杨崖根烽燧遗址、安塞堡山烽燧遗址、东里畔烽燧遗址、贺庄烽燧遗址、阳山梁烽燧遗址、高山筛烽燧遗址、新庄烽燧遗址、宋家圾烽燧遗址等都保留有显著的秦汉时期痕迹，不排除部分烽燧遗址是秦代所建[2]。

在内蒙古和甘肃等地调查或发掘了一批重要的汉代烽燧遗址（图7-14），如敦煌的小方盘城、乌兰布和哈隆格乃山口的鸡鹿塞、潮格旗的朝鲁库伦石城、乌拉特前旗的增龙昌、固阳的二元成古城、敦煌马圈湾烽燧遗址（图7-15）[3]、额济纳旗的甲渠侯官遗址和甲渠第四烽燧遗址、肩水金关及“地湾城”遗址。上述遗址发掘及出土的汉简等文物，为认识汉代烽燧建筑的形制提供了考古资料。

东北的汉代烽燧遗址近来调查和发掘的较多，主要集中在河北省内。

承德位于河北北部燕山腹地，其南为山地，北面是内蒙古高原，南缘兼跨坝上坝下地带。这里自古就是中原与北方草原游牧民族往来交汇区域，亦是我国北方历代修筑长城和烽燧较为集中的地区。承德界内的烽燧遗址主要分布于丰宁、滦平、隆化、承德四县，以相当于县、都尉治所形成的城址为中心，辅以亭、障设施，与沿河川修筑的多路烽燧相联缀，仅少数地段筑有长城墙体，长城墙体与多路烽燧结合，形成了一套完整的军

1 王子今：《试说秦烽燧——以直道军事通信系统为中心》，《文博》2004年第2期。

2 国家文物局：《中国文物地图集·陕西分册》，西安地图出版社，1998年。

3 岳邦湖、钟圣祖：《疏勒河流域汉代长城考察报告》，文物出版社，2001年。

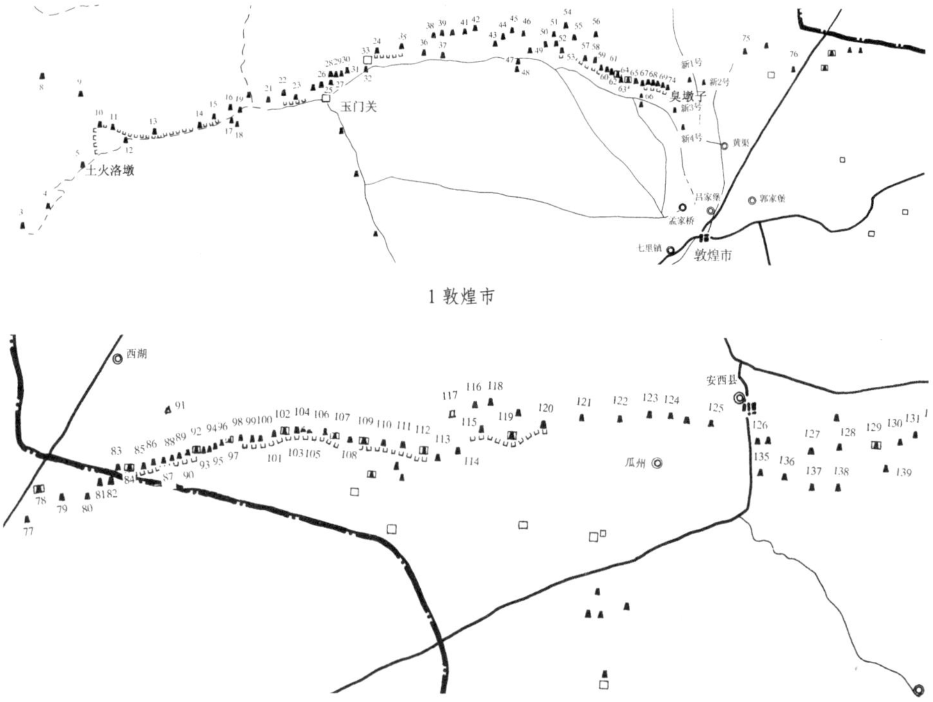

1 敦煌市

2 安西县

图7-15　甘肃省敦煌市、安西县界内烽燧遗址分布图（引自《疏勒河流域汉代长城考察报告》，2001年）

事防御体系（图7-16）[1]。

丰宁满族自治县界内的烽燧走向基本上是由坝上高原区到坝下的过渡地带（接坝丘陵地区）分数路向南延伸，烽燧大都沿河川分布。主要路线有三条：西为潮河流域（亦名鲍丘水、大榆河、潮里河），东为牤牛河流域（亦名大要水、锡拉塔拉河、兴洲河），三为丰宁县烽燧的北部边缘处沿东西向跨越山岭，与两条河川互为联系而构筑的北线烽燧。

滦平县界内的烽燧呈东西走向，基本构成“两横五纵”网络。“两横”是指由西南向东北走向的长城墙体和由西向东沿潮河支流、牤牛河、兴洲河、滦河流域分布的烽燧；“五纵”是一自平坊经巴克什营至密云，二由北李营乡石洞沟脑至滦平镇，三从丰宁、滦平两县交界处至大屯，四为伊逊梁至张百湾镇，五由滦平、隆化两县交界处至西地乡白庙村。

隆化县界内的烽燧自郭家屯镇头道洼南烽燧起，沿滦河上游南兆营川由西向东分布，间隔多在1—3公里，延续25公里，从西至东有头道洼南、头道洼东、北台子、黄家窝铺、八达罕沟、北兆营、盆窑、西窝铺、下窝铺9座烽燧。下窝铺烽燧与郭家屯西烽燧相接，后又分为三路：第一路从郭家屯镇向南进入大北沟川，经瓦房村，越大北梁进入丰宁县境，此段约8公里，有郭家屯南、瓦房村、大北梁3座烽燧。第二路由郭家屯西烽燧向北跨滦河，到西屯烽燧。西屯烽燧处于滦河与小滦河交汇之处，西屯村东北过小滦河有二道营汉代城址，城址东约150米的山脊上有一段长约5公里的长城墙体。其西北部由二道营烽燧起，沿山脊向东南延伸到陈家沟南山，因跨沟川，此处近百米无遗迹。从陈家沟南山山脊到滦河北岸的罗卜沟自然村，有陈家沟烽燧、罗卜沟烽燧。第三路基

1　田淑华等：《承德地区汉代长城与烽燧调查》，《文物春秋》2006年第3期。

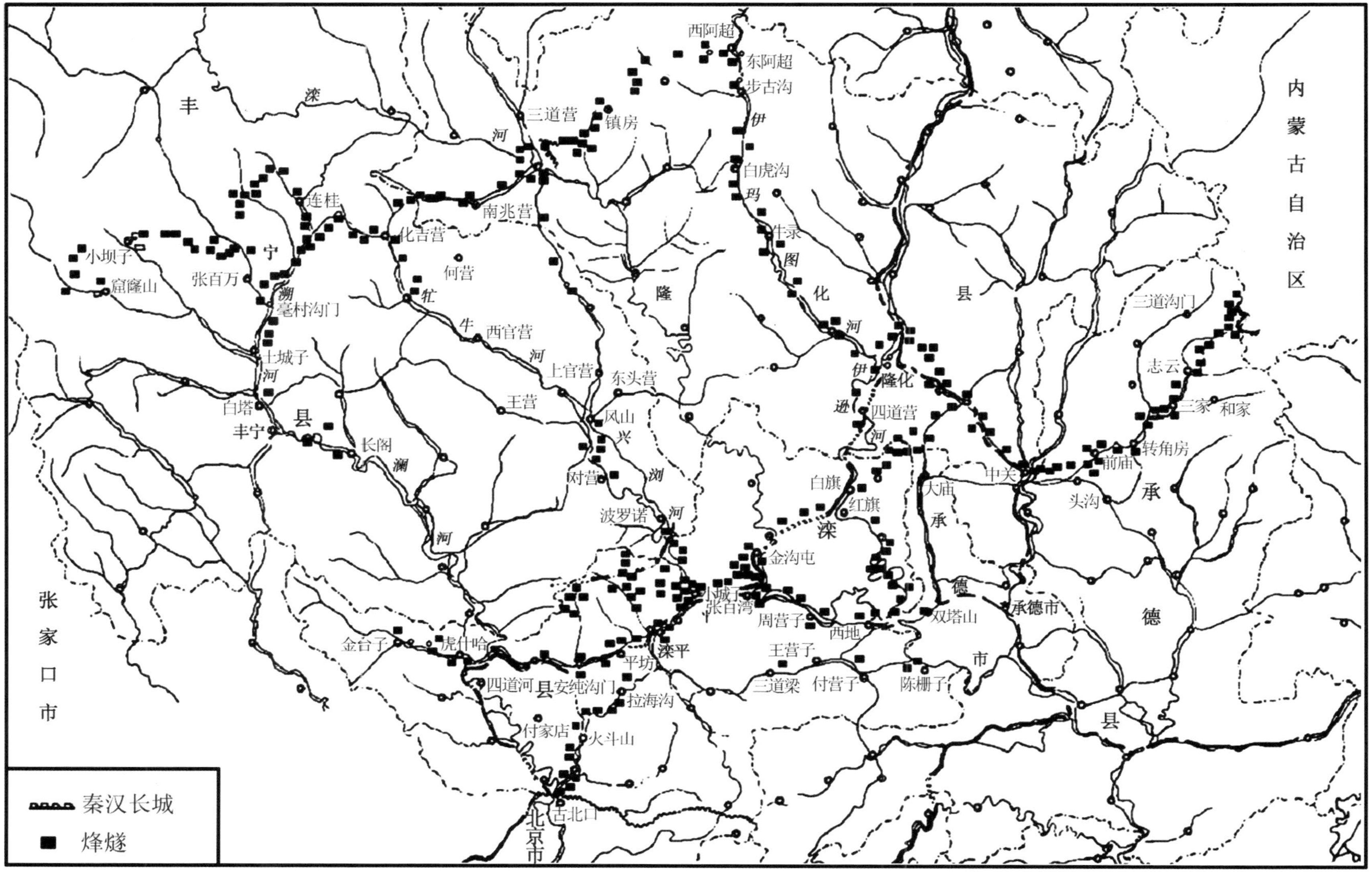

图 7-16　河北承德界内汉烽燧遗址分布图（引自《承德地区汉代长城与烽燧调查》，《文物春秋》2006 年第 3 期）

本沿袭长城的总体走向，从郭家屯二道窝铺烽燧向东北方向的碱房乡，沿途有盘道沟烽燧、缸窑沟烽燧、榆树底烽燧，跨鱼亮北沟接燕子窝烽燧，而后有营房烽燧、碱房烽燧至边梁烽燧。边梁烽燧向东约300米与碱房古城址隔河相望，跨老虎沟川约1公里即为西窝铺烽燧和转山沟烽燧。长城从敖包梁烽燧出碱房乡入步古沟镇，跨步古沟川到下土城子烽燧，再东南有城子古城址。然后过马连道烽燧入西阿超乡，自西向东分别有杨家窝铺、南山根、西阿超烽燧。西阿超烽燧北约1公里有西阿超古城址。这一段共有17座烽燧，延续38公里。

过西阿超烽燧入步古沟镇。此路沿伊玛图河两岸由北向南分布，依次为东阿超烽燧、步古沟烽燧，到拱营烽燧入白虎沟乡，循伊玛图河走向，为蛤蟆梁、白虎沟、南道沟、栅子和冰沟烽燧。自冰沟烽燧进入八达营乡，由南北走向渐变为西北至东南走向，相继有下牛录、哈巴气儿、白云山和康家营烽燧，进入蓝旗营镇后依次是下营子、龙头砬子、西头营烽燧，再进入隆化镇。这一路有烽燧15座，延续约60公里。

承德县界内的汉代长城由35座烽燧和一段长约10公里的墙体组成。其走向呈西南至东北，沿头沟川上行，由隆化县中关镇于家山烽燧起，东跨武烈河进入承德县头沟镇头块地村。该村与隆化县中关镇前中关村隔河相望，是四河（武烈河、鹦鹉河、玉带河、兴隆河）、五川（石洞川、鹦鹉川、头沟川、武烈川、茅沟川）汇合地，地形特殊，地理位置重要。从西南端头块地村北约300米处的小梁顶烽燧起，沿玉带河北岸呈西东走向有烽燧4座，依次为东梁头、北梁头、后梁顶、北沟门烽燧。自北沟门东南约2公里，过玉带河为瓦房村烽燧，近烽燧处有汉代城址一座。自玉带河东岸起，烽燧线路呈南北走向，依次为瓦房烽燧和平房村炮楼山烽燧，跨玉带河为道河村王子坟烽燧，向北约2公里为汤泉村汤山烽燧，转向东与汤山烽燧隔河相对是碱厂烽燧，继续向东约2公里，过玉带河为大孤山烽燧。出头沟镇入三家乡，在大孤山东约2公里为转角房村，有老爷庙南山烽燧。自转角房村起，烽燧变为南北走向，有陕西营、老虎沟烽燧。再东北约1公里为河北村五家自然村，有西山烽燧，转东约1公里为五家河北烽燧，向东南过玉带河为五家河南烽燧。自此逆河北上，为三家、西兴、敖包梁和西梁头烽燧。再偏东北向有北梁顶、头道河、寿王坟烽燧。至此长城进入七老图山区。此线长约45公里，有烽燧25座。七老图山山脊是内蒙古自治区宁城县与河北省承德县的交界线，最高处海拔1404米。长城沿山脊蜿蜒曲折，基本呈南北走向，其最北部在邓上乡乱石窖村上榆树村东约3公里处，向南至三家乡前营子村头道沟自然村（北大山鹿场附近）转向东，约1公里进入内蒙古自治区宁城县大营子乡庙西沟村。此段全长约7.5公里，沿长城城体筑有烽燧10座，有的筑于城墙内侧，有的筑于墙体之上。墙体之上的烽燧有大梁尖烽燧和北约1公里的桦树沟烽燧。向北约0.8公里有三个间距均等、保存较完整的烽燧，皆筑于墙体内侧，为南洼大尖、西梁头和梨树洼大尖烽燧。西北约0.5公里处有白草洼正尖烽燧，位于墙体内侧10米处；再西北约1公里为蘑菇顶烽燧，处于墙内侧5米。正北0.8公里处有酒漏洼和东大梁烽燧。

河北承德市界内的烽燧有的是用夯土直接筑于城体之上，更多的是分布在长城内侧或外侧。无城体地段的烽燧多建在山脊、河川两旁，各烽燧之间形成军事联络体系。丰宁和滦平两县辖域的烽燧与古城相连缀，其中丰宁界内牤牛河流域的烽燧与凤山土城子古城相连，滦平界内兴洲河流域的烽燧与兴洲小城子古城相连。两古城城址属汉代县都尉级屯戍地，均出土了大量汉代遗物[1]。

1 田淑华等：《承德地区汉代长城与烽燧调查》，《文物春秋》2006年第3期。

第二节　战争与防御遗物的考古发现与研究

一、兵器

兵器武备也是秦汉铁器的主要组成部分，主要有剑、长刀、短刀、矛、戟、铍等格斗兵器，镞等远射兵器，以及甲、胄等防护装备。

格斗兵器中，剑的数量较多，剑体结构大致相同，但形制多样，根据其长短可分为通长70厘米以上的长剑、通长40—70厘米的中长剑、通长30厘米左右的短剑。长剑以窄体短柄剑和窄体长茎剑为主，另外还发现有杖式剑[1]。中长剑大多是窄体扁茎剑，但发现有少量的环首剑[2]。另外在西南地区还发现有西汉时期的铜柄铁剑[3]（图7-17）。长刀是一种新兴的兵器，长70—110厘米，根据其柄部结构的差异可分为环首长刀和装柄长刀两种，而环首长刀有的刀柄与刀身等宽，有的刀柄窄于刀身。短刀一般长70厘米以下，主要有环首短刀和装柄短刀两种。矛可分为五种类型：A型，矛身为长三角形；B型，矛身扁平细长；C型，矛身呈桂叶形；D型，异形矛，包括三棱形、四棱形和方銎矛；E型，长柄矛。戟有三种，即三叉戟、卜形戟、钩戟和钺戟。铍的形制似剑，但装柄及用法如矛[4]。另外还有钩镶、铩、杖、矩形器、镖以及鐏等兵器部件[5]。

远射兵器主要有镞，常见的形制有三棱镞、三翼镞、双刃镞、铲头双刃镞和圆锥镞等。其他还发现有少量的弩机、箭囊、弓敝等[6]。

图 7-17　云南江川李家山出土西汉时期宽刃剑及鞘

1 中国社会科学院考古研究所、河北省文物管理处：《满城汉墓发掘报告》，文物出版社，1980年，第105页。

2 伊克昭盟文物工作站：《补洞沟匈奴墓葬》，《鄂尔多斯式青铜器》，文物出版社，1986年，第398页。

3 云南省博物馆：《云南江川李家山古墓群发掘报告》，《考古学报》1975年第2期；云南省文物考古研究所等：《云南江川李家山古墓群第二次发掘》，《考古》2001年第12期；贵州省博物馆：《赫章可乐发掘报告》，《考古学报》1986年第2期。

4 《汉书·高惠高后文功臣表》颜氏注："长鈹，长刃兵也，为刀而剑形。《史记》作'长铍'，铍亦刀'耳'。"

5 徐昭峰：《铁钩镶浅议》，《考古与文物》2002年增刊；《说文·金部》："铩，铍有镡者"；中国社会科学院考古研究所西安唐城工作队：《西安北郊龙首村汉墓发掘简报》，《考古》2002年第5期；山东省淄博市博物馆：《西汉齐王墓随葬器物坑》，《考古学报》1985年第2期；广西壮族自治区博物馆：《广西贵县罗泊湾汉墓》，文物出版社，1988年，第52页；黑龙江省文物考古研究所：《黑龙江省双鸭山市滚兔岭遗址发掘报告》，《北方文物》1997年第2期。

6 中国社会科学院考古研究所：《汉长安城未央宫：1980—1989年考古发掘报告》，中国大百科全书出版社，1996年；吉林省文物考古研究所：《榆树老河深》，文物出版社，1987年；中国社会科学院考古研究所、河北省文物管理处：《满城汉墓发掘报告》，文物出版社，1980年，第105页。

防护装备有铠甲和胄，各地诸侯王墓和大型墓葬中常有发现，但出土时大多散乱，经过清理复原的有临淄齐王墓甲和胄[1]、西安北郊龙首村西汉墓的鱼鳞甲和胄[2]、广州南越王墓的轻型铁甲[3]、满城1号墓的铠甲[4]、呼和浩特二十家子汉代古城的铠甲[5]等。

二、车马机具

车马机具主要有车船部件、马具和马饰，以及古典机械的零部件等。

车器中最为常见的是车釭、车锏、车軎、车辖、车軨等。其中，车釭分为三型：A型，圆筒形，外侧带凸榫；B型，内径圆形，外呈六角形，常称之为“六角承”；C型，内径圆形，外呈八角形，较为少见。其他车器还发现有车輢饰、车铃、车饰、车垫、车轙、车盖的盖弓、拱形支架、带扣、方策、板状器、钩形器、长方形活轴器、T形器、凸形板状轴饰、销钉、环等。

马具以马衔和马镳最为常见。马衔可分为四种类型：A型，两节直棍衔；B型，两节麻花衔；C型，单节直棍衔；D型，三节套连衔。马镳主要有弯体镳和直体镳两种。其他马具还发现有当卢、马面饰、烙马印等。

第三节　战争与防御设备的管理机构与制度

秦汉时期，从秦始皇二十六年（前221年）统一中原至汉初平元年（公元190年）汉献帝即位的412年间，共发生较大的战争320余次。这时期的战争，包括统一战争、农民起义战争和国内民族战争。

秦王朝创建了中国历史上第一个统一的国防体系：在北部边境，依险据扼，修建了由亭、障、塞、城组成，并由长城连结起来的国防工事。秦都咸阳至四方有驰道可通，主要防御方向上有直道通往边防；长城沿线及各主要道路，设置烽燧、邮驿，发现敌情可通过烽燧传讯报警。秦还第一次建立了中央集权的军事体制：军队区分为京师兵、边防兵、郡县兵三种。设太尉总管军事并统领全国军队。但太尉无人事、用兵权，出征的将军及高级武官，均由皇帝任免，50人以上的军队调动，按战国传统，必须有皇帝颁发的虎符，使军队完全控制于皇帝手中。为充实兵源，在郡县制基础上，建立了适龄男丁均有当兵义务的普遍郡县征兵制。军队由步兵（材官）、骑兵、车兵（骑、车兵统称骑士）和水军（楼船士）组成。作战时通常车、步、骑混合编组，协同作战。

西汉时期的军事领导体制、征兵制度和国防体系，基本上沿袭秦朝。军队结构，仍为骑、步、车、水四兵种。但武帝后期骑兵已上升为军中主兵，步兵为主、车骑为辅的时代已转变为骑兵决定胜负的骑战时代。骑兵主要装备弓弩、铁矛、铁戟、铁剑和铁环首

1　山东省淄博市博物馆、中国社会科学院考古研究所技术室：《西汉齐王铁甲胄的复原》，《考古》1987年第11期。

2　白荣金：《西安北郊汉墓出土铁甲胄的复原》，《考古》1998年第3期。

3　中国社会科学院考古研究所技术室等：《西汉南越王墓出土铁铠甲的复原》，《西汉南越王墓》，文物出版社，1991年，第380页。

4　中国社会科学院考古研究所技术室：《铁铠甲的复原》，《满城汉墓发掘报告》，文物出版社，1980年，第357页。

5　白荣金：《呼和浩特出土汉代铁甲研究》，《文物》1999年第2期。

刀等兵器。车兵渐被淘汰，战车逐渐成为运输工具及作为抗骑兵冲击的移动营垒。步兵则加强了弩兵的建设和使用。弩机有了机匣（郭），望山加高，命中率及侵彻力大为提高。水军战船的发展尤为迅速，不仅有了装防护板的战舰和可调节位置、角度的风帆，而且创造了可连续产生推动力的橹，固定船位的锚和控制航向的舵，并创造了开孔舵和平衡舵。这样不仅较前航速加快，在一定程度上还能克服气象变化和风向不顺的障碍，使战船的续航性和战斗力大为提高。

西汉的国防，采用积极防御和主动进攻战略，强调军事攻势与政治攻势两手并用。为保障大骑兵集团进行大纵深作战，还创造了以数十万步兵掩护辎重纵列在骑兵集团后逐次跟进的后勤供应方法，解决了作战补给，使骑兵得到支援并可在步兵掩护下进行休整，以恢复战斗力。与战略相适应，战术运用上强调发挥骑兵的快速性和冲击力，实施机动作战。迂回、包围、突破、奇袭、诱击、伏击等，均为常用战术。军用地图使用更为普遍。

东汉的军事力量和军事成就，逊于西汉。其军事体制，较西汉有所变化。军队数量减少，一度撤销郡国兵，京师军亦有所压缩。但为进一步集权，中央直辖军驻屯范围扩大，重要郡国驻屯中央军或边防军，边郡和重要关隘的屯军，也由中央直接控制。基本上废除了郡县征兵制，改用募兵制。边郡亦征调或招募少数民族戍边。募兵制和郡国刺史、州牧、太守掌兵，不但耗费巨大，也导致了部曲、家兵等私人武装出现，为东汉末年的军阀割据、混战准备了条件。东汉的军队由骑兵、步兵、水兵组成，车兵已退出战争舞台。环首刀的普及和马鞍的进一步完善，为骑兵的发展创造了良好条件。东汉的国防及战略战术，大体继承西汉。“以夷制夷”策略的运用，便其较西汉更为重视使用少数民族部队，加速了周边各民族战法与中原传统战法的交流。

第八章
交通与出行

交通在一个国家、一个朝代中所担任的角色是无可代替的。完善的交通网的建立对于一个国家经济的发展、政治的稳定有着重要的作用。秦汉三国时期不仅有着完善的水陆交通网，而且这一时期的交通工具的种类也随之增多。与此相关，还形成了严格的等级制度和交通规则。这一系列完善的交通设施和规范为当时社会的发展提供了必要的保障。

第一节　秦汉三国时期交通与出行概况

秦始皇统一六国之后将全国分为三十六郡，并修建驰道网。历经两千多年的沧桑，目前考古学家们只能从仅存的直道遗迹中来想象当时完善的交通网络。秦代为抵御匈奴南下而修建了直道。直道自陕西省淳化县北梁武帝村的秦林光宫到内蒙古自治区包头市南的麻池古城，大体上是南北相对的。经考古发掘证实，其路线大体上北上至兴隆关后，向东走蚰蜒岭，再向北，经陕北，至终点包头。直道所发挥的作用并不止于秦代，在以后的各朝代中也发挥着重要作用。对于促进中原与北方地区的贸易往来、政治稳定有着重要意义。汉代最有历史价值的莫过于“丝绸之路”了。张骞两次通西域，对丝绸之路的开通，以及中原与西域的物质文化交流起到了积极的作用。同时，海上“丝绸之路”的开通使中国与南亚诸国，印度、波斯以及朝鲜、日本等国家有了贸易上的往来和交流。这些都有利于促进当时社会的发展。

这一时期的陆路交通工具主要是牛车和马车。牛车早先的功能是载物，在殷商时期的文献中就有记载，至魏晋南北朝时期才逐渐被统治阶级用作重要的代步工具之一，沿用至隋唐仍很盛行。牛车的使用有着考古发掘资料为证。在广州黄花岗汉墓中出土有汉代陶塑牛车模型[1]，在青海西宁南滩[2]，甘肃武威磨嘴子[3]均出土有汉代木牛车模型。同时，在河南南阳、山东济宁也出土了汉代牛车画像砖等，由此大致可以了解到汉代牛车形制均为双辕，双辕前端缚一半环状椐（即牛轭）。

马车的使用情况也有着丰富的考古发掘实物资料为证。1980年，秦俑考古队在陕西临潼秦始皇陵封土西侧发掘出土了两乘大型彩绘铜车马[4]。1976年5月，在秦始皇陵第一号兵马俑坑的东端北侧，

---

1 广州市文物考古研究所：《广州黄花岗汉唐墓葬发掘报告》，《考古学报》2004年第4期。

2 青海省文物管理委员会：《西宁市南滩汉墓》，《考古》1964年第5期。

3 甘肃省博物馆：《甘肃武威磨咀子汉墓发掘》，《考古》1960年第9期。

4 秦始皇兵马俑博物馆、陕西省考古研究所：《秦始皇陵铜车马发掘报告》，文物出版社，1998年，第3页。

又发现了第二号兵马俑坑，第二号兵马俑坑总面积约六千平方米[1]。其中拉车的陶马六十七匹，战车十一辆。车马在战争中起着重要的作用。结合文献记载和考古资料分析，这一时期秦朝马车主要分双辕和独辀两大类，双辕车多用于生活和生产场合，通常是由一马系驾的小型安车，而独辀则多用于军事场合，属于大型的豪华安车。到了汉代，车马的类型多种多样，大致可以分为独辀车、双辕车和三辕车等类型。独辀车多应用于西汉，三辕车是东汉的一种新型的车马形式。

秦朝的水上交通大致包括舟船和筏等两大类。秦朝时期船舶主要应用于战争、漕运和帝王将相的出行生活中。汉代水上交通发达，根据考古发掘和文献资料可知汉代水上交通种类较为多样，除船舶类还有筏、独木舟、木板船等形式的水上交通工具。秦朝造船业的发展，为后世造船业技术的进步奠定了坚定的基础。三国时期的东吴是造船业发达之地。最大的战船上下五层可载3000名士兵。而关于较大的船运记载在长沙走马楼舟船属竹简中可见。

秦汉三国时期，与完善的交通系统相配的还有严格的交通规则及森严的等级制度。这一时期的交通规则主要有城门的“左入右出”和“靠右行走”以及关防和津防对行人的盘查。等级制度主要体现在四个方面：(1)道路使用权上。以驰道为例，天子行驰道中央而吏民行旁道。(2)“骑乘权”上的等级差别。按照当时的礼仪规定，达官贵人在特定的场合必须乘车，乘车是一种身份和威严的象征。另一部分人却禁用车马，他们包括贱商政策下的商人及奴婢等贱民。(3)“舆服”上的等级差别。“舆服”是身份和权力的重要礼器之一。秦汉三国时期，品官服色之制尚未形成，官吏的朝服均为袍，只有文武玄朱之别，用以区别官阶等级的服饰主要是冠。秦汉三国时期根据服饰的等级划分相对粗略，时人更加重视的身份标识是车马和印绶。(4)“仪仗”和“仪从”上的等级差别。仪仗古称“卤簿”，皇帝的仪仗队伍最庞大、最显赫，展示了皇权的存在和强大，王侯百官的仪仗也各有等级，规格因爵秩而异，原则上是官阶越高，仪从越盛，仪仗越堂皇，平民百姓则禁用仪仗、仪从。

第二节　交通道路

一、陆路交通

（一）秦代交通网

秦统一六国之后，分天下为三十六郡，要维护这一庞大的疆域，巩固其统一，秦帝国在六国道路的基础上，建立了致力于联系全国各个地区的交通网，这些交通网大致由几条重要的交通干线组成(图8–1)[2]。

三川东海道。这条大路由关中直指海滨，从咸阳出发，经华山北麓，过函谷关，穿过“山川”，直达大梁、曲阜，横贯东西，穷海而止。由大梁去寿春，沿海过邗沟，可通往吴越。《史记·秦始皇本纪》中载有“立石东海上朐界中，以为秦东门”。其与黄河并行的区段，曾有“鄣道”、“成皋道”之称[3]。

南阳南郡道。此线从咸阳出发，往东南方向，出蓝田过武关，经丹阳至南阳，再向

1 秦始皇兵马俑博物馆：《秦始皇陵二号兵马俑坑发掘报告》，科学出版社，2009年，第6页。

2 王子今：《秦汉时代的并海道》，《中国历史地理论丛》1988年第2期。

3 王子今：《秦汉交通史稿》，中共中央党校出版社，1994年。

南至于南郡。这一条道路使关中平原与江汉平原得以沟通。商鞅封地在这条古道上[1]。史念海说，此即“秦始皇二十八年北归及三十七年南游之途也”[2]。秦始皇此行得到睡虎地秦简《编年纪》“(廿八年)，今过安陆”的证实[3]。另在《史记·秦始皇本纪》中记载，秦王政二十三年(前224年，未统一之前)，“秦王游至郢陈”，很可能也经由此道。也就是说，这条道路秦始皇或许三次行经。

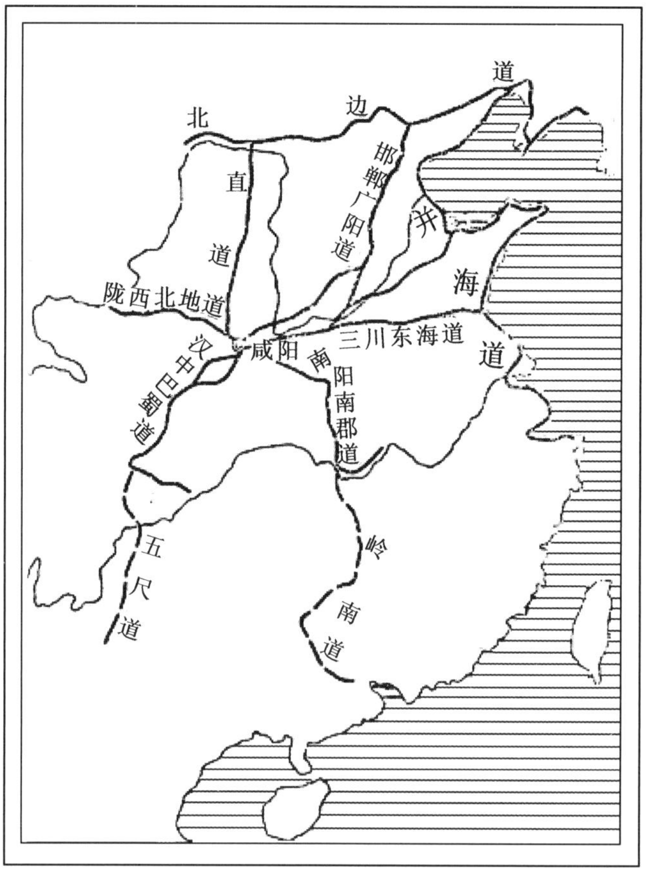

图 8-1　秦代道路分布图（引自《秦汉时代的并海道》，《中国历史地理论丛》1988 年第 2 期）

邯郸广阳道。此线经河东、上党，或由河内北上至邯郸、广阳、右北平，通达燕赵。这条大道在战国时已具有重要地位。史念海曾经指出：“太行山东边有一条主要道路，与太行山平行，纵贯南北，赵国都城邯郸和燕国都城蓟都都是在这条交通线上。”[4]秦汉时期的北岳也在这条交通线上[5]。

陇西北地道。此线从咸阳出发向西，由关中通向西北。秦统一后，秦始皇二十七年(前220年)第一次出巡即经此道西行。《史记·秦始皇本纪》：“二十七年，始皇巡陇西北地，出鸡头山，过回中。”这条道同时也是“丝绸之路”的东段，成为以后促进东西文化交流的丝绸之路的干道。

汉中巴蜀道。此线从汉中向西南至蜀郡，后向东南至巴郡。秦据有巴蜀，当以跨越秦岭的畅通道路作为基本条件之一。秦岭山路险恶，工程极其艰巨。开通之后又经拓修完善，形成故道、褒斜道、傥骆道、子午道数条南逾秦岭的路线。此外，在西南地区又开通了一条五尺道。

直道。秦始皇为加强北边防务，抗击匈奴威胁而筑的由甘泉林光宫(在今陕西淳化)向北，直通长城防线上军事重镇九原(今内蒙古包头)的交通大道[6]。秦代经营的交通大道多利用战国原有的道路，只有直道是在秦统一后规划施工，开拓出的可以体现秦帝国行政效率的南北大通道。《史记·蒙恬列传》记载：“始皇欲游天下，道九原，

1 王子今、周苏平、焦南峰：《陕西丹凤商邑遗址》，《考古》1989年第7期。

2 史念海：《秦汉时代国内之交通路线》，《河山集·四集》，陕西师范大学出版社，1991年。

3 睡虎地秦墓竹简整理小组：《睡虎地秦墓竹简》，文物出版社，1990年，释文第7页。

4 史念海：《释〈史记·货殖列传〉所说的“陶为天下之中”兼论战国时代的经济都会》，《河山集》，三联书店，1963年。

5 王子今：《关于秦始皇二十七年“过恒山”——兼说秦时“北岳”的地理定位》，《秦文化论丛》第11辑，三秦出版社，2004年。

6 王子今：《秦直道的历史文化观照》，《人文杂志》2005年第5期。

直抵甘泉，乃使蒙恬通道，自九原抵甘泉，堑山堙谷，千八百里，道未就。”秦始皇三十七年（前210年），秦始皇出巡途中死于沙丘平台，“形从直道至咸阳，发丧”[1]。对于秦直道的走向，从近年考古发掘资料看，秦直道并非南北笔直，有学者推断出其路线向西北迂回至于华池、定边[2]（详见第七章第一节）。

北边道。秦统一后，在战国长城基础上营建新的长城防线。因施工与布防的需要，沿长城出现了横贯东西的交通大道。《史记·秦始皇本纪》记载：秦始皇三十二年（前215年），“巡北边，从上郡入”。秦始皇出巡途中病故，李斯、赵高秘不发丧，棺载辒辌车中，“从井陉抵九原”而后归，特意绕行北边，说明此次出巡的既定路线是巡行北边后回归咸阳。

并海道。该道路不是以咸阳为中心发出的，而是自辽西沿渤海湾向南延至山东半岛。在《史记》、《汉书》、《三国志》等文献中均有对此条道路的记载，也有考古资料证明这是秦代的交通线（图8-2）[3]。

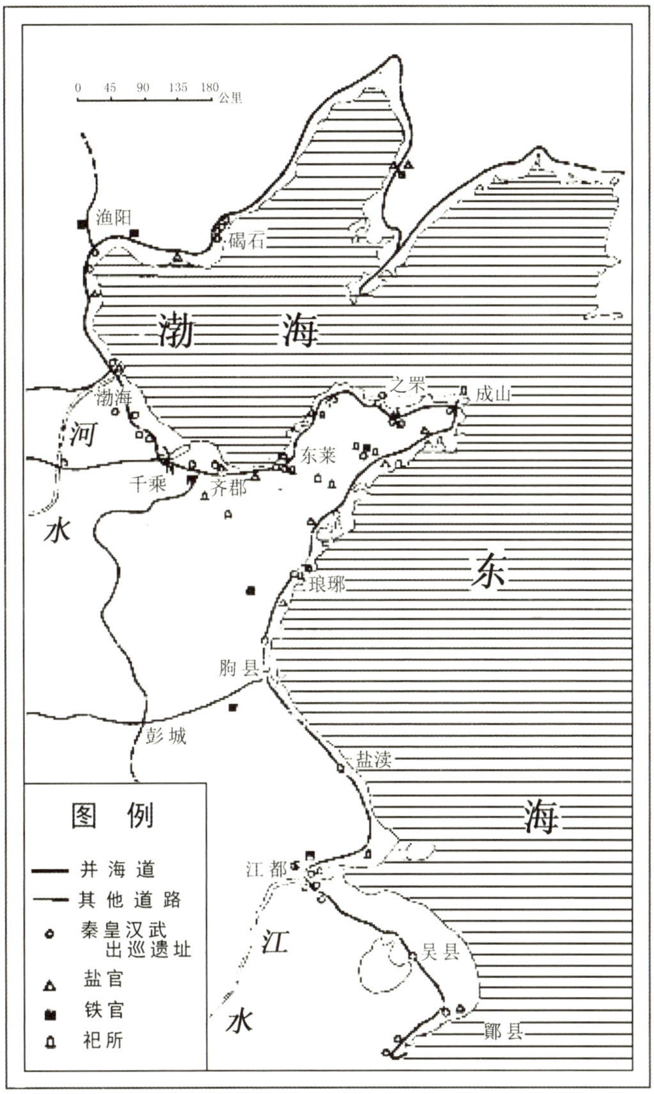

图 8-2 秦代并海道线路图（引自《秦汉时代的并海道》，《中国历史地理论丛》1988 年第 2 期）

（二）汉代交通网

西汉都于长安，同样以关中经济区为其立足的根本。故汉因秦旧，水陆交通线的布局仍以关中为枢纽。但是，政治的力量并不能完全改变经济区域的兴衰。长安所在的关中，由于其农耕面积的局限性，人口集中于京兆、冯翊与扶风而带来的负担以及同成都天府之国的经济阻隔等，限制了它的发展。所以，西汉初年特别是汉武帝时期，加强了关东、西南以及西北方向交通建设[4]。

东路大干线。此线从西汉京城长安向东，沿渭水、河水（黄河）南岸，经弘农郡（今

---

1 《史记·秦始皇本纪》，中华书局，1982年，第265页。

2 《2009年全国十大考古新发现·陕西富县秦直道遗址》，《中国文物报》2010年6月11日。

3 王子今：《秦汉时代的并海道》，《中国历史地理论丛》1988年第2期。

4 劳干：《论汉代之陆运与水运》，《国立中央研究院历史语言研究所集刊》第16本，第69—70页，1948年。

河南灵宝）出函谷关（今河南灵宝东北）至河南郡（今河南洛阳市），之后出现若干支线。

北路干线或称河东干线。此线从长安向东北行，跨河水（黄河）到河东郡，然后经平阳（今陕西临汾市），彘县（今陕西霍县）、界休（今山西介休）、榆次抵达太原郡。

西路或西北干线。此线从长安西行，经好畤、漆县、陈仓（今陕西宝鸡）、汧县、上邽、冀县到达陇西郡（今甘肃临洮）。自公元前二世纪开通河西、西域后，这条干线可经由河西走廊，延长到西域诸国，这就是闻名中外的"丝绸之路"。

西南干线。此线自长安向西南经汉中或自长安西南行，越秦岭，过褒斜栈道，先到达成都或巴蜀地区，然后南行到云南、贵州地区乃至国外地区。

南路干线。此线从长安向东南出武关到南阳郡后，继续南下抵南海郡。

（三）三国时期的陆路交通

三国时期是指魏蜀吴割据对峙的时期。这一阶段，北方的曹魏建立了以魏都邺城为中心向外辐射的道路网。另在沿用维修汉代丝绸之路的基础上，又开辟了从玉门关西北出，经横坑、辟三龙、龙堆、五船北到高昌，然后在龟兹与通西域的中道汇合的通西域新道。蜀汉致力于开发和维护向南、北、东的通道。位于东南地区的孙吴重点建立发展起以水为主、水陆并举的道路网络。

由于这一时期整个中国社会处于割据状态，故这一时期的道路大多处于一种在割据地盘中致力于修治疏通旧有道路的状态。当然还有一些为适应军事割据和领土扩张而新修建的道路。

二、水路交通

秦汉时期是中国交通发展的关键时期，国家版图的统一和专制主义封建王朝的建立和巩固，为水路交通的发达展创造了有利的客观条件，除了陆路交通的突出发展外，水路交通也取得了显著进步，这一时期全国规模的交通网布局逐渐形成。

秦汉三国时期的水路交通主要分为内河航运和海运两大部分。秦汉时主要河流的主要河段都已通航，为了便利漕运，还开凿出许多人工运河。三国时内河交通也很发达，割据政权出于自身发展需要，十分勉力于沟渠的开凿。太湖水系、北方白沟、利漕渠、平虏渠、泉州渠等的开凿沟通了南北交通，不仅促进了物流运输能力，也促进了地方繁荣，为之后全国运河体系的形成打下了坚实基础。秦代的海上交通相当发达，汉代的海上交通进一步发展。东汉末的动乱没有废止海上交通，东吴政权通过海路与辽东半岛以及南海诸国保持联系。

（一）内河航运

秦汉三国时期的内河航运主要可分为黄河水系航运、长江水系航运、珠江水系航运以及开凿出的各种人工河道。按区域划分可分为北方地区和南方地区，北方地区以黄河水系航运为主，南方地区以长江水系和珠江水系为主。

1. 北方地区

黄河水系是北方地区水路交通的大动脉，秦汉时期以粮食为主的物资运输称为"转漕"，黄河水系的航运以漕运为主。秦汉王朝居关中而役天下，黄河水系的漕运成为当时的专制中央政权赖以维持生存的主动脉。

秦统一后，为了进一步推动黄河漕运的发展，曾对黄河进行过大规模整治。《史记·秦始皇本纪》记载有“决通川防，夷去险阻”，即清除战国时各国在战争状态中设置在河运航道上的障碍。楚汉战争时期，刘邦军事集团充分利用黄河河道航运的便利，使关中地区的兵源和物资得以源源不断地运往前线，虽屡战屡败，最终凭借持久的后勤保障优势在垓下决战中一举击败项羽。两汉时代，黄河水系的漕运得到了新的发展。《水经注·河水二》有关于黄河上游航运的记载：“永光五年，贯友代聂尚为护羌校尉，攻迷唐，斩获八百余级，收其熟麦数万斛，于逢留河上筑城以盛麦，且做大船。”但两汉时期黄河水运仍以中下游最为发达，黄河水道被利用通漕的主要区段是河东、河内二郡与弘农、河南二郡之间的河道，每年经由黄河水道输往关中的粮食达数百万斛，河道上也确实形成过“水行满河”[1]，“大船万艘，转漕相过”[2]的情形，以此可见黄河水道航运在两汉漕运史上的重要作用。在黄河水系航运中渭河航运居于重要地位，其突出作用主要体现在政治经济方面，尤其是秦统一以后。秦都咸阳，汉都长安，数额惊人的都市消费，主要依靠关东的漕运来维持。到东汉初年，渭河航运仍是关中地区与关东地区相联系的主要途径。东汉以后，由于气候、植被等条件的变化，渭河的水文条件越来越不适于发展航运，大约东汉末期，渭河水运逐渐衰落。

当时中国的北方可以通航的河流还有滹沱河、石臼河、泾河等，不过这些河流用于漕运的功能，显然是不能与黄河水系相比的。

2. 南方地区

长江水系航运在战国时期已经得到初步发展。《禹贡》称荆州贡道，“浮于江、沱、潜、汗”。安徽寿县邱家花园曾于1957年和1960年分别出土一舟节，同时，还出土有鄂君启节，是战国时期楚王颁发给鄂君的免税凭证。舟节应用的路线，涉及长江、汉江、资水、湘江以及巢湖等水域。长江通航区段，自江陵至镇江。可见当时长江水系的航运已经相当发达。秦汉时期长江水系航运继续得到发展。云梦睡虎地秦简《日书》可见到“可以行水”、“可以水、“行水吉”、“不可以船行”等内容，说明秦代江汉地区“行水”、“船行”已经成为十分普及的运输方式。汉武帝元鼎二年（前115年），江南水灾，中央政府曾利用长江航运的便利，“下巴蜀之粟致之江陵”，赈济饥民[3]。秦汉时期长江水系中，以三峡以下江面水运条件最为优越，水面宽阔，水速较快。《水经注·江水三》记载：“樊口之北有湾，昔孙权装大船，名之曰长安，亦曰大舶，载坐直之士三千人，与群臣泛舟江津。”历史上著名的赤壁之战就发生在这一带的江面上。《三国志·吴书·周瑜传》记载，“刘表治水军，艨艟斗舰，乃以千数，操悉浮以沿江”，“船舰首尾相接”。孙吴经营长江下游，航运事业又得到进一步发展。

长江水系航运对于全国经济文化的作用当时稍逊于黄河水系航运，然而其发展显著促进了长江流域经济文化的进步，并且为以后全国经济重心向东南地区的转移奠定了基础。

珠江的径流主要来自西江，占77%左右。西江支流多，积水面积大，水情变化缓和，同时，流域内大面积的岩溶地形，使地面水和地下水可以相互补给，以致河流的水位和流量变化相对较为稳定，为航运的发展提供了便利的条件。

岭南地区的经济文化在秦汉时期，已经达到相当高的水平，并且在许多方面表现出

---

1 《汉书》卷五十一《贾邹枚路传第二》，中华书局，1962年，第2363页。

2 《后汉书》卷八十上《文苑列传·杜笃》，中华书局，1965年，第2603页。

3 《汉书》卷六《武帝纪》，中华书局，1962年，第182页。

与内地接近的趋势。这一进步，是以水运的发展作为重要基础的。珠江水系的早期航运，还为南海交通的开拓准备了必要的条件。秦始皇时，曾“使尉佗屠睢将楼船之士南攻百越，使监禄凿渠运粮深入越”[1]，以水军为主力，借助珠江航运之便。汉代的水路交通，较秦已有较大发展。汉武帝平定南越，均用水师，如“遣横海将军韩说出句章，浮海从东方往；楼船将军仆出武林……粤侯为戈船下濑将军出如邪、白沙。元丰元年冬，咸入东粤”[2]。汉武帝时发楼船十万师征南越，其中主持讨伐事宜的将军以“伏波”、“楼船”、“戈船”为号，说明远征的军队以水军为主，同时也反映出岭南地区水系的发达。

（二）人工河道

秦汉时期是水利事业得到空前发展的时期。以运输为主要目的或兼及运输效益的水利工程在各地兴建。较著名的人工河道有灵渠、阳渠、漕渠等。

灵渠是秦始皇为统一岭南而完成的重要交通工程。秦并六国后，秦始皇为开拓岭南，统一中国，于秦始皇二十六年（前221年），命屠睢率兵50万分五军南征百越，由于岭南山区的严重阻碍，三年兵不能进，军用物资运输极为困难。秦始皇二十八年（前219年），秦始皇命监御史禄掌管军需供应，督率士兵、民夫在兴安界内湘江与漓江之间修建一条人工运河，运载粮饷。秦始皇三十三年（前214年），灵渠凿成，秦始皇迅速统一岭南。

灵渠全长37.4公里。由铧嘴、大小天平、南渠、北渠、泄水天门和陡门组成，是世界最早的人工运河。它沟通了湘江、漓江，打通了南北水上通道，为秦王朝统一岭南地区提供了重要的保证，大批粮草经水路运往岭南，有了充足的物资供应。公元前214年，即灵渠凿成通航的当年，秦兵就攻克岭南，随即设立桂林、象郡、南海三郡，将岭南正式纳入秦王朝的版图。灵渠联接了长江和珠江两大水系，构成了遍布华东华南的水运网。自秦以来，它对巩固国家的统一，加强南北政治、经济、文化的交流，密切各族人民的往来，都起到了积极作用。灵渠经历代修整，依然发挥着重要作用。

阳渠在洛阳城南，是洛阳地区水路交通网的主纲之一，开凿于东汉时期。其设计和施工分为两个阶段，东汉光武帝建武五年，河南尹王梁曾“穿渠引谷水注入洛阳城下，东写巩川”，然而可能是由于设计或施工的失误，“渠成而水不流”[3]。建武二十三年，大司农张纯主持阳渠开凿工程，“引洛水为漕，百姓得其利”[4]，阳渠承纳洛水和谷水，无论通船和灌溉，两岸百姓尽得其利。

漕渠开凿于西汉武帝时期，是关中地区的水陆交通线之一，漕渠的开凿是在渭河航运能力逐渐弱化的情况下，为改善关中地区的航运条件保障关中地区的漕运而进行的。《史记·河渠书》记载，汉武帝元光六年（公元129年），“令齐人水工徐伯表，悉发卒数万人穿漕渠，三岁而通。通，以漕，大便利。其后漕稍多，而渠下之民颇得以溉田矣”[5]。漕渠在汉代的起点是从昆明池（今昆明路附近）经昆明渠流经西安北郊，穿过灞河，经渭南、华县到华阴市北进入渭河，全长300余里，渠修好后，确实为汉代的经济繁荣做出重大贡献。据史料记载，“汉兴，去三河之地，止霸产以西，都泾渭之南，此所谓天下陆海之地，秦之所以虏西戎兼山东者也”。颜师古曰：“高平曰陆，关中地高故

---

1 《史记》卷一百一十二《平津侯主父列传》，中华书局，1959年，第2958页。

2 《汉书》卷九十五《西南夷两粤朝鲜传》，中华书局，1962年，第3862页。

3 《后汉书》卷二十二《王梁传》，中华书局，1962年，第775页。

4 《后汉书》卷三十五《张曹郑列传》，中华书局，1962年，第1195页。

5 《史记》卷二十九《河渠书》，中华书局，1959年，第1410页。

称耳。海者，万物所出，言关中山川物产饶富，是以谓之陆海也”[1]，“东郊有通沟大漕，溃渭洞河，泛舟山东，控引淮、湖，与海通波。”[2]此渠到公元904年的唐朝末年废弃，从河渠沿线的村落布局看，到宋、元时还有水，明代彻底干涸。它陆续存在了一千多年，是向京师输送粮食、盐税、煤炭等物资的重要漕运渠道，为流域两岸的农田灌溉发挥了积极作用。

（三）海运

自战国以来，我国大陆与近海地区已有海上交通，早在战国时，齐威王、齐宣王、燕昭王之世，曾“使人入海求蓬莱、方丈、瀛洲”[3]。秦汉时期由于国家统一、中央集权的建立，经济的繁荣，造船技术的进步，秦汉统治者重视包括水路交通及海上交通的开辟，在秦汉大一统的基础上，包括水路交通和海上交通的发展，有了更坚实的基础和更现实的条件，因此，秦汉时期的海上交通获得了空前发展，同近海和远海地区的联系有所加强。秦始皇二十八年，“齐人徐市等上书，言海中有三神山，名曰蓬莱、方丈、瀛洲，仙人居之”。始皇“于是遣徐市发童男女数千人，入海求仙人”[4]。三十二年，“始皇之碣石……刻碣石门”[5]。三十七年，“始皇出游……行至云梦……浮江下，观籍柯，渡梅渚。过丹阳，至钱唐。临浙江……上会稽，祭大禹，望于南海……还过吴，从江乘渡。并海上，北至琅玡……自琅邪北至荣成山……至之罘”[6]。《后汉书·王景传》记载西汉诸吕之乱时，东汉王景的八世祖王仲，惧祸及己，“乃浮海东奔乐浪山中，因而家焉”[7]。《汉书·朝鲜传》记载汉武帝于公元前109年至前108年派兵灭卫氏朝鲜时，其中有“楼船将军杨仆从齐浮勃海”[8]赴朝鲜者五万，说明在当时秦汉帝国已通过海运加强与近海地区的联系。

汉、三国时期，海上交通的进一步发展，使内陆同近海地区和远海地区交往进一步加强。据《三国志·吴书·吴主传》记载，汉末三国时，孙权黄龙二年春正月，“遣将军卫温、诸葛直将甲士万人浮海求夷洲……但得夷洲数千人还”[9]。汉、三国时期孙权一次性派遣“甲士万人”浮海去夷洲，如果没有对夷洲的相当了解，没有发达的海上交通和固定的交通线，孙权此举是不可能发生的。

第三节　交通工具

一、陆路交通工具

根据文献记载和考古材料推论，我国用车的历史可上溯到公元前十九世纪至公

1 《后汉书》卷六十五《东方朔传》，中华书局，1962年，第2849页。
2 《后汉书》卷四十上《班彪列传》，中华书局，1962年，第1338页。
3 《史记》卷二十八《封禅书》，中华书局，1959年，第1369页。
4 《史记》卷六《秦始皇本纪》，中华书局，1959年，第247页。
5 《史记》卷六《秦始皇本纪》，中华书局，1959年，第251页。
6 《史记》卷六《秦始皇本纪》，中华书局，1959年，第260—263页。
7 《后汉书》卷七十六《循吏列传》，中华书局，1962年，第3464页。
8 《汉书》卷九十五《西南夷两粤朝鲜传》，中华书局，1962年，第3865页。
9 《三国志》卷四十七《吴书二·吴主传第二》，浙江古籍出版社，2000年，第696页。

元前十七世纪的夏王朝纪年之内[1]，至少于商代早期双轮车在我国就已经使用[2]。目前最早的完整马车见于1981年发掘的殷墟西区的一座车马坑，其绝对年代为公元前十三世纪[3]。

牛车早先功能是载物，在殷商时期的文献中就有记载，至魏晋南北朝时期才逐渐被统治阶级用作重要的代步工具之一，沿用至隋唐仍很盛行，但宋以后基本不见或少见了，大多存在于牧牛图等艺术绘画作品中，归于载物劳作工具。

秦朝时期牛车基本上沿用了前经商期货运功能，至汉代，由于汉初战争之后马匹的数量急剧减少，经济尚未恢复与发展，此时，牛车即成为高官贵族出行的主要交通工具，就有了古代文献中所记载的"自天子不能钧驷，将相或乘牛车"[4]。而在商运和中下层平民中也得到广泛利用。从广州黄花岗汉墓的木牛车模型[5]、青海西宁南滩[6]和甘肃武威磨嘴子汉代木牛车模型[7]以及山东济宁、河南南阳等地的画像资料等，可以大致了解到汉代牛车形制均为双辕，双辕前端缚一半环状楅（即牛轭）。

广州市文物考古研究所在黄花岗一带先后进行五次发掘，在一座东汉墓中发现有牛及牛车。其中M3：72，平面呈长方形，上设拱形篷顶，饰刻划纹。厢体后部两侧有立柱支撑车篷。车厢底两侧有伏兔，以安轮轴。车轮与毂车毂一起制出。车厢前部端坐一俑，头围幅巾，双手前伸于车栏上，作持绳赶车状。前有陶牛作用力前行状（图8-3）。

汉画中，牛车的数量远比不上马车多，且类型也比较少，主要有有篷车和无篷敞车两种，均为长方形大车舆。牛车主要为无官职的平民所乘坐或商人贩运货物所用，尤其是无篷敞车多用价格低贱的柴木制作，再加上车体笨重粗大，因此，又被称为"柴车"。汉画中可见数辆輜车相属而行，可能就是商人运货的车队。除了以上常见的车厢为长方形的大车外，南阳汉画砖中还有一例独特的牛车画像，车厢小似轺车，无盖，独輈（辕），驾二牛，因有残损，看不到辕的曲直，但"二牛抬杠"式的驾牛方式清晰可见，牛前一人面向牛，双手牵牛鼻绳，似在拦车[8]。

马车，考古发掘所见的车马器实物主要来自于随葬的车马坑和车坑，这种车马随葬制度所留的先秦车马遗迹是车器研究的重要实物证据。1980年冬，秦俑考古队在陕西临潼秦始皇陵封土西侧发掘出土了两乘大型彩绘铜车马[9]（参见图4-4）。这两乘铜车马是在一个大型陪葬坑的一个过洞内发现的。其中一号铜车

图8-3　牛车模型（广州黄花岗M3：72）

1 郑若葵：《论中国古代马车的渊源》，《华夏考古》1995年第3期。

2 王学荣：《商代早期车辙与双轮车在中国的出现》，见中国殷商学会《三代文明研究（一）》，科学出版社，1999年。

3 中国社会科学院考古研究所实验室：《放射性碳素测定年代报告（一一）（标本ZK—1032）》，《考古》1984年第7期。

4 《史记》卷二十《平准书》，中华书局，1959年，第1417页。

5 广州市文物考古研究所：《广州黄花岗汉唐墓葬发掘报告》，《考古学报》2004年第4期。

6 青海省文物管理委员会：《西宁市南滩汉墓》，《考古》1964年第5期。

7 甘肃省博物馆：《甘肃武威磨咀子汉墓发掘》，《考古》1960年第9期。

8 赵成甫：《南阳汉代画像砖》，文物出版社，1990年，第24页。

9 秦始皇兵马俑博物馆、陕西省考古研究所：《秦始皇陵铜车马发掘报告》，文物出版社，1998年，第3页。

马通长225厘米，从车舆后缘至车伞后缘水平距离32厘米，高152厘米，双轮单辕。辕的前端接衡，衡上置双轭。驾四马，两骖两服。车舆平面为横长方形，宽74厘米，进深48.5厘米。舆的前、左、右三面立栏板，前栏板顶端有轼，后面辟车门。舆内立十字形伞座。座上插一长柄铜伞，铜御官俑站立在车舆内，伞盖正好笼罩了整个车舆和御官俑。二号铜车马通长317厘米，高106.2厘米，双轮单辕，驾四马。车舆呈纵长方形，分为前后两舆。前舆较小，内有跽坐铜御官俑一件。后舆较大，近似方形。舆上端搭一龟甲形的篷盖，车上装有可自由开合的门窗[1]。

综观两车的形制结构变化，一号车较为轻巧灵便，车舆上又配备了弩、矢、盾等多种兵器。二号车车体较大，有车篷，安稳舒畅，富丽典雅，除御官俑的佩剑外，无其他兵器装备。出土时，一号车马居前，二号车马在后。所有这些表明，一号车马是从属二号车马的前导车。蔡邕《独断》载："有五色安车、五色立车各一，皆驾四马，是谓五时副车。"《后汉书·舆服志》载："五时车，安/立亦皆如之，各如方色，马亦如之。"《晋书·舆服志》有"坐乘者谓之安车，倚乘者谓之立车，亦谓之高车"的记载。根据以上两乘车的形制结构，参照有关文献记载，初认为第一号铜车应是五时副车中倚乘的立车，也谓之高车；二号铜车是坐乘的安车[2]。

二、水上交通工具

独木舟和船筏是人类发明最早的舟船，在浙江余姚河姆渡新石器时代遗址的考古发掘中发现有木桨出土，推算至迟大约7000年前已有独木舟。秦朝的水上交通大致包括舟船和筏等两大类。1975年，广州中山四路发现了年代上限在秦朝的造船船台遗址[3]（图8-4）。根据考古资料和文献记载可知秦朝时期船舶应用于战争、漕运和帝王将相的出行生活中。秦统一后，秦始皇推动交通发展的措施之一，有所谓"决通川防，夷去险阻"[4]。汉代水上交通发达，根据考古发掘和文献资料可知汉代水上交通种类较为多样，除船舶类还有筏、独木舟、木板船等形式的水上交通工具。

根据广州西村汉墓出土的带小舱楼式的木质船舶，以及广州先烈路和广东德庆等地出土的东汉陶船模型性质特点来看，专家推断这就是文献中提到的舲船。除此之外，汉代船舶形式还有先登、斥候、艨艟等等。根据四川彭州画像砖，汉代还有竹筏，是一种用于河湖上进行捕捞作业的小型竹、

图 8-4　广州秦汉造船厂遗址

1 秦始皇兵马俑博物馆、陕西省考古研究所：《秦始皇陵铜车马发掘报告》，文物出版社，1998年，第139页。

2 秦始皇兵马俑博物馆、陕西省考古研究所：《秦始皇陵铜车马发掘报告》，文物出版社，1998年，第375—376页。

3 广州市文物管理处：《广州秦汉造船工场遗址试掘》，《文物》1977年第4期。

4《史记·秦始皇本纪》，"决通川防"又作"决通堤防"。

木排。根据《后汉书·岑彭传》记载："（汉建武）九年，公孙述遣其将任满、田戎、程泛数万人乘枋箄下江关。"[1]这里所说的枋箄能运数万人，可知不是小型的竹、木排。广州东汉墓出土的陶船模型船尾上所见的舵，是迄今所知年代最早的古舵。

秦朝造船业的发展，为后市造船业技术的进步奠定了坚定的基础。三国时期的东吴是造船业发达之地。最大的战船有上下五层，可载3000名士兵。孙权乘坐的"飞云"、"盖海"等大船蔚为壮观。孙吴曾多次派大船队远航辽东及南海海域。晋朝灭蜀汉后，为进而灭吴，曾派王睿在四川建造楼船，最大者方120步，可载2000多人。舱面上建有瞭望台，船上可驰马往来，被称为"舟楫之盛，自古未有"[2]。

第四节 交通出行的礼仪制度

三代以降，"礼"成为确定并维持社会等级秩序、彰显统治者身份与权力的一套典章制度，"名位不同，礼亦异数"[3]。"礼"对中国社会生活的各个方面都有很深的影响，交通是人们社会生活的一部分，"礼"对交通的影响主要体现在严格的交通规则及森严的等级制度上。

秦汉统一王朝时期的交通建设，取得了前所未有的成效。公元前221年秦始皇统一六国，毁城郭、平险阻、修驰道、"车同轨"、"舆六尺"，交通便利；两汉时，交通更为发达，如西汉枚乘云："夫汉并二十四郡、十七诸侯，方输错出，运行数千里，不绝于道……陆行不绝，水行满河。"[4]三国时期因战乱频繁，道路交通不如秦汉之时，但局部地区的道路交通仍具有一定规模。

秦汉三国时期交通系统具有首先服务于政治和军事的特征，交通的完备必然需要礼仪制度的约束，故而有着严格的交通规则及森严的等级制度。因海上交通方面的礼仪制度资料不完备，本节主要讲述秦汉三国时期陆路交通方面所体现的礼仪制度。

一、交通规则

秦汉三国时期的交通规则，主要体现在行路的"礼"与"法"。自周秦以来一直贯彻至今的行路之"礼"，主要是行路时的交通避让规则、"左入右出"规则及"靠右行走"规则。行路之"法"，"主要表现在关防和津防对行人的盘查，习称'过所'"。

（一）"贱避贵、少避长、轻避重、去避来"的规则

"贱避贵"，指一切行人、车马，要避让官轿、邮车、驿站送信的人和马，奴仆及苦力等给官吏、贵人、主人让路，官位低的给官位高的让路；"少避老"，指年轻人让路于年长者；"轻避重"指轻身轻骑者，让路于负重者；"去避来"指下坡人让路于上坡人，或者出城人让路于进城人。

交通避让制是"礼"在"行"方面的体现，尽管这一规定体现了等级森严的封建伦

1 《后汉书》卷十七《冯岑贾列传》，中华书局，1962年，第653页。

2 刘杰：《中国古代舟船（二）》，《交通与运输》2009年第3期。

3 《左传·庄公十八年》。

4 《汉书》卷五十一《贾邹枚路传》，中华书局，1962年，第2363页。

理纲常，但客观上具有规范出行秩序、减少交通冲突和提高流通效率的功能，蕴含着技术合理性之伦理基础。

（二）城门“左入右出”的规则

秦汉三国时期有“入由左，出由右”的行路规定，即进城门必须靠左行走，出城门则必须靠右行走。

（三）“靠右行走”的规则

如今，中国行人、车辆有靠右行驶的交通规则，这来源于秦汉三国时期军队的队列规定，当两支队伍行进中相遇时，因为战士右肩扛着矛或剑等冷兵器，只好把左面让给迎面而来的军队，自动靠右边行走。久而久之，成了一条古代军队之间相互遵守的交通规则，代代相传，直至今日。

（四）关防和津防对行人的盘查

秦汉三国时期，对“过所”的发放、判给、审查一直是十分严格的，在边境地区，关防的禁令更为严格[1]。

二、等级制度

等级制度是中国传统社会政治秩序稳定性的保证。《左传·宣公十二年》云：“君子小人，物有服章，贵有常尊，贱有等威，礼不逆矣。”政治生活中强化这种“辨上下之仪”的规范，可以维护政治体制的安定，政治秩序对社会结构发生影响，又形成阶次显明的社会等级。《左传·昭公七年》曰：“天有十日，人有十等。下所以事上，上所以共神也。故王臣公，公臣大夫，大夫臣士，士臣皂，皂臣舆，舆臣隶，隶臣僚，僚臣仆，仆臣台，马有围，牛有牧，以待百事。”这种“有贵贱，有大小，有上下”的等级制度，久已成为中国社会历史的定轨，且渗入社会生活的方方面面，交通方面亦不例外，主要表现在以下四个方面。

（一）道路使用上的等级差别

秦汉三国时期道路的使用上明显地表现出等级制度。下面分别从驰道的使用权、都城城门及街道的使用权、行路的“贱避贵”原则三方面作简要论述。

1. 驰道的使用权方面

天子行驰道中央而吏民行旁道。有文献记载，秦“为驰道于天下，东穷燕齐，南极吴楚，江湖之上，濒海之观毕至。道广五十步，三丈而树。厚筑其外，隐以金椎，树以青松。为驰道之丽至于此，使其后世曾不得邪径而讬足焉”[2]。据此，推测驰道有着统一的质量标准：路宽50步，相当于现今尺度69米左右；路基高出两侧地面，以利排水，并用铁锤夯实路面；每隔三丈种一株青松，为行道树；路中央三丈为皇帝专用，两边开辟了人行旁道。

考古工作者曾在陕西咸阳窑店镇南的东龙村以东150米处，发现一条南北向古道路

1 马洪路：《漫漫长路行——中国行路文化》，济南出版社，2004年，第253页。

2 《汉书》卷五十一《贾邹枚路传》，中华书局，1962年，第2328页。

遗迹，路宽50米，筑于生土之上，两侧为汉代文化层[1]。这条道路，北为秦都咸阳的宫殿区，南与汉长安城的横门相对，以秦宫布局"象天极"的规划意图分析，这条道路应是南北沟通咸阳宫与阿房宫的交通干道，当时当归入驰道交通系统之中。秦咸阳北墙以北发现一条西南—东北走向的交通干道，被考古工作者命名为"1号大道"，已探出长度960米，"现存最宽处54.4米，一般在40—50米之间，路面中间高于两侧10—15厘米，呈鱼脊状，路土层厚5—15厘米，大道南北两旁均为淤泥，似为路面泄水之阳沟"[2]。这条道路从规格和走向看，也可能属于驰道。据调查，陕西潼关以东的秦汉驰道遗迹，路面宽达45米以上[3]。

由此看来，贾山关于驰道规模的记述并非虚言。所谓"三丈而树"，杨树达《汉书窥管》卷六以为，"三丈而树，谓道之两旁每三丈植一树"。王先谦《汉书补注》云："王先慎曰：三丈，中央之地，惟皇帝得行，树之以为界也。《三辅黄图》云：'汉令：诸侯有制得行驰道中者，行旁道，无得行中央三丈也，不如令，没入其车马。'盖沿秦制。"

汉代法律明确规定天子行驰道中央而吏民行旁道，无诏令行驰道中者要处以"没入其车马"的惩罚。汉武帝尊奉其乳母，"乳母所言，未尝不听"，于是"有诏得令乳母乘车行驰道中"。未有诏令而行驰道中，当受严厉处罚。翟方进为丞相司直，曾因行驰道中受到劾奏，"没入车马"。汉哀帝时丞相掾史行驰道中，也被司隶鲍宣钩止，"没入其车马，推辱宰相"[4]。汉武帝时禁令最为严格，《汉书》卷四五《江充传》记载，馆陶长公主行驰道中，直指绣衣使者江充拦截斥问，公主说："有太后诏。"江充则说："独公主得行，车骑皆不得。"于是"尽劾没入官"。另外，《汉书》卷四五《江充传》颜师古注引如淳曰："《令乙》：骑乘车马行驰道中，已论者没入车马被具。"《汉书》卷七二《鲍宣传》颜师古注引如淳曰："《令》：诸使有制得行驰道中者，行旁道，无得行中央三丈也。""中央三丈"是所谓"天子道"[5]。这种交通道路规则固然充满浓重的专制色彩，体现出等级尊卑关系，然而在当时针对社会各阶层交通方式差别悬殊的现实，其存在又具有一定的合理性。

2. 都城城门及街道方面

秦汉时期，都城城门、大街均一分为三，中间为专供皇帝行走的御道；三国时期，曹魏洛阳城南北中轴大街为御街，为皇帝专用。

西汉长安城。《三辅黄图》卷二引《三辅旧事》云："长安城中八街九陌。"从历史文献及考古发掘的资料看，八大街的宽度约45—46米，路面以两条排水沟间隔分成三条道路，中间的驰道宽约20米，专供皇帝通行，两侧的边道各宽约12米，供官吏和平民行走。这就是班固《西都赋》中所说的"披三条之广路"的街制。城墙四面各开三座城门，每座城门都有三个门道，中间的门道为皇帝专用，合计十二门、三十六门道，与张衡《西京赋》所述"方轨十二"、"三涂洞开"等文献相吻合。

东汉洛阳城。城门及城中大街一分为三，中间为御道。依《洛阳伽蓝记·序》等文献记载，东汉洛阳城共有城门12座，南北、东西向的大街各五条，和西汉长安城不同的是，

---

1 孙德润、李绥成、马建熙：《渭河三桥初探》，《考古与文物》丛刊第3号《陕西省考古学会第一届年会论文集》，1983年11月。

2 陕西省考古研究所：《秦都咸阳考古报告》，科学出版社，2004年，第212页。

3 胡德经：《洛阳—长安两京古道考察》，《中州今古》1986年第1期。

4 《汉书》卷七十二《鲍宣传》，中华书局，1962年，第3093页。

5 《史记》卷六《秦始皇本纪》：二十七年，"治驰道"。裴骃《集解》："应劭曰：'驰道，天子道也，道若今之中道然。'"

城门不是均分于四面。《洛阳伽蓝记·序》记洛阳城门“一门有三道，所谓九轨”[1]。《太平御览》卷一九五引陆机《洛阳记》又说：“宫门及城中大道皆分作三。中央御道，两边筑土墙，高四尺余，外分之。唯公卿尚书章服从中道，凡人皆从左右，左入右出。”由北魏建春门即汉上东门遗址的发掘看来，这种记载应该是可信的，这座城门遗址，南北长30米、东西宽（即进深）约12.5米。门南北两侧，横截城墙以为壁，其间布置两道东西向夯土隔墙，构成一门三洞的形制。各门洞大体同宽，约为6米。门洞内原皆有大道穿过，然因后世流水冲刷，中门洞道路已荡然无存，而南、北二门洞内，尚残存排叉柱、门槛石以及车辙的遗迹。在北门洞之北魏路土层下，还叠压着汉晋时期以砖石材料构筑的排水暗沟一条。另外，据勘察，由城内通往此门的道路，宽达35—51米。即使按最小的数字35米计，将路面分作三道，也完全是可行的。

曹魏洛阳城。曹魏时期规划营造的洛阳宫与北魏时期的宫城为同一座单一个体的宫城，位置范围大体相同，布局形制大致接近。这种宫殿布局，直接影响了后代，使魏晋以至北魏洛阳城的宫城形制出现了与以往不同的崭新变化。它改变了秦汉以来南北两宫对峙为主的宫城布局格式，确立了宫城位于整个城市北部中间的格局，这是古代都城宫殿布局形制的一个重要变化。随着宫城形制的变化，新筑宫城正门阊阖门南置的大城宣阳门，就成为大城南墙的正门。二门之间的御街，也成整个城市的南北轴线，为皇帝专用。汉明帝曾置铜驼诸兽于阊阖南街，故后代也称其为铜驼街。

3. 行路的“贱避贵”原则

行路时要遵守“贱避贵”的原则，强调卑贱者应当避让尊贵者。“贱避贵”原则最极端的情形，是最高权力者对交通道路在一定时间内有绝对的空间占有权，即卑贱者的“避”，是绝对的。最典型的是汉文帝出行有人犯跸案例。《史记》卷一〇二《张释之冯唐列传》：“上行出中渭桥，有一人从桥下走出，乘舆马惊。于是使骑捕，属之廷尉。释之治问。曰：‘县人来，闻跸，匿桥下。久之，以为行已过，即出，见乘舆车骑，即走耳。’廷尉奏当，一人犯跸，当罚金。文帝怒曰：‘此人亲惊吾马，吾马赖柔和，令他马，固不败伤我乎？而廷尉乃当之罚金！’释之曰：‘法者天子所与天下公共也。今法如此而更重之，是法不信于民也。且方其时，上使立诛之则已。今既下廷尉，廷尉，天下之平也，一倾而天下用法皆为轻重，民安所措其手足？唯陛下察之。’良久，上曰：‘廷尉当是也。’”这是著名的司法追求“天下之平”的故事，由此也可以看出，通过公共交通条件的使用权利的差别，鲜明地体现了交通管理的等级制度。

（二）“骑乘权”上的等级差别

车乘是先秦及秦汉三国时期主要的陆上交通运输工具，故秦汉三国时期交通的等级制度还表现在“骑乘权”上，即对车辆、马匹等交通工具的使用有尊卑贵贱之分。一部分人有骑马、乘车的权利，按照当时的礼仪规定，达官贵人在特定的场合必须乘车，乘车是一种身份和威严的象征。另一部分人却禁用车马，这些人包括贱商政策下的商人及奴婢等贱民。

（三）“舆服”上的等级差别

车马和衣服，史籍中常连称为“车服”或“舆服”，是表征身份和权力的重要礼器之一。统一封建国家的车舆制度，创自秦，至汉代臻于完备。《后汉书·舆服志》云：“夫礼

---

1 [北魏]杨衒之撰，周祖谟校释：《洛阳伽蓝记校释》，中华书局，2010年。

服之兴也，所以报功章德，尊仁尚贤，故礼尊尊贵贵不得相逾，所以为礼也。非其人不得服其服，所以顺礼也，顺则上下有序，德薄者退，德盛者缛。”西汉扬雄则在《法言·孝至》中呼吁：“礼乐以容之，舆服以表之。”在享有“骑乘权”的人的内部，彼此间等级的高低和身份的差异通过衣服穿着的差别及所乘交通工具的类型、数量、制造材料、装饰、颜色等方面反映出来，即“是以天下见其服而知贵贱，望其章而知其势”。

秦汉三国时期，品官服色之制尚未形成，官吏的朝服均为袍，只有文武玄朱之别，用以区别官阶等级的服饰主要是冠。汉代的冠式种类繁多，包括冕冠、进贤冠、武冠、长冠、委貌冠、爵弁、通天冠、远游冠、高山冠、法冠、建华冠、方山冠、术士冠、却非冠、却敌冠、樊哙冠十六种。冕冠是汉代冕服里的冠式，是帝王、王公、百官在参加祭典等典礼活动时所戴的等级最高的礼冠，也称“旒冠”，俗称“平天冠”，只有皇帝、贵族、官员才能佩戴，老百姓只能用布帛包头，称为巾。冕冠可分为不同等级，天子“冕冠，“垂旒，前后邃延，玉藻。……系白玉珠为十二旒；三公诸侯七旒，青玉为珠；卿大夫五旒，黑玉为珠”[1]，“皆广七寸，长尺二寸，前圆后方，朱绿里，玄上，前垂四寸，后垂三寸，系白玉珠为十二旒，以其绶彩色为组缨”。文官戴进贤冠，由于进贤冠装梁的展筒较窄，只能区分出一梁、二梁、三梁三个等级，“进贤冠，古淄布冠也，文儒者之服也。前高七寸，后高三寸，长八寸。公侯三梁，中二千石以下至博士两梁，自博士以下至小史私学弟子，皆一梁”[2]。漆缅纱冠（俗称乌纱帽）可能是当时武职官员所戴的武冠。长沙马王堆三号汉墓出土的漆缅纱冠长24.4厘米，宽26厘米，垂翅长8厘米。出土时盛放在油彩双层长方漆奁内，应是墓主人生前的官帽。三号墓的墓主人为第一代轪侯利苍之子，生前曾是一位带兵的将领。由此可推测漆缅纱冠可能是当时武职官员所戴的武冠。

秦汉三国时期根据服饰的等级划分相对粗略，时人更加重视的身份标识是车马和印绶。刘增贵指出，秦汉以后，古代象征身份地位的器物如鼎彝等失去重要性，车服、印绶取而代之，《舆服志》的出现即为其明征[3]。车马是官员身份的重要象征，并逐渐成为一种政治符号。皇权的绝对尊贵、对于整个官僚集团的支配地位也通过舆服制度体现出来。帝国通过舆服制度的种种规则，在日常的政治生活中重申帝国的权力结构，使每个人明确自己的身份地位和责任义务。

秦朝大一统，实行“书同文、车同轨、行同伦”，车服、印绶有严格的等级差别。承秦之乱，汉初物资匮乏“自天子不能具钧驷，而将相或乘牛车，齐民无盖藏”[4]，舆服礼制之粗略可想而知。天下稍定，制度亦渐渐完备。西汉景帝在中元六年（前144年）发布了一条诏书：“夫吏者，民之师也，车驾衣服宜称。吏六百石以上，皆长吏也，亡度者或不吏服，出入闾里，与民亡异。令长吏二千石车朱两轓，千石至六百石朱左轓。车骑从者不称其官衣服，下吏出入闾巷亡吏体者，二千石上其官署，三辅举不如法令者，皆上丞相御史请之。”[5]诏书批评某些长吏车驾衣服不称，说明此前朝廷已经初步建立起与舆服有关的制度，但是大部分官吏对舆服的重要性认识不足，官仪普遍不整，故景帝重申旧令，要求加强监察。此外，诏书还对舆服制度作了一项补充，即“长吏二千石车朱两轓，千石至六百石朱左轓”。轓即车耳，长吏乘坐四维轓车，新规定令二千石长吏把坐驾的两侧车耳都漆成红色，千石至六百石的官吏把左边的车耳漆红，六百石以下大概素耳，于

1 《后汉书》卷三十《舆服志下》，中华书局，1962年，第3663页。

2 《后汉书》卷三十《舆服志下》，中华书局，1962年，第3666页。

3 刘增贵：《汉隋之间的车驾制度》，《中央研究院历史语言研究所集刊》，第63本第2分，1993年。

4 《史记》卷三十《平准书》，中华书局，1959年，第1417页。

5 《汉书》卷五《景帝纪》，中华书局，1962年，第149页。

是一个根据品级而朱两轓、一轓或无权朱轓的礼仪阶序形成。西汉成帝永始四年六月诏书有言："圣王明礼制以序尊卑，异舆服以章有德，虽有其财而无其尊，不得逾制，故民兴行，上义而下利。"[1]

秦汉三国时期，车马依车形、驾畜数目、车盖、车马饰分为许多不同的等级，车马区别身份的功能由之体现。具体而言，车马的等级差别表现在以下四个方面。

以车形言，秦始皇专用车是温凉车。温凉车有4个轮子，车型大，上有顶盖，4面有帷，车后有门，3面有窗，闭之则温，开之则凉，所以称温凉车。汉代，皇帝乘坐的是最高级的马车——"辂车"和"金根车"，高级官吏乘坐"轩车"，一般官吏乘坐"轺车"，贵族妇女乘坐"辎车"，一般平民百姓只能赶车、推车，充其量只能坐一坐"一轮车"。

以驾畜数量言，《续汉书·舆服志》引《逸礼·王度记》所述"天子驾六马，诸侯驾四，大夫三，士二，庶人一"的古礼，就是根据身份而形成的驾马数的六、四、三、二、一的数列。

以车盖言，等级的差别体现在颜色和质料上，二百石以下白布盖，三百石以上皂布盖，千石以上皂缯覆盖。根据景帝诏书可知，当时已形成了二千石朱两轓、千石至六百石朱左轓、以下乃素耳的等级，加上天子车斑斓耳，公侯黑轓，一个由颜色、数字共同组合而成的等级序列就形成了。

以车马饰言，车马饰也根据等级而有不同的规定，这些形制、饰物的任何一个细微差别，都反映了尊卑上下的区分。比如车轓，守令车的轓"长六尺，下屈广八寸，上业广尺二寸，九文，十二初，后谦一寸，若月初生，示不敢自满也"[2]。自景帝中元五年"始诏六百石以上施车轓"，[3]在山东临淄齐王墓4号陪葬坑出土的4号车，轓的后部有一半月形的缺口，与记载相合，而帝王车的轓，如秦始皇陵出土的1号铜车，车轓无此半月形缺口[4]。车轓细节上暗示着君尊臣卑、"君满臣缺"的等级观念。

（四）"仪仗"和"仪从"上的等级差别

秦汉三国时期在使用交通工具及出行时使用"仪仗"和"仪从"，这是等级制度的又一个突出标志。仪仗古称"卤簿"，皇帝的仪仗队伍最庞大、最显赫，展示了皇权的存在和强大，王侯百官的仪仗也各有等级，规格因爵秩而异，原则上是官阶越高，仪从越盛，仪仗越堂皇，平民百姓禁用仪仗、仪从。

以汉代长吏出行的车驾队伍为例，由主车和前导后从的门下五吏车组成，"公卿以下至县三百石长导从，置门下五吏、贼盗、贼功曹，皆带剑，三车导；主簿、主记两车为从"；车队前后有步行护卫的"伍伯"，"公八人，中二千石、二千石、六百石皆四人，自四百石以下至二百石皆二人"；有骑吏，"公以下至二千石，骑吏四人，千石以下至三百石县长二人，皆带剑，持棨戟为前列"；有斧车，"县令以上，加导斧车"[5]。斧车是古战车，车中央立一大斧，车上备五兵，是权力的象征；有的场合车驾队伍还配有鼓吹车或鼓吹骑吏。在前导后从的五吏车中，值得注意的是，最靠近主车的是功曹车和主簿车。"功曹虽秩仅百石，然于守相自辟之属吏中地位最高，且职统诸曹，故特为守相所委任，其权逾于丞与长史远甚"[6]；主簿是守令的股肱近臣，长官病归乡里主簿亦侍从左右，故功

---

1 《汉书》卷十《成帝纪》，中华书局，1962年，第324页。

2 《后汉书》卷二十《舆服志上》，中华书局，1965年，第3647页。

3 《后汉书》卷二十《舆服志上》，中华书局，1965年，第3648页。

4 孙机：《中国古舆服论丛》（增订本），文物出版社，2001年。

5 《后汉书》卷二十《舆服志上》，中华书局，1965年，第3651—3652页。

6 严耕望：《中国地方行政制度史——秦汉地方行政制度》，上海古籍出版社，2007年。

曹车、主簿车最靠近主车，显示重要和亲近。贼曹、游徼居前大概是出于安全警卫的原因，亦表明维持地方治安是长吏的主要职责。最后是主记车，汉代文书行政比较发达，太守的政务活动需要随时记录，故主记随行。

这样的一个车驾队列道路上滚滚行进，势必甚为可观。这样的场景在时人心目中留下深刻的印象，比如，当看到秦始皇的出行队伍，无论是刘邦说“大丈夫当如此也”，还是项羽说“彼可取而代也”，都说明千乘万骑的帝王出行威仪深深地触动了他们，尽管他们后来成为反秦的两大主力，但他们并不反对，反而深深认同、向往此种权力和威势。再如，《续汉书·百官志》注引《汉官》：“执金吾缇骑二百人，持戟五百二十人，舆服导从，光满道路，群僚之中，斯最壮矣。世祖叹曰：‘仕宦当作执金吾’。”刘秀对执金吾的钦慕乃是因其出行场面最为壮观威武。

正因如此，车骑出行成为汉墓壁画中的常见题材，如山东苍山兰陵镇出土的赵襄子出行画像砖，山东长清孝堂山石祠的“大王出行图”和“二千石出行图”，和林格尔出土的展现了墓主分别出任繁阳县令、西河长史、行上郡属国都尉、使持节护乌桓校尉等职的出行图[1]。这些壁画为我们直观地感受当时车骑出行的阵仗和威仪提供了非常好的材料。

1 杨爱国：《不为欣赏的画作——汉画像石和画像砖》，四川教育出版社，1998年。

第九章
社会生活

第一节 服饰

一、服饰的类型

服饰制度是社会政治制度的一个重要组成部分，它产生于一定的社会经济基础之上，其发展、演变和主要内容、特征均反映了一定的社会经济关系和生产力发展水平。而政治制度则主要是指国家的政治体制，是与一个国家的社会性质和发展阶段相适应的权力机构和基本制度，也就是处在统治地位的阶级用什么方式来实行统治。服饰制度和政治制度都具有缓解社会矛盾、保持社会稳定、推动社会发展的功能。

秦汉时期的服饰主要由领、襟、袖、衽、带、裾等部件组成。领系采用质地较厚的布帛裁成两条，缝缀于衣襟。据《释名·释衣服》：汉代的衣领分为直领、交领和曲领。直领领子开得稍深，斜直而下，交压的部位比较靠下。交领的领子开得较浅，两领交叠的部位也比较靠上。曲领多为中衣所采用，领窝呈圆曲状，较交领深，可避免造成中衣的领子堆在脖颈。《释名·释衣服》："曲领在内，所以禁中衣领上横壅颈，其状曲也。"这三种类型的领子在出土文物中均有反映。据《说文》"衣部"，领也称为褯。襟是领的下延部分，左右两片交合可掩住前胸。《释名·释衣服》："襟，禁也，交于前，所以禁御风寒也。"袖由袂、袪等部分组成，袂指袖身，袪指袖口。衽是在衣裳的一侧续接一块布，可以接在上衣上，也可以接在下裳上，用以叠压另一侧，绕至身后。《释名·释衣服》："衽，襜也，在旁襜襜然也。"《礼记·玉藻》郑玄注："衽谓裳幅所交裂也……衽属衣则垂而放之，属裳则缝之，以合前后上下相变。"紟、带、系均是用来系住衣裳的带子，以防松开。关于裾，文献语焉不详，引起后世学者众多争议。《释名·释衣服》："裾，倨也，倨倨然直，亦言在后常见裾也。"《方言》卷四云："裾，衣后裾也。"裾指的是裳的后摆，原来多为直裾，后来出现了曲裾。

秦汉时内地的服饰基本形制为右衽，周边少数民族的服装则以左衽为主[1]。正式的服装的领子、袖子等都要用丝绸缘边，称为"纯"或"缘"。《说文》"系部"："缘，衣纯也。""纯，丝也。"当时流行以青色和绛色缘边。《释名·释衣服》："襈，缘也，青绛为之缘也。"不缘边的衣服称作褴。《说文》"衣部"："裯谓之褴褛。褴，无缘也。"《方言》卷四亦云："以布而无缘，敝而紩之，谓之褴褛。"

1 《太平御览》卷七九九引《风俗通义》：胡人"被发左衽"；《战国策·赵策二》云："被发文身，错臂左衽，瓯越之民也。"《三国志·吴书·薛综传》云：交州人"左衽"；《后汉书·西南夷列传》："其人皆椎结左衽。"

当时的衣服有单、复之分。《释名·释衣服》曰：“有里曰复，无里曰禅。”《说文》“衣部”：“複，重衣儿。”

秦汉人的服装可分为外衣、中衣、内衣和下裳。当时把上身服装统称为“衣”，也包括全身性袍式服装的腰上部分。《释名·释衣服》云：“凡服上曰衣。”《说文》“衣部”亦云：“上曰衣。”

外衣包括全身性袍式服装和长至膝盖的短外衣。秦汉时期全身袍式服装均从深衣发展而来。深衣流行于战国，《礼记·深衣》对深衣评价很高，认为“可以为文，可以为武，可以摈相，可以治军旅，完且弗费，善衣之次也”。江陵马山楚墓和马王堆一号汉墓出土的深衣实物为今人了解其形制提供了可能。观察出土文物，深衣是衣、裳相连，以衽交掩，衽放在身后左侧。秦汉时期的各式全身性服装沿袭了深衣的基本特征，为当时最为重要的服制，是社会上层人士和正式场合的典型服装。

禅衣是夏季穿的袍式服装，没有衬里，多以轻薄的衣料制成。《释名·释衣服》云：“禅衣，言无里也。”《说文》：“禅，衣不重。”《方言》卷四也说禅衣“古谓之深衣”。可见禅衣与深衣的历史渊源。二者的差别在于禅衣的衣袖更为肥大，汉代文物所见禅衣形象均是宽衣博袖。禅衣在汉代服装中的地位很高，是百官上朝时穿的朝服。《汉书·盖宽饶传》载：“宽饶初拜为司马，未出殿门，断其禅衣，令短离地。”禅衣在不同地区有不同称谓：“江、淮、南楚之间谓之褋，关之东西谓之禅衣。”[1]居延汉简有大量关于黑色和白色“禅衣”的记录[2]。

袍是一种长至脚踝、袖子肥大、衬有棉絮的秋冬季服装。《释名·释衣服》谓：“袍，丈夫著，下至跗者也。袍，苞也；苞，内衣也。妇人以绛作衣裳，上下连，四起施缘，亦曰袍，义亦然也。”可见袍长至脚踝，男女均可穿着。制作一件袍非常费工费料。《睡虎地秦墓竹简·封诊式·穴盗》记载：一件“複衣”要用布五十尺，用帛作里，内装丝絮五斤，另用五尺缪缯镶边。这里所说的複衣应是袍。马王堆一号汉墓中出土的袍按颜色和花纹区分，有素绢丝绵袍、朱罗丝绵袍、绣花丝绵袍等十余种[3]。

袿衣是女性的上等服装，《释名·释衣服》云：“妇人上服曰袿。其下垂者，上广下狭，如刀圭也。”河南汉画像砖石上刻绘有着袿衣的女子形象[4]。

襦是长至膝盖的外套。《说文》“衣部”：“襦，短衣也。”这里所说的短是相对于袍、禅衣等而言。武威西汉墓男尸和女尸分着绢襦和丝绵襦[5]，徐州东汉画像石男性主宾二人着短襦跽坐榻上的画面[6]，其形制正与文献相合。襦有单襦、复襦、要襦、反闭襦等。单襦主要在夏季穿着，也称作汗襦。居延汉简和连云港西汉墓遣策分别有“白布单襦”和“练单襦”的简文，系指用麻布和丝制成的襦。

裘即皮衣，系冬季穿着的服装，西汉人“非裘不能具绨绵曼帛暖于身也”的认识和流行于东汉“救寒莫如重裘”的谚语，生动地反映出裘衣的功能。《礼记·玉藻》记录的裘皮种类有狐、虎、狼、麢、羔、犬和羊裘。

在外衣和内衣之间的称为“中衣”。《释名·释衣服》云：“中衣，言在小衣之外，大衣之中也。”中衣又名“中单”。汉代人极为讲究袍式外衣与中衣颜色的搭配，如祭祀宗庙时，就以纯黑色外衣搭配绛色缘领、袖的中衣。

---

1 《后汉书》卷二十四《马援列传》引《方言》卷四，中华书局，1965年，第829页。
2 谢桂华、李均明：《居延汉简释文合校》，文物出版社，1987年。
3 湖南省博物馆、中国科学院考古研究所：《长沙马王堆一号汉墓》，文物出版社，1973年。
4 南阳文物研究所：《南阳汉代画像砖》，文物出版社，1990年，图147。
5 甘肃省博物馆：《武威磨咀子三座汉墓发掘简报》，《文物》1972年第12期。
6 徐州博物馆：《江苏徐州市清理五座汉画像石墓》，《考古》1996年第3期。

内衣主要有裲裆、汗衣、帕腹、抱腹、膺心衣等。

《释名·释衣服》云:“裲裆,其一当胸,其一当背也。”上海博物馆藏南北朝文侍俑所着即为裲裆,肩部用两条宽带子将前、后片连接起来,在腋部亦用带连接[1],这件文物虽然晚出,但可能与汉裲裆形制相差不远。

《释名·释衣服》云:“汗衣,近身受汗垢之衣也。”密县打虎亭汉墓壁画绘儿童所着红色背心[2],可能就是汗衣。

帕腹、抱腹和膺心衣是一组颇为特殊的内衣。《释名·释衣服》云:“帕腹,横帕其腹也”;“抱腹,上下有带抱裹其腹上,无裆者也”;“膺心衣,抱腹而施钩肩,钩肩之间施一裆,以奄心也。”从《释名》文义看,这三种服装的功能都能对胸腹部起到保暖作用,均可视为后世兜肚的前身。有学者推测这些服装是女子所穿内衣,但汉代文献并未如此定义,似为两性通用。

下身服装统称为“裳”,也包括全身性袍式服装的腰下部分。秦汉时期的下身服装主要有绔、裈、裙等。

绔即裤子,贴身穿的内绔称“裈”。裙是女子的下身服装,丝裙为社会上层或中层女子所服,布裙则流行于普通百姓中。女性服装和男性服装的差异主要通过服装的颜色和装饰来区分。据文物资料,西汉时期妇女深衣的明显特点是衣襟接得很长,穿时在身上缠绕数道,每道花边显露在外[3]。与男性相比,女装的颜色要鲜亮明丽得多。如长沙马王堆一号汉墓出土的彩绘女子木俑所穿深衣上的花纹十分绚丽[4];山西孝义西汉墓出土女立俑所着服装虽是素朴的黑底,但黑底上却衬红花,衣襟下饰红边,腰缠红带,别有一种韵致[5]。

上述内衣和内裤之类服装,在秦汉时期统称为“亵”。《说文》“衣部”:“亵,私服也。”江陵马山战国中晚期楚墓出土的小袖短衣,衣面素料,不饰文采。

用于防雨的雨衣称“蓑衣”,系用草编制而成。《淮南子·齐俗》云:“见雨则裘不用,升堂则蓑不御,此代为常者也。”

二、配饰的类型

秦汉时期上层成年男子要戴冠,冠礼通常在20岁举行。《释名·释首饰》:“二十成人,士冠庶人巾。”但实际生活中冠礼可能提前到18岁,如董偃“至年十八而冠,出则执辔,入则侍内”[6]。冠是当时各种帽子的总称,用以束发。在古代中国人的意识中,头为元阳之府,是身体中最重要的部位,同时它也是最直接表达情绪和情感的部位,可能由于这两种原因,冠遂成为服饰上最重要的等级特征以及服饰礼规最明显的展示。战国秦汉时期流传的“故冠而后服备,服备而后容体正、颜色齐、辞令顺。故曰:冠者,礼之始也。是故古者圣王重冠”[7]、“冠者尊服”[8],正是对这种情形的写照。人们可以通过戴冠清楚地辨识其社会身份,如儒生有“儒冠”。戴不属于自己等级身份的冠无疑是严重

1 朱大渭、刘驰、梁满仓、陈勇:《魏晋南北朝社会生活史》,中国社会科学出版社,1998年。

2 河南省文物研究所:《密县打虎亭汉墓》,文物出版社,1993年。

3 周汛、高春明:《中国历代妇女妆饰》,学林出版社,1997年。

4 湖南省博物馆、中国科学院考古研究所:《长沙马王堆一号汉墓》,文物出版社,1973年。

5 山西省文物管理委员会等:《山西孝义张家庄汉墓发掘记》,《考古》1960年第7期。

6 《汉书》卷三十五《东方朔传》,中华书局,1962年,第2853页。

7 钱玄等注译:《礼记·下·冠义》,岳麓书社,2001年,第809页。

8 《汉书》卷八十四《屈原贾生列传》,中华书局,1962年,第2492页。

违反礼规的行为。高帝八年（前194年），刘邦下诏明确规定："爵非公乘以上毋得冠刘氏冠。"[1]汉昭帝时，昌邑王刘贺让奴仆戴仄注冠，被认为是"暴尊"的不祥行为[2]。冠和履还被时人视为贵和贱的两极标志。由于冠被人们赋予了多种社会含义，因此它的社会价值远远超过其实用价值，正如《淮南子·人间训》所说：冠之于人岁"寒不能暖，风不能障，暴不能蔽"，但人们仍使用它，"其所自讬者然也"。

冠多用緇布、缟素和漆缅等物制成。冠的种类有很多，在秦汉四百余年间，其形制也发生了很大变化。《续汉书·舆服志下》说，当时的冠主要有冕冠、长冠、委貌冠、通天冠、高山冠、进贤冠、法冠、建华冠、方山冠、巧士冠、却非冠、却敌冠、樊哙冠、术士冠等。

弁是冠的一种。《释名·释首饰》："弁，如两手相合抃时也。"据此，弁的外形像两手相扣合的样子。根据制作材料又有爵弁、皮弁、韦弁之分。

先秦时期戴冠是上层男性的专利，下层男性社会成员只能着巾，这种情况在秦汉时期并没有多大的改变。典型的例子如东汉末年张角领导的农民起义，以着黄色头巾为标志。巾的使用方法是把巾覆盖在发髻上，然后用带扎住。当时的女性也多使用头巾，系扎方法有多种。四川彭山汉墓女子俑以巾裹发，在脑后系成双丫状，顶间突起[3]。广东佛山东汉墓出土的女俑则是由后而前，在额上交叉系结[4]。大约从东汉中后期开始，巾的地位发生变化，不再是平民和低贱者的象征，而逐渐演化为时尚雅致的标志，连王公贵族也多放弃代表权利地位的冠而着巾。

帻从巾演变而来。《续汉书·舆服志下》对帻的变迁有一段扼要描述："古者有冠无帻"，战国后期，秦国为了表彰有功的武将，在武将的首饰上加绛帕以示区别，后来绛帕逐渐演变为颜题。汉初，颜题演变为帽沿，并在颜题上接上巾反过来覆盖住头顶。到文帝时进一步加高颜题，"续之为耳"，把巾耸起成屋状，在后部收紧，便形成了帻。汉代的帻有介帻和平上帻两种类型。

汉代除了单独戴帻外，冠也与帻结合，形成新的冠制。两者结合始于何时，文献记载不同，一说为元帝时，到王莽时又有所改进[5]。从西汉玉雕人物及画像砖和壁画上的戴冠者可以看出，西汉的冠下均不加帻，用连着冠缨的頍予以固定，可证后一种说法更贴近历史事实。东汉时戴冠则下要加帻。帻耳的长短与其所戴冠相称，通常文官帻耳较长，武将帻耳较短。

男子用以束发的丝带或布带称作绡头，又称"络头"、"陌头"等。《释名·释首饰》云："绡，钞也，钞发使上从也。或谓之陌头，言其后横陌而前也。"成都天回山汉墓出土陶俑所戴正是这种头饰。东汉时期以布覆头的帻开始流行，但绡头依然广泛使用。

三、鞋履的类型

除个别地区外，着履在秦汉时已普遍流行。这一时期鞋履的种类有很多。单底的鞋称作履。根据《方言》的记载，不同地区对履均有相应称谓。履的制作材料有皮革、丝

1 《汉书》卷一下《高帝纪下》，中华书局，1962年，第65页。

2 《汉书》卷二十七下之上《五行志第七下之上》，中华书局，1962年，第1460页。

3 南京博物馆：《四川彭山汉代崖墓》，文物出版社，1991年。

4 周汛、高春明：《中国历代妇女妆饰》，学林出版社，1997年。

5 《太平御览》卷八九引《汉官仪》："孝武时，天子以下未有帻。元帝额上有壮发，不欲使人见，乃使进帻，群寮随焉"。"帻本无巾，如今半帻而已。王莽无发，因为施巾，故里语曰：'王莽头秃施帻屋。'"《蔡中郎集》外集卷四《独断》（四部备要本）所属略同。

绸、麻布、葛、木、竹、草等。

许多动物的皮革均可做成履，其中以獐、麂等珍稀动物的皮制成的履档次最高。以生皮制作的履称“鞜”，以薄皮制作的轻巧的履称“鞮”。

以丝和锦制作的履称“丝履”或“锦履”[1]，是当时的高档鞋履。丝履因形制差异而有不同名称，如“緉”等。讲究的丝履还要在鞋面上绣花缘边。江陵凤凰山西汉前期墓出土有锦缘素丝履鞋、锦缘青丝履实物[2]。

更为常见的鞋履是价格低廉的麻履和草履。汉代麻履实物在很多地方都有出土，其形状有平头履和尖头履两种。如江陵凤凰山西汉墓出土了双尖翘头方履麻鞋[3]，甘肃和山东出土汉代平头麻鞋[4]。草履是汉代农民常穿的鞋履。四川牧马山汉墓出土的持箕佣足踏草履[5]，是对文献的形象补证。与草履性质类似的还有绳履。

除了制作原料导致的履的差别外，秦汉时期的履还存在着履头的差异。当时的履有圆头、方头、歧头和笏头（鞋尖上勾）等样式，在出土文物中均能找到实物证据。

雨鞋称“屐”。《释名·释衣服》云：“屐，槽也，为雨足槽以践泥也。”屐的制作原料是木，鞋底有两齿，既可以防滑，又可以拉开脚与泥泞地面的距离。桓帝延熹年间（公元158—166年），木屐成为京师洛阳流行的鞋履，已不限于雨天使用。高级的雨鞋形似草鞋，鞋面用帛做成。

秦汉时靴称“鞾”。《释名·释衣服》：“鞾，跨也，两足各以一跨骑也。本胡服，赵武灵王服之。”文物中也有靴的形象，密县打虎亭汉墓壁画所绘乐人着红色长筒靴[6]，居延查科尔帖出土的东汉木简绘一官吏着长袍黑靴[7]。

除日常生活中穿着的鞋履外，还有乐舞伎用于舞蹈表演的“躧”。《说文》“足部”：“躧，舞履也。”

履对于汉代人来说具有特殊意义，着履被视为文明和身份的象征。《释名·释衣服》：“履，礼也，饰足所以为礼也。”跣足除了表示穿着者地位的低贱外，还被人们用作表达谢罪的方式。正因为如此，汉代人对鞋子的清洁十分看重。

第二节　饮食

一、饮食器

所谓饮食器，是指吃喝所用的器具，包括食器、水器、酒器及用作储藏的容器等。秦汉时期，一般人用的饮食器是陶制，但青瓷器开始逐渐普及；富贵人家使用的饮食器少量的是铜制，大量的则是轻巧美观的漆器。此外，也有金、银制的[8]。

秦汉的陶制饮食器，一般呈青灰色，火候均匀，质地坚实。凡属圆形的容器，多系

1 睡虎地秦墓竹简整理小组：《睡虎地秦墓竹简》，文物出版社，1978年，第220页。

2 凤凰山一六七号汉墓发掘整理小组：《江陵凤凰山一六七号汉墓发掘简报》，《文物》1976年第10期。

3 凤凰山一六八号汉墓发掘整理小组：《湖北江陵凤凰山一六八号汉墓发掘简报》，《文物》1975年第9期。

4 甘肃省博物馆：《甘肃武威磨咀子汉墓发掘》，《考古》1960年第9期；临沂市博物馆：《山东临沂金雀山九座汉代墓葬》，《文物》1989年第1期。

5 四川博物馆：《四川牧马山灌溉渠古墓清理简报》，《文物》1959年第8期。

6 河南省文物研究所：《密县打虎亭汉墓》，文物出版社，1993年。

7 张朋川：《河西出土的汉晋绘画简述》，《文物》1978年第6期。

8 陈绍棣：《秦汉社会生活器具文化概说》，《东南文化》1992年第5期。

图 9-1　云梦睡虎地 47 号墓出土凤形勺

轮制，形态规整，表面光滑。秦代的饮食陶器有瓮、罐、钵、茧形壶、蒜头壶等。汉代的饮食陶器，数量大、流行时间长的是瓮、罐、盆、樽、盘、碗、鼎、锺等，仅见于西汉的有钫、豆、茧形壶等。需要指出的是，汉代在长江以南流行硬陶，较之灰陶烧成温度更高，陶质更坚硬，其种类有瓮、罐、壶、盒、碗等，其中匏形壶、三足罐、四联罐或五联罐等，在形态上具有显著的地方色彩。而东汉后期，在浙江、安徽、江苏、河南、湖北、四川、广东等地，开始出现青瓷器，器形主要是罐，此外还有盂、瓿、钵、碗、盘、壶、杯、鼎等，大都质地纯净，胎质坚实，细腻莹润，釉色光亮，说明青瓷的制作技术已相当成熟[1]。

据云梦睡虎地秦墓的考古发现，秦代的青铜制饮食器种类有鼎、盒、壶、鍪、勺、匕、盘等，一般造型新颖别致，大小比例得当，其中鍪和蒜头壶是秦文化的典型器物[2]。汉代的铜制饮食器主要是鼎、锺、壶、钫等，它们继承前代形制的同时也略有改变，其中钫只流行于西汉；此外还有盘、杯、樽、卮、鉴、銗等，在形制上都具有汉代特点。周代流行的豆在西汉时偶有所见[3]。

湖北云梦睡虎地秦墓出土的秦代漆器，其中饮食器有扁壶、耳杯、盂、勺、匕、卮等几种，一般为薄木胎（图9-1）。根据器类和用途的不同而进行巧妙的艺术加工，既实用，又美观，造型各异。漆器多内红外黑，在黑地上用红、褐漆和金色绘出连续萦回的凤纹、鸟纹、云气纹、卷云纹、柿蒂纹、变形凤鸟和各种几何纹。其中有的继承战国作风，有的是独创。漆盂中的一件，在黑漆的盂心，用朱漆绘二鱼一凤，在口沿上绘波浪纹

1 陈绍棣：《秦汉社会生活器具文化概说》，《东南文化》1992年第5期。

2 《云梦睡虎地秦墓》编写组：《云梦睡虎地秦墓》，文物出版社，1981年。

3 陈绍棣：《秦汉社会生活器具文化概说》，《东南文化》1992年第5期。

和点纹，以象征水，亦有写实感[1]。

汉代的漆器在战国、秦漆器的基础上有了长足的发展，其产地之广、数量之多、传播之远，都是前所未有的。其中髹漆的饮食器皿有鼎、壶、钫、樽、盂、卮、杯、盘、勺、匕等。有的器物与战国的相似，有的形制、技法则为战国所未见，具有汉代的特色。漆器的胎质，主要有木胎和夹纻胎两种，也有少数为竹胎。木胎的制法有轮旋、割削和剜凿、卷制三种，不同的器形分别采用不同的方法。就器形而言，能从实用出发，做到大小具备，新颖精巧。漆器的颜色多是黑、红或紫红的，色彩鲜艳，花纹美丽，装饰精致。在漆器上施花纹，有漆绘、油彩、针刻、贴金银箔等方法。西汉中期以后，流行在盘、樽等器物的口沿上镶镀金或镀银的铜箍，在杯的双耳上镶镀金的铜壳，这就是"银口黄耳"或"扣器"。有些漆器如樽的盖上常附有镀金的铜饰，有的还镶嵌水晶或琉璃珠。漆器制造工序复杂，分工很细，扬雄《蜀都赋》云："雕镌细器（现代雕填及镶螺钿的前身），万技千工"，《盐铁论·散不足》云："一杯棬用百人之力，一屏风就万人之功"，就是说的这种情况。因此漆器是珍贵的器物，只有皇室、贵族、官僚、富商家里才使用。

秦汉统治阶级还使用金银食器，以满足其奢侈享乐生活的需要。出土文物提供了实证。如山东省淄博市窝托村西汉齐王墓陪葬坑出土一件罕见的大银盘，口径37厘米，高5.6厘米，盘内外装饰华丽的龙凤纹，錾花部分均鎏金，制作精细。盘外底部刻有铭文，共47字，其中有"御羞"二字，说明该盘主人的身份地位相当显赫，与当时帝室有密切关系[2]。

二、食品

秦汉时期的饮食结构和商周春秋战国时期是一样的，依旧是以谷物类为主食，以蔬菜、肉类、水产和果类为副食[3]。

《礼记·内则》云："羹食，自诸侯以下至于庶人无等。"郑玄注曰："羹食，食之主也。"孔颖达疏曰："食，谓饭也。言羹之与饭是食之主，故诸侯以下无等差也，此谓每日常食……其黍稷稻粱之属，以礼，正食之外，随等别有，稼穑收货皆等为饭，故云羹食无等。"秦汉时期的"食"字普遍解释为农作物，五谷杂粮是就全国范围来说的，以种植什么样的植物为主食，都是因地制宜，各个地方的主食是不同的，《汉书·地理志》中就有记载：东南扬州、正南荆州，"谷宜稻"；"河南曰豫州"，"其谷宜五种"；"正东曰青州"，"谷宜稻麦"；"正西曰雍州"，"谷宜黍稷"；"正北曰并州"，"谷宜五种"[4]。秦汉时期大体上北方是以黍、稷、麦为主，南方则以稻、米为主。

（1）黍、稷。这两者皆为黍属，又合称为糜子。黍、稷实则不易区分，在古代，人们主要依它们的品质特性进行区别，黍米有黏性，稷米则不黏，《仓颉篇》说："穄，大黍也，似黍而不黏，关西谓之糜。"黍米黄而黏，民间也称为黄米、软米、黏米。《说文解字》中讲到黍名称来源于播种的节令，根据黍的生长特性，黍的种植分布在黄河上中游高原山区的大部分地区，这种作物自先秦至秦汉时期一直是人们食用的主要谷物。秦汉时期，黍的食用方法非常丰富，既可以煮成干饭，也可以熬成稀饭，可以制成各种糕点，还可以酿成香味浓郁的酒。稷俗称谷子，去掉壳就是我们熟知的小米。其米色质黄，煮

1 《云梦睡虎地秦墓》编写组：《云梦睡虎地秦墓》，文物出版社，1981年。

2 山东省淄博市博物馆：《西汉齐王墓随葬器物坑》，《考古学报》1985年第2期。

3 冯丽丽：《秦汉饮食略考》，《宜春学院学报》2010年第32卷第11期。

4 《汉书》卷二十八《地理志》，中华书局，1964年。

熟后黏性不大，多用作主食。原产于我国，栽培起源很早，稷是我国最古老的谷食。在黄河流域新石器时代的文化遗址中有很多稷的发现。最早的稷出土于河北磁山，距今有七千多年。稷不论是做成干饭还是稀饭，在我国北方民间饮食中都处于主导地位，且一直延续到汉代[1]。

（2）麦。《尔雅》中说："夏时民乏食，麦最先登。"意思是说，人们在青黄不接时，麦子先熟给人们食用。且麦字在商代的甲骨文中有出现过，这说明了在商代人们就已经种植麦子了。麦类作物主要分布在黄河流域。春秋战国时期，麦类作物的种植主要在黄河中下游地区，西汉时期麦的种植特别是冬小麦的种植得到推广。汉武帝时期关中地区大规模种植冬小麦，东汉安帝时冬小麦种植得到了进一步的推广。考古发现的汉代麦类一直分布很广，除了黄河流域外，在长沙马王堆汉墓也出土有大麦和小麦的实物。

（3）稻。中国是世界栽培稻的起源地。早在七千年前，长江中下游就出现了以河姆渡为代表的发达的稻作文化。水稻是淮河以南地区的主要作物。秦汉时期是中国水稻生产的大发展时期，有秏、秔、秫等品种，且现在稻科的三大品种粳、糯、籼在汉代都已经存在。这在长沙马王堆汉墓和江陵凤凰山汉墓出土的稻谷及其遣策中得到证实。秦汉时期随着农田水利的发展，北方种植水稻的面积有所扩大，在《氾胜之书》中介绍了稻的耕种方法，可见当时在黄河流域种稻已经非常普遍；南方地区还出现了双季稻，广东佛山澜石东汉墓出土的一个陶水田模型，展示了双季稻抢收抢种的场面[2]。

除了一些主食外，秦汉时期也有一些佐饭的食物，称为副食，古代雅名又叫作肴馔，俗称为菜。主要的副食有以下几种：

（1）蔬菜。秦汉时期蔬菜是通过人工栽培和向自然野生索取获得的，无论在蔬菜的种类还是数量上，汉代都远远地超过秦代。《急就篇》、《氾胜之书》、《四民月令》中都记载了很多蔬菜的种类名称，以此为依据，依据现代农业生物学的分类，秦汉时期除没有茄果类蔬菜外，其他的蔬菜都有，如根菜类蔬菜、绿叶类蔬菜、葱蒜类蔬菜、瓜果类蔬菜等。这些种类蔬菜的分布呈现明显的地域性，如水生类蔬菜大多产于江南，竹笋也是南方的特产。总之汉时较秦时的蔬菜种类有大幅度的增加，其中大部分是人工栽培的，这表明了汉代对农业的重视和社会的发展状况，同时也反映了人们饮食生活水平的提高。

（2）肉食。秦汉时期的肉食主要来自于家庭饲养的畜禽类及野生类动物。随着畜牧业的发展，两汉时期人们饮食中肉类食品比例较前代有了很大的增加。马、牛、羊、猪、犬、鸡是当时最重要的家饲畜禽，西北和北方还养驴、骡等牲畜。秦汉时期，朝廷对农业很重视，因此对耕牛采取很严格的保护措施，也就是说在国家发生大事件时，皇帝"赐民百户牛酒"，百姓才可以吃到牛肉，因此牛肉也可以说是上层人才可享用的肉食。马作为运输工具，基本是不做肉食的。人们食用的最多最普遍的是猪肉和鸡肉。当时，小户农家以养猪养鸡为一种副业模式，为普遍食用猪肉鸡肉提供了可行性。而羊肉常常被作为朝廷的贡品，普通人家很难有机会食用[3]。

三国时期，人们的主要食物为米、麦、大豆。这一时期，筵席上流行的名菜有鱼鲊、五味脯、胡羹、胡炮肉、莼羹、蒸豚、跳丸炙、武昌鱼等。大批西北游牧少数民族入居中原使得中原畜牧业得到发展，从而使乳制品成为经常性的食品。当时乳制品主要有酪

1 冯丽丽：《秦汉饮食略考》，《宜春学院学报》2010年第32卷第11期。

2 广东省文物管理委员会：《广东佛山市郊澜石东汉墓发掘报告》，《考古》1964年第9期。

3 白伟志：《一种生活，民生三国》，《国学》2010年第7期。

（发酵乳）、酥（酥油）、乳腐（乾酪）等[1]，这些主要是放入面点之中或做饮料用，也可以直接食用。在三国时期的文献中，不见“茶”，只有“荼”字。东汉许慎著《说文解字》曰：“荼，苦菜也。”由于茶树种植的增加，茶叶在南方已逐渐成为一种普通饮料，而蜀人饮茶习俗已传至长江中下游地区[2]。

三、烹饪方法

秦汉时期的烹饪方法大致有以下几种。

首先，在菜肴方面。此时期菜肴的做法通常有两种，一是生制，二是熟制。生制菜肴一般不需加热这一过程，把原料用腌、糟、醉、酱、渍、泡等方法加工。熟制菜肴需将原料初加工和切配，加热做熟后食用。当时主要有炙、脍、羹、脯、菹等方法。

炙，是秦汉时期基本的烹调方法之一。《释名·释饮食》说：“炙，炙也，炙于火上也。”《说文解字》：“炙，炮肉也。从肉，在火上。”可见，炙是指把各种肉放在火上烤，与今天的烧烤很相似。秦汉时炙肉的名称很多，如脯肉、釜炙、衔炙等。

脍，《说文解字》曰：“脍也，细切肉也。”是把牛、羊、鹿、鱼肉细切后作为调料食用，大多为生吃。《东观汉记·马光传》云：“章帝与光诏曰：‘朝送鹿脍，宁用饭也’”。

羹，即是熬肉汤。肉羹是秦汉人经常食用的物品，在马王堆一号汉墓的遣策中有大量肉羹的名称，内含牛、羊、狗、猪、鸡、鹿等字样[3]。

脯，《说文解字》曰：“脯，肉干也。”脯是最早出现于食品市场的肉食。先秦时期已经有了“沽酒市脯”的记载，到了秦汉以后，依然占据肉食品市场的重要位置，并有了更大的发展。在洛阳汉墓出土的陶敦上有“鸡脯”题记。在这个背景下，出现了因卖脯而富的商人，说明当时社会上脯消费需求量的提高[4]。

菹，是腌制的方法之一，把肉或蔬菜用调料腌制，并利用乳酸发酵来加工保存的一种方法。其目的是为了防止食物的腐烂[5]。

其次，在面点糕饼方面。在先秦时，人们加工粮食的方法还很简单，制作的食品种类也很少。到了秦汉时期，烹饪大师们以粮食为主要原料进行研究，烹制了种类丰富的食品，极大地丰富了人们的饮食文化。大部分的食品种类属于面、点、糕、饼，起初俗称为饼。“饼”根据不同制作方法有不同的名称，如用水煮或是油炸的面食、馄饨、元宵、油糕等称“汤饼”；用笼蒸的各式花馍、糕点、包子、蒸饺等称“蒸饼”；用炉烘烤的饼干、烧饼、各式糕点等称“炉饼”。“汤饼”、“蒸饼”、“炉饼”各包含很多种类，如“汤饼”有豚皮饼、细环饼、截饼、鸡鸭子饼、煮饼等，“蒸饼”有白饼、蝎饼等，“炉饼”有烧饼、胡饼、髓饼等。秦汉时面食的快速发展离不开饮食炊具的先进性，在陕西关中出土的古代石磨是汉代之物，石磨的发明，大大地提高了面粉的加工效率和质量，为面点糕饼的发展创造了有利的条件。此时期，各式各样、风味无穷的面点糕饼类食品被制作，充分体现了秦汉以粮食为主食的饮食结构特点，也从一个侧面反映了当时烹饪文化的发达。

三国时期各民族把自已的饮食习惯和烹饪方法都带到了中原腹地。从西域地区来的人们，带来了胡羹、胡饭、胡炮、烤肉、涮肉等；从东南来的人们，带来了叉烧、腊味

1 白伟志：《一种生活，民生三国》，《国学》2010年第7期。

2 白伟志：《一种生活，民生三国》，《国学》2010年第7期。

3 湖南省博物馆、中国科学院考古研究所：《长沙马王堆一号汉墓》，文物出版社，1973年。

4 冯丽丽：《秦汉饮食略考》，《宜春学院学报》2010年第32卷第11期。

5 冯丽丽：《秦汉饮食略考》，《宜春学院学报》2010年第32卷第11期。

等；从南方沿海地区来的人们，带来了烤鹅、生鱼的制法；从西南滇蜀来的人们，带来了红油鱼香等饮食珍品[1]。

此外，面食在民间因发酵技术的进一步成熟，而有了进一步推广。据宋人《事物纪原》中说："诸葛公之征孟获。人曰：'蛮地多邪术，须祷于神，假阴兵以助之，然其俗必杀人以其首祭，则神享为出兵。'公不从，因杂用羊、豕肉，而包之以面，像人头以祀。神亦享焉，而为出兵，后人由此名馒头。"

第三节 秦汉三国时期的室内陈设

所谓的室内陈设，通常是指家庭室内陈设。秦汉时期，中国封建社会进入第一个鼎盛时期，社会生产力的发展促使建筑增多，工艺家具产生显著进步，汉朝家具工艺有了长足的发展。汉朝除了大规模建造宫殿、坛庙、陵墓外，贵族官僚的苑囿私园也出现，它们的兴建、兴起共同推动了家具的发展。这既是我国古代建筑史上的又一个繁荣期，也是我国低矮型家具大发展的时期。在继承战国漆饰的基础上，漆木家具进入全盛时期，不仅数量大、种类多，而且装饰工艺也有较大的发展。杰出的装饰，使得汉代漆木家具光亮照人，精美绝伦。此外，还有各种玉制家具、竹制家具和陶质家具等，并形成了供席地起居完整组合形式的家具系列。那时，人们席地而坐，所用的家具一般为低矮型，如席子、漆案、漆几等，随用随置，并没有固定的位置。这一时期家具的主要特点是：(1)大多数家具均较低矮；(2)始见由低矮型向高型演变的端倪；(3)出现软垫；(4)制作家具的材料较为广泛。

汉代住宅建筑发展比较成熟，但由于经济条件和社会地位的差异，其住宅建筑规模大小、格局也不一样，所以没有一定的模式。从出土的住宅建筑明器(也作冥器)上看，有的住宅规模很大，独立构成一个院落，也有较小的三合式与日字形平面住宅，其中住宅的室内环境使用功能相对比较完善。一般来说，多数住宅建筑中均设堂屋。住宅内主要有卧室、厅、堂屋和厨房等几种房间类型。但有些官宦及大户人家的大型住宅大门两旁还设有门房，可以居留宾客。住宅中前堂为主要建筑，后堂门内则设有居住的卧室、各种厨房和饮食、歌乐、库房等房间。普通家庭所居住的较小的住宅，只能简单地设置卧室和厨房等房间，以满足基本的居住需要。

住宅内各种房间的基本功能与家具的陈设格局，我们在许多汉代的住宅建筑明器、墓室壁画和画像石上都能够看到。从许多住宅明器上的板门、交棂窗、窗内的帷幕、院中的晒衣木架，及墓室壁画和画像石上描绘住宅内生活的场景，我们可以了解当时住宅室内的功能与家具陈设。

卧室是住宅中最主要的房间，汉代的卧室多为正房，除了有地位的大户人家有专门用于会客的厅堂以外，多数家庭的卧室功能除了用于睡眠，还兼作起居室，往往将会客、宴饮和梳妆等其他日常起居活动融于卧室之中。

秦汉时期家具类型包括箱柜类家具、坐榻类家具、几案类家具、寝具、屏障类家具和杂类器具[2]。

---

1 姚伟钧：《三国魏晋南北朝的饮食文化》，《中南民族学院学报(哲学社会科学版)》1994年第2期。

2 彭卫、杨振红：《中国风俗通史·秦汉卷》，上海文艺出版社，2002年，第238—258页。

一、箱柜类家具

秦汉时期箱柜类家具主要有匮、簏、笥、笈、箧、扑满、奁等。

匮（通柜）是大型储藏物品的家具。河南陕县刘家渠东汉墓出土的陶柜顶部有可以开启的盖子，并装有暗锁[1]。

簏、笥、笈、箧是用竹或苇制成的箱子。其中，簏和笥用于放置衣服或食物。前者较大，后者较小。笈用于放置书籍，是汉代文人常备的储藏器具。常有“负笈寻师”之说。箧的用途颇广。从文献记载看，箧是储藏钱物的重要器具，也用于储藏书册、买卖交易券、衣服和其他物品。

扑满即缿，用于储钱，俗称“存钱罐”，是汉代常见的生活用品。《说文》“缶”部云：“缿，受钱器也。”洛阳烧沟汉墓出土的汉代扑满实物系用陶制，顶部有一小孔为装钱入口[2]，可为文献佐证。

奁是女性放置化妆品的器具。在汉代文献中有“镜籢”、“妆具”等不同称呼，东汉人为避明帝刘庄讳，也称为“严具”[3]。普通奁盒不分层，高级的奁盒则为双层或多奁妆具（图9-2）。

图 9-2　长沙马王堆一号汉墓出土双层九子奁

二、坐榻类家具

坐榻类家具主要有枰、榻、胡床、胡坐等。

枰为方形。一张枰仅容一人，故《初学记》称其为“独坐”。另一种常见的坐具是榻。《初学记》卷二五引《通俗文》说：“床三尺五曰榻”。据此，榻长约80厘米左右，这与河南出土的西汉石榻的长度相当接近[4]。

胡床是可以折叠的坐具，胡坐与胡床同时期从西域传入内地，是可以折叠的小椅

1 黄河水库考古工作队：《河南陕县刘家渠汉墓》，《考古学报》1965年第1期。
2 洛阳区考古发掘队：《洛阳烧沟汉墓》，科学出版社，1959年，第160页。
3 孙机：《汉代物质文化资料图说》，文物出版社，1991年，第260—262页。
4 曹桂岑：《河南郸城发现汉代石坐榻》，《考古》1965年第5期。

子，类似后世的马扎。洛阳东汉晚期贵族墓出土坐凳俑，俑人坐在由坐面和两条凳腿组成的小凳上，小凳凳腿向两侧撇开，与马扎相似[1]。这类家具的传入和使用，导致了传统跪式坐姿的改变。

三、几案类家具

几案类家具是与坐榻类家具配合使用的（图9-3、图9-4）。几案有以下几种功能：首先，可以置物，如置水具、餐具、化妆用具等，为坐在榻前的人提供方便；其次，可以作书案，为坐在榻前的人提供书写的场所；再次，还可以为坐在榻上的人提供小憩的方便。

几的质料有玉和竹木之分。冬天为了防止几过凉，社会上层还在几上铺丝织品，丝织品的种类有一定的等级规定。

除了常见的一层几外，还有双层几。几的层次增加，显然是为了放置更多的东西。考古曾发现的汉代折叠式凭几，制作颇为精美[2]。

图 9-3　长沙马王堆三号汉墓出土龙纹几

图 9-4　江苏扬州西湖乡胡场 1 号汉墓出土几何纹案及耳杯

1 洛阳市文物工作队：《洛阳发掘的四座东汉玉衣墓》，《考古与文物》1999年第1期。

2 洛阳博物馆：《洛阳涧西七里河东汉墓发掘简报》，《考古》1975年第2期。

四、寝具

汉代的床兼具坐、卧的功能并能移至户外。但床用于睡卧的功能应更为重要。秦汉时期的床大都是木质，竹床可能多为南方地区使用。较为讲究的床设有屏扆或设有栏杆。

床的朝向，除北首大约成为寝卧禁忌外，床以及睡眠朝向似乎没有严格规定。可能与汉代丧葬时尸首北向有关。

秦汉时期居室的枰、床、榻和地上往往设有铺物。上席时需要脱鞋，将鞋履放在旁边。马王堆汉墓出土的两件完整莞席长2.2米，宽0.82米[1]。这种大席应是铺在地上，可以容纳多人跪坐。按照汉代礼制规定，在聚会场合“群居五人，则长者必异席”。所谓“异席”即是单设的小席。

秦汉时席的质料种类颇多，有苇席、蔺席、蒲席、竹席、藤席和毛皮席。苇席系用苇草制成的席子，居延汉简中有苇席的记载。蔺席用灯心草茎编制而成，由于灯心草易得，因此蔺席是当时普通家庭常用的席子。蒲席是用蒲草编制的席子，又叫蒻席、莞席或莞蒲。竹席称“筵”，质地较粗的竹席称“籧”，多为普通百姓使用；簟是较细的竹席，铺起来十分得平整，多为社会上层使用。貂、熊等动物的皮也常被制成毛皮席。

因席子在使用时候容易卷折，汉代人还在席子的四角放置镇来压席。汉代文物中则有虎、豹、辟邪、羊、鹿、龟等动物形制的鎏金式或错金银铜镇、石镇等实物，兼具实用性和装饰性，不过精美的镇物当为社会上层使用，下层百姓大概用的是砖石等物。

汉代床上多施帐，主要用以避蚊虫。秦汉时帷帐别作为寝居的代名词，为某人留宿做准备称作供张（帐）。《集解》引注张晏：“张，帷帐。”帐多用丝织物制成，时人有“飘飘帷帐”的描述。帐和幄均从帷发展而来。帷即帘子。幄是用丝织品搭建在地上的房屋。关于幄帐的形制，《周礼·天官·幕人》郑玄注云：“四合像宫室曰幄。”出土的汉代有关文物与文献记载无异。如洛阳朱村东汉壁画墓中的帷帐以紫色作底，上饰不规则的浅蓝色圆钩形图案[2]；辽阳东汉晚期墓壁画绘有朱色帷幄[3]。幄的用途主要是为了遮挡视线。此外，当时社会上层还使用步障在庭院或野外避风尘。据沂南汉画像石所示，步障是在地上立柱，用绳牵挂帐幔。汉代步障在生活中的使用成为南北朝时期步障流行的先声。

五、屏障类家具

屏风是社会中上层使用的高档家具，由于其在居室中所起到的独特作用，故成为文人笔下的题目。屏风不仅可以避风，而且可以用于分隔空间，遮挡外人的视线。屏风是直立的板屏，屏风多系木制而成，也有用陶、云母、琉璃等制成。洛阳涧西出土有制作较为粗糙的陶屏风[4]，这种屏风或为普通人家使用。而云母或琉璃屏风则多出现在贵族住宅中。

汉代建筑封闭性较差，南北方的室内家具设施与陈设格局略有不同。北方地区寒

1 湖南省博物馆、中国科学院考古研究所：《长沙马王堆一号汉墓》，文物出版社，1973年。

2 洛阳市第二文物工作队：《洛阳市朱村东汉壁画墓发掘简报》，《文物》1992年第12期。

3 王增新：《辽宁辽阳县南雪梅村壁画墓及石墓》，《考古》1960年第1期。

4 洛阳博物馆：《洛阳涧西七里河东汉墓发掘简报》，《考古》1975年第2期。

冷多风，卧室内以炕为主。设置床榻时，床榻上多数安放各种屏风，有些物品可以直接放在屏风上的格架上。卧室中的床、炕等家具和设施陈设位置的上方往往设置帷幕，即使摆放架子床也是如此。直到现在我国北方地区仍在炕前的上方设置幔杆、帷幕等。

南方地区比较温暖，当时卧室内架子床较少，多设置带有围屏或床屏的床，这类床很少设置帷幕。除了战国时期所见信阳出土的木床如此以外，我们还可以从马王堆漆棺画上见到这类床的形制。普通人喜坐在席或床上，经济富裕者除席、床外，还有专供坐的榻，形成以床榻为中心的起居形式。室内生活以床、榻为中心，床的功能不仅供睡眠，用餐、交谈等活动也都在床上进行，大量的汉代画像砖、画像石都体现了这样的场景。在一些有地位的家庭中，往往单独设置客厅或厅堂，汉墓出土的明器和辽阳汉墓壁画《家居图》中都表现了这种生活场景[1]。

大约东汉后期，随着与西域各国的频繁交流，北方少数游牧民族进入中原地区，打破了各国间相对隔绝的状态，胡床逐由西域输入，渐受欢迎。所谓胡床，就是可张可合，携带便捷，可以折叠的马扎。以后被发展成可折叠马扎、交椅等，更为重要的是为后来人们的“垂足而坐”奠定了基础。《益都耆旧传》中有“锯胡床，垂足而坐”之说。据《太平御览》记载：“灵帝好胡床。”

刘熙《释名·释床·帐》说：“人所坐卧曰床装也，所以自装卸也。长狭而卑曰榻，言其榻然近地也。小者独坐，主人无二，独所坐也。”

床榻在秦汉时期得到很大发展，床开始向高型发展。《益都耆旧传》中说：“刺史每自坐高床，为从事设单席于地。”

榻也有大者。《三国吴志·鲁肃传》载：“周瑜荐肃与孙权与语甚悦之，众宾罢退，乃独引肃还，合榻对引密议天下事”。

从秦汉时期的壁画，画像砖，画像石，漆画，帛画，雕塑，板刻中可以推断，床榻是当时使用最多的家具之一。

《后汉书·徐稚传》：“陈蕃为太守，不接宾客，唯（徐）来，特设一榻，去则悬之”。河北望都汉墓壁画中“主记史”和“主簿”各坐一榻。两榻形制，尺寸基本接近。腿间有弧形券口牙板曲线，榻面铺有席垫。

陕西绥德大瓜梁汉墓出土的石刻门楣，主要端坐小榻，前有人跪拜。江苏徐州洪楼村和茅村汉墓画像石上，都有一人独坐榻上，徐州十里铺东汉墓画像石中，有三人跪拜，一人端坐榻上的刻画。河南郸城出土的汉榻为长方形，四腿，长875毫米，宽720毫米，高190毫米，腿足横断面是矩尺形，腿间也有弧形曲线。榻面刻有隶书：“汉故博士常山大傅王君坐榻。”

床榻兴起盛行，对其装饰也悄然升温。《释名》载：“帐，张也，张旋于床上也”。可见，秦汉床上始施以床帐，冬设幔帐避暑，夏施蚊帐避蝇。

秦汉时期的屏风常与床榻配合使用。侧有屏风，烘托有序，配合建筑隔断，起挡风、屏蔽、分割、美化室内空间的作用，又能营造安静、稳定的空间区域氛围。

榻屏是屏与榻相结合的新品种，标志汉代新兴家具的诞生。东汉李尤有一首《屏风铭》：“舍则潜避，用则设张，立则端直，处必廉方，雾露是抗，奉上蔽下，不失非常。”简短数句，描述了当时屏风的状态。

1 彭卫、杨振红：《中国风俗通史·秦汉卷》，上海文艺出版社，2002年，第240页；李文信：《辽阳发现的三座壁画古墓》，《文物参考资料》1955年第5期。

六、杂类家具

汉代居室中除上述物品外，还有一些与生活内容有关的用品。扇子是夏季驱暑的工具。汉代的扇子有圆形和矩形两种，用竹子制成，上蒙以素。汉代画像石所绘团扇多为女性使用，矩形扇则为男性使用。河南灵宝张湾汉墓出土有铜扇[1]，但分量较重，铜扇大概只是作为明器入葬，并无实用意义。

贵族家中在冬季使用火炉取暖。火炉有的用铁制成。规格较大的火炉放在屋中，可以提供较多的热量。满城汉墓出土有铁温炉和铁方炉。规格较小的有温手炉，系一人使用。汉武帝茂陵的从葬坑中出土刻有铭文的温手炉[2]。

其他如用于熨衣服的熨斗，用于熏衣服的熏炉，用于挂衣服的环钉和施枷，用于裁剪和缝衣服的剪刀与缝衣用针，用于打扫卫生的绳拂、帚、箕、挖耳勺、虎子、唾器等物，也是居室常见物品。

第四节　秦汉三国时期的娱乐

一、杂技

杂技产生于民间，从原始的蚩尤戏、角抵戏，再到秦汉时期的百戏都是中国古代杂技。从传世文献以及考古出土遗物中可管窥这一民间艺术。

《史记·大宛列传》中汉武帝为向来使展示国力，“散财帛以赏赐，厚具以饶给之，以览示汉富厚焉。于是大觳抵，出奇戏诸怪物，多聚观者，行赏赐，酒池肉林，令外国客遍观仓库府藏之积，见汉之广大，倾骇之”。“于是大觳抵，出奇戏诸怪物”指的就是汉代百戏、角抵戏的流行。到了东汉，百戏更为盛行。李尤《平乐观赋》中记载这一盛况：“戏车高橦，驰骋百马。连翩九仞，离合上下。或以驰骋，覆车颠倒。乌获扛鼎，千钧若羽。吞刃吐火，燕跃乌峙。陵高履索，踊跃旋舞。飞丸跳剑，沸渭回扰。巴渝隈一，逾肩相受。有仙驾雀，其形蚴虬。骑驴驰射，狐兔惊走。侏儒巨人，戏谑为耦。”“乌获扛鼎”则是一种举重表演；“吞刃吐火”、“陵高履索”至今仍为常见；“侏儒巨人，戏谑为耦”则指的是汉代百戏之一的侏儒戏。

从考古发掘的材料能看出当时杂技种类很丰富，如山东沂南汉墓出土的一幅乐舞图（图9 5）[3]，图中可以看到除了乐舞之外，还有杂技飞剑、走索、驯兽以及模仿鬼怪的

图 9-5　山东沂南汉墓画像之乐舞·杂技·扮戏图

1 河南省博物馆：《灵宝张湾汉墓》，《文物》1975年第11期。

2 咸阳地区文管会、茂陵博物馆：《陕西茂陵一号无名冢一号从葬坑的发掘》，《文物》1982年第9期。

3 南京博物院、山东省文物管理处：《沂南古画像石墓发掘报告》，文化部文物管理局，1956年。

图 9-6 河北满城县中山靖王刘胜墓出土铜说唱俑

艺人等。

俑作为记录百戏、杂技的另一种载体，也展示了其独特魅力（图9-6）。洛阳地区的汉墓出土了大批乐舞百戏俑，向我们展示出当时的乐舞世界。洛阳烧沟23号汉墓乐舞杂技俑[1]，其中舞乐俑8件，似作吹埙、击鼓、抚琴、歌唱状；舞俑3件，身着长衣大袖，张臂屈身踏鼓作舞；杂技俑6件，有作倒立状、反弓状等。

二、博具

博即簙，在古代又称之为象棋，是现代象棋的前身[2]。据《史记·殷本纪》记载："帝武乙无道，为偶人，谓之天神，与之博，令人为行，天神不胜，乃戳辱之。"可见博戏在我国起源很早，最迟不晚于商代。博是古代一种争胜负、赌输赢的游戏。先秦时期已经流行，汉时尤盛。相传在汉代上至天子、下至百姓都是博戏迷。《汉书·文帝纪》："薄昭与文帝博，不胜，当饮酒，侍郎酌，为昭少，一侍郎谴呵之……"博戏在先秦时期是男子的专利，到了汉代，妇女也参与其中，甚至用博具作为嫁妆。当时人们酷爱博戏，甚至认为天上的神仙也和人间一样，是酷爱博戏的，所以在举行祭祀时，也要张设博具。在《汉书·五行志》中有记载：哀帝建平四年（前3年），"京师郡国民聚会里巷仟佰，设张博具，歌舞祠西王母"，由此可见一斑。

据目前考古发掘资料，已出土三十余件古代博具实物，其中七件出自战国、秦代墓葬，二十多件出自两汉墓葬。大部分考古实物出现在秦汉时期，也从侧面反映出秦汉三

1 洛阳区考古发掘队：《洛阳烧沟汉墓》，科学出版社，1959年，第142页。

2 傅举有：《论秦汉时期的博具、博戏兼及博局纹镜》，《考古学报》1986年第1期。

图 9-7　长沙马王堆三号汉墓出土的博具

国时期博戏的盛行。秦汉时期的博具主要由局、棋、箸组成。局分十二道，局上除十二个曲道外，中央还有一个方框，在靠近方框四角处，一般有四个圆点。棋子一般为十二颗，形制多样。一般分为两种：一种饰形制大小完全相同的十二颗棋子，六黑六白分为两组，长沙马王堆三号汉墓出土的博棋就属于这一种[1]（图9-7）；另一种不是通过颜色而是通过形状不同来区分的，湖北云梦睡虎地11号墓出土的12颗棋子颜色均为黑色，但分为方形和长方形两组[2]。博箸通常由竹子制成，数目一般为六根。博时投箸，具体用法因年代久远无法确考。

三、蹴鞠

蹴鞠是我国古代一项原始的球类游戏。对于蹴鞠的起源众说纷纭，刘向《别录》：“蹴鞠者，传言黄帝所作，或曰起战国时，蹴鞠，兵势也……”一说起源于黄帝时代，又或战国时期。到了汉代，蹴鞠大为流行，汉代大将霍去病曾有“蹴鞠将军”的别称。

关于秦汉时期蹴鞠制度的记载多过于简略，但从李尤的《鞠城铭》中可知一二：“员鞠方墙，放象阴阳。法月衡对，二六相当。建长立平，其列有常。不以亲疏，不有阿私。端心平意，莫怨其非。鞠政犹然，况乎执机。”这篇文章讲明了汉代蹴鞠的场地、球具、裁判以及比赛规则等问题，反映秦汉时期的蹴鞠已拥有较完备的体制。

在秦汉三国时期，蹴鞠除了具有民间娱乐功能之外，还是军队选才和训练的重要手段[3]。刘向《别录》：“蹴鞠，兵势也，所以练武士，知有才也，皆因嬉戏而讲练之。”说明蹴鞠在军队中有练兵的作用，正因如此，《汉书·艺文志》将《蹴鞠》二十五篇附于《兵使巧十三家》内。

关于鞠的制作，《史记·霍骠骑传》则有所记录：“鞠戏以皮为之，中实以毛。”从中可以看出鞠用皮革做成，内用毛填充。

以上介绍的仅是汉代娱乐活动的一小部分，所谓百戏，还包括投壶、弹棋、围棋、踏青、秋千、手搏、角抵等内容。刘汉王朝推崇黄老学说，实行休养生息、奖励农耕、发展生产的政策。因此，在短时间内，即出现了历史上有名的“文景之治”。汉武帝时，

1　熊传新：《谈马王堆三号西汉墓出土的陆博》，《文物》1979年第4期。

2　蔡先启、张泽栋、刘玉堂：《湖北云梦睡虎地秦墓发掘简报》，《考古》1981年第1期。

3　梁龙发、曹冬：《论汉代蹴鞠的历史地位》，《体育文史》1996年第2期。

“京师之钱，累百钜万，贯朽而不可校；太仓之粟，陈陈相因，充溢路积于外，腐败不可食”（《汉书·食货志》）。国家的统一、经济的繁荣、社会的相对安定，以及人们勇于进取的精神风貌，乐生、贵生的人生态度，都有利于当时社会娱乐活动的开展，这些娱乐活动也导致了西汉体育的振兴和发展。所以，体育不但为军事服务，而且与休闲娱乐、医疗保健相结合，成为人们愉悦身心、祛病延年的手段，从而扩大了古代体育的社会功能。

第十章 天文和地理

第一节　星象

我国与星象有关的考古发现可以追溯到新石器时代，1987年在河南濮阳西水坡M45中发现的蚌塑龙虎图可能就是中国最早的天文图[1]。由《吕氏春秋》、《礼记》、《星经》等文献的记载以及曾侯乙墓、湖北云梦睡虎地等地的考古发现来看，在战国时期，二十八星宿体系的发展已经趋于成熟。

根据《汉书·天文志》等文献的记载，我国绘制天象图的历史可追溯至西汉早期。汉代文献《淮南子》、《史记·天官书》等对日月及二十八宿有详尽的观测记录[2]。丰富的考古发现也向我们展示了古人对天象的理解和浪漫的天文观。目前的秦汉三国时期相关考古发现虽主要为民间艺人制作，星象图往往与神话传说和升仙思想结合，且绘制星图时往往有误，但不妨碍我们对于其内容的理解。

汉代的星象图资料主要出土于墓葬中，我们可以根据汉墓壁画绘制内容和布局将其分为四个阶段[3]。第一阶段为西汉中期，以洛阳卜千秋墓为例，壁画多绘制云气、仙人、怪兽，主要表现墓主人升仙的场景（图10-1）。第二阶段为西汉晚期，星象图的比例明显增多，逐渐取代西汉中期占主流的升仙内容。这一时期的星象图多被绘制在墓顶，按东苍龙、西白虎、南朱雀、北玄武的方位安排星辰，周围环绕仙鹤、凤凰、云气等图案。考古材料有洛阳老城汉壁画墓、洛阳八里台汉壁画墓、西安交大汉壁画墓等[4]。第三阶段为王莽时期至东汉早期，以山西平陆枣庄村壁画墓、洛阳金谷园壁画墓为例，壁画增加写实内容，同时又继承并保留了大量西汉时期的日月星象、神奇祥瑞等内容[5]。第四阶段为东汉中晚期，壁画几乎全为写实风格，星象图逐渐消失。下面介绍几例代表性发现：

1 冯时：《河南濮阳西水坡45号墓的天文学研究》，《文物》1990年第3期。

2 雒启坤：《西安交通大学西汉墓葬壁画二十八星图考释》，《自然科学史研究》1991年第3期。

3 张合荣：《汉墓壁画的布局、内容和风格》，《华夏考古》1995年第2期。

4 河南省文化局文物工作队：《洛阳西汉壁画墓发掘报告》，《考古学报》1964年第2期；苏健：《美国波士顿美术馆藏洛阳汉墓壁画考略》，《中原文物》1984年第2期；陕西省考古研究所、西安交通大学：《西安交通大学西汉壁画墓发掘简报》，《考古与文物》1990年第4期。

5 杨陌公、解希恭：《山西平陆枣园村壁画汉墓》，《考古》1959年第9期；洛阳市第二文物工作队：《洛阳金谷园西汉墓发掘简报》，《中原文物》1987年第3期。

图 10-1　西汉卜千秋墓壁画（引自《洛阳西汉卜千秋壁画墓发掘简报》，《文物》1977 年第 6 期）

一、西安交通大学西汉壁画墓

该墓葬1987年于西安交通大学附属小学发现，年代约为西汉晚期宣帝、元帝之后，王莽之前。天象图绘制在墓顶的巨大同心圆环带内，代表一个周天。该星象图将二十八星宿分为四部分，每部分七个星宿，与四个方位（东、西、南、北）、四种颜色（青、红、皂、白）、四象（苍龙、玄武、白虎、朱雀）对应，将天文知识和神话传说融合在一起。壁画作者将在白色底子上用墨线勾勒的圆圈代表“星星”，用线段把星星连接表示“星官”。这是目前最早采用这种方法描绘墓室星象图的例子，在此之前的山东地区西汉画像石上有相似的画法[1]。壁画东宫七宿中的角、亢、氐、房、心、尾宿组合起来，形成苍龙的形象。角宿为两颗星，象征龙角，但在西安交通大学壁画墓中绘有四颗星，可能为今室女座方向的天门、天田二星（《星经》）。苍龙四爪和尾部各有一颗星，代表亢（四星，主脖子、咽喉）、氐（四星，主天根）、房（四星，主腹部）、心（三星，主龙心）、尾（九星，主龙尾）五宿。苍龙旁边绘制表示口舌的箕宿（四星），形似斗的斗宿（六星），表现为一人牵牛的牛宿（六星）和织布女子星象的女宿（四星）。北宫玄武七宿下至西宫的毕宿，本应有八个星宿，西安交通大学壁画墓中只画了六个。女

图 10-2　西安交通大学壁画墓中的星象图（引自《西安交通大学西汉壁画墓》，1991 年）

1 中国画像石全集编辑委员会：《中国画像石全集·第1卷·山东汉画像石》，山东美术出版社，2000年，第26页，图四七。

宿之后绘制一条黑蛇，被五星环绕，雒启坤先生认为代表虚宿和危宿，之后是室宿和壁宿（各二星）。再后是代表奎宿十六星的宝塔形五颗星，可能由于奎宿星星数量多，未全部画出。然后是代表祭祀牺牲的娄宿（三星），形似奔马的昴宿和毕宿八星。毕宿代表捕捉动物的长柄网，与其前方所绘的兔子相呼应。毕宿之后是觜宿三星，形象为一只顶毛竖立的鸱鸮。之后的参宿七星代表西方白虎。南宫对于我国农业生产有重要意义，井宿八星代表水事，壁画中只画了四颗，形似正方形。最后是鬼宿（星团）和形似大鸟的柳宿（七星）以及代表风的轸宿（六星）[1]（图10-2）。

二、洛阳西汉壁画墓

1964年，河南省文化局文物工作队《洛阳西汉壁画墓发掘报告》介绍了洛阳烧沟M61西汉壁画墓中空心砖上彩绘的天汉图（日月星云图，图10-3）。根据该墓所绘制星象与出土钱币判定，该墓应该建成于西汉元帝至成帝时期（前48年—前8年）。M61的墓顶由22块空心砖构成，绘有壁画十二幅，称天汉图。其中十一幅为星象，第三幅及从第五幅到第十二幅绘制的是以天极星为中心的紫宫及紫宫内外的主要星座；第二幅和第四幅绘制的是靠近黄道的星象。每幅星象的连缀形式以及相互关系、排列顺序与《史记·天官书》以及《淮南子·天文训》相对应，构图严谨[2]。其中报告描述的第三幅图的东部七星呈环状，西部南北各绘一颗星（夏鼐先生根据影印材料认为西部应为三颗星[3]）。对应《天官书》十一、十二节，环状七星为“贱人之牢”，西边二星分别为招摇（矛）和盾（天锋），对应西方星座中的牧夫座和北冕座。第五幅只绘有三颗星，形成三角形，报告及夏鼐先生的观点都认为其为北天之一的三角星[4]。第六幅绘有四颗朱星，呈菱形，与《天官书》中“天枪三星”形象相合，用以保卫天极星。第七幅描绘有月亮，由内容可推测其描绘《天官书》中记载的营室，对应西方星座的飞马座和仙女座位置。第八幅“从

图10-3　洛阳西汉墓所绘横式星图（引自《洛阳西汉壁画墓中的星象图》，《考古》1965年第2期）

1 雒启坤：《西安交通大学西汉墓葬壁画二十八宿星图考释》，《自然科学史研究》1991年第3期。
2 孙常叙：《洛阳西汉壁画墓星象图考证》，《吉林师范大学学报》1965年第1期。
3 夏鼐：《洛阳西汉壁画墓中的星象图》，《考古》1965年第2期。
4 河南省文化局文物工作队：《洛阳西汉壁画墓发掘报告》，《考古学报》1964年第2期。

东偏北起到西南止，绘制三颗距离相等的朱星，形成一条斜线”。通过与其他几幅壁画的相对关系可以推定其为天极星（第九幅）到营室（第七幅）间的阁道。第九幅中央斜绘一排三星，它的东北边另绘一排三星，形成丁字形，夏鼐先生认为这个星象与《天官书》第一节天极星相同，即西方天文学中小熊星座的位置。第九幅绘制的是全部壁画的中心即“天枢众拱”图。报告提出第十幅的星象“正北、东南、西南，各绘一颗朱星，构成V字形”，又处于天极星和北斗星之间，与《史记·天官书》第三节所记“阴德”相合，即今天的天龙座龙尾部分。第十一幅，报告认为绘十颗朱星，夏鼐先生认为实际为七颗，对应今天的北斗星，与《天官书》第一、三、六三节对应[1]。第十二幅，报告中称“由西南向东北，在一线上绘了三颗星，其中一颗稍偏西”，可能对应《天官书》第九节的三能（三台），属于今天的大熊星座。

第二幅东部有七颗星，西北部有五星构成的五边形框，夏鼐先生与孙常旭先生都认为其为五车星[2]，即古代传说中的咸池，对应今天的御夫座。东边七星应为《天官书》所记“轩辕”，即古代的一种车辆。第四幅东北部绘构成Y字的五星，东南部有一颗朱星。夏鼐先生认为“Y”字形为毕宿，孙常旭先生则认为其绘制的是今天双子座和小犬座，即古代星座中的北河与南河。

三、洛阳尹屯西汉壁画墓

洛阳尹屯西汉晚期壁画墓发现于2003年，为一穹窿顶壁画墓[3]。星象图绘制在穹窿顶中央，将神话、人物、动物、建筑等图像结合起来，淋漓尽致地展现了西汉时期人们的天文观念（图10-4）。中室穹窿顶中央以一红线分成东西二区，其间绘有日、月，太阳中有金乌，月亮中有蟾蜍。日月以下的穹窿顶四坡按照古代天官体系的五官分配星官。其中壁画作者以东坡北侧区域象征北极星附近的中央天区，与洛阳地区天空北极星所处方位一致。其余区域则象征二十八星宿管辖的东南西北四宫。星象图采用直角坐标投影的方式[4]，其所绘星官位置略有颠倒错乱，象征性强于现实性。中宫绘制两个星官，下部绘制一个骑双头猪的人，象征天帝与北斗（图10-5）。天帝之上有八星相连呈圆环状，应为星官“贯索”。贯索是中宫的星官，连接东宫与北斗。东宫星宿集中分布在墓顶东坡南部一小片区域内，其

图 10-4　洛阳尹屯西汉墓穹窿顶所绘星象图

1 夏鼐：《洛阳西汉壁画墓中的星象图》，《考古》1965年第2期。
2 孙常叙：《洛阳西汉壁画墓星象图考证》，《吉林师范大学学报》1965年第1期。
3 洛阳市第二文物工作队：《洛阳尹屯新莽壁画墓》，《考古学报》2005年第1期。
4 冯时：《洛阳尹屯西汉壁画墓星象图研究》，《考古》2005年第1期。

图 10-5　洛阳尹屯西汉墓星象图之北斗与雷神

所辖角、亢、氐、房、心、尾6星宿与东方苍龙形象相结合，在西安交通大学壁画墓中也有类似的表现手法。龙角位置（今室女座）左侧绘制角宿二、天田一、天田二，右侧绘制角宿一、天门一、天门二，三门对应，隐喻墓主人灵魂乘苍龙升入天门。苍龙星座腹部绘制有房宿距星（今天蝎座位置），龙心部分绘制心宿三星排列为一曲线。古代传说中三星成一直线寓意帝王失势，成曲线则意味着吉祥。苍龙尾部绘尾宿九星，与《天官书》相合。相比较之下其余西汉晚期石刻画像中尾宿通常省略为1、3、5或7颗星。龙尾绘制相连2星，应该是箕宿。墓顶南坡东侧绘有南宫柳宿七星，右侧绘轸宿，隐喻南方朱雀的喙部。南坡中央区域绘19星，中间11颗，左右各4颗星，冯时认为应该是星官翼宿。南

图 10-6 尹屯 M1 中室东坡及南坡和顶部壁画（引自《洛阳古代墓葬壁画》，2010 年）

图 10-7 尹屯 M1 中室西坡及北坡壁画（引自《洛阳古代墓葬壁画》，2010 年）

坡西侧绘有张宿、井宿、鬼宿，鬼宿有灵魂不灭之意（图10-6）。墓顶西坡绘制了牛郎织女、白虎之象和七星环绕的兔子，应为二十八宿西宫毕宿。白虎由觜宿、参宿、伐宿三星官组成。白虎之上绘制双阙。墓顶北坡西部绘制奎宿、娄宿，代表天仓的胃宿、婺女宿、室宿和壁宿。东部绘制虚宿、危宿，代表北方之神玄武（图10-7）。

四、江苏盱眙东阳木椁墓天井板浮雕[1]

1974年发现该墓，该浮雕年代为西汉末到王莽时期，技师于木板上以画像石技法绘制星象。该浮雕右侧绘有表现星座的点，星座下方画有一吹气的仙人（图10-8）。根据对以往画像石人物的分析，这个形象应该是风神；浮雕左侧绘有一被弧线分割的圆盘，通过上面的蟾蜍画像推测圆盘为月亮，把圆盘状的月亮分割成新月形的表现很罕见。该

1 南京博物院：《江苏盱眙东阳汉墓》，《考古》1979年第5期。

图 10-8 盱眙东阳西汉木椁墓天文图

浮雕表现的应为月宿于箕而起风的传说[1]。

第二节 历法与观测天象的仪器

一、历法

传说早在虞舜时代已有专职的天文官，专门从事观象授时，但是中国天文学的源头最早能追溯到何时，是一个难以给出确切回答的问题。从殷墟甲骨和西周金文的一些记录看来，中国最迟在商周之际就已经掌握了初步的天文和历法知识，对一些天象进行了主动的观测、记录和描述[2]。中国古代传统天文学在春秋战国时期已经基本奠定了基础，至秦汉三国之际，中国天文学的传统格局已基本形成，在天象记录、历法编订、星图研究、天文文献、宇宙学说、仪器革新等方面已经取得了辉煌成就。

(一)历法成就

秦汉以前有所谓先秦古六历，即《皇帝历》、《颛顼历》、《夏历》、《殷历》、《周历》和《鲁历》[3]，然而对其真伪尚不能确定。汉武帝时期制定并颁行了《太初历》，确立以正月为岁首；西汉末，刘歆改《太初历》为《三统历》，首次创立了135朔望月有23次交食的三统周期；汉章帝元和二年（公元85年），《后汉四分历》问世，规定一年（回归年）为365或364日；东汉末刘洪撰《乾象历》，这是三国吴黄武二年（公元223年）至吴亡（公元280年）实施的历法；到三国时期魏国杨伟还编制了《景初历》等[4]。

(二)星图研究

星图的研究和古代占星术是分不开的，古代占星术主要是为统治王朝服务的。战争胜负、年成丰欠、王朝盛衰、帝王安危等必须推算天象。战国时期的《甘石星经》是世

1 [日]林巳奈夫撰，蔡凤书译：《关于盱眙东阳西汉木椁墓天文图》，《东南文化》1994年第5期。
2 钮卫星：《天文学史：一部人类认识宇宙和自身的历史》，上海交通大学出版社，2011年，第68页。
3 《汉书》卷二十下《律历志》，中华书局，1962年，第1012页。
4 陈晓中、张淑莉：《中国古代天文机构与天文教育》，中国科学技术出版社，2008年，第30—46页。

界上现存最早的天文学著作，书里记载了800颗恒星的名称，121颗恒星的位置已经被确定，是世界上最早的恒星表，书里还记载了金、木、水、火、土五大行星的运行情况。但是中国对星图的研究最早起于何时仍无定论，二十八宿建立时代悬而未解。

公元前4000年中叶的濮阳西水坡45号墓蚌壳龙虎星象图已经具备了北斗和龙虎等重要星象，与战国初期曾侯乙墓漆箱上所绘二十八宿星图如出一辙。而星象毕竟是个长期发展的过程，所以说明，中国二十八宿建立时代可能要更早[1]。

这一时期最重要的考古发现是长沙马王堆三号汉墓出土的西汉帛书[2]，上面所绘的彗星图描述了29种彗星的形态，每一种彗星图下有对应的名称和占辞。1957年，河南洛阳市发现的一座西汉壁画墓中，绘有日月恒星的简略星图，显然继承了战国星图的绘制方法[3]。1987年发现于西安交通大学的星图绘制于墓顶，南北分列日月，日月之外绘制有两个巨大的同心圆形环带，环带内分列二十八宿星象[4]。

汉代人绘制的全天星图都没有保存下来，东汉末年，蔡邕在他的《月令章句》中对当时天文史官使用的星图做过描述，得知是以北极为中心，用红色绘出三个不同直径的同心圆的盖图式星图，在二十八星宿之外，还包括中外星官。

二、观测天象的仪器

在中国古代，天文观测和历法编制等天文活动都是由国家专门的机构负责运作的，这种专门的天文机构在秦汉三国时期叫太史令、太史局或太史监，其负责人既是天文学家又是政府官员，他们观天的地方一般叫作灵台或观象台。由于久经战乱，历史上留下来的观天遗址并不多。目前所见最早的观象台是考古出土的陶寺遗址的古观象台[5]，而秦汉三国时期保留下来的仅有东汉时期的位于汉魏洛阳城南郊的灵台遗址。该遗址始建于东汉建武中元元年，沿用至西晋，面积约44000平方米。灵台遗址的中心建筑是长方形夯筑高台，其基部长宽各约50米，地面以上夯台因历史原因，已非原状，现存夯土台高出地面约8米，台顶已坍塌呈椭圆形平面，是我国现存的最早的天文观测遗迹之一[6]。

秦汉三国时期中国天文学取得重大进展，天文仪器的出现是天文学走向量化的必然结果，只有借助于各种天文仪器才能精确测定各种天文数据。在浑天说、盖天说等学说的推动下，中国古代的天文仪器发明主要有圭表、日晷、浑仪、浑象等。

（一）圭表

圭表是我国最古老、也是最常用的天文仪器，包括圭和表两部分。表是直立的标杆，圭是平卧的尺，表放在圭的南端，并且互相垂直。当正午太阳光投射到表杆上，落在

---

1 冯时：《中国天文考古学》，中国社会科学出版社，2010年，第278页。

2 湖南省博物馆：《马王堆汉墓研究》，湖南人民出版社，1981年；国家文物局古文献研究室：《马王堆汉墓帛书》第一辑，文物出版社，1980年；马王堆汉墓帛书整理小组：《马王堆汉墓帛书》第三、四辑，文物出版社，1983、1985年。

3 河南省文化局文物队：《洛阳西汉壁画墓发掘报告》，《考古学报》1964年第2期。

4 雒启坤：《西安交通大学西汉墓葬壁画二十八宿星图考释》，《自然科学史研究》1991年第3期。

5 何驽：《山西襄汾县陶寺城址祭祀区大型建筑基址2003年发掘简报》，《考古》2004年第7期。

6 中国社会科学院考古研究所洛阳工作队：《汉魏洛阳城南郊的灵台遗址》，《考古》1978年第1期；中国社会科学院考古研究所：《汉魏洛阳故城南郊礼制建筑遗址：1962—1992年考古发掘报告》，文物出版社，2010年，第8—75页。

圭上的表影就有长有短，当太阳走到北回归线的时候，杆影最短，这时候叫作夏至；当太阳走到南回归线的时候，位置最低，杆影最长，这时候叫作冬至。夏至、冬至确定后，一年的季节就可以计算出来。这是我国古代测定一年长度的唯一方法，其历史至少可以追溯到春秋中期，距今已有二千五百多年的历史。据《周礼·地官·大司徒》记载：当时“以土圭之法，测土深，正日景，以求地中”，“土圭”实际就是度圭，“土”有度量的意思。这是最早提到用土圭测影的记载。另据记载，三千年前，西周丞相周公旦曾在河南登封县设置过一种以测定日影长度来确定时间的仪器，称为“圭表”。

随着时间的推移，人们不断对圭表进行改进，从圭表的材料上看，最早由竹子、木头制成，发展到石圭表、铜圭表等；圭表的形态和结构，由小到大，由简单到复杂，测量的数据精度也大大提高。汉代的圭表不仅用铜来铸造，而且表的尺寸已趋于八尺的规格。据《三辅黄图》记载：“长安灵台有铜表，高八尺，长一丈三尺，广一尺二寸，题云：‘太初四年造’。”

圭表的主要功能是测定冬至日所在，并进而确定回归年长度，此外，通过观测表影的变化可确定方向和二十四节气，编制历法，应用于农业生产。

汉代在我国天文学发展史上是一个重要阶段，有着许多卓越成就，特别是对星象的观察和历法的研究，尤为突出。天文仪器也不断地改善和创新。这些成就，不仅在许多古籍中有记载，秦汉三国时期出土的圭表也多以汉代为主。

目前考古出土时间最早的是2003年发掘的距今有4000多年历史的山西襄汾陶寺遗址出土的圭表，复制后于2009年夏至日被“陶寺史前天文台考古天文学研究”项目组进行印证测量，进一步证实了《尚书·尧典》“分命羲仲，宅嵎夷，宅芬模谎艄。寅宾出日，平秩东作。日中，星鸟，以殷仲春”的记载。而陶寺建筑基址出土的圭表，也初步认定是尧帝时代的天文观测台[1]。1977年，在安徽阜阳西汉汝阴侯夏侯灶墓（下葬年代为文帝十五年，前165年）中发掘出大量珍贵文物，其中一件漆器因功能不详而被称为“不知名漆器”。经多年分析，该器物带有测定春秋分和冬夏至正午影长的功能，是迄今所见的我国历史上最早的圭表实物[2]，也是世界上现存的年代最早且具有确定年代的圭表。与其他圭表不同，这件圭表适用的地理纬度是固定的，而我们的计算则表明，汝阴侯墓圭表的适用纬度就在汉代长安到汝阴侯国（今安徽阜阳）一带。四个节气日影所在的位置不是用刻度表示，而是暗含在木块和漆器上的一些特殊图案和位置中。另外，学界对该墓出土“二十八宿盘”的功能争论不决。经研究，同墓出土的“栻盘架”可以把该盘支撑到赤道面内，从而形成迄今所见最早且具有确定年代的赤道式观测仪器。

图 10-9 仪征圭表

1965年，在江苏仪征石碑村1号东

1 江晓原等：《山西襄汾陶寺城址天文观测遗迹功能讨论》，《考古》2006年第11期。
2 石云里、方林、韩朝：《西汉夏侯灶墓出土天文仪器新探》，《自然科学史研究》2012年第1期。

汉墓出土了一件袖珍铜圭表。表高汉尺八寸，即19.2厘米，宽2.2厘米，厚1.3厘米。近上端3厘米的中心部位有一小圆孔，孔径0.4厘米，经实测检验与投影无关，估计是当时系绳便于使用时将表立起。圭长汉尺一尺五寸，即34.5厘米，宽2.8厘米，厚1.4厘米。尺寸单位刻画在圭的边缘上，全长共刻十五寸，每寸十分，单位符号每寸以划线为标志，每分以圆点为标志，或因等分不匀，其旁偶有重刻的现象，说明这些符号是铸后凿刻的（图10-9）[1]。这是一件小型便携式圭表，大小约为用于天文观测的圭表的十分之一。推断为明器，可能与道家有关[2]。

（二）日晷

日晷，有两种解释，一是指太阳的影子，二是指古代人类利用日影测得时刻的一种计时仪器，又称"日规"。我们所说的天文观测仪器取后者的意思，其原理就是利用太阳的投影方向来测定并划分时刻，通常由晷针和晷面组成。日晷通常由铜制的指针和石制的圆盘构成。铜制的指针叫作"晷针"，垂直地穿过圆盘中心，起着圭中立杆的作用，因此，晷针又叫表；石制的圆盘叫作"晷面"，安放在石台上，呈南高北低，使晷面平行于天赤道面，这样，晷针的上端正好指向北天极，下端正好指向南天极。晷面两面都有刻度，分子、丑、寅、卯、辰、巳、午、未、申、酉、戌、亥十二时辰，每个时辰又等分为"时初"、"时正"，这正是一日的24小时。由于从春分到秋分期间，太阳总是在天赤道的北侧运行，因此，晷针的影子投向晷面上方；从秋分到春分期间，太阳在天赤道的南侧运行，因此，晷针的影子投向晷面的下方。所以在观察日晷时，首先要了解两个不同时期晷针的投影位置。日晷依晷面所放位置、摆放角度、使用地区的不同，日晷可分成地平式、赤道式、子午式、卯酉式、立晷式等多种，应用范围也不尽相同。按晷面的摆放角度，可分为地平式、垂直式、赤道式。这项发明被人类所用达几千年之久，然日晷的不足之处是阴雨天和夜里无法使用，故常常与漏刻配合使用。日晷不但能显示一天之内的时刻，还能显示节气和月份。

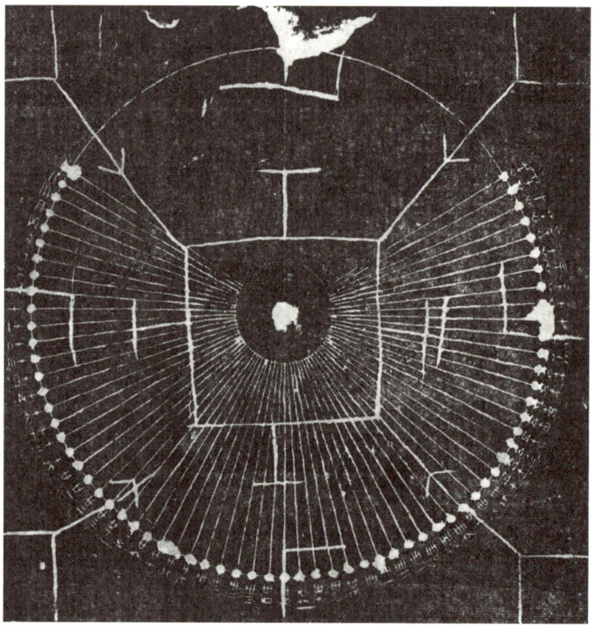

图10-10　托克托日晷拓片（引自《中国天文考古学》，2001年）

人类使用日晷的时间非常久远，据说古巴比伦人在远古时代的6000年前就开始使用了，而最早的考古发现是古埃及帝王谷发现的3300年前的日晷。据说中国是在3000年前的周朝才出现。文献记载《周髀算经》卷上："故冬至日晷丈三尺五寸，夏至日晷尺六寸。冬至日晷长，夏至日晷短。"

而经考古发现最早的

1　南京博物院：《江苏仪征石碑村汉代木椁墓》，《考古》1966年第1期。

2　李强：《仪征汉墓出土铜圭表属于道家用器》，《文物》1991年第1期。

日晷是1897年在呼和浩特托克托县出土的一个汉代“玉盘日晷”，它是我国现存唯一可靠而完整的汉代日晷，由中国国家博物馆收藏。这件汉代日晷呈正方形，以细密的泥质大理石制成，因石质细腻，曾被称为“玉盘日晷”。此晷边长27.4厘米，厚3.5厘米。晷面正中央为直径0.5厘米的圆孔，不穿透，孔深1.2厘米，原来插有立杆。以中央孔为核心刻出两个一大一小圆周和一个方形图案，表现“天圆地方”观念。外圆圆周直径为23.2厘米至23.6厘米。在内圆与外圆之间刻有等分的69条辐射线，辐射线与外圆的交点上钻有小孔，每个小孔记有1至69的数字（图10-10）[1]。同时，汉代的日晷是观测太阳方位角的仪器，是漏壶的校准器，二者相配合，可以测时。这是一件实用的移动式晷影盘，属于“地平式日晷”。这件日晷的正表、游仪虽均已遗失，却是中国现存最早的日晷，为研究古代计时仪器的发展提供了重要资料。

1932年，在河南洛阳市金村南半里的一座古墓葬里出土了一件石质日晷，后被加拿大传教士W.C.White收藏，现存于加拿大多伦多安大略博物馆。此日晷长28.4厘米，宽27.5厘米，厚3厘米，晷面正中有一圆孔，以此孔为核心刻出两个一大一小圆周和一个方形图案，形状与托克托日晷晷面相同。外圆直径24.5厘米，中孔直径0.65厘米，孔深约1.3厘米，小孔深约0.16厘米（图10-11）[2]。

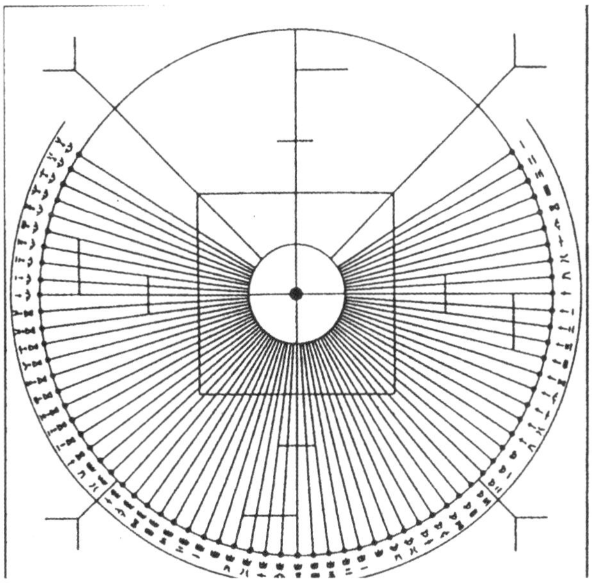

图 10-11 加拿大安大略博物馆所藏日晷线描图（引自《中国天文考古学》，2001年）

另据李鉴澄先生记载，山西右玉出土的周进旧藏《居贞草堂汉晋石影》卷二著录了一件秦时的日晷。该晷破损严重，仅余一角。据周氏自己说，秦日晷残石，高有二寸强，广有二寸七分，直径三分强，年代或为秦末汉初[3]。

（三）浑仪

浑仪在先秦时代就已存在于马王堆帛书《五星占》、《石氏星经》和《淮南子》等早期文献记载中，并且都给出了精确的五星会合周期和二十八宿距度，这些数据显然只有借助相当精确的仪器才能获得。西汉中期的天文学家落下闳改进了浑仪，他用浑仪观测天象，测定二十八宿距度和五星运动，为《太初历》的制定作出重要贡献。落下闳是浑天说的创始人之一，经他改进的赤道式浑仪，在中国用了近2000年，在天文史上首次精确地推算出135个月的日、月食周期，即11年应发生23次日食，根据这个周期，人类可以对日、月食进行预报，并可校正阴历[4]。

浑仪的发展经历了由简到繁再由繁到简的过程，早期的浑仪结构如何已不可知，

1 孙机：《托克托日晷》，《中国历史博物馆馆刊》1981年第3期。

2 陈梦家所记尺寸与此不同，参见陈梦家《汉简年历表述》，《考古学报》1965年第2期。

3 李鉴澄：《晷仪——现存我国最古老的天文仪器之一》，中国天文学史整理研究小组《科技史文集》第一辑，上海科学技术出版社，1978年。

4 姚建明：《天文基础知识》，清华大学出版社，2008年，第46页。

只有东晋孔挺制造的一具浑仪可以了解其结构。该浑仪分内外两重，外重固定不动，包括地平环、赤道环和子午环，地平环、赤道环都是单环，子午环是双环，子午环与天球南北极的位置相连，并各开有一个圆孔，圆孔中心的连线就是天球的极轴。赤道环和子午环分别与地平环相交于东西南北四点，这四个位置装有四根托柱支撑整座仪器。内重可以移动，包括四游环和观测用的窥管，四游环的双轴和双环之间夹有一只方柱圆孔的窥管，或曰衡，这是浑仪的关键部位，衡的中腰固定在两轴的中心，以便窥管绕双环中心沿四游环旋转。因此，随着四游环围绕极轴的旋转，窥管就可以指向天空的任何一点。汉代的浑仪不会比这更复杂、更精确。公元二世纪初，东汉贾逵在浑仪上增加了黄道环，用来测量日月五星的运动，此改进出自民间，比起东晋孔挺制造的浑仪就简单得多[1]。

（四）浑象

浑天说的产生不仅导致了浑仪的产生，而且导致了浑象的产生。浑象是古代浑天家用来演示天球周日运动的仪器，类似于现代的天球仪，基本结构是一个圆球，在球面上标有星辰和黄道、赤道等。扬雄在《法言·重黎》中说最早创制浑象的是耿寿昌，然而真正有明确记载的是张衡的作品，张衡于公元二世纪造浑天仪，著有《浑天仪图注》和《灵宪》等。这是一种浑象与漏壶相结合的仪器，又称水运浑天仪或者漏水转浑天仪，开启了中国古代水运仪象的新阶段。他在浑象上装置了一套齿轮机械传动系统，这套系统安装在密室之中，用漏壶的流水推动转动，然后两个观测者分别在密室中和观象台上，把浑象所显示的星象位置和天上的实际星象进行比较。张衡的水运浑象对后来的仪器制造影响很大，此后，浑象大多采用以漏壶流水，通过齿轮系统带动浑象均匀旋转的办法[2]。张衡利用这套装置还带动了瑞轮蓂荚的机械日历，随月亮圆缺表演阴历月中日期的推移。水运浑天仪还是机械天文钟的祖先。但是张衡的水运浑天仪并没有流传下来，考古也暂未发现[3]。

据《隋书·天文志》记载，张衡之后，三国的吴陆绩和王蕃都制作过浑象，其中吴国葛衡继承了张衡机械转动浑象的传统。

第三节　地图

地图是人们对世界抽象认知的一种方法，它表示了地表的自然现象和社会现象，为人们呈现出事物的大小、形状、相互间的位置和联系，对生产、生活、战争所起的作用是任何文字叙述所代替不了的。

早在史前时代，古人就知道用符号来描述或记载自然环境和事物。我国是较早使用地图的国家之一，春秋战国时期的《左传》中就有夏禹“铸鼎象物”的记载。在先秦典籍，诸如《尚书》、《诗》、《孙子兵法》等中，有关地图的使用乃至测绘的记载并不鲜见[4]。秦汉时期，地图在社会经济、政治、军事、科学文化发展过程中的作用越来越显著，地图也越来越被人们所重视。

1 冯时：《天文学史话》，社会科学文献出版社，2011年。

2 冯时：《天文学史话》，社会科学文献出版社，2011年。

3 江晓原、钮卫星：《中国天学史》，上海人民出版社，2005年。

4 黄桂蓉：《试论中国地图的起源与发展》，《南方文物》1997年第4期。

一、秦汉三国时期地图的发展状况

在春秋战国时期，地图已广泛应用，在内容选取及表示方法上积累了丰富经验。秦汉时期的地图在其基础上，又得以进一步发展。秦汉时期不仅出现了大量的军用地图，还出现有地形图、路线图、城防图等图种。这一时期地图发展的主要标志是：测量技术有了提高；在绘制技术方面业已达到相当娴熟的程度；地图中的符号设计已注意到形象与合理的原则；地图内容的选择取舍与表现手法有了较大的突破，化繁为简，重点突出，详略有度，如简化了破碎部分，掌握了重点、详细表示主区而邻区简略等原则，并较准确地按比例绘制地图和在地图中绘制名山大川，新创在地图上应用图例等[1]。

比如，秦始皇统一六国，一个标志性的仪式就是取得六国的地图。在统一国家的征战中，每战胜一国就要收集其地图，统一后“秦每破诸侯，写放其宫室，作之于咸阳北阪上”。写放于咸阳北阪上的六国宫室必然依据一些建筑图。

1986年，考古工作者在甘肃天水放马滩发掘战国秦墓时出土了7幅木板地图，墓葬的年代在秦王嬴政八年（前239年）。这是迄今为止我国发现的最早实物地图。天水放马滩秦墓地图，分别绘在四块松木板上，其中三块双面绘图，一块单面绘图。用来绘制地图的木板，长约26.5—26.8厘米，宽约15—18厘米，厚约1厘米。

秦始皇陵中已将这种平面的地图转化为一个模型。《史记》中关于秦始皇陵墓地宫有“以水银为百川江河大海，机相灌输，上具天文，下具地理”的记载，学者们多认为这实际设立了一个宇宙模型。

汉代关于“舆地图”的记载很多。《史记·三王世家》曾记载汉武帝元狩六年（前117年）御史奏舆地图的事，“……‘臣请令史官择吉日，具礼仪上，御史奏舆地图’……制曰‘可’。四月丙申，奏未央宫”。《汉书·武帝纪》注：“臣瓒曰：‘浮沮，井名，在匈奴中，去九原二千里，见汉舆地图’。”《汉书·江都易王传》记载：“具天下之舆地及军陈图。”《后汉书·马援传》中记载：“前披舆地图见天下郡国百有六所。”

1973年12月，长沙马王堆三号汉墓出土的西汉时期的三幅帛地图，为我们提供了汉代的实物地图，使我们通过它可以了解汉代地图的地物符号设计、测绘精度、绘制工艺水平、地图的用途等信息，进而了解汉代地图的发展水平。马王堆三号汉墓出土的三幅地图，可分别命名为《地形图》、《驻军图》、《城邑图》。

魏晋时期，在纸张的发明和推广使用的基础上，地图的绘制得到了长足发展。西晋著名地图学家裴秀（公元223—271年）主持编制了具有划时代意义的《禹贡地域图》18幅。其中《地形方丈图》以一分表示十里，一寸表示百里，比例精确而内容详赅，一目了然。裴秀在编绘地图的过程中，根据前人的经验和自己的体会，创制了“制图六体”：“一曰分率”，就是具体地反映地区长宽大小的比例尺；“二曰准望”，即确定彼此间的方位关系；“三曰道里”，就是要知道两地间路程；“四曰高下，五曰方邪，六曰迂直”。这是地势高度、地物形状与起伏的编制原则，即绘图时地物间的距离必须取水平直线距离。它表明，我国早在公元三世纪的时候就提出了平面地图绘制的科学理论。裴秀的“制图六体”原则，奠定了中国地图学的理论基础，同时他也成为中国传统的“计里画方”的创始人。

---

1 王庸：《中国地图史纲》，三联书店，1958年。

二、秦汉三国时期地图的考古发现

中国古代地图文献记载十分丰富，但早期的地图大多未见实物。中国秦汉三国时期地图的真面目，除以文献记载外，主要见于1972年湖南长沙马王堆三号西汉墓出土的三张帛画地图[1]。

《地形图》呈正方形，长、宽各96厘米，山脉、河流、道路、居民点均为统一的图例。山脉采用水平山形线，即闭合曲线，并附加晕线来表示山体的范围和走向，九疑山还加有鱼鳞状的陡崖符号；同时绘出三十多条主支流构成的水系轮廓，河流均为上游粗、下游细的描绘法，弯曲自然、生动、准确。其中9条还注了名称。图中八十多个居民点，分县、乡两个不同等级符号绘制，县级8个用方框表示，乡级74个用圆圈表示。中心部分的比例尺与现代十七万分之一比例尺地图近似（图10-12）。

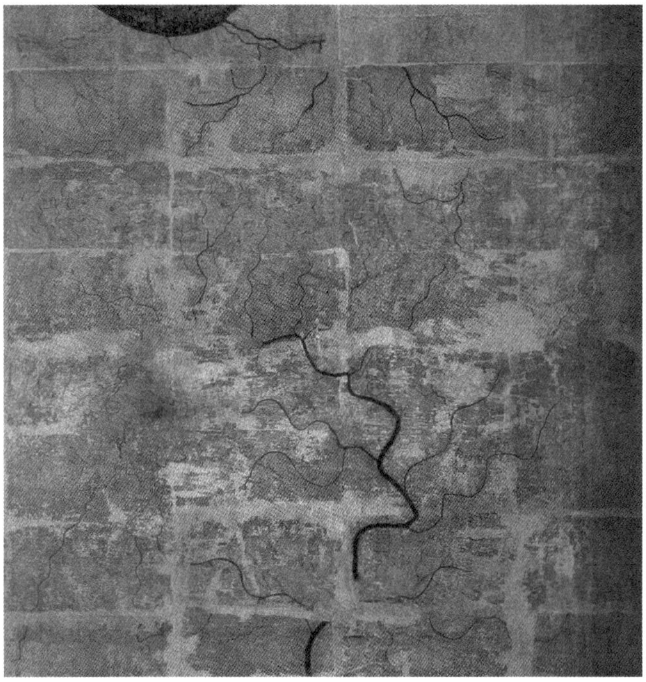

图10-12　长沙马王堆三号汉墓出土《地形图》（引自《长沙马王堆二、三号汉墓》，2004年）

《驻军图》呈长方形，长98厘米，宽78厘米，除一般河流、山脉、道路、居民点作为地理底图，河流、湖泊绘以田青色外，还以黑底套红勾框，或三角形示以军事重地，用红色虚线表示军队行动道路等，这充分反映了当时中国彩墨绘制地图的水平（参见图1-38）。

《城邑图》图幅面不大，出土时残损较甚，图上无文字，绘有城墙范围，用蓝色画出城门上的亭阁，红色表示街坊和庭院，按正方形绘制出街道。

上述三幅地图中《地形图》和《驻军图》的测量和制图技术水平相当高。《地形图》中泲水和它的支流的水道大部分已经接近现今的地图，各县城的位置也比较准确，山脉的走向、地势表现得尤其出色，图中已有统一的图例是其标志。更值得一提的是，对于九疑山的表示有独创性，除用比较粗的闭合曲线勾出山体外，又用细线画出鱼鳞状层层重叠，绘画的笔触也颇娴熟。

马王堆汉墓的这一重要发现引起了国内外地图学、历史地理学者的极大关注。这不仅是我国已发现的最早的实物地图之一，而且在这些地图上真实地反映了当时的政治、军事、测绘技术的情况。因此，这三幅帛地图对研究我国西汉早期的政治、军事、历史提供了宝贵的资料。

1　马王堆汉墓帛书整理小组：《马王堆三号汉墓出土驻军图整理简报》，《文物》1976年第1期。

第十一章
周边文化与文化关系

秦汉三国时期，我国周边的少数民族众多，他们均创造了灿烂的文化。秦始皇统一六国并建立了中国历史上第一个中央集权制国家，中原地区的文化随之向周边地区传播，从而加强了边远地区文化与汉文化的融合。

第一节　东北地区的物质文化

东北地区主要是指由大兴安岭以东的黑龙江省、吉林省、辽宁省和内蒙古东部地区构成的区域。秦王朝在该区域南部设置辽东郡和辽西郡，两汉时期两郡沿置不废，公元前109年汉武帝灭卫氏朝鲜，设立乐浪、玄菟等郡，东汉安帝时分辽东和辽西二郡之地置辽东属国，管辖今辽宁省西部大凌河中下游一带。玄菟郡由于高句丽的入侵，长城外的属地尽失，仅剩长城内一隅之地。曹魏时期辽东和乐浪两郡几无变化，辽东属国东汉末废除后于曹魏正始五年（244年）复置，不久改为昌黎郡。广大的东北地区北部为少数民族聚居地，部族名称有沃沮、夫余、挹娄，此外还有公元前37年建国的高句丽。目前东北地区的考古学文化遗存有些可以与上述部族相联系[1]，下面将结合考古材料以及一些学者们的观点以部族物质文化的方式进行阐述。

一、高句丽物质文化

高句丽建国后，统治区域主要在辽宁东北部和吉林南部的部分地区。东汉时期，高句丽国势渐强，建都丸都，统治区域向西扩展到长城沿线。曹魏时期，其统治范围并无大的变化。

高句丽国在这片区域创造了灿烂的文化，这里发现了百座以上的城址[2]，除了少量为汉王朝的县城外，其余均为高句丽国所建，高句丽的城址以构筑大型山城或平山城为特征[3]，秦汉三国时期比较典型的城址为桓仁五女山城和集安国内城。五女山城位于辽宁桓仁县城东北8.5公里、浑江对岸五女

1 中国社会科学院考古研究所：《中国考古学·秦汉卷》，中国社会科学出版社，2010年，第852页。

2 魏存成：《中国境内发现的高句丽山城》，《社会科学战线》2011年第1期。

3 王绵厚：《高句丽的城邑制度与都城》，《辽海文物学刊》1997年第2期。

山的山顶上，是高句丽初期的都城[1]。城址呈不规则的长方形，南北长约1540米，东西宽约350—550米，面积约60万平方米。山城分山上和山下两部分，山上部分位于山城西南部的主峰上，地势平坦，大部分遗存发现于此，山下部分大多为平缓的坡地，遗迹较少（图11-1）。山城的西、南、北三面以悬崖为障，只有东侧和东南侧山势稍缓，故在半山腰砌石城墙。城墙外壁以楔形石压缝叠筑，内壁用扁条石和碎石叠压填平。城门有三处，南门位于城址的东南部，宽2米，南门外为深谷，出入南门必须经过墙外的环山马道。东门位于南门北150米处，门道宽4米。西门位于主峰西部，为一处天然豁口，两侧有门卫室。城内发现的遗迹有三处大型建筑遗址、蓄水池、兵营、瞭望台等，均位于山上部分。三处建筑遗址分别位于城内山上的中部偏北、东南部和东北部，二号建筑为半地穴式，其余两处为地面式建筑。蓄水池位于西门附近，由石头砌成，池旁有一处石砌水井。城址东南角有一天然平台，即瞭望台，此处为城址的制高点。在瞭望台的北部，发现有20座方形或长方形的半地穴建筑，房内有灶，出土器物以铁镞、铁甲片为多，应为兵营所在处。此外，在山上和山下部分均发现有哨所遗迹，主要位于各处的山口附近，多为半地穴式，内设有火坑。

集安国内城位于吉林集安市区，从琉璃明王定都于此，至长寿王迁都平壤，高句丽以此为都长达400余年。该城位于鸭绿江右岸，对岸即为今朝鲜。城址平面略呈方形，周长2686米[2]（图11-2）。城墙以石砌成，四周有马面14个，每个马面长8—10米，宽6—8米，高度与城墙相当，城外西临通沟河，南侧有一小溪，东、北原有宽约10米的护城壕。城墙西北角、西南角和东北角有向外凸出的方台，方台上建有角楼。城墙东北角呈弧形，弧形转角两端各有一

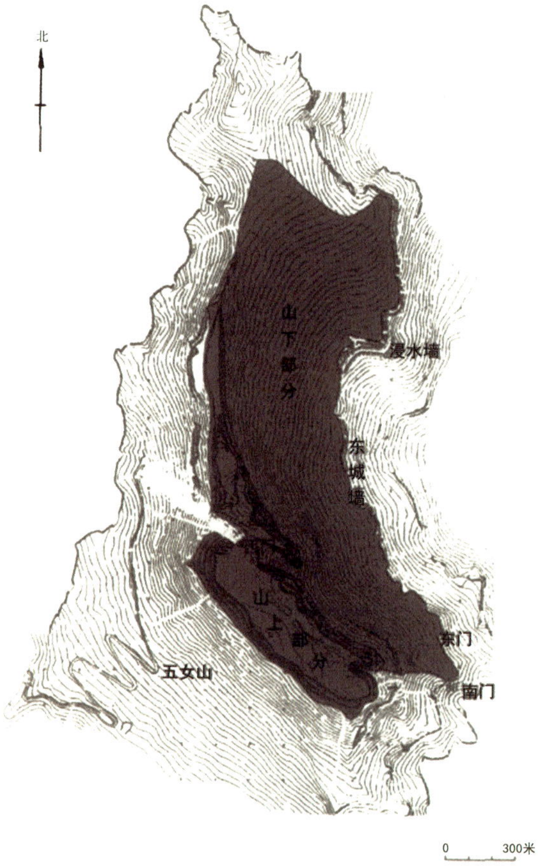

图 11-1　五女山城平面图

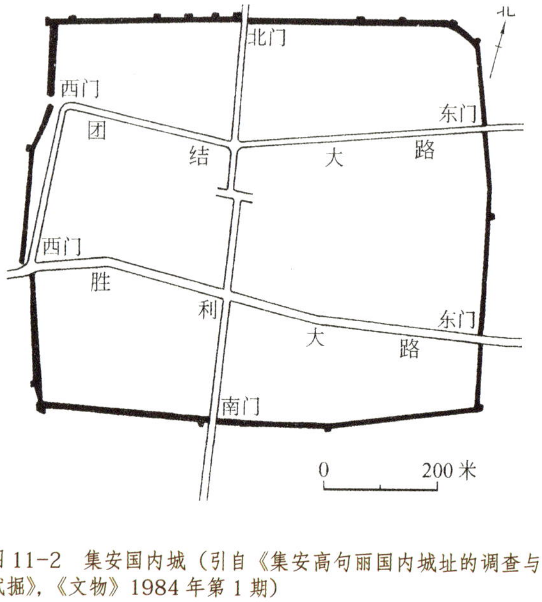

图 11-2　集安国内城（引自《集安高句丽国内城址的调查与试掘》，《文物》1984 年第 1 期）

1　辽宁省文物考古研究所：《五女山城——1996—1999、2003年桓仁五女山城调查发掘报告》，文物出版社，2004年；陈大为：《桓仁县考古调查发掘简报》，《考古》1960年第1期；梁志龙：《桓仁地区高句丽城址概述》，《博物馆研究》1992年第1期。

2　集安县文物保管所：《集安高句丽国内城址的调查与试掘》，《文物》1984年第1期。

图 11-3　桓仁浑江水库高句丽墓（引自《辽宁桓仁县高丽墓子高句丽积石墓》，《考古》1998 年第 3 期）

个马面，相距40米。城门有6座，南、北各1座，东、西各2座，均建有瓮城。城内中部偏北发现有大型建筑遗址，出土有东晋“太宁四年”（公元326年）的铭文瓦当和大量的覆盆形柱础，应是宫室的所在处。

高句丽早期的墓葬多为积石墓，并流行火葬。目前发掘的高句丽墓葬较少，主要集中于桓仁和集安一带。五女山城附近的一座大型积石方坛墓比较典型[1]，该墓由4座长方形和近方形的方坛组成，方坛上筑有石圹墓穴，数量1—4个不等，墓圹四壁均见有火烧痕迹，发现的人骨均较碎（图11-3）。出土遗物有陶壶、陶罐以及铁环、鱼钩等。高句丽早期积石墓的形制还有无坛积石墓和方坛阶梯石圹墓[2]，这几类墓中都发现有半两钱、五铢钱以及王莽钱。此外，集安下火龙墓地的出土遗物中发现有镰、锛、环首刀等汉式铁器，反映了高句丽与汉王朝的交流。

二、夫余的物质文化

夫余族人主要活动于以吉林市为中心的松花江流域。夫余形成于西汉时期，东汉至三国时期为夫余的鼎盛时期，公元四世纪末夫余灭亡，前后共存在了700余年。

夫余文化的城址有25座，可分为山城和平地城两类[3]。东团山山城和南城子城址可能为夫余的前期都城[4]，城址位于吉林市郊的一座山腰上，城门有东、北两门，东门有瓮门遗迹，三道城垣均呈椭圆形。其东南的缓坡台地上为南城子城址，平面呈椭圆形，周长1300米，城外有护城壕，有南、北两座城门，南门附近有一长方形的高地。此外，吉林市区龙潭山山城、蛟河县新街和福来东城址、九台山上河湾城堡群也可能与汉魏时期的

1 辽宁省文物考古研究所、本溪市博物馆、桓仁县文物管理所：《辽宁桓仁县高丽墓子高句丽积石墓》，《考古》1998年第3期。

2 李殿福：《集安高句丽墓研究》，《考古学报》1980年第2期。

3 李钟洙：《夫余文化研究》，吉林大学博士学位论文，2004年。

4 武国勋：《夫余王城新考——前期夫余王城的发现》，《黑龙江文物丛刊》1983年第4期。

夫余有关。

榆树县老河深中层墓葬的族属最有可能为夫余[1]，共计发掘了129座。墓葬的排列颇有规律，墓葬形制均为土坑竖穴墓，半数以上为单人葬，男女异穴合葬现象较普遍，葬具为木质，有木棺，也有以桦皮、苇席等遮挡。随葬的陶器有壶、罐、豆等，铁兵器有剑、矛、刀、镞、盔，还有一些车马具和铜牌饰。此区域内还发现有"汉陶遗存"[2]，即文化面貌上与汉文化相似，有汉式陶器、铁农具以及汉式墓，时代为西汉，这说明了夫余与汉王朝之间有着密切的交流。

三、沃沮的物质文化

沃沮部族的范围大致在图们江流域、朝鲜的东北部，其北边与挹娄、夫余相接，西边为高句丽，东部临近大海。目前国内的文化遗存与之相对应的为团结文化[3]。

团结文化以黑龙江东宁县团结遗址下层而得名，其绝对年代在公元前五世纪至公元一世纪。陶器的器壁较厚，胎土明显夹杂砂粒，器型以小平底器最有特色，此外还有瓮、罐、高圈足豆等，生产工具有石器和铁器，磨制石器发现较多，有刀、斧、锛、镰等，铁器也有发现，器类有斧、镰、锥等。房址多为半地穴式，平面呈方形或长方形，大型房屋的面积近百平方米，小型房屋面积约30—50平方米。有些房址内砌有曲尺形结构的烟道，当为取暖设施[4]。

根据《三国志·东夷传》记载，沃沮在秦至三国时期最初属于卫氏朝鲜，汉武帝元封二年（前109年）征伐朝鲜，以沃沮城为玄菟郡，此后迁移，降为县。东汉建武六年（公元30年），汉王朝缩减边郡，沃沮转为侯国，此后因国小势弱，臣属于高句丽。

四、挹娄的物质文化

据《三国志》中对挹娄的记载，其分布地域为"在夫余东北千余里，滨大海，南与北沃沮接，未知其北所极"，大致范围在今黑龙江、乌苏里江流域和长白山一带。根据文献所记，"挹娄"出现于三国曹魏时期，两汉时期该区域被称之为肃慎。

该区域内学者们认同为"挹娄"遗存的考古学文化有蜿蜒河类型—波尔采文化以及滚兔岭文化[5]。波尔采文化房址均为半地穴式，住房中发现储藏的粟，存在家畜饲养和纺织业，出土有角状把手陶罐，不见陶豆，铁器有刀、剑、镞、鱼钩等，这些与《三国志》中关于挹娄生活状况的记载相符合。滚兔岭文化的内涵与之相似，遗存较为丰富，其中发现有城堡，多修建于险要地带，大多呈圆形或椭圆形，城堡内密布有半地穴式房址[6]（图11-4）。

除了上述部族外，东北地区还有乌桓、鲜卑等游牧民族创造的物质文化，秦汉三国时期中原地区的汉文化通过战争与贸易等方式，也有渗透。这些都对该地区的文化格局

---

1 吉林省文物考古研究所：《榆树老河深》，文物出版社，1987年；李钟洙：《夫余文化研究》，吉林大学博士学位论文，2004年。

2 吉林省博物馆：《吉林江北土城子古文化遗址及石棺墓》，《考古学报》1957年第1期。

3 林沄：《肃慎、挹娄和沃沮》，《辽海文物学刊》1986年创刊号。

4 林沄：《论团结文化》，《北方文物》1985年第1期。

5 林沄：《肃慎、挹娄和沃沮》，《辽海文物学刊》1986年创刊号；贾伟明、魏国忠：《论挹娄的考古学文化》，《北方文物》1989年第3期。

6 黑龙江省文物考古研究所：《黑龙江省双鸭山市滚兔岭遗址发掘报告》，《北方文物》1997年第2期。

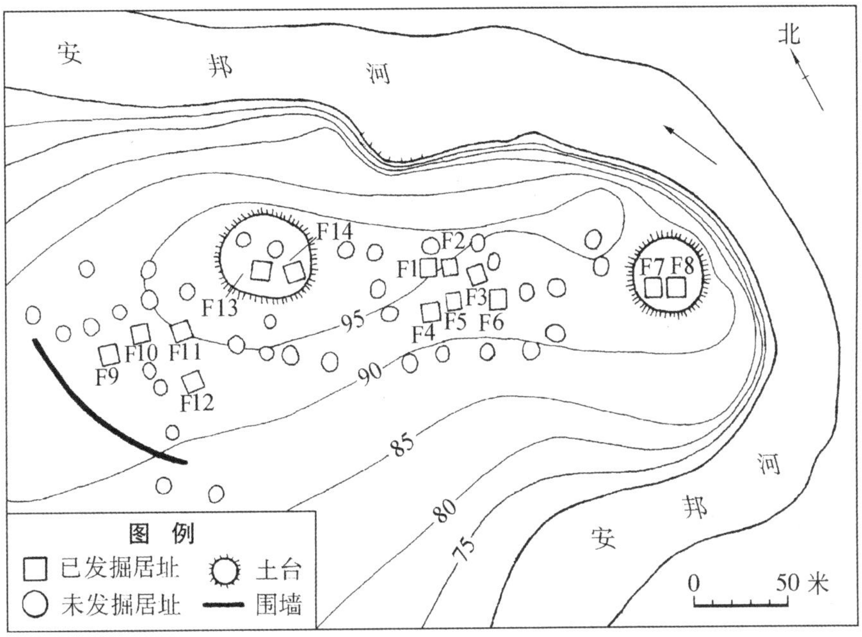

图 11-4 滚兔岭遗址遗迹分布图（引自《中国考古学·秦汉卷》，2010 年）

产生一定的影响，从而促进了各民族间的交流与融合。

第二节 北方草原地区的物质文化

秦汉三国时期，北方草原是游牧民族纵横驰骋的舞台，根据文献记载，在此活跃的民族有匈奴、东胡、乌桓、东部鲜卑、拓跋鲜卑、月氏、丁零等。这个地区是秦汉王朝与游牧民族发生碰撞与交流最频繁的地带，大量的游牧民族的遗存分布于大兴安岭两麓、河套阴山、河西走廊一线正是这种现象的体现。由于特殊的自然环境和社会环境，该地区的人们创造出具有区域特色的物质文化面貌。目前该区域最为丰富的少数民族遗存是匈奴和鲜卑这两个强大部族所创造的。

一、匈奴文化遗存

匈奴是蒙古高原的古老民族，公元前三世纪末冒顿单于统一北方草原并建立了强大的草原帝国，汉武帝时期汉匈之战后开始没落，东汉时期分裂为南、北匈奴，南匈奴内附，北匈奴从漠北西迁，前后经历了300余年。匈奴强盛时期的范围广大，南起阴山、北抵贝加尔湖、东到辽河、西至葱岭。在这片辽阔的土地上，陆续发现了有关匈奴的文化遗存。

匈奴的文化遗存有城址和墓葬，城址主要发现于蒙古国和俄罗斯境内，比如俄罗斯外贝加尔地区的伊沃尔加古城、蒙古境内的特列勒金古城、瓜道布古城等，这些城址的规模都较小，应为军事城堡的性质[1]。目前在国内还未发现有匈奴的城址。《史

1 乌恩：《论匈奴考古研究中的几个问题》，《考古学报》1990年第4期。

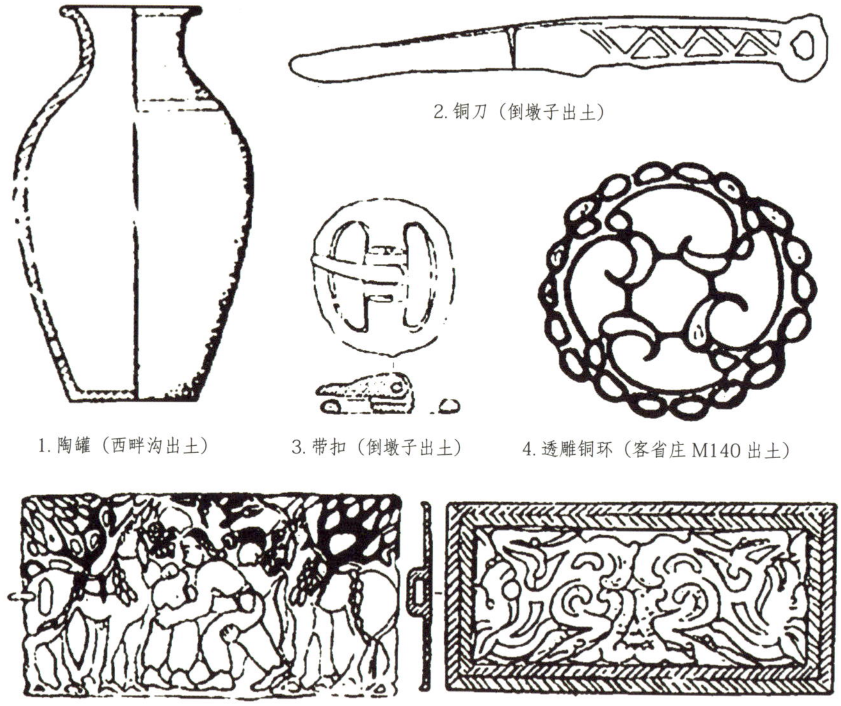

1. 陶罐（西畔沟出土）　2. 铜刀（倒墩子出土）　3. 带扣（倒墩子出土）　4. 透雕铜环（客省庄M140出土）　5. 铜牌饰（客省庄M140出土）　6. 铜鎏金牌饰（倒墩子出土）

图 11-5　匈奴墓葬出土遗物

记·匈奴列传》记载："逐水草迁徙，毋城郭常处耕田之业。"这段记载使人们长期误解匈奴无城址，而这些城址的发现与确定改变了这一认识。

国内的匈奴遗存主要为墓葬，匈奴由强盛走向衰落的过程在墓葬中可以反映出来。匈奴墓葬大致可分为三个时期[1]，但从中国境内的墓葬资料来看，以匈奴分裂为界点可分为前后两个时期。前期为匈奴的强盛期，相当于西汉至东汉早期，西畔沟墓地、倒墩子墓地、客省庄M140是早期匈奴墓葬的典型代表，墓葬形制多为土坑竖穴墓，南北向，头向北，绝大多数为单人葬，葬具为半剖圆木制成的椁和用木板加工成的棺。墓葬等级是以棺椁数量的多少来决定的，高等级的墓葬为两椁一棺，相应的随葬品数量较多，制作精美。随葬品方面（图11-5），陶器种类简单，以小口鼓腹罐和小口鼓肩罐为主，肩部往往饰有弦纹或波浪纹，有的在接近器底的部位有小穿孔，均为轮制，有泥质褐陶和泥质灰陶两种。青铜器类常见刀、镞、铃、环、带扣和管状饰，铁器见有衔、带扣、刀、镞。金属牌饰、透雕铜环、石牌饰和各种珠饰颇多。其中铜质、金质或鎏金铜质的牌饰极具特色，绝大部分为透雕，图案包括各种动物、人物和几何纹样等。透雕铜环经常成对发现，有些缀以串珠，用为带饰。以马、牛、羊的头、蹄殉牲比较普遍。

匈奴分裂后，北匈奴的文化特征继续保持前期的特点，东汉时期南匈奴归汉，其墓葬特征基本汉化。典型的墓葬有陕西神木大保当墓地、青海上孙家寨墓地乙区，这几处墓地应是东汉初年南匈奴单于庭附近的嫡系部族墓地[2]。这一时期的匈奴墓葬与汉墓几乎无异，墓葬形制和结构为汉墓流行的砖室墓，随葬品中有仓、灶、井等模型明器，还见有铜镜、五铢钱等，若不是出土"汉匈奴归义亲汉长"的铜印，以及波折纹陶罐、透雕铜环这些匈奴文物，几乎不能判断是匈奴墓葬，说明东汉时期南匈奴已失去了

1 单月英：《匈奴墓葬研究》，《考古学报》2009年第1期。

2 林沄：《关于中国的对匈奴族源的考古学研究》，《内蒙古文物考古》1993年第1、2期。

固有的习俗[1]。

二、鲜卑文化遗存

鲜卑是我国历史上北方的一个古老民族，从东汉时期开始出现于史籍中，一直活跃到北朝时期。匈奴分裂后，鲜卑趁势逐渐崛起，并屡次击败北匈奴，公元91年北匈奴西迁后，鲜卑族占据整个漠北地区。秦汉三国时期属于鲜卑族的早期，依据地理位置又可分为东部鲜卑和北部鲜卑，东部鲜卑在早期主要为慕容部，北部鲜卑则为拓跋部[2]。

早期鲜卑的文化遗存主要为墓葬，东部鲜卑的遗存主要以科尔沁地区的舍根墓地[3]和科左中旗六家子墓地[4]为代表（图11-6）。墓葬的形制常见土坑竖穴墓和石棺墓，平面呈长方形或前宽后窄的梯形，墓葬排列整齐，高级墓葬中的葬具为木棺，多数为单人葬，随葬陶器以侈口弧腹罐、侈口鼓腹罐、喇叭口舌唇壶、侈口束颈壶等为主，比较有特色的是在六家子墓地出土的马形金牌饰；殉牲不甚发达，种类见有羊矩骨、狗头骨、牛腿骨等。

拓跋鲜卑的典型遗存以呼伦贝尔地区的扎赉诺尔墓地[5]为代表，墓葬形制均为土坑竖穴墓，墓向一般朝北。墓坑平面呈头端较宽、足端略窄的梯形，个别有二层台。绝大

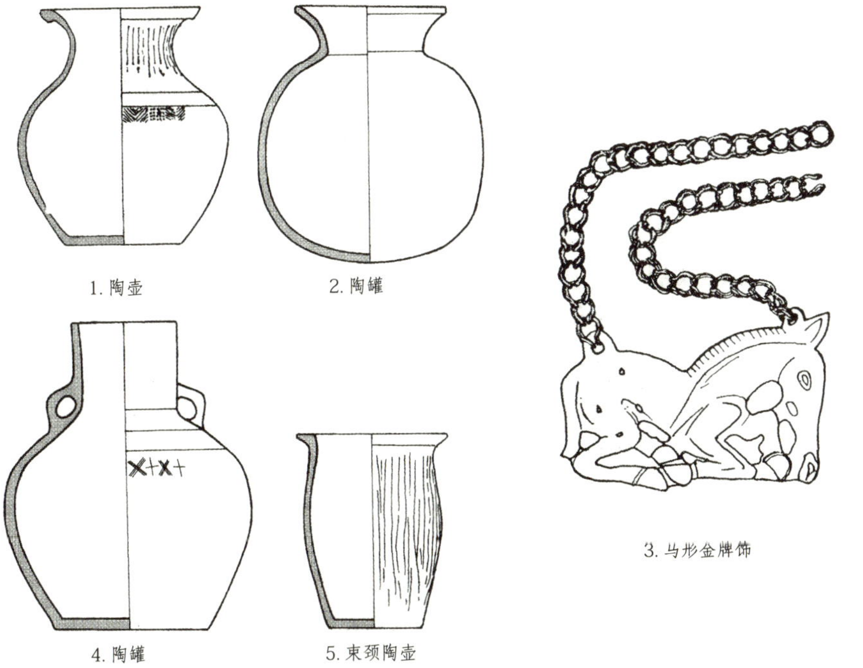

图 11-6　东部鲜卑文化遗物（引自《内蒙古科左中旗六家子鲜卑墓群》，《考古》1989 年第 5 期）

1 乌恩：《论匈奴考古研究中的几个问题》，《考古学报》1990年第4期。

2 孙危：《鲜卑考古学文化研究》，科学出版社，2007年，第2页。

3 张柏忠：《哲里木盟发现的鲜卑遗存》，《文物》1981年第2期。

4 张柏忠：《内蒙古科左中旗六家子鲜卑墓群》，《考古》1989年第5期。

5 郑隆：《内蒙古扎赉诺尔古墓群调查记》，《文物》1961年第9期；内蒙古文物工作队：《内蒙古扎赉诺尔古墓群发掘简报》，《考古》1961年第12期；王成：《扎赉诺尔圈河古墓清理简报》，《北方文物》1987年第3期；内蒙古文物考古研究所：《扎赉诺尔古墓群1986年清理发掘报告》，《内蒙古文物考古文集》，中国大百科全书出版社，1994年；陈凤山等：《内蒙古扎赉诺尔鲜卑墓》，《内蒙古文物考古》1994年第2期。

多数为仰身直肢单人葬。木棺大都略呈梯形，一般在四角插立木柱，其上榫接棺板；有些有盖无底，有的棺壁用桦树皮制作，有的棺底用树枝垫铺，有的纵侧棺板外加插木柱；木材未去皮，制作粗糙；有些在棺外四角再插立木柱，上置椁板形成椁架。殉牲较普遍，多为牛、马、羊的头、蹄骨和羊矩骨。陶器见有侈口弧腹罐、侈口鼓腹罐、敞口壶、颈双耳罐、尊、肩双耳罐、颈双耳壶等。弓弭、鸣镝、镞、带扣等骨制品发达，桦皮圆盒、桦皮箭囊颇有特点，铁器包括剑、刀、矛、镞等，出有飞马纹、鹿纹、羊纹等青铜牌饰和铜鍑，还有狩猎纹骨板、石牌饰、铜耳环、骨簪、琥珀珠等装饰品。

西拉木伦河北翼的巴林左旗南杨家营子[1]、林西县苏泗汰[2]等墓葬，可能与拓跋鲜卑南迁至“匈奴故地”有关[3]。此外，在阴山东段的内蒙古察右后旗三道湾[4]、二兰虎沟[5]、山西右玉县的善家堡[6]等处发现的游牧民族墓葬，时代为东汉晚期至曹魏时期，其文化内涵较为复杂，有东部鲜卑、拓跋鲜卑、东汉、匈奴等多种文化因素，这种状况正是东汉晚期至魏晋阶段阴山东段地区复杂民族关系的真实反映[7]。

第三节　新疆地区的物质文化

据《汉书·西域传》记载，秦汉三国时期的新疆地区共有三十六国，其中较大的有龟兹、于阗、康居、乌孙、疏勒、月氏、鄯善、车师等。张骞出使西域诸国后，汉王朝与该地区的友好往来逐步加强，并在此设立西域都护府。

一、城址

新疆以天山山脉为界分为南疆和北疆两部分，南疆地区发现的城址较多，而北疆的经济方式主要为放牧，城市出现的时间较晚，数量也相对较少。新疆地区比较著名的城址有于阗圆沙古城、楼兰古城。

于阗圆沙古城位于新疆于田县城北230公里处，地处塔克拉玛干沙漠中心，西汉时期应为扜弥国的范围。古城几乎被沙丘覆盖，仅见少量已干枯的胡杨、柳树根。城西是宽大的克里雅河老河床。圆沙古城平面为不规则的四边形，墙体大多不直。因水冲或风蚀作用，转角处的城垣大都不存[8]（图11-7）。城址周长约995米，东西最宽270米、南北最长330米。城墙以两排竖插的胡杨棍夹以纵向铺垫的柳枝、芦苇筑成，两侧用淤泥、畜粪堆积成护坡。南墙中部和东墙北段各有一城门，南门规模较大，保存

1　中国科学院考古研究所内蒙古工作队：《内蒙古巴林左旗南杨家营子的遗址和墓葬》，《考古》1964年第1期。

2　林西县文物管理所：《林西县苏泗汰鲜卑墓葬》，《内蒙古文物考古文集》（第二辑），中国大百科全书出版社，1997年。

3　中国社会科学院考古研究所：《中国考古学·秦汉卷》，中国社会科学出版社，2010年，第859页。

4　乌兰察布盟博物馆：《察右后旗三道湾墓地》，中国大百科全书出版社，1994年。

5　李逸友：《内蒙古西部地区的匈奴和汉代文物》，《文物》1957年第4期；郑隆等：《察右后旗二兰虎沟的古墓群》，《内蒙古文物资料选辑》，内蒙古人民出版社，1964年。

6　王克林等：《山西省右玉县善家堡墓地》，《文物季刊》1992年第4期。

7　中国社会科学院考古研究所：《中国考古学·秦汉卷》，中国社会科学出版社，2010年，第866页。

8　新疆文物考古研究所、法国科学研究中心315所中法克里雅河考古队：《新疆克里雅河流域考古调查概述》，《考古》1998年第12期。

也较完好。城门两侧都有两排立柱，形成门道，南门的门框和用胡杨柱拼成的门板尚存。城内基本被流沙覆盖，暴露的6处建筑遗迹也因风蚀作用仅存立柱基部。地表的遗物主要是陶器、石器、铜铁小件和料珠等。另外有不少动物骨骼，经鉴定，以牛、羊、骆驼的数量较多，其次为马、驴、狗、猪、鹿、兔、鼠、鱼、鸟等，说明畜牧渔猎在经济生活中占有重要地位。城内清理三处建筑遗迹，地表均残存排列有序的立柱根基，其表层堆积主要是牲畜粪便，其中发现有袋状灰坑或窖穴。

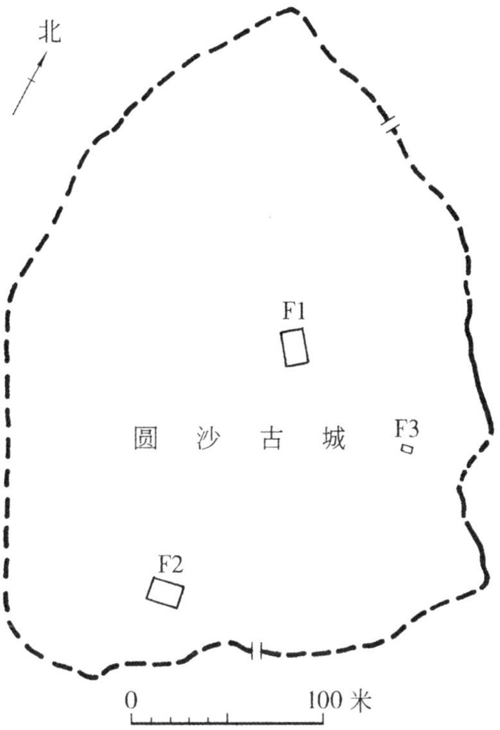

图11-7 圆沙古城平面图（引自《中国考古学·秦汉卷》，2010年）

古楼兰是西汉时期新疆地区的三十六国之一，公元17年更名鄯善，治在扜泥城。城址位于罗布泊西岸的一片茂密的雅丹地形中。城址平面呈方形，四周城墙的残垣仍清晰可辨，面积约10万平方米（图11-8）。城墙为夯筑，在间隔厚80厘米的夯土中夹杂芦苇杆和红柳枝，由于风蚀严重，仅能确定在南、北城墙上有城门；在西城墙的中段也有一个缺口，在缺口的两侧有两个突出的土台，已无法辨认出原来面貌，可能也是城门的构筑。整座城市的布局以古水道为界分为东北和西南两区。东部有一座佛塔，已遭破坏，残高10.4米。在佛塔的南面连接一片大型的建筑基址。城中最显眼的建筑是居于中部的“三间房”遗址。这一组的建筑有房屋5座，中间横列3座，座北朝南，东西两侧各有一间房，中间为一个小广场，直接对着南城门。中间三间房是城中仅有的用土坯砌筑而成的建筑，东西长约12.5米，南北宽约8.5米。在房内的木料上发现有残存的朱漆，从这组建筑的位置和构造规模来看，这里可能就是当年古楼兰统治者的官衙所在地。城的西南部是居住区，西部的建筑规模较大，是由数座宅院组成的，宅院内有前厅、中堂、厢房和后宅之分；南部的建筑基本上是由一排紧密连接的住房组成，单间的房屋一间接一间。城内出土了大量的文物，有榆荚半两钱和五铢钱，铜镜残片、漆耳杯、黑陶盘、丝织品和毛织品以及许多用金、银、铜等制作的各类装饰品。最为珍贵的遗物为汉

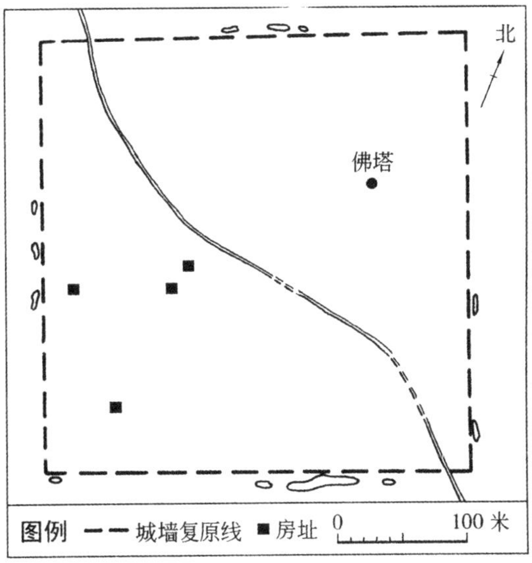

图11-8 楼兰古城平面图（引自《中国考古学·秦汉卷》，2010年）

文、佉卢文文书及木简。

二、墓葬

新疆地区的墓葬主要位于吐鲁番、焉耆和塔里木盆地，基本分布于城址的附近，其中文化特色鲜明的墓葬主要在楼兰、车师、精绝等古国的区域内。

楼兰地区秦汉时期的墓葬以平台和孤台墓地为代表[1]，平台墓地位于楼兰古城东北约2公里处，7座墓的墓葬形制均为土坑竖穴墓，MA1和MA7保存较好，MA1的西南部直立一排木桩，桩上横编苇草，可能是当作葬具。MA7为一座丛葬墓，其中随葬有7人。孤台墓地MB1为一座土坑竖穴墓，墓口覆盖圆木和苇帘，墓底放置粗苇杆编织的苇床，上面铺设8具骨架，分三层放置（图11-9）。人骨上裹有丝织品的衣服，随葬品有陶器、木器和漆器三类。

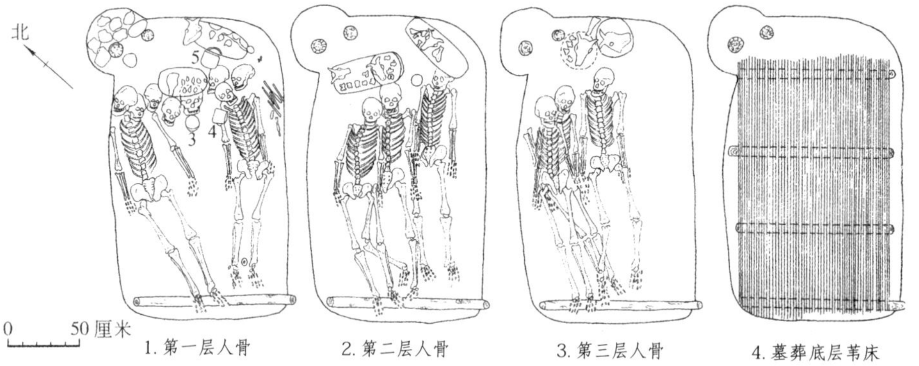

图 11-9　孤台 MB1 平面图（引自《楼兰城郊古墓群发掘简报》，《文物》1988 年第 7 期）

尼雅遗址位于塔克拉玛干沙漠南缘民丰县喀巴阿斯卡村以北20公里的沙漠中，两汉时期为西域精绝国的所在处，东汉后期被鄯善所并。遗址的西北部发现了大量的墓葬[2]。墓葬形制为土坑竖穴，上层一般为夫妇合葬墓，箱形木棺，随葬品丰富，有大量的织锦、料珠、玉饰品、皮制品以及一些木制或陶制的生活用品，还有一些汉式铜镜、铁器等。特别是1995年尼雅M3出土的“王侯合昏千秋万岁宜子孙”锦和M8出土的“五星出东方利中国”护臂（图11-10）最有代表性。

圆沙古城为古于阗国的活动范围，城址周围也有墓葬发现。和田洛浦县山普拉发现一批墓葬，墓葬形制有两类。一类方形竖穴墓或称方形土坑棚架墓，这类墓大都为多人合葬。一类为长方形竖穴土坑墓，有多人葬和单人葬，有的有木棺葬具，木棺可分为圆木棺、半圆木棺、木盆棺，用胡杨木刻挖而成，还有梯形或长方形木棺。葬式有仰身直肢、仰身屈肢、俯身直肢和侧身直肢。在M1号和M16号两座墓旁各有一殉马坑。这批墓

1 新疆楼兰考古队：《楼兰城郊古墓群发掘简报》，《文物》1988年第7期。

2 新疆维吾尔自治区博物馆：《新疆民丰北大沙漠中古遗址墓葬区东汉合葬墓清理简报》，《文物》1960年第6期；新疆文物考古研究所：《尼雅95一号墓地3号墓发掘报告》，《新疆文物》1999年第2期；新疆文物考古研究所：《尼雅95一号墓地4号墓发掘简报》，《新疆文物》1999年第2期；新疆文物考古研究所：《新疆民丰县尼雅遗址95NMI号墓地M8发掘简报》，《文物》2000年第1期；新疆文物考古研究所：《95年民丰尼雅遗址I号墓地船棺墓发掘简报》，《新疆文物》1998年第2期。

图 11-10 “五星出东方利中国”护臂

葬随葬文物异常丰富，部分墓葬属于秦汉时期[1]。

北疆地区为月氏、塞人、乌孙、匈奴等民族的活动区域，这一带现有墓葬资料较少，在昭苏县发掘的一批土墩墓可能为乌孙留下的遗存。伊犁地区的“索墩布拉克文化”可能和塞人有密切联系，晚期属于秦汉时期[2]。

第四节 西南地区的物质文化

秦汉时期，西南地区为巴、蜀、滇等古老民族的活动区域，根据史书记载，该地区分布的人群，主要被冠以“巴蜀”和“西南夷”等的称呼，虽然该地区在汉武帝以后便被纳入汉王朝的版图，但因其具有独特的文化面貌，按照区域可分为巴蜀文化、滇文化、贵北土著文化、川西和川西南少数民族文化等。三国时期蜀汉政权进驻于此，进一步推动了该地区的汉化进程。

古代巴蜀的相对地理范围以今成都平原为中心的川西平原为蜀，以今重庆为中心的川东地区为巴[3]。目前所发现的巴蜀遗存主要为墓葬，最具特色的是船棺葬，其流行年代为战国时期。秦灭巴蜀后，在中原文化强势影响下，该地区的墓葬形制开始被木椁墓和土坑墓取代，随葬品方面仅保留少数巴蜀特征的遗物，其余均为汉式陶器。东汉至三国

1 新疆维吾尔自治区博物馆、新疆文物考古研究所：《中国新疆山普拉——古代于阗文明的揭示与研究》，新疆人民出版社，2001年；新疆文物考古研究所：《洛浦山普拉II号墓地发掘报告》，《新疆文物》2000年第2期。

2 王明哲、王炳华：《乌孙研究》，新疆人民出版社，1983年。

3 宋治民：《战国秦汉考古》，四川大学出版社，1993年，第243页。

时期，该地区普遍流行“崖墓”，即墓穴开凿在石质崖壁上。崖墓形制复杂，一般由墓道、墓门、甬道、前室、中室、后室、前堂、侧厅、耳室和侧室组成，墓室内外还常见有灶台暗龛、石柜等附属设施，其中墓道多为露天式坑道，前堂为祭祀场所，内壁上凿出多个墓穴[1]（图11-11）。大型崖墓还常见有画像，墓门上有石刻门楣、斗拱等。

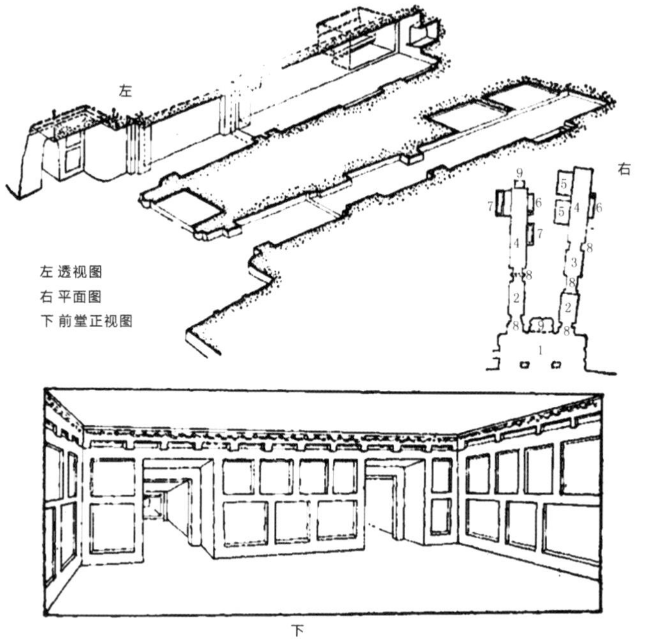

图 11-11　崖墓结构示意图（引自《四川崖墓的初步研究》，《考古学报》1988 年第 2 期）

四川东汉墓中最具特色的为摇钱树（图11-12），其他随葬品与中原地区无异。摇钱树的枝干或底座上常见有蟾蜍、羊、玉兔、象、朱雀等瑞兽，还常见西王母、力士、佛像神仙类造像，其中佛像出现的时间在东汉末年至蜀汉时期。摇钱树的内涵是追求富贵等吉祥观念与神仙思想的结合，把西王母和佛偶像化，祈求平安幸福；摇钱树上神仙观念的表达同四川地区盛行的五斗米道有一定的关系[2]。

云南地区在秦汉时期为古滇国的活动区域，西汉元封二年（前109年），汉武帝将滇国纳入汉王朝的版图，汉文化大量进入，形成了汉、夷两种文化并存、互动的局面，两汉交替之际或稍后，土著文化全面衰落，东汉中期基本消亡[3]。古滇国的遗存主要为墓葬，其中有代表性的墓地为晋宁石寨山[4]、昆明羊甫头[5]、江川李家山[6]、呈贡石碑村[7]和天子庙[8]。墓葬的形制均为长方形竖穴土圹，墓口大于墓底，大型墓葬还见有二层台，葬具为一棺一椁，中小型墓仅有一棺。随葬品中最具有民族特色的青铜器有粗茎剑、空首钺、铜斧、铜鼓、贮贝器、动物透雕牌饰、铜啄、璧环状手镯和浮雕扣饰等[9]（图11-13）。其中青铜器中的“贮贝器”颇具特点，其顶部多铸有反映滇人社会生活的场景，有的可能反映着滇人的农业生产及与之相关的原始祭祀活动，如播种、报祭、“祈年”等；还有的场景中出现身着各色服饰的人物，通过对这些人物形象、衣饰装束的研究，对于分析滇王国内不同民族的成分及其来源有所帮助[10]。

1 罗二虎：《四川崖墓的初步研究》，《考古学报》1988年第2期。

2 何志国：《汉魏摇钱树初步研究》，科学出版社，2007年，第188—218页。

3 杨勇：《战国秦汉时期云贵高原考古学文化研究》，科学出版社，2011年，第346—347页。

4 云南省博物馆：《云南晋宁石寨山古墓群发掘报告》，文物出版社，1959年；《云南晋宁石寨山第三次发掘简报》，《考古》1959年第9期；《云南晋宁石寨山古墓第四次发掘简报》，《考古》1963年第9期。

5 云南省文物考古研究所、昆明市博物馆、官渡区博物馆：《昆明羊甫头墓地》，科学出版社，2005年。

6 云南省博物馆：《云南江川李家山古墓群发掘报告》，《考古学报》1975年第2期。

7 云南省博物馆文物工作队：《云南呈贡龙街石碑村古墓群发掘简报》，《文物资料丛刊》第3辑，文物出版社，1980年。

8 胡绍锦：《呈贡天子庙滇墓》，《考古学报》1985年第4期。

9 中国社会科学院考古研究所：《中国考古学·秦汉卷》，中国社会科学出版社，2010年，第889页。

10 冯汉骥：《云南晋宁石寨山出土铜器研究》，《考古》1963年第6期。

贵州地区在秦汉时期是夜郎国的所在处，有关夜郎国活动的中心区域学术界还没有定论，但该地区的考古遗存则为寻找夜郎文化提供了线索。目前贵州发现的秦汉时期遗存中，赫章可乐墓地[1]的葬俗和随葬品具有强烈的地方特征，墓葬形制均为土坑竖穴墓，骨架大多腐朽，“套头葬”为可乐墓地特殊的葬俗，即在墓底用铜鼓或铜釜作为葬具，其内放置头骨（图11-14）。近些年的考古资料表明“套头葬”的形式较为多样，如用铜洗盖于死者脸部，或用铜洗垫于死者头下、在死者头侧墓底插置铜戈等，这些为人们认识这种土著文化提供了更加丰富的信息[2]。随葬品方面，辫索纹耳大铜釜、束腰铜釜、直援无胡戈、牛头形带钩、铜手镯、铜剑、扣饰等都具有浓厚的民族特色（图11-15）。贵州土著文化与滇文化的交流较为普遍，该地区出土的铜鼓、铜戈、扣饰等与滇文化的同类器物相似。在赫章可乐墓地还存在着较多的汉式墓，西汉中期以后汉式墓的比重增大，到了东汉晚期该地区的土著因素基本消失，该地区完全融入汉文化的体系。

川西南地区的安宁河流域在秦汉时期为邛都夷的活动区域[3]。该地区最具特色的文化遗存为大石墓，一般长4—8米，宽0.2—1.2米，最长的达14米。大石墓的特点显著，整体为长方形的石室，系在地表挖一土坑，两侧与后壁用长方形巨石垒砌，顶部用数块巨石覆盖，葬式为二次丛葬，每墓入葬数

图 11-12　四川彭山县双江乡崖墓出土东汉陶座摇钱树

1 贵州省博物馆考古组、贵州省赫章县文化馆：《赫章可乐发掘报告》，《考古学报》1986年第2期；贵州省文物考古研究所：《赫章可乐2000年发掘报告》，文物出版社，2008年。

2 贵州省文物考古研究所：《贵州赫章可乐夜郎时期墓葬》，《考古》2002年第7期。

3 罗二虎：《秦汉时期的中国西南》，天地出版社，2000年，第3页；刘弘：《川西南大石墓与邛都七部》，《文物》1993年第3期。

1. 扣饰（李家山 M24：90）

2. 扣饰（李家山 M13：7）

3. 铜斧（石寨山 M13：235）

4. 空首钺（石寨山 M6：15）

5. 铜鼓（李家山 M11：30）

图 11-13　滇文化典型器物

图 11-14　赫章可乐 M273 中的“套头葬”

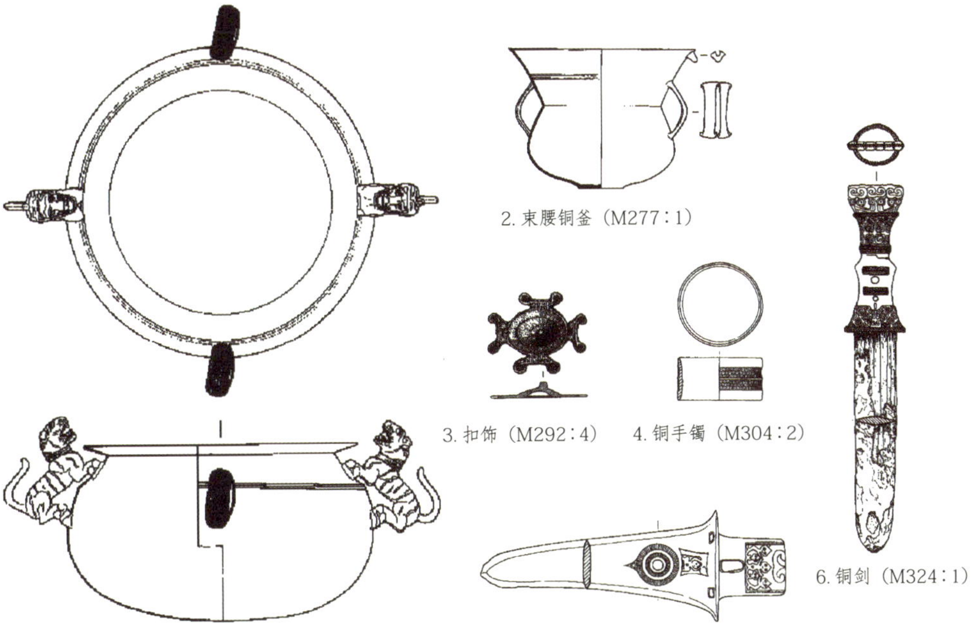

1. 辫索纹耳大铜釜（M274:87）　2. 束腰铜釜（M277:1）　3. 扣饰（M292:4）　4. 铜手镯（M304:2）　5. 铜戈（M318:1）　6. 铜剑（M324:1）

图 11-15　贵州赫章可乐土著墓葬出土遗物（引自《赫章可乐 2000 年发掘报告》，2008 年）

十人至上百人不等，前端的墓门用碎石堆积，便于多次埋葬（图11-16）。随葬品位于墓门内两侧或墓室后端，常见有单耳罐、双耳罐、带流壶、平底罐、石质生产工具、青铜和玉饰品等，晚期的大石墓出现铁器和汉代钱币。大石墓在葬式上无贵贱之分，随葬品为全墓共用，说明这种墓葬是以血缘关系为纽带的氏族公共茔坟，从而说明邛都夷的基本社会组织为血缘氏族[1]。大石墓的消亡时间在东汉初年，这与文献中关于邛都夷迁徙离开此处的时间相吻合。

1 刘弘：《川西南大石墓与邛都七部》，《文物》1993年第3期。

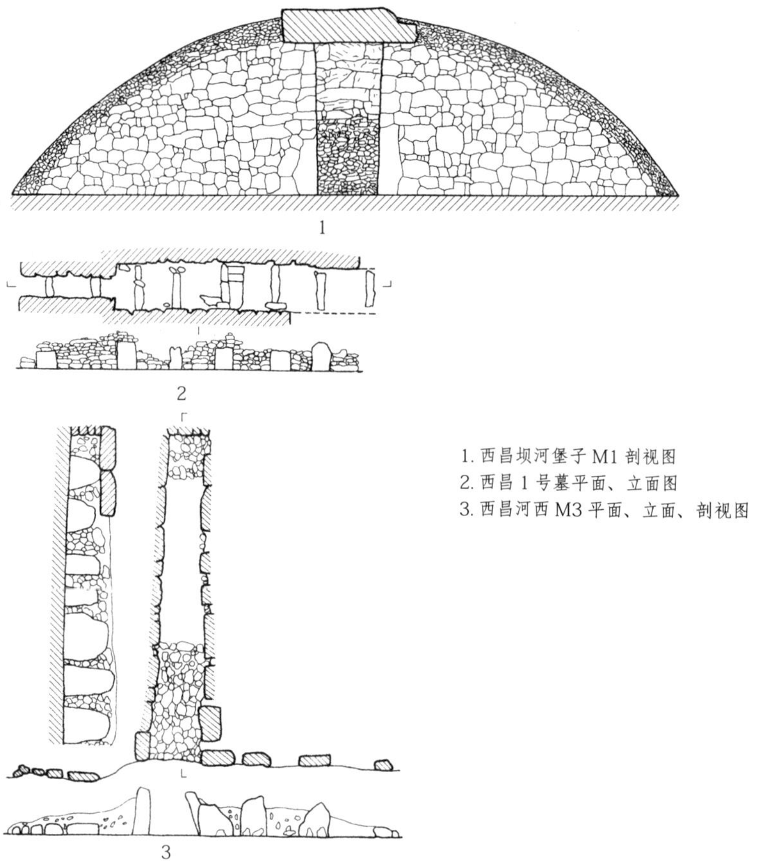

图 11-16 川西南大石墓平面、立面、剖视图（引自《秦汉时期的中国西南》，2000 年）

根据《史记·西南夷列传》记载，川西南的岷江上游一带在秦汉时期为冉駹的所在处，此处发现的“石棺葬”则为冉駹等民族的文化遗存，时代为战国至西汉晚期[1]。石棺葬又被称为“石板墓”、“板岩葬”，其结构是用板岩或片麻岩打制成长方形的石板，嵌成长方形的石棺，将石棺放置到长方形的竖穴土坑之内。石棺有的有底，有的无底，个别还砌成屋顶两面坡式的墓顶，如四川茂汶石棺葬CM1[2]。石棺葬的墓圹一般深2—3米，石棺的长度在2.1—2.2米，头端宽0.9米，足端宽0.6米，高0.7米[3]。随葬品以一种桃核形口沿的双耳罐最为典型，其余还有一些单耳罐、高领罐、三联罐、杯、碗、壶等陶器，铜器有剑、钺、戈、釜、盾饰、手镯等，此外还有一些带有汉文化因素的随葬品，如铁器、钱币等。

1 童恩正：《近年来中国西南民族地区战国秦汉时代的考古发现及其研究》，《考古学报》1980年第4期。

2 四川省文物管理委员会、茂汶县文化馆：《四川茂汶羌族自治县石棺葬发掘报告》，《文物资料丛刊》第7辑，文物出版社，1983年。

3 冯汉骥、童恩正：《岷江上游的石棺葬》，《考古学报》1973年第2期。

第十二章
中外物质文化交流

秦汉三国时期，对外交流日趋频繁，已基本形成我国古代陆路、海陆交通及交流的框架和格局，来往和交流的国家众多，物品丰富，而相关技术、文化乃至宗教信仰等均有输出和传入，促进了共同发展。因此，这一时期应是中外物质文化交流的开拓期，在古代中外文化交流史上有着极为重要的地位。

第一节　中外物质文化交流的路线

从大的方面讲，秦汉三国时期对外交通路线可分为陆路和海路两种，因交流国家和地区不同，又分成不同方向的交通线，这些交通线中基本都有主干线，主干线之外又有较多支线（图12-1）。

一、西向与南向的交通线

中原王朝统治区域之外的南部及西部是秦汉三国时期物质文化交流的重要地区，这一区域地理范围广阔，国家众多。

东西方交流的陆路交通线被称为狭义的丝绸之路，先秦时期就已存在。西汉时，张骞两次出使西域，使得这条交流之路全面开通和畅通，并得以延伸，与欧洲地区建立起密切的联系[1]（图12-2）。这条交通线包括绿洲之路及草原丝绸之路两条主干线，另有较多支线[2]。绿洲之路的干线大致东起长安，西出陇西，经河西走廊到达敦煌，自敦煌分南、北两道，基本依傍山川、河流、定居点等特定的线路而行：南道出阳关，沿塔里木盆地南缘，经于阗（今新疆和田）、皮山（今新疆皮山）、莎车（今新疆莎车）到达疏勒（今新疆喀什）；北道过白龙堆（今新疆罗布泊东北雅丹地区），抵楼兰（今新疆罗布泊西北岸），而后傍天山南麓，经焉耆（今新疆焉耆）、龟兹（今新疆库车），也到达疏勒。从疏勒西越葱岭至大夏（今阿富汗北部巴克特里亚），或向西经大宛（今中亚费尔干纳盆地）再往南抵达大夏，从大宛往西经康居（今中亚阿姆河）与锡尔河之间的索格底亚那前往奄蔡（今咸海以北）；从大夏往南可到身毒（今印度），向西经安息（伊朗帕提亚王朝）可至条支（今叙利亚一带）、黎轩（埃及亚历山

1 史称张骞通西域为“凿空”，《史记·大宛列传》载：“然张骞凿空，其后使往者皆称博望侯。”裴骃《集解》引苏林曰：“凿，开；空，通也。骞开通西域道。”

2 中国社会科学院考古研究所：《中国考古学·秦汉卷》，中国社会科学出版社，2010年，第907—908页。

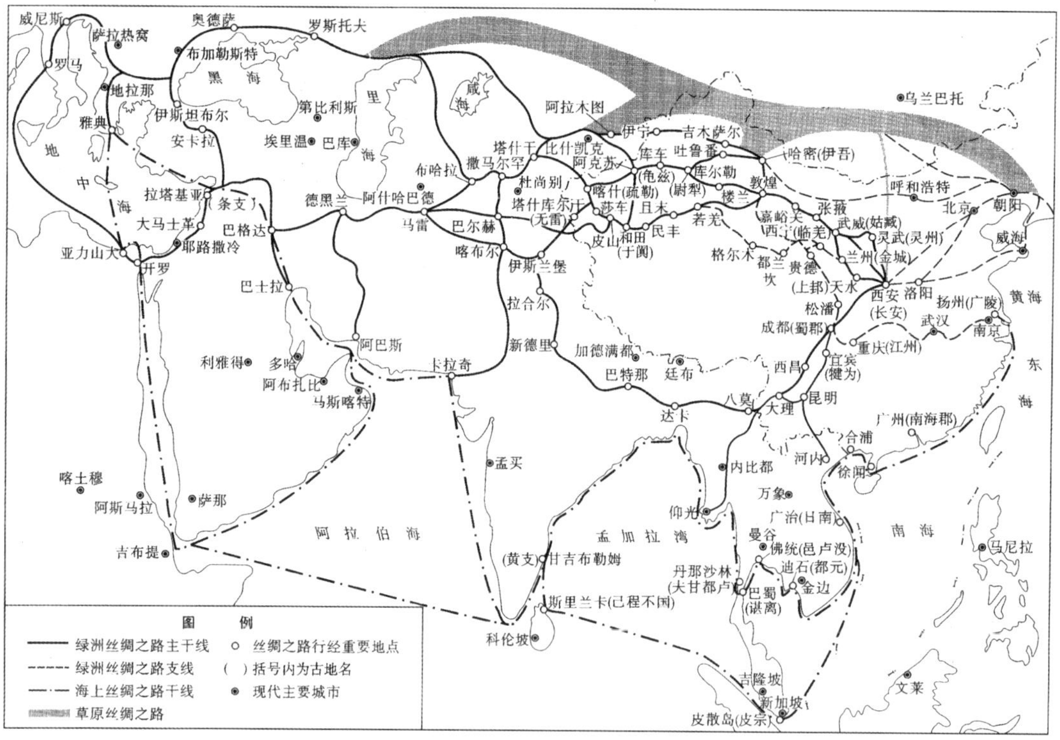

图 12-1 秦汉时期丝绸之路路线示意图（引自《中国考古学·秦汉卷》，2010 年）

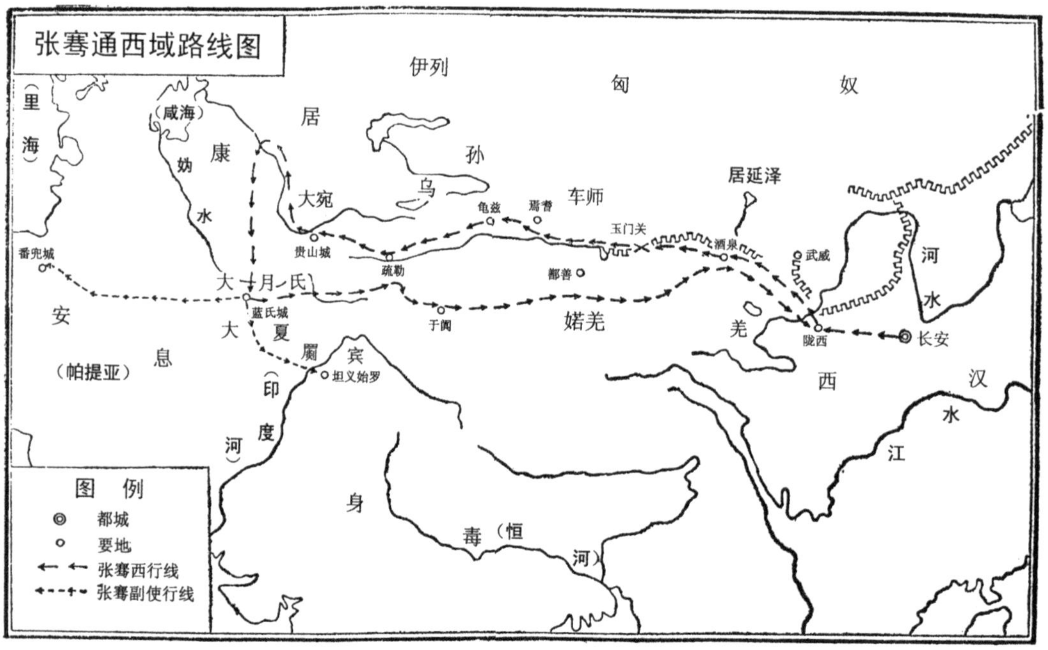

图 12-2 张骞通西域路线图（引自《秦汉史》，1983 年）

大城）。对比而言，草原丝绸之路的交通路线并不易确定。

南向的陆路交通路线大概有三条主线。一是东西绿洲之路从大夏往南可到身毒。二是我国西南部向南的交流与贸易之路，有学者称之为“南方丝绸之路”[1]，起点为今

1 霍巍：《“西南夷”与南方丝绸之路》，《中华文化论坛》2008年12月增刊。

四川成都，属两汉蜀郡。西汉武帝时，该路线已可从今云南大理至中缅边境，被称为博南道，东汉永平十二年（公元69年）设立永昌郡，这条交通路线更为畅通。在国内，该交通线分西、南两路[1]：西路又称古牦牛道（西夷道），从成都出发经邛崃、雅安越大相岭至汉源，经越西至西昌，南行经会理在鱼鲊—拉鲊渡口渡金沙江，进入今攀枝花市，向西南行经大姚至祥云到下关，至大理。南路又称东道或"五尺道"，从成都出发，经双流、新津至彭山，沿岷江而下，经乐山、犍为至宜宾，沿秦五尺道南行，经高县、筠连、珙县，向西折入横江河谷，经云南盐津、大关、昭通、曲靖抵昆明，在大理与西路汇合，经保山、腾冲、循大盈江南行，经干崖到缅甸八莫，再西行到印度。该线从昆明有支线可到越南的河内，从大理入缅甸八莫继续南行可至缅甸仰光。三是从广西进入越南，具体路线是从合浦郡和郁林郡进入交趾郡及以南地区，进而到达中南半岛的其他国家。汉武帝时，在岭南设置九郡，其中的交趾、九真、日南三郡对该路线有重要促进作用。

海上丝绸之路也在南向和西向的物质文化交流及交往过程中起着较为重要的作用。秦代之前，已可从两广的一些港口经南海到达中南半岛的一些国家。公元前111年，汉武帝置岭南九郡，海上物质文化交流更趋繁荣和发达。从日南（郡治在今越南广治附近）、徐闻（今广东徐闻附近）、合浦（今广西合浦东北）等港口出发，沿近海航行，经都元（今越南迪石一带）、邑卢没（今泰国古港佛统）抵达谌离（今泰国巴蜀），再从陆路穿过克拉地峡到达夫甘都卢（今缅甸丹那沙林），然后在印度洋换航至黄支（今印度甘吉布勒姆），从黄支再往南经已程不国（今斯里兰卡），向东穿过马六甲海峡，经皮宗（今新加坡以西皮散岛），即可返航归抵汉日南郡象林地界（今维州县南）[2]。从已程不国向西至阿拉伯湾西亚乃至欧洲的航线在当时应已存在，就汉代而言，已程不国可能是航船到达的最远地方，但并不能排除有继续向西航行的可能。公元131年，叶调国（今印尼爪哇岛）遣使进献，说明印度尼西亚至我国的航线也已开通。为能够直接连接中国，打破安息的贸易垄断，大秦（罗马帝国）王安敦于公元166年"遣使自日南徼外献象牙、犀角、玳瑁"，罗马使者可能取道波斯湾或红海入印度洋，至斯里兰卡再沿中国船只的回程航线抵达日南，史载"始乃一通焉"[3]。这说明至迟公元166年，太平洋至印度洋的航线已经打通，远程交流和贸易也成为可能。汉代经陆路也可至中南半岛南部，从中南半岛南部又可乘船向西南至印度东部和斯里兰卡，向东南则可抵新加坡一带，或由此沿近海回国，或至其他国家或地区。另外，从渤海、黄海或东海出发，到两广海岸后亦可入南海远航。海上航线的开通，不仅促进文化交流与交往的发展，也大大促进了商业贸易的繁荣。史载：南越"处近海，多犀、象、毒冒、珠玑、银、铜、果、布之凑，中国往商贾者多取富焉。番禺，其一都会也"[4]，"蛮夷贾船，转送致之"[5]，均可说明。

二、北向交通线

这一时期，北部与中原王朝并立的主要为匈奴政权，相互间有较长的交界线，北向物质文化交流路线因此可能有多条，从河北、山西、陕西的北部出发，经内蒙古可抵达

1 四川省钱币学会课题组：《南方丝绸之路商贸货币探讨》，《四川金融》1993年第11期。

2 《汉书》卷二十八《地理志》，中华书局，1962年，第1671页；陈佳荣：《中外交通史》，（香港）学津书店，1987年，第52—55页。

3 《后汉书》卷八十八《西域传》，中华书局，1965年，第2920页。

4 《汉书》卷二十八《地理志》，中华书局，1962年，第1670页。《史记·货殖列传》载："番禺亦其一都会也，珠玑、犀、瑇瑁、果、布之凑也。"《史记》卷一百二十九《货殖列传》，中华书局，1982年，第3268页。

5 《汉书》卷二十八《地理志》，中华书局，1962年，第1671页。

今蒙古共和国及俄罗斯的西伯利亚、外贝加尔等地区。考古发现，榆林地区在汉代有着重要的政治地位，社会经济较发达，是中原与北部交流的重要地点，因此该处很可能是北向路线的出发点之一。

三、东北及东向交通线

朝鲜半岛及日本列岛的大部分区域与我国隔海相望，海路交通较为重要。朝鲜半岛方面，主要为渤海海路，半岛南部部分经黄海海路；日本列岛则主要为黄海海路和东海海路。随着汉王朝对东北地区统治的加强，特别是在朝鲜半岛北部设立乐浪等四郡后，陆路交通线的作用逐渐显现，该交通线主要是通过辽宁进入半岛北部，再经北部进入半岛南部。这一时期，我国与日本列岛的联系和交流也存在海上交通线，即从陆路到达朝鲜半岛南部，再由海路抵达日本列岛。长崎县远之辻遗址位于壹岐岛，有大量从朝鲜半岛和中国大陆传入的遗物发现[1]。该岛地处朝鲜半岛与九州岛之间的海上通道上，从朝鲜半岛东南部入海路，经对马岛，过此地可至九州岛。福冈县的平原遗迹[2]位于九州岛北端，面向海湾，是交通路线上的重要地点，该县的须玖冈本遗址群[3]、饭冢立岩遗址群[4]及佐贺县吉野里遗址[5]的地理位置距海较远，体现出物质交流的延伸。

第二节　中国与各国家、地区间的物质文化交流

秦汉三国时期，随着交通路线的不断开拓与开通，中国与很多国家和地区都建立了密切联系，物质文化交流和交往也更加频繁，既有政府间的友好往来和战争形成的特殊交流，也有民间的互通，而商贸活动是其中重要的内容之一。

一、与中亚、西亚及欧洲的物质文化交流

中亚、西亚及欧洲均位于我国西部，先秦时期与我国已有往来。秦汉三国时期，中国以西主要有大月氏、贵霜、安息、大秦等大国，还有较多小国。

公元前二世纪张骞出使西域前，中亚等地已与我国有了相关的物质文化交流。《史记·大宛列传》载："（张）骞曰：'臣在大夏时，见卭竹杖、蜀布。'"张骞出使西域使得中国与中亚、西亚及欧洲的交流更趋畅通和正规化。东汉时班超等再次出使西域并有诸多活动，促使中国与上述地区的交流和联系得到进一步加强。公元前117年，安息国王

---

1 [日]副島和明日：《壹岐·原の辻遺跡について》，《考古学ジャーナル》第376号，1994年；長崎県教育委員会：《原の辻遺跡》，2005年。

2 [日]柳田康雄、角浩行：《平原遺跡》，前原市教育委員会，2000年。

3 [日]島田貞彥、梅原末治：《筑前須玖史前遺跡の研究·須玖岡本発見の古鏡に就にて》，臨川書店，1930年；日本春日市教育委員会：《奴国の首都—須玖岡本遺跡》，吉川弘文館，1994年；日本春日市教育委員会文化財課：《弥生時代の鑄造工房跡—福岡県須玖阪本遺跡》，《考古學雜誌》第86卷第4号，2001年。

4 [日]児島隆人：《立岩—弥生国家の謎をとく巨大甕棺遺跡群》，学生社，1969年；福冈県飯塚市立岩遺跡调査委員会：《立岩遺跡》，河出書房新社，1977年。

5 日本佐賀教育委員会：《吉野ケ里》，吉川弘文館，1994年，第371—391页；日本佐賀教育委員会：《吉野ケ里遺跡》（平成2年度—平成12年度の発掘调査の概要），1997年、2003年、2004年。

曾派两万骑兵在东部边境接引汉使，汉使回国，安息派使团与汉使一起到长安。西向陆路“丝绸之路”逐渐成为东西联系和交流的桥梁和纽带，以丝绸等为代表的中国物品源源不断地输入中亚、西亚及欧洲地区，而这些地区的各种物产如毛布、毛毡、汗血马、瓜果、香药等也陆续传入我国。

汉朝的物品在中亚、西亚及欧洲的一些地区有较多发现，以中亚的费尔干纳盆地及里海至黑海一带的墓葬最为集中[1]。阿富汗的蒂利亚山墓地出土有西汉铜镜及丝绸服装[2]，哈萨克斯坦的列别杰夫卡墓地[3]出土有汉代铜镜等。出土物的年代大多为汉武帝元狩四年（前119年）张骞带诸多物品再次出使西域之后，说明丝绸之路正式开通后，物质文化交流才逐渐繁荣，史载“宛国饶汉物”[4]即是证明。贵霜帝国在丝绸之路上的地位重要，中国的丝绸、铁器、漆器等通过该处传入安息、大秦等地，因而这一带有较多汉代物品出土，如有的贵霜国墓葬出土有汉代弩机的构件铜机牙等。这一时期，已有较多中国物品传入罗马帝国，最突出的是铁器、纺织品和皮货等，罗马帝国统治的地中海东岸即有汉代纺织品出土。汉代的相关技术和文化也传入上述地区，在中亚及黑海等地区发现有当地制作的仿汉镜[5]，数量较多，有的全盘照搬，有的有所变化，还有一些新的创造，如圆板单钮镜等的出现。除上述内容外，物品如漆器、钱币等，作物如桃、梨等，技术如冶铁、凿井、造纸等也传入西域乃至更远的国家和地区。另据研究，中国的柑橘亦可能在这一时期传入欧洲乃至非洲[6]。

中亚、西亚及欧洲的物品、生产技术等陆续传入中国。一些作物如葡萄、苜蓿、黄瓜、芫荽、胡桃、胡豆、石榴、橄榄等输入中国，丰富了当时人的物质生活。一些动物也传入我国，东汉初郭宪在《洞冥记》卷二中载：“元封三年（前108年），大秦国贡花蹄牛。”公元87年及公元101年，安息国王曾两次将狮子及条支大鸟（鸵鸟，又名安息雀）献给东汉朝廷。敦煌壁画中还有汉使骑大宛马的图像。十九世纪末二十世纪初，外国探险家在我国新疆的楼兰、尼雅、库车、吐鲁番等地发现了具有明显中亚、西亚甚至地中海风格，且与中原文化特征有所不同的文物，其中包含一些中亚等地区的文字资料，十分珍贵。汉代金银器中饰件很多。邗江甘泉山M2出土金饰品中的一部分可能是从海路输入的中亚或西亚制品，而盾形饰虽为中国本土制造，但造型和工艺明显受到中亚、西亚的影响[7]。新疆出土一些镶嵌红宝石的金器，如戒指、面具、杯等，从器形和工艺分析，当属中亚或西亚地区制品，通过草原路线输入[8]。其他如青海大通上孙家寨乙区M3出土的银壶，从器形、纹饰和工艺看，是从中亚输入的[9]，为东汉末至三国时期今叙利亚一带罗马帝国时期的产品[10]。

西方的玻璃制品在这一时期也较多传入我国，受其影响，我国一些地区也开始生产相关玻璃器。新疆出土的蜻蜓眼玻璃珠部分是从境外输入的，尉犁营盘M9出土的一件

1 中国社会科学院考古研究所：《中国考古学·秦汉卷》，中国社会科学出版社，2010年，第930页。

2 吴焯：《西伯尔罕的宝藏及其在中亚史研究中的地位》，《考古与文物》1987年第4期；[日]樋口隆康：《出土中国文物的西域遗迹》，《考古》1992年第12期。

3 峰巍：《中国鏡出土のレデベフカ古墳》，《古代文化》第36卷第7号，1984年。

4 《汉书》卷六十一《张骞李广利传》，中华书局，1962年，第2697页。

5 [日]村上恭通：《シベリア·中央アジにおける漢代以前の鏡について》，《名古屋大学文学部研究論集·史学》第39号，1992年，第115页。

6 章云：《正是橘红橙黄时》，《人民日报》1993年3月13日第7版。

7 南京博物院：《江苏邗江甘泉二号汉墓》，《文物》1981年第11期。

8 中国社会科学院考古研究所：《中国考古学·秦汉卷》，中国社会科学出版社，2010年，第920页。

9 青海省文物考古研究所：《上孙家寨汉晋墓》，文物出版社，1993年，第164—165页。

10 齐东方：《唐代金银器研究》，中国社会科学出版社，1999年，第252—253页。

1. 正面图案　　2. 反面图案

图 12-3　新疆尉犁营盘墓地 M15 出土对兽树纹双面罽（引自《新疆民丰县北大沙漠中古遗址墓葬区东汉合葬墓清理简报》，《文物》1960 年第 6 期）

图 12-4　民丰尼雅 M1 出土人物印花棉布图

玻璃杯也可能是外来物品[1]。考虑到新疆地区出土玻璃制品数量多且集中，一些玻璃器可能为本地制作[2]，体现出相关技术的传播和影响。河南洛阳、江苏邗江等地也有罗马玻璃器出土，因出土地点分散，数量不多，推测应为外国传入的产品。新疆地区出土纺

1 新疆文物考古研究所：《新疆尉犁县营盘墓地1995年发掘简报》，《文物》2002年第6期。

2 李青会、干福熹、张平、顾冬红、承焕生、徐永春：《新疆不同历史时期玻璃器的化学成分分析报告》，《丝绸之路上的古代玻璃研究》，复旦大学出版社，2007年，第151—169页。

织品中有一定数量的外来产品，主要为棉、毛织物（图12-3）。新疆民丰尼雅遗址中发掘的一座东汉晚期墓中出土了两块蓝白印花棉布残片，这是我国目前所知最早的棉布[1]。一块棉布的中心可见到半只赤裸的脚、一段狮尾等图案，左下角有一方框，框内为一个半身女神像，女神胸怀袒露，侧身斜视，神情安详恬静，身后有圆形光环，颈上及臂上都有装饰品，手中持有一个角状长筒容器，容器内盛满了果实（图12-4）。较早阶段有学者认为该棉布由印度输入[2]，最近有学者认为棉布上的女神应是中亚的丰收女神阿尔多克洒，由此推测该棉布应是东汉时期从贵霜传入的[3]。大秦和大月氏善制毛织品，新疆出土毛纺织品纹样丰富，很多具有罗马和波斯风格（图12-5）。总体来看，较多外来的毛纺织品来自中亚和西亚，部分也可能来自欧洲。随着毛纺织品的输入，相关的技术等也传入我国，丰富了纺织技术和品种。

图 12-5　洛浦山普拉 M1 出土“马人”武士毛织物

其他从中亚、西亚传入我国的物品还有贵霜铜币、萨珊王朝银币（图12-6）、安息货币（南疆有发现）、罗马钱币与希腊文铅饼（山西、甘肃等地曾出土）（图12-7）、黄铜、青金石、蚀花肉红石髓珠等。贵霜铜币在南疆的叶城、和田有所发现，楼兰古城曾出土一枚贵霜钱币[4]，正面为国王立像，周缘有希腊文铭文，背面为手持三叉戟的骑骆驼神像，是贵霜王发行的钱币。黄铜，古时称为鍮石，是通过将铜和含锌的炉甘石放原炉中冶炼而得[5]，新疆尉犁营盘古城出土汉晋时代的铜环、铜手镯和铜戒指，成分测定为

1 新疆维吾尔自治区博物馆：《新疆民丰县北大沙漠中古遗址墓葬区东汉合葬墓清理简报》，《文物》1960年第6期。

2 夏鼐：《中国文明的起源》，文物出版社，1985年，第67页。

3 孙机：《建国以来西方古器物在我国的发现与研究》，《文物》1999年第10期。

4 新疆楼兰考古队：《楼兰古城址调查与发掘简报》，《文物》1988年第7期。

5 化学发展简史编写组：《化学发展简史》，科学出版社，1980年，第30页。

铜锌合金，可能是目前所知最早传入中国境内的钠石制品[1]。三国张楫《埤苍》、慧琳《一切经音义》亦言鍮石“出自外国”。新疆出土的蚀花肉红石髓珠可能是随着佛教的东传而从犍陀罗地区输入的[2]。中亚、西亚与欧洲等地区的装饰题材和内容、音乐舞蹈、杂技等也逐渐传入。骆驼、翼兽、狮子等动物题材和纹饰在安息时代传入我国，对于秦汉三国时期的器物装饰、石刻艺术乃至于陵墓等都有诸多影响，如东汉时期逐渐流行的天禄、辟邪等石雕，画像石墓中出现的高浮雕及其图案内容等。于阗乐是西域乐之一，汉刘邦时已在皇宫中成为演奏节目之一。丝绸之路开通后，西域各国的一些乐器如琵琶、五弦琵琶、箜篌、觱篥、方响、锣、钹、星、羯鼓、腰鼓、达卜等传至中原，一些乐舞、杂技、魔术等也随之而入。考古发现一些杂技乐舞俑，而画像石中的相关杂技图像更多。“安息五案”是汉代较为流行的一项杂技，中国古代的“叠案”技艺可能受其影响，画像石中有相关图案。出土的两汉器物中，既有胡人俑，如江苏徐州十里铺汉墓中出土的一件陶胡俑[3]；也有外国人形象的器座，这说明彼此的交流已较频繁。

图 12-6　乌恰县出土波斯银币

图 12-7　甘肃平凉峡门乡出土古希腊文铅饼（东汉时期）

二、与南亚地区的物质文化交流

与我国有物质文化交流的南亚地区，秦汉三国时期主要有身毒（古印度，《史记》称身毒，《汉书》称天竺）、黄支（位于印度东南）、已程不国（斯里兰卡）等。陆路的西向丝绸之路和南向丝绸之路均可到达身毒、黄支，从海路则三者均可抵达。

至迟西汉武帝时，黄支、已程不国均与汉王朝有了密切联系和物质文化交流。《汉书·地理志》载：“（黄支国）自武帝以来皆献见。有译长，属黄门，与应募者俱入海，市

1 李文瑛：《鍮石——丝绸之路贸易中的重要商品》，《中国文物报》1997年12月28日。

2 作铭：《我国出土的蚀花的肉红石髓珠》，《考古》1974年第6期。

3 江苏省文物管理委员会、南京博物院：《江苏徐州十里铺汉画像石墓》，《考古》1966年第2期。

明珠、璧流离、奇石异物、赍黄金杂缯而往。”“(平)帝元始中，王莽辅政，欲耀威德，厚遗黄支王，令遣使献生犀牛。”《汉书·平帝纪》载：“二年春，黄支国献犀牛。”已程不国可能作为中国与西亚、欧洲等地区物质交流的中转点，中国从此处可购得珍珠、琉璃、奇石异物等，而中国的物品如丝绸等由此可转运到罗马及其他地区。

古印度与汉王朝的交流有较多体现。中国的丝绸、麻纺技术等通过丝绸之路传入印度，主要产品有蜀布、蜀锦等，铁器、铜镜等也可能在此时传入印度的一些地区，据记载，贵霜帝国统治时期曾输入中国铁器。而据《后汉书·西域传》载，天竺国“出象、犀、玳瑁、金、银、铜、铁、铅、锡，西与大秦通，有大秦珍物，又有细节，好诸香、石密、胡椒、姜、黑盐”，“和帝时，数遣使贡献，后西域反畔，乃绝。至桓帝延熹二年、四年，频从日南徼外来献”。除上述物品外，这一时期中印两国的农作物与农业技术也有互通[1]。原产于中国的桃、梨等传入印度，梵语中称桃为“秦地持来”，称梨为“秦地王子”。中国的稻作农业可能经云南西部、西南部及西藏东南部传入缅甸和印度，而印度也被视为中国稻作文化西传的中转站[2]。印度是世界上最早种植棉花的地区，《中国农学遗产要略》一书认为：棉布，大概在西汉时曾经由大陆内部输入黄河流域。一路是从葱岭以北，通过吐鲁番进来；一路是从缅甸通过云南、四川，向北到陕西、河南，当时称为“橦布”。大致在东汉末，又有了由越南等处经海道输入浙江、江苏的，称为“越布[3]。

中印文化交流的一个重要体现为佛教的传入。西汉晚期，佛教已传入我国。东汉早期的楚王刘英信佛，并造浮屠，供养僧人，而明帝刘庄在其影响下，也开始信佛求法，推动了佛教在中国的传播和发展。公元68年，印度佛教传法师组成佛教使团访问东汉都城洛阳，受到热情款待。从现有资料看，佛教的传入可能经由三条路线，一是从印度向北，经新疆西部传入中原，新疆地区的佛教遗存及文物可大致说明；一是经海路，在苏鲁交界地区形成传播点，再向内陆辐射，连云港孔望山摩崖石刻中的佛教造像[4]（图12-8）、沂南画像石中的佛教图案[5]等均有体现，另在江苏徐州、山东南部等地的画像石中也有较多反映；还有一路是经由中国西南传入川滇等地，四川盆地的汉代佛教造像在风格上明显受到中印度秣菟罗造像的影响，两者间的联系暗示着在我国西南存在着一条早期佛教传播之路[6]。随着佛教的传入和传播，翻译佛经成为一些僧人的职责，有很多著名的佛经翻译家，如安世高、支谶等，诸多佛经经他们翻译并流传开来。三国时期，佛教得到进一步的传播，为两

图12-8 连云港孔望山摩崖造像涅槃图摹本（引自《连云港市孔望山摩崖造像调查报告》，《文物》1981年第7期）

1 聂敏、杨乙丹：《对等主体间农业科技文化的互动交流——浅谈秦汉时期中印农业科技文化的交流》，《西北农林科技大学学报（社会科学版）》2007年第2期。

2 刘志一：《从少数民族古语看中国稻作农业的起源与西传》，《农业考古》1998年第1期。

3 石声汉：《中国农学遗产要略》，农业出版社，1981年。

4 连云港市博物馆：《连云港市孔望山摩崖造像调查报告》，《文物》1981年第7期。

5 南京博物院、山东省文物管理处：《沂南古画像石墓发掘报告》，文化部文物管理局出版，1956年。

6 阮荣春：《“早期佛教造像南传系统”研究概述》，《东南文化》1991年第3、4期合刊。

晋南北朝乃至隋唐时期佛教的兴盛打下了坚实的基础。

杂技方面，吞刀、吐火、屠人、自支解等苦刑幻术多来自印度，汉画像中常见相关图像。另有种瓜杂技，表现了短时间内下种、引蔓、结瓜的过程，深受观者喜爱。

其他物品及生产技术方面，江苏盱眙大云山江都王墓中出土具有异国风趣的鎏金铜象、铜犀牛和驯象俑、驯犀俑，均为首次发现[1]，满城汉墓也有类似铜像出土。一些汉墓出土的玻璃器部分来自南亚，如青海大通上孙家寨东汉M5、M23各出土一颗装金箔玻璃珠[2]，成分特征和形态都接近印度的同类标本，可能从印度地区输入[3]。汉代金器制作中的焊珠工艺可能经西向丝绸之路和海上丝绸之路传入，而中国境内发现的多面金珠可能是从南亚经海路输入的[4]。考虑到汉朝时期中国已掌握金银焊珠工艺，因此也不能完全排除为中国生产的仿制品的可能[5]。一些汉墓如广州南越王墓[6]、山东临淄西汉齐王墓陪葬坑[7]等出土有水滴纹凸瓣银盒，其中南越王墓与银盒共出的还有产自非洲的象牙和产自红海沿岸的乳香，它们与银盒都可能是从南亚输入的[8]。以捶揲法在金属器上打压凸瓣技术是古波斯兴盛起来的，安息王朝的金银加工继承并发展了这一技术，上述银盒与安息银器较为一致，因此它们可能是安息帝国的产品，经南亚传入我国，而南越王墓出土银盒在传入后又经加工，或刻字，或焊接附件，成为一件具有汉文化特点的外来器物（图12-9）。另外，广州西汉后期墓葬出土两颗蚀花肉红石髓珠，也可能是从南亚输入的[9]。

图 12-9　广州西汉南越王赵眜墓出土的银盒

三、与东南亚诸国的物质文化交流

东南亚诸国主要包括今越南、老挝、柬埔寨、缅甸、马来西亚、新加坡、印度尼西亚、泰国等国家。史前时代，我国已和这些国家及地区有了相关联系和交流。秦汉时期，

1 李则斌，陈刚：《江苏盱眙大云山汉墓考古成果论证会纪要》，《文物》2012年第3期。

2 青海省文物考古研究所：《上孙家寨汉晋墓》，文物出版社，1993年，第164—165页。

3 史美光、周福征：《青海大通县出土汉代玻璃的研究》，《上孙家寨汉晋墓》，文物出版社，1993年，第250—254页。

4 岑蕊：《试论东汉魏晋墓葬中的多面金珠用途及其源流》，《考古与文物》1990年第3期。

5 中国社会科学院考古研究所：《中国考古学·秦汉卷》，中国社会科学出版社，2010年，第918页。

6 广州市文物管理委员会、中国社会科学院考古研究所、广东省博物馆：《西汉南越王墓》，文物出版社，1991年。

7 山东省淄博市博物馆：《西汉齐王墓随葬器物坑》，《考古学报》1985年第2期。

8 徐苹芳：《考古学上所见中国境内的丝绸之路》，《燕京学报》新一期，北京大学出版社，1995年；宿白：《中国古代金银器和玻璃器》，《中国文物报》1992年4月26日。

9 广州市文物管理委员会、广州市博物馆：《广州汉墓》，文物出版社，1981年，上册第477页，下册图版四：1，图版九〇：3。

东南亚诸国与中国的友好往来更趋频繁。

中国与各国互派使者的情况较多。据记载，汉武帝时，派有译使在海市上用黄金、丝绸换取东南亚一带的奇物异石，其后常有此种情况。公元97年、公元121年、公元131年掸国（今缅甸），公元131年叶调国（今印度尼西亚爪哇）都派遣使者来中国进献，掸国使者还献上国之珍宝，而中国也回赠以丝绸和金银等。记载较多的为扶南国（今柬埔寨），东汉章帝元和元年（公元84年），扶南柳叶女王派遣使者向东汉朝廷赠送珍贵的犀牛和白雉，以示友好，东汉朝廷回赠了珍贵礼品。三国时，扶南多次派使者到吴国。公元225年，扶南遣使向东吴赠送琉璃，公元229—231年，扶南又遣使来中国献琉璃，公元243年，"扶南王范旃遣使献乐人及方物"[1]，东吴朝廷也对扶南献乐十分重视，在都城附近建有专门的设施来教官人扶南乐。扶南使者来华一般走海路，这与其造船业、航海业较发达有关。扶南生产的船只称为扶南舶，形状似鱼，船身用铁皮包装，十分坚固，而铁皮包装是中国的制作方法，扶南船可载运千余人和大批货物，而且速度很快，这为物质文化的交流提供了水上航运的物质条件。公元244—252年，孙权派康泰、朱应对扶南进行访问，时间久，规模大。其间，他们游历了扶南各地，会见了印度回访扶南的使者，询问了印度的国情，增进了中印两国的相互了解；向扶南国王建议改变旧俗、穿着服饰；根据所见所闻及所获东南亚国家的历史、政治、法律、民族、风俗、地理、物产、交通、造船、贸易、外交等资料，回国后分别撰写了《吴时外国传》、《扶南异物志》二书，对研究三国时期的对外交流，了解三国时期柬埔寨及东南亚国家的历史、物质文化的发展等有着十分重要的意义。至迟东汉末到三国时期，今越南中南部的林邑（又称占婆）、金邻、顿逊、狼牙脩等国（三国均在今泰国境内）也与我国有了密切的往来。孙吴时，占婆与我国的友好往来较为频繁，占婆王曾赠给孙权金指环。蜀国方面，诸葛亮率军南征，将汉族先进文化带到中缅边境，如耕种法等，为中外物质文化交流作出了贡献。

中南半岛的越南、老挝、柬埔寨、缅甸、新加坡、泰国等与中国大陆山水相连，随着交流加深，汉王朝的文化及较多物产不断传入这些国家和地区。汉字随着交流传入交趾一带，并得到普遍使用，而中原先进的生产技术、生产工具、制度及文化等也传入交趾地区。南越国时，中原的铁器及牛耕传入交趾及九真等郡，并在此得到制造和推广，促进了耕地面积的扩大，至公元一世纪，交趾的农业已较为发达，农业丰收，经济富裕。从考古资料看，相关遗迹较多，有城址、墓葬等；器物更多，有陶、铜、铁、玉等质地器物，主要包括钱币（图12-10）、铜镜、铜器皿、兵器等，而且当地已开始制作一些汉式器物，如陶器皿、模型明器等，这些均是同时期汉王朝统治区域内流行的器物品种。就出土的半两钱币而言，时代在公元前111年之前，这说明在三郡未设置前，汉王朝与上述地区已有相关交流和联系。这些地区的一些物品也传入汉朝，广州南越王墓出土的铜提筒可能来自越南北部，有学者认为，两广出土的铜提筒，有可能是受骆越人的影响而在本土仿制，也有可能通过贸易交换得来，或者是骆越首领以提筒盛放贡品进献于南越国皇帝的[2]。公元前111年之后，红河流域及其以南地区受汉文化的影响加深，有汉式建筑与瓦、瓦当等建筑构件，汉式墓葬及钱币、铜镜等，如越南南方的平阳省新渊县的遗址出土有西汉中晚期的四乳四虺纹镜。东汉时期，交流进一步加强，建筑及建筑构件皆有所体现。汉式墓葬及出土物乃至于葬俗更明显体现出汉文化的影响，有较多的砖室墓，陪葬有印文硬陶器、钱币、铜镜及仓、灶、井、房屋建筑等模型明器，如越南南方安江省沃埃沃发现有东汉时期的夔凤纹镜，泰国南部的很多遗址也出土有汉朝铜镜。一些距离

1 《三国志》卷四十七《吴书·吴主传第二》，中华书局，1982年，第1145页。

2 黄展岳：《铜提筒考略》，《考古》1989年第9期。

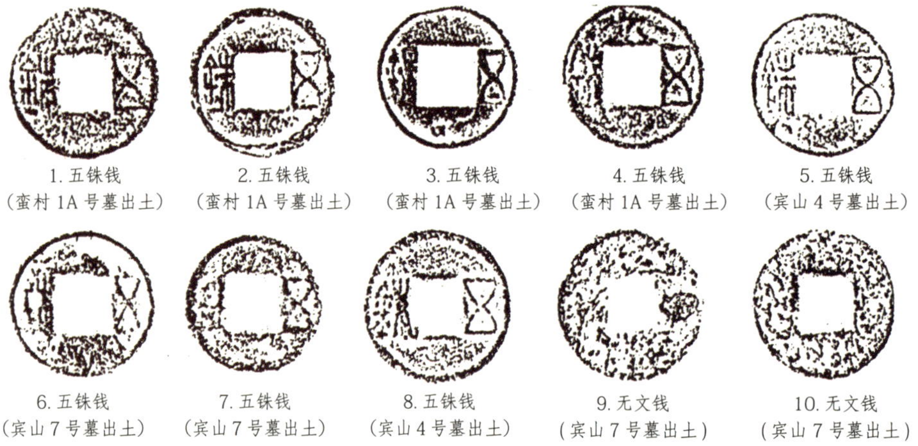

图 12-10　越南清化砖室墓出土汉朝钱币

更远的地区，“除一般的五铢铜钱外，在苏门答腊、爪哇和加里曼丹的一些古墓中也出土有中国汉代陶器。其中在苏门答腊出土的一件陶鼎，底部有西汉元帝初元四年（前45年）的纪年铭文；加里曼丹出土的一件印圆圈纹的陶魁，与广州西汉后期到东汉前期的同类器形极为相似”[1]。

东南亚诸国的一些物品、生产技术等也传入中国，另外还有一些其他地区的物品和生产技术等经东南亚传入，带动了相关地区经济、文化的发展，丰富了这一时期的物质生活。《史记·货殖列传》、《汉书·地理志》均有“果、布之凑”的记载，中华书局本均在“果布”二字之间标有“、”，而《中外文化交流史》一书认为果布为一词，即盛产于东南亚苏门答腊、马来半岛和婆罗洲的龙脑香，是进口的货物[2]。广西合浦作为汉代海上丝绸之路最重要的港口之一，发现很多烧制出口器皿的陶瓷窑址[3]，而该地区的较多西汉墓出土有大量的玛瑙、琉璃、珠玉、水晶、琥珀等陪葬品[4]，其中有一些可能是从东南亚传入我国的。两广地区出土玻璃器较多，部分被鉴定为罗马玻璃，如广州横枝岗西汉中期M2061[5]出土的3件琉璃碗，深蓝色半透明，属罗马玻璃[6]（图12-11）；有的则是高钾低镁玻璃，如广西贵港和合浦两地汉墓出土的6件高

图 12-11　广州横枝岗出土琉璃碗

1 广州市文物管理委员会、广州市博物馆：《广州汉墓》，文物出版社，1981年，第479页。

2 王介南：《中外文化交流史》，山西出版集团书海出版社，2004年，第76页。

3 周家干：《合浦乾体港是汉代海上丝绸之路的始发港》，《岭南文史》2002年增刊。

4 广西文物考古研究所、合浦县博物馆、广西师范大学文旅学院：《广西合浦寮尾东汉三国墓发掘报告》，《考古学报》2012年第4期，第532页；张居英、陆露：《广西合浦县母猪岭汉墓的发掘》，《考古》2007年第2期，第37页；黄槐武、韦革：《广西合浦县禁山七星岭东汉墓葬》，《考古》2004年第4期，第45页。

5 广州市文物管理委员会、广州市博物馆：《广州汉墓》，文物出版社，1981年，第239页。

6 安家瑶：《中国的早期玻璃器皿》，《考古学报》1984年第4期。

钾低镁玻璃器[1]（图12-12），又称钾玻璃，透明或半透明。钾玻璃可能起源于南亚、东南亚[2]，广西已发现的大多数是钾玻璃，并且造型、纹饰均与西方古玻璃有所区别，可能产于中国本土，甚至就是两广地区的地方产品[3]，而这可能与东南亚钾玻璃生产技术的影响有关。相关史料亦载："外国作水精碗，实是合五种灰以作之，今交广多有得其法而铸作之者。"[4]除两广地区外，其他一些地区出土的玻璃器也可能产自南亚或东南亚，如新疆尼雅出土的部分玻璃器[5]。另外还有一些玛瑙和水晶制品。

图 12-12　贵县南斗村东汉墓 M1 出土的玻璃托盏

缅甸的乐舞和杂技也传入我国。《后汉书·西南夷传》载，古掸国（今缅甸）使者来中国进献时，带来"乐及幻人"，"能吐火，自支解，易牛马头"。张衡《西京赋》载有"都卢寻橦"，都卢是指缅甸古蒲甘国，寻橦为缘杆，是缅甸的古代杂技，山东沂南古画像石墓中即有相关画像[6]。另有"水人弄蛇"、跳丸等杂技。

四、与朝鲜半岛及日本列岛的物质文化交流

（一）朝鲜半岛

中国大陆北部与其相连，东隔黄海与其相望。商末西周初，中原的一些人来到半岛北部，建立了朝鲜国。战国时，燕国和朝鲜半岛北部关系密切。秦统一后，半岛北部基本属秦王朝管辖，与半岛南部的联系也逐渐增多。西汉初至汉武帝元封三年（前108年），半岛北部属燕人卫满建立的王国管辖，与汉王朝有着较多交往。公元前108年，汉王朝"灭朝鲜，分置乐浪、临屯、玄菟、真番四郡"[7]，之后半岛北部基本属汉王朝管辖，汉

1 黄启善：《广西古代玻璃的研究》，《中国南方古玻璃研究》，上海科学技术出版社，2003年。

2 Brill, R. H. (1987), "Chemical Analyses Of Some Early Indian Glasses". In Bhardwaj, H. C. (ed), X Ⅳ International Congresson Glass: 1986 New Delhi, India. Calcutta: Indian Ceramic Society. PP. 1-27; Lankton, J. and Dussubieux, L. (2006), "Early Glass in Asian Maritime Trade: a Review and an Interpretation of Compositional Analyses". Journal of Glass Studies 48: 121-44.

3 史美光、何欧里、周福征：《一批中国汉墓出土钾玻璃的研究》，《硅酸盐学报》第14卷第3期，1986年；黄启善：《广西古代玻璃制品的发现及其研究》，《考古》1988年第3期；《广西发现的汉代玻璃器》，《文物》1992年第9期；《广西古代玻璃的研究》，《中国南方古玻璃研究》，上海科学技术出版社，2003年；广西壮族自治区文物工作队、合浦县博物馆：《合浦风门岭汉墓——2003—2005年发掘报告》，科学出版社，2006年，第134页。

4 [晋]葛洪著，王明校释：《抱朴子内篇校释》（增订本），中华书局，1985年，第22页。

5 林怡娴：《新疆尼雅遗址玻璃器的科学研究》，北京科技大学博士学位论文，2009年，第121页。

6 南京博物院、山东省文物管理处：《沂南古画像石墓发掘报告》，文化部文物管理局出版，1956年。

7 《后汉书》卷八十五《东夷传》，中华书局，1965年，第2817页。

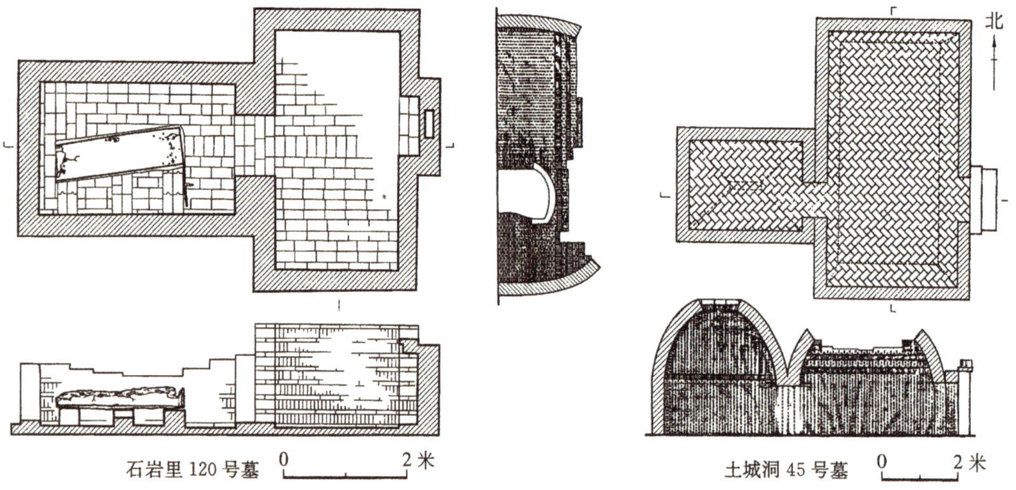

图 12-13 朝鲜平壤地区的砖室墓（引自《中国考古学·秦汉卷》，2010 年）

文化得到较大发展，而汉王朝与半岛南部的交流和交往也因此达到新的阶段。直到三国时期，交流没有间断。

汉王朝在朝鲜半岛北部地区设郡，相应的郡县制度、钱币制度等均在朝鲜北部施行，很多的器物如陶、铜、铁、漆器及纺织品等大量传入朝鲜。半岛北部地区的郡治和县治均依汉制，城垣的建造方式和建筑材料表现突出，城址中发现有云纹、“千秋万岁”、“万岁”、“乐浪礼官”、“乐浪富贵”等瓦当，“乐浪太守章”、“乐浪大尹章”等印章。墓葬具有明显的汉文化特征，汉朝官吏、当地土著首领和一般人员大多采取汉制，主要有土坑墓、木棺墓、木椁墓、砖椁墓、砖室墓（图12-13）、瓮棺葬等，出土遗物如陶器、瓦当、钱币、印章和封泥、铜镜、铜器皿及生活器具（图12-14）和兵器、车马器、铁器、漆器等也与中原地区差别甚小。从出土钱币看，流通货币为汉钱，平壤土城遗址出土有铸半两钱的范模和铸范[1]。其他出土遗物也有反映，漆器类别、形制、制作工艺等均与汉朝内地同，是汉朝内地制作产品传入半岛北部的，既有官营也有私营作坊的

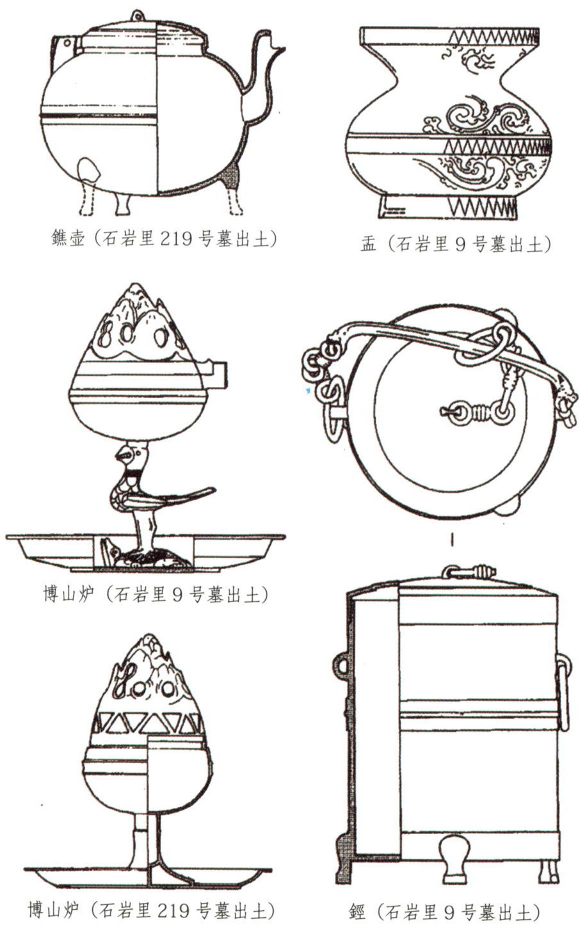

图 12-14 朝鲜平壤地区出土汉朝铜器皿（引自《中国考古学·秦汉卷》，2010 年）

1 [日]関野貞、谷井濟一、粟山俊一、小場恒吉、小川敬吉、野守健：《樂浪郡時代ノ遺跡（下）》，朝鮮總督府，1925年；[日]駒井和愛：《樂浪郡治址》，東京大學文學部，1964年。

1. 永川郡渔隐洞出土“日光”连弧纹铭带镜　2. 金海市良河里出土汉朝方格博局纹铜镜

图 12-15　韩国出土的汉代铜镜

产品，多数产自南方。乐浪郡汉墓出土漆器有的产自广汉郡工官，一些漆器上还常见“蜀郡西工造”、“考工”、“供工”、“宜子孙”、“大利”等铭文[1]。

汉至三国时期，朝鲜半岛南部分属马韩、辰韩、弁韩三国，与汉王朝联系密切，半岛北部四郡设立后，与半岛南部的物质文化交流更为频繁和多样，汉王朝的物品、技术和文化大量传入。相关遗址和墓葬体现出较多汉文化特点，城市的选址、布局、筑城技术如土筑城垣等均传入并得到吸收和利用[2]；土坑墓、木棺墓、木椁墓（部分积石）、竖穴石椁墓、横穴石室墓、瓮棺葬等墓葬形式均有使用。出土较多汉朝物品的同时也有很多受汉朝影响的物品，如各类钱币、多种纹饰和不同时代的铜镜（图12-15）、铜器皿、其他铜质生活器、铜兵器与乐器、铁器等。汉镜的输入对半岛南部影响较大，该地传统的铜镜——多钮几何纹镜的制作趋于衰落，开始模仿汉镜的制作和使用[3]。出土的玻璃杯也具有我国东周秦汉时期铅钡硅酸盐玻璃的基本特征[4]。受汉王朝影响，半岛南部大量生产和使用铁器，开始制作泥质灰陶质器物，相关技术还有所突破。这一时期，半岛北部属汉王朝管辖，半岛南部发现的具有汉文化特征的遗迹、遗物年代较多为四郡设立之后，因此汉代的物品、技术、文化以及墓葬制度等多是经半岛北部传入半岛南部的。

对朝鲜半岛地区有重要影响的还有汉字的传入，汉字很快被当地广泛接受，与之相对应的诸多文化也随之传入，如朝鲜半岛的佛教即是经中国传入的。

（二）日本列岛

日本是一个由多个岛屿构成的群岛国家，西隔黄海和东海，与我国大陆相望。中日相互间的交流起源较早，但至秦汉三国时交流才趋于频繁。这一时期大致是日本

1 王培新：《乐浪文化——以墓葬为中心的考古学研究》，科学出版社，2007年。

2 白云翔：《中国汉代的城市与韩国的风纳土城》，《风纳洞百济王城研究国际学术会议文集》，东洋考古学研究所，2003年，第12页。

3 [韩]沈奉謹：《三韓·原三国時代の銅鏡》，《卑弥呼の銅鏡百枚の謎——銅鏡的製作と分布》，福岡県教育委員会，1991年，第6页。

4 干福熹：《中国古代玻璃的化学成分演变及制造技术的起源》，《中国古代玻璃技术的发展》，上海科学技术出版社，2005年，第225页。

弥生时代的中期和中后期[1]，下限可延伸至古坟时代的早期，而汉代的史书也有了关于“倭”的记载[2]。

秦及西汉时，日本有很多来自中国的移民，他们带来了知识、文化、生产技术、生产工具，特别是农业耕种技术的水稻种植和金属工具制造技术中的冶铁铸造，促进了日本社会生产力的快速发展及耕作与生活方式的改善，另外还带来纺织、养蚕、医药等技术。关于秦代移民日本的传说为徐福东渡，在日本的歌山县、三重县、佐贺县流传较广，并有“徐福墓”、“徐福上陆地标注”、“金立神社”等遗迹。关于徐福，可能“不是虚构出来的人物，公元前210年东渡日本是可信的”[3]。从考古资料看，西汉早期之前，中日交流在日本还主要集中在九州岛北部及临近地区。西汉中期之后，影响范围不断扩大，已至日本的东部地区。据《汉书·地理志》记载，西汉时，日本有国百余个，常向汉朝进贡，汉政府也回赠较多礼物。汉武帝时，日本已发展成30多个小国，它们与汉王朝具有朝贡册封的关系，并得到汉王朝的政治支持和物质赏赐。东汉时，日本各国与汉王朝的册封关系得到进一步加强。史载“建武中元二年，倭奴国奉贡朝贺……光武赐以印绶”[4]，日本九州即出土有“汉委奴国王”金印[5]（图12-16）。公元107年，“倭国王帅升等献生口百六十人，愿请见”[6]。此后，日本多次派人来汉，东汉王朝赏赐以大量丝绸、漆器、铜铁器等。公元三世纪日本出现了邪马台国，公元238年，该国女王卑弥呼派遣使者到曹魏都城洛阳，并带来很多礼物，魏国也回赠以高级丝制品、黄金、刀、珍珠、铅丹及百余枚铜镜。其后，该国多次派使者到洛阳，并一直延续至两晋时期。

日本发现的秦汉遗址、墓葬及出土遗物也说明秦汉时期物质文化的交流得到较大发展。秦代的墓葬形制对日本有所影响，如秦人传统葬俗中的方形周沟墓在日本开始出现并普及。受汉朝影响的遗迹、遗物更多。日本长崎县远之辻遗址发现建造有两道堤坝的船坞，出土有铜镜、车马器、兵器、王莽时期的钱币及铁斧等从朝鲜半岛和中国大陆传入的遗物。福冈县平原遗迹发现有土坑、木棺、瓮棺等墓葬及陶窑、作坊、水沟等遗迹，墓葬出土大量的汉式铜镜。须玖冈本遗址群、饭冢市立岩遗址群的墓葬有瓮棺、土坑墓等，出土汉代遗物包括铜镜、矛、铁剑等。其他遗迹有铁器加工遗迹、弥生后期的玻璃作坊址（出土有炉址、铸范残片、玻璃碎片等）、铜器冶铸遗址（发现有小型仿汉镜、小铜铎、铺、矛等铜器的石铸范，铜戈、铜剑的铸范等）。中佐贺县吉野里遗址是一处弥生时代前期之初至古坟时代初期的大型墓地和聚落遗址。聚落为环壕聚落，布局和结构受中国城郭建筑影响；墓葬等级不同，有的有大型坟丘。另外，近海的三云南小路墓地出土较多汉式铜镜，时代基本为西汉，另有铜矛、鎏金四叶形饰等汉

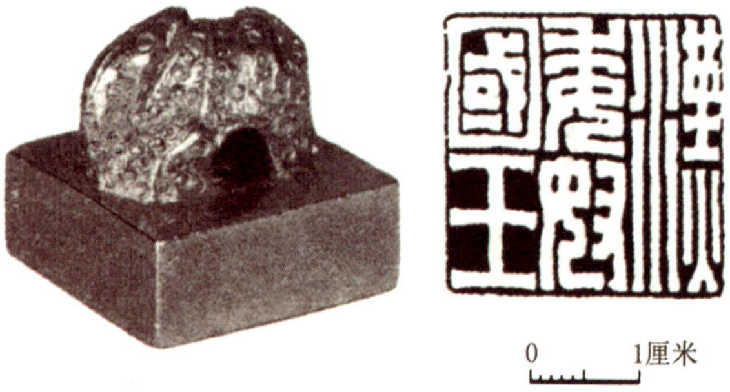

图 12-16 日本福冈市志贺岛出土“汉委奴国王”金印

1 中国社会科学院考古研究所：《中国考古学·秦汉卷》，中国社会科学出版社，2010年，第989页。

2 《汉书·地理志》：“乐浪海中有倭人，分为百余国，以岁时来献见云。”

3 中国国家博物馆：《文物秦汉史》，中华书局，2009年，第235—236页。

4 《后汉书》卷八十五《东夷传》，中华书局，1965年，第2821页。

5 日本九州大学文学部考古学研究室：《志賀島》，1975年，第47—57页。

6 《后汉书》卷八十五《东夷传》，中华书局，1965年，第2821页。

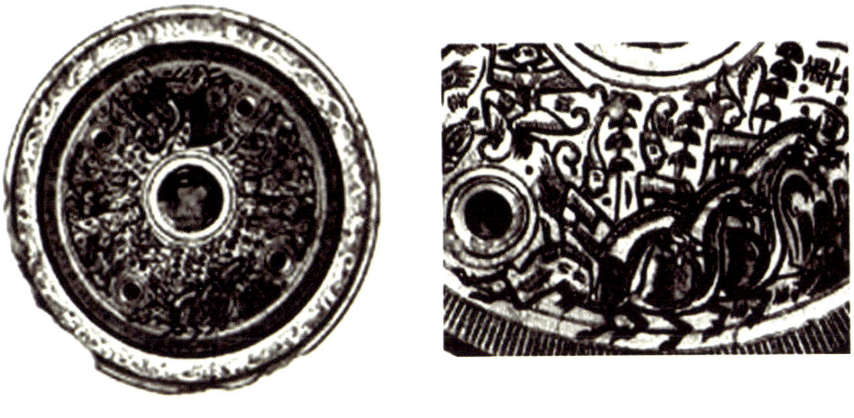

图 12-17　日本出土的三角缘神兽镜

代遗物[1]。

出土遗物中，钱币、铜镜等所占比例大。钱币有四铢半两、五铢及王莽时期颁行的货泉、货布及大泉五十等，说明汉代的钱币制度、流通制度及丧葬制度等已在一定程度上影响到日本。铜镜发现数量多，汉王朝传入的铜镜时代从西汉至三国时期，种类近二十种，如福冈平原1号坟丘墓出土的三十余件博局纹镜[2]等。另有较多的仿制镜，须玖冈本遗址群即发现有制铜作坊及仿制的铜镜。汉王朝传入的铜镜及日本仿制铜镜的生产证明了汉镜东传及日本对于铜镜制造技术的吸收和发展。三国时期（日本的古坟时期），日本流行三角缘神兽镜（图12-17），该镜为缘部隆起、顶较尖、断面呈三角形的神兽镜[3]，已发现有数百面。关于三角缘神兽镜，有学者认为是舶载镜[4]，即这类铜镜通过海运的方式从中国运去，该说关于镜的产地又有吴和魏之别[5]；还有学者认为是中国工匠东渡日本后制造的[6]，现还没有形成定论。但就该类铜镜本身来讲，充分反映出三国时期中国对日本制镜业发展的影响。铁器和玻璃器，有汉朝产品的传入，而在相关技术的影响下及相关人员的到来，日本本土的铁器与玻璃器加工业也得到发展，这在饭冢市立岩遗址群、须玖冈本遗址群等中均有反映。其他如铜兵器、饰件、生活用品等也有较多从中国传入的产品。

五、与蒙古及西伯利亚等地区的物质文化交流

蒙古及西伯利亚地区是指今蒙古国及俄罗斯西伯利亚地区，公元前2000年前后，该

1 [日]柳田康雄：《三雲遺跡·南小路地区编》，福岡県教育委员会，1985年。

2 [日]武末純一：《船舶青铜器について》，《对馬——浅茅湾とその周边の考古学調查》第六表，长崎県教育委員会，1974年。

3 [日]斋藤忠：《日本考古学用语辞典》，日本学生社，1998年，第180页。

4 [日]车崎正彦：《副葬品の組み合わせ一古墳出土鏡の構成》，[日]石野博信《前方後岡坟の出現》，雄山阁，第53—74页，1999年2月；《三角缘神獸鏡は国產か舶載か——魏晋鏡說の立場から》，见[日]大冢初重编《図說·古墳研究最前線》新人物往来社，1999年6月，第28—35页。

5 徐苹芳：《三国两晋南北朝的铜镜》，《考古》1984年第6期；[日]富冈谦藏：《再论日本出土的支那铜镜梗概》、《画像镜考》、《关于本邦仿制的古镜》，《古镜的研究》，丸善株式会社，1920年。

6 王仲殊：《论日本“仿制三角缘神兽镜”的性质及其与所谓“舶载三角缘神兽镜”的关系》，《考古》2000年第1期。

地区与我国相关的交往及联系已经存在。东周时期，匈奴与中原相关政权之间的物质文化交流与互通较为密切。秦汉三国时期，这一地区主要为匈奴的活动区域，匈奴与秦汉王朝的战争中，对财物的掠夺可视为物质文化交流的一种特殊形式。战争过程中还经常穿插着和亲政策，和亲时彼此物质的交换或赠予又是物质文化交流的另一种形式。汉王朝赠予匈奴的多为食物和衣物，另有丝织品、黄金、钱币、车马、日用器（包含有漆、铁器），甚至还有兵器，另外也可能有一些丧葬用品。据史料记载，汉高祖时赠匈奴车马，公元前174年汉文帝在和亲时赠匈奴衣服、黄金器具等，汉宣帝时赠有衣被、印绶、兵器、车马、黄金、钱等。边关贸易是秦汉王朝与匈奴物质文化交流的另一途径，汉景帝、武帝时均“通关市”，即使在断绝和亲阶段，双方的贸易也没有间断，史载匈奴“尚乐关市，嗜汉财物，汉亦尚关市不绝以中之”[1]。

在战争、和亲、正常交往及边关贸易的过程中，秦汉文化也逐渐传播和影响到匈奴控制地区，如建筑、丧葬、手工业技术、物质生活等领域，加之一些入居匈奴汉人的贡献，使得匈奴的日常生产、生活及埋葬习俗等都在一定程度上体现出秦汉文化的特点。蒙古及西伯利亚地区的匈奴文化遗址如汉式建筑遗存等，较多墓葬的形制，众多的秦汉文物等都可说明双方物质文化交流的发展。俄罗斯南西伯利亚地区的阿巴坎宫殿建筑基址的建筑方式和装饰风格与汉工朝较为接近[2]，建筑材料包括板瓦、筒瓦、瓦当等也与汉代建筑的材料相同，其中圆形瓦当中有竖向阳文反书“天子千秋万岁长乐未央”汉字文瓦当，另有一定数量的汉文化遗物如铜铺首、玉耳杯等出土（图12-18）。俄罗斯外贝加尔地区的伊沃尔加城址出土具有汉文化特征的遗物[3]有铜盆、镜、五铢钱、铁质生产工具、铠甲、石耳杯、骨柄刷等；该地区墓地中使用木棺、木椁的墓葬可能受到中原葬制葬俗的影响，而漆器、钱币、铁带钩等基本为汉文化器物。蒙古国发现的诺因乌拉墓地年代为公元前一世纪至公元一世纪，地面多有坟丘，大型墓葬为重椁单棺，普通墓葬多为竖穴土坑，体现出相应的影响和交流[4]。陪葬品中的铜灯、镜、壶、铃及铁灯为汉文化遗物，而较多的漆器和纺织品表现得更为明显，如一些大型墓葬出土的“仙境”、“皇”、“颂昌万岁宜子孙”、“田”、“广山”等汉字文织锦（图12-19），外底书“上林”、圈足书“建平五年”等铭文双耳铜扣漆耳杯，“建平五年蜀郡西工造”漆耳杯，还有玉佩等。该墓地还出土一些来自安息、大夏、小亚细亚等地的毛纺制品，体现出东西物质文化交流的内容。都尔利格纳尔斯墓地[5]

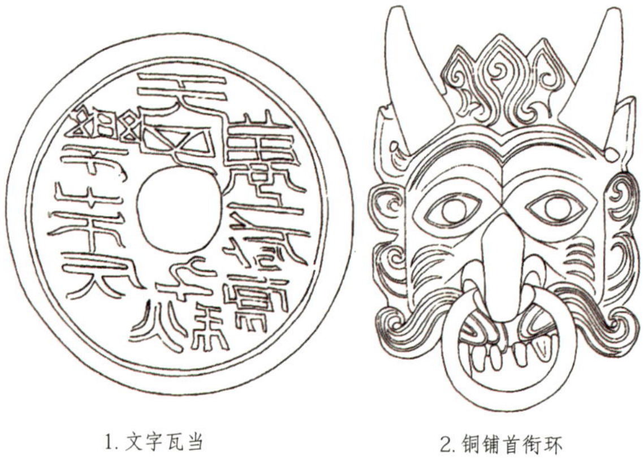

1. 文字瓦当　　2. 铜铺首衔环

图 12-18　俄罗斯阿巴坎宫殿建筑遗址出土的遗物

1 《史记》卷一百一十《匈奴列传》，中华书局，1982年，第2904页。

2 [俄]Л.А.叶芙秋霍娃、B.Ⅱ.列瓦上娃撰，乌恩译：《阿巴坎附近中国式宫殿的发掘》，《物质文化研究所简报》第12期，1946年。

3 潘玲：《伊沃尔加城址和墓地及相关匈奴考古问题研究》，科学出版社，2007年。

4 [日]梅原末治：《蒙古ノイン·ウラ発见の遺物》，東洋文庫，1960年。

5 [日]三宅俊彦、加藤真二：《关于蒙古国鄂嫩河中游地区的匈奴墓地调查》，《内蒙古文物考古》1996年第1、2期合刊。

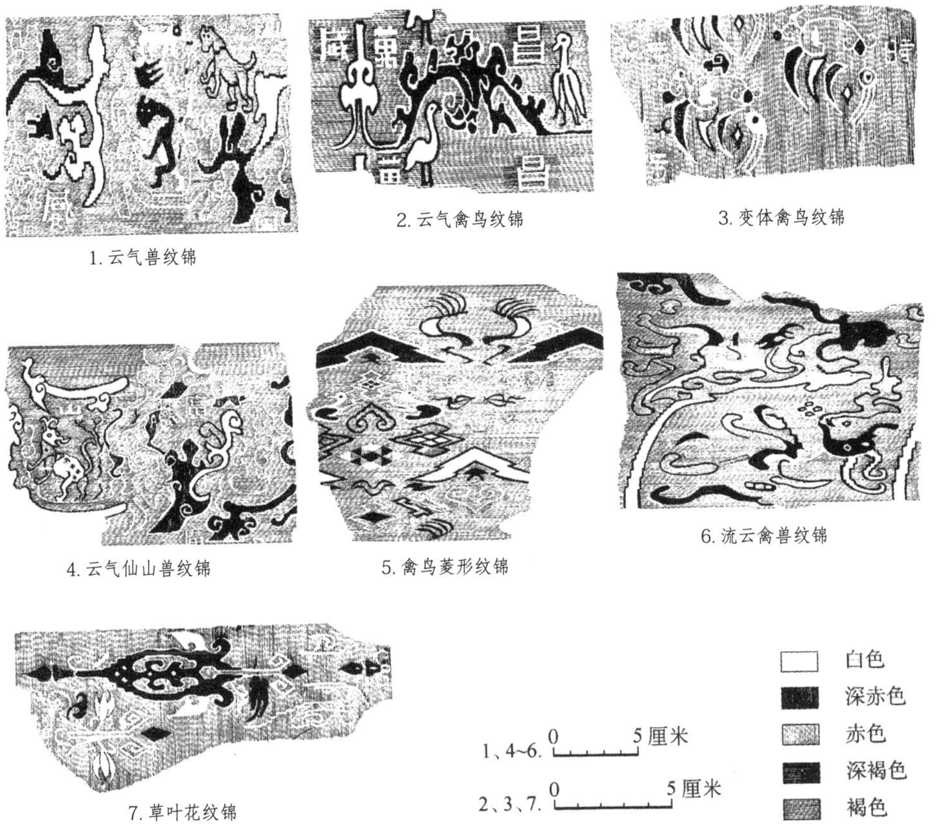

图 12-19 蒙古国诺因乌拉墓地出土汉朝织锦纹样

的时代为西汉时期，坟丘大多为方形，少量圆形，有的带墓道，有的为竖穴土坑，陪葬品中的铜盆、盘、镜、行灯，铁车马器及漆器、玉璧等均为汉文化遗物。出土秦汉文物的墓地[1]还有俄罗斯外贝加尔地区的德列斯图依墓地、切列姆霍夫墓地、苏吉墓地及西西伯利亚地区的伊斯梯雅库、玛尔科沃I号墓地，蒙古国的达尔汗山墓地、额金河地I号墓地、莫林托勒盖墓地、那伊玛托勒盖墓地、苏勒碧乌拉墓地等，文物种类多样，大致可分为钱币、铜器、铁器、车马器、玉器、漆器、丝织品及其他文物[2]。

在双方物质文化交流的过程中，匈奴的物品也逐渐流入。一方面有战争及和亲过程中秦汉王朝对匈奴物品的获取，另一方面是在边关贸易中相关物品的流入，“驱牛马万余头来与汉贾客交易”[3]即为证明。秦汉王朝统治区域内的相关遗存特别是墓葬中常见有草原风格的器物，这其中有一些可能就是匈奴的物品。一些壁画或画像石的内容也有相关体现，如胡汉征战图等。匈奴的一些生产、生活物品、相关技术等也不同程度地传入秦汉王朝，这在双方统治区域的交界地区可能会表现得较为明显。另外，在长期的交流和交往过程中，游牧民族的铙歌、笳歌也被中原地区接受，在融合改编后，还被用于朝廷及其宗庙的大典。

1 乌恩：《论匈奴考古研究中的几个问题》，《考古学报》1990年第4期；潘玲：《伊沃尔加城址和墓地及相关匈奴考古问题研究》，科学出版社，2007年；单月英：《匈奴墓葬研究》，《考古学报》2009年第1期。

2 中国社会科学院考古研究所：《中国考古学·秦汉卷》，中国社会科学出版社，2010年，第944页。

3 《后汉书》卷八九《南匈奴传》，中华书局，1965年，第2950页。

后　记

本书是国家出版基金项目、“十二五”国家重点规划出版项目《中国古代物质文化史》系列丛书的一部。2012年6月接到本书的编写任务，我联络了三位秦汉考古的博士对本书的章节结构进行讨论，确定编写的基本内容。分工如下：

韩国河（郑州大学历史学院教授）负责绪论部分，并把握本书整体的写作风格和思路；赵海洲（郑州大学历史学院副教授）负责第五、六、七、八、九、十章；刘尊志（南开大学历史学院教授）负责第二、四、十二章；朱津（郑州大学历史学院博士研究生）负责第一、三、十一章。

本书的内容信息量较大，对作者的要求较高，很多内容并不是各位作者擅长的研究领域，因此书稿中难免出现疏漏、讹误，不当之处，尚祈各方赐教。

感谢北京大学考古文博学院孙华教授的诚挚相邀，加入《中国古代物质文化史》的创作团队。我们衷心地感谢开明出版社总编辑焦向英先生的大力协作，使得本书顺利出版。魏红岩、温尔虹等责任编辑不辞辛苦地对本书进行反复的编辑、校对，尽职尽责，在此深表谢意。

郑州大学历史学院　韩国河

2014 年 12 月

图书在版编目（CIP）数据

中国古代物质文化史. 秦汉 / 韩国河等著. —北京：
开明出版社，2014.10（2024.1 重印）
ISBN 978-7-5131-1758-6
Ⅰ. ①中… Ⅱ. ①韩… Ⅲ. ①物质文化–文化史–中国–秦汉时代
Ⅳ. ① K220.3

中国版本图书馆 CIP 数据核字 (2014) 第 187500 号

出 版 人：陈滨滨

责任编辑：魏红岩　温尔虹
美术编辑：周怡君
装帧设计：羽人·高伟

出　版：开明出版社（北京市海淀区西三环北路 25 号青政大厦 6 层）
印　制：保定市中画美凯印刷有限公司
开　本：889×1194　1/16
印　张：22.5
字　数：350 千
版　次：2014 年 12 月 第 1 版
印　次：2024 年 1 月 第 2 次印刷
定　价：430.00 元

ISBN 978-7-5131-1758-6